高等教育供给侧改革的财务视角

乔春华 著

东南大学出版社
SOUTHEAST UNIVERSITY PRESS

内容提要

本书将中央提出的“供给侧结构性改革”运用到高等教育领域、运用到高等教育的财务领域，提出了高等教育产品属于准私人产品，高等教育是一个准市场；高等教育领域供给侧改革的主要任务是“三去两降一补”：去行政化、去编制、去产能、降失业率、降成本、补短板。提出了高校财务领域的供给侧改革最需要有效的制度供给，提出了应建立与法人治理结构相适应的财务管理体制。阐述了公办高校财政投入和学费的供给侧改革：基于公平，不论双一流大学还是高职院校，属于“基本支出”的财政生均拨款标准应一视同仁，属于“项目支出”的则有所差别；基于效率，不同质量、不同层次的高校学费应有所差别；不赞成以省、直辖市、自治区作为确定学费标准的区域单位，因为经济发达省也有较贫困的市县乡，经济欠发达省也有较富裕的市县乡；经济发达省考生到经济欠发达省上学或经济欠发达省考生到经济发达省上学均按入学地标准交费，这种制度造成了不公平；主张全国作为确定学费标准的区域单位，并主张高收费高资助的政策，提高资助家庭经济困难学生的比例和提高奖学金的范围与额度；探索了脱贫后家庭经济困难学生的资助体系。本书还阐述了民办高校投资的供给侧改革，民办高校非营利性与营利性的分类和民办高等教育学费的供给侧改革。

图书在版编目(CIP)数据

高等教育供给侧改革的财务视角/乔春华著. —南京：东南大学出版社，2017.7

ISBN 978-7-5641-7213-8

Ⅰ. ①高… Ⅱ. ①乔… Ⅲ. ①高等学校-财务管理-研究-中国 Ⅳ. ①G647.5

中国版本图书馆 CIP 数据核字(2017)第 133380 号

高等教育供给侧改革的财务视角

出版发行	东南大学出版社
社　　址	南京市四牌楼 2 号(邮编：210096)
出 版 人	江建中
责任编辑	戴季东　马　伟
经　　销	全国各地新华书店
印　　刷	虎彩印艺股份有限公司
开　　本	700mm×1 000mm　1/16
印　　张	25
字　　数	525 千字
版　　次	2017 年 7 月第 1 版
印　　次	2017 年 7 月第 1 次印刷
书　　号	ISBN 978-7-5641-7213-8
定　　价	98.00 元

前　言

2012 年 11 月 15 日，习近平在当选总书记时指出："我们的人民热爱生活，期盼有更好的教育、更稳定的工作、更满意的收入、更可靠的社会保障、更高水平的医疗卫生服务、更舒适的居住条件、更优美的环境，期盼孩子们能成长得更好、工作得更好、生活得更好。人民对美好生活的向往，就是我们的奋斗目标。"总书记深情地"期盼有更好的教育"，但是，正如《国家中长期教育改革和发展规划纲要(2010—2020 年)》指出的"我国教育还不完全适应国家经济社会发展和人民群众接受良好教育的要求"，由于我们的高等教育的质量不够高，相当多的中等收入家庭期盼受教育者去国外留学，反映了我国高等教育的供给满足不了"更好教育"的需求，这有必要进行高等教育的供给侧改革。

2016 年 5 月 20 日，习近平在中央全面深化改革领导小组第二十四次会议上强调指出："供给侧结构性改革本质是一场改革……各地区各部门要把依靠全面深化改革推进供给侧结构性改革摆上重要位置。"这里，总书记强调的"各部门"应该包括高等教育部门。《中央经济工作会议(2016)》指出："2017 年是实施'十三五'规划的重要一年，是供给侧结构性改革的深化之年。"

本书的结构主要分为四部分：

第一部分是运用教育经济学原理阐述高等教育供给与需求的关系。高等教育产品属于准私人产品，高等教育是一个准市场。《中共中央关于全面深化改革若干重大问题的决定》指出："市场决定资源配置是市场经济的一般规律。必须积极稳妥从广度和深度上推进市场化改革，大幅度减少政府对资源的直接配置……推进公共资源配置市场化。"在高等教育市场中，为了适应不断增长的社会和国民经济发展对高等教育的需求，为了适应不断增长的受教育者对高等教育的需求，高等教育必须进行供给侧改革，提供高质量的高等教育产品。高等教育领域供给侧改革的主要任务是"三去两降一补"，即去行政化、去编制、去产能、降失业率、降成本、补短板。

第二部分是高校财务管理体制的供给侧改革，从制度和组织机构设置、人员配备来保证高等教育的供给侧改革，提出了建立与法人治理结构相适应的财务管理体制。这一部分是高等教育财务领域供给侧改革的制度保证。

第三部分是公办高校财力供给侧改革的保障。教育供给离不开经费，经费来源主要是财政拨款和学费收入，这涉及教育投入和学费的供给侧改革；经费支出可推进高等教育供给侧结构性改革，正如《中央经济工作会议(2016)》指出："预算安排要适应推进供给侧结构性改革。"笔者主张：基于公平，不论双一流大学还是高职院校，属于"基本支出"的财政生均拨款标准应一视同仁，即一个标准，属于"项目支出"的则有所差别；基于效率，不同质量、不同层次的高校学费应有所差别，双一流大学应收较高的学费；不赞成将居民的经济承受能力或人均可支配收入作为学费的依据之一，而主张高收费高资助的政策；不赞成同一层次同一学科在经济发达省与经济欠发达省分为两个标准，因为经济发达省也有较贫困的市县乡，经济欠发达省也有较富裕的市县乡，另外，经济欠发达省的考生到经济发达省将交较高学费，而经济发达省的考生到经济欠发达省将交较低学费，这会造成不公平。

第四部分阐述民办高校投资的供给侧改革，民办高校非营利性与营利性分类和民办高等教育学费的供给侧改革。

在成书过程中正值电视剧《长征大会师》热播，其主题曲是《信仰的光芒》(舒楠作曲，韩磊演唱)。歌词是：

那条路，那面旗，千古绝唱；那群人，那颗星，荡气回肠。

……

眼神滚烫，长风中歌唱；就用万颗红心，把传说点亮。

就这样一步一步地走，就这样一步一步地走，走出苦难，走出悲壮，走出亿万人中国梦想。

就这样一步一步地走，就这样一步一步地走，沿着主张，沿着信仰，走向明天的辉煌！

这首低沉有力的歌吼出了为信仰坚忍不拔的努力，震撼了我的心灵，变成了我笔耕的动力。我就这样一笔一笔地写，就这样一个字一个字地写，沿着目标，追逐人生的理想！

这部《高等教育供给侧改革的财务视角》是"'安徽省高校管理大数据研究中心'智库研究项目"成果之一。

在成书过程中参阅了大量同行们的研究成果，借鉴了宝贵的经验，引用了可靠的资料，在此表示衷心感谢。

在成书过程中得到东南大学出版社戴季东、马伟责任编辑的精细审阅，在此表示衷心感谢。

作为国内第一部从财务视角论述高等教育供给侧改革的专著，肯定有众多不成熟或谬误之处，敬请各位读者批评指正。

著者

2017 年 4 月 21 日

目　录

第一章　高等教育供给侧改革概述

第一节　供给侧改革概述

2016年1月29日，习近平总书记在中共中央政治局第三十次集体学习时强调指出："推进结构性改革特别是供给侧结构性改革，是'十三五'的一个发展战略重点。"

一、需求与供给

（一）国内有效供给满足不了有效需求致使到国外消费

国人为什么到国外去消费：在物质层面，去日本买马桶盖、去韩国买美妆、去澳大利亚买婴儿奶粉、去意大利买包包、去荷兰买剃须刀等等；在非物质层面，到国外去接受教育、医疗、旅游等服务。这些东西中国不是没有，就是没有高端的、没有国外供给的质量高、环保干净和服务好。李迅雷的研究显示：典型案例是中国人到日本去抢购马桶盖。但同时，中国迄今还有超过6亿人还没能用上马桶。说明有效需求的问题比有效供给更严峻。①

（二）供给与需求的概念

供给与需求是经济学最基本的概念。有人将"需求"与"供给"比喻作一枚硬币的两面。

著名经济学家、诺贝尔经济学奖得主萨缪尔森曾引用过无名氏的话："你甚至于可以使鹦鹉成为一个博学的经济学者——它所必须学的全部就是'供给'与'需求'这两个名词。"②

马克思在《资本论》中指出："要给需求和供给这两个概念下一般的定义，真正的困难在于，它们好像只是同义反复。让我们首先考察供给，这就是处在市场上的产品，或者能提供给市场的产品……现在，我们考察另一个方面：需求。在需求方面，看来存在着某种数量的一定社会需要，要满足这种需要，就要求市场上有一定量的某种物品。但是，从量的规定性来说，这种需要具有很大伸缩性和变动性。它

---

① 李迅雷. 供给侧改革助力跨越中等收入陷阱[J]. 中国人力资源社会保障，2016(5)：56.

② 保罗·A·萨缪尔森，威廉·D·诺德豪斯. 经济学. [M]. 高鸿业，等译. 第12版. 北京：中国发展出版社，1992：100.

的固定性是一种假象……供求实际上从来不会一致，如果它们达到一致，那也只是偶然现象，所以在科学上等于零，可以看作没有发生过的事情。因为各式各样的不平衡具有互相对立的性质，并且因为这些不平衡会彼此接连不断地发生，所以它们会由它们的相反的方向，由它们互相之间的矛盾而互相平衡。”①

由此可见，经济学基本问题就是从供给与需求两个侧面分析问题。供不应求或者供过于求是经济生活中的常态，是绝对的；供求均衡只是动态的，是相对的。供给与需求是矛盾的两个方面，是对立又统一的，是辩证的关系。

对需求和供给的分析是现代西方经济学一般理论分析的逻辑起点。需求与供给的一般定义为：

需求指的是消费者在一定时期内，在各种可能的价格下愿意而且能够购买的该商品的数量。而需要指的是消费者想得到某种商品的愿望。需求不是自然和主观的愿望，而有效的需求应该满足两个条件：消费者有购买的欲望和有购买的能力。

供给指的是生产者在一定时期内，在各种可能的价格下愿意而且能够提供出售的该商品的数量。这种供给是指有效供给，必须满足两个条件：生产者有出售的愿望和有供应的能力。

二、中央对供给侧结构性改革的提出

2015 年 10 月 8—10 日，中央财经办公室主任刘鹤到广东调研时强调，要更加重视供给侧调整，加快淘汰僵尸企业，有效化解过剩产能。一般认为，这是供给侧改革的最早提法。但笔者查阅资料，提出解决供给方面问题的时间还要早一点。

（一）2015 年 10 月前的提出

1. 中国的深层次问题是供给方面的问题

1999 年，张弥认为：“国内供给学派理论认为，凯恩斯需求管理为主的理论，强调的是加强政府对经济生活的干预，政府对企业的控制，以控制总需求的办法来治理通货膨胀。这与中国的国情是不相适应的。中国的深层次问题是效率问题，是供给方面的问题。因而供给经济学的分析方法和政策结论，更适合于中国目前改革和经济运行的实际。”②

2. “供给政策”和“供给力量”的提出

国务院发展研究中心资源与环境研究所副所长李佐军是我国最早研究供给侧改革的学者之一。他在一篇文章中回忆：“2006 年我公开发表的《加大供给政策推进力度》一文实际上是在 2001 年写作完成的。当时中国经济开启了新一轮的快速

① 马克思. 资本论. 第 2 卷. [M]. 北京：人民出版社，1975：208－212.

② 张弥. 国内外供给经济学派理论研究的比较[J]. 财经问题研究，1999(4)：65－67.

增长，学界出现了经济主要是由内需拉动还是应更多地发挥企业作用的争论。受我的博士研究生导师吴敬琏老师一篇文章的启发，写作了《加大供给政策推进力度》一文。此文提出，'随着经济发展进入新的阶段，必须充分认识供给和供给政策对经济发展的作用，加强供给政策的推进力度''供给是指所有能对经济发展和经济效率提高起作用的供给因素或供给力量（广义供给），包括经济活动主体（如企业和个人等）、生产要素（如资本、人力资本、技术和知识等）、结构变动（如工业化和城市化）和制度创新等'。2009 年，在需求管理政策大行其道之时，我发表了《保增长不能忽视多方面供给力量的作用》一文，文章提出，'当前，为了应对国际金融危机，国内各界正在为保增长而不懈努力。以往我们在分析经济增长时，三大需求是重要视角，供给侧因素则较少考虑。而供给是与需求相对应的概念，是指所有能对经济发展和经济效率提高起作用的供给力量，包括经济活动主体、生产要素、结构变动和制度创新等。目前阶段我国保增长不仅要重视需求侧力量对经济的拉动作用，更要重视供给侧力量对经济的推动作用'。2012 年，在政府再次强调用需求管理政策实现稳增长时，我发表了《供给是决定经济发展的主导力量》一文。文章提出：'需求拉动受收入增长和购买力限制，是一种较为被动的力量，因此，稳增长应逐步摆脱对需求政策的依赖，更多地发挥供给政策的作用。''长期以来，由于人们深受凯恩斯主义的影响，主要强调需求管理和需求政策的作用，特别是近年来许多人分析宏观形势和提出宏观政策建议，言必称凯恩斯三驾马车（出口、投资和消费），外需不行了就扩大内需，消费拉不动就使劲地拉动投资。其实，供给才是决定经济发展的主导力量。''供给政策更符合市场经济的要求，在历史上占据主导地位，供给与需求相互依存，但国内有效需求最终取决于各主体的供给能力，在开放经济条件下供给能力决定一国的竞争力，不要低估供给政策对我国经济发展的作用。'2012 年以来，我在上百篇文章和采访中反复论证和强调，出口、投资和消费'三驾马车'只是 GDP 支出法核算的三大组成部分，只是经济增长的结果而非原因，只是需求侧的短期动力，只是多种动力中的一种，只是经济下行或经济危机时期用以抚平经济波动的非常举措，不能作为常规性政策使用。若非要当常规性政策使用，必将带来产能过剩、通货膨胀、资产价格泡沫、债务负担增加、金融风险加剧、贫富差距拉大以及资源环境压力加大等副作用和后遗症。寻找经济发展的动力必须从需求侧转向供给侧，与需求侧'三驾马车'相对应，我提出了供给侧'三大发动机'的新概念。'三大发动机'包括制度变革、结构优化和要素升级，正好对应着新一届中央领导反复强调的改革、转型和创新三个方面。"①

3. 结构性改革

2013 年 9 月 5 日，习近平在俄罗斯圣彼得堡举行的二十国集团领导人会议上

① 李佐军. 供给侧改革就是精准改革[J]. 中国发展观察，2016(10)：61－64.

发表“共同维护和发展开放型世界经济”时指出：“我们认识到，为了从根本上解决经济的长远发展问题，必须坚定推动结构改革，宁可将增长速度降下来一些。任何一项事业，都需要远近兼顾、深谋远虑，杀鸡取卵、竭泽而渔式的发展是不会长久的。”这是“结构改革”的第一次表述。

吴敬琏认为：“结构性改革（structural reform）的含义，则是指在市场经济的总框架下对某些社会经济架构和政府规制架构进行的改革，也就是我们通常所说的体制改革，特别是政府职能的改革，不应当把它跟政府用行政手段‘调结构’混为一谈。”①

王小广指出：“结构性改革是重大或关键性领域的改革，而不是全面改革。结构性改革主要包括两层含义。第一层含义是指针对结构问题和体制缺陷而改革相应的体制机制。它包括两种情况，一种是针对经济发展的重大结构问题而采取相应的制度创新，力求通过制度创新从根本上解决结构问题，这是标准的发展经济学概念。另一种是经济体制特别是财政、金融体制存在重大的制度缺陷，必须通过加强规制、完善监管来补上原有制度漏洞。第二层含义，改革不是对原有制度的推倒重来，一般的情况是在对原有制度尊重或肯定的基础上，对一些导致严重的经济问题或危机的关键性制度缺陷做重大修补，即对现在制度结构进行优化升级，是完善制度的过程。”②

4. “增加有效供给”和“创新供给激活需求”的提出

2014 年 10 月 29 日，李克强主持召开国务院常务会议，部署推进消费扩大和升级，促进经济提质增效。会议指出：“消费是经济增长重要‘引擎’，是我国发展巨大潜力所在。在稳增长的动力中，消费需求规模最大、和民生关系最直接。要瞄准群众多样化需求，改革创新，调动市场力量增加有效供给，促进消费扩大和升级，带动新产业、新业态发展，推动发展向中高端水平迈进，打造中国经济升级版。一要增加收入，让群众‘能’消费。二要健全社保体系，让群众‘敢’消费。三要改善消费环境，让群众‘愿’消费。”会议要求重点推进 6 大领域消费。一是扩大移动互联网、物联网等信息消费，提升宽带速度，支持网购发展和农村电商配送。加快健康医疗、企业监管等大数据应用。二是促进绿色消费，推广节能产品，对建设城市停车、新能源汽车充电设施较多的给予奖励。三是稳定住房消费，加强保障房建设，放宽提取公积金支付房租条件。四是升级旅游休闲消费，落实职工带薪休假制度，实施乡村旅游富民等工程，建设自驾车、房车营地。五是提升教育文体消费，完善民办学校收费政策，扩大中外合作办学。六是鼓励养老健康家政消费，探索建立产业基金

---

① 吴敬琏. 把握供给侧结构性改革的正确指向[N]. 北京日报，2016-03-21.

② 王小广. 供给侧结构性改革：本质内涵、理论源流和时代使命[J]. 中共贵州省委党校学报，2016(2)：82-87.

等发展养老服务，制定支持民间资本投资养老服务的税收政策，民办医疗机构用水用电用热与公办机构同价。用更好的产品与服务，让人们放心消费、享受生活。

2014 年 12 月 9 日至 11 日，中央经济工作会议在北京召开。会议认为："要更加注重满足人民群众需要，更加注重市场和消费心理分析。从消费需求看，过去我国消费具有明显的模仿型排浪式特征，现在模仿型排浪式消费阶段基本结束，个性化、多样化消费渐成主流，保证产品质量安全、通过创新供给激活需求的重要性显著上升，必须采取正确的消费政策，释放消费潜力，使消费继续在推动经济发展中发挥基础作用。"

5. 供给侧的提出

已故日本经济学家青木昌彦在 2015 年 3 月 25 日为中国金融 40 人论坛提供的论文《从比较经济学视角探究中国经济新常态》中把上述两种分析法分别命名为"需求侧因素分析"和"供给侧因素分析"。以后许多中国经济学家也沿用这种表达。①

滕泰指出："2015 年 11 月 9 日，我应邀参加了李克强总理的座谈会，做了'从供给侧改革，全面降低企业成本，开启经济新周期'的汇报，碰巧第二天，11 月 10 日，习近平主席在中央财经领导小组会议上首次提出'供给侧结构性改革'。"②

（二）中央对供给侧结构性改革的提出

2015 年 11 月 10 日，习近平在中央财经领导小组会议上首次正式提出"供给侧结构性改革"。

11 月 18 日，习近平在 APEC 会议上再提"供给侧改革"，指出："要解决世界经济深层次问题，单纯靠货币刺激政策是不够的，必须下决心在推进经济结构性改革方向作更大努力，使供给体系更适应需求结构的变化。"

12 月 22 日，中央经济工作会议指出："稳定经济增长，要更加注重供给侧结构性改革。"

《中央经济工作会议(2016)》指出："党的十八大以来，形成以新发展理念为指导、以供给侧结构性改革为主线的政策体系，引导经济朝着更高质量、更有效率、更加公平、更可持续的方向发展，提出引领我国经济持续健康发展的一套政策框架。"

高层为何重视供给侧改革？ 11 月 18 日，中央财经领导小组办公室副主任杨伟民在财经年会上表示，作为中央"十三五"规划建议的灵魂，本质上体现的也就是供给侧的结构性改革问题。

（三）供给侧改革的内涵

1. 为什么要提出供给侧改革

中新网记者骆阳报道："近日，中共中央总书记习近平在中央财经领导小组会

---

① 吴敬琏. 把握供给侧结构性改革的正确指向[N]. 北京日报，2016－03－21.

② 吴敬琏，厉以宁，郑永宁，等. 读懂供给侧改革[C]. 北京：中信出版社，2016：209.

议上提到，加强供给侧结构性改革，增强经济增长动力。对此，美国《侨报》12日刊文表示，中国提出‘供给侧改革’正是对症下药之举。文章称，所谓‘供给侧改革’，就是从供给、生产端入手，通过解放生产力，提升竞争力促进经济发展。这种改革具体而言，它要求清理僵尸企业，淘汰落后产能，将发展方向锁定在新兴领域、创新领域，创造新的经济增长点。举简单的例子，中国人对手机需求量很大，但美国苹果手机在中国却甚是走俏。中国早有生产电饭煲、马桶等生活用品的能力，但中国人却不吝重金购买日本品牌。这背后折射出中国长期对‘供给侧’的疏忽，造就了今日难以满足市场需求的尴尬。哪些领域、哪些产业、哪些产品在‘供给侧’需要加大投入和生产，正是中国经济结构转型升级的需要。全球不缺消费者，缺的是具有竞争力的产品。”①

简单地说，原来我们从需求侧来拉动经济增长，是从需求方面出发的。但现在一般的供给满足不了人们的需求，需要从供给方面改革来提供更高质量又无污染的产品去满足人们的需求。

2. 供给侧结构性改革的根本目的

2016年5月16日，习近平在中央财经领导小组第十三次会议强调指出："供给侧结构性改革的根本目的是提高供给质量满足需要，使供给能力更好满足人民日益增长的物质文化需要；主攻方向是减少无效供给，扩大有效供给，提高供给结构对需求结构的适应性。"

《中央经济工作会议(2016)》指出："供给侧结构性改革，最终目的是满足需求，主攻方向是提高供给质量，根本途径是深化改革。最终目的是满足需求，就是要深入研究市场变化，理解现实需求和潜在需求，在解放和发展社会生产力中更好满足人民日益增长的物质文化需要。主攻方向是提高供给质量，就是要减少无效供给，扩大有效供给，着力提升整个供给体系质量，提高供给结构对需求结构的适应性。根本途径是深化改革，就是要完善市场在资源配置中起决定性作用的体制机制，深化行政管理体制改革，打破垄断，健全要素市场，使价格机制真正引导资源配置。"

3. 供给侧结构性改革的本质

2016年5月20日，习近平在中央全面深化改革领导小组第二十四次会议强调指出："供给侧结构性改革本质是一场改革，要用改革的办法推进结构调整，为提高供给质量激发内生动力、营造外部环境。各地区各部门要把依靠全面深化改革推进供给侧结构性改革摆上重要位置，坚定改革信心，突出问题导向，加强分类指导，注重精准施策，提高改革效应，放大制度优势。"

① 骆阳. 侨报：中国提出"供给侧改革"正是对症下药[N/OL]. 中国新闻网，2015-11-13.

4. 供给侧改革强调供给侧，但不是不要需求

(1)有“适度扩大总需求”“需求引领”“释放新需求”的提法

《辞海》一种解释：侧，向一边倾斜①，即侧重、偏重、着重某一方面。因此，供给侧改革即侧重、偏重供给方面的改革，通过改革使供给方面更加优化，达到提高供给体系质量和效率，更能满足需求。因此，它不是否定需求，而是达到供给与需求的有效平衡。中央领导是从这个角度说的：

2015 年 11 月 10 日，习近平指出：“在适度扩大总需求的同时，着力加强供给侧结构性改革，着力提高供给体系质量和效率，增强经济持续增长动力。”

《中华人民共和国国民经济和社会发展第十三个五年规划纲要》指出：“坚持需求引领、供给创新，提高供给质量和效率。”

党的十八届五中全会提出了“释放新需求，创造新供给”的指导方针。

(2)供给侧改革要求“两侧发力”达到供给与需求的有效平衡

2015 年 11 月 15 日，习近平在 G20 安塔利亚峰会上强调要“重视供给端和需求端协同发力”。

11 月 17 日，李克强在“十三五”规划编制工作会议上也强调，在供给侧和需求侧两端发力促进产业迈向中高端。

11 月 18 日，习近平在 APEC 会议上再提“供给侧改革”，指出要解决世界经济深层次问题，必须下决心在推进经济结构性改革方面做更大努力，使供给体系更适应需求结构的变化。

12 月 2 日，李克强指出：“明年要实现‘十三五’良好开局，必须继续从供需两端加大结构性改革力度，以创新供给带动需求扩展，以扩大有效需求倒逼供给升级，实现稳增长和调结构互为支撑、互促共进。”

12 月 7 日，李克强在“十三五”规划编制工作国内外专家座谈会上指出：“要继续从供需两侧发力推进结构性改革。规划要把创新驱动放在核心位置。”

上述“两侧发力”“两端协同发力”，表明不是否定需求侧或需求端，而是侧重、偏重供给方面的改革。

(3)供给侧改革要求减少无效和低端供给

习近平总书记指出：“减少无效和低端供给，扩大有效和中高端供给，增强供给结构对需求变化的适应性和灵活性，提高全要素生产率。”②

(4)供给侧和需求侧都需要改革、需要创造消费需求

2015 年 12 月 2 日，李克强主持召开经济工作专家座谈会，会上又在供给侧改

① 辞海编辑委员会. 辞海[M]. 上海：上海辞书出版社，1979：546.

② 本报评论员. 从供给侧着力实现新跃升——二论学习贯彻习近平同志在省部级专题研讨班上重要讲话[N]. 人民日报，2016-01-23.

革的基础上提出需求改革，他指出，平衡地看，供给和需求都需要改革，因此要从这两方面来推进结构性改革。他解释说："本届政府成立以来，重点在供给方面加大改革力度，包括简政放权、放管结合、优化服务，推动'大众创业、万众创新'，以及'互联网＋'等，都是在创造新的供给。"他同时强调指出："'需求方面改革也没有放松'，比如加大中西部铁路建设、棚户区改造、城市地下给排水设施建设等。"他还指出："在需求方面，要以更优品质的产品、更加丰富的新业态、更便利的服务，引领和创造消费需求，支持信息、绿色、旅游等领域新消费发展，在消费升级中释放需求潜力。积极增加有效投资，更好发挥政府资金对社会资本的带动作用和放大投资的乘数效应，加快补短板项目建设，支持新型城镇化、产业升级、重大民生工程等，立足长远实现投资综合效益递增。"

《中国经济周刊》记者王红茹报道："有人将能够短期显效的'需求侧改革'比作'西药'，更重长远的'供给侧改革'比作'中药'。'西医'可以救急，但副作用大；中医疗法如文火慢煮，综合施治，需要把握火候，引出的味道也更浓。"①

综上所述，供给侧改革和需求侧改革相互依存，共同发力。只不过供给侧改革是对多年来需求侧管理累积问题进行的综合矫正。两者都是让生产要素的潜能充分释放，使供给侧与需求侧更高发展阶段达到均衡。

三、供给侧改革的理论

（一）唯物辩证法理论

前已述及，供给与需求之间是两个互相对立又互相依存的辩证关系，供不应求或者供过于求是经济生活中的常态，是绝对的；供求均衡只是动态的，是相对的。供给与需求需要两端共同发力，当前，我们侧重的是供给方面的改革，但也不能忽视需求方面的改革。

1. 对计划和市场唯物辩证法态度的启示

(1)中国的经济理论是国外经济理论与国情结合的产物

"经济"一词取自商朝《礼记》中的"经世济民"，大概在公元4世纪初，东晋时代正式使用"经济"一词，如《晋书·殷浩传》："足下沉识淹长，思综通练，起而明之，足以经济。"以后还有(唐)袁郊《甘泽谣·陶岘》："岘之文学，可以经济；自谓疏脱，不谋宦游。"(宋)梅尧臣《汴渠》诗："我实山野人，不识经济宜"等。

"经济"一词我国虽早已有之，但西方经济学在19世纪晚期才传入中国，"经济"一词在清朝末期，翻译家严复将"economy"直译成"生计"，最先将"economics"用汉字翻译成"经济学"的是日本人，民国创始人孙中山先生从日本将"经济"一词引入中国，"经济"即成为"economy"的正式翻译用语。

---

① 王红茹."需求侧改革"如西药 "供给侧改革"如中药[J].中国经济周刊,2015(47):34-36.

由此可见，经济学是舶来品。我国计划经济体制是从前苏联引进的，我国计划经济理论是前苏联计划经济理论与国情结合的产物；我国市场经济体制是从西方引进的，中国的社会主义市场经济理论是西方经济理论与国情结合的产物。当然，中国这些体制与理论有批判地继承，有创新。但不应否定我国计划经济体制曾经带来过经济的发展，应该值得总结的是，我国计划经济体制及其理论是排斥市场的，不重视市场的力量，不引入市场的机制，使计划经济体制的弊端无限制地放大。我国应实行市场经济体制，是因为我国处于社会主义的初级阶段。

(2)我国计划和市场都得要，目前侧重的是建立社会主义市场经济体制

1979 年 11 月 26 日，我国改革开放刚刚起步的时候，邓小平就指出："说市场经济只存在于资本主义社会，只有资本主义的市场经济，这肯定是不正确的。社会主义为什么不可以搞市场经济？这个不能说是资本主义。我们是计划经济为主，也结合市场经济，但这是社会主义的市场经济。"①

1985 年 10 月 23 日，邓小平进一步指出："社会主义和市场经济之间不存在根本矛盾……我们过去一直搞计划经济，但多年的实践证明，在某种意义上说，只搞计划经济会束缚生产力的发展，把计划经济和市场经济结合起来，就更能解放生产力，加速经济发展。"②

1987 年 2 月 6 日，邓小平在"计划和市场都是发展生产力的方法"中强调指出："为什么一谈市场就说是资本主义，只有计划才是社会主义呢？计划和市场都是方法嘛。只要对发展生产力有好处，就可以利用。它为社会主义服务，就是社会主义的；为资本主义服务，就是资本主义的。好像一谈计划就是社会主义，这也是不对的，日本就有一个企划厅嘛，美国也有计划嘛。我们以前是学苏联的，搞计划经济。后来又讲计划经济为主，现在不要再讲这个了。"③

1989 年 6 月 9 日，邓小平又强调指出："我们要继续坚持计划经济与市场调节相结合，这个不能改。实际工作中，在调整时期，我们可以加强或者多一点计划性，而在另一个时期多一点市场调节，搞得更灵活些。以后还是计划经济和市场调节相结合。"④

1990 年 12 月 24 日，邓小平又明确指出："我们必须从理论上搞懂，资本主义和社会主义的区分不在于是计划还是市场这样的问题。社会主义也有市场经济，资本主义也有计划控制。资本主义就没有控制，就那么自由？最惠国待遇也就是控制嘛！不要以为搞点市场经济就是资本主义道路，没有那么回事。计划和市场都

① 邓小平．邓小平文选(第二卷)[M]．北京：人民出版社，1983：236．
② 邓小平．邓小平文选(第三卷)[M]．北京：人民出版社，1993：148－149．
③ 邓小平．邓小平文选(第三卷)[M]．北京：人民出版社，1993：203．
④ 邓小平．邓小平文选(第三卷)[M]．北京：人民出版社，1993：306．

得要。不搞市场，连世界上的信息都不知道，是自甘落后。”①

1992年春，邓小平在南方谈话中进一步强调指出：“计划多一点还是市场多一点，不是社会主义与资本主义的本质区别。计划经济不等于社会主义，资本主义也有计划；市场经济不等于资本主义，社会主义也有市场。计划和市场都是经济手段。”②

从上述邓小平的讲话可以看出三点：一是“计划和市场都是发展生产力的方法”“计划和市场都是经济手段”；二是“计划和市场相结合”“计划和市场都得要”“把计划经济和市场经济结合起来”；三是1979年提的“我们是计划经济为主，也结合市场经济”，1986年提的“只搞计划经济会束缚生产力的发展，把计划经济和市场经济结合起来，就更能解放生产力”，1987年的“后来又讲计划经济为主，现在不要再讲这个了”。

从上还可以看出，要搞“两点论”，不要搞“一点论”；不要用一个排斥另一个，而是两个方面都要，只不过在一个时期强调一个主要矛盾，侧重于搞某一个方面；同时，还应该注意矛盾的转化。

笔者还认为，作为第一个社会主义国家的苏联，在没有社会主义经济建设实践的时候，根据马克思“未来的社会主义社会实行计划经济”的设想，根据列宁在1906年写的《土地问题和争取自由的斗争》“只要存在着市场经济，只要还保持着货币权力和资本力量，世界上任何法律也无力消灭不平等和剥削。只有实行巨大的社会化的计划经济制度，同时把所有的土地、工厂、工具的所有权转交给工人阶级，才能消灭一切剥削”的指示，探索并试行社会主义计划经济。实事求是地说，计划与市场一样，仅是一种经济手段。当时，苏联处于资本主义包围之中，受到严重的战争的威胁，选择了高度集中的计划经济体制。而这种体制不仅使苏联保持了经济的高速增长，而且教育和科技也很发达，不仅以强大的军事力量取得了卫国战争的胜利，而且第一个成功发射人造卫星，苏联的经济地位从欧洲的第四位、世界的第五位一跃成为欧洲的第一位、世界的第二位，成为两个超级大国之一。苏联的解体原因是多方面的，对计划经济体制的弊端不深化改革是重要原因，还有诸多如政治体制方面的原因。因此，无论是苏联还是中国，对于计划经济体制的探索和实践，在无先例可循的情况下，探索者总是勇敢的，应有“容错”机制。但发现计划经济体制的弊端后提出改革，探索并实行市场经济体制则需要理论勇气与政治魄力。

2. 对“凯恩斯主义学派”和“供给学派”应采取唯物辩证法的态度

(1)对“凯恩斯主义学派”应采取唯物辩证法的态度

“凯恩斯主义学派”属于需求学派中主要代表性学派之一。英国经济学家约

① 邓小平.邓小平文选(第三卷)[M].北京：人民出版社，1993：364.

② 邓小平.邓小平文选(第三卷)[M].北京：人民出版社，1993：373.

翰·梅纳德·凯恩斯(John Maynard Keynes)在1936年发表其代表作《就业、利息和货币通论》,开创了经济学的"凯恩斯革命"。凯恩斯认为生产和就业的水平决定了总需求的水平。总需求是整个经济系统里对商品和服务的需求的总量。他还认为,由消费需求和投资需求构成的有效需求,其大小主要取决于消费倾向、资本边际效率、流动偏好三大基本因素以及货币数量。因此,凯恩斯被后人称为"宏观经济学之父""战后繁荣之父"等,成为现代经济学最有影响的经济学家之一。他创立的宏观经济学与弗洛伊德所创的精神分析法和爱因斯坦发现的相对论一起并称为20世纪人类知识界的三大革命。1998年的美国经济学会年会上,在150名经济学家的投票中,凯恩斯被评为20世纪"最有影响力"的经济学家(弗里德曼排名第二)。

贾康、苏京春认为:"追根溯源,凯恩斯在《就业、利息与货币通论》中强调的还是'有效需求'这一概念,所指即在总供给与总需求达到均衡时有支付能力的总需求,而由此产生的经济增长'三驾马车'理论所强调的消费、投资、出口三大动力,自然也相应地指向消费需求、投资需求和出口需求。总而言之,最终仍落脚在需求侧。……从灵感源自马尔萨斯需求管理的凯恩斯主义开始,宏观经济学强调的就是侧重于总需求的有效需求层面。从动力的源头追溯,人类社会存在和发展的本原层面的'元动力',当然是人的需求,有需求才会继之有生产活动来用以提供满足需求的产出,从而产生供给。……以中国为代表的新兴市场一致感到出口需求严重不足,从而大角度转向拉动内需、加大国内投资与消费来实现宏观经济稳定增长;另一方面还可在学界对宏观经济的讨论中常年关注三大'动力'在短期与长期中作用的比较、正负面效应、调控手段等等认识其无可回避性和可观的分量。因此,三大'动力'分析认识对需求侧管理的贡献已无须赘言。"①

凯恩斯主义产生于20世纪30年代,其需求侧理论曾经刺激过一些国家的经济,比如美国、德国、中国等。就像20年前有人批判计划经济体制那样,前些年也有人批凯恩斯主义。当然学术争论与批判都是正常的。但说"凯恩斯主义害了中国"似乎不妥。比如说"鸦片害了吸毒者",这句话似乎对,但又不妥,因为主要怪吸毒者;又如"糖害了糖尿病患者",这句话似乎对,但更不妥,因为鸦片对吸毒者必有害,但糖不是对所有食糖者必有害。那么,凯恩斯主义是否必定害某国?不一定。假设凯恩斯主义是谬论,如果凯恩斯主义害了某国,笔者认为,怪只怪该国不辨是非吸了鸦片(你可以不吸),或怪只怪该国得了糖尿病还吃糖(你以为人家非糖尿病患者吃糖你也可以吃糖)。因此,笔者认为凯恩斯的需求理论曾为经济增长发挥过积极作用。但任何好的理论必须与该国该地区的实践相结合,同时又必须根据该

① 贾康,苏京春."三驾马车"认知框架需对接供给侧的结构性动力机制构建——关于宏观经济学的深化探讨[J].全球化,2015(3):63-69.

国该地区经济发展不同时期出现的问题随时调整需求与供给的关系。

但凯恩斯理论确实有问题。李佐军深刻分析了凯恩斯理论的缺陷，他指出："凯恩斯理论存在如下五大缺陷：①过分强调需求侧出口、投资、消费'三驾马车'的作用，相对忽视供给的作用；②过分强调短期分析，相对忽视中长期分析；③过分强调政府的作用，相对忽视市场的作用；④过分强调宏观总量分析，相对忽视微观行为分析和结构分析；⑤过分强调经济因素的分析，相对忽视非经济因素的分析。"① 笔者认为李佐军分析深刻是用了五个"过分强调"，因为再好的东西一"过分"就过了"度"，就违背了实事求是，就背离了辩证法。

(2)对"供给学派"应采取唯物辩证法的态度

①萨伊定理。萨伊是供给学派的"鼻祖"，他提出了"供给创造需求"，"产品是以产品购买"的著名论断。萨伊主张打破垄断、减少管制、减少税收，通过市场机制来实现供求均衡。但是，20 世纪 30 年代的世界经济危机使"萨伊定理"失效，凯恩斯明确提出"消费不足是造成经济危机的根源"，导致"凯恩斯主义"得以流行。

②拉弗曲线。美国曾在 20 世纪 70 年代陷入"滞胀"，英国也在 20 世纪 70～80 年代面临"滞胀叠加"结构性问题的困境。为纠正"凯恩斯主义"过分注重刺激需求的错误做法，新供给学派美国学者阿瑟·拉弗提出了"拉弗曲线"理论。基本观点是政府的税收与税率的关系存在着一个关键转折点，政府税率高并不等于政府的实际税收就高。因为税率太高的话，企业就有可能撤资，导致经济活动萧条，政府反而收不到税。只有在税率达到一个最优值时，实际税收才是最高的。《华尔街日报》副主编贾德·万尼斯基称之为"拉弗曲线"，将这种新办法命名为供给侧管理或改革。

供给学派的基本做法是减税和减少政府对经济生产的干预。有人曾说罗斯福新政与凯恩斯学派有关，也有人说"里根经济学"和"撒切尔主义"是对供给学派观点的典型实践。弗里德曼 1988 年曾给中国一位前领导人写过一封信，对中国经济改革的建议包括"结束外汇管制，建立外汇自由市场，让汇率由市场来决定""全面放开对个别价格和工资的控制"和"由私人控制来取代政府对经济和国营企业的集中控制"。不管中国政府是有意还是无意采纳，但当时确实在相当大程度上是按照这几点来进行经济体制改革的。他在信的结尾写到："只要继续进一步依靠自由私人市场，中国完全能取得进一步的巨大成功！"(参见凯恩斯、弗里德曼和"中国模式"，2010-9-17)

但凯恩斯学派与供给学派的较量一直此起彼伏，2008 年的全球金融危机再次将供给学派和凯恩斯主义的较量搬到了前台，被压抑已久的凯恩斯学派又活跃起来，其领军人物萨缪尔森对两年前已去世的、他的朋友兼对手弗里德曼冷嘲热讽：

① 李佐军. 反思需求管理理论寻找供给侧改革理论依据[J]. 中国民商，2016(3)：42-45.

"今天,我们见识了米尔顿(弗里德曼)认为的一个市场能够调节它自身的观点到底有多么的错误,凯恩斯的观点起到了重要的引导性角色。我希望弗里德曼还依然活着,这样他就能够见证了他自己观念中的极端主义是如何导致自身的失败的。"当然,萨缪尔森也没有看到这场较量的结果,于2009年12月去世。

前已述及,供给与需求是经济学最基本的概念,因此,经济增长的动力应该是供给与需求两个方面,强调某一方面是片面的,不是辩证的。辩证法要求在关注供给与需求两个方面时,在不同地区、不同时期突出"需求"或"供给"哪个是主要矛盾,抓住这个牛鼻子。

3. "需求"或"供给"在不同地区、不同时期的主要矛盾不同,即侧重也不同

毛泽东指出:"过程发展的各个阶段中,只有一种主要矛盾在起着领导的作用。由此可知,任何过程如果有多数矛盾存在的话,其中必定有一种是主要的,起着领导的、决定的作用,其他则处于次要和服从的地位。因此,研究任何过程,如果存在两个以上矛盾的复杂过程的话,就要全力以赴去找出它的主要矛盾。捉住了这个主要矛盾,一切问题就迎刃而解了。"①毛泽东又指出:"不能把过程中所有的矛盾平均看待,必须分为主要的和次要的两类,着重于捉住主要的矛盾。……无论什么矛盾,矛盾的诸方面,其发展是不平衡的。有时候似乎势均力敌,然而这只是暂时的和相对的情形,基本的形态则是不平衡的。矛盾着的两方面中,必有一方是主要的,其他方面是次要的。其主要方面,即所谓矛盾起主导作用的方面。事物的性质,主要是由取得支配地位的矛盾的主要方面规定的。"②

根据毛泽东的理论,笔者对目前的供给侧改革提出以下建议:

(1)供给侧和需求侧需要共同发力

实事求是地说,"需求"或"供给"都是经济增长的动力,片面地强调"需求"或"供给"某一方面都不符合辩证法,因此需要"需求"或"供给"两侧共同发力。

(2)应该从实际出发,决定供给侧改革是主要矛盾还是需求侧改革是主要矛盾

①应该从不同时期的实际出发

某个时期以需求侧改革为主要矛盾来抓,还是以供给侧改革为主要矛盾来抓应从实际出发。如需求对经济增长起决定性作用时,应以需求侧改革为主要矛盾来抓;如供给对经济增长起决定性作用时,应以供给侧改革为主要矛盾来抓。我国在"十二五"以前,用需求刺激经济增长,确实使GDP增长到一个较高的水平,但忽视了"需求侧"或"供给侧"两端发力,造成了供不应求、供不符求的现象;同时,我国又面临"跨越中等收入陷阱"的局面,因此,中央提出以供给侧改革为主要矛盾来抓是正确的。

① 毛泽东. 毛泽东选集(第一卷)[M]. 北京:人民出版社,1991:322.

② 毛泽东. 毛泽东选集(第一卷)[M]. 北京:人民出版社,1991:322.

②应该从不同地区的实际出发

我国幅员辽阔，东部、中部、西部经济发展不平衡，就是如广东、江苏等发达省份也有贫困的区县，因此，哪些地区以供给侧改革为主要矛盾还是以需求侧改革为主要矛盾也必须从实际出发。比如“去产能”和“去库存”不同地区就不同，同样，“补短板”不同地区也不同。

③应该从不同产业结构的实际出发

不是什么产业都是供给侧改革为主要矛盾。李克强指出：“‘需求方面改革也没有放松’，比如加大中西部铁路建设、棚户区改造、城市地下给排水设施建设等。”

(3)在动态中注意主要矛盾的转化

毛泽东指出：“然而这种情形不是固定的，矛盾的主要和非主要的方面互相转化着，事物的性质也就随着起变化。在矛盾发展的一定过程或一定阶段上，主要方面属于甲方，非主要方面属于乙方。到了另一发展阶段或另一发展过程时，就互易其位置，这是依靠事物发展中矛盾双方斗争的力量的增减程度来决定的。”①

2015年中央经济工作会议强调指出：“明年及今后一个时期，要在适度扩大总需求的同时，着力加强供给侧结构性改革。”这里提的是“明年及今后一个时期”，这表明供给侧结构性改革不是长期或固定不变的任务。因此，要在动态中注意主要矛盾的转化。

2017年1月22日，习近平在中共中央政治局第三十八次集体学习时强调指出：“结构性问题，供给和需求两侧都有，但矛盾的主要方面在供给侧。供给侧结构性改革是一场关系全局、关系长远的攻坚战……要处理好供给和需求的关系。供给和需求是市场经济内在关系的两个基本方面，供给侧和需求侧是管理和调控宏观经济的两个基本手段。经济政策是以供给侧为重点还是以需求侧为重点，要依据宏观经济形势作出抉择，二者不是非此即彼、一去一存的替代关系，而是要相互配合、协调推进。推进供给侧结构性改革，要用好需求侧管理这个重要工具，使供给侧改革和需求侧管理相辅相成、相得益彰，为供给侧结构性改革提供良好环境和条件。”②

(4)注意一个倾向掩盖着另一个倾向

毛泽东指出：“各个时期有一种主要倾向掩盖着另一个倾向。要使我们的同志彻底了解我党历史经验，避免重犯错误。”③

这表明在以需求侧改革为主要矛盾时要注意供给侧改革，在以供给侧改革为

① 毛泽东.毛泽东选集(第一卷)[M].北京：人民出版社，1991：322.

② 习近平在中共中央政治局第三十八次集体学习时发表重要讲话[N].人民日报，2017-01-22.

③ 中共中央文献研究室.建国以来毛泽东文稿(第13册)[M].北京：中央文献出版社，1996：144.

主要矛盾时要注意需求侧改革。笔者十分赞成李佐军"精准改革"的观点。[①]

（二）需求理论——供给侧结构性改革仍需要创造消费需求

2015 年 10 月 29 日，中国共产党第十八届中央委员会第五次全体会议通过的《中共中央关于制定国民经济和社会发展第十三个五年规划的建议》仍提到拉动经济需求的"三驾马车"——消费、投资、出口，并放在重要的地位，"发挥消费对增长的基础作用"，"发挥投资对增长的关键作用"，"发挥出口对增长的促进作用"。其在第三条第一款指出："培育发展新动力。优化劳动力、资本、土地、技术、管理等要素配置，激发创新创业活力，推动大众创业、万众创新，释放新需求，创造新供给，推动新技术、新产业、新业态蓬勃发展，加快实现发展动力转换。发挥消费对增长的基础作用，着力扩大居民消费，引导消费朝着智能、绿色、健康、安全方向转变，以扩大服务消费为重点带动消费结构升级。促进流通信息化、标准化、集约化。发挥投资对增长的关键作用，深化投融资体制改革，优化投资结构，增加有效投资。发挥财政资金撬动功能，创新融资方式，带动更多社会资本参与投资。创新公共基础设施投融资体制，推广政府和社会资本合作模式。发挥出口对增长的促进作用，增强对外投资和扩大出口结合度，培育以技术、标准、品牌、质量、服务为核心的对外经济新优势。实施优进优出战略，推进国际产能和装备制造合作，提高劳动密集型产品科技含量和附加值，营造资本和技术密集型产业新优势，提高我国产业在全球价值链中的地位。"

2014 年 7 月 29 日，中共中央政治局召开会议，决定召开十八届四中全会，讨论研究当前经济形势和下半年经济工作。会议要求："要努力扩大消费需求，发挥好消费的基础作用，顺应居民消费结构升级趋势，完善消费政策，改善消费环境，不断释放消费潜力。"

《中华人民共和国国民经济和社会发展第十三个五年规划纲要》指出："坚持需求引领、供给创新，提高供给质量和效率，激活和释放有效需求，形成消费与投资良性互动、需求升级与供给升级协调共进的高效循环，增强发展新动能。"

1. 马克思对消费的具体论述

(1)人类生存首先需要衣、食、住等

马克思指出："人从出现在地球舞台上的第一天起，每天都要消费，不管在他开始生产以前和在生产期间都是一样。"[②]

马克思、恩格斯还指出："我们首先应当确定一切人类生存的第一个前提也就是一切历史的第一个前提，这个前提就是：人们为了能够'创造历史'，必须能够生

① 李佐军.供给侧改革是全面改革中的"精准改革"[J].山东经济战略研究，2016(3)：4.
李佐军.供给侧改革就是精准改革[J].中国发展观察，2016(10)：61－64.

② 马克思.资本论(第1卷)[M].北京：人民出版社，1975：191.

活。但是为了生活，首先就需要衣、食、住以及其他东西。因此第一个历史活动就是生产满足这些需要的资料，即生产物质生活本身。”①

马克思说：“吃喝是消费形式之一，人吃喝就是生产自己的身体，这是明显的事。而对于以这种或那种形式从某一方面来生产人的其他任何消费形式也都可以这样说。”②

由此可见，人类只有生存才会有发展，而要生存必须要满足最基本的生理需求即吃穿住，这是人类生命存在的前提，因此，这些吃穿住等是一种基本的物质消费。

(2)最基本的生存需求逐步满足以后追求精神生活

马克思指出：“忧心忡忡的穷人甚至对最美丽的景色都没有什么感觉。”③人们在最基本的生存需求即吃穿住逐步满足以后，开始向往或追求物质资料以外的精神生活，如娱乐、教育、医疗，以及生活条件改善的技术(如火利用于食，兽皮应用于衣等)和生产工具改进的技术(如农具、弓箭等)。

劳动时间是人们为了满足自身生存需要而进行物质生产劳动的时间。马克思把人的时间分为劳动时间和非劳动时间。“非劳动时间”即“不被直接生产劳动所吸收的时间”，它包括“个人受教育的时间、发展智力的时间、履行社会职能的时间、进行社交活动的时间、自由运用体力和智力的时间”。④

马克思还指出：“个性得到自由发展，因此，并不是为了获得剩余劳动而缩减必要劳动时间，而是直接把社会必要劳动缩减到最低限度，那时，与此相适应。由于给所有人腾出了时间和创造了手段，个人会在艺术、科学等等方面得到发展。”⑤恩格斯也指出，正是由于这种工业革命，人的劳动生产力才达到了这样高的水平，以致在人类历史上破天荒第一次创造了这样的可能性：在所有的人实现合理分工的条件下，不仅进行大规模生产以充分满足全体社会成员丰裕的消费和造成充实的储备，而且使每个人都有充分的闲暇时间从历史上遗留下来的文化——科学、艺术、交际方式等等——中间承受一切真正有价值的东西；并且不仅仅是承受，而且还要把这一切从统治阶级的独占品变成全体社会的共同财富和促使它进一步发展。关键就在这里。⑥

马克思认为：“使用价值只对消费有意义，而且对消费来说，使用价值的存在，只是作为一种消费品的存在，只是使用价值在消费中的存在。喝香槟酒虽然产生‘头昏’，但不是生产的消费，同样，听音乐虽然留下‘回忆’，但也不是生产的消费。

① 马克思，恩格斯. 马克思恩格斯选集(第1卷)[M]. 北京：人民出版社，1975：32.
② 马克思，恩格斯. 马克思恩格斯选集(第2卷)[M]. 北京：人民出版社，1975：93.
③ 马克思. 1844年经济学哲学手稿[M]. 北京：人民出版社，2000：87.
④ 马克思. 资本论(第1卷)[M]. 北京：人民出版社，1975：294.
⑤ 马克思，恩格斯. 马克思恩格斯全集(第46卷下)[M]. 北京：人民出版社，1972：218-219.
⑥ 马克思，恩格斯. 马克思恩格斯选集(第2卷)[M]. 北京：人民出版社，1975：478-479.

如果音乐很好，听者也懂音乐，那么消费音乐就比消费香槟高尚。”①

从上可知，马克思主义的创始人认为，人类生存首先需要衣、食、住等，在最基本的生存需求逐步满足以后就会追求精神生活，科学地奠定了人类需求的层次理论。

2. 马斯洛的需求层次论

1943年，美国心理学家亚伯拉罕·马斯洛在《人类激励理论》论文中所提出了需求五层次论。马斯洛需求层次理论是人本主义科学的理论之一，他将人类需求像阶梯一样从低到高按层次分为五种，分别是：生理需求、安全需求、社交需求、尊重需求和自我实现需求。

(1)生理需求(Physiological needs)，属于等级最低、最基本的需求，如吃饭(饥不择食)、穿衣等。

(2)安全需求(Safety needs)，也属于较低等级的需求，如吃的东西不能得病，不能中毒，住房要安全等。

(3)社交需求(Love and belonging needs)，属于中等层次的需求，如作为社会人需要的友情、爱情等。

(4)尊重需求(Esteem needs)，属于较高层次的需求，如成就、名声、地位和晋升机会等。尊重需求既包括对成就或自我价值的个人感觉，也包括他人对自己的认可与尊重。

(5)自我实现需求(Self-actualization)，是最高层次的需求，包括针对于真善美至高人生境界获得的需求，在前面四项需求都能满足基础上，最高层次的需求方能相继产生，如人的全面发展，为事业的献身精神，从事慈善事业等。

马斯洛在晚期时又提出了超自我实现(Over actualization)的理论，一般在艺术界忘我陶醉的表现。

应该指出，这六个层次一般依次由较低层次到较高层次排列，这是人们的需求决定的。但也有例外。如我国近代著名诗人、民主斗士朱自清在反饥饿、反内战的斗争中，虽身患重病，但还在《抗议美国扶日政策并拒绝领取美援面粉宣言》签名，并嘱告家人不买配售面粉，不吃嗟来之食，始终保持着一个正直的爱国知识分子的气节和情操。

3. 市场经济体制下需求导向市场，需求结构决定供给结构

贾康、苏京春指出：“从动力的源头追溯，人类社会存在和发展的本原层面的‘元动力’，当然是人的需求，有需求才会继之有生产活动来用以提供满足需求的产出，从而产生供给。基于这种‘元动力’的认识，才有把需求总量三分的‘三动力’，即‘三驾马车’的认识。……‘三驾马车’的实质是需求管理由本义的‘总量调控’开

① 马克思.剩余价值理论(第一册)[M].北京：人民出版社，1975：312.

始引入结构性认知框架，作为重视‘结构性’的成果，这一认识可以更好满足宏观调控需要，但仍然在理论与实践的互动发展中表现出其局限性，这种把消费、投资、出口的划分看作通过需求管理促进经济增长的‘动力’，即‘三驾马车’式表述，既有所得又有所失，‘得’在确实拓展了需求管理的范畴，‘失’在这种‘动力’在需求侧难以自我实现。这一得失悖论势必引导我们将探究目光转向供给侧，与需求侧‘元动力’相对应的，回应给消费供给、投资供给和出口供给综合形成的供给侧产出及相关的制度供给，才真正形成了经济发展中至关重要的供给侧动力机制体系。”①

需求要求市场供给。在马斯洛的需求层次中，人们已经向高层次发展：人们已经注意健康和形体美，他们锻炼、养生、保健、美容甚至整容等；人们已经注意交往，他们聚会、休闲、度假、旅游等；人们已经注意生存环境和幸福指数，他们希望拥有较好的住宅和座驾，希望拥有较好的小区，希望空气和水等的洁净；人们已经注意提升素质，他们学习、遵纪守法、注意文明等。衣食结构（需求）决定农副牧业结构（供给）。有一个段子曰“吃菜要吃素，穿衣要穿布”。从某种意义上反映了人们的衣食结构。在日常生活中，人们已经发生了“粗粮→细粮→粗粮”和“素菜→荤菜→素菜”的转变。有的甚至少吃粮食，多吃蔬菜和水果。超市内不仅蔬果品种齐全，而且衣鞋多款新潮。网上购物、快递公司、外卖公司便捷。与人们需求相适应，供给市场发生了很大变化：游泳馆、健身房、游乐场、度假村、养生堂等应运而生，书市、图书馆、博物馆、美术馆、展览馆、剧院、文化馆竞相开放，商品市场、资本市场、人才市场、信息市场、旅游市场等五花八门。

（三）供给理论

1. 关于供给侧结构性改革的理论溯源的不同观点

（1）批判继承说

胡鞍钢指出：“要理解供给侧结构性改革，就必须找到供给侧改革的经济学理论来源。19世纪初法国经济学家萨伊（1767—1832）所倡导的古典自由主义经济学思想是供给学派的最为重要的思想源泉。特别是他所提出的‘萨伊定律’（Say's Law），即供给自动创造需求的理论，是古典经济学关于供需关系的最为重要的表述。”②与需求学派的分支相比，供给学派的分支则较少，但它也是曾起过积极作用的经济理论。

贾康、苏京春认为：“探寻‘供给侧’学派源流，我们不难发现其迄今为止历经四大阶段，从‘萨伊定律’到‘凯恩斯主义’，从‘凯恩斯主义’到‘供给学派’，从‘供给学派’到‘凯恩斯主义复辟’，从‘凯恩斯主义复辟’到‘供给管理’。并沿着四大阶段的

---

① 贾康，苏京春.“三驾马车”认知框架需对接供给侧的结构性动力机制构建——关于宏观经济学的深化探讨[J].全球化，2015(3)：63－69.

② 胡鞍钢，周绍杰，任皓.供给侧结构性改革——适应和引领中国经济新常态[J].清华大学学报(哲学社会科学版)，2016(2)：17－22.

历史发展脉络呈现出清晰的两轮‘否定之否定’，第一轮否定之否定的逻辑是‘萨伊定律——凯恩斯主义——供给学派’，第二轮否定之否定的逻辑是‘供给学派——凯恩斯主义复辟——供给管理’。”①

徐冰认为：“无论如何神奇，无论怎样适合中国的土壤，‘凯恩斯主义’也仅是众多经济理论之一，它不可能脱离具体的现实条件，放之四海而皆准，且永远准确。考诸中国经济运行的经验教训和当下现状，即便‘凯恩斯主义’之于中国经济依然有重大助力，也没有必要完全‘一条腿走路’。正因此，与凯恩斯主义相对的‘供给经济学’，在中国经济增长失速之时显示出了宏阔的前景。”②

（2）否定说

卫兴华指出：“不能简单地从西方经济学比如从萨伊的‘供给自动创造自身的需求’的观点中寻找我国推进供给侧结构性改革的理论源泉，因为两者根本不搭界。萨伊是用供给创造需求、总供给会与总需求相一致这一观点来否认资本主义会出现生产过剩的经济危机，进而为资本主义制度辩护。”③

童行健认为：“供给学派并非是供给侧结构性改革的理论渊源。供给学派的理论渊源是指从亚当·斯密（Adam Smith）到约翰·穆勒（John Stuart Mill），经过萨伊（Jean Baptiste Say）所建立的以供给为理论出发点，以生产、成本生产率为研究重点，以经济自由主义为政策主张的经济理论体系。……供给侧结构性改革的主要理论来源是马克思主义和建国以来一系列经济实践。”④

查显友、丁守海认为：“中国供给侧结构性改革不能简单照搬西方理论。西方供给学派的核心逻辑就是自由市场主义，这不适合我国的国情。今天中国经济所面临的问题与当年西方不同，照搬照套无益于问题解决。”⑤

黄湘燕认为：“一些学者自觉或不自觉地认为，我国当前的‘供给侧改革’是依据供给学派的理论，甚至效仿20纪80年代美国的‘里根经济学’的做法，这是对新常态下新的‘理论话语’的误解。……因此，以我国当今‘供给侧’改革类比美国80年代供给学派或‘里根经济学’，显然是不适当的，也容易混淆、甚至否定我们的改革。”⑥

关于供给侧结构性改革的理论溯源的上述两种不同观点，一种认为，供给侧结构性改革的理论溯源是供给学派，它是曾起过积极作用的经济理论，可以批判地继

① 贾康，苏京春. 探析“供给侧”经济学派所经历的两轮“否定之否定”——对“供给侧”学派的评价、学理启示及立足于中国的研讨展望[J]. 财政研究，2014(8)：2－16.

② 徐冰. 供给侧改革面临的挑战[J]. 中国经济报告，2015(12)：编辑前言.

③ 卫兴华. 澄清供给侧结构性改革的几个认识误区[N]. 人民日报，2016－04－20.

④ 童行健. 供给学派并非是供给侧结构性改革的理论渊源[J]. 经济研究导刊，2016(10)：1－4.

⑤ 查显友，丁守海. 中国供给侧结构性改革不能简单照搬西方理论[J]. 红旗文稿，2016(8)：4－6.

⑥ 黄湘燕. “供给侧改革”与供给经济学的迥异[J]. 改革与开放，2016(8)：25－27.

承,在中国经济增长失速之时显示出了宏阔的前景;另一种认为,供给学派并非是供给侧结构性改革的理论渊源,不能简单地从萨伊的供给观点中寻找我国推进供给侧结构性改革的理论源泉,这不适合我国的国情,照搬照套无益于问题解决。

笔者认为,我国经济学的研究,无论是对计划经济还是市场经济的研究,基本上是借鉴国外经济学研究的精华,取其合理内核,联系我国国情,丰富和发展中国特色的社会主义经济理论。照搬照套的教条主义和排斥一切的虚无主义都是不对的。笔者在研究供给侧结构性改革的理论时认为,第一种"批判继承说"是积极的,是在探索中国的供给侧结构性改革的理论;第二种"否定说"是防范性的,着重说明中国的供给侧结构性改革的理论与西方供给学派的区别,这也有建设性的。这些争论对于完善中国的供给侧结构性改革的理论是非常必要的。

2. 供给侧改革的核心

贾康认为:"供给侧改革的核心内涵是解放生产力。"①

徐康宁认为:"供给侧改革的核心在于扩大有效供给。经济学经典理论认为,市场的力量分为供给一端和需求一端,供给和需求双方的力量合在一起决定了市场在什么状态下实现均衡。市场的规模、结构及其发展水平本来是由需求和供给两方面力量所决定,没有需求的供给是多余的供给,也是无效供给;没有供给的市场,或者说缺乏有效供给的市场,需求或者只是一种空想(想想短缺经济的时候),或者就是沙漠中的一滴水珠,无论怎样亮晶也变不成一片绿洲。没有有效的供给,即便存在需求,也只是处于沉睡之中。……供给侧改革的核心就是要释放有效供给潜能,不断扩大有利于刺激新需求的新供给,而不是一般供给。"②

这两个观点视角不同,表述有差异。但笔者认为供给侧改革既是一场改革,就应该明确表达出改掉低端供给,革掉无效供给。因此,徐康宁的观点比较明确。

3. 研究中国特色的供给侧改革的理论不能离开需求的理论与实际

前已述及,供给与需求是经济学的两个方面,是对立又统一的,是辩证的关系。因此,研究中国特色的供给侧结构性改革的理论不能离开需求理论与中国需求的实际情况。

(1)当前主要矛盾应从需求侧转化到供给侧

2015 年 12 月 2 日,李克强指出:"所谓供给侧改革,就是从供给、生产端入手,通过解放生产力、提升竞争力促进经济发展。"

吴敬琏指出:"多年来,探寻经济增速下降的原因,从而提出应对方策,一直存在两种不同的方法,一种是归因于需求方的因素,即消费、投资和净出口等'三驾马车'的力量不足,另一种是归因于供给方的劳动、投资和效率(全要素生产率)等因

① 贾康.供给侧改革的核心内涵是解放生产力[J].党政视野,2016(3):44.

② 徐康宁.供给侧改革的若干理论问题与政策选择[J].现代经济探讨,2016(4):5-9.

素发生了变化。提出‘着力推进供给侧结构性改革’的重要意义在于运用不同于以往着眼于需求侧因素（‘三驾马车’）的分析方法。”①

贾康认为：“目前中国急需在改革中解除供给抑制、放松供给约束。”②

王一鸣、陈昌盛、李承健指出：“供给和需求不平衡、不协调的矛盾和问题日益凸显，突出表现为供给侧对需求侧变化的适应性调整明显滞后。这就需要在适度扩大总需求的同时加快推进供给侧结构性改革，用改革矫正供需结构错配和要素配置扭曲，减少无效和低端供给，扩大有效和中高端供给，促进要素流动和优化配置，实现更高水平的供需平衡。”他们还指出：“推进供给侧结构性改革仍要做好需求管理。供给和需求是宏观经济管理的两个方面。供给和需求是对立统一的，保持总供给和总需求的动态平衡是经济增长的重要条件。供需不平衡、不协调、不匹配，会导致资源错配和结构扭曲，影响经济增长的可持续性。推进供给侧结构性改革并不意味着放弃需求管理。需求管理重在短期调控，重在引导市场预期。供给侧结构性改革离不开需求管理的配合。充分发挥需求管理的‘稳定器’作用，可以避免经济增速短期快速下行激化各种矛盾和潜在风险，避免增大改革的难度和成本。供给侧结构性改革也能发挥提振需求的作用。供给侧结构性改革还可以通过产品和服务创新提高产品品质和质量，吸引和创造更多的国内外需求。”③

（2）“三驾马车”（消费、投资和出口）供给构成了供给侧的动力机制

贾康、苏京春指出：“消费供给、投资供给和出口供给，实际上构成了供给侧的动力机制，这种动力机制带有非常明显的结构性特征。与需求侧的均质、可通约明显不同，供给侧的产出是千差万别的。”④

卫兴华认为：“有的观点认为，过去一直强调的发挥‘三驾马车’（消费、投资和出口）对经济增长的拉动作用属于需求侧管理，需求侧管理与供给侧结构性改革是对立的、矛盾的，因而推进供给侧结构性改革就要抛弃‘三驾马车’。其实，供给侧结构性改革与需求侧管理并不矛盾。”他还指出：“供给侧结构性改革与发挥‘三驾马车’对经济的拉动作用不是对立的。消费、投资和出口的‘需求’是从发展经济要满足这三方面的需要来讲的，其中只有消费需求是相对于供给侧的需求，出口和投资则不能简单地看做是相对于供给侧的需求。可见，供给侧结构性改革不是针对促进‘三驾马车’发挥作用的需求侧管理，反而恰恰是要求投资和出口作为提供产品的供给方进行适应需求变化的结构性改革，实现需求侧与供给侧更好契合、有机

① 吴敬琏.把握供给侧结构性改革的正确指向[N].北京日报，2016-03-21.

② 贾康，华夏新.中国供给侧结构性改革中创新制度供给的思考[J].区域经济评论，2016(3)：5-7.

③ 王一鸣，陈昌盛，李承健.正确理解供给侧结构性改革[N].人民日报，2016-03-29.

④ 贾康，苏京春.“三驾马车”认知框架需对接供给侧的结构性动力机制构建——关于宏观经济学的深化探讨[J].全球化，2015(3)：63-69.

统一。因此，在实践中，供给侧结构性改革要包括投资结构性改革和出口结构性改革。”①

李稻葵指出：“我们现在的基本情况是，百姓有很多基本的需求还没有得到满足，尤其是中西部地区。我们的基本问题是，在供给领域、生产领域没有提供给百姓真正需要的产品。供给侧的潜力还是非常大的。问题是生产了大量百姓暂时不需要的产品，出现了产能过剩。”②

2015 年 11 月 11 日，李克强在国务院常务会议强调“培育形成新供给、新动力扩大内需”。

(3)供给与需求需要两端发力

徐康宁认为：“在市场经济条件下，需求管理在任何时候都是必需的，强调供给与需求两端发力，双管齐下，优化当前的经济结构，逻辑上是正确的。但是，在肯定供给与需求两端发力政策思路的同时，也有必要强调，供给与需求管理两者不可偏废，近期的重点在供给一端，主要的新理念、新思路也应在供给一端。”③

陈小亮、陈彦斌指出：“新常态下供给侧结构性改革的推进仍然需要总需求管理相配合，需要辅以扩张性的总需求管理政策。精巧设计的新型总需求管理方案不仅能够有效应对需求冲击，而且可以较好地应对供给冲击，这强化了总需求管理在宏观调控体系中的主导地位。新常态下中国要着力加强供给侧结构性改革，同时不能放弃总需求管理，而且应该努力提高总需求管理政策的有效性。”④

4. 中国特色的供给侧改革理论的基本点

综上所述，中国特色的供给侧改革理论的基本点包括：

(1)中国特色的供给侧改革理论应以马克思主义的唯物辩证法和经济理论为指导，吸收西方经济理论的合理内核，总结世界经济中“供给”与“需求”的经验与教训，总结新中国近 70 年来在“供给”与“需求”的经验与教训，联系中国有特色的社会主义市场经济的实践，坚持实践基础上的理论创新、制度创新、科技创新、文化创新以及其他方面的创新，鼓励为探索中国特色的供给侧改革理论的争论，不断完善中国特色的供给侧改革理论。

(2)供给与需求是经济学最基本的概念。供不应求或者供过于求是经济生活中的常态，是绝对的；供求均衡只是动态的，是相对的。供给与需求是矛盾的两个方面，是对立又统一的，是辩证的关系。供给侧改革重点是“供不符求”，减少无效和低端供给，扩大有效和中高端供给，增强供给结构对需求变化的适应性和灵活性，提高全要素生产率。

---

① 卫兴华. 澄清供给侧结构性改革的几个认识误区[N]. 人民日报，2016-04-20.

② 李稻葵. 关于供给侧结构性改革[J]. 理论视野，2015(12)：16-19.

③ 徐康宁. 供给侧改革的若干理论问题与政策选择[J]. 现代经济探讨，2016(4)：5-9.

④ 陈小亮，陈彦斌. 供给侧结构性改革与总需求管理的关系探析[J]. 中国高校社会科学，2016(3)：67-78.

(3)供给侧结构性改革的根本目的是提高供给质量满足需要,使供给能力更好满足人民日益增长的物质文化需要;主攻方向是减少无效供给,扩大有效供给,提高供给结构对需求结构的适应性。

(4)供给侧结构性改革本质是一场改革。供给侧要解决长期可持续发展问题,最需要的是一整套新的制度和政策供给,以改革创新精神补齐制度短板,放大制度优势。

(5)供给侧改革决不排斥需求。它包括:①供给侧改革需要“适度扩大总需求”“需求引领”“释放新需求”;②供给侧改革要求供给侧和需求侧两端协同发力,达到供给与需求的有效平衡;③供给侧和需求侧都需要改革、需要创造消费需求。

(6)在供给侧改革实践中,中国幅员辽阔,经济发展不平衡。应该从不同时期、不同地区、不同产业结构的实际出发,决定供给侧改革是主要矛盾还是需求侧改革是主要矛盾,并在动态中注意主要矛盾的转化。在精准进行供给侧改革实践中不断完善中国特色的供给侧改革理论和供给政策。

(7)需要看不见的手与看得见的手合力配合。经济体制改革是全面深化改革的重点,核心问题是处理好政府和市场的关系,使市场在资源配置中起决定性作用和更好发挥政府作用。政府的职责和作用主要是保持宏观经济稳定,加强和优化公共服务,保障公平竞争,加强市场监管,维护市场秩序,推动可持续发展,促进共同富裕,弥补市场失灵。

第二节　研究高等教育供给侧改革的意义

一、供给侧改革适用于高等教育领域

(一) 公共产品和服务领域供给短缺和质量不高需要供给侧改革

魏礼群指出:“推进供给侧结构性改革,突出抓好的第一个问题是,当前我国公共产品和服务领域供给短缺和质量不高的矛盾尤为突出,需要把增加公共产品和服务供给作为供给侧结构性改革的重点。破除公共产品和服务领域的政策体制束缚,充分释放公共产品特别是现代服务业全面快速增长的巨大潜力,推动公共产品和服务业优质高效发展。”①

李稻葵指出:“第一个方向就是想方设法给百姓提供他们最需要的公共产品。公共产品靠谁提供?坦率地讲,只有靠政府或者以政府为主体进行投资。我们不能把公共产品提供的主体责任推给民营经济。政府跟民营经济共同开发的PPP可以搞,但主体应该是政府。公共产品需要超前投资,需要政府拿出一点钱先投

① 魏礼群.供给侧结构性改革的要义[N].人民日报,2016-4-14.

资，以后也许能够通过收费收回投资，即便收费收不回来投资，也需要从未来公共财政税收里面偿还。这是天下所有政府的责任，更是我们中国政府不可推卸的责任。”①

高等教育属于准私人产品。目前，我国的高等教育存在数量尚不够、质量仍不高、结构还不合理的状况，不能适应我国经济与社会发展奔小康的需要，不能适应国民日益增长对教育的需求，因此，高等教育领域需要供给侧改革。

（二）供给侧改革适用于高等教育领域

2015 年 12 月 31 日，中国社会科学院副院长，兼任国家“十三五”规划专家委员会委员蔡昉在《上海证券报》发表文章称：“供给侧改革要求教育体制改革突破。”2016 年 1 月 12 日，蔡昉在《教育体制改革为何是供给侧改革的着力点？》一文中指出：“面对这种与经济发展阶段变化相关的情况，我国人力资本培养战略要有全新的思路，教育体制改革要有突破性的举措，做出积极的回应。首先，通过义务教育向学前教育和高中教育阶段延伸，均衡教育资源配置，多维度地深化教育发展，保持人口受教育年限的持续提高。其次，通过提升教育生产率和毕业生质量，促进人力资本向全要素生产率的转化。最后，通过加大培训力度和提高培训效率，改善劳动者整体的人力资本存量。”

贾康对中国的供给侧结构性改革提的六条政策建议中其中一条指出：“积极进行教育改革和实施创新驱动战略，培育高水平人才，建设创新型国家。面对新一轮生产力革命（‘第三次产业革命’）的挑战，以改造应试教育和去行政化为重点的教育改革势在必行，以利于培养造就一大批创新人才。”②贾康指出：“结合我国当前的实际情况，这几个要素方面都存在明显的供给约束与供给抑制，需要通过全面的制度改革，化解制约，释放经济社会潜力，提高经济增长活力。如教育体制扭曲、僵化，科技创新驱动力弱。我国经济增长的动力机制应当而且必须强化创新驱动，已成为各方共识。但从进展看，科技研发的创新活力和相关人才的培养、供给机制，被行政化、官僚主义、形式主义和种种违反科研规律的不当制度机制所扼制。虽然一方面我国科研人员的论文发表数、专利申请数快速增长，已名列世界前茅，然而另一方面科技成果向产业、市场的转化率不到 10%。究其原因，相当重要的前置环节—教育领域即人才培养体系中，由于严重的行政化、应试教育化等抑制创造性人才的生长，形成‘钱学森之问’的难解之题；具有支撑意义的基础科研领域中，激发科技人员潜心研究的体制机制不到位；应用研究中，一是科技成果转化的激励机制明显滞后，二是知识产权保护不力，三是后勤支持机制落后，四是狭窄的部门利

① 李稻葵. 关于供给侧结构性改革[J]. 理论视野，2015(12)：16－19.

② 贾康. 中国供给侧结构性改革中创新制度供给的思考[J]. 区域经济评论，2016(3)：5－7.

益形成‘条块分割’式创新阻碍和资源条件共享壁垒。”①

财政部财政科学研究所所长刘尚希对《中国经济周刊》记者表示，要实现创新驱动，就需要创新人才，而创新人才就涉及教育体制、科技体制、医疗卫生体制等方面都要进行改革。②

2016 年 3 月 10 日，原教育部部长袁贵仁在十二届全国人大四次会议举行记者会上回答中外记者的提问时指出：“中国高校的转型发展，实质上是中国高等教育供给侧结构性改革。新中国成立以来，特别是改革开放以来，中国的高等教育快速发展。我刚才说，我们已经达到 40%的毛入学率，现在中国有 2500 多所高校 3000 多万学生，居世界第一。在快速发展的同时，在经济社会发展取得巨大进步，经济升级、产业转型的时候，我们发现，中国的高等教育结构不合理。这个不合理就表现在培养理论型、学术型人才的学校比较多，培养技术、技能型人才的学校比较少，也就是大家经常批评的，说我们学校同质化的现象比较严重，都在培养学术型的人才。这种发展的结果，我们高等教育的结构和国家的经济结构、产业结构不尽吻合，它直接引发出另外一种后果，一边大学毕业生比较难找到一个适合的岗位，另外一边用人单位比较难找到一个合适的人才，这就是我们讲的结构性矛盾。”

全国政协常委、副秘书长、民进中央副主席朱永新指出：“群众为什么对教育不满意？很大程度上是因为他们想要的教育我们没有，我们提供的教育他们觉得太单一。教育产品的提供与需求脱节。”③记者余闯报道：“朱永新指出，‘2014 年，中国留学生境外消费接近 2000 亿元。2014 年 7 月至 2015 年 2 月，在美接受基础教育的中国留学生增长了 23.5%，接受高中教育的增长了 50%，留学低龄化趋势日趋显著。’我国高端教育需求外溢的现象严重，让全国政协常委、民进中央副主席朱永新看到了教育领域存在的群众需求和有效供给之间的脱节。……朱永新认为，用改革促进教育供给结构优化，实现从‘需求侧拉动’到‘供给侧推动’的转变。”④2016 年 3 月 8 日，全国政协副秘书长、中国民进中央副主席、中国教育学会副会长朱永新在接受“全国两会特别访谈”时指出：“现在我们的教育思路是控制选择。实际上，我觉得方向应该是鼓励你去选择。要选大家都选好的学校，其他学校和它差距太大。因此，怎么办？供给侧结构改革就是提供更多更好更个性化的学校和教育给大家。”

2016 年 3 月 6 日，在全国两会浙江代表团的小组会议上，全国人大代表、北京

---

① 贾康.“十三五”时期的供给侧改革[J]. 国家行政学院学报，2015(6)：12 - 21.

② 王红茹.“需求侧改革”如西药，“供给侧改革”如中药[J]. 中国经济周刊，2015(47)：34 - 36.

③ 吕巍. 做好教育供给侧改革这篇大文章[N]. 人民政协报，2016 - 3 - 19.

④ 余闯. 教育改革也要供给侧发力——访全国政协常委、民进中央副主席朱永新[N]. 中国教育报，2016 - 03 - 04.

大学校长指出:“人才培养应以需求为导向。我国的高等教育也需进行供给侧改革。‘十三五’期间,高等教育的供给侧改革必须充分考虑各方诉求,摒弃急功近利的思想,力求让大学在人类思想发展、社会进步和前沿科技攻关等方面发挥更大作用。”

目前,我国的高等教育不仅存在着某些专业“产能过剩”的状况,也存在某些层次的专门人才“补短板”的现象,也存在“降成本”的任务,因此,供给侧改革适用于教育领域。

二、跨越中等收入陷阱需要加快发展高等教育

供给侧结构性改革与跨越中等收入陷阱关系密切。曾给吴敬琏、厉以宁、郑永年等著的《读懂供给侧改革》作序的国务院发展研究中心原副主任刘世锦指出:“通过供给侧结构性改革为跨越中等收入阶段创造有利条件。深入推进供给侧结构性改革,是成功跨越‘中等收入陷阱”并向更高发展水平迈进的关键。”①此外,还有一些学者阐述过供给侧结构性改革与跨越中等收入陷阱的关系。②

(一)中等收入陷阱研究的意义

1. 对中等收入陷阱的争论

2007年③,印德尔米特·吉尔、霍米·卡拉斯在世界银行的报告《东亚复兴:关于经济增长的观点》中首次提出了“中等收入陷阱”这一概念,该报告引用的文献表明:“比起较富或较穷的国家来,中等收入国家的增长会相对较慢。”并认为拉美国家是长期无力摆脱该陷阱的“典型教材”。

“中等收入陷阱”提出后在国内引起众多质疑,如高伟认为:“并不是所有的中等收入国家都会陷入陷阱,‘中等收入陷阱’只是个例,而不是通论,并非魔咒。”江时学认为:“含糊不清的定义,令人误入歧途。”刘福垣认为:“中等收入陷阱是一个伪命题。世界上从来没有什么收入陷阱,只有道路陷阱,所谓的收入陷阱,不过是思想陷阱和利益陷阱。”杨承训等认为:“‘中等收入陷阱’不是一个全面准确的科学

---

① 刘世锦.供给侧改革助推跨越中等收入阶段[N].人民日报,2016-6-12.

② 李迅雷.供给侧改革助力跨越中等收入陷阱[J].中国人力资源社会保障,2016(5):56.
贾康.“十三五”时期的供给侧改革[J].国家行政学院学报,2015(6):12-21.
贾康.正确认识供给侧结构性改革[J].党政研究,2016(4):5-8.

③ 秦佳的研究表明:一些文献如马岩(2009)、贾凤兰(2010)、钱运春(2012)、田春生等(2012)、李月和周密(2012)认为世界银行2006年的《东亚经济发展报告》首次提出“中等收入陷阱”,其实《东亚经济发展报告》是世界银行对东亚经济进行的一系列研究报告,提出“中等收入陷阱”这个名词的报告是其中之一,主题是“East Asian Renaissance, Ideas for Economic Growth”,发布的时间是2007年。
秦佳.中等收入陷阱:理论、经验与中国发展道路[D].天津:南开大学博士学位论文,2014.

概念，对广大发展中国家缺乏指导意义，尤其不适合中国的国情。”①

但总的来说，广大学者对研究“中等收入陷阱”持肯定态度。如贾康指出：“‘中等收入陷阱’作为一种全球统计现象，是真实世界中的‘真问题’，更是一个在我国‘十三五’及中长期经济社会发展过程中关乎现代化‘中国梦’命运的顶级真问题。……我国如何顺利走出中等收入陷阱的潜在威胁，伴随有国内外一系列矛盾纠结和棘手难题，特别是渐进改革‘路径依赖’之下制度性‘后发劣势’的可能掣肘。这是摆在决策层及全体国民面前一道严肃的历史性考验课题，并对优化供给环境和机制提出了重大要求。”②持反对态度的学者也赞成研究，如江时学指出：“从这个意义上讲，‘中等收入陷阱’这一概念的唯一可取之处就是，它指出了加快发展的紧迫性和必要性。要及时调整发展模式，积极应对内外条件的变化，大力推动社会发展。”杨承训等也指出：“这虽然对我国经济发展具有一定的警示作用，但总体上讲，它是一个非科学的概念。”

2. 中央对“中等收入陷阱”采取了认真对待的态度

2013 年 11 月 2 日，习近平在会见 21 世纪理事会北京会议外方代表时指出：“中国不会落入所谓中等收入国家陷阱。”

2014 年 11 月 10 日，习近平在北京出席亚太经合组织领导人同工商咨询理事会代表对话会时指出：“对中国而言，‘中等收入陷阱’过是肯定要过去的，关键是什么时候迈过去、迈过去以后如何更好向前发展。”

《中华人民共和国国民经济和社会发展第十三个五年规划纲要》指出：“努力跨越‘中等收入陷阱’，不断开拓发展新境界。”

李克强在《政府工作报告(2016)》中指出：“今后五年是跨越‘中等收入陷阱’的重要阶段。”

2015 年 11 月 6 日，李克强在全国政协十二届常委会第十三次会议上指出：“到 2020 年我国人均国内生产总值将接近高收入国家水平，基本跨越‘中等收入陷阱’，这将是我国现代化进程中又一个里程碑。”

“中等收入陷阱”在理论上应该仅是一种假设，在实践上也不具有所有国家都会落入“中等收入陷阱”的必然性。笔者认同中国面临“中等收入陷阱”的风险，但并不意味着中国已经掉入“中等收入陷阱”，也并不意味着即将掉入“中等收入陷阱”。研究“中等收入陷阱”的意义在于如何从各个方面共同努力跨越“中等收入陷

---

① 高伟.中等收入陷阱假说[J].人民论坛，2010(19)：12-13.
江时学.真的有“中等收入陷阱”吗[J].世界知识，2011(7)：54-55.
刘福垣.中等收入陷阱是一个伪命题[J].南风窗，2011(16)：76-78.
杨承训，张新宁.科学运用“两期论”把握阶段性特征——兼析“中等收入陷阱”论的非科学性[J].政治经济学评论，2012(1)：93-104.

② 贾康.“十三五”时期的供给侧改革[J].国家行政学院学报，2015(6)：12-21.

阱”。本文即从教育投入提升人力资本的视角应对“中等收入陷阱”。

(二) 中等收入陷阱的实质是经济增长

高杰等的研究显示:“关于‘中等收入陷阱’的实质主要有三种不同的看法,第一,认为‘中等收入陷阱’的实质是关于经济增长问题;第二,认为‘中等收入陷阱’是关于经济发展问题;第三,认为社会经济发展有自身的规律,不存在所谓的‘中等收入陷阱’。”①

一些学者提到了“中等收入陷阱”的实质。如赵江林认为:“‘中等收入陷阱’的实质是经济增长出现了问题,这首先需要解决经济增长过程中的问题,其次才是如何调节分配关系的问题。”张宇认为:“所谓的‘中等收入陷阱’只是一种现象,其实质是如何在资本主义世界体系中摆脱贫穷落后、被动挨打的宿命,提高国家的自主发展能力,缩小与发达国家的差距,实现经济和社会的现代化。”②

一些研究教育经济学的学者提到了“中等收入陷阱”的实质。如黄海军、李立国认为:“跨越中等收入陷阱的实质问题是经济能否实现持续稳定的增长。”连莲、叶旭廷认为:“‘中等收入陷阱’的实质是产业结构陷阱,究其本质是人才结构陷阱。”杜育红、周铃钞、曹浩文认为:“‘中等收入陷阱’问题的核心是一个国家的竞争优势。”③

笔者认为,中等收入陷阱的实质是经济增长。首次提到“中等收入陷阱”的《东亚复兴:关于经济增长的观点》开宗明义地将报告标题定为“关于经济增长的观点”,其主要内容是“中等收入陷阱”的实质其实是形象地描述一些中等收入国家经济增长长期停滞不前的问题,或者说是中等收入国家应当“如何以可持续的方式保持(经济)较高速的增长”。

《东亚复兴:关于经济增长的观点》认为,“中等收入陷阱”(Middle Income Trap)的问题是“新的增长动力特别是内生动力不足”,其基本涵义是指:一个经济体的人均收入达到世界中等水平(人均 GDP 在 4000～12700 美元的阶段)后,由于不能顺利实现发展战略和发展方式转变,导致新的增长动力特别是内生动力不足,经济长期停滞不前;同时,快速发展中积聚的问题集中爆发,造成贫富分化加剧、产业升级艰难、城市化进程受阻、社会矛盾凸显等。

2010 年 9 月 13 日,世界银行行长佐利克在北京参加中国与世界银行合作 30

① 高杰,何平,张锐.“中等收入陷阱”理论述评[J].经济学动态,2012(3):83-89.

② 赵江林.“中等收入陷阱”的实质探讨[J].人民论坛,2013(8):10-13.
张宇.从马克思主义的观点看“中等收入陷阱”[N].光明日报,2015-05-06(2015 版).

③ 黄海军,李立国.教育对于跨越中等收入陷阱的作用机制研究[J].复旦教育论坛,2013(3):14-19.
连莲,叶旭廷.人力资本结构调整对跨越“中等收入陷阱”的影响作用[J].河北大学学报(哲学社会科学版),2013(4 期):130-134.
杜育红,周铃钞,曹浩文.教育在跨越“中等收入陷阱”中的作用:分析框架与主要问题[J].教育与经济,2013(4):3-9.

周年座谈会上提出"新的增长源",他认为,目前摆在中国面前的新问题是"中等收入陷阱",即从中等收入发展到高收入比从低收入发展到中等收入更难。但他又认为:"中国已开始在研究产生新的增长源的各种方式,尤其是通过城市化、人力资本形成、创新政策等,避免落入这个陷阱。中国从中低收入经济转向高收入社会的经验,可供其他中等收入经济体借鉴。"

2015年1月21日,李克强在瑞士达沃斯出席世界经济论坛2015年年会致辞时指出:"2015年,中国经济仍面临较大下行压力。在这种情况下如何选择?是追求短期更高增长,还是着眼长期中高速增长,提升发展质量?答案是后者。……重点是扩大公共产品和公共服务供给。中国经济发展虽然取得很大成就,但公共产品与服务不足仍是'短板'。"

1995年诺贝尔经济学奖得主Robert Lucas曾指出:"人们一旦开始思考这一问题(指经济增长),就很难再思考其他问题。"(Lucas,1988)由此可见,中国要跨越中等收入陷阱必须着眼于经济的长期中高速增长,刻不容缓的是今后五年是跨越"中等收入陷阱"的重要阶段。到2020年我国人均国内生产总值将接近高收入国家水平,基本跨越"中等收入陷阱"。

(三)经济增长需要提高人力资本质量

经济学原理告诉我们,最初的新古典经济学只是将劳动力和资本纳入经济增长的要素,后来由于解释经济增长的剩余残差较大,仅靠劳动力和资本两个要素出现了边际效应递减的现象,在"低垂的果子"已经被疯狂采摘的情况下,推动经济增长的外生动力便力不从心了,因此,外生经济增长理论无法解释经济增长的全部内容,于是出现了内生经济增长理论。20世纪60年代大多数经济学者及政策制定者们沉迷于"资本的神话",Cass(1965)和Koopmans(1965)改进了Ramsey(1928)的理论模型,从而成功地将经济增长动力指向内生增长理论,该理论放弃了简单的要素积累论,转而研究为保持持续经济增长所必需的技术条件以及技术进步的内在机制,这种极大推动经济增长的理论使得经济增长理论重新焕发了活力。内生经济增长理论主要是将经济增长的要素进行修正,把技术进步和制度经济学纳入经济增长的要素,作为经济增长的内生变量。

1994年,美国麻省理工学院经济学教授保罗·克鲁格曼指出:"仅靠大投入而不进行技术创新和提高效率的做法,容易形成泡沫经济,在高速发展的繁荣时期,就已潜伏着深刻的危机,迟早要进入大规模调整。若干东亚经济体(不含当时的中国)长时间的高速经济增长主要是通过物质资本积累实现的,因此不可持续。"①

目前,经济学家已经达成共识,人力资本是推动经济增长的主要动力之一。

① [美]保罗·克鲁格曼. 亚洲奇迹的神话[J]. 张曦,译;张兆杰,校. 北京大学中国经济研究中心学刊,2000年第1期,原文发表于《外交》杂志(11月/12月),1994:62-78.

1906年，美国经济学家欧文·费雪(Irving Fisher)在其出版的《资本的性质和收入》一书中首次提出人力资本概念，并将其纳入经济分析的理论框架中；1924年，前苏联科学院院士、现代教育经济学的创始人C·T·斯特鲁米林在苏联《计划经济》杂志第九期上发表了《国民教育的经济意义》一文，率先提出了教育投资收益率的计算公式，他用劳动简化计算法算出，对工人进行一年的初等教育可比同样时间在工厂工作提高劳动生产率1.6倍，他也是最早用数量计算公式来阐述教育经济意义的经济学家；1935年，美国哈佛大学沃尔什(J·R·Walsh)发表了《人力资本观》一文，首次采用"费用—效益"的分析方法，分析不同教育程度学生个人的教育费用和毕业后因能力提高而使收入增加的情况，这篇论文被视为西方研究教育经济学的第一篇论文。

20世纪60年代初，被称为"人力资本理论之父"的美国经济学家西奥多·W·舒尔茨系统地论述了人力资本理论，并将资本形式分为物质资本与人力资本两种，认为人力资本的投资分为用于教育训练、用于卫生保健、用于国内流动和用于移民入境的支出。他指出："人力资源的质量改进是经济增长的重要根源之一。"①之后以Romer和Lucas等为代表的经济学家研究发现，人力资本投资、知识积累积极影响着物质资本等其他生产要素的形成，推动了经济持续增长。② 英国经济学家舒马赫指出："全部历史以及当前的全部经验说明这样一个事实，最基本的资源是人而不是自然提供的。一切经济发展的关键都是从人的头脑中产生的。"③宇泽弘文(1965)也指出："人力资本是推动一国经济增长的最为关键的要素之一。"④美国管理学家彼得·德鲁克在《管理的实践》还指出："人力资源是经济增长中最重要的因素，人力资源为企业带来价值进而使得整个区域经济得到发展。"⑤加里·S·贝克尔是人力资本理论的主要推动者，他和舒尔茨都是诺奖得主。他指出："唯一决定人力资本投资量的重要因素可能是这种投资的有利性或收益率。"⑥

各国教育的投资收益率远高于物质资本投资收益率，且教育投资的个人收益率通常高于其社会收益率以及不同学历的教育投资回报率也不尽相同，见表1-1、表1-2。

---

① [美]西奥多·W·舒尔茨.论人力资本投资[M].梁珠华，译.北京：商务印书馆，1990:23-25.

② Romer P M. Increasing Returns and Long Run Growth[J]. Journal of Political Economy，1986，94(5)：1002-1037.
Robert E，Lucas J. On the Mechanic of Economic Development[J]. Journal of Monetary Economics，1988(22)：3-42.

③ E·F·舒马赫.小的是美好的[M].虞鸿钧，郑关林，译.北京：商务印书馆，1989:48.

④ Uzawa，Hirofumi. Optimum Technical Change in an Aggregative Model of Economic Growth[J]. International Economic Review 6，1965(January)：12-31.

⑤ [美]彼得·德鲁克.管理的实践[M].齐若兰，译.北京：机械工业出版社，2009:32-33.

⑥ 加里·S·贝克尔.人力资本[M].梁小民，译.北京：北京大学出版社，1987:42.

表 1-1　高等教育的社会与个人收益率

	社会收益率	个人收益率
非洲	13	32
亚洲	13	18
拉美	16	23
中等发达国家	8	13
发达国家	9	12

资料来源：萨卡罗普洛斯.西方教育经济学流派.曾满超等，编译.北京：北京师范大学出版社，1990：59-160.

表 1-2　教育的投资回报率

国家分类	社会回报率(%)			个人回报率(%)		
	初等	中等	高等	初等	中等	高等
低收入国家(<610 美元)	23.4	15.2	10.6	35.2	19.3	23.5
中低收入国家(<2450 美元)	18.2	13.4	11.4	29.9	18.7	18.9
中高收入国家(<7620 美元)	14.3	10.6	9.5	21.3	12.7	13.8
高收入国家(>7620 美元)	…	10.3	8.2	…	12.8	7.7

资料来源：薛澜.高等教育是公共产品吗？——兼论政府在发展高等教育中的作用[J].科技导报，1999(9)：36-38.

国际经济合作与发展组织（OECD）对人力资本的最新定义为：人力资本是个人拥有的能够创造个人、社会和经济福祉的知识、技能、能力和素质（OECD，2001）。根据世界银行（1997）测算，世界各国中，除了石油资源极其丰富的中东国家外，大多数国家 60%以上的社会财富是由人力资本构成。从上不难看出，人力资本是推动经济增长的主要动力之一。跨越中等收入陷阱需要人力资本。

（四）跨越中等收入陷阱需要加快发展高等教育

《国家中长期教育改革和发展规划纲要（2010—2020 年）》指出："人力资源是我国经济社会发展的第一资源，教育是开发人力资源的主要途径。"

公元前 387 年，古希腊伟大的哲学家、思想家柏拉图在其著作《理想国》中提到：教育有其经济价值并可以用来发展人的先天能力。[①] 舒尔茨指出，在人力资本的形成过程中，投资教育是非常关键的。

1997 年初，OECD 在《1996 年科学技术和产业展望》的报告中提出了"以知识为基础的经济"的概念，它是指"知识经济是知识在生产中占主导地位，知识产业成为龙头产业的经济形态"。世界银行（1997）认为教育的进步和快速的人力资本积

① [古希腊]柏拉图.理想国[M].郭斌和，张竹明，译.北京：商务印书馆，1995：10.

累是中国经济增长的重要因素。2014 年我国的试验与发展(R&D)经费支出 13312 亿元，比上年增长 12.4%，占 GDP 的 2.09%，仍低于世界 2009 年的平均水平 2.1%，成功跨越“中等收入陷阱”的日本和韩国，其 R&D 支出占 GDP 百分比均在 3.3%以上。

美国联邦储备委员会前主席格林斯潘曾说过，美国今日的经济强国、军事强国是以强大的高等教育体系为基础的，一流的高等教育培养了众多人才并吸引了世界各地的优秀人才为美国效力；德国前总理施密特也说过，当德国的大学是世界上最好的时候，也是德国的国势在世界上最强的时候。

1993 年 2 月 13 日，中共中央、国务院印发的《中国教育改革和发展纲要》(中发〔1993〕3 号)第 4 条指出：“当今世界政治风云变幻，国际竞争日趋激烈，科学技术发展迅速，世界范围的经济竞争、综合国力竞争，实质上是科学技术的竞争和民族素质的竞争。从这个意义上说，谁掌握了面向 21 世纪的教育，谁就能在 21 世纪的国际竞争中处于战略主动地位。”1999 年 6 月 13 日，《中共中央、国务院关于深化教育改革全面推进素质教育的决定》指出：“教育在综合国力的形成中处于基础地位，国力的强弱越来越取决于劳动者的素质，取决于各类人才的质量和数量，这对于培养和造就我国 21 世纪的一代新人提出了更加迫切的要求。”

2016 年 3 月 11 日，全国人大代表、原江苏省教育厅厅长沈健在接受“全国两会特别访谈”时指出：“美国的经济发展署也把全球大约 146 个国家和地区，从上世纪 1950 年到本世纪 2010 年这个阶段国家和地区的经济发展与这个国家和地区的人口接受教育的年限做了比较，得出来的结论是这个国家和地区的人口每平均多接受一年的教育相对应的地区生产总值或者国家的 GDP 就可以提高至少 3 个百分点。”

2016 年 4 月 15 日，李克强在北京大学召开高等教育改革创新座谈会时指出：“大学不仅是推动国家发展的动力，也是推进社会进步的力量。我们要跨越‘中等收入陷阱’，就要通过发展教育，尤其是发展高等教育以适应世界经济形势迅猛的变化，适应新一轮科技革命、产业革命。中国经济要持续保持中高速增长，跃上中高端水平，社会要不断进步，都需要加快发展高等教育。必须清醒地看到，高水平教育是国家综合竞争力的重要体现。世界经济强国，无一不是教育强国。这些国家之所以能进入发达国家行列，都是因为有发达的教育作支撑。譬如美国，20 世纪 70 年代高等教育普及率就已经超过 50%；我们的周边国家日本、韩国，上世纪 90 年代也超过了 50%。我们的目标是希望在‘十三五’末达到 50%。中国要跨入发达国家行列，就必须从过度依靠自然资源转向更多依靠智力资源。”

由此可见，要跨越“中等收入陷阱”就需要发展高等教育，我国高等教育普及率要在“十三五”末达到 50%的目标，以适应经济增长的需要。

三、高等教育供给侧改革要抓住就业率这个牛鼻子

（一）对我国20世纪90年代后高校毕业生就业制度的评析

1. 我国高校毕业生就业制度的演变

我国高校毕业生的就业制度经历了“统包统分”——“双向选择”——“自主择业”等几个不同的发展阶段。

1951年发布的《关于改革学制的决定》中明确规定“高等学校毕业生的工作由政府分配”。

1989年3月2日，国务院批转的国家教委《关于改革高等学校毕业生分配制度的报告》（国发〔1989〕19号）指出：“这种制度与我国当时高度集中的、以产品经济为基本模式的经济体制相适应，在历史上曾起过积极作用。但是，这种以统和包为特征的毕业生分配制度存在着一些明显的弊端，不利于调动学生学习、学校办学、用人单位合理使用人才的积极性。特别是随着我国经济体制改革的深入，社会主义商品经济的发展，劳动制度和人事制度的改革，这种分配制度越来越不适应形势发展的要求，与新的经济运行机制越来越不相协调……高等学校毕业生分配制度改革的目标是在国家就业方针、政策指导下，逐步实行毕业生自主择业，用人单位择优录用的‘双向选择’制度……随着其他方面改革的深化，特别是人才（劳务）市场的发育完善，将主要向人才（劳务）市场自主择业的方向过渡。”

1993年2月13日，中共中央、国务院印发的《中国教育改革和发展纲要》（中发〔1993〕3号）第19条指出：“改革高等毕业生‘统包统分’和‘包当干部’的就业制度，实行少数毕业生由国家安排就业，多数由学生‘自主择业’的就业制度。”

1994年4月7日，《国家教委关于进一步改革普通高等学校招生和毕业生就业制度的试点意见》（教学〔1994〕3号）第一条指出：“根据《中国教育改革和发展纲要》精神，从招生开始，通过建立收费制度，改变学生上大学由国家包下来、毕业时国家包安排职业的做法。同时，建立相应的奖学金、贷学金制度，鼓励学生努力学习，引导学生毕业后参与劳动力市场的竞争，国家不再以行政分配而是以方针政策指导、奖学金制度和社会就业需求信息来引导毕业生自主择业。这样，逐步建立起‘学生上学自己缴纳部分培养费用、毕业后多数人自主择业’的机制。”

1994年11月9日，《国家教委关于做好1995年全国普通高校毕业生和毕业研究生就业工作的通知》（教学〔1994〕19号）指出：“1995年的毕业生原则上仍由国家负责在一定范围内安排就业，通过‘供需见面’和在一定范围内‘双向选择’的办法落实就业方案。”

2. 我国20世纪90年代后期的高校毕业生就业制度仍具计划经济色彩

1992年10月12日，党的十四大的报告指出：“我们要建立的社会主义市场经济体制，就是要使市场在社会主义国家宏观调控下对资源配置起基础性作用。”但

建立适应社会主义市场经济体制的教育体制，就有明显的滞后性。就从就业制度来说，还有相当的计划经济色彩。如：

1993年11月30日，《国家教委关于做好1994年全国普通高等学校毕业生就业工作的通知》虽然提出了“要发挥宏观调控下的市场机制在资源配置中的基础性作用，培育和建立不同层次的毕业生就业市场，规范市场行为，创造平等竞争的环境。具备条件的学校应扩大用人单位到学校‘招聘录用’的范围，培育和逐步建立以学校为主体的毕业生就业市场。”但是仍要求“国家任务招生计划的毕业生应服从国家的安排，未经学校同意，不得在校外签订协议。毕业生自己收集的信息，应由学校统一掌握。用人单位要按照就业工作程序和毕业生报到手续接收毕业生，不得擅自截留或退回按计划派遣的毕业生”。

1995年11月13日，《国家教委关于做好1996年全国普通高等学校毕业生就业工作的意见》虽然提出了“逐步建立起与社会主义市场经济相适应的高校毕业生就业制度。”但是仍要求“任何单位和部门组织跨省区、跨部门的毕业生招聘会、市场等活动，须报我委批准。毕业生参加上述活动须经学校同意并持有学校的协议书（推荐表），否则，所签协议无效。……凡国家任务计划招收的毕业生，因特殊情况经本人申请被批准自主择业或申请自费出国的，高等学校可对其收取教育补偿费，按自费生对待”。

（二）党和政府十分重视大学生的就业

1. 全国人大颁布的法律

2007年8月30日，第十届全国人民代表大会常务委员会第二十九次会议通过的《中华人民共和国就业促进法》。

2. 中央文件

2013年11月15日，党的十八届三中全会通过的《中共中央关于全面深化改革若干重大问题的决定》第43条指出：“促进以高校毕业生为重点的青年就业和农村转移劳动力、城镇困难人员、退役军人就业。结合产业升级开发更多适合高校毕业生的就业岗位。政府购买基层公共管理和社会服务岗位更多用于吸纳高校毕业生就业。健全鼓励高校毕业生到基层工作的服务保障机制，提高公务员定向招录和事业单位优先招聘比例。实行激励高校毕业生自主创业政策，整合发展国家和省级高校毕业生就业创业基金。实施离校未就业高校毕业生就业促进计划，把未就业的纳入就业见习、技能培训等就业准备活动之中，对有特殊困难的实行全程就业服务。”

3. 国务院颁发的行政法规

自1998年至今几乎每年国务院或国务院办公厅都发布《关于做好普通高等学校毕业生就业工作的通知》。

4. 几个部委联合发布的部门规章

2006 年 5 月 29 日，中央组织部、中央宣传部、中央编办、教育部、国家发展改革委、公安部、民政部、财政部、人事部、劳动保障部、人民银行、工商总局、国务院扶贫办、共青团中央等 14 部委发布的《关于切实做好 2006 年普通高等学校毕业生就业工作的通知》(教学〔2006〕8 号)。

2007 年 11 月 16 日，《教育部、人事部、劳动保障部关于积极做好 2008 年普通高等学校毕业生就业工作的通知》(教学〔2007〕24 号)。

5. 教育部发布的部门规章

自 1993 年至今几乎每年教育部都发布《关于做好全国普通高等学校毕业生就业工作的通知》。

从上可以看出以下几点：一是从 1993 年起就对 1994 年的高校毕业生就业工作进行部署，23 年从未间断过；二是层次高，其中有全国人大通过的法律，有中共中央的文件，国务院颁发的行政法规有 10 次，中央组织部等几个部委联合发布的部门规章有 2 次，教育部发布的部门规章有 13 次。

6. “就业”是全国人大代表和全国政协委员“两会”的热议议题

“就业创业”成为 2016 年全国两会十大热点提案之一，排名第九；致公党中央《关于解决国际金融危机影响下我国就业问题的提案》被列为 2009 年政协一号提案。原春琳报道：“据教育部统计，截至 2009 年 9 月 1 日，全国普通高校毕业生初次就业率为 74%，与 2008 年同比略有上升；据人力资源社会保障部统计，截止去年年底，高校毕业生就业率达到 87.4%。今天来自教育部的消息说，去年大学生就业成效显著，代表委员们 200 多件建议提案功不可没。去年在金融危机的冲击下，仅教育部就收到关于促进大学生就业的建议提案达 200 多件，涉及完善配套政策鼓励大学生到基层就业、鼓励大学毕业生参军入伍、服务外包企业吸纳毕业生、强化就业创业指导、加强思想政治教育、深化高等教育改革等多个方面。”①

(三) 就业难反映了高等教育供给侧与需求侧两端都要改革，但重点是供给侧改革

1. 关于“大学生就业”与高等教育供给侧改革的关系

目前，还没有学者将“大学生就业”与高等教育供给侧改革联系起来，即使教育部在 2015 年 11 月 27 日发布的《关于做好 2016 届全国普通高等学校毕业生就业创业工作的通知》(教学〔2015〕12 号)中也没有将两者联系起来。但在上述文件或学者的观点中已将高等教育供给与需求联系起来，如：

《国务院办公厅转发教育部等部门关于进一步做好 1999 年普通高等学校毕业生就业工作意见的通知》提到“供需矛盾突出，就业形势比较严峻”；2000 年 1 月 31

① 原春琳. 高校毕业生就业成效显著，200 多件建议提案功不可没[J]. 中国大学生就业，2010(3)：3－4.

日，《人事部关于做好2000年全国普通高等学校毕业生接收工作的通知》提到“毕业生供需矛盾依然突出，就业形势不容乐观”；《教育部关于做好2012年全国普通高等学校毕业生就业工作的通知》提到“高校毕业生就业总量压力和结构性矛盾依然突出，就业形势严峻”。

2013年5月16日，《国务院办公厅关于做好2013年全国普通高等学校毕业生就业工作的通知》(国办发〔2013〕35号)第七条指出：“推动高等教育更好地适应经济社会发展需要。要深入推动教育体制改革，根据国家经济社会发展水平和产业升级的需要，合理确定普通教育与职业教育发展规模，改善人力资源供给结构。……加强经济社会发展对高校毕业生需求的前瞻性研究，建立健全高校毕业生需求预测和发布制度，完善就业状况的反馈机制，引导高校合理调整专业设置。”

2000年1月31日，《人事部关于做好2000年全国普通高等学校毕业生接收工作的通知》指出：“国家将继续实施促进经济发展的一系列政策措施，大力调整经济结构，扩大国内需求，但毕业生供需矛盾依然突出，就业形势不容乐观。大力推进毕业生资源市场化配置进程。各级人事部门要认真履行职责，坚持改革，努力建立适应社会主义市场经济体制的毕业生就业制度。要引导毕业生进入人才市场择业，加速主体到位步伐。有条件的地方和部门，要积极稳妥地推行不包就业，不包分配的就业办法，逐步形成与市场经济条件下人才配置和流动特点相适应的毕业生接收工作新机制。”

2015年3月11日，国际在线记者王晨来以“问计大学生就业难题，代表委员各抒己见”为题报道：“人大代表、天津农学院院长邢克智表示，多方面的原因造成了人才和岗位的供需错位，解决这一错位，除了大学生本身需要调整好就业心态外，政府和企业都要参与其中。一是政府要统筹调配，根据社会需求发布信息，指导高校在学科设置、招生规模上进行调整，加强招生和就业的联通机制；二是企业应该同高校建立互动的平台，让学校帮助学生提前掌握企业所需的技能，或者允许学生到企业里进行实践，在实践的过程中实现双向选择，这样对学生的就业会有帮助。”

2. 就业难反映了高等教育供给侧与需求侧两端都要改革

企业“招工难”与大学生“就业难”反映了高等教育供给侧与需求侧两端都要改革。而新华社记者用“‘过剩’背后的另一种‘短缺’”反映的是同一个问题。2008年3月11日，新华社记者王圣志、姚润丰、李钧德以“‘世界第一’的尴尬——两会代表委员热议大学生就业”为题指出：“‘过剩’背后的另一种‘短缺’。一方面，大学生的就业犹如镜花水月；另一方面，每年全国劳动力供求缺口仍在1300万至1400万人。市场对毕业生的有效需求增长，就业却存在相对滞后现象，这种不正常的‘短缺’表明高校毕业生结构性矛盾更加突出。全国政协委员、中国科技大学校长朱清时说，现在在校学生人数跟1998年比，已经增到了4倍还多，但现在高等教育的专业设置跟1988年几乎差不多。从岗位来说，这就意味着现在有4个同样专业的毕业生要去竞争同一个工作位置。要解决就业率的问题，关键是要按照社会需求去设置专业。全国人大代表、淮北煤炭师范学院教授余敏辉说，受商业化和利益驱使，不少高校更愿意设置培养成本相对较低的专业，如数学、会计等专业，而那些培养成本较高的专业，不少高校都不愿设置。他介绍，目前全国开设新闻传播专业的院校有 661 所，一年内增加了约 200 所。据保守统计，目前新闻学类专业点的在校生约 13 万人，而全国领有记者证的新闻工作者约为 15 万人。就发展速度和数量来看，新闻传播教育发展超常规，专业点过多过滥，就业难成了普遍问题。'当然，不仅仅是新闻专业，其他专业也有类似情况。'"王圣志、姚润丰、李钧德还指出："'无业可就'还是'有业不就'？全国人大代表、安徽省安庆市委书记朱读稳忧虑地说，目前，大学生就业结构性矛盾突出地体现为区域不均衡，大量毕业生过分集中在东部地区和城市，竞争数量有限的就业岗位。毕业生都把目光盯在城市、党政机关、国有企业等，而对于非公有制企业、尤其是农牧区基层，却鲜有兴趣。中西部地区、广大的基层面临着人才匮乏又难以吸引毕业生的窘境，从而存在着'无业可就'和'有业不就'的矛盾。从政府层面来看，毕业生到基层就业的体制性障碍依然存在，政府调控缺乏力度，与高校毕业生就业相关的劳动人事制度的改革、社会保障体系的建立也相对滞后，地区间的就业不平衡不断扩大。全国人大代表、兰州大学校长周绪红说，我们学生的就业观念要改变，其实很多基层是急需人才的，尤其是西部一些地区。应该鼓励广大的大学毕业生到基层去，从基层干起能够得到充分的锻炼，可以说是一种无形的财富。现在大学生的就业预期普遍比较高，他们没有看到在基层干起也可以大有作为。余敏辉代表说，只有采取看得见实惠的经济杠杆和政策手段，才能真正把人才吸引到匮乏地区去。政府要鼓励毕业生支基层和私营企业就业，关键是要有好的政策。建议政府能出台'上岗退费'和'就业退税'等措施，促进大学生就业。所谓的'上岗退费'，就是国家对于到农村或者民营企业工作的毕业生，有关部门按照其工作的年限，不同程度地退还其在大学时缴纳的学费。'就业退税'就是企业录用高校毕业生，在一定年限内按当地政府最低工资标准(或最低生活保障费标准)退税。"

熊丙奇指出："大学生就业难，表面看是因为毕业生人数过多，但与发达国家相比，我国的大学生人数比例其实并不高，根本原因是高校人才培养的质量、结构和社会需求脱节，造成一边就业难，一边招工难。大学生走上工作岗位后，对社会和用人单位带来的创新价值低，也进一步影响了社会对大学生的需求。解决大学生就业难，应着力提高大学生的培养质量。"①

由此可见，无论是企业"招工难"与大学生"就业难"，还是"过剩"背后的另一种"短缺"，或是"无业可就"与"有业不就"都反映了高等教育供给侧与需求侧两端都

① 熊丙奇. 教育老大难问题要从供给侧破冰[N]. 中国教育报，2016－03－04.

要改革。

关于高等教育供给侧与需求侧两端都要改革的内容将在本章第二节阐述。

（四）为什么以大学生就业作为高等教育供给侧改革的突破口

1. 大学生就业形势严峻

从2000年到2016年高校毕业生增长了615.0%，见表1-3。

表1-3 中国高校毕业生增长表（2000—2016）

年份	毕业生（万）	年增长率（%）	年份	毕业生（万）	年增长率（%）
2000	107		2009	610	9.1%
2001	114	6.5%	2010	630	3.3%
2002	145	27.2%	2011	660	4.8%
2003	212	46.2%	2012	680	3.0%
2004	280	32.1%	2013	699	2.8%
2005	338	20.7%	2014	727	4.0%
2006	413	22.2%	2015	749	3.0%
2007	495	19.9%	2016	765	2.14%
2008	559	12.9%	2000年到2016年增长615.0%		

改革开放以来，每年都是新中国成立以来高校毕业生人数最多的一年。从1998年起我国政府在做好毕业生就业工作的文件中9次提到“就业形势严峻”。如：国发〔1998〕16号，国办发〔1999〕50号，教学〔2000〕1号，国办发〔2004〕35号，国办发〔2007〕26号，国办发〔2009〕3号，教学〔2009〕15号，教学〔2011〕12号，教学〔2012〕11号等9次。就是未提到“就业形势严峻”的年份，也就“就业压力加大”等表述，中国人力资源和社会保障部部长尹蔚民在2016年2月份的一次新闻发布会上说：“2016年就业形势复杂、任务非常艰巨。”网上频出“又是最难就业季”，年年都是“史上最难就业季”“大学生没有最难就业季只有更难就业季”等条目反映了大学生就业形势严峻。

2016年应届高校毕业生765万，加上中职毕业生、初高中毕业不再就业的学生数量，需要就业的年轻人是1500万。中国社会科学院劳动与社会保障研究中心副主任张冀说：“整体的经济下行首先会抑制市场对人才的需求，另一方面人才供给却是线性增长。这样的经济态势下，也会深入推进结构调整，这也会影响就业市场。……这个时候再遇上765万应届高校毕业生，总计1500万的青年就业人员，肯定是最难就业季。”

国务院发展研究中心的一项研究表明，2013年，GDP每增长1个百分点吸纳就业140万至160万人。2013年10月21日，国务院总理李克强应邀在中国工会第十六次全国代表大会上作经济形势报告时也称，过去，我国GDP每增长1个百分点，就会拉动大约100万人就业。经过这几年经济结构的调整，尤其是随着服务业的加快发展，目前大概GDP增长1个百分点，能够拉动130万、甚至150万人就业。“我们关注GDP，其实关注的是就业。”李克强说，“我请人力资源和社会保障部和有关方面反复测算，都认为要保证新增就业1000万人、城镇登记失业率在4%左右，需要7.2%的经济增长。我们之所以要稳增长，说到底就是为了保就业。”但是，在目前经济下行与去产能并行的压力下，大学生就业形势非常严峻。

2. 以就业为导向的高等教育供给侧改革为突破口

高等教育改革的突破口是什么？是招生还是就业？这不仅仅是高校的入口还是出口的问题，也不仅仅是教育领域内的事情，而是高等教育体制如何适应社会主义市场经济体制的问题。有学者认为，“高考制度改革是高等教育体制改革的重要突破口”。如中国教育学会名誉会长顾明远先生认为：“考试招生制度常常被大家看做是教育教学的指挥棒。许多校长、教师反映，考试制度不改，素质教育无法推行。所以，考试招生制度改革，是牵到了教育领域改革的牛鼻子，必然会推动整个教育领域的改革和发展。”①教育部党组副书记、副部长杜玉波也认为：“要把高考制度改革作为高等教育体制改革的重要突破口，把建设现代大学制度作为高等教育体制改革的关键环节，把高校组织模式创新作为高等教育体制改革的着力点，把试点学院作为高等教育体制改革的有力抓手。”②

2013年11月15日，习近平在“关于《中共中央关于全面深化改革若干重大问题的决定》的说明”中指出：“我们强调，要有强烈的问题意识，以重大问题为导向，抓住关键问题进一步研究思考，着力推动解决我国发展面临的一系列突出矛盾和问题。我们中国共产党人干革命、搞建设、抓改革，从来都是为了解决中国的现实问题。可以说，改革是由问题倒逼而产生，又在不断解决问题中得以深化。”招生、培养与就业是高等教育的三个主要环节，它们之间互为影响。这三个环节涉及千家万户的根本利益，是民生和社会公平的重大问题。但就业根据国民经济和社会发展以及人才市场的需要决定设置什么专业，招什么学生，如何培养学生。高等教育必须提供有效供给以适应国民经济和社会发展以及人才市场的需要。入口是为了出口，学区房是为了报考好学校，上大学是为了找个好工作，一定的行为总是为了一定的目的。在招生和就业之间就业问题更严重。根据问题导向原则，以就业为突破口，抓住就业这个牛鼻子进行高等教育领域的供给侧改革。

《中共中央关于制定国民经济和社会发展第十三个五年规划的建议》第七条第四款指出：“落实高校毕业生就业促进和创业引领计划。”《国家中长期教育改革和发展规划纲要（2010—2020年）》第十四条指出：“把提高质量作为重点。以服务为

① 顾明远．教育领域综合改革的突破口[N]．人民日报，2014-09-10.

② 梁杰．教育部：以高考制度改革为突破口深化高教体制改革[N]．中国教育报，2011-09-27.

宗旨，以就业为导向，推进教育教学改革。”对于学术型或基础理论的专业不一定以就业为导向(政府应对重要的学术型或基础理论的专业设置或储备就业岗位)，但对于绝大多数应用型专业就应以就业为导向，这里，“以就业为导向”主要指的是“就业根据国民经济和社会发展以及人才市场的需要”，亦可称为需要为导向。《中华人民共和国高等教育法(2015)》提出按照需要推进改革，其第七条规定：“国家按照社会主义现代化建设和发展社会主义市场经济的需要，根据不同类型、不同层次高等学校的实际，推进高等教育体制改革和高等教育教学改革，优化高等教育结构和资源配置，提高高等教育的质量和效益。”因此，就业是牛鼻子，应以就业为导向的高等教育供给侧改革作为突破口。

3. 就业率是重要的考核和评价指标

在招生、培养与就业这三个环节中，培养阶段的高等教育质量被列为第一考核和评价指标，而就业率也列为重要的考核和评价指标。

2004 年 3 月 3 日，国务院批转教育部的《2003—2007 年教育振兴行动计划》第 19 条指出：“以就业为导向，大力推动职业教育转变办学模式。”第 24 条指出：“面向就业需求，深化教育系统内外的各项改革。切实将高等学校布局、发展规划、学科专业结构、办学评估、经费投入等方面工作与毕业生就业状况紧密挂钩。把就业率和就业质量作为衡量高等学校办学水平的重要指标之一。”

(1)首次在法规中提出“就业率”作为考核指标

《教育部关于做好 2001 年全国普通高等学校毕业生就业工作的通知》，第二条指出：“努力提高毕业生就业率，加快高等学校的学科专业结构和人才培养结构调整。今后我部和省(自治区、直辖市)要按照分级管理的原则切实抓好所辖高校的毕业生就业工作。以就业率来考核、评价、推动和促进高校的人才培养工作。各地要按照经济结构战略性调整的要求，适时调整毕业生就业政策，改善和优化毕业生就业环境，提高本地区毕业生就业率。高等学校要着力改善毕业生就业结构，提高就业质量，充分利用毕业生就业反馈的信息，加大学科专业结构和人才培养结构调整的力度，更好地为经济和社会发展服务。”

(2)提出“以提高就业率为中心”，对“就业率过低的学校和专业，要减少招生数量，直至停止招生”

2002 年 3 月 2 日，国务院办公厅转发教育部等部门《关于进一步深化普通高等学校毕业生就业制度改革有关问题意见的通知》(国办发〔2002〕19 号)第三条指出：“加快调整人才培养结构。高校要根据国家‘十五’计划提出的经济、社会发展的需要和科学技术发展的趋势，加快调整高校学科专业结构和人才培养结构，提高教学质量，使高校培养的人才更好地适应实际需要。要进一步加大社会急需专业的招生数量，控制长线专业的发展规模，对教学质量不高、专业设置不合理而导致高校毕业生就业率过低的学校和专业，要减少招生数量，直至停止招生。政府有关部门要切实做好高校毕业生就业工作，以提高就业率为中心，加强就业指导，全面提高服务水平。”

《国务院办公厅关于做好2003年普通高等学校毕业生就业工作的通知》第九条指出：“要加大对高等教育事业发展规模、专业设置和就业状况的统筹力度。对就业率低的高校长线专业，要暂停招生或减少招生；高校要根据社会需要允许学生调整专业，并适当延长学习期限，可采取毕业后到职业技术学院、技师学院和高级技工学校参加3个月到6个月的职业技能培训，并参加职业技能鉴定的办法，促进高校毕业生就业；毕业后长期找不到工作的，可根据本人意愿，报名参加社会急需专业的职业培训。上述培训和职业技能鉴定费用由地方政府统筹解决。”

《教育部关于做好2012年全国普通高等学校毕业生就业工作的通知》第15条指出：“进一步优化学科专业结构和人才培养结构。……探索建立高校毕业生就业和重点产业人才供需年度报告制度，健全专业动态调整和预警、退出机制，对就业率连续两年低于60%的专业，调减招生计划直至停招。要优化人才培养结构，继续扩大全日制专业学位硕士研究生招生规模，开展本科和高职高专专业综合改革试点，加大应用型、复合型、技能型人才培养力度。要继续落实就业状况与高校发展相关工作适度挂钩的制度，建立就业状况反馈机制，实现人才培养、社会需求与就业的良性互动。”

《教育部关于做好2015年全国普通高等学校毕业生就业创业工作的通知》指出：“完善专业预警、退出和动态调整机制，及时调减就业率持续较低的专业招生计划，使学科专业结构与经济社会发展需要相适应、与就业对接。探索建立高校毕业生就业和重点产业人才供需协调机制，推进校地合作、校产联合、校企对接，构建高校与有关部门、科研院所、行业企业协同育人机制。”

(3)提出建立“经费投入、领导班子考核等工作与毕业生就业状况挂钩”的管理制度和工作机制，将毕业生就业状况列为高职院校评估的核心指标

《国务院办公厅关于进一步做好2004年普通高等学校毕业生就业工作的通知》第七条指出：“深化教育改革，全面提高学生综合素质和就业、创业能力。建立高等学校布局结构、发展规划、专业设置、招生规模、办学评估、经费投入、领导班子考核等工作与毕业生就业状况挂钩的管理制度和工作机制。将毕业生就业状况列为高职院校评估的核心指标。”第十条指出：“建立完善的高校毕业生就业情况报告、公布、督查和评估制度。各省、自治区、直辖市要建立并不断完善高校毕业生就业监测体系，科学、准确、快速地报告就业工作进展情况，及时公布当地高等学校的毕业生就业率。”

《教育部关于做好2013年全国普通高等学校毕业生就业工作的通知》第15条指出：“完善并落实就业状况对高等教育的反馈机制。各省级教育行政部门和高校要加强就业状况统计、分析和监测预警，把就业状况作为招生计划制定、质量评估、

经费投入、专业设置、培养方案调整、班子考核等工作的重要依据。把就业状况作为高校本科教学工作评估的重要指标和高等职业学校人才培养工作评估的核心指标。连续两年就业率较低的专业，除个别特殊专业外，应调减招生计划直至停招。继续开展就业总结宣传工作，探索建立长效机制。”

4. 一把手是第一责任人

《教育部关于做好 2010 年普通高等学校毕业生就业工作的通知》第 3 条指出：“各高等学校党委书记、校长作为本校毕业生就业工作的第一责任人，要把就业工作作为学校重要的战略任务和当前工作重点，摆在重要议事日程，要明确任务分工，逐级落实责任制，进一步形成全员参与、齐抓共管的工作格局。”

这里笔者建议，高校领导要比关心入口那样更关心出口，要比招生抢生源那样更关注学生就业。

5. 就业率造假与一票否决

《教育部关于做好 2010 年普通高等学校毕业生就业工作的通知》（教学〔2009〕15 号）第 17 条指出：“要建立高校毕业生就业统计工作核查和举报制度，对毕业生就业率作假实行‘一票否决制’。”教育部印发《关于加强本科教学工作合格评估方案调研工作纪律的通知》（高教司函〔2009〕230 号）规定：“评估过程中一旦发现参评学校有数据造假、材料造假等违规违纪行为，经查属实，实行一票否决，该学校评估结论视为‘不通过’。”《教育部关于做好 2015 年全国普通高等学校毕业生就业创业工作的通知》指出：“充分利用‘全国高校毕业生就业管理与监测系统’，及时更新、按时报送高校毕业生就业信息，严禁任何形式的就业率造假。”

但是，统计的就业率遭到质疑。陈薇伊报道：“在江西某高校，毕业生如果在论文答辩之前还没有交上就业协议，就不允许参加第一轮论文答辩。为此，即便并没有找到工作，毕业生们也要‘想方设法’动用各种社会关系，签署一份三方协议。高校这样的规定合理吗，你怎么看？”① 刘诗蕾报道：“中国社会科学院劳动与社会保障研究中心副主任张冀认为，‘高就业率本身值得揣度。一部分就业率通过研究生考试来解决，还有一部分是虚假就业证明，有些学校强行要求学生签三方协议，这种水分是存在的。再一个，毕业半年就业率能到 90％以上，多是赶上了下一届学生的就业季。应届生就业怎么样，光拿就业合同和三方协议来统计肯定不准确，但确实也是没办法的事情。’教育部教育发展研究中心教育体制改革研究室主任王烽接受界面新闻采访时说，特别是在毕业的一年以后，有隐性失业，也有隐形就业，我们对应届生就业率的跟踪统计很难进行，想要更准确反映就业情况，对毕业生的跟踪统计还是要建立起来。”②

① 陈薇伊. 未就业则不能毕业？高校如此规定合理吗？[N]. 人民日报，2013-05-30.

② 刘诗蕾. 又是“最难就业季”：765 万高校毕业生就业有多难？[N]. 界面新闻，2016-05-16.

其实，就业率造假犹如皇帝的新衣，鲜有大臣去揭穿。关系千家万户的民生问题竟没有哪个党政部门去巡视检察，于是，一票否决成了“无的放矢”的“好箭”，考核指标也形同虚设而束之高阁，没有哪个“第一责任人”去承担“第一责任”，也就没有了问责惩治机制。

关于高等教育领域的供给侧改革中的“就业”问题，将在第二章第三节进一步阐述。

6. 就业率应与财政拨款相结合

2013 年 3 月 15 日，中国经济网以“为何大学生就业这么难，代表委员热议‘三道门槛’”为题披露：“全国政协委员、山东英才学院董事长杨文给高校这样定位：作为一个学校，一个教育机构，要带着这样的社会责任感，对学生的责任感。这种责任感是什么呢？如果是一个职业院校，或者应用型的院校，他们的责任就是为这些企业、这些用人单位、这些岗位培养合格的人才。如果这些人才到了社会上找不到工作，其实有一些人在埋怨社会、埋怨政府，我觉得应该埋怨学校，因为这个学校的责任就是要为企业、为用人单位提供合格的人才、合格的‘产品’，他推荐出去的是卖不出去的产品，这个应该由学校来买单，应该由学校来承担这种为社会培养合格人才的职责，这是学校的使命。”

笔者不完全同意上述观点，高校固然有相应的责任，但是，学生就业既有宏观经济发展的原因，又有政府规划等决策的原因，也有学生自身的原因。但将就业率与经费挂钩是积极的。西方的绩效拨款就不是按入口(招生数)拨款，而是按出口(毕业率、就业率等)拨款。这个问题将在本书第四章中阐述。

第三节　高等教育供给侧改革的理论分析

王善迈指出：“要回答教育应否市场化，就应首先界定教育产品的性质，即教育属于公共产品还是私人产品或准公共产品。教育产品性质界定了，这一问题就可以有明确的答案。”①

一、高等教育服务(产品)的性质与特征

(一) 高校提供高等教育服务或高等教育产品

1. “教育服务”与“教育产品”可以通用

马克思指出：“任何时候，在消费品中，除了以商品形式存在的消费品以外，还包括一定量的以服务形式存在的消费品。”这种“以服务形式存在的消费品”，具有价值和使用价值，是整个消费中一个重要组成部分。马克思还说：“服务这个名词，

① 王善迈. 关于教育产业化的讨论[J]. 北京师范大学学报(人文社会科学版)，2000(1)：12－16.

一般地说，不过是指这种劳动所提供的特殊使用价值，就像其他一切商品也提供自己的特殊使用价值一样；但是，这种劳动的特殊使用价值在这里取得了'服务'这个特殊名称，是因为劳动不是作为物，而是作为活动提供服务的。”

这里，马克思把社会消费品分为“以服务形式存在的消费品”和“以商品形式存在的消费品”两类，但据郭大力和李江帆考证，上述引文中“商品”一词译得似不确切。德文版中的“Gegenständen”不应译为“商品”，其词义为：东西、物件、对象等。① 由此可见，社会消费品分为“以服务形式存在的消费品”和“以实物形式存在的消费品”两类。

马克思认为使用价值就其形态而言包括两类，一类是“物化、固定在某个物中”的“实物形式的使用价值”；一类是“随着劳动能力本身活动的停止而消失”“不采取实物的形式，不作为物而离开服务者独立存在”的“运动形式”的使用价值，后者就是服务的使用价值。“一切艺术和科学的产品，书籍、绘画、雕塑等等，只要它们表现为物，就都包含在这些物质产品中。”马克思还肯定了斯密的论述，他在转引时指出：“劳动不固定或不物化在一个特定的对象或可以出卖的对象或可以出卖的商品中，它的服务通常一经提供随即消失，很少留下某种痕迹或某种以后能用来取得同量服务的价值。”马克思还指出：“产品同生产行为不能分离，如一切表演艺术家、演员、教师、医生牧师等等的情况。”②

“以服务形式存在的消费品”与“以实物形式存在的消费品”的重要区别是：前者是“产品同生产行为不能分离”与“一经提供随即消失，很少留下某种痕迹”；后者是“产品同生产行为可以分离，产品以实物形态保留下来”。但是，某些精神生产的产品如书籍、绘画、雕塑等可以通过纸、录音、录像等载体以实物形态保留下来。高校产品的这种特点正是复杂的体现。因此，准确地说，高校提供的是“服务”，但是否可以称“教育产品”“教育生产”呢？上述马克思在描述“产品同生产行为不能分离”时提到了教师。1998 年，萨缪尔森在修订出版的第 16 版《经济学》中给公共产品下的定义是：“公共产品是这样的物品，扩展其服务给新增消费者的成本为零，且无法排除人们享受的物品”。③ 厉以宁也认为：“教育产品是指教育部门和教育单位所提供的产品，这种产品又称教育服务。”④因此，“教育产品”与“教育服务”可以通用。

2. 高等教育生产高级专门劳动能力和创新能力

教育生产什么？马健生认为：“将学生的劳动能力视为教育产品，实质上是混

① 马克思. 剩余价值学说史(第 1 卷)[M]. 郭大力，译. 北京：人民出版社，1975：162.
李江帆. 服务消费品的使用价值与价值[J]. 中国社会科学，1984(3)：53 - 68.

② 马克思. 剩余价值理论(第一卷)[M]. 北京：人民出版社，1975：160，435，156，165，152.

③ 保罗 · A. 萨缪尔森，威廉 · D. 诺德豪斯. 经济学(英文影印版)[M]. 北京：机械工业出版社，1998：36.

④ 厉以宁. 关于教育产品的性质和对教育经营的若干思考[J]. 教育科学研究，1999(3)：3 - 11.

淆了教育产品本身与教育产品的效用。”他指出：“如果学生的劳动能力是学校教育产品，那么学校就有权利到劳动力市场交易学生的劳动力，从而获取利益。然而，在劳动力市场上，我们能够看到出售劳务的是劳动者（包括受过教育者和未受教育者）。因此，从经济学观点看，将学生的劳动能力视为教育产品，实质上是混淆了教育产品本身与教育产品的效用。也就是说，学生劳动能力的提高是学生购买（接受）教育产品的结果，是学生对教育产品再利用的产物，而不是教育产品本身。正因为教育产品具有提高购买教育产品者（学生）的劳动能力等方面的效用，学生及其家长才愿意花钱来购买。”①

上述观点与马克思的观点相悖。马克思指出：“教育会生产劳动能力。”②马克思还指出：“我们把劳动力或劳动能力，理解为人的身体即活的人体中存在的、每当人生产某种使用价值时就运用的体力和智力的总和。”③马克思还指出：“整个‘商品’世界可以分为两大部分，第一，劳动能力；第二，不同于劳动能力本身的商品。有一些服务是训练、保持劳动能力，使劳动能力改变形态等等。总之，商品是使劳动能力具有专门性，或者使劳动能力保持下去的。例如学校教师的服务、医生的服务——购买这些服务，也就是购买提供‘可以出卖的商品’等等。即提供劳动能力本身来代替自己的服务，这些服务应加入劳动能力的生产费用或再生产费用。”④在马克思看来，教育所生产的劳动是一种复杂劳动，“比较复杂的劳动只是自乘的或不如说是多倍的简单劳动。因此，少量的复杂劳动等于多量的简单劳动”。⑤

在笔者的论著中历来倡导马克思的“教育会生产劳动能力”的观点。学校通过教育活动（特别是教师的劳动）提供了教育服务——提高了学生的劳动能力，因为“产品同生产行为不能分离”，因此劳动能力的提高过程是日积月累、与时俱进的，这里主要是教育工作者（特别是教师）的劳动，还有校园文化的潜移默化、同学帮助、家庭和社会的影响等。这个“劳动能力”属于谁？属于学生。学生不仅是劳动能力的载体，而且学生通过投资已“购买”了劳动能力。“出售”劳动能力的主体是学生，学校当然无权再“出售”劳动能力。显然，马健生关于“如果学生的劳动能力是学校教育产品，那么学校就有权利到劳动力市场交易学生的劳动力，从而获取利益”的观点忽略了“劳动能力属于谁”这个关键点。

范先佐指出：“如果将毕业生作为‘产品’，这个产品是不可能由‘产业主’掌握并在市场上出售的，因为学校并非劳动力的供给者，而是劳动力的培养者，教育所培养的劳动能力属于未来的劳动者——学生，而并非学校。由于教育能够提高人

① 马健生．试论高等教育产品[J]．教育与经济，2002(1)：33－35．
② 马克思．剩余价值理论(第一卷)[M]．北京：人民出版社，1975：210．
③ 马克思．资本论(第一卷上)[M]．北京：人民出版社，1975：190．
④ 马克思．剩余价值理论(第一卷)[M]．北京：人民出版社，1975：159．
⑤ 马克思．资本论(第一卷上)[M]．北京：人民出版社，1975：58．

们的劳动能力，改变人们的社会地位，带来各种经济和非经济收益，所以个人只要条件允许总有投资教育，获得较高层次教育的冲动，总是希望所受教育程度越高越好。这是符合个人一般投资的行为动机和目的的。”①李江帆指出：“从教育服务的消费性能来看，它可以划为消费品；从教育服务的交换性能来看，无论在资本主义社会，还是社会主义社会，它作为产品，都可以出卖，从而成为商品。因此，同社会产品的诸种共性并不矛盾。当教育服务这种劳动产品用于个人消费，从而改善人的智力素质时，就是‘以服务形式存在的消费品’。”②

（二）社会产品的分类

1. 公共产品的提出

(1)公共产品的早期探索

希腊哲学家亚里士多德指出：“凡是属于最多数人的公共事物常常是最少受人照顾的事物，人们关怀着自己的所有，而忽视公共的事物；对于公共的一切，他至多只留心到其中对他个人多少有些相关的事物。”③当时，亚里士多德不仅注意到了公共产品的存在，而且意识到了搭便车问题。

休谟在《人性论》中用一个案例论述了公共产品问题，他指出：“两个邻人可以同意排去他们所共有的一片草地中的积水，因为他们容易相互了解对方的心思，而且每个人必然看到，他不执行自己任务的直接后果就是把整个计划抛弃了。但是要使一千个人同意那样一种行为，仍是很困难的，而且的确是不可能的；他们对于那样一个复杂的计划难以同心一致，至于执行那个计划就更加困难了，因为每个人都在找借口，要想使自己省却麻烦和开支，而把全部负担加在他人身上。……政府虽然也是由人类所有的缺点所支配的一些人组成的，可是它却借着最精微的、最巧妙的一种发明，成为在某种程度上免去了所有这些缺点的一个组织。”④

一些先哲虽然没有直接提出“公共产品”理论，但在论述国家事务时已经注意到了公共产品问题。如恩格斯在分析国家起源时指出：原始氏族社会的易洛魁人已经有“讨论公共事务的部落议事会”；部落“管辖的事情，包括低级阶段上的野蛮人的全部公共事务”。⑤ 斯密在提出国家的义务时涉及公共产品的类型（安全、司法、公共机关和公共工程）、筹资方式、公平性等问题。⑥

秦始皇在国家统一后实行了统一货币、统一度量衡、统一车轨等；穆勒认为政

① 范先佐．关于教育产业化的若干思考[J]．广州大学学报（综合版），2000(2)：10－18.

② 李江帆．教育产品与教育产业理论问题探析[J]．肇庆学院学报，2004(3)：67－74.

③ [希]亚里士多德．政治学[M]．吴寿彭，译．北京：商务印书馆，1983：48.

④ [英]休谟．人性论[M]．关文运，译．北京：商务印书馆，1997：578－579.

⑤ [德]恩格斯．家庭、私有制和国家的起源[M]．中共中央马、恩、列、斯著作编译局，译．北京：人民出版社，1972：90－93.

⑥ [英]亚当・斯密．国民财富性质和原因的研究：下[M]．北京：商务印书馆，2000：254－284.

府的职能应该是提供公共产品，如铸币、规定标准的度量单位、铺设道路和保护人身和财产安全以及提高人们的认知能力（例如教育）等。①

（2）萨缪尔森最早提出公共产品

美国经济学家保罗·A·萨缪尔森在《经济学与统计学评论》（1954 年 11 月号）上发表的“公共支出的纯理论”中提出了公共产品。② 1954 年萨缪尔森首次提出公共产品的定义：“每个人对这种物品的消费都不会导致其他人对该物品消费的减少。”③在其不断再版的《经济学》中又对公共物品的定义进行了修正和完善。如第 12 版中认为：“来自公共物品的效益涉及对一个人以上的不可分割的外部消费效果。公共物品常常要求集体行动，而私有物品则可以通过市场被有效率地提供出来。”第 16 版中又指出：“公共物品是指那种不论个人是否愿意购买，都能使整个社会每一成员获益的物品。”第 17 版中又定义为：“将该商品的效用扩展于他人的成本为零；无法排除他人参与分享。”第 18 版中再指出：“公共物品是指能将效用扩展于他人的成本为零，并且无法排除他人参与共享的一种商品。”

2. 公共产品的标准

（1）萨缪尔森提出受益的非排他性和消费的非竞争性两个基本标准

萨缪尔森指出：“如果一种产品具有非竞争性（non-rivalry）和非排他性（non-excludability），它就属于公共产品；反之，如果一种产品具有竞争性和排他性，它就属于私人产品（private goods）。”王善迈又作了进一步诠释：“消费的非竞争性是指一个人对该产品的消费不影响他人对该产品的消费，在该产品没有达到充分消费时增加一个人的消费其边际成本为零；消费的非排他性是指一个人对该产品的消费不能排除他人对该产品的消费，不能排除的原因或因该产品在技术上不能分割，或因排除成本过高。凡是具有非竞争性、非排他性的产品即公共产品，反之，即为私人产品，前者如国防，后者如面包。”④

社会产品粗分可分为公共产品和私人产品两类。

（2）公共产品的内涵和外延是随着技术水平和市场条件动态发展的

一般认为，公共产品有受益的非排他性和消费的非竞争性两个基本特征，但由于受益的非排他性会随着技术水平的变化而变化，消费的非竞争性会随着市场条件的变化而变化，因此，公共产品的内涵和外延是随着技术水平和市场条件动态发

① [英]约翰·穆勒. 政治经济学原理[M]. 胡企林，等译. 北京：商务印书馆，1991：371，465，542.

② 对于萨缪尔森“Public Goods”的翻译，曾经有“公有物品”“公共产品”“公共商品”“公用品”“共用品”“公共财货”等译名。

③ Samuelson. The Pure Theory of Public Expenditure[J]. Review of Economics and Statistics，1954(36)4：387－389.

④ 王善迈. 关于教育产业化的讨论[J]. 北京师范大学学报(人文社会科学版)，2000(1)：12－16.

展的。①

萨缪尔森的观点也受到质疑。主要在三个方面：①纯粹的公共产品几乎是不存在的，史蒂文斯在纯粹公共品的两大特征后提出“大概现实中没有哪种物品会满足纯公共物品的严格定义”②，如某国的自卫队，对国内可能是国防，对国外可能是侵略；②非竞争性与非排他性是动态的和不断变化的，如面包，具体一个面包并不能完全、准确地界定为公共产品，也有可能掰开消费；③非竞争性与非排他性是建立在假定基础上的，西方公共产品的立足点之一是理性经济人假定，理性的经济人从个人效用最大化的角度出发，会导致人们对公共产品的生产提供和维护漠不关心，必然选择“搭便车”行为，公共产品的非排他性和非竞争性并不能完全、准确地界定公共产品。

(3)以自身性质和制度安排作为标准

胡鞍刚、熊志义指出：“一种物品是公共物品还是私人物品，取决于两种因素，一是自身的性质，二是管理产权的制度安排。对于具有正外部性，并对社会公平具有重要意义，因而应当为公民普遍享用的物品，政府通过一定的制度安排，使之在消费上具有非竞争性和非排他性特点，那么这种物品就可以被称为公共物品。”③

厉以宁认为，费用是否由“税收来支付”是判断公共产品的一个标准，他指出：“这些教育服务(义务教育、特殊教育、广播电视教育等)之所以具有纯公共产品性质，主要是因为它们与前面提到的公共产品的含义完全相符。接受这些教育服务的人，不直接付费，而维持这些教育服务的费用则由政府的财政部门承担，不享用这些教育服务的人也需要为此支付费用(如纳税)。”④

(4)以教育收益率作为标准

廖楚晖指出：“曾满超(2000)、赖德胜(2000)根据消费教育产品的教育收益率来界定教育产品的公共属性，并用于教育经济学分析之中。这种分类方法是根据人力资本理论和发展经济学理论将教育收益率分为教育的个人收益率和教育的社会收益率，认为基础教育的社会收益率较高而个人收益率低，而高等教育的个人收益率较高而社会收益率低，前者应该由政府提供，并具有公共属性；而后者则大多数情况下应该由私人提供，具有私人属性。”⑤

综上所述，笔者认为，首先是萨缪尔森的公共产品理论具有重大理论贡献，他不仅率先提出“受益的非排他性”和“消费的非竞争性”两个基本标准，而且这两个基本标准是广大学者研究的基础。其次，随着理论创新、科技创新、制度创新、文化

① [美]哈维·S·罗森. 财政学(第六版)[M]. 赵志耘，译. 北京：中国人民大学出版社，2000：54.

② 乔·史蒂文斯. 集体选择经济学[M]. 上海：三联书店，1999：74.

③ 胡鞍刚，熊志义. 大国兴衰与人力资本变迁[J]. 教育研究，2003(4)：11-16.

④ 厉以宁. 关于教育产品的性质和对教育经营的若干思考[J]. 教育科学研究，1999(3)：3-11.

⑤ 廖楚晖. 教育财政国内研究述评[J]. 经济学动态，2005(3)：65-68.

创新等，公共产品理论是不断完善、丰富和发展的。

3. 社会产品的分类

(1)关于混合产品

在研究高等教育服务(产品)定位的论著中，绝大多数学者提到公共产品分为公共产品、准公共产品、私人产品。① 杨明指出："根据经济学理论，社会产品可以分为私人产品、公共产品和混合产品三类。……混合产品或者是具有竞争性和非排他性的产品，或者是具有非竞争性和排他性的产品。前一种产品包括自然资源、公路、公园等，在这类产品的生产和使用中，人们想成为搭便车者，因而市场根本不愿意提供此类产品；后一种产品是指可以定价，从而可以在技术上实现排他的产品，市场也很少愿意提供这类产品。"②

早在萨缪尔森提出公共产品理论不久，就有学者对萨缪尔森的"公共物品——私人物品"两分法提出批评，认为这两者只是两种极端情况，在这两者之间还存在着大量的中间状态，即"非纯公共物品"(impure public goods)，或者叫"混合物品"(mixed goods)，萨缪尔森将所有物品只分为两类未免过于简单。③

布坎南也认为萨缪尔森对物品的"两分法"过于简单，对于纯公共物品和纯私人物品之间的"混合物品"的研究不应该被忽略。布坎南从物品的"共同拥有"这一角度提出了"俱乐部理论"，布坎南认为"俱乐部物品"能够涵盖从萨缪尔森的纯私人物品到纯公共物品的所有情况，弥补萨缪尔森"两分法"的不足。布坎南将"俱乐部"(club)定义为"一种消费、所有权——会员之间的制度安排(consumption ownership-membership arrangements)"。俱乐部可以适用于从纯私人物品到纯公共物品的所有情况……严格意义上的纯私人物品和纯公共物品都十分少见，绝大多数物品都介于这两者之间。④

因此，混合产品(mixed goods)是指"处于公共物品和私人物品中间的产品或服务，兼有私人物品和公共物品的性质。"西方经济学界形象地称这类介于公共产品和私人产品之间的物品为"混合产品"，也有人称其为"半公共产品"或"半私人产品"。

(2)混合产品的分类

纯粹公共产品是指同时具有边际生产成本为零和边际拥挤成本为零的特征的产品。边际生产成本为零是指在现有的公共产品供给水平上，新增消费者不需增

---

① 厉以宁. 关于教育产品的性质和对教育经营的若干思考[J]. 教育科学研究，1999(3)：3-11.
王善迈. 关于教育产业化的讨论[J]. 北京师范大学学报(人文社会科学版)，2000(1)：12-16.

② 杨明. 中国教育产品提供方式的现状分析和政策选择[J]. 浙江大学学报(人文社会科学版)，2007(6)：99-107.

③ Colm G. Commentson Samuelson's theory of public finance[J]. Review of Economics and Statistics，1956(38)：408-412.

④ Buchanan J M. An economic theory of clubs[J]. Economica，1965(32)：1-14.

加供给成本;边际拥挤成本为零是指任何人对公共产品的消费不会影响其他人同时享用该公共产品的数量和质量。因此,边际拥挤成本是否为零是区分纯公共产品与准公共产品的标准之一。

混合产品应分为准公共产品和准私人产品两类。

《辞海》解释:"准,比照;作某类事物看待。如准尉;准平原。"①

《现代汉语词典》解释:"准,程度上虽不完全够,但可以作为某类事物看待的。如准平原。"②

笔者认为,"准"在"程度上不完全够"是对的,但不能"作为某类事物看待的"。准尉毕竟不是少尉,也不可能作为少尉看待,应解释为"接近",即已接近少尉,有可能晋升少尉,但量变还没有质变。

准公共产品是具有较多非竞争性和非排他性的属性,但也具有较少竞争性和排他性属性的产品;准私人产品是具有较多竞争性和排他性的属性,但也具有较少非竞争性和非排他性属性的产品。简言之,准公共产品具有较多公共产品的属性,而准私人产品具有较多私人产品的属性。

因此,社会产品细分可分为公共产品、私人产品、准公共产品、准私人产品四类。

(三) 高等教育服务(产品)的定位

1. 高等教育服务(产品)定位的不同观点

(1)高等教育产品是公共产品

巴罗在一篇讨论美国地方学校财政效率的论文中,认为教育是公共产品。③

厉以宁将教育服务分为五种类型:①具有纯公共产品性质的教育服务;②基本上具有公共产品性质的教育服务;③具有准公共产品性质的教育服务;④具有纯私人产品性质的教育服务;⑤基本上具有私人产品性质的教育服务。他在"纯公共产品"与"准公共产品"之间多了一个"基本上具有公共产品性质"类型,政府投资建立的各类高等学校属于"基本上具有公共产品性质"的教育产品。④

(2)高等教育产品是准公共产品

西方大多数经济学家认为教育是准公共产品。如公共选择理论权威布坎南指出:由于绝大多数类型的教育在技术上是可以实现排他的,并且教育还具有"拥挤的公共产品"的特性,因此,教育是准公共产品。⑤

---

① 辞海编辑委员会. 辞海[M]. 上海:上海辞书出版社,1979(9):844.

② 中国社会科学院语言研究所词典编辑室. 现代汉语词典[M]. 北京:商务印书馆,1978(12):1511.

③ Barlow Robin. Efficiency Aspects of Local School Finance[J]. Journal of Political Economy, Sept. /Oct. 1970:1028-1040.

④ 厉以宁. 关于教育产品的性质和对教育经营的若干思考[J]. 教育科学研究,1999(3):3-11.

⑤ 詹姆斯·M·布坎南. 公共财政[M]. 北京:中国财政经济出版社,1991:22-40.

靳希斌、郑晓鸿指出："高等教育是非义务教育，且具有准公共产品的性质。"①

王善迈指出："高等教育服务属于准公共产品。一方面，高等教育服务在消费上具有竞争性，另一方面，高等教育服务在消费上具有一定的排他性。"②王善迈还指出："从整体来说，教育是一种具有正外部效应的准公共产品。义务教育在一定意义上是一种公共产品，它用法律规定了受教育者家长和政府的权利和义务，从理论上说，它是一种强制的免费教育，基本上应由政府提供。非义务教育中的高等教育，相对义务教育而言，更靠近私人产品，市场机制则具有较大的作用。"③

袁连生指出："应该强调的是，教育的准公共产品属性是其间接消费特征决定的，不会因为其生产方式或政府参与方式的不同而变化。"④

(3)高等教育产品是私人产品

伦敦经济学院的巴尔(N. Barr)教授就认为"教育不是公共物品"，其依据是教育的消费可以给消费者带来诸多收益，可以引发形式多样化的外部收益，包括生产收益和文化收益等。⑤

美国经济学家范里安认为："教育就是私人产品，只不过考虑到其他方面的原因，由政府参与提供罢了。"⑥

美国财政学家哈维・S・罗森指出："教育产品具有两个特性：①消费上的竞争性，在教育机会有限的条件下，一部分人接受教育就会减少另一部分人相应的机会；②教育的收益主要是私人收益，教育的私人收益具有极大的排他性。……教育主要是一种私人物品，它通过提高学生的'涉世处事'的能力'增加了他们的福利。"⑦

薛澜指出："中国的高等教育服务更具有消费的竞争性和排他性，因而是私人产品。"⑧

邱炳华指出："教育是一种具有私人性质的产品，接受教育的人可以从中得到相应的收益，因而也愿意付出相应的成本，从这点来看，教育可以由微观主体来提供的，需要接受教育的人们可以花钱购买这种服务。"⑨

张曙光指出："就其性质而言，高等教育是为了满足个人超出平等参与之上的需要，应该是一种不折不扣的私人产品，其生产供给可以由私人进行，其融资筹资

---

① 靳希斌，郑晓鸿. 个人收益——高等教育成本补偿的理论基础[J]. 辽宁高等教育研究，1999(5)：48-51.

② 王善迈. 论高等教育的学费[J]. 北京师范大学学报(人文社会科学版)，2000(6)：24-28.

③ 王善迈. 关于教育产业化的讨论[J]. 北京师范大学学报(人文社会科学版)，2000(1)：12-16.

④ 袁连生. 论教育的产品属性、学校的市场化运作及教育市场化[J]. 教育与经济，2003(1)：11-15.

⑤ Barr N. The Economics of Welfare State[M]. Oxford University Press，1988：328.

⑥ Varian H R. Intermediate Microeconomics[M]. Boston：Norton and Company，Inc.，1990：415.

⑦ Rosen H S. Public Finance[M]. New York：Mc Graw Hill，Inc.，1995：73.

⑧ 薛澜. 高等教育是公共产品吗？——兼论政府在发展高等教育中的作用[J]. 科技导报，1999(9)：36-38.

⑨ 邓子基，邱炳华. 财政学[M]. 北京：高等教育出版社，2000：201.

也是个人选择。”①

杨明指出:“从基本属性看,教育是私人产品,但是与纯粹的私人产品相比,它又具有正外部性。”②

(4)高等教育产品是准私人产品

伍海泉指出:“高等教育作为准公共产品,对消费者来说,倒不如说是‘准私人产品’。”③

杨莲娜指出:“高等教育产品兼有私人产品和公共产品的成分,但是更多具有私人产品的特性和更少具有公共产品的特性,即属于准私人产品。”④

2. 高等教育产品是准私人产品

(1)高等教育有明显的私人产品属性

马克思曾经说过:“如果我自己购买,或者别人为我购买一个教师的服务,其目的不是发展我的才智,而是让我学会赚钱的本领,而我又真的学到了一些东西(这件事就它本身来说,完全同对于教师的服务支付报酬无关),那么,这笔学费同我的生活费完全一样,应归入我的劳动能力的生产费用。”⑤受教育者要花钱,在市场经济条件下主要是为了能赚钱。这就要把个人和家庭的“投资性消费”相联系,成为一种特殊的社会经济发展环节,也就由此适当引入竞争机制,应明确办学机构之间的竞争关系。

英国的约翰·穆勒是集19世纪上半叶政治经济学成果之大成的经济学家,他指出:“还有另一种使用劳动的方式,同样有助于生产,只是更为间接而已,这就是将人作为对象的劳动。每个人从婴儿到被抚养成人,要花费某个人或数个人大量的劳动。不花费这种劳动或只花费其中一部分,孩子就不会长大成人,代替父母一代而成为劳动者。对于整个社会来说,抚育幼年人口的劳动和花费是支出的一部分,是生产的一个条件,是要从幼年人口未来的劳动产品中加倍偿还的。”“社会的技术教育或工业教育,即用于学习或讲授生产技艺的劳动,一般说来实际上仅仅是为了获得更多或更有价值的产品才付出的,为的是学习者可以获得与其劳动价值相等或超过其劳动价值的报酬,并使所雇佣的教师的劳动得到适当的报酬。”⑥

劳凯声指出:“不久前还被人们看成是一种典型公共物品,并且由国家包办和提供的教育产品,其可分性和竞争性的特点越来越显而易见。由于教育能给学习

① 张曙光.思想自由与经济自由:一个自由主义经济学家的忧思[M].北京:台海出版社,2004:296.

② 杨明.中国教育产品提供方式的现状分析和政策选择[J].浙江大学学报(人文社会科学版),2007(6):99-107.

③ 伍海泉.也论高等教育学费——兼与王善迈教授商榷[J].湖南社会科学,2003(6):144-146.

④ 杨莲娜.高等教育学费的价格属性研究[J].价格理论与实践,2005(5):33-34.

⑤ 马克思,恩格斯.马克思恩格斯全集(第26卷(第一册))[M].北京:人民出版社,1975:437.

⑥ [英]约翰·穆勒.政治经济学原理及其在社会哲学上的若干应用[M].北京:商务印书馆,1991:54-55.

者带来巨大且明显的回报，原先由政府包办并根据社会的需要来发展的教育，正在出现某种私人消费的倾向。不同的人对教育的不同需求开始成为教育发展中的一个不可忽视的因素，中国教育开始兼有公共消费和私人消费的双重消费特征。”①

高等教育是家庭或受教育者的一种为了取得回报或收益的投资。英国教育经济学家马克·布劳格曾对人力资本理论的核心作过精辟的概括：人是有前瞻性(forward-looking)的，他做出使用自己种种资源（金钱和时间等）的决定，不是为了今天的享用，而是为了将来在金钱上或非金钱上的收益。用通俗的话表达，即人是有远见的，他在自己身上花费的金钱和时间等，不是为了今天的享用，是为了将来在金钱上或非金钱上的收益。由此可见，教育特别是高等教育具有私人产品的特征。②

受教育者学到知识后，提高了劳动能力，增强了获取收入和物质与精神享受的本领，又具有明显地在收益上的排他性和消费上的竞争性。试看今日相当多大学生的择业观，在“到祖国最需要的地方去”与“到自己最需要的地方去”之间选择后者，他们挑选到大中城市和薪酬丰厚的岗位，对政府提倡“到基层去”置若罔闻，宁肯空岗而待业，等等。

(2)高等教育也有一定的公共产品属性

高等教育能提高国民素质，培养的是社会主义事业的建设者和接班人，高等教育这种外部性的属性决定了其公益性。美国经济学家劳埃德·雷诺兹(Loyd G. Reynolds)指出：“人们普遍地认为，在人们中，更多的大学毕业生除掉对他们本身有好处外，根本不关注对别人也有好处。正是这个‘公共性质’的成分，说服政府对高等教育资助。……一般说来，个人决定购买任何准公共物品，只是取决于他们对私人利益的感觉如何。对别人的外部的积极的影响，并不为人们所认识。所以，该物品就少买少产。政府既考虑外部影响也考虑私人好处，目的是把产量提高到从社会观点看来是最佳的水平。”③

此外，还有思想和文化等的外溢性。美国经济学家曼昆指出：“外部性是一个人的行为对旁观者福利的影响。例如，一个受过教育的人会产生一些有关如何最好地生产物品与劳务的新思想。如果这些新的思想进入社会的知识宝库，从而每一个人都可以利用，那么，这种思想就是教育的外部效应。在这种情况下。正规教育的社会收益就远远大于私人收益。这种观点证明了我们看到的以公共教育为形式的大量的人力资本投资补贴的正确性。”④

因此，高等教育有明显的私益性和一定的公益性。美国经济学家理查德·A.

① 劳凯声.教育市场的可能性及其限度[J].北京师范大学学报(社会科学版),2005(1):15-22.

② 曾满超,等.西方教育经济学流派[M].北京:北京师范大学出版社,1999:179.

③ 劳埃德·雷诺兹.微观经济学:分析和政策[M].马宾,译.北京:商务印书馆,1994:277.

④ 曼昆.经济学原理[M].梁小民,译.北京:生活·读书·新知三联书店,2001:73.

马斯格雷夫(Richard A. Musgrave)指出:“教育支出既有利于各个学生又有利于社会。”①阿特金森和斯蒂格利茨从教育被提供的方式来考察的。教育如果不是被免费提供,个人须像购买私人物品一样负担教育费用,那么这样的教育就是私人产品,而不管其提供主体是政府还是市场。因此,他们把教育看做是“公共供应的私人产品”。②

笔者认为,将高等教育产品定位于准私人产品比较合适。

(四) 高等教育服务(产品)的特征

靳希斌认为:“教育服务的主要特性:教育服务具有基础产业性;教育服务具有交换性、市场性;教育服务具有生产和消费的同时性与共发性;教育服务产品消费者具有多层次性与多元性。”③

马健生认为:“高等教育的产品具有无形性、非标准性、可变性、生产与消费的不可分性、无存货性、长效性和服务对象的双重性等特性。”④

笔者认为:高等教育产品的特征分为基本特征和具体特征。具体特征是基本特征派生的,从逻辑分类来说,它们不在一个层面上。基本特征是具有较多竞争性和排他性和较少非竞争性和非排他性。具有的特征是产品同生产行为不能分离性,产品的无形性,产品的难计量性,产品质量的异质性,服务对象的双重性,受益者的迟效性和长效性,收益的间接性和潜在性等。

二、高等教育供给与高等教育需求

(一) 高等教育供给

1. 高等教育供给的定义

顾明远等指出:“教育供给,与‘教育需求’相对。指在一定时期内教育为国民经济各部门、社会各方面培养提供一定质量和数量的各类专门人才和一般教育程度的劳动者。以经济和社会发展对各级各类人才的需求为前提,受一定社会经济发展水平、人口状况、教育资源及一定政治、文化等因素的制约和影响。”⑤

杨葆焜指出:“教育供求是产生于资本主义市场经济中的一个实际问题,但并不等于在其他社会经济条件下不存在教育供求问题。教育供求在不同的社会经济结构、文化传统以及社会政治背景之下都会存在,只不过表现形式不同和表现程度

① 理查德·A. 马斯格雷夫. 比较财政分析[M]. 董勤发,译. 上海:上海人民出版社,1996:14.

② 安东尼·B. 阿特金森,约瑟夫·E. 斯蒂格利茨. 公共经济学[M]. 上海:三联书店,上海人民出版社,1994:624,637.

③ 靳希斌. 论教育服务及其价值[J]. 教育研究,2003(1):44-47.

④ 马健生. 试论高等教育产品[J]. 教育与经济. 2002(1):33-35.

⑤ 顾明远. 教育大辞典(第六卷)[Z]. 上海:上海教育出版社,1992:225.

(作用程度)差异而已。”①

杨葆焜指出:“教育供给意指在某一段时间内,一个国家的教育机关(如小学、中学、专科或高等学校)提供给学生受教育(求学)的机会。就更广泛的意义来讲,教育供给还包括许多非正规教育机构所提供的教育机会,诸如成人教育、职业教育、在职培训等等。”②

杨葆焜、范先佐指出:“教育的供给是指社会为了培养各种熟练劳动力和专门人才,促进经济、社会和个体的发展,而由各级各类教育机构提供给学生受教育的机会。它包括‘广义’和‘狭义’两个方面。狭义的教育供给是指正规教育机构(诸如普通大、中、小学等)提供的教育机会;广义的教育供给还包括许多非正规教育机构(诸如成人教育、职业教育、在职培训等)所提供的教育机会。教育机会的提供,主要是政府,其次是各种团体组织、企业机构或私人,而教育机会供给量的形成则受制于多种因素。”③

从上可知,高等教育供给是指高等学校和其他高等教育机构为经济建设与社会发展和个人发展的需要培养提供具有一定质量的各类高级专门人才的能力。这个定义包括 3 个方面:

(1)谁供给——高等学校和其他高等教育机构

《中华人民共和国高等教育法(2015)》第六十八条规定:“本法所称高等学校是指大学、独立设置的学院和高等专科学校,其中包括高等职业学校和成人高等学校。本法所称其他高等教育机构是指除高等学校和经批准承担研究生教育任务的科学研究机构以外的从事高等教育活动的组织。本法有关高等学校的规定适用于其他高等教育机构和经批准承担研究生教育任务的科学研究机构,但是对高等学校专门适用的规定除外。”

党和政府批准的学历教育如:普通高等学校,民办高校,成人高等学校,军事院校等;还包括党校(研究生教育),行政学院(研究生教育),科学研究机构(研究生教育),国家会计学院(研究生教育)等。

党和政府批准的非学历教育如:上述学校举办的知识更新的培训班,继续教育等;还有社会主义学院,团校,企事业单位,社会团体及其他社会组织和公民等举办的培训班等。

民政部门注册的非营利性办学机构如老年大学等。

工商部门注册的营利性办学机构如北京新东方教育科技(集团)有限公司等。

关于高等教育的供给主体,有的论著提出政府和社会力量等。笔者认为,政府

① 杨葆焜.教育经济学[M].武汉:华中师范大学出版社,1989(12):108.

② 杨葆焜.教育经济学[M].武汉:华中师范大学出版社,1989(12):102.

③ 杨葆焜,范先佐.教育经济学新论[M].南京:江苏教育出版社,1995:243-244.

和社会力量提供高等学校和其他高等教育机构，高等学校和其他高等教育机构提供高级专门人才的能力，这里有一个供给链。

(2)为何供给——经济建设与社会发展和个人发展的需要

一般认为，高等教育供给是为了经济建设与社会发展的需要，这是对的。如《中华人民共和国高等教育法(2015)》第六条规定："国家根据经济建设和社会发展的需要，制定高等教育发展规划，举办高等学校，并采取多种形式积极发展高等教育事业。"第七条规定："国家按照社会主义现代化建设和发展社会主义市场经济的需要，根据不同类型、不同层次高等学校的实际，推进高等教育体制改革和高等教育教学改革，优化高等教育结构和资源配置，提高高等教育的质量和效益。"

但学者们在论述高等教育供给时却忽视了个人发展的需要。在马斯洛的需求层次论中，人的全面发展属于最高层次的自我实现需求。其实党和政府十分重视高等教育供给对个人发展的需要，如《中华人民共和国宪法》第十九条规定："国家发展社会主义的教育事业，提高全国人民的科学文化水平。"1985 年 5 月 27 日，《中共中央关于教育体制改革的决定》第一条指出："教育体制改革的根本目的是提高民族素质，多出人才、出好人才。"1993 年 2 月 13 日，中共中央、国务院印发的《中国教育改革和发展纲要》(中发〔1993〕3 号)第 27 条指出："教育改革和发展的根本目的是提高民族素质，多出人才，出好人才。"中国共产党第十四次全国代表大会明确提出"必须把教育摆在优先发展的战略地位，努力提高全民族的思想道德和科学文化水平，这是实现我国现代化的根本大计"。《国家中长期教育改革和发展规划纲要(2010—2020 年)》提出"以人为本""育人为本"。并指出："把育人为本作为教育工作的根本要求。把促进人的全面发展、适应社会需要作为衡量教育质量的根本标准。"还指出："满足个人多样化的学习和发展需要。"2006 年 10 月 11 日，《中共中央关于构建社会主义和谐社会若干重大问题的决定》第四条指出："坚持教育优先发展，促进教育公平。全面贯彻党的教育方针，大力实施科教兴国战略和人才强国战略，全面实施素质教育，深化教育改革，提高教育质量，建设现代国民教育体系和终身教育体系，保障人民享有接受良好教育的机会。"因此，高等教育供给应满足个人发展的需求。

(3)供给什么——高级专门人才的能力

上述有两种提法，顾明远等认为是劳动者，杨葆焜等认为是受教育的机会。马克思指出："教育会生产劳动能力。"①笔者认为是供给高级专门人才的劳动能力和创新能力。这里应该指出，高级专门人才是劳动能力和创新能力的载体，也是高等教育供给的载体。《中华人民共和国高等教育法(2015)》第五条规定："高等教育的任务是培养具有社会责任感、创新精神和实践能力的高级专门人才，发展科学技术

---

① 马克思.剩余价值理论(第一卷)[M].北京：人民出版社，1975：210.

文化，促进社会主义现代化建设。”这里，高级专门人才是“具有社会责任感、创新精神和实践能力”的载体。为什么同是大学毕业生，有的社会需要就业好，有的社会不需要就业差，关键在于社会责任感强弱与创新精神和实践能力高低的差别。

2. 高等教育供给是有限的

杨葆焜指出，社会主义教育供求的特征：①教育供求由商品生产供求关系派生而来，它直接产生于社会对劳动力资源的质量需求；②教育供求服从于国家计划制定的社会发展目标，它可以由国家采用行政手段制定法律、政策来调节；③教育供求受制于市场价格运动的影响，它受到市场经济规律——价值规律的调节，国家可以改变教育价格，调节教育市场，从而引导教育供求关系，达到教育与社会发展目标的统一；④教育供求受国力制约，国民收入与人口规模是决定教育供求的基本因素；⑤教育供求关系从教育内部、外部发生双向作用，调节教育事业发展；⑥教育供求受人们心理偏好的影响。①

杨葆焜指出，在一定时期内，形成教育供给有一个先后次序：①在保证经济结构正常运行的前提下，将教育结构调整到与经济结构较为适应的状况。②教育投资要首先满足现存的教育基地的需求，即保证原有教育供给量不予减少；在财力可能情况下加强短线教育的投资供给，以便其供给量达到社会对教育的需求。③教育单位自身亦可采取各种方式与生产单位、科研单位协作，将所获得的创收等直接经济收益用于扩大教育供给之中。②

杨葆焜认为，影响教育供给的因素有：①资源分配的多寡；②劳动力需求结构；③教育单位成本；④师资供求状况。

以上可知，高等教育供给受政治、经济、科技与文化等因素的制约。就政治而言，在知识越多越反动的年代，高等教育停办或少办，而社会主义现代化建设需大办，办好；就经济而言，它不仅受经济结构、经济规模等影响，而且还受财力分配的影响，在经费投入时出现“一工交二财贸所剩无几给文教”的状况；就科技与文化而言，受师资、实验设备、教材水平等影响。因此，高等教育供给是有限的。

3. 高等教育供给模式

上述论述高等教育的供给主体时提到高等教育的供给链，供给高等学校和其他高等教育机构的模式主要有三个：一是政府，即财政拨款；二是市场，即收费；三是慈善，即捐赠。

4. 高等教育供给机制

影响高等教育供给的动力机制主要是经济增长需要，社会发展需要，科技进步需要，文化传承需要和受教育者的物质生活和精神生活提升的需要等。

---

① 杨葆焜. 教育经济学[M]. 武汉：华中师范大学出版社，1989：110－111.

② 杨葆焜. 教育经济学[M]. 武汉：华中师范大学出版社，1989：104.

5. 高等教育供给效率

高等教育供给效率主要体现在高等教育绩效评价和考核，其中核心是高校预算绩效评价和考核。笔者曾研究过高校预算绩效评价和考核，[①]不再赘述。

（二）高等教育需求

1. 高等教育需求的定义

《辞海》解释："需要，人对一定客观事物需求的表现。人类在种族发展过程中，因维持生命和延续种族，形成对某些事物的天然需要，如对营养、自卫、繁殖后代的需要。在社会生活中，为了提高物质和精神生活水平，形成高级的物质需要，如对社交、劳动、文化、科学、艺术、政治生活等的需要。人的需要是在社会实践中得到满足和发展的，具有社会历史性。它表现为愿望、意向、兴趣，而成为行动的一种直接原因。"[②]《现代汉语词典》解释："需要，①应该有或必须有；②对事物的欲望或要求。"《现代汉语词典》解释："需求，由需要而产生的要求。"[③]

顾明远等指出："教育需求，与'教育供给'相对。就社会而言，指在一定时期内国民经济各部门以及社会各方面对各类专门人才和受过一定教育的劳动者的数量、质量和结构等方面的要求。就个人和家庭而言，指个人和家庭为满足某种精神和物质的需要对接受各级各类教育的要求。前者由一定社会经济发展的水平、规模和速度所决定。反映社会经济发展对人才培养的客观需要，制订教育发展计划的依据。后者受个人精神充实的欲望、就业与收入的选择、家庭经济条件和对子女未来的期望等因素的影响，是对非义务教育需求的反映。"[④]

杨葆焜指出："教育需求是指国家、生产单位和个人对教育有支付能力的需要。需要和需求不同，需要是反映人们关于欲望的一种心理活动，需求是一种有支付能力的需要。人们对教育的需要是无限的，但是满足需要的教育供给却是有限的。教育需求，表明国家、生产单位和个人有支付能力或附加一定的投资额（不论这种投资额来自何种途径），还表现为受教育者为接受教育所牺牲的其他收入，也就是教育的机会成本。"[⑤]

杨葆焜、范先佐指出："教育需求是指个人、企业和国家对教育有支付能力的需要。需要与需求不同，需要是人的本能，是人们的心理欲望。需求是一种有支付能力的需要。人们对教育的需求是无限的，但是满足教育需求的供给却是有限的。教育需求代表着个人、用人单位和国家的支付能力，还表现为受教育者为接受教育

① 乔春华. 高校预算管理研究[M]. 苏州：苏州大学出版社，2013：206－273.

② 辞海编辑委员会. 辞海（下）[Z]. 上海：上海辞书出版社，1979：4576.

③ 中国社会科学院语言研究所词典编辑室. 现代汉语辞词典[Z]. 北京：商务印书馆，1982：1286.

④ 顾明远. 教育大辞典（第六卷）[Z]. 上海：上海教育出版社，1992：225.

⑤ 杨葆焜. 教育经济学[M]. 武汉：华中师范大学出版社，1989：94.

所牺牲的其他收入，也就是通常所说的教育机会成本。”①

杨葆焜指出：“无论从哪一方面的动机来说，国民对教育的需要是无限的。社会主义国家应该为公民获得平等的教育机会创造条件。教育计划的制订、政策的实施应当以教育需求为依据，并力求实现有投资支持的教育供给。否则，这种派生的需求的不满足会影响到物质生产需求的满足程度。我们国家的教育需求，主要来源于国家、生产单位和个人。因此，我们把教育需求划分为国家对教育的需求、生产单位（作为生产要素的消费者）对教育的需求以及个人对教育的需求三个部分。这三种需求虽然在某些方面有重复，但在主体上是明显分开的。国家对教育的需求，主要是指由各级政府支付经费的需求。目前在我国，国家教育需求仍然居于主导地位。生产单位作为生产要素消费者对教育的需求，在企业没有完全独立经营之前，只不过是国家教育需求的附属形式。个人对教育的需求则经常附属于上述两种形式，只是很少情况下才是一种独立形式。随着社会主义商品经济的发展，这种需求格局将会发生变化。”②

杨葆焜、范先佐指出：“无论从哪一方面的动机来讲，国民对教育的需求是无限的。……由于教育需求是指个人、企业和国家对教育有支付能力的需要，因此，教育需求也主要来源于个人、用人单位和国家。”③

从上可知，高等教育需求是指用人单位为了长远的发展和当前的实际对高等教育的有支付能力的多方面需要。这个定义包括3个方面：

（1）谁需求——用人单位

这里的用人单位包括党政机关、企业、事业单位、社会团体、家庭和个人等。

（2）为何需求——为了长远的发展和当前的实际需要

用人单位对高等教育供给既有长远的发展需要又有当前的实际需要。当前的实际需要好理解，目前大学生就业绝大多数是用人单位招聘的当前实际需要的人才；高等教育具有前瞻性、迟效性，因此，用人单位必须具有长远的发展的理念、可持续发展的理念，这就需要高等教育供给高科技人才，国际视野和跨文化的战略人才，复合型创新人才等。中共中央、国务院印发《国家中长期人才发展规划纲要（2010—2020年）》指出：“高端引领。培养造就一批善于治国理政的领导人才，一批经营管理水平高、市场开拓能力强的优秀企业家，一批世界水平的科学家、科技领军人才、工程师和高水平的哲学家、社会科学专家、文学家、艺术家、教育家，一大批技艺精湛的高技能人才，一大批社会主义新农村建设带头人，一大批职业化、专业化的高级社会工作人才，充分发挥高层次人才在经济社会发展和人才队伍建设

① 杨葆焜，范先佐．教育经济学新论[M]．南京：江苏教育出版社，1995：247．

② 杨葆焜．教育经济学[M]．武汉：华中师范大学出版社，1989：95．

③ 杨葆焜，范先佐．教育经济学新论[M]．南京：江苏教育出版社，1995：248．

中的引领作用。”

(3)需求什么——有支付能力的多方面需要

笔者同意杨葆焜、范先佐关于“需要与需求不同,需要是人的本能,是人们的心理欲望。需求是一种有支付能力的需要”的观点。但是他们在另一处阐述时出现了矛盾。上述杨葆焜指的是“国民对教育的需要是无限的”,杨葆焜、范先佐指的是“国民对教育的需求是无限的”,可能是笔误。笔者理解应是“需要是无限的”而“需求是有限的”,因为它受支付能力的制约。

社会发展对高等教育的需要是多方面的,既有自然科学,又有哲学与社会科学;既有理论型专门人才,又有应用型专门人才,而这些人才又要求具有综合素质。而个人对高等教育的需要更是丰富多彩的,既有“提高民族素质”与“促进人的全面发展”的需要,又有“满足个人多样化的学习和发展的需要”。这对高等教育供给提出了繁重的任务。

2. 高等教育的需求是有限的

杨葆焜在分析“影响教育需求的因素”时指出:“决定教育需求的最主要因素是对劳动力的需求。影响劳动力需求的因素主要有四个,它们同时影响着教育需求。①生产目标直接影响着劳动力与教育的需求。②技术的进步往往造成机器替代人力,致使低级人力需求量的缩小和高级人力需求量的增大。③经济发展状况,经济发展不景气人力需求量会降低,经济发展好人力需求量会增长。④劳动力市场结构与产业结构之间是否配套。如配套,则技术‘失业’与‘空位’并存的现象就不会存在;如不配套,教育供给过剩则出现‘失业’,教育供给不足则出现‘空位’。”①

需求是一种有支付能力的需要,因此,高等教育的需求是有限的。高等教育需求受政治、经济、科技与文化等因素的制约。就政治而言,在读书无用的年代,对高等教育需求就少,而在知识改变命运的年代,对高等教育需求就多;就经济而言,经济落后对高等教育需求就少,而经济腾飞,对高等教育需求就多,它不仅受经济结构、经济规模等影响,而且还受财力的影响(如贫困生辍学);就科技与文化而言,正如邓小平指出的“科学技术是关键,基础在教育”,科技创新需要高层次的专门人才,文化传承也需要高层次的专门人才。科技与文化落后制约高等教育需求,科技与文化促进高等教育需求。这里讲的主要是经济因素即支付能力的需要,因此,高等教育供给是有限的。

(三)教育预测与教育规划

1. 教育预测与教育规划的重要性

(1)教育预测与教育规划的涵义

杨葆焜指出:“国家教育机关根据预测到的某个时期社会经济发展对劳动力的

① 杨葆焜.教育经济学[M].武汉:华中师范大学出版社,1989:101-102.

需求,确定教育供给总量。国民经济部门根据现有的财力以及社会发展目标要求,确定劳动分配方向和结构。政府代表这些部门在作了周密研究计算之后,将教育经费总额确定为一个量数,将其投入教育部门。”①

顾明远等指出:“教育供给预测,对未来一定时期内教育为国民经济各部门以及社会各方面所能提供的各类专门人才和受过一定教育的劳动者的数量、质量、结构的客观可能性的展望和测算。”②顾明远等指出:“教育需求预测,对未来一定时期内国民经济各部门以及社会各方面对各类专门人才和受过一定教育的劳动者的需求量的展望和测算。”③

杨葆焜指出:“教育规划是国民经济和社会发展规划的重要组成部分。建立在教育预测基础上的教育规划,对促进教育事业发展,实现经济和社会发展目标,提高全民族的思想道德素质和科学文化素质具有重大意义。教育规划是根据一定社会政治经济的要求,科学技术发展水平,教育事业的客观规律,为满足国民经济和社会发展对教育的需求而采取的有目的、有步骤的行动的设想,这种设想是经过努力可以实现的。教育规划要对教育发展的目标、指标、政策、经费等作出明确的说明。”④

由此可见,教育规划是在建立了教育供给和教育需求的科学预测基础上,由政府作出的教育供给和教育需求总量的规划。如国务院批转的教育部《国家教育事业发展“十一五”规划纲要》,教育部印发的《国家教育事业发展第十二个五年规划》。各个高校也应制定切合实际的发展规划。

(2)教育预测与教育规划的重要意义

国际教育大会自 1934 年以来,于 1962 年第一次以“教育规划”为会议主题,认为“教育不仅是提高人格尊严的手段,也是各国文化、科学、技术、经济和社会发展的重要因素……规划涉及的各洲活动的国家,重要的是把教育规划看成是经济和社会发展规划的组成内容。教育规划在这种规划中所占的篇幅应与教育在国家整体发展中的作用成比例”。⑤ 会议强调了国家对高等教育规划的重视程度。行政部门的意志、高校的行为及学生的需求,构成了高等教育产业化的基本社会关系,三方各自的主要问题都在这一三角关系中得到体现和解决。

教育经济学家希恩指出:对教育的需求进行估量,“问题不仅仅在于列出一项表格,它是一个远为复杂得多的问题,需求分析的是构成教育系统的一整套复杂机

① 杨葆焜.教育经济学[M].武汉:华中师范大学出版社,1989:103.
② 顾明远.教育大辞典(第六卷)[Z].上海:上海教育出版社,1992:226.
③ 顾明远.教育大辞典(第六卷)[Z].上海:上海教育出版社,1992:226.
④ 杨葆焜.教育经济学[M].武汉:华中师范大学出版社,1989:397.
⑤ 赵中建.全球教育发展的历史轨迹——国际教育大会 60 年建议书[M].北京:教育科学出版社,1999:259-260.

构体制同我们称之为社会的另一套复杂的机构体制以至观念准则之间的关系”。① 研究高等教育需求要研究需求数量变化，但更要研究需求变化的动因以及一些价值观念。

邓小平早在 1980 年就指出：我们过去长期搞计划，有一个缺点，就是没有安排好各种比例关系，“有一个重要的比例，就是经济发展与教育、科学、文化、卫生、体育的比例失调。教科文卫费用太少，不成比例。甚至有些第三世界的国家，在这方面比我们重视得多。印度在教育方面花的钱比我们多。像埃及这样的国家，人口只有四千万，按人口平均计算，他们在教育方面花的钱比我们多几倍。总之，我们非要大力增加教科文卫的经费不可”。② 邓小平还指出：“我国的经济，到建国一百周年时，可能接近发达国家的水平。我们这样说，根据之一就是这段时间里，我们完全有能力把教育搞上去，提高我们的科学技术水平，培养出数以亿计的各级各类人才。我们国家，国力的强弱，经济发展后劲的大小，越来越取决于劳动者的素质，取决于知识分子的数量和质量。一个十亿人口的大国，教育搞上去了，人才资源的巨大优势是任何国家比不了的。有了人才优势，再加上先进的社会主义制度，我们的目标就有把握达到。”③

因此，高等教育供求关系的失衡或不均衡有可能使规划制定得不科学，也有可能使好的规划执行得不好。

2. 计划赶不上变化

(1)规划 2000 年本科院校达到 3500 人以上，专科学校达到 2000 人以上，实际上本专科在校生平均为 5289 人

1994 年 7 月 3 日，《国务院关于〈中国教育改革和发展纲要〉的实施意见》(国发〔1994〕39 号)第十条第二款规定：“到 2000 年学校平均规模，本科院校达到 3500 人以上，专科学校达到 2000 人以上，中专学校达到 1000 人以上，技工学校达到 500 人以上，职业高中达到 600 人以上，力争到本世纪末在实现我国教育的高效益方面有更大进展。”《2000 年全国教育事业发展统计公报》指出：“高校扩招工作顺利完成，高等教育的招生人数大幅度增加。普通高等学校全日制本专科在校生平均规模由上年的 3815 人提高到 5289 人。”

1994 年 7 月 3 日，《国务院关于〈中国教育改革和发展纲要〉的实施意见》(国发〔1994〕39 号)第五条指出：“到 2000 年全国普通高等学校和成人高等学校本专科在校生达到 630 万人左右，其中本科生 180 万人，专科生 450 万人。18～21 岁学龄人口入学率将上升到 8%左右。”

---

① 约翰·希恩. 教育经济学[M]. 北京：教育科学出版社，1981：12.

② 邓小平. 邓小平文选(1975—1982)[M]. 人民出版社，1983：214.

③ 邓小平. 邓小平文选(第 3 卷)[M]. 人民出版社，1993：120.

(2)规划2010年入学率接近15%,需要12年却仅隔4年的2002年就达到15%,2010年实际上26.5%

1999年1月13日,国务院批转教育部《面向21世纪教育振兴行动计划》(国发〔1994〕39号)第30条指出:“高等教育入学率由1997年的9.1%(新口径),提高到2000年的11%左右。”1999年,国务院批转教育部《面向21世纪教育振兴行动计划》中提出我国高等教育发展的战略目标为:到2010年,“高等教育规模有较大扩展,入学率接近15%”。仅隔4年,2002年高等教育毛入学率就达到15%。而《2010年全国教育事业发展统计公报》称:“2010年全国各类高等教育总规模达到3105万人,高等教育毛入学率达到26.5%。”

(3)规划2020年为40%,需要10年却仅隔5年的2015年就达到40%

2010年,《国家中长期教育改革和发展规划纲要(2010—2020年)》指出:“到2020年,高等教育大众化水平进一步提高,毛入学率达到40%。”在2016年全国教育工作会议上披露:2015年,我国高等教育毛入学率达到40%,提前实现了国家教育规划纲要提出的“到2020年,高等教育毛入学率达到40%”的目标,超过中高收入国家平均水平。

从上可以看出,我们的规划不是建立在翔实大数据的基础上的科学决策。超常规的发展必定隐埋着某种违背客观规律的风险,比如高等教育质量下降和就业率低等。因此,科学决策需要大数据支撑。

3. 高等教育供给侧结构性改革需要大数据支撑

2015年12月2日,李克强在主持召开的经济工作专家座谈会上指出:“本届政府成立以来重点在供给方面加大改革力度,包括简政放权、放管结合、优化服务、推动‘大众创业、万众创新’,以及‘互联网+’等,都是在创造新的供给。”我们正处在一个“大数据、云计算”的时代。探索开发各类“互联网+教育+相关行业”的产业,推动教育服务与“互联网+”深度融合。

(1)精准预测高等教育需求必须依靠大数据

高等教育需求包括国民经济和社会发展对高等教育的需求,这个需求要定位在国际竞争的环境内。这就不仅需要从时间维度预测长远的发展,而且需要从空间维度预测国外特别是发达国家对各级各类专门人才的需求。

高等教育需求还包括受教育者的个人需求,这个需求要定位在民生福祉的基础上。这就不仅要考量受教育者的物质生活的发展需要,而且要考量受教育者的精神生活的发展需要。

这个大数据政府部门(发改委、人社部门、教育部门等)要做,科研院所、智库和民间组织要做,高校的规划处和相关机构也应做。

(2)精准预测高等教育供给必须依靠大数据

高等教育供给是指高等教育机构特别是高等院校能为国民经济和社会发展的

需求和受教育者的个人需求提供创新供给，优质教育资源的服务。

高等教育供给首先要搞清楚目前高等教育的存量，特别是哪些是低端和无效的供给；其次要搞清楚未来高等教育发展的增量，即要培育哪些高端和有供的供给。

这个大数据政府部门（教育部门等）要做，科研院所、智库和民间组织要做，高校的教务处和相关机构也应做。

（3）科学决策必须依靠大数据

这个大数据既要有历史数据，又要有预测未来的数据，更要有数据的分析。我们要办人民满意的教育，必须要明明白白地办教育。心里有底依靠大数据，科学决策依靠大数据。

这个大数据还应有风险预警机制。产能过剩导致风险，人才短板和成本上升也是风险，就业率低更是风险。高等教育的供给侧结构性改革必须要有问题导向，风险倒逼，就要通过大数据来预警风险。

（四）高等教育供给侧改革

1．高等教育供求平衡是相对的、不平衡是绝对的，供求均衡的调节是动态的

杨葆焜、范先佐指出："在经济发展的各个阶段，都存在着教育供求问题。但在市场经济条件下，教育供求关系在社会中占有更为重要的地位，而且具有丰富的涵义。因为供求机制是市场经济体制的保证机制，没有供求关系，市场也就不复存在。因此，在市场经济条件下，教育供求关系与经济发展的关系，始终是一个现实的问题。"①杨葆焜、范先佐还指出："教育供求调节机制是解决教育供求之间的矛盾，实现教育供给与教育需求之间关系协调的基本方式和途径。"②

杨葆焜、范先佐认为，教育供求，从静态角度看，存在着平衡问题。但从动态角度看，由于教育供给与教育需求是由不同主体来承担的，教育的供给与需求都在随时间的变动而变动，两者的方向、速度可能有所不同。这样，就会对教育供求关系进一步产生影响：既可能扩大原有的不平衡状态，也可能减轻供求矛盾，趋向于达到平衡；又可能经过平衡点向新的不平衡状态转化，即由供不应求变为供过于求，或者由供过于求变为供不应求；当然，还可能基本维持原有的不平衡状态。因此，必须对教育的短期和长期供求状况作出科学的估量，准确、合理、适时地进行调节，以求得它们之间的基本平衡。对于教育供求进行调节，可以缓和供求间的矛盾，可以较好地使用教育培养出的各种劳动力和专门人才，可以对一个国家或地区的经济发展产生积极的作用。调节的原则，应当是使教育与经济协调发展。③

① 杨葆焜，范先佐．教育经济学新论[M]．南京：江苏教育出版社，1995：254.

② 杨葆焜，范先佐．教育经济学新论[M]．南京：江苏教育出版社，1995：243.

③ 杨葆焜，范先佐．教育经济学新论[M]．南京：江苏教育出版社，1995：257.

高等教育供求不平衡或矛盾造成的原因有：

(1)对高等教育的显性需求和潜在需求预测不准或采取措施不力。这些高等教育需求既包括社会需求，又包括受教育者的个人需求。

(2)对高等教育的有效供给和潜在供给预测不准或采取措施不力。这些高等教育供给既包括对产能过剩管控不力和有效供给支撑不足，又包括对潜在供给开发不够。它又有政府政策和财力保障，适龄入学人口等因素，更有高等教育质量的原因。因此，高等教育供求平衡需要高等教育供给侧和需求侧两端改革。

现在突出的问题是供过于求和供不符求。正如菲利浦·H.库姆斯指出："高等教育发展的速度和规模在经过适度性补偿增长之后应保持适应性发展的趋势，认为规模扩大与经济发展之间不仅仅是正相关，它可能造成教育系统内部发展不平衡，需求超过供给能力，结构失调造成失业和人才外流以及学用错位，造成效率低下和形成社会不安定因素等不适应问题。"①

2. 高等教育供给侧改革

高等教育供给侧改革的任务在本章第四节阐述。这里着重论述高等教育中的两个问题。

(1)多出人才与出好人才的关系

中央历来强调多出人才与出好人才，两者不可偏废，两手都要硬。1985 年 5 月 27 日，《中共中央关于教育体制改革的决定》第一条指出："教育体制改革的根本目的是提高民族素质，多出人才，出好人才。"1993 年 2 月 13 日，中共中央、国务院印发的《中国教育改革和发展纲要》(中发〔1993〕3 号)第 27 条指出："教育改革和发展的根本目的是提高民族素质，多出人才，出好人才。"

中央还强调育人为本作为衡量教育质量的根本标准。《国家中长期教育改革和发展规划纲要(2010—2020 年)》提出"以人为本""育人为本"。并指出："把育人为本作为教育工作的根本要求。把促进人的全面发展、适应社会需要作为衡量教育质量的根本标准。"

但是，扩招以后数量上去了，质量滑坡了。2012 年 3 月 16 日，教育部发布了《关于全面提高高等教育质量的若干意见》(教高〔2012〕4 号)(高教 30 条)。

2016 年 4 月 7 日教育部发布我国首份《中国高等教育质量报告》指出："与世界高等教育强国相比，中国高等教育问题依然不少。主要表现为'四不够、一不高'。其一，学科专业设置优化不够，科研水平和成果转化率不高，'短板'问题依然严重。其二，创新人才培养力度不够，高校创新创业教育仍是'软肋'。其三，高水平教师和创新团队不够，教学经费和实践资源不足，实现由量到质的新跨越仍是突出问题。其四，质量意识和质量文化不够，绩效评价不力，不少高校'等靠要'思想还相

① 张凤林.人力资本理论及其应用研究[M].北京：商务印书馆，2006：57－88.

当严重，对教师评价‘重科研轻教学’。其五，就业与所学专业相关性不高，不同类型院校学生对学习过程体验和就业状况满意度存在不平衡现象，‘级差’现象明显。”

(2)教学内容和教学方法脱离经济建设和社会发展需要的现象

1993 年 2 月 13 日，中共中央、国务院印发的《中国教育改革和发展纲要》(中发〔1993〕3 号)第 31 条指出：“进一步转变教育思想，改革教学内容和教学方法，克服学校教育不同程度存在的脱离经济建设和社会发展需要的现象……高等教育要进一步改变专业设置偏窄的状况，拓宽专业业务范围，加强实践环节的教学和训练，发展同社会实际工作部门的合作培养，促进教学、科研、生产三结合。”

1994 年 7 月 3 日，《国务院关于〈中国教育改革和发展纲要〉的实施意见》(国发〔1994〕39 号)第 18 条指出：“要进一步转变教育思想，改革教学内容和教学方法，克服学校教育不同程度存在的脱离经济建设和社会发展需要的现象……高等教育要重点发展应用性学科和专业，适度发展新兴学科、边缘交叉学科，稳定和提高基础学科；要努力培养高层次复合型人才；要特别重视培养农村和乡镇企业需要的各种人才，开拓人才通向农村的途径。采取与实际工作部门以及境外机构和个人联合培训、研修等措施，努力培养适应社会主义市场经济急需的管理人员和教学、研究人员。要合理调整系科和专业设置，拓宽专业面，优化课程结构，改革课程内容和教学方法，加强教材建设，注重素质和能力的培养，增强学生对社会需要的适应性。”

1999 年 1 月 13 日，国务院批转教育部 1998 年 12 月 24 日制定的《面向 21 世纪教育振兴行动计划》指出：“我国教育发展水平仍然偏低，教育结构和体制、教育观念和方法以及人才培养模式尚不能适应现代化建设的需要。在当前及今后一个时期，缺少具有国际领先水平的创造性人才，已经成为制约我国创新能力和竞争能力的主要因素之一。”

1999 年 6 月 13 日，《中共中央、国务院关于深化教育改革全面推进素质教育的决定》指出：“但面对新的形势，由于主观和客观等方面的原因，我们的教育观念、教育体制、教育结构、人才培养模式、教育内容和教学方法相对滞后，影响了青少年的全面发展，不能适应提高国民素质的需要。”

第四节　高等教育供给侧改革的主要任务

2015 年中央经济工作会议指出：“结构性改革主要是抓好去产能、去库存、去杠杆、降成本、补短板五大任务。”高等教育领域虽然也有经济活动，也会存在类似整个国民经济中“三去一降一补”现象，但高等教育毕竟不同于经济部门，笔者提出高等教育领域中的“三去两降一补”，即去行政化、去编制、去产能、降失业率、降成本、补短板。

一、去行政化

（一）关于“去行政化”的规定

2010年6月6日，中共中央国务院印发的《国家中长期人才发展规划纲要（2010—2020年）》第三条第一款指出：“克服人才管理中存在的行政化、‘官本位’倾向，取消科研院所、学校、医院等事业单位实际存在的行政级别和行政化管理模式。在科研、医疗等事业单位探索建立理事会、董事会等形式的法人治理结构。建立与现代科研院所制度、现代大学制度和公共医疗卫生制度相适应的人才管理制度。”

2010年6月21日，中共中央政治局审议并通过的《国家中长期教育改革和发展规划纲要（2010—2020年）》第三十八条指出：“推进政校分开、管办分离。适应中国国情和时代要求，建设依法办学、自主管理、民主监督、社会参与的现代学校制度，构建政府、学校、社会之间新型关系。适应国家行政管理体制改革要求，明确政府管理权限和职责，明确各级各类学校办学权利和责任。探索适应不同类型教育和人才成长的学校管理体制与办学模式，避免千校一面。完善学校目标管理和绩效管理机制。健全校务公开制度，接受师生员工和社会的监督。随着国家事业单位分类改革推进，探索建立符合学校特点的管理制度和配套政策，克服行政化倾向，取消实际存在的行政级别和行政化管理模式。”

2013年11月15日，十八届三中全会通过的《中共中央关于全面深化改革若干重大问题的决定》第15条指出：“加快事业单位分类改革，加大政府购买公共服务力度，推动公办事业单位与主管部门理顺关系和去行政化，创造条件，逐步取消学校、科研院所、医院等单位的行政级别。建立事业单位法人治理结构。”

从上面规定我们可以看出：

(1)“去行政化”指的是单位，如上述的“学校、科研院所、医院等单位”，而有些学者却提出“教育去行政化”。

(2)“去行政化”的前提是“事业单位分类改革”。大学都感到去行政化难，一个重要的原因是必须进行事业单位分类改革，这就涉及下一个问题——去编制。

（二）“去行政化”的基本内容

诚然，“去行政化”的内容之一是“逐步取消学校、科研院所、医院等单位的行政级别”，但这是一个比较容易做到的次要问题。高校行政化主要表现为两个方面：一是政府对学校的行政化管理，二是学校内部的行政化管理。“去行政化”的主要内容是：

1. 在高校外部：政府对学校不适当的行政干预

高校行政化源于计划经济时代，那时高校本身就是行政体系的一部分，被纳入行政序列，并拥有相应的行政级别，由政府直接管理。改革开放以来，特别是实行社会主义市场经济体制以后，党和政府已经认识到这个问题，曾作过一些规定，如：

1985 年 5 月 27 日，《中共中央关于教育体制改革的决定》指出："改革管理体制，在加强宏观管理的同时，坚决实行简政放权，扩大学校的办学自主权。"

《中国教育改革和发展纲要(1993 版)》(中发〔1993〕3 号)第 18 条指出："在政府与学校的关系上，要按照政事分开的原则，通过立法，明确高等学校的权利和义务，使高等学校真正成为面向社会自主办学的法人实体。要在招生、专业调整、机构设置、干部任免、经费使用、职称评定、工资分配和国际合作交流等方面，分别不同情况，进一步扩大高等学校的办学自主权。政府要转变职能，由对学校的直接行政管理，转变为运用立法、拨款、规划、信息服务、政策指导和必要的行政手段，进行宏观管理。要重视和加强决策研究工作，建立有教育和社会各界专家参加的咨询、审议、评估等机构，对高等教育方针政策、发展战略和规划等提出咨询建议，形成民主的、科学的决策程序。"

《国务院关于〈中国教育改革和发展纲要〉的实施意见》(国发〔1994〕39 号)第 14 条指出："政府要切实转变职能，改善对学校的宏观管理。政府的主要职能是：制订教育的方针、政策和法规；制订各类高等学校设置标准和学位标准；制订教育事业发展规划和审批年度招生计划；提出教育经费预算并统筹安排和管理以及通过建立基金制等方式，发挥拨款机制的宏观调控作用；逐步建立支持教育改革和发展的服务体系；组织对各类学校教育质量的检查和评估等，对学校进行宏观管理。属于学校的权限，坚决下放给学校。为保证政府职能的转变，使重大决策经过科学的研究和论证，要建立健全社会中介组织，包括教育决策咨询研究机构、高等学校设置和学位评议与咨询机构、教育评估机构、教育考试机构、资格证书机构等，发挥社会各界参与教育决策和管理的作用。"

1995 年 7 月 19 日，《国务院办公厅转发国家教委关于深化高等教育体制改革若干意见的通知》(国办发〔1995〕43 号)第五条指出："要通过深化改革和立法，划分、规范举办者、管理者、办学者的权力与义务。举办者主要是投资举办学校、提供必要的办学条件、提出学校主要学科和专业的服务面向及人才培养要求、对办学实施目标监督等。举办者可以是各级政府及有关部门，也可以是企业、事业、具有法人资格的社会团体或公民个人，他们可以单独，也可以联合举办。举办者应有代表参加高校的相应的管理机构(如校董会等)。教育行政管理者主要是国务院和省、自治区、直辖市两级教育行政部门，负责统筹规划和宏观管理全国或本省、自治区、直辖市的高等教育，行使教育行政管理权。两级政府的其他有关部门在政府授权范围内实施教育管理。政府部门的教育行政管理要简政放权，转变职能，由直接行政管理转变为运用规划、法律、经济、评估、信息服务以及必要的行政手段实行宏观管理。要逐步扩大省、自治区、直辖市人民政府对本地区所有高等学校的统筹、协调管理权。办学者是具有法人资格的高等学校。学校作为独立办学的法人实体，要依法充分行使自主办学权力，在专业设置、招生、指导毕业生就业、教育教学、科学研究、技术开发、筹措和使用经费、机构设置、人事安排、职称评定、工资分配、对外交流和学校管理等方面拥有法律、法规规定的权限，真正实行面向社会依法自主办学。”

从上可以看出，在20世纪90年代，党和政府就规定了“在政府与学校的关系上，要按照政事分开的原则，通过立法，明确高等学校的权利和义务，使高等学校真正成为面向社会自主办学的法人实体”；“政府要切实转变职能，改善对学校的宏观管理”，“坚决实行简政放权”，“由直接行政管理转变为运用规划、法律、经济、评估、信息服务以及必要的行政手段实行宏观管理”。

2010年以来，党和政府明确提出“去行政化”，并加大了简政放权的步伐，减少了很多对高校的行政审批权，推动了《高等学校章程》建设等。但还有诸如“去行政级别”“去直接拨款”等工作。

处理好政府与高校的关系，进一步明确政府与高校的职能定位，要通过立法来明确政府管理高校的权力边界，各司其职。就政府而言，规范政府的行政权力，对学校进行有效指导、协调、监管和服务；就高校而言，要克服《法门寺》里的贾桂只会站不敢坐的习惯，放手按《高等学校章程》履责，落实高校的办学自主权。

2. 在高校内部：学校用行政手段不适当地干预学术事务

潘懋元先生尖锐地指出：“现行大学管理体制最大的弊端是行政权力与学术权力失衡。”①张晓晶报道：“中国科技大学原校长、南方科技大学校长朱清时委员指出‘大学行政化的表现是一切运作都以行政权力为主导，做什么事都是靠行政命令，谁权力大谁说了算，而不是通过学者、科学家讨论’。”②

高校应是培育人才、探索真理、崇尚学术自由、创新知识的园地。高校内部的行政化表现在：学校管理不是遵循教育规律、科研规律办学；学校官员垄断资源分配权，用长官意志决定申报科研项目、申报教学、科研奖，评定职称等。高校行政化的结果是英雄无用武之地。

高校去行政化需要完善大学治理结构，厘清行政权力和学术权力的边界。高校去行政化不是不要行政管理，而且高校行政化不仅无益于行政管理，而且严重损害了科学高效的行政管理。高校行政管理主要是通过服务为教学、科研培养一个创新的环境。

（三）“去行政化”与供给侧改革的关系

《中国教育改革和发展纲要（1993版）》（中发〔1993〕3号）第18条指出：“学校

---

① 潘懋元. 大方向与可行性[N]. 中国青年报，2003-6-26.

② 张晓晶. 高校“去行政化”为何引争议. 新华网，2010-3-8.

要善于行使自己的权力，承担应负的责任，建立起主动适应经济建设和社会发展需要的自我发展、自我约束的运行机制。”《中华人民共和国高等教育法》明确规定了高校拥有7项办学自主权，《高等学校章程》也规定了办学自主权。

行政化管理严重影响了高校适应高等教育、适应市场需求的能力，行政化管理也严重影响了高校发展的积极性，成为高等教育创新的桎梏。就政府与高校关系而言，政府行政化管理严重影响了高校办学自主权的落实；就高校而言，高校行政化管理严重影响了教学、科研的积极性。去行政化是去掉政府与高校无效和低端行政供给的一场改革。其目的是引领高校的有效需求，尽可能地释放教学和科研的潜能，增强高校对市场需求变化的适应性和灵活性，不断提高高等教育质量，促进科研创新，更好地满足人民对日益增长的高等教育需要。

二、去编制

（一）关于“去编制”的规定

2011年3月23日，《中共中央、国务院关于分类推进事业单位改革的指导意见》(中发〔2011〕5号)指出：“事业单位是经济社会发展中提供公益服务的主要载体，是我国社会主义现代化建设的重要力量。……细分从事公益服务的事业单位。根据职责任务、服务对象和资源配置方式等情况，将从事公益服务的事业单位细分为两类，承担义务教育、基础性科研、公共文化、公共卫生及基层的基本医疗服务等基本公益服务，不能或不宜由市场配置资源的，划入公益一类；承担高等教育、非营利性医疗等公益服务，可部分由市场配置资源的，划入公益二类。”根据《中共中央、国务院关于分类推进事业单位改革的指导意见》的规定：“2015年要完成事业单位分类改革，到2020年，要建立起功能明确、治理完善、运行高效、监管有力的事业单位管理体制和运行机制。”

2011年7月24日，《国务院办公厅关于印发分类推进事业单位改革配套文件的通知》(国办发〔2011〕37号)中的《关于创新事业单位机构编制管理的意见》第二条规定：“对公益二类事业单位，在制定和完善相关编制标准的前提下，逐步实行机构编制备案制，建立并规范备案程序。可先在中央部门所属高等院校、公立医院进行备案制试点，并逐步扩大试点范围。加快制定相关事业单位人员编制标准，明确核定编制数额、编制结构以及领导职数的主要依据和指标体系。”

2015年3月13日，《中共中央、国务院关于深化体制机制改革加快实施创新驱动发展战略的若干意见》第十六条规定：“改革高等学校和科研院所聘用制度，优化工资结构，保证科研人员合理工资待遇水平。完善内部分配机制，重点向关键岗位、业务骨干和作出突出成绩的人员倾斜。”第十七条规定：“完善事业单位绩效工资制度，健全鼓励创新创造的分配激励机制。”第二十二条规定：“允许高等学校和科研院所设立一定比例流动岗位，吸引有创新实践经验的企业家和企业科技人才兼职。试点将企业任职经历作为高等学校新聘工程类教师的必要条件。”

2016年3月21日，中共中央印发《关于深化人才发展体制机制改革的意见》第五条规定：“保障和落实用人主体自主权。充分发挥用人主体在人才培养、吸引和使用中的主导作用，全面落实国有企业、高校、科研院所等企事业单位和社会组织的用人自主权。创新事业单位编制管理方式，对符合条件的公益二类事业单位逐步实行备案制管理。改进事业单位岗位管理模式，建立动态调整机制。探索高层次人才协议工资制等分配办法。”

2015年5月14日，中共北京市委办公厅、北京市人民政府办公厅印发的《关于创新事业单位管理加快分类推进事业单位改革的意见》第一条第一款规定：“创新事业单位机构编制管理方式，增强事业单位法人自主权，进一步减少微观管理和直接管理，更多地管总量、管标准；改变机构编制单一审批制管理，逐步形成审批制与备案制相结合、编制保障与购买服务相结合、事前审批与事中事后监督相结合的管理方式。”第二条第一款规定：“以2012年底全市事业编制统计数据为基数，分级分部门对事业编制实行总量管理。”第二条第五款规定：“对申请设立面向社会提供公益服务，已制定编制标准的高等学校、公立医院等公益二类事业单位，实行备案制管理，并研究完善相关管理办法。对现有高等学校、公立医院等，逐步创造条件，保留其事业单位性质，探索不再纳入编制管理。对现有编内人员实行实名统计，随自然减员逐步收回编制。”第四条第二款规定：“按照‘老人老办法、新人新办法’的原则，对工勤岗位、专业技术岗位中的辅助业务岗位现有编内人员实行实名制管理，只出不进，随自然减员逐步收回编制；对新进人员按照新的用人制度管理。”

(二)“去编制”的基本内容

前已述及，“去行政化”的前提是“事业单位分类改革”。去行政化必须进行事业单位分类改革，这就涉及去编制。因此，高校退出编制是去行政化的第一步，同时，用“去编制”倒逼事业单位改革。

综述上面文件规定，高校“去编制”的基本内容如下：

(1)保留高校的事业单位身份，属于“公益二类事业单位”。

(2)逐步实行机构编制备案制。备案制指高校根据事业发展需要可自主聘任人员，不需上级主管机关审批，只需报送备案的制度。这既减少行政审批又保证高校用人自主权。逐步形成审批制与备案制相结合的管理方式。

(3)“老人老办法、新人新办法”的原则。以2012年底编制为基数，对现有编内人员实行实名统计，随自然减员逐步收回编制；对新进人员实行聘用制度。逐步取消事业单位编制管理，转为全员合同聘任制。事业单位不属于行政序列，破除了“国家干部”的铁饭碗。

(4)高校可以设“流动岗位”。2015年3月13日，中共中央和国务院发布的《关于深化体制机制改革加快实施创新驱动发展战略的若干意见》第22条指出：“允许高等学校和科研院所设立一定比例流动岗位，吸引有创新实践经验的企业家和企业科技人才兼职。试点将企业任职经历作为高等学校新聘工程类教师的必要条件。”

（5）用预算管理代替编制管理。财政部财政科学研究所教科文研究中心副研究员张绘的研究表明：“财政部门主要负责管理财政资金总量，给出相应的预算编制标准，用预算管理制度来代替编制管理制度，具体的资金使用如何更好地推动高等教育事业发展完全由用人单位自主决定。……此外，预算管理的改革也将改变长期以来的指挥棒，比如，改革现有的高等教育财政资金拨款模式，建立以绩效为导向的拨款制度；改变过去以发论文为主要绩效考核指标，取而代之更多的是满足社会服务的需求，科技成果转化应该成为将来绩效考核指标的重要因素。”①这样，财政管好总量和支出结构，给予学校更多的预算自主权。

三、去产能

1961 年 6 月 19 日，李江涛认为：“医院、学校均存在最佳产出问题，可以适用产能过剩的概念。”②高校与企业不同，但可借用“产能过剩”来表达淘汰过剩落后的教育产能。

（一）学者对高等教育产能过剩的研究

1. 国外学者的研究

早在 2003 年，Rovai③ 和 Keiser④ 提出了高等教育产业“产能过剩”的担忧。一般认为，当一国或地区高等教育供给大于社会和个人对高等教育的有效需求时，高等教育市场将出现产能过剩。此后，还有一些学者展开进一步的研究。⑤

① 张绘. 北京部分高校将试点取消编制管理[N]. 中国青年报，2015－11－09.

② 李江涛. 产能过剩——问题、理论及治理机制[M]. 北京：中国财政经济出版社，2006：33.

③ Rovai Alfred P. In search of higher persistence rates in distance education online programs[J]. Internet and Higher Education, 2003(1): 1－16.

④ Keiser Barbie E. Beyond ERIC: Resources for higher education and lifelong learning[J]. Searcher: Magazine for Database Professionals, 2006(5): 50－63.

⑤ Glendinning Irene. Supporting diverse learners in their transition to higher education[J]. Engineering Education, 2012(2): 4－12.

Blidisel, Rodica Gabriela. Data Envelopment Analysis and the efficiency of Romanian public higher education[J]. Metalurgia International, 2013(3): 221－223.

Fong, Ricci Wai-Tsz, Lee, John Chi-Kin, Chang, Chun-Yen, Zhang Zhonghua. Digital teaching portfolio in higher education: Examining colleagues′ perceptions to inform implementation strategies[J]. Internet and Higher Education, 2014(1): 60－68.

Koscielniak Cezary. A consideration of the changing focus on the sustainable development in higher education in Poland[J]. Journal of Cleaner Production, 2014(1): 114－119.

2. 国内学者的研究

国内研究始于2010年。记者康怡报道："高等教育产业的'产能过剩'时代就这样到来了。国家教育发展研究中心体制室副主任王烽更愿意将这种产能过剩理解为一种结构性的产能过剩。'目前从总量上来说，高校并不存在产能过剩的问题，更多的是一种由于高校发展的过度同质化，以及高校与经济社会发展结合不紧密造成的一种结构性的产能过剩。'他说。王烽看到的改革机会更大更远。'生源下降必然成为一种趋势，这样将倒逼高校改变以往的生存方式，以前那种高校拼规模发展的时代有望终结，未来如何提高高校办学的质量、突出办学特色已经成为无论公办院校还是民办院校都必须要考虑的问题。'"①

袁蕾指出："很显然，由于没有充分对高等教育生源数量做出准确的远期分析，今天的高等教育供给规模已经超出了未来的需求量，产能扩张速度远远超过未来需求增长的速度。同时，这种行业规模的增长并不是建立在社会对高校毕业生需求增长的基础上，即高等教育的增长过程不是由技术进步和要素生产率的提高而推动，而是主要依靠学龄人口数和资本投入来推动，并不是质的飞跃，而仅仅是量的扩张，是一种低水平、重复型的建设。因此，在存在相当数量应届毕业生失业和低就的情况下，高等教育的毛入学率并不适宜再大幅度提高，而生源数量的绝对变化最终使得高等教育出现产能过剩。未来十年，高等教育将从卖方市场转向买方市场，部分高校可能面临招不到学生或招生不足的局面，从而引起高校生产资源的闲置状态，出现教师隐性失业。这种高等教育'产能过剩'主要表现为在目前的高等教育市场中，实际高等教育学位将超过社会有效需求，这种过剩暂时表现为预期过剩。但这种预期过剩即将转化为即期过剩，继而引发高校间竞争加剧、亏损增加、毕业生失业、价格下跌、金融风险加大等现象。"②

张会杰指出："当最佳培养能力超出了社会的有效需求达到一定程度时，高等教育行业出现产能过剩。不同于其他生产性行业，高等教育行业的产能过剩可以是双重的。从劳动力市场来看，我国高等教育现已呈现出'即期产能过剩'的态势；从生源市场来看，高等教育行业存在极大的'预期产能过剩'的可能。高等教育的结构性过剩问题十分突出，同时亦有总量过剩的可能。"③

董爱民等指出："十几年的大扩招造成了高等教育领域的产能过剩，毕业生就业难成为日益凸显的问题，加之，高等学校专业设置结构失衡，部分连续几年就业难、薪资低的红牌专业产生。研究产能过剩和红牌专业问题，关系着毕业生的就业，关系着高等学校的专业设置，关系着高等教育的良序发展。"④

---

① 康怡．产能过剩将倒逼中国高等教育改革[N]．经济观察报，2010-05-11.

② 袁蕾．从"产能过剩"看中国高等教育资源的配置[J]．当代教育科学，2010(21)：38-40.

③ 张会杰．高等教育行业双重"产能过剩"时代的到来[J]．教育科学，2012(2)：70-76.

④ 董爱民，等．从高校产能过剩谈红牌专业建设[J]．改革与开放，2015(16)：89-90.

柳友荣指出:“要解决高等教育的‘产能过剩’问题。2015年仅次于2009年,成为就业压力的第二个高水平,幸福指数有所下降。然而,大量的企业‘用工荒’现象又令人费解。2015年7月,仅浙江省企业总需求人数为60.3万人,而同期的求职总人数却只有35.4万人,用工缺口达到25万人。……催生一批特色鲜明的应用技术大学;加快融入区域经济社会,围绕产业链、创新链设置与调整学科专业,以解决大学生的结构性失业现象,破解人才培养的‘产能过剩’问题。”①

杨宗凯指出:“在迅速发展的同时,高等教育结构不合理的状况日趋显现,高等学校同质化现象严重,高等教育‘产能过剩’的问题突出,一方面一些大学生找不到合适工作,另一方面一些用人单位招不到合适的人才。”②

(二) 高等教育产能过剩的概念

付保宗的研究表明:“国际上,‘产能过剩’的概念最早出现在张伯伦(Chamberlin)(1933)的《垄断竞争理论》一书中,他提出垄断竞争导致平均成本线高于边际成本线,从而出现持续的产能过剩,显然,这是从微观经济学角度出发给出的定义。”③

1. 产能过剩概念的不同视角

魏琪嘉的研究显示:“国外主要从企业生产要素的窖藏行为导致产能过剩和企业在市场中竞争博弈采取威慑策略导致产能过剩两个方面进行了深入的探讨研究。”④

刘阳的研究显示:“探讨产能过剩问题,首先要搞清楚什么是产能过剩。目前文献中对产能过剩的定义并不统一,相关学者从不同角度对其进行了界定,总的来说,产能过剩可以分为宏观、中观、微观三个层次。……无论是哪个角度的界定,产能过剩的核心都是‘供大于求’,生产能力超出一定限度时才能称之为产能过剩。宏观角度的界定能使我们从整体上把握产能过剩,可以从宏观经济管理部门的视角来认识产能过剩。中观和微观角度的定义有利于数据的获取进行实证研究。”⑤

冯梅、孔垂颖的研究表明:“产能过剩概念研究,一是从生产能力角度阐述产能过剩的概念与内涵。……二是从产生的原因及后果角度阐述产能过剩的概念与内涵。……三是从分类与判断角度阐述产能过剩的概念与内涵。”⑥

2. 高等教育产能过剩的概念

由于大学适龄人口的某个阶段的减少使高校生产要素(师资与员工,房屋与设

---

① 柳友荣.也应重视高等教育的“供给侧”改革[N].中国教育报,2015-12-14.

② 杨宗凯.一场迫在眉睫的攻坚战——谈教育供给侧改革[N].学习时报,2016-05-17.

③ 付保宗.关于产能过剩问题研究综述[J].经济学动态,2011(5):90-93.

④ 魏琪嘉.产能过剩研究文献综述[J].北方经贸,2014(9):28-29.

⑤ 刘阳.产能过剩文献综述研究[J].金融经济,2014(14):13-15.

⑥ 冯梅,孔垂颖.国内外产能过剩问题研究综述[J].经济纵横,2013(10):117-120.

备等)闲置造成高等教育产能过剩;由于高校盲目生产发生供大于求和供不符求使就业难而造成高等教育产能过剩。因此,高等教育产能范围包括微观和宏观两个方面:微观指高校,宏观指高等教育事业;高等学校产能包括两个方面:一是生产能力,二是生产成果(毕业生);高等学校产能渠道包括入口(招生)和出口(毕业生)两个方面。

高等教育产能过剩是指高等教育系统和高等学校由于入学率低和就业率低而造成高等教育生产能力和生产成果过剩的经济现象。

（三）“去产能”的基本内容

高等教育产能过剩需要供给侧改革。目前,一方面,由于我国优质高等教育资源不足,主动出国留学和被一些国家和港台的大学来招的优秀学生留学的势头仍不减,加剧了高校生源减少;另一方面,企业某些产能过剩可以通过出口等消化,而我国目前由于高等教育质量不高而停留在劳务输出。因此,必须进行高等教育供给侧改革。

1. 提高入学率充分盘活高校现有产能存量

(1)目前大学城和高校土地和校舍闲置

记者康怡报道:“廊坊大学城,可容纳 15 万名学生和 5 万名员工的教育园区。只是梦想与现实相差太远。‘现在这里一片冷清。’北京师范大学首都教育经济研究院成刚描述前段时间去那里调研时看到的景象。尽管目前那里还有两三万学生,但与当初规划中的 15 万学生相比还是相差太大,以至于目前几乎有一半的教室都空置着,很多学生宿舍也处于闲置状态。‘这不是个别现象,在南方有些大学城也出现了同样的情况。’成刚说。”①

(2)大学教育适龄人口减少将造成新的增量产能过剩

笔者引用两个数据,因是预测肯定有差别,但都反映了大学教育适龄人口减少的趋势,这势必影响高校的入学率,造成新的增量产能过剩。

中国人口与发展研究中心课题组的研究见表 1-4。②

表 1-4　大学教育适龄人口(18～22 岁)主要预测结果

年份	2015	2016	2017	2018	2019	2020
人口	10104	10063	9924	9694	9323	8919
年份	2025	2030	2035	2040	2045	2050
人口	8227	8802	9116	8601	7745	7409

① 康怡.产能过剩将倒逼中国高等教育改革[N].经济观察报,2010-05-11.

② 中国人口与发展研究中心课题组.中国人口与教育发展战略研究[J].人口研究,2009(2):4-19.

朱音萍的研究见表1-5。①

表1-5 我国2015—2020年高等教育适龄人口变化趋势

年份	适龄人口(万人)	总人口数(万人)	适龄人口占总人口比重(%)
2015	9265	138205	6.70
2016	9036	138868	6.51
2017	8921	139476	6.40
2018	8705	139998	6.22
2019	8519	140468	6.06
2020	8364	140877	5.94

吴晶、刘奕湛报道:"《2016年高招调查报告》指出,在2008年达到历史最高峰1050万人之后急剧下降,直至2014年起开始止跌趋稳。根据教育部数据,2015年全国高考报名人数为942万人,较2014年增加3万人。根据美国开放报告数据,2014—2015年赴美读本科的中国留学生达到了124552人,较前一年增长12.7%,且首次超过同期赴美读研究生的中国留学生数量。'随着国外高校强有力的竞争,中国高校内外交困,提高自身质量与竞争力已经刻不容缓。'陈志文说,虽然我国高等教育2015年的毛入学率已达40%,领先于很多国家,但我们有一半以上的本科学校,办学历史不足16年,在质量提高上,还有很长的路要走。在专家看来,始终持续的生源危机尚未直接触及高校的'质量意识','千校一面'的现状还普遍存在,仅从专业看,很多地方高校之间没有任何区别。"②

(3)努力满足高等教育的个人需求提升高校入学率

积极应对高校生源不足的影响,进行高校的供给侧改革。一是提高高等教育质量,二是适应学生个性化多元化的选择。高等教育的个人需求是"用脚投票",如果高校质量不高,没有特色,我国本来逐渐减少的生源还会外流,导致高等教育的产能过剩。此外,中央已决定在2020年左右毛入学率达到50%,实现高等教育普及化。

2. 改革高校的教学提升就业率

高校的教学改革是高校供给侧改革的重要内容。高校应该根据《高等学校章程》赋予的自主权,瞄准用人单位与人才市场需求和受教育者的个人需求,在培养方式、专业设置、课程内容、教学方法等进行深入改革,提高高等教育质量,提供高等教育的有效供给、精准供给和创新供给,摒弃粗放型、同质化、简单化的低端供给

① 朱音萍.我国人口变动对高等教育影响研究[D].北京:首都经济贸易大学硕士论文,2011.

② 吴晶,刘奕湛.2016高招调查报告:8年报名人数减少100万.新华网,2016-06-02.

和无效供给，努力解决结构性产能过剩的问题，真正实现“办人民满意教育”的目标。提高教育质量，不仅提升就业率，而且提升入学率。关于提升就业率下文专述。

四、降失业率

企业采用去库存。库存是指企业在仓库中存储的积压产品，借用企业的概念，高校的学生毕业即离校，其“产品”不可能积压在学校，这里指毕业后待业在社会的学生。降失业率就是提高学生的就业率，降低学生的失业率，关键是通过供给侧改革进行教育结构的调整。

（一）就业率低是高校供给侧结构性改革的着力点

供给侧改革要求提高就业率。陈志文指出：“劳动力素质的提高，对一个国家的长远发展，是有重要且积极作用的，也是目前国家产业升级的重要支撑，但是超过一定限度，不匹配，就不一定是好事情。每年到底有多少大学毕业生失业并没有一个权威的数据。中国社会科学院发布的《社会蓝皮书：2014 年中国社会形势分析与预测》称，在毕业两个月后，接受调查的应届毕业生失业率为 17.6%。按此比例，2014 年有 127 万‘毕业即失业’的大学生，每年积累下来，会有多少？未来高等教育普及化后，情况可能会更糟糕。大学生就业难，有复杂的原因，比如人才培养质量与结构的问题。”①

就业率统计亦有问题。肖明、王爽莉报道，中国社科院社会学所研究员李春玲去年完成对 12 所高校的调查后发现，这些大学就业率到了 2013 年 9 月底约为 82.4%，失业率为 17.6%。21 世纪经济报道获悉，教育部规定，目前有 8 种情形，毕业生即可领取就业协议书：与用人单位签订劳动合同的，定向委培的，灵活就业的，升学的，出国的，参加国家地方基层项目的以及应征入伍的。比如北京大学就业报告给出的公式是，就业率＝（升学＋出国＋签就业协议＋灵活就业）/毕业生总数×100%。事实上，人力资源部和社会保障部劳动科学研究员张丽宾指出，就业率的确也不应该把参军、出国，以及考研的计算在内。②

从网上知，根据教育部的统计，大学本科毕业生待业人数年年增长：2001 年是 34 万人，2002 年是 37 万人，2003 年是 52 万人，2004 年是 69 万人，2005 年达到了 79 万人。据《2012 年中国大学生就业报告》显示，在 2011 年毕业的大学生中，有近 57 万人处于失业状态。

就业率是经济建设和社会发展需求的反映，高等教育的供给端和需求端协同发力，必须解决就业率低的问题。暂未就业的毕业生主要是经济建设和社会发展

---

① 陈志文．我们需要这么多大学生吗？［N］．中国青年报，2015－08－17．

② 肖明，王爽莉．高校就业率统计方式待改进：出国读研都算就业［N］．21 世纪经济报道，2014－04－09．

暂不需要的部分,《高等教育法》第四条规定:高等教育“使受教育者成为德、智、体、美等方面全面发展的社会主义建设者和接班人。”上学就是为了就业,成为建设者和接班人。要有像“不能让一个贫困生失学”那样“不能让一个毕业生失业”的责任担当。目前,绝大部分高校制定了《高等学校章程》,规定了大学自主权。高校应精准研究经济社会发展和就业市场的需要,主动调整专业设置和招生规模,努力提高就业率,大学毕业生是优质人力资源,既然努力使房地产“去库存”(去库存≠零库存,去库存是压缩库存),亦可努力盘活失业毕业生的存量,提出“去失业”(去失业≠零失业,去失业是压缩失业)的概念。

(二) 就业率低主要原因是未瞄准人才市场的需求盲目办学

刘维涛报道:“2015 年 11 月 5 日,全国政协召开第四十一次双周协商座谈会,围绕‘促进高校办出特色和水平’出谋划策。教育部副部长杜占元介绍了近些年推进高等教育内涵式发展的成果和问题。他毫不讳言地指出,我国虽然是高等教育大国,但整体上大而不强,高校特色需要进一步彰显,水平需要进一步提高。目前,高校办学与经济社会发展存在脱节;高等教育发展不协调;高等教育分类管理、分类指导制度尚不健全。……全国政协教科文卫体委员会在一次调研中发现,各个高校从发展规划到专业设置,竟然有着惊人的相似,最要命的是,这些设置并非出自区域发展所需。”①

高校供给侧结构性改革首先要改革掉低端供给和无效供给的专业。扩招后规模大了,拨款和收费多了,又因为学生毕业即离校,于是不管有没有培养能力盲目扩张专业,于是就业率低就应运而生了。

董爱民等指出:“所谓红牌专业,主要是指失业量较大,就业率持续走低,且薪资较低的高失业风险型专业,这些专业具有连续性和持久性特征。此问题是麦可思 2009 年提出的,麦可思是专业的、唯一得到政府、学术界、商业机构和社会公众共同认可的,有良好公信力的第三方教育数据咨询和评估机构,专精于就业能力测量与评估,为中国各高校提供基于数据库的就业能力评估报告和教育咨询服务,帮助高校实现以就业为导向、以结果评价为依据的数据化管理。麦可思年度《中国大学生就业报告》(就业蓝皮书)为教育部、各省政府的教育主管部门、高等教育机构、清华大学等知名高校广泛参考和引用。麦可思从 2006 届到 2009 届的历年大学生就业报告中抽取 100 多万份调查样本,可谓目前国内最权威的第三方就业调查数据。当把 4 年的情况综合后,调查人员发现了一个新问题,一些专业连续多年出现了就业偏难、毕业生薪资偏低的情况。2009 年,麦可思公布的本科红牌专业包括动画、法学、生物技术、生物科学与工程、数学与应用数学、体育教育、生物工程、计算机科学与技术、英语、国际经济与贸易等专业。2010 至 2012 年的红牌专业都是

---

① 刘维涛.我们需要怎样的大学?[N].人民日报,2015-11-11.

这10个专业，到2013年国际经济与贸易退出红牌，换成美术学。2014年本科就业红牌专业包括生物科学与工程、法学、生物技术、生物工程、动画、美术学、艺术设计、体育教育。高职高专就业红牌专业包括法律事务、语文教育、电子商务、会计电算化、生物技术及应用、工商企业管理、计算机信息管理、计算机应用技术。以上专业大部分与2013年的红牌专业相同，都是失业量较大、就业率较低、薪资较低，且就业满意度较低的高失业风险型专业，这些高失业风险型专业具有持续性。”①

记者许路阳也报道：2012—2013年全国就业率较低的本科专业名单有：食品卫生与营养学、生物科学、旅游管理、社会体育指导与管理、市场营销、动画、知识产权、广播电视编导、表演、艺术设计学、播音与主持艺术、音乐表演、电子商务、贸易经济、公共事业管理。“上榜”专业还有法学、应用心理学、汉语国际教育、应用物理学、人力资源管理、社会学、新闻学、工商管理等，共10个。市场营销和公共事业管理是“重灾区”。②

削减的不仅仅是本科专业，面临撤销的还有博士和硕士学位授权点。姚雪青等报道：“教育部网站发布了《国务院学位委员会关于下达2014年学位授权点专项评估结果及处理意见的通知》，50个学位授权点被‘亮红牌’，将面临撤销，并且5年之内不得重新申请，其中包括部分‘985工程’高校，另有95个学位授权点被‘亮黄牌’，被要求‘限期整改’，引发社会热议。”③其中，评估结果为“不合格”的学位授权点，博士学位授权点为4个，硕士授权点为4个，专业学位授权点为42个。涉及会计、审计等的硕士点有10余家。蔡秋红报道：“教育部发布《国务院学位委员会关于下达2014年学位授权点专项评估结果及处理意见的通知》。2014年学位授权点专项评估结果，1790家专业硕士授权点参与专项评估，限期整改的学位授权点有69家，其中9个会计硕士授权点、6个审计硕士授权点、2个资产评估硕士授权点、2个税务硕士授权点被限期整改。通知还公布了39个学位授权点放弃了学位授权，其中有1个会计硕士授权点、1个审计硕士授权点、4个资产评估硕士授权点主动放弃学位授权。”④

上述是政府要停招的专业，高校应按经济发展、科技创新和社会进步的新需求供给人才，根据《高等学校章程》主动削减那些就业率较低的专业。当然也有被停招的案例。据澎玮、杨萌萌报道：贵州大学唯一一届2012级信访本科班停办了，同时，沈阳大学的信访本科班也停招了。该信访专业系“行政力量推动”举办。信访班四门专业课三门没有教材，唯一的教材《信访学概论》，要求学生自行复印教材，

① 董爱民，等. 从高校产能过剩谈红牌专业建设[J]. 改革与开放，2015(16)：89-90.

② 许路阳. 教育部说，这15个专业就业难[N]. 中国青年报，2014-10-14.

③ 姚雪青，张志锋，程远州. 42所高校的50个学位授权点被评为“不合格”，将面临撤销——学位授权点被“亮牌”将成常态[N]. 人民日报，2016-04-07.

④ 蔡秋红. 9家会计硕士授权点被限期整改[N]. 中国会计报，2016-03-29.

上课主要是阅读教材。① 但是不乏让学生盲目选专业的案例。如衡阳南华大学2014级土木工程系竟让数百学生排队抓阄选专业。② 这些"被阄选"学生的就业率怎么保证?

（三）"降失业率"的基本内容

学生就业率低的原因是多方面的,既有多年积压的经济问题导致经济结构改革与经济减速,造成就业岗位不足的问题,也有多年积压的教育问题导致教育结构不合理,造成高校低端供给和无效供给的问题,又有学生不切实际的择业观等问题。因此,"降失业率"必须多方共同发力。政府应通过用人单位尽量提供较多的就业岗位,高校应通过供给侧改革努力提供人才市场需要的人才,学生应端正择业观从基层做起,先就业后创业。

党和政府十分重视大学生的就业,国务院提出"就业质量"的要求。2014年5月9日,《国务院办公厅关于做好2014年全国普通高等学校毕业生就业创业工作的通知》(国办发〔2014〕22号)规定:"各高校自2014年起要发布高校毕业生就业质量年度报告。"我们呼吁精准就业,提高就业质量。

五、降成本

（一）提高高等教育质量就是减少低端和无效的教育产能,就是宏观上降成本

高校的低端供给和无效供给造成产能过剩和就业率低就是浪费宏观教育成本。

2013年1月10日,记者乔云以"博士硕士'抢当'大学辅导员,浪费人才还是培养精英"在扬州网披露,扬州大学招聘辅导员,1332位博士硕士"抢"20个大学辅导员。叶祝颐报道:"大学生当擦鞋匠与研究生竞争环卫工,北大毕业生卖糖葫芦、当陪聊,大学生当球童一样又成了热门话题。"③网上披露,广州市殡葬工岗位大学生20人争1个,宁波16名大学生争抢3个殡仪馆岗位,杭州市殡仪馆60余位毕业生中择优录取了4名,南财、南航等高校学生争大丰市殡仪馆火化工岗位,招聘比例98∶3。此外,"大学生卖猪肉""大学生收破烂""大学生做足疗""大学生办托管班是否人才浪费"等在媒体纷纷披露。

记者郭永芳报道,智联招聘公布的一项调查显示,在大学生创业项目中,最流行的并非科技、金融等传统意义上的高技术含量项目,而是"送外卖"。统计显示,在大学生开始创业、就业的时候,有60%的学生首要考虑"政府有什么政策支持",而并非市场或者产品。然而像美国、德国、日本、以色列等国家的创新创业并非如

① 澎玮,杨萌萌.贵州大学唯一一届"信访班":信访局不招过半已改行[N].东方早报,2016-07-05.
② 朱炎皇.湖南一高校被曝靠抓阄分专业"学霸"可自选[N].长沙晚报,2015-9-11.
③ 叶祝颐.对"大学生当擦鞋匠"的解读.中青网,2006-12-31.

此。[①] 郭盛认为，当所有人都在考虑政府给什么优惠政策的话，实际上释放了一个危险的信号。

《人民日报》曾刊登《别让“香饽饽”变“冷馒头”》《高校不能只求数字好看》两文，提出：“就业与创业、学业‘无缝对接’”，“高校也不再简单地关注‘就业率’，只是追求一个好看的就业数字，应该从更深层次考虑，将就业与育人相结合，帮助毕业生提升综合素质与职业能力，明确自己的个性特长，精准推送就业服务，从而提升就业‘满意度’与个性化的就业匹配度。”[②]

盲目“升格”也浪费宏观成本。吴铎思报道：“日前召开的福建省十一届人大常委会第三十一次会议听取并审议了福建省人大常委会执法检查组关于《中华人民共和国高等教育法》实施情况的检查报告。据了解，福建全省现有普通本、专科学校 86 所。2000 年至 2011 年 12 年间，福建全省普通高等教育招生人数从 5 万多人增加到 24 万多人，增加了近 4 倍，录取率大幅提升。报告称，一些高校存在办学特色不明显，办学定位、学科以及专业建设、人才培养目标和培养模式存在类同现象，盲目追求‘升格’，学科齐全、规模大，专业建设‘赶热门’，一哄而上，造成重复建设资源浪费。在人才培养方面，存在文科生多、理工科生少的问题。”[③]

供给侧改革迫切要求提高高等教育质量。高等教育质量的滑坡引起了高层的高度重视。十八大报告把“努力办好人民满意的教育”放在“在改善民生和创新管理中加强社会建设”的六项任务之首。

2015 年 12 月 3 日，李克强在主持召开的国家科技教育领导小组第二次全体会议上指出：“‘十三五’时期，我国教育改革发展面临新的繁重任务，必须在保障教育公平和提升教育质量上下大工夫。”2016 年 1 月，李克强在对教育工作重要批示中指出：“‘十三五’时期，望牢固树立新的发展理念，围绕保障教育公平和提升教育质量。”2012 年 3 月 16 日，《教育部关于全面提高高等教育质量的若干意见》(教高〔2012〕4 号)规定：“坚持稳定规模、优化结构、强化特色、注重创新，走以质量提升为核心的内涵式发展道路。”袁贵仁在 2016 年全国教育工作会议上指出：“2016 年是‘十三五’开局之年，教育系统要在国家总体战略和宏伟蓝图指引下，牢牢把握提高教育质量的重点任务。”

但是，不少高校对教育质量却粗放型管理，不注重德育和体育，热衷于大楼却缺乏大师，缺乏主动适应经济建设和社会发展需要的教学内容，不区分学术型与应用型培养对象的质的差别，满足于不变的必修课却缺乏有特色的选修课，满足于不变的书本知识还不注重实验、实习等实践性教学，相当多的硕士和本科生学位论文

---

① 郭永芳.调查称大学生创业最爱“送外卖”[N].新京报，2015 - 07 - 14.

② 赵婀娜.毕业求职，别让“香饽饽”变“冷馒头”[N].人民日报，2015 - 12 - 17.
赵婀娜.就业，高校不能只求数字好看[N].人民日报，2015 - 12 - 31.

③ 吴铎思.高校盲目“升格”严重资源浪费[N].工人日报，2012 - 08 - 17.

缺乏创新，等等。

从高等教育“精英化”到“大众化”不是不要高等教育质量。强调提升教育质量，说明了教育质量有提升的空间。特别是扩招后上的新专业，师资、专业课程等都是新凑的，以其昏昏使人昭昭的误人子弟是不可避免的，之后新教师们忙于论文、读博、职称、科研而教学精力投入不足也是常见的，而忙于行政和挣钱也是屡见不鲜的；当然学生不努力也是问题，如记者杨晓明报道，高校替人上课明码标价，学生称课程无聊浪费时间。替课可谓明码标价：普通课 20 元，如果有实验课、体育课，价格可能比普通文化课要高一些。因为，体育课的难度大，实验课的时间长。如果是赶上体育课跑 800 米，替课的费用可能要 80～100 元。有人一天能赚 100 元左右。①马宇平等报道：“雷达点名、拍照签到、电脑摇号、扫码上课……点名手段随技术进步而不断翻新。但在赵茜和同学们眼中，师生关系正在慢慢变成‘兵’与‘贼’，课堂上不断上演着‘拴’与‘逃’。老师讲老师的，下面该玩手机的玩手机，刷英语四六级试题的继续刷题，课堂效率依然很低。”②“60 分万岁，多一分浪费”是不少大学生的信条，“选修课必逃，必修课选逃”是他们的口号。

高校要供给优质教育资源，必须在提高高等教育质量上狠下工夫。提高高等教育质量就是减少低端和无效的教育产能。低端和无效的教育产能不仅浪费了当年教育投入（财政拨款和学费等）的教育资源，而且浪费了高校教职员工的人力资源和校舍、设备等物力资源，还损坏了学校名声等无形资产，因此，提高高等教育质量就是宏观上降低学校的培养成本。

（二）减少高校浪费就是微观上降成本

1. 人员结构不合理造成人力资本浪费

刘丹、肖春飞报道：“可怕的冗员资本。记者采访发现，冗员繁多已成为我国高校‘人员开支’的沉重负担。记者在这所部属院校的职工构成表上看到，该大学拥有专任教师 1525 人，科研机构人员 210 人，教辅人员 426 人，行政人员 607 人，工勤人员 40 人，校办工厂职工 420 人，其他附设机构人员 737 人，编外人员 78 人。经计算，行政人员占全校教职工总数的 28%（15%为正常范围），专任教师仅占职工总数比例不到 38%。熊丙奇教授表示，‘高校应在提高行政管理水平上多下工夫，解决冗员问题，达到降低教育成本的目标！’”③

彭勃等指出：“1999 年扩招以来，我国多数高校招生数急剧增加，师资骤然紧张，绝大多数高校生师比超过 16∶1，有的省份生师比最高的达到 34.8∶1，而党政人员严重超编。”④

---

① 杨晓明．沈高校有人靠“替课”月赚 800 元[N]．华商晨报，2016－05－20.

② 马宇平．师生变成“兵”与“贼”？[N]．中国青年报，2015－12－07.

③ 刘丹，肖春飞．个别高校巨债何来？“浪费并快乐着”[N]．新华每日电讯 1 版，2007－03－20.

④ 彭勃等．我国高等教育资源浪费的生态学关照[J]．辽宁教育研究，2007(4)：16－18.

廖楚晖指出:“任课教师的比例太低,而辅助、工杂、行政等人员过多。……对每一位教师平均负担学生的数量进行比较,我国均低于世界平均水平,其中高等学校师生比更低,约为世界平均水平的1/2。”①

高校人力资本浪费表现为人员结构不合理,如某著名大学11位校长助理,5位副校长等共计27人(2人兼任),国外高校校长级别的领导一般也就3至4人。

2. 装修豪华,铺张浪费

杨眉眉、靳晓燕报道:“豪华学术厅建成了,利用率却不高。3月28日记者走访北京一所高校时,一位学术厅的管理员这样告诉记者,‘以前,教学条件不好的时候,受欢迎的讲座都在阶梯教室举办。夏天热、冬天冷,同学们挤满教室,甚至有的趴在窗台上,聚精会神、不亦乐乎。现在条件好了,你看,装了空调、投影仪和射灯,多漂亮的学术厅啊,但是利用率却不高,一般的讲座难在这里举办。’不光是豪华学术厅,学校建‘豪华校门’等奢侈浪费现象广受社会诟病。网上曾曝光了许多豪华大学校门的造价,动辄几百万甚至上千万元。……中央民族大学理学院教授梁芳建议,学校应坚决杜绝‘豪华校门’‘豪华办公楼’‘豪华宾馆’和‘豪华电梯’等,不搞豪华装修。”②

曾耀荣、朱钦胜认为:“北京某高校在一座三层的食堂安装了两部造价高达上百万的观光电梯;山东某高校花费8000万元,建造了豪华的校门;云南某高校修建了豪华酒店,装潢陈设尽显豪华气派;还有某高校一个校长每年请客吃饭耗费了几十万元,诸如此类不一而足。”③

3. 设备利用率低

刘丹、肖春飞报道:“多少设备在‘休眠’?上海某重点高校的一位教授透露,学校花了约400万元购置了一台高精尖设备,然而,就在设备搬回学校时,发现存放新设备处,竟有一同等型号、档次略低的设备在一旁尚未来得及开封。他还透露,某高校购置一台500万倍的电子显微镜,价值上千万元,而一年使用还不到十次。这些高新设备,连一般教授都使用不上,更不用说学生使用了。有关部门的一项调查显示,20世纪90年代末,上海高校共有价值5万元以上的精密仪器约3000台,总价值接近6亿元。但在这些精密仪器中,全年使用时间超过1600小时的只占4%,使用时间在400～1600小时之间的约占18%,使用时间在1～400小时之间的占16%,而全年使用率为零的占了62%。”④

记者姜澎报道:“在1999年到2000年间,教育部对56所直属高等院校贵重仪器设备发挥效益情况的调查结果显示,大型精密仪器设备综合评分不合格的占三

---

① 廖楚晖.教育财政国内研究述评[J].经济学动态,2005(3):65-68.

② 杨眉眉,靳晓燕.高校浪费 起于无形——“反对铺张浪费”系列报道之七[N].光明日报,2013-04-05.

③ 曾耀荣,朱钦胜.奢侈浪费:高校反腐倡廉面临的新问题[J].中国党政干部论坛,2012(9):40-41.

④ 刘丹,肖春飞.个别高校巨债何来?“浪费并快乐着”[N].新华每日电讯1版,2007-03-20.

分之一以上，其中最严重的问题就是实验设备资源使用效益严重低下。这与国家教育资源紧缺状况很不相称。时至今日，这一状况改变并不大。据一份调查显示，目前我国大型精密实验仪器设备的利用率仅为15%左右。”①

王广宇，徐晓辉的研究显示：“世界银行曾对我国部分高校的教学设备和实验室的利用率做过统计，约在60%以下。我国教育部也曾做过统计，全国高校仪器设备有20%以上处于闲置状态，价格昂贵的大型科研装备的利用率最高不过15%。”②

熊丙奇指出：“据厦门日报2009年6月份的报道，厦门工商旅游学校于2009年年初花400多万元购买了一架准备用于空乘专业学生的教学高仿真波音飞机，集美大学诚毅学院则引进了一艘1000多万元的模拟船用于教学，飞机自第一次与公众见面后便一直闲置在校园操场，而模拟船除了设备本身昂贵外，连上一次课，开启设备也要花掉上千元。”③

曹爱红指出：“大量价格不菲的大型科学仪器设备开机率低，甚至部分处于闲置状态。据教育部统计，全国高校的仪器设备有20%处于完全闲置状态，我国170所高校拥有的23种贵重精密分析仪器，其价值达25亿元人民币，但其中约40%的仪器设备年使用时间不到500小时。”④

王敏、邓旭的研究表明：“据统计，截至2008年9月，高校单价40万以上的大型仪器设备总数量1.5万台，总值近150亿元，其中2/3分布在‘211工程’高校中。以东北大学为例，截至2010年年底，学校拥有40万元以上设备194台，金额17226万元，而2006年40万元以上设备96台，金额8675万元，40万元以上设备数量、金额分别增长210.87%，198.57%。尽管高校大型仪器设备拥有量迅速增长，办学的硬件条件有了很大改善，但长期形成的各自为政、盲目构建、独立占有、分散放置、无偿使用、信息不畅、缺乏绩效机制等因素是大型仪器设备利用率低的症结。据报道，不少高校10万元以上大型仪器设备总值已占仪器设备总值的50%以上，国家重点高校甚至达到60%～70%，但大型仪器设备的利用率总体上偏低，平均不到25%，甚至存在个别设备零机时的情况。”⑤

至于水、电、纸等浪费是普遍现象。

2012年3月16日，《教育部关于全面提高高等教育质量的若干意见》(教高〔2012〕4号)第30条指出：“控制和降低行政运行成本。”校内的浪费直接提高了高校的运营成本，降成本是高校供给侧改革的重要任务。

---

① 姜澎.我国大型实验设备利用率低，高校应共享资源[N].文汇报，2003-01-17.

② 王广宇，徐晓辉.完善我国高等教育财政拨款模式探讨[J].北方经济，2006(6)：62-63.

③ 熊丙奇.设备闲置为何成高校难治之症？[N].晶报，2009-7-27(第A03版).

④ 曹爱红.提高高校贵重仪器设备使用效益的研究与探索[J].中国现代教育装备，2009(7)：9-12.

⑤ 王敏，邓旭.提高高校大型仪器设备利用率的探索[J].经济师，2012(5)：87-88.

六、补短板

高等教育结构改革需要补短板。美国管理学家彼得提出的木桶原理告诉我们,木桶盛水量多少的关键因素不是其最长的板块,而是其最短的板块,高校供给侧改革就是通过补短板来发挥整体效率。

由于各校在高等教育结构中存在短板情况各异,因此要从整个高等教育来分析高等教育结构中的短板。在高等教育的数量与质量之间,高等教育质量是短板;在公办高校与民办高校之间,民办高校是短板;在培养学术型(理论型)人才中"钱学森之问"中的"杰出人才"是短板;在培养应用型人才中李克强指的"工匠"是短板,等等。

(一)经济社会发展重点领域急需紧缺专门人才

中共中央、国务院印发的《国家中长期人才发展规划纲要(2010—2020年)》第二条第二款指出:"大力开发经济社会发展重点领域急需紧缺专门人才。发展目标是适应发展现代产业体系和构建社会主义和谐社会的需要,加大重点领域急需紧缺专门人才开发力度。到2020年,在装备制造、信息、生物技术、新材料、航空航天、海洋、金融财会、国际商务、生态环境保护、能源资源、现代交通运输、农业科技等经济重点领域培养开发急需紧缺专门人才500多万人;在教育、政法、宣传思想文化、医药卫生、防灾减灾等社会发展重点领域培养开发急需紧缺专门人才800多万人。经济社会发展重点领域各类专业人才数量充足,整体素质和创新能力显著提升,人才结构趋于合理。"

(二)高等教育在培养专门人才方面短板的案例

1. 工科方面的人才是短板

熊丙奇指出:"高端人才培养的速度远远落后于整个制造业发展以及产业升级的步伐,这已是不争的事实。但奇怪的是,当工程师缺乏、合格的工科学生奇缺、优质工科生身价暴涨等新闻满天飞时,年轻学生逃离工科的现象却越来越严重。我国工科教育的问题,主要出在高校,而非学生的选择。但这里有三方面问题,其一,快速扩招,这导致工科的师资、实验条件跟不上,工科人才的培养质量下降,无法向社会提供优秀的工科学生;其二,高校选择人文、社会科学专业大幅扩招,这与人文、社会科学专业的办学成本有关;其三,虽然人文、社会科学专业的就业前景不乐观,但是,由于目前高校就业情况,都由学校统计,并上报教育部门审核发布,最终呈现出就业率数据,(除少数基础文科专业)却都不错。个中的原因是,人文、社会科学专业学生的就业,往往专业对口率低,类似'万金油'。由此看来,与其说学生逃离工科,不如反思学校糟蹋工科,清华大学教授认为,'就如同很好的料子,被大学剪成了墩布,还怎能做成西服?'而事实上,工科教育的问题,也是我国大学整体教育的问题。”①

叶雷报道：“中国科学院院士饶子和披露的一个数据，确实让我们很羞愧。‘美国81%的工程专业学生一毕业即可胜任工作，印度有25%的毕业生可以做到这一点，但中国的这一比例仅10%。’接着，饶子和院士开出了三个药方，一是高等教育须从规模扩张转到内涵发展上来；二是实行正面、负面清单制度，厘清政府、高校各自的行为边界，以及相应的权限，管住政府闲不住的手，让高校成为真正的办学主体；三是改变高校拨款机制，将学校拨款数额与学校办学质量水平挂钩。”②

西南政法大学经济学院制度经济学研究所研究员刘云指出：“以轴承产业为例，的确存在低水平扩张与产能过剩问题，但仅靠轴承专业的‘独生子’即河南科技大学轴承专业一年60多名毕业生的数量如何支撑全国轴承产业的转型升级，这不成了一个笑话。同样，仅靠三所大学（西北工业大学、合肥工业大学、河南科技大学）铸造专业每年不到200名毕业生的数量去支撑全国整个铸造产业的转型升级也不现实。”③

2. 儿科医生是短板

央视记者娄书铭报道：“据经济之声《天下财经》报道，《2015年中国卫生统计年鉴》的数据显示，我国平均每1000名儿童只有0.43位儿科医生，也就是说每2300名儿童患者才配备1位儿科医生。从全国来看，河南最为严重，平均每5000名儿童才有一个医生。全国儿科医生紧缺20万，儿科医生的减少也与我国招生政策有关，儿科本科专业从1983年开始设立，但是，在1998年全国专业大调整中，被合并进了其他专业。”④

3. 古生物专业的人才是短板

欧兴荣报道：“北大元培学院副院长卢晓东介绍，薛逸凡‘是全中国唯一的一个只有一名学生的专业的学生’。差不多是每个年级有一个人，还有的年级是零人。薛逸凡同学也在社交网站写道，‘如果排除该专业第一任从生科方向转换古生物方向的学生，排除第二、三任中途转入元培的学生，排除第五任马来西亚籍古生物专业学生，我作为该专业的第四任，可能是唯一一个始终由元培培养出来的本专业学生。’古生物专业涉及的面不宽，属于专家型的学科，对古生物的研究工作持续时间长、投入大，并不会产生直接的经济效益。我国古生物人才培养的顶峰时期在上世纪80年代。当时，中国地质大学、北京大学、南京大学3所高校都开设有古生物的本科专业，每年培养出约100名学生。但在经历了20世纪90年代市场经济的冲击之后，我国报考古生物专业的人才急剧减少，即便是该专业毕业的人才也大量流

① 熊丙奇. 现象热议：“逃离工科”是谁的问题[N]. 中国青年报，2014-4-12.

② 叶雷. 两种模式高考作用不大，人才培养改革才是关键[N]. 现代教育报，2014-04-11.

③ 刘云. 工科人才培养不应受制于产能过剩. 光明网，2015-02-17.

④ 娄书铭. 儿科医生告急：2300名儿童只有1位儿科医生！央广网，2016-1-10.

失，很多高校甚至取消了该专业。”①

明廷宝报道：“‘今年6月份拍毕业照的时候，我也是一个人。’薛逸凡的师弟、北大古生物学2016年毕业生安永睿，成为北大该专业本届的唯一毕业生。北京大学的古生物学专业从2008年创立至今，每年的毕业生都是一个，目前已是‘六代单传’。‘我毕业之后，古生物学只有一个大一的在读了，大二大三都没有学生。’安永睿透露。北大地球与空间科学学院教授刘建波则表示，古生物学作为一个交叉学科，当初设立本科专业就是为了培养学术型人才，它不是面向生产的。古生物的跨学科特性决定了它选择很多，因而就业不是问题。”②

4. 中小学教育等人才是短板

记者刘奕湛、吴晶报道：“据第三方社会调查机构麦可思的一项研究数据显示，2015年，‘中小学教育’是社会需求量增加最多的职业类，就业比例为8.7%，与上一年相比增加了2.2个百分点。研究数据显示，2015届本科毕业生社会需求量（就业比例）增加最多的前5个职业类分别为‘中小学教育’‘互联网开发及应用’‘金融（银行/基金/证券/期货/理财）’‘医疗保健/紧急救助’‘媒体/出版’。”③

5. 粤剧艺术人才是短板

记者李静和实习生凌华报道：“广东舞蹈戏剧职业学院是全国目前唯一一所培养粤剧艺术人才的高职院校，早已是粤剧艺术人才的培养摇篮，其培养的粤剧人才不仅是粤港澳及东南亚各地就业市场上的‘香饽饽’，毕业生的月薪更是可达10000元。目前广东粤剧专业的人才缺口非常大，该院的毕业生只能满足部分粤剧团体的需求。粤剧专业毕业生的就业前景非常广阔，薪酬水平也要比其他艺术类专业高。应届毕业生的月薪在4000元左右，入职一年后，做主演的月薪能达到8000～10000元，这只是县级演出团体的工资水平，地级市的还要再高一点。今年戏剧系粤剧表演方向计划招生30人，补录过后也只有3个人报考，仅完成计划数的十分之一，如何开课都成问题。”④

6. 高技能人才是短板

孟春青的研究表明：“据麦可思调查报告显示，‘到2020年，中国将需要1.42亿高技能人才，若劳动者的技能不提升，中国将面临2400万的人才缺口。其中3D设计、电子等核心技术，缺口最大’。”⑤

此外，有些高校的高等教育质量是短板。不再赘述。

从上可以看出，一方面是相当一批专业人才因非国民经济和社会发展的需要

① 欧兴荣．北大古生物专业仅1人，“一人毕业照”走红[N]．中国矿业报，2014-06-17.

② 明廷宝．“一个人的毕业照”：北大古生物学专业“六代单传”[N]．法制晚报，2016-05-23.

③ 刘奕湛，吴晶．“中小学教育”成为社会需求量增加最多的职业[N]．报刊文摘，2016-6-15.

④ 李静，凌华．粤剧人才供不应求 招生为何屡屡遇冷[N]．羊城晚报，2016-08-10.

⑤ 孟春青．高等职业教育如何应对“工业4.0”人才需求[J]．教育探索，2015(8)：49-51.

而待业，另一方面却有一批专业人才因国民经济和社会发展的急需而短缺。这反映了我国高等教育的产能是结构性过剩，学校必须主动适应经济建设和社会发展，根据社会主义市场经济和民生的需要设置专业、必须按照供给侧要求进行结构性改革，办人民满意的教育。

习近平总书记指出："减少无效和低端供给，扩大有效和中高端供给，增强供给结构对需求变化的适应性和灵活性，提高全要素生产率。"①目前，我国高等教育已不能满足广大人民群众对优质教育资源的需求，不少政界、学界、商界中的中等收入家庭选择送孩子到国外留学，表明对我国的高等教育供给缺乏自信。供给侧改革要求高校必须主动适应经济建设和社会发展的需要，精准研究经济社会发展和就业市场的需要，主动调整专业设置和招生规模，努力提高就业率和就业质量，提供高质量的高等教育，努力办好人民满意的高等教育。因此，供给侧改革要求高等教育结构性改革，这才能促进高等教育的发展，这是高等教育"十三五"乃至更长时期的改革任务。

① 本报评论员.从供给侧着力实现新跃升——二论学习贯彻习近平同志在省部级专题研讨班上重要讲话[N].人民日报，2016-01-23.

第二章　高等教育市场化对供给侧改革的影响

教育产业化与教育市场化往往连在一起提及，如王善迈指出："教育管理体制必须进行适应市场经济体制的改革，但不应产业化即市场化。"①纪宝成指出："所谓教育产业化市场化，就是鼓吹要按或者要像兴办工商业一样兴办国民教育，要按或者要像办企业一样办学校。"②本文将"高等教育产业化与高等教育市场化"一起论述。

第一节　高等教育产业化与高等教育市场化

一、研究高等教育产业化与市场化对供给侧改革的意义

2016年5月20日，习近平在中央全面深化改革领导小组第二十四次会议强调指出："供给侧结构性改革本质是一场改革……各地区各部门要把依靠全面深化改革推进供给侧结构性改革摆上重要位置。"这里提到了"各地区各部门要把依靠全面深化改革推进供给侧结构性改革摆上重要位置"。

无论从经济全球化和高等教育国际化还是从我国的社会主义市场经济体制来叙述，我们处在市场经济环境中，教育受经济环境影响，两千年前孟母尚知三迁，今人岂不知乎？

（一）何时建立适应社会主义市场经济体制的教育体制

1. 以"教育体制改革"为名称的文件都未提到"建立适应社会主义市场经济体制的教育体制"

以"教育体制改革"为名称的文件有三次：1985年5月27日，《中共中央关于教育体制改革的决定》；1995年7月19日，《国务院办公厅转发国家教委关于深化高等教育体制改革若干意见的通知》（国办发〔1995〕43号）；2010年10月24日，《国务院办公厅关于开展国家教育体制改革试点的通知》（国办发〔2010〕48号）。

《中共中央关于教育体制改革的决定》指出："本决定着重解决的是学校教育体

---

① 王善迈．关于教育产业化的讨论[J]．北京师范大学学报（人文社会科学版），2000(1)：12－16．

② 纪宝成．认清"教育产业化"的理论误导与实践危害[J]．中国高等教育，2006(9)：19－22．

制改革的问题。"《国务院办公厅关于开展国家教育体制改革试点的通知》指出："决定在部分地区和学校开展国家教育体制改革试点。"《国务院办公厅转发国家教委关于深化高等教育体制改革若干意见的通知》第五条指出："高等教育管理体制改革的目标是，争取到2000年或稍长一点时间，基本形成举办者、管理者和办学者职责分明，以财政拨款为主多渠道经费投入，中央和省、自治区、直辖市人民政府两级管理、分工负责，以省、自治区、直辖市人民政府统筹为主，条块有机结合的体制框架。"由此可知，这三个文件未涉及整个教育体制改革的问题。

从上可知，以"教育体制改革"为名称的三次文件都未提到"建立适应社会主义市场经济体制的教育体制"。

2. 认为"统得过死的体制""高等教育体制改革的进程仍然滞后于经济体制改革和社会发展""教育体制机制不完善"等的法规文件有：

《中共中央关于教育体制改革的决定》指出："教育工作不适应社会主义现代化建设需要的局面还没有根本扭转。特别是面对着我国对外开放、对内搞活，经济体制改革全面展开的形势，面对着世界范围的新技术革命正在兴起的形势，我国教育事业的落后和教育体制的弊端就更加突出了。政府有关部门对学校主要是对高等学校统得过死，使学校缺乏应有的活力；而政府应该加以管理的事情，又没有很好地管起来。"

1993年2月13日，中共中央、国务院印发的《中国教育改革和发展纲要》(中发〔1993〕3号)第15条指出："改革包得过多、统得过死的体制。"

《国务院办公厅转发国家教委关于深化高等教育体制改革若干意见的通知》指出："从总体上说，高等教育体制改革的进程仍然滞后于经济体制改革和社会发展，与社会主义市场经济体制的建立不相适应。这主要表现在高等学校的举办者、管理者、办学者之间的责、权、利没有明确划分和规范，政府直接管理的职能没有完全转变，学校仍缺乏面向社会自主办学的应有权力和自我约束机制；中央教育行政部门、其他业务部门以及地方政府教育行政部门、其他业务部门分别办学与管理形成的条块分割局面尚未根本扭转，专门人才的供求没有社会化等。"

1999年1月13日，国务院批转《面向21世纪教育振兴行动计划》指出："我国教育发展水平仍然偏低，教育结构和体制、教育观念和方法以及人才培养模式尚不能适应现代化建设的需要。"

1999年6月13日，《中共中央、国务院关于深化教育改革全面推进素质教育的决定》指出："我们的教育观念、教育体制、教育结构、人才培养模式、教育内容和教学方法相对滞后，影响了青少年的全面发展，不能适应提高国民素质的需要。"

2004年3月3日，国务院批转教育部《2003—2007年教育振兴行动计划的通知》(国发〔2004〕5号)指出："教育面临的挑战依然十分严峻，整体水平离实现全面建设小康社会目标还有很大差距。"

2010 年 6 月 21 日，中共中央政治局审议并通过的《国家中长期教育改革和发展规划纲要（2010—2020 年）》指出："面对前所未有的机遇和挑战，必须清醒地认识到，我国教育还不完全适应国家经济、社会发展和人民群众接受良好教育的要求。教育观念相对落后……教育体制机制不完善，学校办学活力不足；接受良好教育成为人民群众强烈期盼，深化教育改革成为全社会共同心声。"

3. 建立适应社会主义市场经济体制的教育体制

关于教育体制，不少法规文件转到办学体制改革，高等教育管理体制，人才培养体制改革等，建立适应社会主义市场经济体制的教育体制的法规文件有：

1993 年 2 月 13 日，中共中央、国务院印发的《中国教育改革和发展纲要》（中发〔1993〕3 号）第三部分"教育体制改革"第 15 条指出："初步建立起与社会主义市场经济体制和政治体制、科技体制改革相适应的教育新体制。只有这样，才能增强主动适应经济和社会发展的活力，走出教育发展的新路子，为建立具有中国特色的社会主义教育体系奠定基础。"

1999 年 1 月 13 日，国务院批转《面向 21 世纪教育振兴行动计划》中提到行动计划的主要目标之一是："深化改革，建立起教育新体制的基本框架，主动适应经济社会发展。"

1999 年 6 月 13 日，《中共中央、国务院关于深化教育改革全面推进素质教育的决定》第 10 条指出："构建与社会主义市场经济体制和教育内在规律相适应、不同类型教育相互沟通相互衔接的教育体制。"

2015 年 12 月 27 日，《中华人民共和国教育法》第十一条指出："国家适应社会主义市场经济发展和社会进步的需要，推进教育改革，推动各级各类教育协调发展、衔接融通，完善现代国民教育体系，健全终身教育体系，提高教育现代化水平。"

2015 年 12 月 27 日，《中华人民共和国高等教育法》第七条指出："国家按照社会主义现代化建设和发展社会主义市场经济的需要，根据不同类型、不同层次高等学校的实际，推进高等教育体制改革和高等教育教学改革，优化高等教育结构和资源配置，提高高等教育的质量和效益。"

4. 我国尚未建立适应社会主义市场经济体制的教育体制

我国的社会主义市场经济体制已经由"建立"到"完善"。1993 年 11 月 14 日，党的十四届三中全会作出了《中共中央关于建立社会主义市场经济体制若干问题的决定》；2003 年 10 月 14 日，党的十六届三中全会通过了《中共中央关于完善社会主义市场经济体制若干问题的决定》。但是，何时建立适应社会主义市场经济体制的教育体制？

中央教育科研所研究员程方平博士指出："现行教育在体制上还相对保守，受计划经济的影响比较大，在各行各业里，教育是排在后面的，是一个比较保守的堡垒。”①美国国家科学基金会顾问、北京师范大学客座教授郭玉贵博士指出：“100余年来，中国教育曾先后向日本、德国、法国、英国、美国和前苏联学习，但我们迄今未探索出一套超越这些国家的体制。”②

1992年10月12日，江泽民在中国共产党第十四次全国代表大会上的报告中指出：“加快政府职能的转变。这是上层建筑适应经济基础和促进经济发展的大问题。不在这方面取得实质性进展，改革难以深化，社会主义市场经济体制难以建立。转变的根本途径是政企分开。”

《中国教育改革和发展纲要》(中发〔1993〕3号)第3条指出，初步明确了建设有中国特色社会主义教育体系的主要原则的第四个原则是：“必须坚持教育的改革开放，努力改革教育体制、教育结构、教学内容和方法，大胆吸收和借鉴人类社会的一切文明成果，勇于创新，敢于试验，不断发展和完善社会主义教育制度。”

2010年6月25日，《国家中长期教育改革和发展规划纲要(2010—2020年)》的战略目标之一是“健全充满活力的教育体制。进一步解放思想，更新观念，深化改革，提高教育开放水平，全面形成与社会主义市场经济体制和全面建设小康社会目标相适应的充满活力、富有效率、更加开放、有利于科学发展的教育体制机制，办出具有中国特色、世界水平的现代教育”。第22条指出：“引入竞争机制。”第42条指出：“鼓励公平竞争。”

2013年11月15日，《中共中央关于全面深化改革若干重大问题的决定》第3条指出：“市场在资源配置中起决定性作用和更好发挥政府作用。市场决定资源配置是市场经济的一般规律。必须积极稳妥从广度和深度上推进市场化改革，大幅度减少政府对资源的直接配置，推动资源配置依据市场规则、市场价格、市场竞争实现效益最大化和效率最优化。”第7条指出：“推进公共资源配置市场化。进一步破除各种形式的行政垄断。建设统一开放、竞争有序的市场体系，是使市场在资源配置中起决定性作用的基础。”

遗憾的是，在《中共中央关于全面深化改革若干重大问题的决定》和《中华人民共和国国民经济和社会发展第十三个五年规划纲要》中提到了“经济体制改革是全面深化改革的重点”，提到了“深化科技体制改革”“深化文化体制改革”“深化医药卫生体制改革”，唯独整篇没有提到“教育体制”“教育体制改革”和“建立适应社会主义市场经济体制的教育体制”。从上可知，教育体制的改革要建立适应社会主义市场经济体制的教育体制，必须“进一步解放思想”，必须“加快政府职能的转变”，必须“进一步破除各种形式的行政垄断”，必须“大胆吸收和借鉴人类社会的一切文

① 曲恒昌，程方平，周其红.专家点评“教育券”[J].教育发展研究，2003(1)：66-67.

② 郭玉贵.借鉴国外经验，创建中国的“择校教育券”制度[J].比较教育研究，2007(8)：91—92.

明成果”，必须“勇于创新，敢于试验”，必须坚持“市场在资源配置中起决定性作用和更好发挥政府作用”。

（二）教育经济学是研究教育供给与需求以及对教育资源配置的学科

为了否定教育产业化与教育市场化，政府某些官员与某些学者引用下列观点：1998年10月，联合国教科文组织在巴黎召开了首次世界教育大会，大会一致认为，“应当澄清这一方面的模糊与混淆。市场规律和竞争法则不适用于教育，包括高等教育。”因为“教育不是经济的一分支”。但是美国著名经济学家、诺贝尔经济奖获得者米尔顿·弗里德曼(Milton Friedman)和英国著名经济学家、诺贝尔经济奖获得者弗里德里希·奥古斯特·冯·哈耶克(Friedrich August von Hayek)是教育市场化的倡导者。

潘懋元、胡赤弟认为：“虽然教育不同于经济，学校不是企业，但教育的发展需要资源，也存在资源的合理配置问题和提高资源的利用效率问题。有效的经济组织是经济增长的关键，同样，一个有效的教育资源配置制度也是当前我国教育发展的关键。”①

1991年4月23日，邓小平为全国“863”计划工作会议题词：“发展高科技，实现产业化。”1999年8月20日，中共中央、国务院颁发《关于加强技术创新，发展高科技实现产业化的决定》。高科技、文化、体育等也不是经济的一分支，但在产业化浪潮中政府已确立了高科技产业、文化产业、体育产业。

1. 教育可以运用经济规律、经济理论和方法

恩格斯曾经指出：“一切社会变迁和政治变革的终极原因，不应当在人们的头脑中，在人们对永恒的真理和正义的日益增进的认识中寻找，而应当在生产方式和交换方式的变更中寻找；不应当在有关的时代的哲学中寻找，而应当在有关的时代的经济学中寻找。”②

1961年6月19日，周恩来指出：“物质生产的某些规律，同样适用于精神生产。”③

前苏联经济学家斯·尔·科斯塔场指出：“教育经济学研究社会主义基本经济规律在国民经济部门之一的教育部门所表现的性质和作用的特点。教育经济学研究劳动和经济的关系发展的规律性，这种关系归根到底关系到精神才能的培养和发展，劳动力的职业技能的形成和提高，以及劳动力在国民经济方面的分配和消耗。劳动和经济关系在教育内的系统包括这样一些关系，如社会和单个劳动者之间的关系，社会和单个学校集体之间的关系，劳动集体和单个成员之间的关系，教

---

① 潘懋元，胡赤弟．民办高校产权制度改革的若干问题[J]．教育研究，2002(1)：27－31．

② 马克思，恩格斯．马克思恩格斯选集(第3卷)[M]．北京：人民出版社，1972(8)：425．

③ 周恩来．周恩来选集[M]．人民出版社，1984：328．

育系统各个集体和其他国民经济系统的各个劳动集体之间的关系。”①

中国教育经济学的先驱邱渊先生指出，“我们就可以把教育经济学的研究对象定义为教育的经济性能。……教育经济学研究对象的这种性质可以归纳为一句话：经济表现，教育本质，功效为主。”②

我国教育经济学家杨葆焜指出：“社会主义教育经济学是一门研究社会主义教育与经济之间的相互关系及其运动规律的科学。……教育与经济的关系是多方面的，几乎涉及教育领域与经济领域的所有问题。”③

我国教育经济学家王善迈指出：“教育经济学主要是运用经济学的理论和方法，研究教育与经济的相互关系及其变化发展规律的科学，研究教育领域中资源投入和产出规律的科学。”④

台湾经济学家高希均指出：“教育经济学是应用经济学的理论与原则到教育部门，特别侧重教育部门资源分配的效率、人力供需的配合、教育计划的制订以及教育对经济发展、社会福利与公平原则所产生的短期与长期的影响。”⑤

从上可知，经济规律、理论和方法适用于教育，包括高等教育。

2. 教育经济学是研究教育和经济之间的关系，配置和优化教育资源以促进经济增长和社会发展的边缘学科或交叉学科

《简明不列颠百科全书》指出，教育经济学是关于社会、或就整体以及个人在正规教育上的投资与收益的研究：它研究教育上的投入与产出的一般特征，教育服务（人员）的需求与供给以及对教育进行经济计划时各种着手方法。⑥

英国著名经济学家马可·布劳格指出：“教育经济学是经济学的一分支。所以这样说是因为它所涉及的是学校成本和财政这类问题。它构成了主题的各个方面。但是，教育经济学还不仅仅如此，它涉及教育对某些现象产生的基本影响，如劳动力的职业结构、新劳动力的补充、对生产的促进、劳动力在国内和国际间的迁移、国际贸易的形态、个人收入的分配份额、现期收入的储蓄倾向，以及最基本的对经济增长的展望。”⑦

全国教育经济学研究会（筹）《教育经济学概论》编写组指出：“关于这门学科的属性，既可以从经济科学的角度分析，又可以从教育科学的角度分析。从经济科学的角度分析，教育经济学应属于经济科学体系中的一个新领域，是经济学的一个分

---

① [苏]斯尔·科斯塔场.教育经济学的对象和方法[M].北京：教育科学出版社，1981：12.

② 邱渊.教育经济学导论[M].北京：人民教育出版社，1989：9-10.

③ 杨葆焜.教育经济学[M].武汉：华中师范大学出版社，1989：14.

④ 王善迈.教育投入与产出研究[M].石家庄：河北教育出版社，1996：29.

⑤ 高希均.教育经济学论文集[C].台北：台湾联经出版事业公司，1977：9.

⑥ 本书编委会.简明不列颠百科全书[Z].北京：中国大百科全书出版社，1985：379.

⑦ [英]马可·布劳格.教育经济学导论[M].北京：春秋出版社，1989：1.

支，称部门经济学。因为，教育经济学要应用经济学的规律、理论和计算方法，去考察分析教育部门的现象和问题，使经济规律和理论以及数量计算方法，在教育领域内得到具体运用和实现。从教育科学的角度分析，教育经济学是教育科学体系中的一个新领域，属于一门新兴的教育科学。因为研究教育经济学不仅要应用经济的规律、理论和方法，也要应用教育的规律、理论和方法，去考察教育与经济的相互关系，揭示教育本身一些带有经济性的规律。总之，从不同的角度既可以称教育经济学是部门经济学，也可称其为教育科学的一个分支。"①

美国教育经济学家科恩指出："教育经济学研究的是在不管使用什么货币与否的条件下，人和社会是如何选择使用紧缺的生产性资源在各种社会成员和集团中进行（特别是通过正规教育）各类训练，发展知识、技能、智力和品德等等。"②

我国经济学家厉以宁指出："教育经济学是教育学和经济学的交叉学科……教育经济学是研究教育在经济增长以及经济和社会发展中的作用，研究智力投资的经济效果的科学。"③

我国教育经济学家靳希斌指出："教育经济学是研究教育与经济相互作用，以及教育领域内经济现象和规律，并且要用数量的形式来表示的一门边缘学科。"④

朱坚强认为，教育经济学是"应运而生的新兴学科""魅力无穷的公认学科""前景看好的基础学科"。⑤

1924 年，前苏联著名经济学家、科学院院士斯特鲁米林发表的《国民教育的经济意义》一文是世界上第一篇教育经济学论文；20 世纪 60 年代初，美国经济学会会长舒尔茨发表了题目为《人力资本投资》的就职演说；1962 年英国经济学家韦锥出版了《教育经济学》一书，标志着教育经济学的产生；1963 年，国际经济学学会召开了主题为"教育经济学的问题"的年会，会议发言被汇集成的论文集出版后，在世界范围内奠定了教育经济学的发展基础。由此可见，教育经济学是一门年轻的学科。20 世纪 60 年代初，西方教育经济学作为经济学的一个分支学科而出现。综上所述，教育经济学是研究教育和经济之间的关系，配置和优化教育资源以促进经济增长和社会发展的边缘学科或交叉学科。

同时，还可以看出，研究教育经济学主要是经济学家，在国内主要是教育学者。由中华人民共和国国家质量监督检验检疫总局、中国国家标准化管理委员会于 2009 年 5 月 6 日发布的《中华人民共和国学科分类与代码国家标准》将"880.31 教

---

① 全国教育经济学研究会（筹）《教育经济学概论》编写组．教育经济学概论[M]．西宁：青海人民出版社，1983：1－2.

② [美]科恩．教育经济学[M]．上海：华东师范大学出版社，1988：2.

③ 厉以宁．教育经济学[M]．北京：北京出版社，1984：1－6.

④ 靳希斌．教育经济学[M]．北京：人民教育出版社，1997：5.

⑤ 朱坚强．教育经济学发凡[M]．北京：社会科学文献出版社，2005：2－9.

育经济学”作为二级学科隶属于一级学科“880 教育学”之下。目前，我国有教育经济学研究会，会刊为《教育与经济》。

《中国教育改革和发展纲要》第 26 条指出：“加强教育和发展的理论研究和试验。各级政府和教育行政部门要把教育科学研究和教育管理信息工作摆到十分重要的地位。社会主义市场经济体制的建立，对教育的改革和发展提出了许多新的课题。教育理论工作者和实际工作者，要以马克思主义为指导，研究和回答建设有中国特色的社会主义教育体系的理论问题和实际问题。要积极开展教育决策咨询研究，密切教育科研同教育决策、教育实践的联系，发挥教育科研对教育改革和发展的促进作用。鼓励和支持学校、教师和教育研究工作者积极进行教育改革试验。”上面提到“社会主义市场经济体制的建立，对教育的改革和发展提出了许多新的课题”。我国的教育学者和经济学者应勇于探索、敢于创新和积极试验。

（三）新公共管理从经济角度对政府的改革

1. 新公共管理产生的背景

在大工业时代形成和占统治地位的传统的官僚制行政体制给西方各国带来了政府机构组织僵化、臃肿膨胀以及等级制、不透明性、官僚习气严重、管理成本剧增、行政效率低下等诸多问题，导致了严重的政府财政赤字和和政府信任危机。自 70 年代末 80 年代初开始，在西方各国内部掀起了一场声势浩大的政府改革运动，这场运动被称为“新公共管理”运动。这种新的公共管理模式有几种不同的称谓，如“管理主义”“以市场为本的公共行政”“企业型政府”等。

2. 新公共管理的主要内容

经合组织（OECD）1999 年度公共管理发展报告《转变中的治理》把新公共管理的特征归纳为如下八个方面：①转移权威；②保证绩效、控制和责任制；③发展竞争和选择；④提供灵活性；⑤改善人力资源管理；⑥优化信息技术；⑦改善管制质量；⑧加强中央指导职能。

澳大利亚学者欧文·E·休斯将新公共管理的共性归纳为六大要点：①该模式意味着传统行政管理模式的重大改变，注重结果的实现和管理者负个人责任；②一种脱离官僚制的趋势，目的使组织、人事、任期等具有灵活性；③明确规定组织和人事任期目标，建立绩效评估系统，其背后的推动力是“三 E”（经济 Economy、效率 Efficiency、效益 Effectiveness）；④公共管理人员更具有政治色彩，而不是政治中立和无党派中立；⑤政府职能更有可能受市场检验（如合同外包），即休斯所说的“将掌舵与划桨分开”，政府介入并不一定指政府非得通过官僚制手段实施管理不可；⑥通过民营化或市场检验和合同外包等方式减少政府职能的趋势。①

英国伦敦经济学院院长胡德（C C Hood）在其就职演说中将“新公共管理”的

---

① ［澳］欧文·E.休斯.公共管理导论[M].彭和平，等译.北京：中国人民大学出版社，2001：21－28.

内涵及特征刻画为如下七个方面：①向职业化管理的转变；②标准与绩效测量；③产出控制；④单位的分散化；⑤竞争；⑥私人部门管理的风格；⑦纪律与节约。

1992年，美国戴维·奥斯本与特德·盖布勒在《改革政府：企业家精神如何改革着公营部门》一书中描述了“重塑政府”的十大原则：①起催化作用的政府：掌舵而不是划桨；②社区拥有的政府：授权而不是服务；③竞争性政府：把竞争机制注入服务中；④卓有使命感的政府：改变照章办事的组织；⑤讲究效果的政府：按效果而不是按投入拨款；⑥受顾客驱使的政府：满足顾客的需要，而不是官僚政治的需要；⑦有事业心的政府：有收益而不是浪费；⑧有预见的政府：预防而不是治疗；⑨分权的政府：从等级制到参与和协作；⑩以市场为导向的政府：通过市场力量进行变革。

综上所述，新公共管理的主要内容可归纳为：①政府掌舵而不是划桨；②在政府公共管理领域引入竞争机制，取消政府公共服务供给的垄断性，让更多的社会组织与公民力量广泛参与；③视公众为客户，政府应根据顾客和市场的需求向顾客提供服务，以顾客为中心，以顾客为导向，赋予顾客进行选择的权利；④政府应采取分权的管理方式，改变原来金字塔式的科层官僚制，建立扁平式的非官僚政府体制；⑤明确的绩效标准和绩效评估，项目预算和战略管理，由过去的“规则驱动型”向“目标驱动型”转变；⑥政府应广泛采用私营部门成功的管理手段和经验；⑦强调职业化管理，等等。

由此可见，新公共管理不仅指一种新的政府管理理论，而且是一种新的政府管理模式。提供公共产品的政府尚且可以从经济角度改革，提供准私人产品的高等教育也可以从经济角度改革。

3. 新公共管理对高等教育的影响

始于20世纪80年代西方国家的“高等教育市场化”改革是新公共管理改革的一个组成部分，目的在于改善政府治理方式，通过引入市场机制配置资源，调整结构，提高高等教育的活动、质量和效率。

新公共管理运动的兴起冲击到高等教育领域，促进了高等教育理论思维的变化，在理论上和实践中探索高等教育市场化。它推动了高等教育市场化的理论研究，如弗里德曼指出：“学校系统就像是一个竞争市场，在那里，个体‘企业家’将会争着以最低费用提供最佳服务。这些企业家会积极聘请最好的教师，在学校的课程表上开列出顾客会要求的特殊教育，并加速实现更有效的教学改革。每个家庭都可以根据分派自己收入用途方面的特殊偏好，选择最适合的学校送子女就读”。[①] 美国政治家约翰· 丘伯和泰利·莫(Chubb John & Terry Moe)在《政治、市场和美国学校》一书中指出：“市场通过它们自身的特性，能够培养高效学校所必须拥有的自治。……消费者不会有购买低效学校的产品的需要，因此这些学校就

① ［法］亨利·勒帕热.美国新自由主义经济学［M］.李燕生，译.北京：北京大学出版社，1985：211.

会从市场中消失。……对学校进行民产管理不可避免会培养官僚作风，而这就会扼杀高效学校所必须拥有的自治。"[①]蒋国华指出，美国一本题为《教育创新：一项构筑未来的议程》的专著指出："这个国家教育体制迟早是要改革的。可是，如果说这场改革最终会到来，那么它绝不会是轻而易举的。非常可能如同美国其他机构一样，是学校一直在抵制改革，是学校在充当许多教育创新的坟墓的角色。"关于教育市场化的改革亦然。但争论归争论，一边争论一边改革却也是事实。正如《澳大利亚大学评论》杂志主编马尔金森博士指出："教育市场的形成乃是工业化国家，特别是英语国家的特点之一。这一变化之所以重要，那是因为在现代社会中，教育的选择、教育的（生产）属性、教育的行为已经具有核心的作用。"他接着说："我写作《教育市场》这本书的目的，就是为公众提供一个有关教育市场化趋势的概观。"从高等教育来说，美国早已是一个"拥有发展完善的教育市场"的国家。[②] 蒋国华的研究表明："由美国一大批教育主流团体组成的卡内基教学专门小组就称，'市场被证明是最有效的分配资源的工具，它在美国人生活的各个方面激励着人们。市场还能使所有公立学校学生都能获得相同的学校资源。'部分教育专家主张教育应实行广泛私有化，并指出，改革美国教育唯一的出路，第一，支持私立学校与公立学校以及私立学校之间的竞争；第二，支持公立学校系统内部个别服务部门之间的赢利竞争。"[③]

在实践中主要有三个方面：一是减少政府对高等教育经费投资的比例，增加非政府（市场、个人或家庭）对高等教育的投资；二是强化高等教育与私有经济部门的联系，加强大学与工商界的联系；三是加强私立或民办高等教育的角色和作用。同时，教育市场化引起了世界银行、经济合作与发展组织、联合国教科文组织等的关注，世界银行发布的《高等教育：不同经验的参考》和 OECD 发布的《重整高等教育》等对教育领域市场化持肯定态度。

（四）新自由经济主义对高等教育的影响

1. 新自由经济主义的主要内容

20 世纪七八十年代兴起的"新自由主义经济学派"主要代表人物是美国著名经济学家、诺贝尔经济奖获得者（1976）米尔顿·弗里德曼（Milton Friedman），他还是供给学派的主要代表人物。他 1946 年起任芝加哥大学教授，也称为"芝加哥学派"。其代表作《资本主义与自由》于 1962 年在芝加哥大学出版社出版。最早提出教育市场化观点的是弗里德曼，他认为教育不应该是政府提供的一项服务，而应该是自由市场体系中的一部分。弗里德曼在 1955 年发表的《政府在教育中的作

① ［美］罗伯特·G. 欧文斯. 教育组织行为学［M］. 窦卫霖，等译. 上海：华东师范大学出版社，2001：489.

② 蒋国华. 西方教育市场化：理论、政策与实践［J］. 全球教育展望，2001(9)：58—65.

③ 蒋国华. 西方教育市场化：理论、政策与实践［J］. 全球教育展望，2001(9)：58—65.

用》一文中指出："我相信，若要对我国教育体制动大手术，唯一的办法就是通过私有化之路，实现将整个教育服务中的相当大的部分交由私人企业个人经营。否则，没有什么办法能摧毁或者至少极大地削弱现存教育建制的权力，而摧毁或削弱现存教育建制的权力，乃是根本改革我国教育体制所必要的先决条件。此外，也没有什么办法能给公立学校带来竞争，而只有竞争才能迫使公立学校按照顾客的意愿改革自身。"①弗里德曼指出："长期以来建立的公共教育制度是一种政府垄断，由于缺乏必要的市场竞争和约束，因此效率低下，资源浪费严重，要改变这种状况，就要将市场竞争机制引入高校，建立起全国统一的生产者机构市场，公立高校和私立高校公平竞争。此外，公立高校和私立高校均应向学生收取全额学费，政府只为贫困学生和少数不负责任的家长提供资助，资助采取教育凭券和贷款的形式，学生就业后归还欠款。"②弗里德曼主张，一方面应把政府的干预限制在最少的程度，另一方面最好还要通过市场和价格制度进行干预。他认为政府对教育的干预是基于两个方面的理由：一是大量"邻近影响"的存在，对于"邻近影响"的存在，弗里德曼解释为"个人的行动迫使他人为之付出相当大的代价，而又无法使前者赔偿后者的情况，或者个人的行动对其他人产生相当大的好处，而又无法使后者赔偿前者的情况，即使自愿交易也是不可能的情况"。③二是政府对孩子们和其他对自己行动不负责任的个人的家长主义的关怀。

另一个主要代表人物也是"芝加哥学派"、英国著名经济学家、诺贝尔经济学奖得主哈耶克(F. A. Hayek)。哈耶克反对政府控制教育，强调教育内容多元化；反对政府把高等教育当做一项社会福利来平均分配，主张教育的私营化、市场化运作。哈耶克指出："政府垄断和控制教育对教育资源的配置极为不利，市场才是教育活动的基础，应将市场机制和原则应用到教育中来。"④哈耶克认为："有些福利只能局限于某些人，这并不意味着一个机构应有独占的权力来决定这些福利应归于何人。……没有一个机构可以拥有垄断权去确定某种教育是否有价值以及应投资多少去改善教育或对哪种教育投资。"⑤哈耶克不赞成用考试或测试来决定一个人是否有接受高等教育的机会，他指出："热切地渴望知识或不寻常地具有多种兴趣，要比更显见的天赋或任何可测试的能力更为重要；一般知识和兴趣的背景，或

① [美]米尔顿·弗里德曼.资本主义与自由[M].张瑞玉，译.北京：商务印书局，1986：233－236.
② [美]米尔顿·弗里德曼.资本主义与自由[M].张瑞玉，译.北京：商务印书局，1986：115.
③ [美]米尔顿·弗里德曼.资本主义与自由[M].张瑞玉，译.北京：商务印书局，1986：83.
④ [英]弗雷德里希·奥古斯特·哈耶克.自由宪章[M].杨玉生，冯兴元，陈茅，等译.北京：中国社会科学出版社，1999：150.
⑤ [英]弗雷德里希·奥古斯特·哈耶克.自由宪章[M].杨玉生，冯兴元，陈茅，等译.北京：中国社会科学出版社，1999：563.

由于家庭环境所造成的对知识的极端重视常常对成就的影响比天生能力更大。"①哈耶克认为"任何以平等为目标的国家干涉都必然践踏自由,导致极权主义,即对个人的奴役,而唯一存在的平等形式就是市场公平"。②

基思·福克斯认为,新自由主义基本观点是:市场机制是传递信息和资源配置的有效机制;基本主张是:缩小国家对经济干预的范围,削减卫生、福利、教育等社会服务中的公共开支,尽可能地将公共服务私营化,引入内部竞争等市场原则。③新自由主义理论的基本要义可归纳为五个方面:①市场统治,将"自由"企业或私人企业从政府或国家的束缚下解放出来,实现资本、货物和服务的自由流动;②削减教育、医疗等社会服务的公共开支;③私有化,将国有企业出售给私人投资者,包括银行、铁路、征税公路、电力、学校、医院甚至供水等;④放松管制;⑤抛弃"公共物品"或"共同体"的概念,代之以"个人责任"。④

阿兰·G·纳塞尔认为:"类似于市场的制度安排……减少了用同情、爱国主义、博爱、文化团结等等作为促进社会进步的激励力量的需要……利用物质私利这一'基本'动力来促进公共物品也许是人类实现的最重要的社会发明。"⑤

阿瑟·奥肯指出:"最重要的是,市场上的奖励为工作积极性和生产贡献提供了动力。而缺少这些,社会便不得不翻来覆去地选择那样的刺激——有些是不可靠的,如利他主义;有些是危险的,如集体主义的忠诚;有些是不能忍受的,如强制或压迫……由于这些缘故,我为市场而欢呼。"⑥

2. 新自由经济主义对高等教育的影响

斯蒂芬·J·鲍尔的研究表明,教育市场化的三大理由:①在市场机制作用下,学校有强烈的动机去取悦学生和家长,从而学校也能更灵活地反应市场需求;②学校之间的界限被打破,使学生和资源能从那些不受欢迎的或反应能力不足的学校转移到热门的和反应灵敏的学校;③由此而营造一种自然选择机制,不受欢迎的学校将被迫关闭或改弦更张。⑦

杨芳的研究显示:"著名经济学家亚当·斯密在批判英国以及整个西欧的大学

① [英]弗雷德里希·奥古斯特·哈耶克. 自由宪章[M]. 杨玉生,冯兴元,陈茅,等译. 北京:中国社会科学出版社,1999:565.

② [英]弗雷德里希·奥古斯特·哈耶克. 通往奴役之路[M]. 王明毅,冯兴元,等译. 北京:中国社会科学出版社,1998:81.

③ 基思·福克斯. 政治社会学[M]. 北京:华夏出版社,2008:60.

④ 伊丽莎白·马丁内斯. 什么是新自由主义 [A]. 李其庆,译. 全球化与新自由主义[C]. 南宁:广西师范大学出版社,2003:43-45.

⑤ 阿兰·G·纳塞尔. 资本主义的发展趋势与新自由主义的私有化浪潮[A]. 李其庆,译. 全球化与新自由主义[C]. 南宁:广西师范大学出版社,2003:65-78.

⑥ 阿瑟·奥肯. 平等与效率 [M]. 北京:华夏出版社,1999:116.

⑦ 斯蒂芬·J·鲍尔. 教育改革——批判和后结构主义的视角[M]. 上海:华东师范大学出版社,2002:90.

教育制度时提到‘纠正这种陈腐的教育，使之适应商业时代之需求的良方就是，国家对于大学教育不要干涉过多，反而是让大学自由竞争’。他这种‘商业社会’的教育思想，正是之后许多学者提倡教育市场化理念的源头。”①

本文仅以英国为例，介绍英国新自由经济主义对高等教育的影响。英国人把包括教育市场化、教育私有化在内的“私有化运动”，称作“撒切尔革命”。英国前首相撒切尔夫人认为：“这里没有社会——这里只有市场，以及社会中个体间的竞争。”②在撒切尔内阁和智囊班子中，信奉哈耶克主义自由市场观点的所谓“新右翼”(New Right)人士占据了主导地位。撒切尔夫人的主要顾问谢尔曼于 1987 年 8 月 6 日在《每日电讯报》写到：“倘若没有英国全部学校的私有化，那么撒切尔革命就是还没有完成。”因为“保守党(私有化运动)前沿正在向私有化尚未触动的那些国有部门推进。我国这些社会部门的活动，诸如卫生和教育，这两者加起来每年都要消耗国民收入的三分之一，而竟对市场机会几乎一无所知”。对这场运动，英国人自己是引以为豪的，他们说：人们看到的撒切尔革命的经济和财政好处还是表面的，“而最重要的收获时下人们也许还只能朦胧地认识到，这是对政府思考和行为方式的一场改造。……那些国有的产业部门把政府官员和部长们拖到了消费者利益的对立面。全国私有化工作一旦完成，部长们什么都管的角色必将一去不复返。”③约瑟夫爵士(Sir Knight Joseph)曾在 1981 至 1986 年间担任撒切尔内阁教育大臣，约瑟夫爵士在 1976 年指出：“盲目的、非计划性的和没有协调的市场智慧完全优越于精心研究的、理性的、系统的、善意的、合作的、有科学依据的和尊重数据事实的政府计划。……市场体制是国民财富的最佳发生器，它能够以人类思维不能理解的方式，在没有强制、指导和官僚干预的情况下，协调和满足无数个体的不同需要。”④

蒋国华的研究表明：“根据中央电视台 2000 年夏天的‘早间新闻’节目报道：‘英国教育部准备学习美国，三年大学学费将提到 7 万美元’。面对教育产业化的成绩，英国人自己却很谦虚。他们说，‘英国高等教育的市场化并非是最好的，它不过是世界公共服务部门管理变革的一部分。’其次，‘市场化这一术语应该可以有诸般不同的含义’。‘重要的是应当记住，建立市场机制，并非等同于实行自由市场。’”蒋国华的研究还显示：“英国高教市场改革后 10 余年，究竟效果如何？伦敦大学高等教育专家指出，‘总的说来，市场化的短期效果对学生和高等教育的其他

① 杨芳. 国民教育与商业社会——亚当·斯密教育思想简论[J]. 宁夏大学学报(人文社会科学版)，2007(3)：172－175.

② DAVIES B, et al. The rise and fall of the neo—liberal university[J]. European Journal of Education, 2006(2)：311.

③ 蒋国华. 西方教育市场化：理论、政策与实践[J]. 全球教育展望，2001(9)：58－65.

④ [澳]欧文·E. 休斯. 公共管理导论[M]. 彭和平，等译. 北京：中国人民大学出版社，2001：10－11.

消费者是有益的。'具体地说，首先是高教的费用下降了，如今的生均费要比80年代初少花了40%(与此同时，欧共体以外的学生学费却涨了20%)。其次，科学计量学研究表明，高校教学与科研的产出都增长了。比如，科学论文数量自80年代初引入科研评价以来，其增长速度极快。在教学方面，学生和校方之间的签约已经取得广泛共识，诸如课程目标、评价标准和教学过程等都有明文规定。结果是授予毕业生优秀荣誉人数的百分比亦较前有明显提升。第三，学术工作的重视程度有了大的提高。有研究指出，英国大学花在学术和行政工作的时间比例，要比同期他们的西欧和北美的同行要高。此外，大多数新教师的招聘皆按兼职办理，即使聘为专职的，其聘期也均不超过2年。其目的是为了使大学能对变化中的市场环境迅速作出反应。而在20年前，一个大学中大约四分之三的教师属终身制的。第四，学费收入已达到了整个教学成本的30%，政府统计专家估计，这一收费水平大致和许多大学扩招学生的实际边际成本水平相当。"①

从上可知，英国原来的卫生和教育，这两者加起来每年都要消耗国民收入的三分之一，而竟对市场机会几乎一无所知；市场体制是国民财富的最佳发生器：它能够以人类思维不能理解的方式，在没有强制、指导和官僚干预的情况下，协调和满足无数个体的不同需要；建立市场机制，并非等同于实行自由市场。总的说来，市场化的短期效果对学生和高等教育的其他消费者是有益的。

二、高等教育产业化与高等教育市场化的涵义

(一) 高等教育产业化的涵义

1. 高等教育产业

(1)高等教育产业的研究起源

笔者认为，吴洛夫比较全面地总结了教育产业的研究起源。吴洛夫的研究显示："专家们研究得出教育产业理念至少有五种起源说。第一，认为教育产业理念随商品经济理念的出现而建立；第二，认为教育'产业化'的概念是由教育本身所具有的'生产性'和'产出性'及其相关理论所引申出来；第三，认为教育产业理念主要得益于西方的人力资本理论；第四，认为教育产业理念来源于对市场回应的绩效的要求；第五，经有关学者考证，也有人把1992年中共中央、国务院《关于加快发展第三产业的决定》看做是教育产业理念的起源。"②

盛一平较早指出："教育是以教书育人为本质内容，以教育服务为劳动产品，通过教育市场与社会各界和家庭做交换，以获取特定价值补偿的新兴的第三

① 蒋国华.西方教育市场化:理论、政策与实践[J].全球教育展望,2001(9):58-65.

② 吴洛夫."教育产业化"纷争:综述与思考[J].现代大学教育,2002(5):29-32.

产业。”①

(2)高等教育是知识产业

最早提出“知识产业”一词是美国经济学家弗里茨·马克卢普。1962年,他在《美国知识生产与分配》第3章“生产知识产业及其职业”中正式提出,并在这一章给出了知识产业的一般范畴和最早的分类模式。马克卢普认为,知识产业的定义是或者为自身消费,或者为他人消费而生产知识,或从事信息服务和生产信息产品的组织或机构,如厂商、机构、组织或部门,甚至可能是个人或家庭。根据以上定义,马克卢普把知识产业分为5个层次:①研究与开发;②所有层次的教育;③通讯及中介媒体;④信息设备或设施;⑤信息机构与组织。教育作为新兴产业有以下五个特征:①知识性;②基础性;③先导性;④全局性;⑤经济性。

朱坚强认为,“教育是知识性产业”,“教育是高科技产业”,“教育是优资本产业”。②

2. 高等教育产业化

(1)法规政策明确规定过“教育产业”

教育部的官员一直强调“中国政府从来没有提出教育要产业化”,“教育部历来坚决反对教育产业化,教育产业化了,就毁掉教育事业了”。

我们先回顾一下,我国的法规政策是否提过“教育产业”。人们比较多引用的是:1992年6月16日,中共中央、国务院颁发的《关于加快发展第三产业的决定》(中发〔1992〕5号)第八条规定:教育事业是“对国民经济发展具有全局性、先导性影响的基础行业,是加快发展第三产业的重点。”第十一条规定:“以产业化为方向,建立充满活力的第三产业自我发展机制。”但有人认为似乎还不够明确“教育产业”。1999年6月13日,《中共中央、国务院关于深化教育改革全面推进素质教育的决定》第11条规定:“发展教育产业。”

(2)法规政策规定过“非义务教育产业化”

中新网2006年2月28日电,据教育部网站的消息,在教育部举行的新闻发布会上,教育部新闻发言人王旭明表示,“教育产业”与“教育产业化”,一个“化”字,一字之差,差之千里。我们不反对教育产业,教育很多领域是可以实施产业的,比如民办教育。我们大力发展民办教育,民办教育促进法明确规定可以取得合理的回报。但是,也不能把发展民办教育和教育产业化等同起来。

很多学者认为,教育是产业,但不能产业化。但是,1999年3月6日,在第九届全国人民代表大会第二次会议上通过的国家发展计划委员会主任曾培炎作的《关于1998年国民经济和社会发展计划执行情况与1999年国民经济和社会发展计划

① 盛一平.教育是特殊产业[N].光明日报,1993-1-27.

② 朱坚强.教育经济学发凡[M].北京:社会科学文献出版社,2005:182-190.

草案的报告》第三部分中提到:“拓宽消费领域,开发新的服务消费市场。鼓励和引导第三产业加快发展。推进文化、体育、非义务教育和非基本医疗保健的产业化。”[①]这个报告经全国人大代表表决通过,具有权威的属性。

笔者曾对“教育产业”与“教育产业化”作过论述:“关于教育产业化的‘化’,据《辞海》解释:‘化,表示转变成某种性质或状态。如绿化,电气化,大众化。’[②]如物质的气化,是将固态或液态的物质变为气的过程,同样,物质的固化或液化也是将物质的其他形态变为固态或液态的过程。教育产业化是过程,教育产业是结果。因此,既然大家普遍认可教育是产业,就不必过多指责教育产业化这个过程。还有人认为,教育不能产业化,教育都已化成产业了,已经不是能不能的问题了。”[③]

《中共中央、国务院关于深化教育改革全面推进素质教育的决定》提出的“发展教育产业”和全国人大通过《关于1998年国民经济和社会发展计划执行情况与1999年国民经济和社会发展计划草案的报告》提出的“推进非义务教育产业化”,以及王旭明提到的“教育很多领域是可以实施产业的”,其中的“发展”“推进”和“实施”不就是“化”的过程吗?从上可知,民办教育(不论是义务教育还是非义务教育)和非义务教育是可以产业化的。

蒋国华的研究表明:“在实际上就得承认教育产业之路的必然性与合法性。试问,富国尚且在走教育产业之路,何况穷国呢?问题恐怕不在走不走,‘化’不‘化’,而在怎么走,怎么‘化’。”[④]

美国著名教育经济学家科恩指出:“在美国,教育是一个庞大的产业部门,即使不是最大,也肯定是极大的产业部门之一。”[⑤]罗杰·盖格指出:“在美国产业结构中,教育名列第二(仅次于医疗保健),占国民生产总值的7%。”[⑥]

邬大光、柯佑祥指出:“教育包括高等教育的公益性,并不一定随着高等教育产业化理论的提出而丧失,在一定历史时期内或者说相当长的历史时期中,教育的公益性仍将存在。从教育的终极目的而言,伴随着社会生产力和人类自身的发展,教育的公益性可能是教育追求的最终目标。从这个意义上说,只能把高等教育产业化理解为高等教育发展过程中的一个历史阶段,或者说是高等教育进程中的一个必然阶段。”[⑦]

厉以宁指出,报刊上批判教育产业化的文章,我看了,归纳起来无非是两个观

① 人民日报,1999-3-19.

② 辞海编辑委员会.辞海(上)[Z].上海:上海辞书出版社,1979:477.

③ 乔春华.高等教育投入体制研究[M].南京:南京大学出版社,2006:276-277.

④ 蒋国华.西方教育市场化:理论、政策与实践[J].全球教育展望,2001(9):58-65.

⑤ 科恩.教育经济学[M].王玉琨,李国良,李超,译.上海:华东师范大学出版社,1989:34.

⑥ 罗杰·盖格.私立高等教育的公共性[J].盛晓明,译.北京大学教育评论,2005(2):24-30.

⑦ 邬大光,柯佑祥.关于高等教育产业属性的理论思考[J].教育研究,2000(6):35-39.

点:一是把教育产业化等同于教育商业化;二是把教育产业化等同于教育企业化。于是就大加以批判。实际上主张教育产业化的人并没有主张教育商业化,也没有主张教育企业化。这等于先制造一个稻草人,然后就来批判这个稻草人。是先把别人的观点扭曲了,然后再加以批判。①

(二) 高等教育市场化的涵义

吴华的研究显示:"世界各国经过数十年的实践探索和理论研究,终于得出了'政府不是效率机制'的正确结论,于是从20世纪70年代开始,原来的计划经济国家都纷纷转型,放弃政府对经济活动的直接干预,其中的重要内容就是放弃政府的'生产组织者'职能,中国政府也在1993年确立了'建立社会主义市场经济体制',即让'市场在资源配置中发挥基础性作用'的体制转型目标。由于'政府不是效率机制',公共资源一般不应直接用于生产活动,因为就长期发展而言,公共资源进入生产领域在总体上一定是无效率的。"②

1. 高等教育市场化的定义和表现形式

(1)高等教育市场化的定义

1997年,经济合作与发展组织(OECD)给高等教育市场化下了这样一个定义,把市场机制引入高等教育中,使高等教育运营至少具有如下一个显著的市场特征:竞争、选择、价格、分散决策、金钱刺激等。它排除绝对的传统公有化和绝对的私有化。③ 根据OECD的界定,高等教育市场化不是绝对的私有化,也不是绝对的公有化,而是一个引入市场机制的过程,使高等教育机构更具竞争性、自主性和广泛适应性。

史密斯(Smith D.)下的定义令人深思,他认为:"市场化是一种组织导向,把顾客置于决策过程的中心,它可能引发高等教育文化的转型。"他把高等教育市场化视为一种文化现象,是高等教育从一种文化形态转向另一种文化形态,或者可以把市场化看成一种新的高等教育文化重建。

汉斯·沃森斯塔(Hans J J Vossensteyn)认为,从更广泛的意义上说,高等教育市场化是一种高等教育走向分权化、增强竞争性和引入经营方法的趋势。它包括在生产者和使用者之间建立一种更加直接的联系,促使生产者更加有效地满足社会的需要,向使用者收费和完全私有化。

(2)高等教育市场化的表现形式

李盛兵指出,拉·格兰德和巴特莱特(Le Grand & Bartlett)指出,高等教育市

---

① 厉以宁.关于教育产业的几个问题[J].高教探索,2000(4):14-19.

② 吴华.转变公共教育资源配置路径的意义——"教育券"的政策价值分析[J].全球教育展望,2003(7):14-17.

③ OECD. Redefining Tertiary Education [M]. Paris: Organization for Economic Co-operation and Development,1998.

场化有 4 条标准：①效率，公共服务要创造经济价值；②选择，消费者可以选择服务数量和质量；③责任，高等学校要考虑学生、企业和政府等股东的需求；④平等，教育服务的提供应以需要为基础，不要受到收入、社会经济地位和年龄等因素的影响。①

琼斯、温松岩指出，市场化的形式包括：①收费或学费；②经营行为；③慈善行为；④私立大学。②

约克・柯尔曼(Jog Koelman)指出，高等教育市场化有三种实践形式：第一种形式是高校自治；第二种形式是资助方式的转变，尤其是政府资助方式的转变，即从功能预算向行为目标预算转变；第三种形式是“准市场”(quasi-markets，较普遍存在于公共领域)的形成，以“具有竞争力的独立的提供者”取代垄断的政府提供者。

朱科蓉指出：“英美教育市场化改革在具体实施中并没有一个统一的模式，而是有着各种各样的表现形式。英美除了大力发展私立教育外，还采取了各种各样的改革形式：①特许学校；②学券制；③民营教育公司；④公助学额计划；⑤自由入学政策；⑥直接拨款公立学校；⑦教育行动区计划；⑧督导制度的市场化改革。”③

秦行音指出，中国教育的市场化表现有着自己独特的特点：①教育机构向市场寻求办学经费；②教育收费；③私立学校和民办公助学校出现。④

劳凯声 2005 年认为，初见端倪的教育市场表现在四个方面：①政府包办的办学体制已被突破；②教育的自由交易关系已然出现；③教育的市场化公益性行为得到社会的认同；④民间资本开始进入教育领域。⑤

冯建军指出，教育市场化的表现形式：①教育凭证；②基础教育的择校制度；③高等教育的学费与贷款。⑥

从上可知，高等教育市场化不是绝对的私有化而是引入市场机制，不是垄断而是分权化，核心是竞争，是一种文化现象。正如上述英国高等教育的市场化的实践表明：重要的是应当记住，建立市场机制，并非等同于实行自由市场。

2. 竞争是高等教育市场化的核心

(1)市场化的核心是竞争

亨利・汉斯曼指出：“在高等教育中最重要的因素不是所有制，而是竞争。主要依靠公立大学也能够建立具有高生产率的高等教育体系，只要这些大学之间互

---

① 李盛兵. 高等教育市场化：欧洲观点[J]. 高等教育研究，2000(4)：108－111.

② 琼斯，温松岩. 高等教育市场化概述[J]. 民办高等教育研究，2004(1)：30－36.

③ 朱科蓉. 英美教育市场化改革述评[J]. 清华大学教育研究，2003(1)：55－60.

④ 秦行音. 教育市场化的比较研究：中国和世界[J]. 教育科学，2003(5)：53－56.

⑤ 劳凯声. 教育市场的可能性及其限度[J]. 北京师范大学学报(社会科学版)，2005(1)：15－22.

⑥ 冯建军. 教育市场化与教育公正[J]. 高等教育研究，2008(6)：1－7.

相展开竞争(如果再有几个私立大学与之竞争可能会更好)。这一结论可以在美国初等教育和中等教育系统中找到进一步的证据。与高等教育不同,美国初等教育和中等教育的质量在世界上不算特别高。造成这种差别的原因是什么呢?两个系统基本上都是公立的。……因此可以肯定地说,缺乏竞争是造成美国初等教育和中等教育水平低的关键因素。"①

哈佛大学的经济学家曼基夫说:"20世纪的经济史表明,以自由竞争为基础的制度要比由国家实行中央控制的制度更有利于消费者,学龄儿童也该享受自由竞争的好处。"正如诺贝尔奖得主、人力资本理论的先驱之一加里·贝克尔所说:"无论是推动教育发展,还是促进啤酒生产,我都相信竞争的巨大作用。在高等教育领域,美国世界领先,而这个领域是美国竞争进行的最为激烈的领域。竞争是极为重要的"。②

弗里德曼指出:"学校系统就像是一个竞争市场,在那里,个体'企业家'将会争着以最低费用提供最佳服务。这些企业家会积极聘请最好的教师,在学校的课程表上开列出顾客会要求的特殊教育,并加速实现更有效的教学改革。每个家庭都可以根据分派自己收入用途方面的特殊偏好,选择最适合的学校送子女就读"。③

欧文斯指出,许多世纪以来,事实一再说明:竞争的教育市场比国家教育体制在服务大众方面做得更好。其原因在于,国家教育体制缺乏由历史告诉我们的对教育优化至关重要的四个关键因素,即家长的选择,经济职责,教育家的自由,市场激励。拥有这些特征的学校体制最好地满足了我们个人的教育需要和共同的教育目标。④

国内学者也认为,在一切可由市场或通过市场运转的地方,政府的作用都应该是中立的。福利应该借助市场去实现。⑤张维迎指出:"真正能维护大学理念和大学精神并促使大学健康发展的是市场竞争,而非政府规制。"⑥

(2)去垄断机制是高等教育市场化的关键

蒋国华的研究显示:"只有竞争才是'整个私有化主张的核心的核心'。换句话说,教育市场化改革的'真正问题并不在于公私之辨,而是垄断还是竞争之争'。"⑦

行政干预是垄断的表现,去垄断机制必然要去行政化。我国曾规定过许多但

① 亨利·汉斯曼.高等教育中国家与市场的关系[J].黄丽,译.北京大学教育评论,2005(3):32-40.
② 王继平.美国教育的市场化改革及其启示[J].中国成人教育,2000(5):55-56.
③ [法]亨利·勒帕热.美国新自由主义经济学[M].李燕生,译.北京:北京大学出版社,1985:211.
④ [美]罗伯特·G·欧文斯.教育组织行为学[M].窦卫霖,等译.上海:华东师范大学出版社,2001:496.
⑤ 张维平,伍晓鹰.经济自由主义思潮的对话[M].上海:三联书店出版社,1989.38.
⑥ 张维迎.大学的逻辑[M].北京:北京大学出版社,2004:1.
⑦ 蒋国华.西方教育市场化:理论、政策与实践[J].全球教育展望,2001(9):58-65.

收效不大，关键是不仅认识不到高等教育市场机制是与垄断机制和行政干预是对立的，而且还排斥高等教育市场化。

勒帕热指出："如果国家干预少一点，竞争就会进一步发展，垄断就会大大减少。"①张维平等的研究显示："在美国教育产业中的政治垄断才是(服务不力)问题的根源"，因为"现行公立学校所占有的近乎垄断的地位，才使得无效使用资源成为可能"；因为"政府的管理政策并没有显示出由利益驱动的竞争所带给单位或个人的压力"。因此，有人呼吁"在一切可由市场或通过市场运转的地方，政府的作用都应该是中立的。福利应该借助市场去实现"。②

亨利·汉斯曼指出："即使说政府资助高等教育是适当的，但并不意味着政府拥有和直接管理大学是适当的。政府可以大力支持那些由非政府组织提供的高等教育服务，实际上政府也常常这么做。在美国，医疗保健就是一个很明显的例子。虽然在过去的 35 年中美国政府负担了越来越多的医疗保健成本，但政府所有和直接管理的医院和其他医疗机构却在大幅度地减少。此外，即使是最大力提倡政府增加医疗保健投入的人，也绝不会建议政府更多地成为医疗保健机构的所有者和管理者。不管政府向私立机构提供资助的体制有什么缺点，总的来说它要优于政府对机构实行直接管理的体制。"③

杨东平指出："我国出现'教育产业化'虽然也有十多年了，但政府治理模式的转变还没有开始，政府对教育的管理，高度行政化、垄断资源和对学校的直接微观控制的弊端并没有改变。本应更大程度市场化的高等教育，仍处于主要由政府包办的状态；以世界一流大学为目标的研究型大学仍需处处'跑部钱进'；本应作为教育产业的主体而大力发展的民办教育，仍然步履维艰，份额很小。我国基础教育阶段的择校竞争不可谓不激烈。"④杨东平还指出："旨在提高教育效率、扩大教育资源的'教育产业化'，由于在高端和宏观上教育资源没有放开、政府垄断没有打破的情况下，将危机下放到终端，让学校、教师在微观上去'搞活'，因而必然是畸形的和不健康的。提高教育效率的根本途径是打破对教育资源的垄断，吸引社会资金向教育的流动，把教育办成全社会共同参与的事业，建立民办教育与公办教育公平竞争的制度环境，促使民办教育的良性发展。此外，没有一个国家能够垄断、包办高等教育。正如不少学者建议的，在教育经费有限的情况下，一个可行的选择是政府集中力量办好一批优秀高校，让一部分高校转制，将节余的政府教育经费用于支持义务教育。"⑤

---

① [法]亨利·勒帕热. 我们的弊病在于国家干预太多[C]. 世界经济译丛，1980(3)：14.

② 张维平，伍晓鹰. 经济自由主义思潮的对话[M]. 上海：三联书店出版社，1989：38.

③ 亨利·汉斯曼. 高等教育中国家与市场的关系[J]. 黄丽，译. 北京大学教育评论，2005(3)：32－40.

④ 杨东平. "教育产业化"和教育市场化：两种不同的改革[N]. 学习时报，2006－04－03.

⑤ 杨东平. 辨析"教育产业化"[J]. 教育发展研究，2004(12)：63－65.

勒帕热指出:“学校系统私营化并不意味着国家放弃了在教育方面的特权。学校系统的投资方式和对教学内容及教育水平的监督是完全不同的两个问题,可以而且应该分开处理。……最重要的是,设想这样一个制度是为了与目前状况相比,既不损害任何人,又增加个人选择的可能性。而有选择,自然就会出现竞争,它是使教育更加多样化和提高教学质量的要素。”①这里实际上是通过帕累托改进达到帕累托最优状态。

香港学者莫家豪在其文章《中国大陆、香港、台湾高等教育市场化:源起与理解》中对高等教育市场化的表现从宏观和微观层面作出了解释,宏观上,政府对高等教育解除管制、消除垄断;微观上,运用市场价值及策略,以消费者(学生、家长及雇主)为组织生产与销售的中心,满足消费者的需要。②香港中文大学教授卢乃桂认为高等教育市场化是强调选择、多元、竞争、需求主导型经费筹措(demand-driven funding)以及自决(self-determination)等基本的市场原则在教育领域的运用。③

2013年11月15日,《中共中央关于全面深化改革若干重大问题的决定》指出:“必须积极稳妥从广度和深度上推进市场化改革,大幅度减少政府对资源的直接配置,推动资源配置依据市场规则、市场价格、市场竞争,实现效益最大化和效率最优化。政府的职责和作用主要是保持宏观经济稳定,加强和优化公共服务,保障公平竞争,加强市场监管,维护市场秩序,推动可持续发展,促进共同富裕,弥补市场失灵。……推进公共资源配置市场化。进一步破除各种形式的行政垄断。建设统一开放、竞争有序的市场体系,是使市场在资源配置中起决定性作用的基础。打破行政主导和部门分割,建立主要由市场决定技术创新项目和经费分配、评价成果的机制。凡属事务性管理服务,原则上都要引入竞争机制,通过合同、委托等方式向社会购买。”因此,政府对高等教育这种公共资源的配置应市场化,破除各种形式的行政垄断。正如马克思在《关于现代社会中的普及教育的发言记录》中指出:“教育可以是国家的,而不是政府的。政府可以委派视察员,视察员对教学过程本身虽然无权干预,但应当监督法律的遵守,正如同工厂视察员应当监督工厂法的遵守一样。”④张维平等的研究表明:“政府的行动最好是配合市场机制去进行,并且要最大限度地保护市场的竞争机制不受伤害。”⑤格林(Green)也认为:“通过一定的市

① [法]亨利·勒帕热.美国新自由主义经济学[M].李燕生译.北京:北京大学出版社,1985:211.

② 戴晓霞,莫家豪,谢安邦.高等教育市场化[M].北京:北京大学出版社,2004:40.

③ 卢乃桂,操太圣.中国改革情境中的全球化:中国高等教育市场化现象透析[J].北京大学教育评论,2003(1):50.

④ 马克思,恩格斯.马克思恩格斯全集(第16卷)[M].北京:人民出版社,1975:654-656.

⑤ 张维平,伍晓鹰.经济自由主义思潮的对话[M].上海:三联书店出版社,1989:22.

场化和教育分权，会使得政府更加高效地对教育进行调控与控制。”①

3. 高等教育是一个准市场

20世纪80年代以来，许多国家对高等教育进行了市场改革(market reform)，逐渐形成了高等教育市场或提高了高等教育的市场化程度。② 迪尔(David D. Dill)列举了高等教育市场改革的一些突出例子：发展私立高等教育，允许私立高校与公立高校竞争，使得稀缺的公共资源以更有效的方式配置；英国高等教育“准市场”改革，如以“准市场”方式分配高校学额和科研拨款；高等教育评估；引入或增加学费，从资助院校转向资助学生。③ 美国学者斯劳特和罗兹、日本学者金子元久、澳大利亚学者马金森都认为，高等教育市场是一种准市场。

韩亚菲、蒋凯指出：“所谓的‘准市场’(quasi-markets)，是指受市场化影响的大多数教育系统并未表现出完全的市场的特征，而是只表现出了某些有限的形式。但并不排除准市场内部完全市场化的行为，如国际与研究生营销、继续教育、商业研究与咨询等。在高等教育的准市场中，竞争的关系比市场交换的关系更为普遍。”④

蒋凯指出：“从国际经验看，虽然其他国家的高等教育市场改革与英国存在不同程度的差别，但是这些改革都表现出准市场的基本特点。从性质上看，高等教育市场是一种准市场，而不是完全市场。高等教育市场是一种准市场的主要原因在于以下三个方面。首先，在大多数情况下，高校是一种非营利组织，其利益目标和产权结构不清晰。营利性院校仅仅在少数国家存在，并且在有营利性院校的国家，非营利性院校也占有绝对主导地位。其次，高等教育中的竞争不具有利益最大化和私有的特点，更多的时候竞争是在公立高校之间进行，或者在公立高校之间、公立高校与私立高校之间以及私立高校之间同时进行，这种竞争不具有货币形式，并且大多数参与竞争的高校在财产上不私有；与此同时，高等教育中的竞争远未达到完全市场竞争的要求，因为这一领域内的生产者和消费者都不具有充分的信息，无法进行‘理性的’选择。再者，作为高等教育消费者的学生获得的政府资助，一般不以现金而以教育券或类似教育券的形式体现。高等教育市场作为一种准市场，其供应方式、竞争形式、价格机制也都与完全市场存在重要的区别。在完全市场上，产品或服务一般由非政府部门提供，生产服务者之间自主进行竞争，价格通过市场

---

① Green B. Marketisation in Higher Education and the Essential In gredients of Markets[J]. Higher Education Quarterly, 2003, 57(2): 110 - 135.

② MARUINSON S. The impossibility of Capitalist Markets in Higher Education[J]. Journal of Education Policy, 2012(27): 1 - 2.

③ DILL D D. Higher Education Markets and Public Policy[J]. Higher Education Policy, 199710(3/4): 168 - 169, 170 - 171.

④ 韩亚菲，蒋凯. 理解高等教育市场：理论综述与比较[J]. 清华大学教育研究，2013(5)：88 - 96.

来决定。在高等教育市场上，教育服务可能由公立高校提供也可能由公立高校与私立高校共同提供，并且公立高校和私立高校都得到了政府的资助。在高等教育市场上，院校之间的竞争通常是在政府管理之下进行的，如政府制定学费水平，高校竞争政府提供的科研经费。'完全市场竞争'则假设有充分的信息，以使生产者和消费者进行'理性的'选择。在高等教育市场上，只有在少数情况下价格通过市场来决定，在更多的时候价格并不能指导生产和需求。例如，有的国家对本科教育不收学费，在大多数本科教育收费的国家，这种学费水平通常较低，价格远远低于成本，因而学费不能反映出本科教育市场的供给和需求。"①

刘复兴指出："教育可以市场化，但教育市场并非纯市场，教育市场只能是一种有限市场或'准市场'，是在政府机制强力规制下的'准市场'。"②刘复兴还指出：所谓教育市场有限介入是指"教育领域的市场机制只能是一种'准市场'制度环境，或者说是一种类似市场的制度环境，而不是把完全意义上的自由市场机制照搬进入教育领域"。③ 卢乃桂等指出："教育市场化并非把教育事业视为产业经济，并非把教育服务当做完全的商品出售，也并非以追求教育的最大经济效益为目的。从本质上讲，市场化就是国家通过在公共部门引入市场因素，把原本由国家承担的责任转移到'非国有部门'，或者改变国家参与公共服务的性质。"④冯建军认为："教育市场是一种有限的市场，它需要政府的规制和引导。政府要确保教育市场的非营利性，建立弱势群体的补偿制度，克服市场对公正的不利影响。同时，教育凭证、择校制度、学费和贷款等教育市场化的形式，有助于形成一种新的教育公正关系。"⑤

高等教育虽然提供准私人产品，但毕竟是公益性事业；高等教育市场化是引入市场机制，并非实行自由市场；高校不能完全让市场信马由缰，还需政府的有效监控。因此，高等教育市场是准市场，是一种有限的市场。

三、《中共中央关于教育体制改革的决定》前中国高等教育市场化的探索

一般认为，新中国教育市场化起始于1985年发布的《中共中央关于教育体制改革的决定》，有资料表明，新中国教育市场化的雏形产生于1978年。1978—1985年高等教育毛入学率和国家财政性教育经费占GDP比例见表2-1。

---

① 蒋凯．高等教育市场及其形成的基础[J]．高等教育研究，2013(3)：10-21．

② 刘复兴．市场条件下的教育公平：问题与制度安排[J]．北京师范大学学报，2005(1)：25．

③ 刘复兴．教育民营化与教育的准市场制度[J]．北京师范大学学报，2003(5)：12．

④ 卢乃桂，操太圣．中国改革情境中的全球化：中国高等教育市场化现象透析[J]．北京大学教育评论，2003(1)：49．

⑤ 冯建军．教育市场化与教育公正[J]．高等教育研究，2008(6)：1-7．

表 2-1　1978—1985 年高等教育毛入学率和国家财政性教育经费占 GDP 比例

年份	高等教育毛入学率	国家财政性教育经费占 GDP 比例
1978	1.55%	2.26%
1979	2.07%	2.54%
1980	2.22%	2.80%
1981	2.16%	2.83%
1982	1.96%	2.91%
1983	2.09%	2.95%
1984	2.37%	2.92%
1985	2.91%	2.97%

在摧残人才的十年浩劫中，国民经济到了崩溃的边缘。“文革”结束，百废待兴，国家需要人才，无奈缺乏财政资金，于是教育借助了市场机制。

（一）普通高校招收计划外自费走读生

1978 年 2 月 28 日，教育部和国家计委联合发布的《关于普通高等学校试行招收走读生和增加招生名额的通知》规定：“自 1977 届新生起允许高等学校在完成国家招生计划的前提下试行招收通用和急需专业的走读生。”据统计，全国各省、市、自治区共增扩招新生 6.3 万人。大学扩招走读生，解决了大学宿舍少的问题，但涉及学生转户口问题，户口问题背后是居民粮油等配给问题，即转户口的同时需要转粮、油关系。为此，教育部、公安部专门针对走读生户口问题于 1978 年 6 月 16 日发出《关于高等院校走读生户口问题的答复》，根据教育部、国家计委 1978 年 2 月 28 日电报，《关于普通高等学校试行招收走读生和增加招生名额的通知》中第二条规定：“走读的学生，在校期间和毕业后的待遇，与住校生相同。已被录取的走读生，应与住校生一样解决户口问题。我们认为，目前尚未解决户口问题的，接此文后，应一律允许转入学校；已经解决了户口问题的，暂按各地办法执行，待实践一段时间，再总结经验，作出统一规定。”

1980 年，“经上海市委、市政府批准，上海交大、复旦、上外等 22 所高校招收 3000 名自费走读生。自费走读，不包分配，原则上要缴纳国家规定培养经费的三分之二以上。对于这批学生的办学经费来源，除向学生收取少量学费外，每年还将由上海市人民政府补贴 50 万元。”1980 年，上海普通高校走读生的收费标准是本科生每学期 25 元。[①]

① 上海高校招收三千走读生[N]. 人民日报，1980-8-1.

(二) 毕业生分配的供需见面

对于这批不包毕业分配的自费生就业就成问题。1983 年 4 月,黑龙江大学组成一个专门考察毕业分配问题的研究小组,提出了"搞好人才预测""产销见面"和"签订人才合同"的改革意见,并获得政府认可;[①]1983 年 5 月,教育部决定对北大、南大等部分专业(天体物理、天文学等)的毕业生实行"供需见面"的分配办法,目的是广泛了解社会需要,使这些专业的学生尽可能学用一致,并通过试行这种办法摸索改革毕业分配工作的途径。[②]

(三) 扩大高校自主权

1979 年 12 月初,复旦大学校长苏步青、同济大学校长李国豪、华东师范大学校长刘佛年、上海交通大学党委书记邓旭初在《人民日报》上发文呼吁"扩大高校的自主权,包括用人权、财权和教学科研方面的管理权"。[③]

1981 年,教育部长蒋南翔在"教育工作会谈"上的讲话中表示,一方面,"关于扩大高等学校自主权,教育部是赞成和支持的";另一方面,"有许多问题涉及国家计划、人事、财政、劳动、外事、公安等有关部门的现行规章制度,并不属于教育部的权限,需要同有关部门协商以后,才能决定。"[④]

从上可知,自费走读生不仅突破了计划内招生的模式,而且采取收费的机制;从"双轨制"到"供需见面"再到"双向选择""签订合同"的就业机制打破了包分配的模式;扩大高校自主权即向政府垄断和行政干预挑战。

理论来源于实践,政策法规也来源于实践。这些中国教育市场化的宝贵探索终于体现在 1985 年的《中共中央关于教育体制改革的决定》中。

《中共中央关于教育体制改革的决定》指出:"可以在国家计划外招收少数自费生。学生应交纳一定数量的培养费,毕业后可以由学校推荐就业,也可以自谋职业。……要扩大高等学校的办学自主权。在执行国家的政策、法令、计划的前提下,高等学校有权在计划外接受委托培养学生和招收自费生;有权调整专业的服务方向,制订教学计划和教学大纲,编写和选用教材;有权接受委托或与外单位合作,进行科学研究和技术开发,建立教学、科研、生产联合体;有权提名任免副校长和任免其他各级干部;有权具体安排国家拨发的基建投资和经费;有权利用自筹资金,开展国际的教育和学术交流,等等。对不同的高等学校,国家还可以根据情况,赋予其他的权力。"这些内容为 1998 年的《中华人民共和国高等教育法》做了宝贵的探索。

---

① 黑龙江调查小组.我们建设地经验总结[J].教育研究,1979(4):5.

② 实行供需见面,力争学以致用 十所院校部分专业将试行新的毕业分配办法[N].人民日报,1983-5-7.

③ 上海四位大学负责人呼吁:给高等学校一点自主权[N].人民日报,1979-12-06.

④ 蒋南翔.总结历史经验,调整教育工作——在教育工作会谈上的总结[J].人民教育,1981(1):6-7.

文革把国民经济推到了崩溃的边缘，改革开放初期饱受争议的包产到户带来了丰衣足食，后来曾被“左派”责怪的市场经济带来了繁荣。国家缺乏人才和政府短缺财政资金时，接受了高等教育市场机制。我们不能忘记这个宝贵的实践！

对高等教育市场化不能因噎废食，更不能杞人忧天！

第二节　高等教育市场化对供给侧改革的影响

一、高等教育供给侧改革主要是高等教育市场化

（一）市场在公共教育资源配置中起决定性作用促使高等教育的供求均衡

十八届三中全会通过的《中共中央关于全面深化改革若干重大问题的决定》虽然未明确提到“教育体制改革”，也未明确提到“建立适应社会主义市场经济体制的教育体制”。但其第7条指出：“推进公共资源配置市场化。进一步破除各种形式的行政垄断。建设统一开放、竞争有序的市场体系，是使市场在资源配置中起决定性作用的基础。”这为高等教育公共资源配置市场化指出了方向。

路娜、夏永红指出：“教育市场化是指将市场机制引入教育领域中，市场成为教育资源配置的主要方式，通过市场机制自发调节教育供求双方在市场中的行为，使教育达到供求均衡的状态。”①

惠迪的研究显示：有西方研究者指出，教育事业的市场化改革的显著特点，是将教育服务的“需求方和提供方相分离以及需求方可在不同提供方之间做出选择。”②

中央教育科学研究所秦行音指出：“公立学校被广泛地认为低效、低质量和官僚；教育行政被认为平庸、对公众的需求反应迟钝、在运用公共资金上浪费和不负责任；更重要的是学校传授的知识过时，使得毕业生离开学校的时候不能适应社会的需求(Kwong,2000)。”③秦行音还指出：“但是所有的政府都把为其公民提供适当的教育看做是自己的责任。承载着重要社会功能的教育不能被放在一个自由市场上。即使是教育市场化的极力支持者也不会忽视这一点。教育的市场化是一个准市场(a quasi-market)，而不是一个自由的市场(a free market)。关于准市场，Carroll and Walford(1997，p. 4)指出，从供需的双方看，引入学校系统的市场力量是根本不同于自由的市场的。‘从提供方看，教育机构不必要由私人拥有，或者把追求最大利益作为主要目的；另外，成为新的教育机构要经过严格的审查和接受严

① 路娜，夏永红.教育市场化的内涵、机制及政策取舍[J].国家教育行政学院学报，2005(12)：46－49.

② 惠迪.教育中的放权与择校[M].北京：教育科学出版社，2003：3.

③ 秦行音.教育市场化的比较研究：中国和世界[J].教育科学，2003(5)：53－56.

格的管理。从需求方来看，购买者不必要是消费者，最基本的，儿童事实上只有一次机会接受基础教育，如果做出了错误的选择，事实上不存在再选择的可能。’”①

王善迈指出：“教育产业化讨论实质是在建立社会主义市场经济过程中，教育，主要是教育体制应如何改革，改革的方向和目标是否应当市场化。”②

邬大光、柯佑祥指出：“高等教育产业化过程的真正意义在于高等教育的发展必须建立在有效的高等教育供给和有效的高等教育需求之基础上，这是充分实现高等教育功能的前提。如何保证发挥现有的有效的高等教育供给的作用，减少浪费，满足有效的高等教育需求，是建立和健全高等教育市场、发展高等教育产业的当务之急。高等教育的发展过程也是不断实现有效的高等教育供求平衡的过程，有效的高等教育供求平衡是一个相对的概念，高等教育供求的相对平衡推动着高等教育供求关系日趋协调、完善。发展高等教育产业有利于充分调动社会资源，增强高等教育的供给能力，刺激有效的高等教育需求，推动高等教育成为提高个人生活水准和经济发展能力的增长点。最终，高等教育经过培养高质量的人才、适度的营利、大学经营理念和良好的大学经营机制等不断的积累和熏陶、完善，形成一个庞大的独立的产业，从经济社会发展的边缘走入经济社会发展的中心。”③

范先佐指出：“‘教育产业化’观点出现的社会背景之一，是我国教育供求矛盾加剧，人们指望教育产业化和市场化可以解决教育经费短缺，缓解教育供求矛盾，满足广大人民群众对教育不断增长的需求。实行教育产业化，难以解决教育供求矛盾。首先，教育产业化只考虑到让老百姓出钱，而忽视了发展教育事业是政府的基本职责。教育供求矛盾的产生，其原因是多方面的，但归根归底是教育投资供给不足所造成的，因为教育的发展，教育供给的增加，最根本的物质保证是教育投资；第二，教育产业化只考虑到老百姓对教育的投资意愿，但没考虑到居民的支付能力；第三，教育产业化只看到了价格在形成和调节供求中的作用，而忽视了教育供求显然不是由价格决定的客观事实。”④

从上可知，政府垄断和行政干预已解决不了公共高等教育资源的优化配置，解决不了高等教育的供求均衡。事实证明，在计划化（行政化）与市场化在公共高等教育资源的配置中，市场化是短板，高等教育供给侧改革首先是高等教育市场化。

（二）高等教育供需关系是高等教育市场的题中应有之义

杨葆焜指出：“教育供求是在市场经济之下派生出来的、对产生于生产过程以外的生产要素——‘人力资本’的需求与供给的关系。这种关系的存在又构成了一个教育市场。在教育市场上，教育（机会与产品）的购买者提出需求，教育的销售者

① 秦行音.教育市场化的比较研究：中国和世界[J].教育科学，2003(5)：53-56.

② 王善迈.关于教育产业化的讨论[J].北京师范大学学报(人文社会科学版)，2000(1)：12-16.

③ 邬大光，柯佑祥.关于高等教育产业属性的理论思考[J].教育研究，2000(6)：35-39.

④ 范先佐.关于教育产业化的若干思考[J].广州大学学报(综合版)，2000(2)：10-18.

提出供给。当需求与供给的数量、质量、结构、价格要求相吻合，买卖双方的交换即达成，交换行为的完成也就是使教育的产品——各种专业的人才被输送或吸收到劳动过程之中，使教育的供给与需求达到了一般均衡。这种供需一般均衡的出现，意味着教育供给满足了社会需求，教育实现了为社会主义经济建设的方针与目的，教育供给与需求的矛盾得到解决。教育供给与需求矛盾解决的关键是在教育市场上出现或找到一种教育均衡价格。这种均衡价格是指教育的需求价格和供给价格相一致时的价格。”①

王旭辉指出：“高等教育市场化是一个宏观概念，主要从国家高等教育体系层面来理解市场化问题，如高等教育制度环境变迁、高等教育管理体制和投资体制改革、契约－评估制度建设等宏观变革问题。相对而言，大学市场化更多地涉及中观和微观层面的问题，往往跟大学的某些与市场相关联的策略和行为有关，强调大学与市场的互动和耦合，如大学的市场化经费筹措和管理、市场化人力资源配置、人才培养模式的市场化、科学研究的市场化等。同时，高等教育市场化和大学市场化还不单单是宏观与微观、自上而下与自下而上的关系，更是整体与部分、系统与子系统的关系。”②

但是中国的公立大学一直是与市场压力相绝缘的或排斥的。蒋国华的研究显示：“由于美国和许多西方发达国家一样，对公立大学历来也是在经费上实行大包大揽的政策，以适合学生低学费的标准，因此，公立大学大体上一直是与市场压力相绝缘的。尽管过去 10 多年来，公立大学的学习费用已远远高于通货膨胀水平，戏剧性地增长了许多，但它们向学生收的学费依然很低。主要原因是公立大学依靠州政府拨款增加或其他补贴而维持学校开支的。”③前施乐公司首席执行总裁基尔尼斯也指出：“公立教育消耗了我国国民生产总值的近 7%。战后每 10 年，公立教育开支就翻一番或二番。即使入学人数呈减少时期亦然。我想不出美国社会中还有一个什么其他部门，那里花去的钱越多，但被服务的人数却越少，且服务质量亦越差。”④蒋国华的研究也提到，事实上，连美国高教研究专家自己也没有预计到，市场化趋势会来得这么快。她们说：“20 年前，在思考市场的力量对美国公立大学产生可能影响的时候，我们曾认为，从公立大学的性质来看，没有充足理由认定市场会对公立大学产生重大冲击。现在看来，我们的这个结论已证明是过分谨慎了，从本质说，不仅仅是谨慎，而是错了。”这两位学者接着说，之所以预测错误，那是因为她们“没有注意到佩弗和萨伦锡克提出的百分之十定律。这个定律认为，一个机构年收入中即使小到只有 10%的份额，或者甚至更少，亦会对这个机构及

① 杨葆焜．教育经济学[M]．武汉：华中师范大学出版社，1989(12)：111．
② 王旭辉．高等教育市场化研究述评与研究展望[J]．复旦教育论坛，2016(2)：58－64．
③ 蒋国华．西方教育市场化：理论、政策与实践[J]．全球教育展望，2001(9)：58－65．
④ 蒋国华．西方教育市场化：理论、政策与实践[J]．全球教育展望，2001(9)：58－65．

其工作的性质产生决定性的影响”。①

卢乃桂的研究表明：“莫克等人的研究也发现，随着市场经济的引入，中国高等教育中的公立大学也逐渐表现出更多的私营化，如允许学校下设公司、收取学费、开设和市场需求相关的专业等，而民办高等学校在这方面的表现更为突出。”②

西方高等教育十分重视调整高等教育市场供求关系。重视提高高等教育生产率或经营效率。他们认为，“学校重构”是探索提高高等教育生产率的一个大有可为的方向。这种变革需要改变高等教育系统中的主要政策，无论是公立学校内部的改革，还是向市场环境转变的改革，都是通过机制的作用解决高等教育的市场问题和学校的转型问题。③ 无论是公立学校还是私立学校都在致力于组织变革。“教育改革的目标不再仅仅限于提高教育质量。学校不仅要增加产出，更要在保障质量的前提下，通过各种经营手段提升效率。”④

陈列在《市场经济与高等教育》一书中指出：“如同市场经济发展阶段的转换是历史的必然一样，高等教育的国家调节性，也是市场经济与高等教育关系发展到一定阶段的必由之路。”⑤1972 年，理查德·克拉切伯格(Richard Krachenberg)在《高等教育杂志》发表的一篇文章说到“不管以什么名义、由谁实施或者发生在机构的哪个部分，总之大学正在进入市场。”⑥由美国一大批教育主流团体组成的教学专门小组就称：“市场被证明是最有效的分配资源的工具，它在美国人生活的各个方面激励着人们。市场还能使所有公立学校学生都能获得相同的学校资源。”⑦

（三）高等教育全球化势必导致高等教育市场化

经济全球化助推了教育全球化，特别是高等教育全球化。比金斯(Beerkens)将高等教育全球化定义为：由于日益加剧的人员、信息和资源的跨境流动，大学内部和周围的基本社会安排从它们的国家背景脱域化的进程。⑧ 脱域者脱离原区域

① 蒋国华．西方教育市场化：理论、政策与实践[J]．全球教育展望，2001(9)：58－65.

② 卢乃桂．中国改革情境中的全球化：中国高等教育市场化现象透析[M]．北京：高等教育出版社，2010：100－103.

③ 马丁·卡诺．教育经济学国际百科全书(第二版)[M]．闵维方，等译．北京：高等教育出版社，2000：365－367.

④ Herbert J. Walberg. Advances in educational productivity: International perspectives on educational productivity [M]. JAI Perss Inc. ,1992:17.

⑤ John Baffoe-Bonnie. Distributional assumptions and a test of the dual labor market hypothesis[J]. Empirical Economics,2003(28):461－478.

⑥ A R Krachenberg. “Bringing the Concept of Marketing to Higher Education. ”[M]. Journal of Higher Education,43(May1972):370.

[美]大卫·科伯．高等教育市场化的底线[M]．晓征，译．北京：北京大学出版社，2008：1.

⑦ 许云昭，石欧．差距与超越—中美教育管理比较研究[M]．长沙：湖南师范大学出版社，1999：240.

⑧ BEERKENS H. Global Opportunities and Institutional Embeddedness: Higher Education Consortia in European Southeast Asia[EB/OL]. www. utwente. nl/cheps/documented/thesis beerkens. pdf,2008－10－08.

也。农民工的孩子随其父母脱域上学可见一斑。而高等教育的留学生更是"用脚投票"选择优质的教育资源。

网络化也助推了教育全球化,特别是高等教育全球化。亨利(Henry)等指出:"政策的趋同可能并不仅仅是因为面对共同的问题而进行政策借用的结果,更有可能是因为在国家以及国家参与的国际网络中,教育政策制定的影响力被超越国家疆界的全球势力所塑造。"①因此,趋同是高等教育全球化的突出表现。

Morrow 和 Torres 指出:"没有任何地方比大学受到国际化和全球化的影响更深了。"②高等教育全球化促进了高等教育竞争,提高了高等教育质量,推动了高等教育市场化;而墨守成规的国家陷入了教育危机,也受到了"这些报告半遮半掩地攻击公共教育,且矛头直指教师和师范院校,谴责教育未能与真正的'全球竞争力'的认识与要求保持一致"的抨击。③因此,高等教育供给侧改革必须应顺世界高等教育市场化潮流,再不能闭关自守,参与全球教育竞争,创世界一流大学和世界一流学科。

高等教育全球化和高等教育市场化又必须面对 WTO 后的国际高等教育大市场份额的分配。世界贸易组织的《服务贸易总协定》(GATS)中,市场准入的 12 个基本服务部门就包括了"教育服务"(Educational Services)部门,教育成为贸易的组成部分。从上个世纪 70 年代中期开始,美国教育出口在十大出口服务业中名列第四,仅次于旅游、运输和金融。美国提出"引进留学生,深加工'半成品'战略",把高等学校招收留学生作为美国第五大海外获得利益的产业。加拿大为了向世界推销教育产品和服务,在 14 个国家和地区建立了加拿大教育中心,在联邦国际贸易部成立了教育推销顾问委员会,广泛开展教育贸易。加拿大联邦国际贸易部长明确表示:"加拿大教育体系在经济方面也是一种宝贵的资源,是一种出口商品。我们必须以此种观点来认识教育。"澳大利亚的口号是:"要把外国留学教育当做澳大利亚国际贸易一样来对待。"

发达国家开发我国高等教育市场,港澳台教育机构也不甘落后,纷纷抢滩我国高等教育市场,放宽了接收我国留学生的政策。北大教授章启群认为,教育改革的出路只有一条:开放民间资本,新建真正的私立大学。他指出:"中国近年外流的教育经费却令人触目惊心!中国目前出现了留学大潮。可以说正是国内高水平大学太少而将大批中学生挤出了国门。数据显示海外中国留学生总数为 309.54 万人,除去回国的大约 100 多万,仍在海外的约有 200 万。自费留学占到整体人数的

① HENRY M, LINGARD B, RIZVI F, TAYLOR S. The OECD, Globalization and Education Policy[M]. New York: Pergamon, 2001: 57.

② Morrow R. & Torres C. (2000). The state, globalization, and educational policy[M]. In N. Burbules & C. Torres(Eds.). Globalization and Education: Critical perspectives[M]. New York: Routledge. 27－56.

③ 大卫·杰弗里·史密斯. 全球化与后现代教育学[M]. 北京: 教育科学出版社, 2000.

90%以上。如果按照一个学生的年费用20万元人民币计算，全部留学生的金额可达4000亿人民币。我们为什么不用新的政策、法规，让这笔巨大经费发展我们自己的教育？近5年国家年平均投入的教育经费是15590亿人民币。如果每年再增加4000亿人民币用在中国内地的教育投入上，我们现在'985'大学、'211'大学的数量可以增加多少？随着国民经济收入的增长，让孩子在高中甚至初中阶段出国留学成为越来越多家长的选择。这对于心智尚未健全的独生子女，实质上并不是很好的选择。很多中国家庭用一辈子积蓄让子女留学海外。这些留学生中除了不到1%的学生能够进入国外一流大学，其余学生大都进入二、三甚至不入流的学校。设想，如果中国再由民间资金新建100所'985'大学，1000所'211'大学，中学生上大学的比例达到75%～80%，上名牌大学的比例达到30%～40%，中学生和老师为高考还会这样玩命吗？出国留学还是这样火热吗？"①

为什么有那么多学生到国外留学，就是我国没有那么多优质大学供给。我们的大学只能在国内生源市场抢学生，不择手段挖学生，却没有本事抢国外的好学生。由此可见，高等教育供给侧改革首先是高等教育市场化，必须参与国际竞争，以发现的问题为导向进行改革，不断提高教育质量，在创"双一流"上下工夫。

二、高等教育供给侧改革的具体内容

为什么我国高校毕业生就业难？为什么我国号称教育大国却在高等教育市场上去国外留学生多？关键在于我国高等教育有效供给不足，我国高等教育的质量不行，没有根据国民经济和社会发展的需求培育学生，没有根据受教育者的需求培育学生，一句话，没有根据教育市场的需求培育学生。

(一) 供给侧改革要求适应市场转变教育思想、改革教学内容和教学方法

《中国教育改革和发展纲要(1993)》第31条指出："进一步转变教育思想，改革教学内容和教学方法，克服学校教育不同程度存在的脱离经济建设和社会发展需要的现象。要按照现代科学技术文化发展的新成果和社会主义现代化建设的实际需要，更新教学内容，调整课程结构。加强基本知识、基础理论、基本技能的培养和训练，重视培养学生分析问题和解决问题的能力，注意发现和培养有特长的学生。高等教育要进一步改变专业设置偏窄的状况，拓宽专业业务范围，加强实践环节的教学和训练，发展同社会实际工作部门的合作培养，促进教学、科研、生产三结合。"

1999年1月13日，国务院批转的《面向21世纪教育振兴行动计划》指出："我国教育发展水平仍然偏低，教育结构和体制、教育观念和方法以及人才培养模式尚不能适应现代化建设的需要。在当前及今后一个时期，缺少具有国际领先水平的创造性人才，已经成为制约我国创新能力和竞争能力的主要因素之一。"

---

① 章启群. 中国教育到了最危险的时候. 搜狐教育网，2015-03-25.

1999年6月13日,《中共中央、国务院关于深化教育改革全面推进素质教育的决定》指出:“但面对新的形势,由于主观和客观等方面的原因,我们的教育观念、教育体制、教育结构、人才培养模式、教育内容和教学方法相对滞后,影响了青少年的全面发展,不能适应提高国民素质的需要。”

《中华人民共和国国民经济和社会发展第十三个五年规划纲要》第五十九章第三节指出:“用新理论、新知识、新技术更新教学内容。完善高等教育质量保障体系。”

美国纽约州立大学总校前校长布鲁斯·约翰斯通教授为世界银行提交给联合国教科文组织1998年世界高等教育大会讨论的报告《高等教育财政与管理:世界改革现状报告》的第一部分“公共目的、公共政策、公共收入和公立院校”中指出,公立部分的改革主要针对由公共调控的机构,不管其是否为政府或私人所合法拥有,特别涉及主要依靠公共收入(收入来自普通纳税人)的机构。世界范围内的大学改革已出现为公共目的服务的动向。公共目的包括:作为文化的保存者和捍卫者、文化改革的代言人、国民经济增长的发动机、共同抱负实现的工具。这些公共目的被认为是高等教育所应该达到的。这样的高等教育就是公共的,而不管由谁拥有,也不管其收入来自哪里。改革是制定公共政策的过程。政策主要不是由高等学校的教授或管理者制定的,而是由公共人员(民选的或非民选的行政、立法人员或政府精英,或是影响这些人的当权者)来制定的。改革最终会在某些方面改变教授、学生、管理人员的行为,其方式是通过公共政策,包括法律、法规、行政命令、政府规劝以及接受公共经费的附加条件等措施。这些措施可能与更加直接的政府控制相结合,如任命或罢免校长,行政控制经费开支,任命和晋升教授,甚至课程安排调控等。①

(二) 供给侧改革要求“以就业和社会需求为导向”改革专业结构

2007年4月22日《国务院办公厅关于切实做好2007年普通高等学校毕业生就业工作的通知》(国办发〔2007〕26号)第七条指出:“以就业和社会需求为导向,进一步深化高等教育改革。高等学校的根本任务是培养国家经济建设和社会发展需要的各类人才,学生就业问题对高等学校的生存发展具有突出重要的意义。高等学校要加强市场需求调研,找准办学定位,明确培养目标,主动及时调整学科专业结构。要改革教学内容和人才培养模式,加强学生的实习实训,大力提高毕业生的实践能力、创造能力、就业能力和创业能力。”

2011年5月31日,《国务院关于进一步做好普通高等学校毕业生就业工作的通知》(国发〔2011〕16号)指出:“引导高校根据行业人才需求,有针对性地开展人

① [美]布鲁斯·约翰斯通.高等教育财政与管理:世界改革现状报告[J].陈运超,沈红,译.高等教育研究,1999(6):5-11.

才培养。各高校要根据经济社会发展和产业结构调整的需要，认真做好相关专业人才需求预测，合理调整专业设置，推进人才培养模式改革，强化实践教学和实习实训，提高人才培养质量。支持相关行业和产业与高校联合开展人才培养和岗位对接活动，使广大高校毕业生能够学有所用。”

2013 年 5 月 16 日，《国务院办公厅关于做好 2013 年全国普通高等学校毕业生就业工作的通知》（国办发〔2013〕35 号）第七条指出：“推动高等教育更好地适应经济社会发展需要。要深入推动教育体制改革，根据国家经济社会发展水平和产业升级的需要，合理确定普通教育与职业教育发展规模，改善人力资源供给结构。扩大高校办学自主权，逐步建立高校教学质量外部考评机制，指导高校加强实践教学，着力培养学生的综合素质和实践能力，提高人才培养质量。加强职业教育和技能培训，完善相关政策和激励措施，创新技能人才培养模式，搭建技能人才职业发展通道。加强经济社会发展对高校毕业生需求的前瞻性研究，建立健全高校毕业生需求预测和发布制度，完善就业状况的反馈机制，引导高校合理调整专业设置。建立高校毕业生就业和重点产业人才供需对接机制，超前部署重点产业相关专业设置和培养计划，努力实现人才培养、社会需求和就业的良性互动。”

2014 年 5 月 9 日，《国务院办公厅关于做好 2014 年全国普通高等学校毕业生就业创业工作的通知》（国办发〔2014〕22 号）第八条指出：“推动创新高校人才培养机制。深化教育改革，积极调整教育结构，加快发展现代职业教育，深化校企合作、工学结合，培养生产、建设、服务、管理一线的应用型和技能型人才。高校要明确办学定位，突出办学特色，加强就业教育，提高人才培养质量。各高校自 2014 年起要发布高校毕业生就业质量年度报告，完善就业与招生计划、人才培养、经费拨款、院校设置的联动机制，充分听取行业主管部门、经济部门、就业部门以及有关行业组织的意见，促进人才培养更好地适应经济社会发展需要。有关部门要开展产业升级人才需求预测研究，健全岗位需求统计调查制度，适时向社会发布行业人才需求信息，引导高校优化学科专业结构，探索制定行业岗位标准，促进高校依据市场需求完善专业培养课程。”

2014 年 11 月 28 日，《教育部关于做好 2015 年全国普通高等学校毕业生就业创业工作的通知》（教学〔2014〕15 号）第五条指出：“推动高等教育更好适应经济社会发展需要。各地各高校要以提高质量为核心，结构调整为突破，加快推进高等教育综合改革，进一步优化区域布局结构、培养层次结构和学科专业结构。引导一批普通本科高校向应用技术型高校转型发展，继续扩大专业学位研究生类型和规模。完善专业预警、退出和动态调整机制，及时调减就业率持续较低的专业招生计划，使学科专业结构与经济社会发展需要相适应、与就业对接。探索建立高校毕业生就业和重点产业人才供需协调机制。”

上面提到“学有所用”，学以致用不仅是重要的教育原则，而且是一个理论联系实际的重大问题。

（三）供给侧改革必须提高高等教育质量

超常规扩招使数量大增质量下降，在数量与质量关系上质量是短板。2010年6月21日，中共中央政治局审议并通过的《国家中长期教育改革和发展规划纲要（2010—2020年）》第2条指出："把提高质量作为教育改革发展的核心任务。树立科学的质量观，把促进人的全面发展、适应社会需要作为衡量教育质量的根本标准。树立以提高质量为核心的教育发展观，注重教育内涵发展，鼓励学校办出特色、办出水平，出名师，育英才。建立以提高教育质量为导向的管理制度和工作机制，把教育资源配置和学校工作重点集中到强化教学环节、提高教育质量上来。制定教育质量国家标准，建立健全教育质量保障体系。加强教师队伍建设，提高教师整体素质。"第18条指出："全面提高高等教育质量。高等教育承担着培养高级专门人才、发展科学技术文化、促进社会主义现代化建设的重大任务。提高质量是高等教育发展的核心任务，是建设高等教育强国的基本要求。到2020年，高等教育结构更加合理，特色更加鲜明，人才培养、科学研究和社会服务整体水平全面提升，建成一批国际知名、有特色、高水平的高等学校，若干所大学达到或接近世界一流大学水平，高等教育国际竞争力显著增强。"

2012年3月16日，教育部发布《关于全面提高高等教育质量的若干意见》（教高〔2012〕4号）。

《中共中央关于制定国民经济和社会发展第十三个五年规划的建议》第七条第三款指出："提高教育质量。促进教育公平。"《中华人民共和国国民经济和社会发展第十三个五年规划纲要》第五十九章指出："全面提高教育质量，促进教育公平。"

2016年4月7日，教育部发布的《中国高等教育质量报告》指出："中国高等教育质量短板和软肋也较突出。与世界高等教育强国相比，中国高等教育问题依然不少。主要表现为'四不够、一不高'。其一，学科专业设置优化不够，科研水平和成果转化率不高，'短板'问题依然严重；其二，创新人才培养力度不够，高校创新创业教育仍是'软肋'；其三，高水平教师和创新团队不够，教学经费和实践资源不足，实现由量到质的新跨越仍是突出问题；其四，质量意识和质量文化不够，绩效评价不力，不少高校'等靠要'思想还相当严重，对教师评价'重科研轻教学'；其五，就业与所学专业相关性不高，不同类型院校学生对学习过程体验和就业状况满意度存在不平衡现象，'级差'现象明显。"

由此可见，高等教育质量是短板和软肋，也是我国高等教育留学生众多的原因，供给侧改革必须提高高等教育质量。

（四）择校

1948年12月10日，在巴黎召开的大会会议上以第217A（Ⅲ）号决议通过了《世界人权宣言》，它是联合国的基本法之一。其第二十六条指出："①人人都有受教育的权利，教育应当免费，至少在初级和基本阶段应如此。初级教育应属义务性质。技术和职业教育应普遍设立。高等教育应根据成绩而对一切人平等开放。②教育的目的在于充分发展人的个性并加强对人权和基本自由的尊重。教育应促进各国、各种族或各宗教集团间的了解、容忍和友谊，并应促进联合国维护和平的各项活动。③父母对其子女所应受的教育的种类，有优先选择的权利。”

早在1776年，英国古典经济学的奠基人亚当·斯密（Adam Smith）在其著名的《国富论》的“论青年教育机构的支出”这一章中指出：“如果让这种慈善基金资助的学生自由选择他们所喜欢的学校，那么这种自由就会激起这些学院之间的某种竞争。”①

1. 欧美市场经济国家积极推动择校

新自由主义思想倡导择校。如弗里德曼认为，一个自由人关心的应该是我和我的同胞能通过政府做些什么，以便尽到我们的责任，达到我们的目标和理想，其中最重要的是：保护我们的自由……政府要确保自由市场的正常运转和资本不受限制的流动，不能过多干预社会经济生活。”②哈耶克也认为，个人自由、自由竞争是以私有制为基础的，“私有制是自由的最重要保障。只是由于生产资料掌握在许多个独立行动的人手里，才没有人控制我们的全权，我们才能够以个人的身份来决定我们要做的事情。正是由于人们把自己的命运交给市场那非人的力量，才使得一个文明可能实现她以往的进步。否则这种进步就是不可能的。”③

教育市场机制的核心之一是选择。“通过市场选择的方式来满足单个家庭和国家的需要，这充其量只是信念的表演。我们需要更多地注意个体需要和国家利益的关系、公平与效率的关系、教育的经济目的和社会目的之间的关系。如果我们率先实施选择，在公共学校中真正地选择，我们就释放了市场竞争的价值。学校为生源、师资和资金而竞争，借助环境的力量，这些变化将保证这些学校取得成功。”④

约翰·E·丘伯和泰力·M·默在《政治、市场和学校》一书中写道：“因为由市场调控的学校有自由选择组织形式，因此一个充斥着竞争和选择的环境将促使它们采取改革者强加给公立学校的所谓‘有效学校’的组织形式……那些在采取行动的过程中犹豫不决的学校难以获得支持，很快就会被组织良好的学校淘汰。所有的学校都在适应其所处的制度环境的过程中发展了自己的组织形式。这些组织形式又反映了它所适应的制度环境。不同的制度环境，尤其是不同的制度管理体系，总是先天地支持一定形式的组织结构而抑制其他组织形式的发展。”而在个体的层

---

① [英]亚当·斯密. 国富论[M]. 西安：陕西人民出版社，2001：827－832.

② 弗里德曼·米尔顿. 资本主义与自由[M]. 张瑞玉，译. 北京：商务印书馆，1986：3.

③ 哈耶克. 通往奴役之路[M]. 王明毅，等译. 北京：中国社会科学出版社，1997：101.

④ 斯蒂芬·J·鲍尔. 教育改革——批判和后结构主义的视角[M]. 上海：华东师范大学出版社，2000：90.

面上,“不同的制度以不同的方式影响(缩小或扩大)个人的选择”,从而影响到教育改革的进程、发展,甚至直接影响到教育改革的成功与失败。因此,要想提高学校的办学效率和教育质量,只能改革学校运行的制度。“如果……想建立优效学校,他们必须首先创立新制度,影响‘个体’的选择,从而顺理成章地促进而不是抑制优效学校组织的建立。”[①]丘伯和默还指出:“赋予美国人民择校的机会。”因为“择校方案(choice proposal)完全可以独立承担起改革的全部责任,它包括了所有教育改革所必需的理念和方式,完全可以实现改革者多年以来追求的改革目标。没有一种制度体系是十全十美的。正如民主制度不能充分完全地体现和贯彻公共政策,市场也不能实现完全竞争和选择的理想”。[②]

撒切尔根据自由经济思想主张在教育中引入市场机制,把学校视为教育市场中特殊商品的提供者,让众多的消费者(学生家长)以顾客身份像选择商品一样选择学校参与竞争。《1980年教育法》首先赋予了家长在公立学校体系内进行学校选择的权利。1987年年底,英国教育大臣肯尼迪·贝克在第二次颁布教育改革法案的听证会上发现供给不能适应需求特别是市场需求时指出:“这个体制是以教育的提供者为主导的,它对过去十年的变化所提出的要求不能做出敏锐的反应……这一法案将建设一种新体系,新体系将提高标准,扩大选择,建立一个教育水平更高的英国。……长达169页的法案可以概括为三个词,即标准、自由和选择。”[③]也就是说,英国转变了政府的理念,即从“提供者”为主导的教育理念转变为以“消费者需求”为主导的教育理念,选择了以家长的选择促进学校之间的竞争以达到提高教育质量的目的。随后通过的《1988年教育改革法案》基本内容之一就是解除了家长为子女选择学校的人为限制,进一步把招生权利由地方教育当局转移到学校,并实行“开放入学”(open enrollment)。政府倾向于从市场理论的角度看学校,使消费者在学校事务中具有更多的影响力。法案的通过把个人的选择权和受教育的责任都交还给个人,摆脱对国家的依赖,使教育提供者和教育消费者之间建立直接的经济关系。[④] 1992年的《教育白皮书》允许家长在公立学校和私立学校之间进行自由选择,也可以在郡立学校与教会和其他民间团体创办的学校之间进行选择。

在美国,在新自由主义学说观点支配下,将市场的竞争机制引入作为传统公益事业的教育领域,被正式纳入市场化的改革计划之中。1983年,美国联邦教育部

---

① [美]约翰·E·丘伯,泰力·M·默.政治、市场和学校[M].蒋衡,等译.北京:教育科学出版社,2003:23-25.

② [美]约翰·E·丘伯,泰力·M·默.政治、市场和学校[M].蒋衡,等译.北京:教育科学出版社,2003:191-192.

③ Michael Flude & Merril Hammer. The Education Reform Act 1988[M]. London: The Falmer Press, 1990: vii.

④ 国家教育发展与政策研究中心.发达国家教育改革的动身和趋势(第三集)[C].北京:人民教育出版社,1990:191-194.

发表了题为《国家处在危险之中：教育改革势在必行》的报告。报告认为，美国的教育面临着严峻的困境，国家要想继续有能力进行经济竞争，就必须彻底解决公立学校存在的质量低下效率不高等问题，进行大规模的变革来提高教育质量。① 并在教育改革中开展"择校运动"。老布什政府认为《教育优异法案》中的"多样灵活地选择"重要原则"是很必要的"，并推出了"磁石学校计划"，还投入了 20 多亿美元；克林顿政府在《美国 2000 年教育目标法》中强调了责任制支持教育改革，并大力推动公立学校之间的择校和公立特许学校；小布什还在任萨斯州州长时就推行一系列择校政策，包括教育券、特许学校、签约学校等，他当总统后将择校进行得很彻底。美国教育家伯顿·克拉克指出："在美国这种系统中，消费者的需求起着重要作用。消费者掌握着平衡杠杆，不仅可以选择进入哪所院校，而且可以随意退出，从一所院校转到另一所院校。"②美国州长协会的一份研究报告指出："家长择校的基础理念在于，学校无论公立私立都应到教育市场上去自由地为学生而竞争，而家长则按市场来决定他们的孩子去上哪所学校"。③

2. 我国学者呼吁择校

朱丽华认为，择校的确给美国教育带来了重大影响：①择校正改变着目前的教育体制；②择校大大促进了竞争和责任制；③择校可以降低教育成本；④择校能够提高学生成绩；⑤择校扩大了贫困学生的选择机会；⑥择校可以促进种族融合。④

李丽洁指出："自 20 世纪 80 年代至今，欧洲很多国家在教育体制改革方面都表现出放开择校管制的趋势。……在荷兰，择校无需履行特殊程序，择校非常普遍。在英格兰，有些地方政府担心择校可能会导致一些学校关闭，就通过复杂的择校程序限制真正择校的机会。"⑤

秦行音指出："教育的市场化经常体现为家长选择（parental choice）。市场的鼓吹者们相信家长们能为他们的孩子做出最好的选择。"⑥

蒋国华指出："随着 60 年代追求'平等'的教育改革被 70 年末追求'卓越'的教育改革所取代，市场的触角便开始伸近了公立学校。突破口就是'择校'。1986 年，一份题为《决策之时》的全国州长协会研究报告，首先重新挑起了可能会引起政治纷争的有关家长为孩子选择学校的问题。该报告称，'家长择校的基础理念在于，学校无论公立私立都应到教育市场上去自由地为学生而竞争，而家长则按市场

① 吕达，等. 当代外国教育改革著名文献（美国卷·第一册）[C]. 北京：人民教育出版社，2004：1 - 22.

② [美]伯顿·R·克拉克. 高等教育系统学术组织的跨国研究[M]. 杭州：杭州大学出版社，1999：157.

③ 蒋国华. 西方教育市场化：理论、政策与实践[J]. 全球教育展望，2001(9)：58 - 65.

④ 朱丽华. 择校——新自由主义影响下美国基础教育改革政策[J]. 中国青年政治学院学报，2008(2)：103 - 107.

⑤ 李丽洁. 择校理想与择校现实：差距及影响因素——以荷兰、英国、苏格兰为例[J]. 现代教育论丛，2009(6)：89 - 96.

⑥ 秦行音. 教育市场化的比较研究：中国和世界[J]. 教育科学，2003(5)：53 - 56.

来决定他们的孩子去上哪所学校。理论上说，择校会在为孩子教育方面给家长以更多的推动和责任，同时，又会通过竞争有利于学校的改进。’择校计划受到里根总统及随后布什总统的支持。1988 年 4 月，明尼苏达成为立法实施择校计划的第一州。1990 年，美国著名教育学者查布(John E Chubb)和莫伊(Terry M Moe)就择校等教育改革出版专著《政治、市场和美国学校》，并指出，择校的基础正是一个开放的学校管理的市场体系。”①

2015 年 5 月 8 日，国务院批转国家发展改革委《关于 2015 年深化经济体制改革重点工作意见》(国发〔2015〕26 号)第三十二条指出："完善中小学招生办法破解择校难题。"其实，我国不乏择校的行为。买学区房就是择校，中小学上贵族学校就是择校，大学到国外留学就是择校。只要教育质量不高就有择校行为，禁止择校不是办法，关键在于补教育质量不高的短板，进行供给侧改革。

(五) 选专业、选课

我国选专业较难。一是我国政府层面的专业设置不能主动适应国民经济和社会发展的需要，甚至还砍掉儿科专业等；二是高校虽有了专业设置自主权，但不能主动适应国民经济和社会发展的需要设置专业，甚至靠抓阄选专业，调专业设置需收费等障碍。

我国不仅专业设置落后于国民经济和社会发展的需要，选修课也落后于国民经济和社会发展的需要。造成选择专业和选择课程时缺乏选择的空间和选择权力的不充分，不仅影响了教育质量，而且也是就业难的原因之一。择校、选专业和选课是受教育者的权利，择校、选专业和选课是用脚投票。

中央提出，办好人民满意的教育。不能充分地择校、不能充分地选专业和选课，能是人民满意的教育吗？2010 年 6 月 21 日，中共中央政治局审议并通过的《国家中长期教育改革和发展规划纲要(2010—2020 年)》指出："面对前所未有的机遇和挑战，必须清醒地认识到，我国教育还不完全适应国家经济社会发展和人民群众接受良好教育的要求。教育观念相对落后……教育体制机制不完善，学校办学活力不足；接受良好教育成为人民群众强烈期盼，深化教育改革成为全社会共同心声。"因此，教育必须进行供给侧改革，引入市场的竞争机制提供有效的人民满意的教育供给，满足人民群众对良好教育的强烈期盼！

三、结语

(一) 应积极建立适应社会主义市场经济体制的教育体制

政府应全面形成与社会主义市场经济体制和全面建设小康社会目标相适应的充满活力、富有效率、更加开放、有利于科学发展的教育体制机制，只有这样，才能

① 蒋国华. 西方教育市场化：理论、政策与实践[J]. 全球教育展望，2001(9)：58－65.

增强主动适应经济和社会发展的活力，走出教育发展的新路子，为建立具有中国特色的社会主义教育体系奠定基础；只有这样，才能办出具有中国特色、世界水平的现代教育。为此，应推进公共资源配置市场化。进一步破除各种形式的行政垄断。建设统一开放、竞争有序的市场体系，是使市场在资源配置中起决定性作用的基础。

由此可见，高等教育市场化不能狭隘地理解为提高收费。高等教育市场化破除统得过死的体制，去官僚垄断机制，促使高等教育走向分权化；高等教育市场化不是绝对的私有化而是引入市场机制，不是垄断而是分权化，竞争是高等教育市场化的核心，去垄断机制是高等教育市场化的关键。高等教育是一个准市场，是一种有限市场。高等教育市场包括：生源市场、人才市场、科技市场、知识市场、信息市场、资金市场等。

高等教育市场化≠高等教育自由化

高等教育市场化≠高等教育私有化

高等教育市场化≠高等教育放松管制

高等教育市场化≠高校以营利为目的而追逐盈利

（二）高等教育供给侧改革主要是高等教育市场化

高等教育全球化势必导致高等教育市场化，高等教育供需关系是高等教育市场的题中应有之义，市场在公共教育资源配置中起决定性作用，促使高等教育的供求均衡。高等教育供给侧与需求侧两端都要改革，但重点是供给侧改革，首先是高等教育市场化，建立适应社会主义市场经济体制的教育体制。

高等教育供给侧改革的具体内容是：要求适应市场转变教育思想，改革教学内容和教学方法，要求“以就业和社会需求为导向”改革专业结构，必须提高高等教育质量。同时，择校、选专业和选课是受教育者的权利，择校、选专业和选课是用脚投票。

第三章　高校财务领域的供给侧改革最需要有效制度供给

第一节　高校财务领域的制度供给

1992年春，邓小平在南方谈话中深刻指出："恐怕再有三十年的时间，我们才会在各方面形成一整套更加成熟、更加定型的制度。在这个制度下的方针、政策，也将更加定型化。"①

一、制度供给是供给侧改革的重要内容

（一）供给侧改革最需要有效制度供给

2016年5月20日，习近平在中央全面深化改革领导小组第二十四次会议强调指出："供给侧结构性改革本质是一场改革……注重精准施策，提高改革效应，放大制度优势。"这里要求"放大制度优势"。习近平还指出："以改革创新精神补齐制度短板。"②《中央经济工作会议（2016）》指出："既补发展短板也补制度短板。"

吴敬琏指出："建立有利于创新的制度体系，推动供给侧改革。"③

贾康指出："供给侧改革最需要的是一整套新的制度和政策供给，从而纠正过去的过度或错误的供给，并找到新的供给，刺激引领需求释放，以打造升级版实现经济的可持续增长。供给侧改革最需要有效制度供给。"④

李佐军指出："供给侧强调解决经济长期可持续发展问题，因而制度经济学家或改革经济学家总是考虑如何改革制度，来优化各主体的权利配置。"⑤

冯志峰指出："实际上，'供给侧'可分为产业层面、要素层面和制度层面三个层面的供给，蕴含对应着'转型、创新、改革'。"⑥

从上可以看出，供给侧改革最需要有效制度供给。

---

① 邓小平. 邓小平文选(第二卷)[M]. 北京：人民出版社，1983：372.

② 姜洁. 习近平对开展"两学一做"学习教育作出重要指示强调突出问题导向确保取得实际成效，把全面从严治党落实到每一个支部[N]. 人民日报，2016-4-6.

③ 吴敬琏，厉以宁，郑永年，等. 读懂供给侧改革[M]. 中信出版社，2016：179.

④ 商灏，贾康. 供给侧改革最需要有效制度供给[N]. 华夏时报，2016-3-12.

⑤ 李佐军. 反思需求管理理论寻找供给侧改革理论依据[J]. 中国民商，2016(3)：42-45.

⑥ 冯志峰. 供给侧结构性改革的理论逻辑与实践路径[J]. 经济问题，2016(2)：12-17.

（二）重要教育法规中必须有财务方面的规定

1. 财经方面的制度是教育法规中不可缺失的重要组成部分

《中华人民共和国教育法》中的第七章是“教育投入与条件保障”。

《中华人民共和国高等教育法》中的第七章是“高等教育投入和条件保障”。

《中华人民共和国民办教育促进法》中的第五章是“学校资产与财务管理”。

《中国教育改革和发展纲要》中的第六部分是“教育经费”。

《国家中长期教育改革和发展规划纲要(2010—2020年)》中的第十八章是“保障经费投入”。

《国家教育事业发展“十一五”规划纲要》中的第四部分是“保障措施”。

《国家教育事业发展第十二个五年规划》中的第十一章是“加强教育条件保障”。

《国家教育事业发展“十三五”规划》中将“完善教育投入机制”作为第九部分“加快推进教育治理现代化”的重要内容。

2. 高校财务领域的管理制度是现代大学制度的重要内容

《国家中长期教育改革和发展规划纲要(2010—2020年)》第四十条指出:“完善中国特色现代大学制度。完善治理结构。……各类高校应依法制定章程,依照章程规定管理学校。”《高等学校章程》是《中华人民共和国高等教育法》授权的大学之“宪法”,是现代大学法人治理的制度保障;《高等学校章程制定暂行办法》第七条规定:“章程应当按照高等教育法的规定,载明以下内容……(七)学校经费的来源渠道、财产属性、使用原则和管理制度,接受捐赠的规则与办法;(八)学校的举办者,举办者对学校进行管理或考核的方式、标准等,学校负责人的产生与任命机制,举办者的投入与保障义务。”《高等学校章程》是完善中国特色现代大学制度的重要内容,高校财务领域的管理制度是《高等学校章程》中的重要内容。现代大学治理结构,为现代大学财务管理制度的建设提供了坚实的基础。《高等学校章程》中的大学法人制度、学校产权制度、学校经费募集和使用制度、资产管理制度、内部控制制度、内部审计和监管制度、学校财务责任制度等都是现代大学的财经方面的管理制度。之后,所有的《高等学校章程》中内容尽管千差万别,但必须规定经费、财务、资产等内容。

3. 高校财务领域的管理制度是现代财政制度的重要内容

十八届三中全会通过的《中共中央关于全面深化改革若干重大问题的决定》指出:全面深化改革的总目标之一是“推进国家治理体系和治理能力现代化。……财政是国家治理的基础和重要支柱。建立现代财政制度”。高校预算是政府部门预算的组成部分,高校财务领域的重要管理制度都是财政部和教育部共同颁发,因此,高校财务领域的管理制度是现代财政制度的重要内容。

由此可见,教育法规中必须有财务方面的规定,财务方面的制度是教育法规中不可缺失的重要组成部分。

(三)供给侧改革要改革和完善有效的制度供给

十八届四中全会通过的《中共中央关于全面推进依法治国若干重大问题的决定》指出:"法律是治国之重器,良法是善治之前提。建设中国特色社会主义法治体系,必须坚持立法先行,发挥立法的引领和推动作用,抓住提高立法质量这个关键。"供给侧结构性改革首要的就是制度供给(包括法规供给和政策供给),制度供给应提供良法,提供科学的、引领新常态的、可持续发展的、有效的制度供给。制度是规范人们在社会活动中相互关系和行为的规则。诺思认为:"制度是一个社会的游戏规则,更规范地说,它们是为决定人们的相互关系而人为设定的一些制约"。① V·W·拉坦也指出:"制度常被定义为一套行为规则,它们被用于支配特定的行为模式与相互关系。"②因此,制度可以完善或削弱经济结构和教育结构,制度也可以激发或束缚人的创新精神。邓小平指出:"制度问题更带有根本性、全局性、稳定性和长期性。制度好可以使坏人无法任意横行,制度不好可以使好人无法充分做好事,甚至走向反面。"③劣制还可以驱逐良法。改革就是要驱逐劣制,改革掉那些束缚生产力发展和创新精神的劣制,改变那些无章可循、有章不循、有章乱循的局面,营造一个遵纪守法的和谐的社会环境。

(四)中国高校更缺乏现代大学观念和制度

袁贵仁曾指出:"中国高等教育既缺乏经费又缺乏人才,但更缺乏现代大学观念和制度。历史经验告诉我们,制度产生的问题最终要从制度上去解决,光靠良好的愿望,以及工作的热情和干劲是难以奏效的。"④高校财务领域的管理制度是现代大学制度和现代财政制度的重要内容。

教育部积极推动高校财务领域制度的有效供给。在依法治校、依法理财的环境下,十八届三中全会以来,教育部积极推动高校财务领域制度的有效供给:2014年11月21日,《国家教育体制改革领导小组办公室关于进一步落实和扩大高校办学自主权完善高校内部治理结构的意见》(教改办〔2014〕2号);2015年2月9日,《教育部关于加强直属高等学校内部审计工作的意见》(教财〔2015〕2号);2015年5月22日,《教育部关于直属高校落实财务管理领导责任,严肃财经纪律的若干意见》(教财〔2015〕4号);2015年7月16日,《教育部直属高校内部控制制度(试行)(征求意见稿)》(教财司函〔2015〕451号);2016年3月24日,《教育部关于印发〈教育部经济责任审计规定〉的通知》(教财〔2016〕2号)。

高校财务领域的制度供给就是从顶层设计入手,制定提供科学的、有效的制度

① [美]道格拉斯·C.诺思.制度、制度变迁与经济绩效[M].上海:三联书店,1994:3.

② 王讨宗.公共政策:理论与方法[M].杭州:浙江大学出版社,2003:147.

③ 邓小平.邓小平文选(1975—1982)[M].人民出版社,1983:293.

④ 袁贵仁.建立现代大学制度推进高等教育改革和发展[J].国家教育行政学院学报,2000(2):23-26.

（包括财务制度、会计制度、内部控制制度和审计制度等），引领高校财务事业新常态，促进高校财务事业可持续发展。

二、高校财务领域制度供给的内容

（一）制定《教育投入法》

2001年7月26日，教育部印发的《全国教育事业第十个五年计划》指出："建议研究制定《教育经费保障法》，依法做到教育经费的'三个增长'。"2004年3月3日，国务院批转的教育部《2003—2007年教育振兴行动计划》规定："加强和改善教育立法工作，完善中国特色教育法律法规体系。适时起草《教育投入法》……力争用五至十年的时间形成较为完善的中国特色教育法律法规体系。""教育部公布2004年度工作要点"指出："完善中国特色教育法律法规体系。开展起草《教育投入法》的可行性研究。积极推动各地制定配套性的教育法规和规章。"笔者查询，从1993年到2010年，全国人大代表至少有8次（全国政协委员未统计）提交了《教育投入法》的议案。[①] 这对于完善政府落实教育投入法定增长机制是十分重要的，是落实"十八届四中全会精神"依法治财的重要举措。

1. 2012年以来国家财政性教育经费占国内生产总值比例逐年下降

据《教育部、国家统计局、财政部全国教育经费执行情况统计公告》披露：2012年国家财政性教育经费占国内生产总值比例为4.28%；2013年国家财政性教育经费占国内生产总值比例为4.16%（2013年《公告》为4.30%，2014年《公告》核实后修改为4.16%）；2014年国家财政性教育经费占国内生产总值比例为4.15%。

2. 高校应扩大投入的渠道

2013年9月25日，习近平主席在联合国"教育第一"全球倡议行动一周年纪念活动上发表的视频贺词中指出："百年大计，教育为本。……中国将坚定实施科教兴国战略，始终把教育摆在优先发展的战略位置，不断扩大投入。"这里，由过去"加大"变成"扩大"，一字之差，所强调的内涵则是寻找新财源，扩大教育投入的渠道。李克强在《政府工作报告（2015）》中指出："加大政府对教育、卫生等的投入，鼓励社会参与，提高供给效率。"杜玉波副部长在直属高校财务工作会议上指出："保持经费投入强度，重点在'扩渠引水'上下工夫。"因此，高校应寻找新财源，如捐赠、合作办学、民间资本、混合所有制等。

3. 我国台湾有《教育经费编列与管理法》

2000年11月，台湾当局最终通过了《教育经费编列与管理法》，此法包括对教育经费的定义，教育经费的保障措施，"中央"、地方政府教育经费分配机制的构建，对地方政府教育经费补助的原则——优先补助原则，奖励私人办学原则，财务监督

---

① 乔春华．后4%时代教育经费投入的法规保障机制[J]．会计之友，2014(13)：108－111.

与评鉴以及财务信息公开等原则。

在教育经费投入中，不仅保障国家财政性教育经费的投入，而且鼓励民间资本的投入；在财政性教育经费对高校投入时，应减少专项资金的投入，提高生均财政拨款基本标准；同时，应加入对民办高校的财政投入，因为，民办高校培养的是社会主义的建设者和接班人，为国家和社会培养人才。因此，我国应制定《教育投入法》，高校应转入均衡投入的新常态，保障高校经费的可持续发展。

（二）修订《事业单位会计准则》和《高等学校会计制度》

1. 制订《事业单位会计准则——基本准则》和《事业单位会计准则——具体准则》

企业会计准则已分为《企业会计准则——基本准则》和《企业会计准则——具体准则》。2015 年 10 月 23 日，财政部正式公布《政府会计准则——基本准则》（财政部令第 78 号）。第三条规定："政府会计由预算会计和财务会计构成。预算会计实行收付实现制，国务院另有规定的，依照其规定。财务会计实行权责发生制。"第四条规定："政府会计具体准则及其应用指南、政府会计制度等，应当由财政部遵循本准则制定。"2015 年 11 月 11 日，财政部办公厅发布《关于征求〈政府会计准则第××号——存货（征求意见稿）〉等四项政府会计具体准则意见的函》（财办会〔2015〕22 号）。这四项政府会计具体准则是存货、投资、固定资产和无形资产。

由此可见，《事业单位会计准则》也将分为"基本准则"和"具体准则"。笔者曾在 2010 年提出过《事业单位会计准则》应分为"基本准则"和"具体准则"。①

2. 修订《事业单位会计准则》和《高等学校会计制度》，引入权责发生制综合财务报告制度，适度分离高校财务会计与高校预算会计

2014 年 12 月 31 日，国务院发布的《权责发生制政府综合财务报告制度改革方案》指出："权责发生制政府综合财务报告制度改革是基于政府会计规则的重大改革，总体目标是通过构建统一、科学、规范的政府会计准则体系，建立健全政府财务报告编制办法，适度分离政府财务会计与预算会计、政府财务报告与决算报告功能，全面、清晰反映政府财务信息和预算执行信息，为开展政府信用评级、加强资产负债管理、改进政府绩效监督考核、防范财政风险等提供支持，促进政府财务管理水平提高和财政经济可持续发展。"该方案要求"2018—2020 年工作中'完善行政事业单位财务制度和会计制度、财政总预算会计制度等'"。

现《政府会计准则——基本准则》引入了权责发生制综合财务报告制度，应该考虑修订《事业单位会计准则》和《高等学校会计制度》，应引入权责发生制综合财务报告制度，并适度分离为高校财务会计与高校预算会计。这样，有利于会计信息

① 乔春华.《事业单位会计准则》与《事业单位财务规则》研究——以高等学校为例[M]. 南京：南京大学出版社，2010：43.

真实，有利于绩效评价，有利于与资产管理结合。

3.《政府会计制度——行政事业单位会计科目和会计报表（征求意见稿）》的问题

2016年8月1日，财政部印发了《政府会计制度——行政事业单位会计科目和会计报表（征求意见稿）》（财办会〔2016〕30号），笔者认为主要存在两个问题。

（1）关于会计主体——政事分开

财政部发布的《政府会计准则——基本准则》第二条规定："本准则适用于各级政府、各部门、各单位（以下统称政府会计主体）。前款所称各部门、各单位是指与本级政府财政部门直接或者间接发生预算拨款关系的国家机关、军队、政党组织、社会团体、事业单位和其他单位。"财政部在《政府会计制度——行政事业单位会计科目和会计报表（征求意见稿）》的"第一部分总说明"第二条指出："本制度适用于各级各类行政单位和事业单位（以下统称单位）。"财政部在《关于〈政府会计制度——行政事业单位会计科目和会计报表（征求意见稿）〉的起草说明》中指出："一般情况下，不再区分行政和事业单位，也不再区分行业事业单位，在具体表述上统一为'单位'。"从上可以看出，《政府会计准则——基本准则》将"不再区分行政和事业单位"，统率行政和事业单位，这里提出一个问题：还要不要《事业单位会计准则》？财政部出台《政府会计准则》非常好，终于完善了《企业会计准则》、《政府会计准则》和《事业单位会计准则》组成了会计准则体系，但《政府会计准则》能否替代《事业单位会计准则》？《事业单位会计准则》是否还有效？

事业单位很重要。2011年3月23日，《中共中央、国务院关于分类推进事业单位改革的指导意见》（中发〔2011〕5号）第1条规定："事业单位是经济社会发展中提供公益服务的主要载体。"应该指出，因为政府与事业单位的功能不同，因此，中央坚持政事分开。如十八届三中全会通过的《中共中央关于全面深化改革若干重大问题的决定》第17条指出："政事分开原则"；2011年3月23日，《中共中央、国务院关于分类推进事业单位改革的指导意见》（中发〔2011〕5号）第4条指出："按照政事分开的要求"，第15条指出："实行政事分开，理顺政府与事业单位的关系"。《政府会计准则——基本准则》中指的都是"政府会计主体"。在中央强调"政事分开"的大前提下，会计主体应分为政府会计主体和事业单位会计主体，事业单位会计主体又分为高校会计主体和医院会计主体等。《会计改革与发展"十三五"规划纲要》中"研究制定政府内部控制规范和非营利组织内部控制规范"，体现了"政事分开"。

事业单位又非常复杂。《中共中央、国务院关于分类推进事业单位改革的指导意见》（中发〔2011〕5号）第9条指出："细分从事公益服务的事业单位。根据职责任务、服务对象和资源配置方式等情况，将从事公益服务的事业单位细分为两类。承担义务教育、基础性科研、公共文化、公共卫生及基层的基本医疗服务等基本公益服务，不能或不宜由市场配置资源的，划入公益一类；承担高等教育、非营利医疗等公益服务，可部分由市场配置资源的，划入公益二类。具体由各地结合实际研究确定。”其中“公益二类的事业单位”如“承担高等教育、非营利医疗等公益服务，可部分由市场配置资源的”，而政府与市场分别是两只手（看得见的手与看不见的手），因此，政府会计主体取代高校会计主体和医院会计主体等不妥。

（2）两个《准则》统领一个制度——一仆二主

《事业单位会计制度》和《高等学校会计制度》根据《事业单位会计准则》制订。如2012年12月19日，财政部印发的《事业单位会计制度》（财会〔2012〕22号）第一条指出：“根据《中华人民共和国会计法》《事业单位会计准则》和《事业单位财务规则》，制定本制度”；2013年12月30日，财政部、教育部印发的《高等学校会计制度》（财会〔2013〕30号）第一条指出：“根据《中华人民共和国会计法》《事业单位会计准则》，结合《高等学校财务制度》规定，制定本制度。”但《政府会计准则——基本准则》和《政府会计制度——行政事业单位会计科目和会计报表（征求意见稿）》却又适用于事业单位。事业单位会计制度的上位法究竟是《政府会计准则——基本准则》还是《事业单位会计准则》？或者两者都是？这种事实上的“一仆二主”关系要造成法理关系的混淆。由此可见，高校财务领域供给侧改革首先需要制度供给的改革。

4. 基建财务应纳入高校事业会计核算体系

2015年5月22日，《教育部关于直属高校落实财务管理领导责任，严肃财经纪律的若干意见》（教财〔2015〕4号）第六条指出：“基建财务应纳入高校事业会计核算体系。”

（三）修订《事业单位财务规则》和《高等学校财务制度》

1. 事业单位应建立跨年度预算平衡机制

《事业单位财务规则》第六条规定：“事业单位预算是指事业单位根据事业发展目标和计划编制的年度财务收支计划。”《高等学校财务制度》第十条规定：“高等学校预算是指高等学校根据事业发展目标和计划编制的年度财务收支计划。”2014年8月31日，《预算法》第十二条规定：“各级政府应当建立跨年度预算平衡机制。”2014年9月26日，《国务院关于深化预算管理制度改革的决定》（国发〔2014〕45号）第三条第二款规定：“改进预算管理和控制，建立跨年度预算平衡机制。实行中期财政规划管理。”随着高校需编制中期预算，《事业单位财务规则》和《高等学校财务制度》中“年度财务收支计划”需修改。

2. 《事业单位财务规则》中“事业单位财务分析指标”需增加“预算执行效率”

《事业单位财务规则》是2012年2月7日颁发的，2012年4月1日实施。但未规定“预算执行效率”。2010年6月21日，中共中央政治局审议并通过的《国家中长期教育改革和发展规划纲要（2010—2020年）》第五十八条规定：“建立科学化精细化预算管理机制，科学编制预算，提高预算执行效率。”2011 年 6 月 29 日，《国务院关于进一步加大财政教育投入的意见》（国发〔2011〕22 号）第四条第二款规定：“要强化预算管理。提高预算编制的科学性、准确性，提高预算执行效率，推进预算公开。”建议增加“预算执行效率”即绩效指标。

笔者搜索了政府对预算执行的考核指标，却未查到“预算执行效率”的表述和考核指标，只有“预算执行率”。“预算执行效率”与“预算执行率”一字之差，却相差甚远。

预算执行率指的是“预算执行进度”。《教育部办公厅关于实行部属高校预算与预算执行挂钩办法的通知》（教财厅〔2011〕1 号）指出：“‘预算执行率’用于考核学校国库财政拨款，是指截至统计月份已执行预算占全年预算总额的比率，用百分比表示，按月计算，反映预算执行进度。”因此，预算执行率是不讲效率的年底突击花钱的进度。

而效率指的是不浪费。萨缪尔森和诺德豪斯指出：“效率是经济学所要研究的一个中心问题（也许是唯一的一个中心问题）。效率意味着不存在浪费。”①罗宾斯等指出：“效率（efficiency）是指以尽可能少的投入获得尽可能多的产出。……效率通常指的是‘正确地做事’，即不浪费资源。……效果（effect）通常是指‘做正确的事’，即所从事的工作和活动有助于组织达到其目标。……可见，效率是关于做事的方式，而效果涉及结果，或者说达到组织的目标。”②

因此，应按照《国家中长期教育改革和发展规划纲要（2010—2020 年）》的规定，增加“预算执行效率”指标。

3. 完善高校财务信息公开透明的披露制度

2015 年 5 月 22 日，《教育部关于直属高校落实财务管理领导责任，严肃财经纪律的若干意见》（教财〔2015〕4 号）第十三条指出：“加大信息公开力度。加快实施‘阳光财务’，主动接受外部监督。严格执行《高等学校信息公开办法》。定期主动公开预决算信息，不断扩大公开范围，细化公开内容。逐步推进高校财务年报制度。建立健全依申请公开工作机制，依法依规做好财务信息依申请公开工作。项目承担单位应当在学校内部公开项目立项、主要研究人员、资金使用、大型仪器设备购置以及项目研究成果等情况，接受内部监督。”目前，高校财务信息公开的问题不够透明、不够细化。高校虽然可以根据《高等学校章程》自主信息披露，但高校仍然希望上级规定高校财务信息公开的细化程度。

（四）完善高校收费制度

该部分在第五章中阐述。

① ［美］保罗·A. 萨缪尔森，威廉·D. 诺德豪斯. 经济学（第 12 版）［M］. 高鸿业，等译. 北京：中国发展出版社，1992：45.

② ［美］斯蒂芬·P. 罗宾斯，等. 管理学［M］. 孙健敏，等译. 北京：中国人民大学出版社，2004：7.

(五) 修订科研经费制度

2014 年以前，在科研经费中弄虚作假、套取现金是高校科研人员的普遍现象。小则用虚拟业务的真发票套现，大则将科研经费转入自己或关联方的公司中，其中曾有院士和教授。究其原因，除了这些贪腐者个人道德缺失外，科研经费制度不合理也是重要原因。

1. 科研经费制度中不允许项目主要成员列支劳务费

长期以来，科研经费制度中规定不允许项目主要成员列支劳务费。2015 年 4 月 15 日，财政部、国家自然科学基金委员会印发的《国家自然科学基金资助项目资金管理办法》(财教〔2015〕15 号)第二章规定的是“项目资金开支范围”，其中第九条第九款规定：“劳务费，是指在项目研究过程中支付给项目组成员中没有工资性收入的在校研究生、博士后和临时聘用人员的劳务费用，以及临时聘用人员的社会保险补助费用。”这里，仍不允许项目主要成员列支劳务费。

2. 科研项目中不允许项目主要成员列支劳务费的弊端

(1)科研项目成本不完整

在科研经费制度中，其“项目资金开支范围”包括直接费用和间接费用，没有规定从事项目研究人员的工资或薪酬，只有研究生和临时聘用人员在做课题。在科研项目成本上没有反映项目主要成员的劳动价值。

(2)抹杀了项目主要成员的创新价值

科研工作是极其艰苦的复杂劳动，有的教授一辈子搞不了科研工作。申报到课题的人员，除了要有扎实的理论功底和丰富的实践经验外，还必须敏锐地掌握该领域的前沿和发展方向，更需要有孜孜不倦的探索精神、艰苦的献身精神和顽强的勇往直前的创新精神。但是，这些创新劳动的价值不仅得不到尊重，而且在科研经费制度中得不到反映。

(3)结题不结账

由于科研项目中不允许项目主要成员列支劳务费就造成了课题结余经费。财政部、科技部印发的《关于调整国家科技计划和公益性行业科研专项经费管理办法若干规定的通知》规定：“课题结余经费是指课题结束或因故终止时，课题经费总预算减去实际总支出后的余额。”科研项目的支出主要应是科研人员艰苦复杂劳动的支出，不允许项目主要成员列支劳务费势必会造成“结题不结账”的现象。

3. 国外科研工作者的薪酬可以在科研经费中列支

湛毅青的研究显示：“某大学经联邦协商机构批准的科研间接成本率为 50%，个人福利比例为工资薪金的 25%。若某研究人员作为项目负责人申请一个科研项目，其年薪为 100000 美元。”①

建议修订科研经费制度时，可以适当减少科研人员因主要从事课题研究而少承担教学工作量的薪酬，但必须保证在项目经费中列支劳务费。而且，从事科研工作教授的薪酬应比不能从事科研工作教授的薪酬高得多。

只有对现行的科研经费制度进行修订，才能为“双一流”目标提供优质的制度供给。

三、完善高校内部控制制度

准确地说，内部控制不属于会计与财务领域，应属于政治学学科。但目前财政部将内部控制作为会计司的工作内容，教育部也将内部控制作为财务司的工作内容，因此，笔者放在这里阐述。

（一）高校内部控制制度推动缓慢的原因分析

1. 2016 年年底前尚未实现风险预警的全覆盖

2015 年 12 月 21 日，《财政部关于全面推进行政事业单位内部控制建设的指导意见》（财会〔2015〕24 号）规定：“到 2020 年，基本建成与国家治理体系和治理能力现代化相适应的，权责一致、制衡有效、运行顺畅、执行有力、管理科学的内部控制体系，更好发挥内部控制在提升内部治理水平、规范内部权力运行、促进依法行政、推进廉政建设中的重要作用。……内部控制尚未建立或内部控制制度不健全的单位，必须于 2016 年年底前完成内部控制的建立和实施工作。”

《财政部发布 2016 年内控工作要点》指出：“2016 年年底前要完成规则库的构建，并与主要业务生产系统完成对接，初步实现风险预警的全覆盖。”②

《企业内部控制基本规范》的第一个原则是全面性原则，它要求“覆盖企业及其所属单位的各种业务和事项”；《行政事业单位内部控制规范（试行）》的第一个原则也是全面性原则，它却只要求“实现对经济活动的全面控制”。笔者认为，全面性原则应是“三全”（空间上的“全部活动”、时间上的“全过程”、实现“全面控制”），即覆盖全部活动（包括经济活动和行政事务活动），应当贯穿全部活动的决策、执行和监督全过程，实现对全部活动的全面控制。由此可见，内部控制对于一个单位来讲是无处不在、无时不在；内部控制无死角，内部控制无空隙。

行政事业单位业务层面内部控制应包括行政事务和经济业务两个方面的内容。行政事务是内部控制的风险高发区，行政事务的内部控制对于政府、事业单位比对于企业更为必要。行政单位主要职责是行使公权力，它虽然也有经济业务，需

---

① 湛毅青，欧阳花，刘爱东. 美国大学的政府科研项目间接成本资助政策研究[J]. 研究与发展管理，2009(6)：92 - 99.

② 刘明中. 财政部发布 2016 年内控工作要点[N]. 中国财经报，2016 - 02 - 23.

要经济业务层面的内部控制，但毕竟是第二位的。内部控制控制什么？权力，把权力关在制度的笼子里，因此，行政单位的行政事务控制应是第一位的。企业则不同，企业从事的是经营活动，其经济业务层面的内部控制是第一位的。因此，在《行政事业单位内部控制规范（试行）》顶层设计时，应该区别于《企业内部控制规范》的控制内容。行政事务控制应是行政单位内部控制的主要组成部分，而《行政事业单位内部控制规范（试行）》恰恰没有注意这一点。

财政部虽然要求"2016 年初步实现风险预警的全覆盖"，但是，绝大多数的高校尚未初步实现风险预警的全覆盖。为了推动行政事业单位内部控制建设，2016 年 6 月 24 日，财政部发布的《关于开展行政事业单位内部控制基础性评价工作的通知》（财会〔2016〕11 号）指出："推动各单位于 2016 年年底前如期完成内部控制建立与实施工作。确保在 2016 年年底前顺利完成内部控制建立与实施工作。"这个基础性评价是指"单位在开展内部控制建设之前，或在内部控制建设的初期阶段，对单位内部控制基础情况进行的'摸底'评价"。由此可见，相当多的单位在 2016 年仍停留在"开展内部控制建设之前，或在内部控制建设的初期阶段"，当然，少数单位推动是积极的，如财政系统的单位等。总之，财政部是紧锣密鼓，刻不容缓，时不我待，非常积极。

2. 行政事业单位内部控制推动缓慢的根本原因

行政事业单位内部控制推动缓慢的根本原因是《行政事业单位内部控制规范（试行）》规定不准确，缺乏操作性。

（1）《内部会计控制规范——基本规范（试行）》和《内部会计控制规范——货币资金（试行）》控制对象准确，操作性强

2001 年 6 月 22 日，财政部印发的《〈内部会计控制规范——基本规范（试行）〉、〈内部会计控制规范——货币资金（试行）〉的通知》（财会〔2001〕41 号）中指出："为了促进各单位的内部会计控制建设，加强内部会计监督，维护社会主义市场经济秩序，我们制定了《内部会计控制规范——基本规范（试行）》和《内部会计控制规范——货币资金（试行）》。上述规范以单位内部会计控制为主，同时兼顾与会计相关的控制。"从上可知，上述两制度的控制对象是"以单位内部会计控制为主，同时兼顾与会计相关的控制。"牵头部门自然是单位的会计机构或财务部门，控制对象明确，操作性强。

（2）《行政事业单位内部控制规范（试行）》控制的对象是"经济活动"

《行政事业单位内部控制规范（试行）》第五条规定："全面性原则。内部控制应当贯穿单位经济活动的决策、执行和监督全过程，实现对经济活动的全面控制。"且不说行政事业单位内部控制的全面性仅指"经济活动"是内部控制不能全覆盖，行政事业单位的经济活动已超出了会计机构的职责范围。《中华人民共和国会计法》中对行政事业单位的财务部门称之为会计机构，虽然《会计法》对会计机构的职责

范围没有界定(《会计法》在修订时应对会计机构的职责范围进行界定),但是根据《国家中长期教育改革和发展规划纲要(2010—2020年)》第五十八条规定的"在高等学校试行设立总会计师职务,提升经费使用和资产管理专业化水平",说明总会计师也仅分管财务处和资产处。因此,经济活动中如采购活动、招投标活动、建设项目活动、合同管理等不是会计机构的职责范围。而《行政事业单位内部控制规范(试行)》没有明确牵头部门,而文件又是财政部或财字文号,会计机构无法承担整个经济活动内部控制的职责。

(3)行政事业单位中除经济活动外,还有大量的行政业务

笔者曾在2014年就提出行政事业单位内部控制对象除经济活动外,还有大量的行政业务,主张行政事业单位内部控制全覆盖。企业→经营活动为主→看不见的手→内部控制以经济活动为主;内部控制在"全面性原则"中却未强调经济活动。行政单位→行政活动为主→看得见的手→内部控制以行政活动为主;在"全面性原则"中却强调经济活动。事业单位介于企业与行政单位之间,其内部控制既应包括经济活动业务,又应包括行政事务业务;行政单位掌握了巨大公权力,如果制度失控或道德失范,易造成权力寻租。因此,行政单位的内部控制应着力于控制行政权力,行政事务控制应是行政单位内部控制的主要组成部分。[①]

(4)财政部、教育部从2015年12月开始将内部控制对象拓展到全部业务活动和内部权力运行

笔者注意到,2015年12月《关于全面推进行政事业单位内部控制建设的指导意见》第一条规定:"规范行政事业单位内部经济和业务活动,强化对内部权力运行的制约,防止内部权力滥用。"这里说的是"单位内部经济和业务活动",也就是"经济活动"外还有"行政业务活动",还强调了"强化对内部权力运行的制约"。

笔者又注意到,2015年7月16日,教育部发布了《教育部直属高校内部控制制度(试行)(征求意见稿)》(教财司函〔2015〕451号);2016年4月26日,教育部发布了《教育部直属高校经济活动内部控制指南(试行)》(教财厅〔2016〕2号)。这里将"征求意见稿"的文件名称加了"经济活动"四个字,虽然名副其实了,但高校内部的行政业务如教学业务,组织人事业务,纪委监察业务,学生管理业务,招生就业业务,党办校办业务等尚需再补充。科研业务在其《内部控制应用指南》"第10

---

① 乔春华.高校内部控制研究[M].苏州:苏州大学出版社,2014.
乔春华.行政事业单位内部控制若干理论问题的探讨——兼评《行政事业单位内部控制规范(试行)》[J].会计之友,2014(22):22-27.被中国人民大学复印报刊资料《财务与会计导刊》2014年10下半月·理论版转载.
乔春华.行政事务控制是行政单位内部控制的主要部分——再评《行政事业单位内部控制规范(试行)》[J].会计之友,2015(17):73-76.
乔春华.论高校预算控制在会计控制中的核心地位[J].会计之友,2015:81-84.
乔春华."十三五"规划期间高校财务基本思路的建议[J].会计之友,2016(1):104-110.

号——科研项目管理”中已有。

笔者还注意到，2016 年 10 月 8 日，财政部印发的《会计改革与发展“十三五”规划纲要》（财会〔2016〕19 号）第三条第五款指出：“完善内部控制规范体系。研究制定政府内部控制规范和非营利组织内部控制规范，修订《行政事业单位内部控制规范（试行）》，将行政事业单位内部控制对象从经济活动层面拓展到全部业务活动和内部权力运行。”这里更明确提出“将行政事业单位内部控制对象从经济活动层面拓展到全部业务活动和内部权力运行。”

综上所述，行政事业单位内部控制推动缓慢的根本原因是《行政事业单位内部控制规范（试行）》规定的内部控制对象不准确——经济活动而不是全部业务活动，牵头部门的提法不准确——不是单独设置内部控制职能部门，缺乏操作性。

（二）内部控制的政治学视角

1．内部控制不同学科视角的评述

（1）目前的文献尚未明确显示内部控制从政治学视角研究

2000 年，美国学者梅约（Maijoor S.）把现有内部控制研究分为三大方面：其一为微观层面审计学视角的内部控制研究，主要关注业务循环与规范交易问题；其二为中观层面组织学视角的内部控制研究，重点探讨组织内部权责配置及各部门控制问题；其三为宏观层面经济学视角的内部控制研究，聚焦研究市场及宏观督导对公司控制的影响。①

李志斌的研究显示：“国内的研究角度、研究时所依托的学科基础和解决问题时所依据的方法体系，首先是财务与会计学，其次才是审计学（李连华，2007）；张砚、杨雄胜（2007）将内部控制的研究成果归纳分类为审计流程视角的研究、组织管理视角的研究和个体行为视角的研究。近年来，国内学者对内部控制研究视角拓展进行了不懈的努力，提出演化经济学视角（杨雄胜，2006）、价值链视角（王海林，2006）、价值创造视角（李心合，2006）、工程学视角（杨周南，2007）等，这些多视角的研究探索对于透彻解析内部控制的本质属性和内部控制的结构是必不可少的，也丰富了内部控制研究的理论体系。”②

从上可以看出，目前的文献尚未显示出内部控制从政治学视角研究。

（2）目前的文献尚未明晰显示内部控制从政治学视角研究

李连华、聂海涛的研究表明：“如果把我国 1985 至 2005 年之间四大刊物上所发表的 169 篇与内部控制相关的文章进行学科归类的话，其学科归属情况为管理

---

① Maijoor S. The Internal Control Explosion[J]. International Journal of Auditing, 2000, 4(1): 101－109.

② 李志斌. 内部控制的规则属性及其执行机制研究——来自组织社会学规则理论的解释[J]. 会计研究, 2009(2): 39－44.

学34篇，财务与会计学64篇，审计学50篇，信息与计算机学科18篇，法学3篇。① 可以看出，我国内部控制研究的学科特征与国外有着较大的结构性差异。在我国，内部控制的研究角度、研究时所依托的学科基础和解决问题时所依据的方法体系，首先是财务与会计学，其次才是审计学。这说明在我国理论界人们更倾向于把内部控制作为一个财务与会计问题来看待，并希望在财务与会计学的知识框架内解释、分析和解决内部控制问题。……就内部控制所涉及的学科而言，其不仅与会计学、审计学有关，而且与经济学、管理学、信息科学、行为科学、心理学、哲学等也存在着紧密关系。但是，我国目前关于内部控制的理论研究主要还是集中于财务与会计学、审计学的范畴之内。"②

本文之所以提出"尚未明晰显示"是因为李连华、聂海涛仅检索了《会计研究》《审计研究》《财务与会计》和《财会通讯》四种学术刊物作为样本数据的采集点。而众多学者在《政治学研究》《中国法学》《浙江社会科学》等刊物上发表过"行政自由裁量权的内部控制"等文章却未关注，当然，这些文章对内部控制的研究尚在探索阶段，未对内部控制进行深入研究。③

(3)国外的法学学者关注到行政机关的内部控制

国外的法学学者重视行政机关的内部控制。如英国宪法学者丹提斯指出："无论行政机关能否影响议会和法院的控制形式和发展，我们都无法否认。议会和法院的控制能否生效，毫无疑问地需依靠行政机关的内部控制……正是通过我们这里描述的各部的自我约束制度，议会和法院的控制才能大体上在行政机关内部传输和扩散。这种情势的必然结果就是，外部控制内化于行政机关的效果，可能会因各部的不同而各有殊异，不过，这种可能性实乃分权制监督制度的内生现象。"④戴维斯教授在其《自由裁量的正义》一书中也指出，行政过程"内部控制"和"自我控制"对于实现行政裁量与法律原则及规则的平衡具有十分重要的意义。他还认为"对自由裁量权范围进行控制的主要希望——或许是唯一的希望——就在于行政

---

① 李连华，聂海涛在该文中解释：研究文献的归类标准是，与控制权配置、委托代理和组织设计等有关的归入管理学；与资金控制、财务风险等有关的归入财务与会计学；与控制效果评价、审计风险控制、控制信息披露有关的归入审计学；与计算机有关的归入信息与计算机学科；与法案制订与实施有关的归入法学的范围。

② 李连华，聂海涛．我国内部控制研究的思想主线及其演变：1985—2005[J]．会计研究，2007(3)：71－78.

③ 陈文清．论行政自由裁量权的内部控制[J]．政治学研究，2011(5)：119－126.
崔卓兰，刘福元．论行政自由裁量权的内部控制[J]．中国法学，2009(4)：73－84.
刘健．浅析行政自由裁量权的内部控制[J]．中国法学，2011(5)：73－84.
陈丽芳．论行政自由裁量权的行政内部控制[J]．浙江社会科学，2005(3)：200－203.
卢护锋．论行政自由裁量权的内部控制[D]．长春：吉林大学博士论文，2009.

④ [英]特伦斯·丹提斯，阿兰·佩兹．宪制中的行政机关——结构、自治与内部控制[M]．刘刚，等译．北京：高等教育出版社，2006：382－383.

的自我控制。”①

而我国关注行政事业单位内部控制的主要在会计或审计领域，法学或政治学学者却不多。② 因此，从政治学角度研究内部控制具有重大的理论意义和明显的应用价值。

2. 行政单位内部控制实践的启示

2017 年 1 月 25 日，财政部印发的《行政事业单位内部控制报告管理制度（试行）》（财会〔2017〕1 号）第二条指出：“本制度所称行政事业单位包括各级党的机关、人大机关、行政机关、政协机关、审判机关、检察机关、各民主党派机关、人民团体和事业单位。”由此可见，行政单位包括党政等机关。

（1）中纪委内部控制实践的正面启示

①中纪委需要内部控制建设

《打铁还需自身硬》解说词中两处提到“内控机制”。中篇：针对这些关键点和风险点，中央纪委不断加强内控机制建设，严控决策权、审批权。下篇：党的十八大之后，中央纪委明确要求纪检监察干部清理和净化朋友圈，目的是减少以权谋私、以案谋私的风险。《中国共产党纪律检查机关监督执纪工作规则（试行）》提出要认真查找、梳理风险点，在每一个关键环节提出有针对性的防范措施，强化内控机制，防止权力滥用。

2017 年 1 月 6 日，王岐山在中纪委十八届第七次会议的工作报告中指出：“制定监督执纪工作规则，把纪委的权力关进制度笼子。查找监督执纪各环节风险点，梳理、归纳、提炼、总结党的十八大以来的创新实践，规范审批程序和内控制度。”

十八届六中全会通过的《中国共产党党内监督条例》第三十四条规定：“加强对纪律检查机关的监督。发现纪律检查机关及其工作人员有违反纪律问题的，必须严肃处理。各级纪律检查机关必须加强自身建设，健全内控机制，自觉接受党内监督、社会监督、群众监督，确保权力受到严格约束。”

中纪委肯定不是以经济活动为主的单位，而是以拥有巨大监督权的机关，强调的是控制权力，建设内部控制制度。

②中纪委内部控制对权力切分

《打铁还需自身硬》中篇解说词：实际上权力给它做了一个切分，它就体现了一个权力的监督制衡，不是一个部门能够主宰一个案件，整个过程能够进行处理。我们查找出，从线索的处置、初核、立案，到审理，到移送，整个有 16 个方面的问题。党的十八大之前，来自不同渠道的问题线索分散在各个纪检监察室手里，从受理到

---

① K C Davis. Discretionary Justice[M]. A Preliminary Inquiry, University: 69.

② 2009 年 5 月 6 日，中华人民共和国国家质量监督检验检疫总局、中国国家标准化管理委员会发布的《中华人民共和国学科分类与代码国家标准(GB/T13745—2009)》“810 政治学”“820 法学”为一级学科.

处置都是由纪检监察室操作。党的十八大之后,中央纪委要求各渠道反映的问题线索统一交由案件监督管理室管理,同时每年进行线索大起底,要求各纪检监察室清理掌握的问题线索,对处置流程作了详细规定,并要求调取问题线索必须经过严格的报批程序,力求在每一个环节上将风险降低到最小。现在这个线索处置它也是规定了非常详细的流程,就是从承办人开始一直到处里面,到室里面,还有到委部领导层层把关,这样的话某一个人的意志,他就不能够决定这个线索的处置结论。

(2)行政单位腐败案的反面启示

在党、政、军、公、检、法等腐败案中,权力滥用造成的买官卖官、冤假错案;发改委等制定政策部门利用政策制定权谋私;国资委、国土资源部门等执行部门利用审批权谋私;证监会、税务局、药监局、环保局、质监局等监管部门利用监督权谋私,等等。其中一个重要原因是权力滥用。从上可知,权力必须制衡,权力必须控制。不受约束的权力、不受控制的权力必然会滋生腐败。而最有效的控制是内部控制!

3. 行政单位内部控制实践的制度贡献是权力控制

2013年1月22日,习近平总书记在十八届中纪委二次全会上指出:"要加强对权力运行的制约和监督,把权力关进制度的笼子里,形成不敢腐的惩戒机制、不能腐的防范机制、不易腐的保障机制。"党的十八届三中全会通过的《中共中央关于全面深化改革若干重大问题的决定》指出:"坚持用制度管权管事管人,让人民监督权力,让权力在阳光下运行,是把权力关进制度笼子的根本之策。"内部控制制度就是"制度的笼子"组成部分。2013年7月19日,财政部副部长张少春在行政事业单位内部控制规范实施动员视频会上的讲话中指出:"从一定意义上说,搞好内部控制,能够起到制度笼子的作用。实施内控规范,建立完善的内部控制制度,对于建立健全权力运行的制约和监督体系,减少自由裁量权的空间和余地,用制度来限制权力的滥用,具有重要的促进作用。"

2015年1月13日,习近平在中纪委十八届五次全会上指出:"推行权力清单制度,公开审批流程,强化内部流程控制,防止权力滥用。"十八届三中全会通过的《中共中央关于全面深化改革若干重大问题的决定》明确要求:"推行地方各级政府及其工作部门权力清单制度,依法公开权力运行流程。"十八届四中全会通过的《中共中央关于全面推进依法治国若干重大问题的决定》指出:"必须以规范和约束公权力为重点……推行政府权力清单制度,坚决消除权力设租寻租空间。加强对政府内部权力的制约,是强化对行政权力制约的重点。对财政资金分配使用、国有资产监管、政府投资、政府采购、公共资源转让、公共工程建设等权力集中的部门和岗位实行分事行权、分岗设权、分级授权,定期轮岗,强化内部流程控制,防止权力滥用。"2011年12月21日,中纪委《关于加强廉政风险防控的指导意见》

(中纪发〔2011〕42号)第4条规定:"针对每一项职权,优化运行流程,绘制'权力运行流程图',明确办理主体、条件、程序、期限和监督方式等。同时,对单位内部的人、财、物管理等职权进行清理、规范,明确内部职权行使的岗位、权限、程序和时限等。"

综上所述,用制度管权管事管人,把权力关进制度的笼子里,内部控制制度就是"制度的笼子"组成部分。因此,必须切分权力,体现权力的监督制衡,推行权力清单制度,公开权力运行流程,绘制权力运行流程图,强化内部流程控制,防止权力滥用。

(三) 基于内部控制政治学视角的理论思考

1. 政治学研究的对象

毛泽东指出:"科学研究的区分,就是根据科学对象所具有的特殊的矛盾性。因此,对于某一现象的领域所特有的某一种矛盾的研究,就构成某一门科学的对象。"①

国外的学者认为,政治学是研究权力的学科。德国学者马克斯·韦伯认为:"政治意指力求分享权力或力求影响权力的分配。"②美国政治学家拉斯韦尔也认为:"政治学是一门经验的学科,研究权力的形成和分享。"③

国内的学者也认为,政治学是研究公共权力的社会科学。王宏、王沪宁指出:"政治学是研究一定经济基础之上的社会公共权威的活动形式和关系的发展规律的科学,即是研究社会的公共权威,在阶级社会里,则是研究国家权力的活动、形式和关系的发展规律。"④刘振洪指出:"政治是指人类运用公共权力对社会实施控制、协调与管理的活动……政治学是研究人类社会一切政治现象及其发展规律的综合性社会科学。"⑤

在政治学发展史上,政治学研究的对象曾有国家说、权力说、政策说三种观点,但权力说的观点仍然没有过时,特别在经济体制转型时期,一些官员由于政治纪律、组织纪律和财经纪律的松弛与道德失范而利用权力寻租案例高发。法国著名思想家孟德斯鸠曾指出:"一切有权力的人都容易滥用权力,这是万古不易的一条经验。有权力的人们使用权力一直遇到有界限的地方才休止。""从事物的性质来说,要防止滥用权力,就必须以权力制约权力"。⑥ 英国思想史学家阿克顿勋爵也

① 毛泽东.毛泽东选集(第一卷)[M].北京:人民出版社,1991:309.

② [德]马克斯·韦伯.经济与社会[M].北京:商务印书馆,1997:731.

③ [美]拉斯韦尔.权力与社会[M].上海:上海人民出版社,2012.

④ 王宏,王沪宁.关于政治学的研究对象和体系问题[J].政治与法律,1984(1):41-44.

⑤ 刘振洪.论政治及政治学的研究对象和体系[J].内蒙古师范大学学报:哲学社会科学版,1990(1):57-62.

⑥ [法]孟德斯鸠.论法的精神[M].张雁深,译.北京:商务印书馆,1963:156,36.

指出:“权力导致腐败,绝对的权力导致绝对的腐败。”“在所有使人类腐化堕落和道德败坏的因素中,权力是出现频率最多和最活跃的因素。”[①]政治学研究区别于别的学科的特殊矛盾性正是这样,因此,权力仍是政治学研究的对象。

2. 内部控制是研究控制权力的学问

(1)内部牵制机制的内涵是职权分离、实质是权力制衡

众所周知,内部控制发轫于内部牵制。内部牵制虽与钱、物、账有一定联系,但内部牵制机制的主要特点是职权分离控制,因此,内部牵制机制是一种制衡权力的机制。

①《柯氏会计辞典》认为:内部牵制“主要特点是以任何个人或部门不能单独控制任何一项或一部分业务权力的方式进行组织上的责任分工,每项业务通过正常发挥其他个人或部门的功能进行交叉检查或交叉控制”。

②沙利文等的研究表明:“《圣经》讨论了对财产实行的双重保管,对称职、诚实官员的需求,以及约束财产使用和职责分工的问题。”[②]

③番场嘉一郎指出,内部牵制机能之一是:如把金库钥匙交给两个以上的工作人员持有,非同时使用这两把以上的钥匙,金库大门就打不开,这种牵制叫物理的牵制。[③]

④朱荣恩认为:“因此在现代内部控制理论中,内部牵制仍占有重要的地位,成为有关组织机构控制、职务分离控制的基础。”[④]

因此,从最初的仓库钥匙交给两个以上的工作人员持有到中纪委对涉案款物的库房管理采用双人双指纹的认证系统才能打开库门、库房内至少两个人工作,都体现了职权分离的内部牵制机制。那么,当时为什么只在钱、物、账的领域搞内部牵制而不涉及到更高更大的权力呢? 因为,王权是不允许牵制或控制的,“朕即国家”“普天之下,莫非王土”。

《财政部关于全面推进行政事业单位内部控制建设的指导意见》指出:“加强内部权力制衡,规范内部权力运行。分事行权、分岗设权、分级授权和定期轮岗,是制约权力运行、加强内部控制的基本要求和有效措施。”

综上所述,内部牵制不能说源于会计、财务管理或财产管理,而是会计、财务管理或财产管理运用了职权分离的内部牵制机制,是最早将职权分离“嵌入”到钱、物、账的管理中,正如张少春指出的“将制衡机制嵌入到内部管理制度之中”。内部牵制的核心是制衡权力,制衡是内部牵制的精髓。

---

① [英]阿克顿. 自由与权力[M]. 侯健,范亚峰,译. 北京:商务印书馆,2001:1,342.

② [美]杰里·D. 沙利文,等. 蒙哥马利审计学(第十版)[M]. 北京:中国商业出版社,1989(10):7.

③ [日]番场嘉一郎. 新版会计学大辞典(条目选译)[M]. 司徒谆,译. 北京:中国展望出版社,1986(10):374-375.

④ 朱荣恩. 内部控制的理论发展[N]. 中国财经报,2001-01-11.

(2)中国行政事业单位内部控制制度建设经历的三个阶段表明需要强化对内部权力运行的控制

第一阶段:会计控制阶段

2001年6月22日,财政部印发《内部会计控制规范——基本规范(试行)》,《内部会计控制规范——货币资金(试行)》(财会〔2001〕41号)。

第二阶段:经济活动控制阶段

2012年11月29日,财政部印发的《行政事业单位内部控制规范(试行)》(财会〔2012〕21号)第二条指出:“本规范适用于各级党的机关、人大机关、行政机关、政协机关、审判机关、检察机关、各民主党派机关、人民团体和事业单位(以下统称单位)经济活动的内部控制。”

2016年4月26日,教育部发布了《教育部直属高校经济活动内部控制指南(试行)》(教财厅〔2016〕2号)。

2017年2月3日,《江苏省省属院校经济活动内部控制实施指南(试行)》(苏教财〔2017〕2号)。

第三阶段:全部业务活动和内部权力运行控制阶段

2015年12月21日,《财政部关于全面推进行政事业单位内部控制建设的指导意见》(财会〔2015〕24号)规定:“规范行政事业单位内部经济和业务活动,强化对内部权力运行的制约,防止内部权力滥用。……逐步将控制对象从经济活动层面拓展到全部业务活动和内部权力运行。”这里是“单位内部经济和业务活动”,不仅仅是“经济活动”,还强调了“强化对内部权力运行的制约,防止内部权力滥用。”并要求“逐步将控制对象从经济活动层面拓展到全部业务活动和内部权力运行”。

2016年10月8日,财政部印发的《会计改革与发展“十三五”规划纲要》(财会〔2016〕19号)第三条第五款指出:“完善内部控制规范体系。研究制定政府内部控制规范和非营利组织内部控制规范,修订《行政事业单位内部控制规范(试行)》,将行政事业单位内部控制对象从经济活动层面拓展到全部业务活动和内部权力运行。”这里强调了“将行政事业单位内部控制对象从经济活动层面拓展到全部业务活动和内部权力运行”。

从第三阶段的两个文件中可以看出,行政事业单位内部控制对象中有“内部权力运行”和“强化对内部权力运行的制约,防止内部权力滥用”。不相容岗位相分离和内部授权审批控制是内部控制的主要方法。不相容岗位分离什么?分离利益相关者的权力串通;内部授权为什么授权?以免下一级超越权力;内部牵制牵制什么?牵制权力,制衡权力;内部控制控制什么?控制权力。[①] 前已述及,科学研究的区分是根据科学对象所具有的特殊的矛盾性,内部控制研究的对象是对权力的制

① 乔春华.高校内部控制研究[M].苏州:苏州大学出版社,2014:前言.

衡与控制。

（四）内部控制学的学科定位

1. 内部控制的对象

前已述及，行政事业单位内部控制对象从经济活动层面拓展到全部业务活动和内部权力运行，企业内部控制对象是否也需要或也应该从经济活动层面拓展到全部业务活动和内部权力运行呢？

拥有一定行政级别的中国国企高管就拥有相应的权力，他们掌管的垄断性行业掌握和使用了大量的公共资源，有些人就将公产当私产，公权变私权，利用权力寻租。从中纪委与各级纪委披露的信息看，国有企业涉及利用权力谋私的案例主要有：一是买官卖官。二是国企高管掌握审批权，如申请一汽公司的奥迪 4S 店，“多方打点”的花费一般在 600 万～1200 万元不等；至于以电谋私、以水谋私也大有人在，如北戴河供水总公司总经理利用水权将水作为寻租对象，受贿亿元以上。三是国有资产处置权，如中粮集团下属大连北良有限公司原总经理伪造的董事签名，未报主管批准，未经集体研究决策和资产评估，将一家注册资本上亿元的国有企业摇身一变成了民营控股企业；又未经审计、评估和报批，擅自将大连北良有限公司拥有的土地、油库、码头等优质资产“打包”低价转让给了大连北良企业集团有限公司。四是利用权力向子女与其他利益相关者输送利益，如“石油帮”向“三大少”（即三大衙内）在房地产开发，能源等公司运作输送了巨大利益。因此，企业内部控制对象也应该从经济活动层面拓展到全部业务活动和内部权力运行。

2015 年，习近平在十八届中央纪委五次全会上指出，反腐倡廉建章立制要着重抓好 4 个方面的制度建设，其中第 4 方面是：“要完善国有资产资源监管制度，强化对权力集中、资金密集、资源富集的部门和岗位的监管。”王岐山也在该会的工作报告中指出，2015 年主要任务之一：“今年要加大对国有企业的巡视力度，重点查办发生在领导机关和重要岗位领导干部中插手工程建设、土地出让、侵吞国有资产、买官卖官、以权谋私、腐化堕落、失职渎职案件。”

从上可知，控制内部权力运行不仅是行政事业单位内部控制的对象，也是企业内部控制的对象。

2. 内部控制的目标

（1）目前内部控制目标是经济活动领域内的控制目标

1992 年 9 月，COSO 委员会发布的《内部控制——整合框架》，2004 年 9 月，COSO 委员会发布的《企业风险管理——整合框架》，2013 年 5 月 14 日，COSO 委员会发布的《内部控制——整合框架》提出的是三目标或四目标，因为是从企业角度出发，因此，倾向于经济活动控制的目标。

《行政事业单位内部控制规范（试行）》第四条指出：“单位内部控制的目标主要包括合理保证单位经济活动合法合规，资产安全和使用有效，财务信息真实完整，有效防范舞弊和预防腐败，提高公共服务的效率和效果。”不难看出，上述五目标是经济活动控制的目标。

(2)内部控制的目标应重新界定

内部控制的目标不仅决定内部控制的应用，而且决定内部控制的评价，十分重要。随着内部控制对象的匡正和内部控制边界的拓展，公权力控制已成为内部控制的重点。

《财政部关于全面推进行政事业单位内部控制建设的指导意见》指出：“党的十八届四中全会通过的《中共中央关于全面推进依法治国若干重大问题的决定》明确提出了‘对财政资金分配使用、国有资产监管、政府投资、政府采购、公共资源转让、公共工程建设等权力集中的部门和岗位实行分事行权、分岗设权、分级授权，定期轮岗，强化内部流程控制，防止权力滥用’，为行政事业单位加强内部控制建设指明了方向。”

①总目标——完善单位的治理体系和治理能力、制衡和控制利益相关者的权力

《财政部关于全面推进行政事业单位内部控制建设的指导意见》在“总体目标”中指出：“到2020年，基本建成与国家治理体系和治理能力现代化相适应的、权责一致、制衡有效、运行顺畅、执行有力、管理科学的内部控制体系，更好发挥内部控制在提升内部治理水平、规范内部权力运行、促进依法行政、推进廉政建设的重要作用。”

2016年6月29日，《财政部关于加强政府采购活动内部控制管理的指导意见》(财库〔2016〕99号)在“主要目标”中指出：“以‘分事行权、分岗设权、分级授权’为主线，通过制定制度、健全机制、完善措施、规范流程，逐步形成依法合规、运转高效、风险可控、问责严格的政府采购内部运转和管控制度，做到约束机制健全、权力运行规范、风险控制有力、监督问责到位，实现对政府采购活动内部权力运行的有效制约。”

②具体目标

A. 合规目标——法律法规的遵循性

单位内部控制不仅仅是管钱管物，而是用制度管权管事管人。十八届四中全会通过的《中共中央关于全面推进依法治国若干重大问题的决定》指出：“制度是全面推进依法治国的根本遵循。”内部控制制度要嵌入到管权管事管人的所有领域，单位内部控制对管权管人仍是薄弱环节，如人事录用与辞退、职务提拔、职称晋升、学校招生等。单位依法治理是防范风险、安全运行的根本保障。

B. 运行目标——资源利用的效率性

单位违法运行必然是无效率的，不讲质量的运行是低效率和无效率的。资源利用的效率不仅包括物质资源，还包括人力资源，因此，单位内部控制不仅为了提

高物质资源的利用效率，还必须为了提高人力资源的利用效率。

C. 报告目标——公共信息的可靠性

单位报告不仅仅是会计信息的真实性和可靠性，应该是所有公共信息。其实上市公司（又称公众公司）披露的信息已超出了会计信息的范围，如《上市公司信息披露管理办法》第五条规定："信息披露文件主要包括招股说明书、募集说明书、上市公告书、定期报告和临时报告等。"此外，"定期报告"还需披露董事会报告、内部控制报告、重大事件及对公司的影响等。行政事业单位更应该披露公共信息。信息是制衡权力的基础。十八届四中全会通过的《中共中央关于全面推进依法治国若干重大问题的决定》指出："坚持以公开为常态、不公开为例外原则，推进决策公开、执行公开、管理公开、服务公开、结果公开。"

顺便指出，2017 年 1 月 25 日，财政部印发的《行政事业单位内部控制报告管理制度（试行）》（财会〔2017〕1 号）规定报告的内容有：单位主要负责人承担内部控制建立与实施责任情况；是否成立单位内部控制领导机构；单位内部控制领导机构构成人数；单位主要负责人是否在单位内部控制领导机构中担任负责人；班子成员是否在单位内部控制领导机构中任职；是否开展内部控制专题培训等等。笔者理解这是财政部为了推动行政事业单位内部控制建设的无奈之举，但真是没有必要，上市公司仅披露年度内部控制评价报告及内部控制审计报告即可。

3. 内部控制的定义

综上所述，笔者认为，内部控制是指单位①为了完善治理体系和治理能力、制衡和控制利益相关者的权力，通过查找、梳理、评估单位全部业务活动管理中的各类风险，制定、完善并有效实施的一系列制度、流程、程序和方法，对单位风险进行事前防范、事中控制、事后监督和纠正的动态过程和机制。这里，内部控制指的是"动态过程"和"机制"。

（五）内部控制学需要多学科作为理论支撑

1. 对内部控制学界定为管理学科的评析

有的学者将内部控制学界定为管理学科，如李连华认为："内部控制学定义为一门由企业内部管理人员实施的，以制度制定和效率测定为主要手段，以资产安全、会计信息可靠和经营效率提高为主要目的的管理学科。这种属性认定表明，内部控制学在学科属群中，属于管理学的范畴，不是自然科学，也不是政治学或经济学的范畴。同时也表明这门学科和目前存在的战略管理学、组织行为学、市场营销

① 目前，对统称有两个表述方法：一是财政部统称为"单位"，如《财政部关于全面推进管理会计体系建设的指导意见》（财会〔2014〕27 号），财政部印发的《管理会计基本指引》（财会〔2016〕10 号）等文件中用的是"单位（包括企业和行政事业单位）"；二是方红星的论文或译著中多用"组织"或"主体"。笔者采用财政部的说法.

学、财务管理学、生产管理学等一样，都是管理学科的重要组成部分。”[①]戴文涛认为：“从本质上讲，内部控制是一门以制度建设为主要内容，以制度实施、制度评价为管理手段的管理科学。……我们把内部控制学定义为‘一门由企业全体人员参与的，以制度管理为主要手段，以资产安全、财务报告信息可靠和经营效率、效果提高为主要目的的管理科学’。它和现在的战略管理学、组织行为学、财务管理学、市场营销学一样，都是管理学科的重要组成部分。”[②]

笔者认为，上述两个定义有商榷之处：(1)将内部控制学局限于企业，应为“企业内部控制学”，它未涵盖政府内部控制和非营利组织内部控制，未考虑政府与非营利组织内部控制的特点。(2)仅以企业的内部控制实践与理论来阐述内部控制显得不够全面。但是，内部控制与管理学还是有密切的关系。第一个提出“内部控制”概念的是现代管理之父亨利·法约尔。1908年，他在圣·艾蒂安矿业学校五十年时所作的报告中指出：“我着重谈一下企业内部控制，这种控制的目的是为了有助于各部门的工作的顺利进行，而总的来讲，也有助于企业运营的顺利进行。为了达到有效控制，控制应在有限的时间内及时进行，并且应该伴随有奖惩。”[③]

2. 内部控制学不能归于会计学科和审计学科

前已述及，内部控制源于内部牵制，会计仅是运用了内部控制的原理与方法；而审计则借助于对内部控制的审计容易发现风险和线索。显然，将内部控制学归于会计学科是不合适的，将《会计法》第二十七条“各单位应当建立、健全本单位会计监督制度”作为内部控制的法规依据也是不合适的。将内部控制学归于审计学科也是不合适的。劳伦斯·索耶的研究表明：“早在公元1905年，L·R·狄克西(L R Dicksee)就认识到控制(最初称作‘内部审核’)对审计师的重要性。他指出，一套适当的内部审核制度应该免除对详细审计的要求。他认为，控制是由三大要素组成的，即分工、会计记录的使用和人员的轮换。”[④]

3. 内部控制学应以政治学和管理学作为主要的理论支撑

综上所述，内部控制的对象内部权力运行，内部控制是研究控制权力的学问，政治学研究的对象是公共权力的活动形式和关系的发展规律的科学。内部控制学属于政治学范畴。

但是，内部控制又涉及单位治理结构和单位文化建设，还涉及管理学、经济学、法学等，它已经从管理范畴扩展为综合性范畴，是一门综合性学科，需要多学科作为理论支撑，而政治学和管理学是主要的理论支撑。

---

① 李连华.内部控制理论结构[M].厦门：厦门大学出版社，2007：57.

② 戴文涛.内部控制学科体系构建[J].审计与经济研究，2010(2)：80-86.

③ [法]H·法约尔.工业管理与一般管理[M].周安华，等译.北京：中国社会科学出版社，1998：137.

④ [美]劳伦斯·索耶.现代内部审计实务(上)[M].汤云为，等译.北京：中国商业出版社，1990：49.

（六）推动行政事业单位内部控制走出困境的政策建议

1. 建议分别制定行政事业单位内部控制制度

由于行政单位与事业单位的内部控制对象不同，建议制定《政府内部控制——基本规范》与《事业单位内部控制——基本规范》。

由于各行政单位的内部控制对象不同，建议由中央各部委制定《××部（委）内部控制——应用指引》与《××部（委）内部控制——评价指引》。

由于各事业单位的内部控制对象不同，建议由教育、科研、文化、卫计委等部委分别制定《高校内部控制——应用指引》与《高校内部控制——评价指引》，《医院内部控制——应用指引》与《医院内部控制——评价指引》等。

2. 修改《政府内部控制——基本规范》和《事业单位内部控制——基本规范》的重点

①内部控制的定义；②内部控制的目标；③内部控制的对象；④单独设置内部控制职能部门而不是牵头或挂靠部门。

3. 建议由国务院发文或中共中央与国务院发文

①由于内部控制的主体涉及决策机关、立法机关、执行机关和监督机关以及事业单位；内部控制的对象不仅涉及财政财务活动，还涉及经济活动，而且全覆盖到所有公权力，因此，已超越了财政部发文的边界。

②财政部发文和财字头文号一般均由财务部门承办，超越了基层单位执行的边界。

四、制定高校管理审计的制度

准确地说，审计不属于财务领域，应属于审计学学科。但目前教育部将审计作为财务司的工作内容，因此，笔者放在这里阐述。

1. 管理审计在高校中的研究和应用仍在起步阶段

在高校审计理论研究和实务操作中，高校审计类型的划分中还存在乱象。如：大多数高校从事的内部审计是财务收支审计、预决算审计、基建工程审计、专项资金审计、效益审计、经济责任审计、内部控制审计等。一些论文也这样罗列。笔者研究认为，高校审计只分为高校财务审计和高校管理审计两种。高校财务审计包括财务收支审计、预决算审计、基建工程审计、专项资金审计等；高校管理审计包括高校治理审计、内部控制审计、绩效审计、经济责任审计、专项审计、合同审计、战略审计等。早在 1984 年，娄尔行先生指出："现代审计包括三个层次，第一个层次，财务审计；第二个层次，作业审计；第三个层次，管理审计。可以把以上第二层次的作业审计看做一种独立的审计，也可以把它看作从属于第三层次的管理审计，因为两者的目标都是提高经济效益。”[①]王光远教授也指出：“管理审计是一种与财务审计对立的审计。”[②]

2. 高校内部审计应由“财务审计为主、管理审计为辅”转型为“管理审计为主、财务审计为辅”

《中国内部审计协会2011年至2015年工作规划》中发展的总体目标是：“加快构建以风险为导向、以控制为主线、以治理为目标、以增值为目的的现代内部审计模式。”这个“现代内部审计模式”就是财务审计与管理审计并重，以管理审计为主的转型模式。

(1)需要高校治理审计

2015年12月8日，中共中央办公厅、国务院办公厅印发的《关于完善审计制度若干重大问题的框架意见》指出：“到2020年，基本形成与国家治理体系和治理能力现代化相适应的审计监督机制，更好发挥审计在保障国家重大决策部署贯彻落实、维护国家经济安全、推动深化改革、促进依法治国、推进廉政建设中的重要作用。”《高等学校章程》体现了大学治理结构，这个治理结构是否有效就需要审计(评价)。

(2)需要高校内部控制审计

2015年12月21日，《关于全面推进行政事业单位内部控制建设的指导意见》指出：“单位内部控制自我评价情况应当作为部门决算报告和财务报告的重要组成内容进行报告。积极推进内部控制信息公开，通过面向单位内部和外部定期公开内部控制相关信息，逐步建立规范有序、及时可靠的内部控制信息公开机制，更好发挥信息公开对内部控制建设的促进和监督作用。”高校内部控制自我评价情况应当作为部门决算报告和财务报告的重要组成内容进行报告，需要高校内部控制审计(评价)。

(3)需要高校绩效审计

2014年10月9日，《国务院关于加强审计工作的意见》(国发〔2014〕48号)第四条规定：“促进公共资金安全高效使用。要看好公共资金，严防贪污、浪费等违法违规行为，确保公共资金安全。把绩效理念贯穿审计工作始终，加强预算执行和其他财政收支审计，密切关注财政资金的存量和增量，促进减少财政资金沉淀，盘活存量资金，推动财政资金合理配置、高效使用，把钱用在刀刃上。”因此，需要高校绩效审计。

(4)需要高校经济责任审计

十八大报告提出，要“健全经济责任审计制度”。十八届四中全会通过的《中共

---

① 娄尔行.试论管理审计[J].财经研究，1984(1)：52－56.

② 王光远.论管理审计的概念[J].审计研究，1994(3)：10－15.

中央关于全面推进依法治国若干重大问题的决定》提出:“完善审计制度,保障依法独立行使审计监督权。对公共资金、国有资产、国有资源和领导干部履行经济责任情况实行审计全覆盖。”《中华人民共和国国民经济和社会发展第十三个五年规划纲要》第七十六章指出:“规范领导干部职责权限,建立科学的问责程序和制度,强化领导干部经济责任审计。健全政府内部权力制约机制,加强对权力部门的监察和审计监督。”2016 年 3 月 24 日,教育部印发了《〈教育部经济责任审计规定〉的通知》(教财〔2016〕2 号)。这是第一次系统完整地规定了高校经济责任审计的定义,经济责任审计目标,经济责任审计的组织领导,经济责任审计的对象,经济责任审计的内容,经济责任审计的实施,经济责任审计的评价,经济责任审计的报告和经济责任审计的结果运用等。因此,需要高校经济责任审计。

(5)需要高校专项审计

2016 年 2 月 5 日,《审计署关于适应新常态践行新理念更好地履行审计监督职责的意见》(审政研发〔2016〕20 号)第八条指出:“加大对体制机制性问题的揭示和反映力度,根据中央出台的重大政策措施,及时跟踪检查有关部门规章和地方性法规修订完善情况,促进及时建立健全与新政策新要求相适应的新办法、新规则;对不合时宜、制约发展、阻碍政策落实的法律和行政法规,推动及时清理完善;对改革推进中出现的政策措施不衔接、不配套等问题,及时反映、提出建议,促进增强改革的系统性和协调性。”2015 年 2 月 9 日,《教育部关于加强直属高等学校内部审计工作的意见》(教财〔2015〕2 号)第 20 条规定:“适时开展专项审计调查。可根据改革发展和内部管理需要,配合党风廉政建设工作,适时开展专项审计调查。针对改革发展过程中出现的新情况、内部管理中遇到的新问题,利用审计反映制约发展、阻碍改革的措施规定,揭示内部管理存在的风险漏洞,及时研究解决,推动改进完善。”因此,需要高校专项审计。

高校财务领域的制度供给涉及很多,不仅仅这四个方面。比如还应制定高校管理会计方面的制度,还应健全高校预算管理的制度,还应修订高校收费管理的制度、修订高校财务队伍建设的制度,等等。

制度供给不仅要做加法,而且要做减法。2016 年 1 月 18 日,习近平在省部级主要领导干部学习贯彻十八届五中全会精神专题研讨班上指出:“减少无效和低端供给,扩大有效和中高端供给,增强供给结构对需求变化的适应性和灵活性,提高全要素生产率。”高校应清理、废除一些无效和低端供给的财务领域的制度,建立和健全一些有效和中高端制度供给,以促进高校财务的可持续发展,提高高等学校的教育质量和科研水平,推动高校的“双一流”建设。

第二节 高校财务管理体制的供给侧改革

笔者曾研究过高校财务管理体制①,本部分是在此基础上进一步研究。高校财务需求的扩充和深化,就有必要对高校财务管理体制的供给侧改革。在沿用“统一领导、分级管理、集中核算的财务管理体制”基础上,其目标应定位于治理层面上。它主要涉及高校财务领域机构与人员的变革。高校内设机构又称为职能机构,是履行专门职能的部门,机构职能需求的变化,就要进行供给侧改革;高校财务领域人员的岗位、职责和素质也应提供有效供给。

一、高校财务管理体制的目标是建立与法人治理结构相适应的财务管理体制

笔者查阅了新中国成立以来的高校财务制度,两处提到“深化改革高校财务管理体制”:

2007 年 1 月 15 日,教育部、财政部发布的《关于“十一五”期间进一步加强高等学校财务管理工作的若干意见》(教财〔2007〕1 号)第二条规定:“进一步深化改革,建立与公共财政体制和现代大学制度相适应的高校财务管理体制与运行机制。”

2008 年 9 月 17 日,中共教育部党组关于印发《贯彻落实〈建立健全惩治和预防腐败体系 2008—2012 年工作规划〉实施办法》第 16 条规定:“深化高校财务管理体制改革。”

2015 年后提到“健全财务治理体制”,如 2015 年 5 月 22 日,《教育部关于直属高校落实财务管理领导责任,严肃财经纪律的若干意见》(教财〔2015〕4 号)第二条指出:“健全财务治理体制和运行机制。”

其实在 2006 年企业就提到“符合法人治理结构要求的财务管理体制”。如 2006 年 12 月 4 日,财政部公布的《企业财务通则》(财政部令第 41 号)第二章为“企业财务管理体制”。第八条指出:“企业实行资本权属清晰、财务关系明确、符合法人治理结构要求的财务管理体制。”

(一) 建立与法人治理结构相适应的高校财务管理体制必须符合现代财政体制

楼继伟指出:“建立现代财政制度主要包括政府预算制度、税收制度和事权与支出责任相适应的财政体制三方面内容。”②

1. 高校财务管理体制必须适应现代财政制度中预算的治理功能

十八届三中全会通过的《中共中央关于全面深化改革若干重大问题的决定》指

① 乔春华.高校财务管理体制研究[M].南京:南京大学出版社,2011.

② 楼继伟.建立现代财政制度[N].人民日报,2013-12-16.

出："财政是国家治理的基础和重要支柱……建立现代财政制度。"

议会审议预算将财政定位于国家治理层面。1215 年，英国颁发的《大宪章》中规定："英皇未获得议会同意不得征税。"这表明纳税不能由皇帝或国王一人决定，而必须通过民意机关的同意或批准，这是财政进入国家治理层面的开始。正如马斯格雷夫指出："税收是现代民主制度兴起的先决条件。"①我国国会审议预算始于清朝末期的 1910 年，那年 10 月召开了资政院第一次会议，这是我国第一个具有国会性质的机关审议的宣统三年预算案，当时的资政院议员刘春霖认为，开国会"最重要者何？就是预算案。预算可以察看一国大政之方针，若预算不交，而仅议零星末节，即终年开会，于国计亦无所补救。"②楼继伟也指出："预算是财政的核心，现代预算制度是现代财政制度的基础，是国家治理体系的重要内容。"③

2004 年 3 月 3 日，国务院批转教育部《2003—2007 年教育振兴行动计划》第 40 条规定："建立与公共财政体制相适应的教育财政制度。"笔者曾阐述过现代财政制度与高校财务的关系，④高校的资金主要来自财政拨款，提出了"高校财政资金与公共财政资金是一脉相承的依存关系，这种关系是'皮'与'毛'的关系，'皮之不存，毛将焉附'。这决定了高校财政资金的管理必须按照公共财政资金的管理体制、机制和方式。"⑤因此，高校必须根据现代财政的要求，实行部门预算，政府采购，国库集中收付，收支两条线等。十八大后又强调了必须遵守财经纪律。高校财务必须将合规性放在第一位，这也是近年来政府对高校接二连三检查、审计等的原因。

2. 高校财务管理体制必须适应现代财政制度中事权与支出责任相适应的财政体制

(1)高校应明确支出责任。十八届三中全会通过的《中共中央关于全面深化改革若干重大问题的决定》第 19 条指出："建立事权和支出责任相适应的制度。"2016 年 8 月 16 日，《国务院关于推进中央与地方财政事权和支出责任划分改革的指导意见》(国发〔2016〕49 号)指出："财政事权是一级政府应承担的运用财政资金提供基本公共服务的任务和职责，支出责任是政府履行财政事权的支出义务和保障。"按照"谁的财政事权谁承担支出责任"的原则，做到支出责任与财政事权相适应。《高等学校财务制度》第五条规定："规模较大的学校可以实行'统一领导、分级管理'的财务管理体制。"财力与事权相匹配就是钱随事走，分级管理就是各级财务主体都拥有一定财力，同时应承担相应的支出责任。现代财政制度的精髓是治理，具

① Musgrave R A. Theories of Fiscal Crises: An Essay in Fiscal Sociology. In Aaron, H J & Boskin M J, Eds.《The Economics of Taxation》. The Brookings Institution. 1980: 363.

② 资政院议场会议速记录——晚清预备国会论辩实录[M]. 李启成，点校. 上海：三联书店，2011:78.

③ 楼继伟. 解读新预算法：取得 5 方面重大突破[N]. 人民日报，2014-09-01.

④ 乔春华. 论现代财政制度对高校财务的影响[J]. 会计之友，2015(24):65-68.

⑤ 乔春华. 高校预算管理研究[M]. 苏州：苏州大学出版社，2013:98-115.

有法律约束力是现代财政制度存在的基础。高校各级财务主体都应明确相应的支出责任,并应承担追究相应的责任。

(2)承担支出责任必须加强高校支出管理。高校应完善支出标准。国务院颁布《关于进一步加大财政教育投入的意见》规定:“完善教育经费支出标准。”李克强在《政府工作报告(2015)》中指出:“为切实把教育事业办好,我们要保证投入,花好每一分钱。”2010 年 7 月 14 日,刘延东在全国教育工作会议上的总结讲话中指出:“把资金投向最需要的领域、最关键的环节、最困难的群体,把钱花在刀刃上。”

有人认为,西部地区一些学生到东部发达地区求学后就不再回西部工作,于是西部地方政府认为义务教育事权应由中央政府来承担。这种看法没有道理。如中国的学生到国外留学后不回国就业就让人家承担义务教育事权的责任吗?对孩子们的教育就是我国的责任,让孩子成才就是我国的骄傲。

(二) 建立与法人治理结构相适应的高校财务管理体制必须符合现代大学制度

现代大学制度的基本要求是治理。2010 年 6 月 21 日,中共中央政治局审议并通过的《国家中长期教育改革和发展规划纲要(2010—2020 年)》第四十条规定:“完善中国特色现代大学制度。完善治理结构。”《中华人民共和国国民经济和社会发展第十三个五年规划纲要》第五十九章第三节指出:“推进现代大学制度建设,完善学校内部治理结构。”十八届三中全会通过的《中共中央关于全面深化改革若干重大问题的决定》第 42 条指出:“完善学校内部治理结构。”

教育部政策法规司司长孙霄兵指出:“‘可以说没有章程的学校,还不是真正意义上的现代大学。’推动高校章程,一方面可以对大学举办者、办学者的权力边界和职责义务进行明确界定,对在大学内部治理进行规范;同时,可以将大学的办学理念、组织属性等落实到学校的制度层面,成为现代大学制度的标志和载体。”①

“双一流”大学必须是建立现代大学制度的高校。2015 年 10 月 24 日,《国务院关于印发统筹推进世界一流大学和一流学科建设总体方案的通知》(国发〔2015〕64 号)第十条指出:“完善内部治理结构。建立健全高校章程落实机制,加快形成以章程为统领的完善、规范、统一的制度体系。”吕春荣报道:“‘世界一流大学的建设标准,在底线上有相同点,顶端则没有相同点,所以并没有统一的衡量标准。’中国教育科学研究院研究员储朝晖向中新网记者表示,从‘底线’上说,世界一流大学有相同点,都有建立现代大学制度,拥有学校内部的治理意识,以及专业的管理制度等,但‘顶端’没有相同点,一流大学不尽相同,其各有特色,各有长处。”②

现代大学制度要求现代大学的财务制度。《教育部关于直属高校落实财务管

① 原春琳. 专访孙霄兵司长:大学章程,完善高校治理结构[N]. 中国青年报,2013-12-02.

② 吕春荣. 中国大学明确“世界一流”时间表:哪些内功需修炼? 中国新闻网,2015-11-06.

理领导责任，严肃财经纪律的若干意见》第二条指出："要按照统一领导、集中或分级管理的原则，规范内部财务治理体制和运行机制。要建立健全党政领导班子、财经管理各领导小组（管理委员会）的议事规则。学校讨论决定、拟定实施重大经济决策事项时，应充分论证，必要时应进行专业咨询。要明确财务、审计、纪检监察及相关业务部门的职责分工，明晰经费投入的前期论证、执行过程的审核监督、事后的绩效评价等环节的责任边界，形成决策权、执行权、监督权既相互制约又相互协调的运行机制。"

美国学者科尔森说："大学和学院的治理是作决策的结构和过程，从而区别于行政和管理。"[①]现代大学财务管理体制必须扩大与落实"自主发展又自我约束"的高校自主权，因此，这种财务管理体制是一种科学的财务管理体制和民主的财务管理体制。

（三）高校治理型的财务管理体制必须强化内部控制

1. 内部控制是治理的基石

（1）治理结构是内部控制环境的核心

2004 年，美国 COSO 委员会的《企业风险管理——整合框架》指出："内部环境为主体中的人们如何看待风险和着手控制确立了基础。"[②]

美国 COSO 委员会的《财务报告内部控制：较小型公众公司指南》指出："控制环境这一构成要素是内部控制的其他所有构成要素的基础。"[③]

在 COSO 中治理结构是内部控制环境的核心。

（2）内部控制是治理的基石

2013 年 12 月 5 日，《教育部关于做好〈行政事业单位内部控制规范（试行）〉实施工作的通知》（教财函〔2013〕142 号）第一条指出："实施内部控制规范，是加强教育经费监管的重要举措，是完善教育行政事业单位内部治理结构、建立现代学校制度的必然要求。各单位要充分认识加强教育系统内部控制制度建设的重要性和紧迫性，认真贯彻落实内部控制规范的各项要求，不断提高内部管理水平。"

2013 年 7 月 19 日，财政部党组副书记、副部长张少春在行政事业单位内部控制规范实施动员视频会上指出："内部控制既是行政事业单位的一项重要管理活动，又是一项重要的制度安排，是行政事业单位治理的基石。"

---

① Carnegie. Foundation for the Advancement of Teaching. Governance of Higher Education: six priority problem [M]. New York: Mc Graw-hill, 1973.

② 美国 Treadway 委员会发起组织委员会（COSO）. 企业风险管理——整合框架[R]. 方红星，译. 大连：东北财经大学出版社，2005：26－27.

③ 美国 Treadway 委员会发起组织委员会（COSO）. 财务报告内部控制：较小型公众公司指南[R]. 方红星，译. 大连：东北财经大学出版社，2009：46.

2. 落实和扩大高校办学自主权必须完善高校内部治理结构

2014 年 7 月 8 日，国家教育体制改革领导小组办公室发布了《关于进一步落实和扩大高校办学自主权完善高校内部治理结构的意见》(教改办〔2014〕2 号)第三条指出："坚持权责统一，完善高校内部治理结构。高校应严格遵守国家法律法规，着力完善内部治理结构，切实加强自律机制建设，自觉履行社会责任，维护校园和谐稳定，确保用好办学自主权。"

2014 年 1 月 15 日，袁贵仁在 2014 年全国教育工作会议上作了题为"深化教育领域综合改革、加快推进教育治理体系和治理能力现代化"的讲话，他指出："完善内部治理结构。形成自我约束、自我规范的内部管理体制和监督制约机制。这也是政府放权的制度前提。"

武德昆指出："高校自主权的扩大给高校财务管理提出了更高的要求，改变了政府包揽事业发展的观念。这样的话财务管理的好坏直接影响学校事业的发展，政府简政放权的变化，实际上对高校内部的财务管理来说责任更重，所以这个信息说明高校自主权的变化发展使得高校财务管理的责任也大了，大学要完善治理结构。"

3. 制衡权力是治理的核心

十八届三中全会通过的《中共中央关于全面深化改革若干重大问题的决定》第 35 条指出："形成科学有效的权力制约和协调机制。规范各级党政主要领导干部职责权限，科学配置党政部门及内设机构权力和职能，明确职责定位和工作任务。加强和改进对主要领导干部行使权力的制约和监督，加强行政监察和审计监督。"

十八届四中全会通过的《中共中央关于全面推进依法治国若干重大问题的决定》指出："必须以规范和约束公权力为重点……推行政府权力清单制度，坚决消除权力设租寻租空间。加强对政府内部权力的制约，是强化对行政权力制约的重点。强化内部流程控制，防止权力滥用。"

2015 年 12 月 21 日，《财政部关于全面推进行政事业单位内部控制建设的指导意见》(财会〔2015〕24 号)指出："加强内部权力制衡，规范内部权力运行。分事行权、分岗设权、分级授权和定期轮岗，是制约权力运行、加强内部控制的基本要求和有效措施。到 2020 年，基本建成与国家治理体系和治理能力现代化相适应的，权责一致、制衡有效、运行顺畅、执行有力、管理科学的内部控制体系，更好发挥内部控制在提升内部治理水平、规范内部权力运行、促进依法行政、推进廉政建设中的重要作用。"

2013 年 7 月 19 日，财政部党组副书记、副部长张少春在行政事业单位内部控制规范实施动员视频会上的讲话中指出："制衡是实现内部控制的基本要素。所谓制衡，就是在单位的岗位设置、权责分配、业务流程等方面形成相互制约、相互监督的机制设计。"

谢志华的研究显示："内部控制的本质也就是说制衡只是发生在权力平等的场合或者只有在一个平行层次的不同权利主体之间才可能发生制衡。而且制衡是监督发挥效用的基础。"①

从上可以看出，治理实质在于"权力的制约""制约权力运行""制衡有效"等。综上所述，高校财务管理体制的目标应是建立与法人治理结构相适应的财务管理体制。

二、改革与完善财务领域机构的设置

（一）国内外财务领域机构设置的比较

1. 我国财务领域机构出现三个称谓其实是一回事

（1）会计机构

1999年版的《中华人民共和国会计法》第三十六条规定："各单位应当根据会计业务的需要，设置会计机构，或者在有关机构中设置会计人员并指定会计主管人员；不具备设置条件的，应当委托经批准设立从事会计代理记账业务的中介机构代理记账。"

（2）财务机构

1997年版的《高等学校财务制度》第七条规定："高等学校必须单独设置财务处（室），作为学校的一级财务机构，在校（院）长和总会计师的领导下，统一管理学校的各项财务工作，不得在财务处（室）之外设置同级财务机构。"第八条规定："高等学校校内后勤、科技开发、校办产业及基本建设等部门因工作需要设置的财务机构，只能作为学校的二级财务机构，其财会业务接受财务处（室）的统一领导。高等学校二级财务机构必须遵守和执行学校统一制定的财务规章制度，并接受财务处（室）的监督和检查。"

（3）财务会计机构

1997年6月23日，财政部和国家教育委员会发布的《高等学校财务制度》第九条指出："高等学校校内设置财务会计机构，必须相应配备专职财会人员。校内各级财会主管人员的任免应当经过上一级财务主管部门同意，不得任意调动或者撤换。财会人员的调入、调出、专业技术职务的评聘须由财务部门会同有关部门办理。"

在我国高校（企业也一样）设一个会计机构或财务机构，名称有差别，如"财务处""财务部""计划财务处""财务室"等，都履行同样职责，因为《高等学校财务制度》规定"不得在财务处（室）之外设置同级财务机构"。

---

① 谢志华.内部控制：本质与结构[J].会计研究，2009(12)：70－75.

2. 美国大学分三个或若干个独立职能的机构

(1)预算办公室、会计办公室和收费办公室

原苏州大学财务处处长、现苏州大学出版社社长张建初的考察报告更明确预算办公室独立设置的地位和作用。他指出:美国马里兰大学(University of Maryland,College Park,简称 UMD 或 UMCP)是将我国大学普遍以包含预算、会计、收费职能于一体的财务处机构设置形式,分列为三个并列的中层管理部门,即预算办公室、会计办公室、收费办公室。全部职员人数达 105 人。将预算办公室安排在校长办公楼内,会计办公室和收费办公室分列校长办公楼两侧,突显其重要地位。资金管理高度集中,涉及学校各方面的收入全部统一在上述三部门管理。①

(2)财务和两大系统若干部门

张贵龙的研究显示:从组织结构上看,伯克利大学涉及财务的工作主要分两部分:

①财务管理工作。主要职能是全校预算的制定和财经政策的研究。

A. 预算办公室(budget office)

负责管理学校的预算性资源,通过科学预算最有效地利用有限资源支持学校的教学、科研和公共服务活动;随时向学校管理部门提供准确、及时和有意义的预算和财务信息;提供财务政策和实践以及管理和分析工具、方法,为学校提供高质量的财务咨询;管理学校及各单位预算的制定过程。

B. 财务管理和分析办公室(financial management and analysis office)

科研活动要占用学校的资源(包括设施、水电、图书、管理人员等),因此学校必须进行科研成本核算和成本补偿。该办公室负责学校科研间接成本的分析、政策的制定、科研经费管理费的提取比例,同各个科研资助机构商谈科研的间接成本及管理费。如果资助机构不能提供科研活动最低的间接成本,学校则不接受这项科研合同。

②会计核算工作。属于财经政策的执行部门。

A. 会计长办公室:负责对全校经济活动宏观控制,为校内外管理者提供全校的财务报告,会计人员的管理工作。

B. 账务办公室:负责学校的账务处理,包括学校基建项目的账务处理。学校基建部门有专人负责成本核算,其财务系统是学校财务系统的一个子系统,每笔业务都自动反映到学校总账中。

C. 工资办公室:负责向银行提供正式职工工资名单及数额,由银行统一划拨到每人账户中,同时代扣有关税款。对于短期聘任人员用支票支付工资。

① 张建初. 美国马里兰大学学习考察报告——大学办学理念与管理实践(内部考察报告)[R].

D. 出纳办公室：负责收取现金、支票等。①

此外，徐生诚、盛晓青认为："高校财务处的职能范围比国内高校宽。美、加两国高校财务处的大部分职能与我国高校相似，但我们所考察的高校中，财务处有以下两个职能比较有特色，是我国高校所不具有的，即风险经营与保险管理的职能。"②

（二）机构设置要考虑治理功能

张贵龙认为："学术委员会在预算制定过程中的作用。同美国其他大学一样，伯克利大学的学术委员会（academic senate）由学校全体教师组成，学术委员会下设预算委员会（budget committee），该委员会负责全校人员经费预算的政策制定，委员会成员由主管计划和预算工作的副校长、行政部门负责人以及院、系教授组成。委员会的设立保证了在制定预算时既能反映行政权力的要求，也能反映学校力量的声音。"③

上海财经大学教授委员会参与审议批准学科建设和学术管理等方面的支出预算。钱滢瓅报道："为了理好财，学校还借鉴了西方高校教授治校的理念，在每个院系设立了由 7～9 人组成的教授委员会。规定涉及学科建设和学术管理等方面的支出预算，必须经过教授委员会的审议批准。以往的院系预算由行政领导说了算，院长有可能根据自己的喜好有所倾斜，现在，来自各学科的教授们会端平这碗水，杜绝院长的'私心'。当然，如果教授委员会合伙徇私，院长也可行使否决权。"④

中国科学技术大学预算专家委员会是学校可分配预算经费的项目论证与检查评估的议事机构，接受校预算工作小组领导并对其负责。预算专家委员会设主任一名、副主任一名、常任委员若干名，预专委主任和副主任同时是常任委员。常任委员由校内有关单位的教职工代表和监察审计部门主要负责人组成。根据工作需要，预专委可以临时聘任有关职能部门主要负责人、直属机构及学院主要负责人、两院院士、资深教师代表、本科生和研究生代表、校内外财务、审计、工程建设、技术条件支撑等方面的专家作为预专委的项目委员，参加有关项目论证或检查评估。预算专家委员会的主要职责：①对各单位申报的学校可分配预算有关项目进行论证，包括建设项目（基建项目除外）、维修改造项目（含学校公共维修改造项目和各单位申报的涉及公共维修改造项目）、支撑服务专项、行政专项和其他专项等；②对已执行的学校可分配预算有关项目进行检查和评估；③对学校可分配预算项目有

① 张贵龙. 美国研究型大学财务管理体制——以加州伯克利大学为个案研究对象[J]. 教育财会研究，2001(6)：42－45.

② 徐生诚，盛晓青. 美国、加拿大高校财务管理特点及其启示[J]. 教育财会研究，2003(2)：55－60.

③ 张贵龙. 美国研究型大学财务管理体制——以加州伯克利大学为个案研究对象[J]. 教育财会研究，2001(6)：42－45.

④ 钱滢瓅. 上海财经大学财权事权下放院系管住"私心"[N]. 新民晚报，2007－12－6.

关重大政策问题进行研究并提出专家建议。

（三）我国高校财务领域机构设置的框架

1. 设置依据

(1)理论依据

基于财务与会计是两个学科，各自都有自己的研究领域与实务边界，因此，财务机构与会计机构应该分设。

(2)法规依据

目前，高校一般是校长主管财务工作，总会计师（副校长）协管财务工作，根据《国家中长期教育改革和发展规划纲要(2010—2020年)》第五十八条的规定："在高等学校试行设立总会计师职务，提升经费使用和资产管理专业化水平。"鉴于财务与会计从价值角度计量，资产从实物角度计量，因此，财务机构、会计机构与资产机构应该分设。

2. 机构设置的框架

总会计师应分管财务、会计、资产、招投标等方面的工作。高校规模大小不同，经济业务繁杂各异，财务领域机构的设置一般为：

(1)财务处。下设：预算科，风险监控办公室，财务分析科，综合办公室等。

(2)会计处。下设：教学核算科，科研核算科，行政与离退休核算科，管理会计科，会计信息科，后勤核算科，基建核算科，会计监督科等。

(3)资产处。有的高校称"资产与实验室管理处"。下设：办公室，房产管理科，设备管理科，实验室管理科。

(4)招投标管理办公室。有的高校称"招标管理办公室"或"招投标与政府采购管理办公室"。下设：管理科，招标科，政府采购办公室。鉴于内部控制的职责分离，资产处置（拍卖）的职能应放在招投标管理办公室。

（四）关于主要新设科室的说明

社会主义市场经济体制对高校财务领域影响越来越大，近几年来，高校经济活动日益复杂，高校财务领域机构设置的短板问题凸现，供给侧改革中机构设置的补短板任务非常突出。

1. 需单独设置预算机构

(1)职能扩充的需要

①高校预算科学化精细化管理的需要

2010年6月21日，中共中央政治局审议并通过的《国家中长期教育改革和发展规划纲要(2010—2020年)》第58条指出："建立科学化精细化预算管理机制，科学编制预算，提高预算执行效率。"2011年6月29日，《国务院关于进一步加大财政教育投入的意见》第三条第二款指出："全面推进教育经费的科学化精细化管理。……二是要强化预算管理。提高预算编制的科学性、准确性，提高预算执行效率，推进预算公开。”目前，高校预算科学化精细化管理尚未达到。

②跨年度预算平衡机制的需要

2013年11月15日，十八届三中全会通过的《中共中央关于全面深化改革若干重大问题的决定》指出：“建立跨年度预算平衡机制。”2014年8月31日，全国人大颁布的新《预算法》第十二条规定：“各级政府应当建立跨年度预算平衡机制。”目前，高校实施中期预算或滚动预算的工作量很大，需要做大量的基础工作。

(2)内部控制的需要

《企业内部控制具体规范——预算》第四条规定：“企业应当建立预算工作岗位责任制，明确相关部门和岗位的职责、权限，确保预算工作中的不相容岗位相互分离、制约和监督。预算工作不相容岗位一般包括：①预算编制(含预算调整)与预算审批；②预算审批与预算执行；③预算执行与预算考核。”由此可见，预算的编制者、审批者、执行者和监督者不能是同一个主体。境外高校预算编制和预算执行就分属两个部门，因此，需单独设置预算机构。国内已有高校特别是“211”高校在财务处内单独设置预算管理科或预算管理办公室，如东南大学、武汉大学、同济大学、中国农业大学、上海财经大学、华中师范大学、南京农业大学、苏州大学、江南大学等。

2. 需单独设置国有资产管理机构

2012年11月21日，《教育部直属高等学校国有资产管理暂行办法》(教财〔2012〕6号)第八条规定：“高校应建立健全国有资产管理机构，履行高校国有资产管理职责。”财政部副部长张少春指出：“资金管理是价值形态的管理，资产管理是实物形态的管理，财政管理和财务管理中，历来都包括资产管理的内容。”①资产管理处单独设置的有：南京大学、天津大学、山东大学、四川大学、北京师范大学、东华大学、对外经济贸易大学、河海大学、华南师范大学、南京师范大学等；财务处与国有资产处(办公室)合署办公的有：重庆大学、中山大学、苏州大学、中国矿业大学、暨南大学等；在财务处内单独设置国资科(国资办)有：同济大学、武汉大学等。

3. 需单独设置会计信息管理机构

2007年1月15日，教育部、财政部颁发的《关于“十一五”期间进一步加强高等学校财务管理工作的若干意见》第25条规定：“大力推进高等学校财务信息化建设……高等学校财务部门要设置专门机构或岗位，配备合格的专业技术人员，负责财务管理信息系统的管理和维护，确保财务信息安全。”“十二五”期间高校财务信息化建设加快，很多高校实现了高校会计和财务相关制度的信息化，实现了报销“无现金”“无纸化”“无等候”流程，上海交通大学推行的“财务管理驾驶舱平台”和“统一决策支持平台”更上了一层楼。随着高校全面推进财务管理的信息化和网络化，建立教育财务大数据库，推动数据集成、共享、分析和广泛应用。积极推

① 张少春.齐心协力扎实进取开创事业资产管理工作新局面[J].行政事业资产与财务，2007(6)：13.

动“互联网＋”的高校财务信息化建设模式，采用“云会计”等软件，运用“大数据”实施高校财务管理与教育经费监管，提高高校财务管理水平。加大信息公开力度，推动学校实行“阳光财务”。国内已有高校特别是“211”高校已在财务处内单独设置财务信息科(办公室)，如中国科技大学、北京师范大学、华中师范大学、哈尔滨工业大学、重庆大学、东南大学、四川大学等。

4. 需单独设置政府采购专职机构

2003 年 8 月 21 日，教育部办公厅印发《教育部政府采购管理暂行办法》第十二条规定：“部属各高校应成立政府采购领导小组，协调各方面工作；必须建立、健全本校的政府采购专职机构，落实责任人及相关人员的职责。部属各事业单位要结合实际确定一个部门负责此项工作。”国内已有高校特别是“211”高校已在财务处内单独设置政府采购科(办公室)，如中国矿业大学、东南大学等。

5. 需单独设置管理会计科

2014 年 11 月 18 日，财政部正式颁布的《财政部关于全面推进管理会计体系建设的指导意见》(财会〔2014〕27 号)指出：“管理会计是会计的重要分支，主要服务于单位(包括企业和行政事业单位)内部管理需要，是通过利用相关信息，有机融合财务与业务活动，在单位规划、决策、控制和评价等方面发挥重要作用的管理活动。”中国会计学会管理会计及应用专业委员会副主任委员于增彪指出：“在我国事业和行政单位，管理会计几乎是空白，未来应用和精进的空间巨大。因为事业和行政单位主要提供各种各样的社会服务，其服务能力不仅取决于财务资源总量，而且取决于财务资源及其对应的非财务资源的利用效率。而成本管控、预算管理、绩效评价和内控制度等管理会计方法，对于提高事业和行政单位资源的利用效率是不可或缺的。”①显然，高校管理会计是“十三五”期间重点研究和实施的领域。

6. 需单独设置专门科研经费管理服务机构

2012 年 12 月 17 日，教育部、财政部发布的《关于加强中央部门所属高校科研经费管理的意见》(教财〔2012〕7 号)第 4 条指出：“设立专门机构。科研管理任务重、科研经费规模大的学校，可以在财政部门或科研部门内部统一设置科研经费管理服务机构。科研经费管理服务机构负责协助、指导项目申请人合理编制经费预算，对已批复或签订合同(任务书)的项目提供从到款通知到具体项目经费分配、预算执行进度通报、经费使用建议、预算调整、决算编制、外部沟通协调等全过程服务，会同学校有关部门做好政策咨询、业务培训、科研合同管理、技术市场登记、税费减免等相关工作。”国内已有高校特别是“211”高校已在财务处内单独设置科研经费管理科(管理办公室)或重大项目科(办公室)，如中国科技大学、吉林大学、中山大学、武汉大学、重庆大学、四川大学、东南大学、中国人民大学、华东师范大学、

① 于增彪. 对我国管理会计发展的基本看法[J]. 中国总会计师，2014(4)：20－21.

同济大学、中国农业大学、中央财经大学、南京师范大学、苏州大学、南京农业大学等。

7. 需单独设置会计监督科

《会计法》规定了会计核算与会计监督两大职能，但会计机构设置中却忽略了会计监督的设置，目前，对会计信息的检查、审计、监管频繁，会计监督应成为会计信息真实性和合法性的第一关口。1982 年 1 月 11 日，《教育部部属高等学校财务管理试行办法》(〔82〕财事字第 4 号)第四十六条指出："部属高等学校都要设立财政监察组(科)，配备二至三名的专职监察人员，并选聘一定数量的兼职监察人员，实行专职人员与兼职人员相结合，对学校内的一切财务收支活动进行监督和检查。"国内已有"211"高校已在财务处内单独设置稽查科，如四川大学、吉林大学、中国矿业大学、华中师范大学、南京师范大学等。

8. 需单独设置风险监控办公室

前已述及，从高校层面应单独设置内部控制部门，对全校的业务而不仅仅是经济活动实施内部控制的全覆盖。但高校财务领域内自身也应该进行风险监控。

2015 年 5 月 22 日，《教育部关于直属高校落实财务管理领导责任，严肃财经纪律的若干意见》(教财〔2015〕4 号)第三条指出："按照分事行权、分岗设权、分级授权的要求，科学合理设置机构和岗位权责。要按照权责一致、有效制衡的原则，定期评估风险、检查漏洞，确保制度有效执行。"2014 年 11 月 17 日，《教育部关于加强直属高校直属单位财务队伍建设的意见》(教人〔2014〕6 号)指出："加强单位内部财务管理与监督。各单位主要领导同志应当支持总会计师、财务机构、财务人员依法行使职权。特别是要充分发挥总会计师的专业化管理作用。严格遵守和执行国家财经法规，进一步完善内部控制制度，加强自我约束、自我监督，防范财务风险。"因此，高校需要单独设置风险监控办公室。

2017 年 3 月 31 日，教育部、中央编办、发展改革委、财政部、人力资源社会保障部发布的《关于深化高等教育领域简政放权放管结合优化服务改革的若干意见》(教政法〔2017〕7 号)第五条指出："高校自主设置内设机构。高校根据办学实际需要和精简、效能的原则，自主确定教学、科研、行政职能部门等内设机构的设置和人员配备。鼓励高校推进内设机构取消行政级别的试点，管理人员实行职员制。改革后要保障高校内设机构人员享有相应的晋升、交流、任职、薪酬及相关待遇。"随着高校自主权的扩大和落实，高校财务领域机构设置齐全和功能发挥有望实现。

综上所述，随着高校会计与财务活动的日益复杂和业务量的增多，高校理财责任的日益增大和会计信息披露的逐步透明，除了高校财务处内部机构的基本设置外，政府通过法规要求高校设置的科室增加，高校加强内部管理也需增设科室。因此，据上综合分析，笔者认为，重点高校和特大高校对财务领域机构的科室一般应设 14～19 个，普通高校应设 10～15 个，职业技术学院应设 7～12 个。事情总是需要人去做，设了庙宇总要配备和尚，设了财务会计机构总要配备足够的财会人员。

三、配备高校会计与财务人员

目前，高校会计与财务人员配备存在的短板问题是人员配备数量不足，素质不够高，造成了“不是有人无事，而是有事无人事”，严重影响了高校会计与财务工作的质量，严重影响了高校事业的发展。

（一）研究“会计人员基本配备标准”的意义

1. 实践需要的“会计人员基本配备标准”却没有

1986 年 10 月 15 日，国家教委、财政部发布的《高等学校财务管理改革实施办法》第二十九条指出：“高等学校财务部门应在校（院）长和总会计师的直接领导下，健全和加强财会机构，切实搞好会计核算、计划管理、经济活动分析和财务监督等工作，充分发挥经济杠杆的作用，努力提高各项资金的使用效益。”第三十条指出：“高等学校应重视财会队伍的建设，采取有力措施，充实财会队伍，通过培训，提高财会人员的素质。”

2000 年 6 月 12 日，教育部、财政部发布的《关于高等学校建立经济责任制加强财务管理的几点意见》（教财〔2000〕14 号）规定：“高校的校（院）长首先必须根据本校业务需要责成人事部门提出设置财会机构的方案，并经校领导集体研究后，按干部管理权限配备、选用具备法定从业资格的财会人员。”

2007 年 1 月 15 日，教育部、财政部发布的《关于“十一五”期间进一步加强高等学校财务管理工作的若干意见》（教财〔2007〕1 号）第 25 条规定：“高等学校财务部门要设置专门机构或岗位，配备合格的专业技术人员，负责财务管理信息系统的管理和维护，确保财务信息安全。”第 35 条指出：“高等学校要高度重视财会队伍建设，把财会岗位作为重要的专业技术岗位，把财会队伍建设纳入学校人才队伍建设的整体规划，有计划、分步骤地配备高层次、高素质人员，着力改善财会队伍结构，提高财会队伍的整体水平。要加强财会人员的培养和考核，鼓励、吸引、保持优秀人才从事财务工作。”

2013 年 5 月 30 日，财政部印发的《关于加强和改进基层会计管理工作的指导意见》（财会〔2013〕12 号）指出：“科学设置基层会计管理机构，配备和优化基层会计管理队伍。”

2013 年 4 月 15 日，《教育部关于开展“教育经费管理年”活动，进一步用好管好教育经费的通知》第 15 条规定：“推动各级各类学校配备合格财会、内部审计机构和人员。各地要深入了解学校财会、内审机构和人员配备情况，按照国家有关基本配备标准的规定，推动配备合格机构和人员。”

2013 年 9 月 12 日，教育部党组副书记、副部长杜玉波在全国教育财务工作暨“教育经费管理年”现场推进会上指出：“要为各级各类学校配齐合格的财会人员。”

2014 年 11 月 17 日,《教育部关于加强直属高校直属单位财务队伍建设的意见》(教人〔2014〕6 号)指出:“加强财务人员配备和规范管理,合理配备编制。各单位应当根据单位实际、经费收支规模、财务部门职责及当前对财务管理工作的新要求,加强财务工作力量,科学合理配备财务人员编制和数量,并按事业发展需要动态调整,以保证财务工作正常开展。……按照人尽其才、人岗相适的原则选配人员,逐步优化性别、年龄、学历和职称结构,并保持财务干部队伍的相对稳定。”

2014 年 12 月 31 日,国务院发布的《权责发生制政府综合财务报告制度改革方案》指出:“按规定建立和实施行政事业单位内部控制机制,设置充足的财务会计管理岗位。”

《教育部 2014 年工作要点》第 7 条规定:“推动各级各类学校确立财会、内部审计机构并配备合格人员。”

《教育部 2015 年工作要点》第 16 条指出:“加强教育财务队伍建设。”

2012 年 2 月 13 日,财政部会计司原司长杨敏指出:“充实会计管理人员,严格把好人员‘入口关’。”①

2008 年 9 月 11 日,江苏省教育厅关于印发《江苏省教育厅直属学校(单位)会计基础工作规范化考核暂行办法》(苏教财〔2008〕49 号)的通知附件“江苏省教育厅直属学校(单位)会计基础工作规范化考核评分标准”第 4 条规定:“未根据单位事业发展和核算需要合理配备会计人员的扣 1 分……未做到以岗定责、以岗定编、职责分明的扣 1 分。”

这里提出了两个问题,一是“会计人员基本配备标准”为几何? 二是如果“会计人员基本配备标准”不明确,“各级各类学校配齐合格的财会人员”就无法“配齐”“科学合理配备”和“充实”,由于缺乏会计人员基本配备标准,会计基础工作规范就会扣分且操作难。

2. 办经济离不开的会计人才却至今没有“基本配备标准”

笔者搜索了“人员基本配备标准”,只有“电力用户变(配)电站运行值班和维护人员配置标准”“工程建设项目现场管理机构人员配备标准”“工程监理机构人员配备标准”“物业人员配置标准 ”“中、小学,幼儿园校安保人员配备标准”。《学校卫生工作条例》第二十条规定:“按学生人数 600 比 1 的比例配备专职卫生技术人员。”2013 年 1 月,教育部印发《幼儿园教职工配备标准(暂行)》。唯独没有“会计人员基本配备标准”。

马克思指出:“过程越是按社会的规模进行,越是失去纯粹个人的性质,作为对过程的控制和观念总结的簿记就越是必要……簿记对资本主义生产比对手工业和

① 杨敏. 在全国会计管理工作会议上的讲话[J]. 中国农业会计,2012(5):4-9.

农业的分散生产更为必要，对公有生产比对资本主义生产更为必要。”①“在资本主义生产方式废止以后，但社会化的生产依然存在的情况下，价值决定仍会在上述意义上起支配作用：劳动时间的调节和社会劳动在各类不同生产之间的支配，最后，与此有关的簿记，将比以前任何时候都要重要。”②

1962年6月23日，中共中央批转财政部党组和人民银行党组《关于全国会计工作会议情况的报告》中指出：“办经济离不开会计。经济越发展，会计越重要。”

1963年，时任财政部部长李先念指出：“会计工作同其他工作一样，是一个光荣的重要的岗位。要办好一个工厂，一个商店，一个生产队，乃至一个医院，一个学校等等，都离不开财务会计工作。”③

1995年10月26日，国务委员李贵鲜受朱镕基同志委托，代表国务院在第四次全国会计工作会议上的讲话中指出：“会计工作不仅在过去重要，在现在和将来更重要。市场经济越发展，会计工作越重要。”还指出：“会计人才，是做好会计工作的关键，也是搞市场经济的关键。”

（二）关于“会计人员基本配备标准”的规定

《教育部关于开展“教育经费管理年”活动，进一步用好管好教育经费的通知》曾提到“按照国家有关基本配备标准的规定”，笔者梳理的“国家有关基本配备标准的规定”主要有：

1979年11月22日，《教育部部属高等学校〈会计人员职权条例〉实施细则》第六条规定：“学校专职财会人员的编制比例，一般可按本校教职工总人数的百分之一到百分之一点五配备。财会人员的范围，包括财务部门、校办工厂、基建、物资以及膳食等单位专职从事财务会计工作的人员。各校财会人员的编制配备，由学校人事部门和财务部门共同研究提出方案，报经校(院)长批准后执行。”

1996年6月17日，财政部发布的《会计基础工作规范》第六条规定：“事业行政单位会计机构的设置和会计人员的配备，应当符合国家统一事业行政单位会计制度的规定。”

2012年12月19日，财政部、教育部印发的《高等学校财务制度》第九条规定：“高等学校财务机构应当配备专职财会人员。财会人员应当具备与其工作岗位相适应的资格和能力。”

但是明确规定会计人员基本配备标准的规定仅在1979年出现过一次。

（三）计划经济时期会计人员配备的标准

中共中央对1962年的《关于全国会计工作会议情况的报告》批示中指出：“必

① 马克思.资本论(第2卷)[M].北京：人民出版社，2004：152.

② 马克思.资本论(第2卷)[M].北京：人民出版社，2004：963.

③ 李先念.对财务会计人员的几点希望[N].人民日报，1963-9-4.

须有一支能够担当会计工作任务的队伍。各部门、各单位会计人员的多少，应当以能够担当记账、算账、报账的任务为准。”据资料披露，经国务院批准，财政部于1980年10月29日至11月7日在北京召开了全国会计工作会议。《会议纪要》指出：“据山东省调查，国营企业会计人员占职工总数的比例，1965年是2.32%，现在只有1.84%，全国铁道系统会计人员占职工总数的比例，从1965年的1.6%降到现在的1%。”①当然这是计划经济时期1962年的最低标准。计划经济时期1965年的会计人员编制是2.32%和1.6%。

（四）新时期工作量增加需要比计划经济时期增配财务会计人员

2014年11月17日，《教育部关于加强直属高校直属单位财务队伍建设的意见》（教人〔2014〕6号）指出：“充分认识加强教育财务队伍建设的紧迫性。党的十八大以来，新一届党中央坚持从严治党，在转变作风、厉行节约、严肃财经纪律、强化权力制约和监督方面提出了更高的要求。随着4%目标的实现，直属高校、直属单位经费总量快速增加，经费来源渠道日益广泛，经济活动日趋复杂，财务管理、监督任务越来越重。在当前形势下，进一步加强单位财务队伍建设，是坚决贯彻落实中央要求，强化财经工作管理和监督，完善教育治理体系，提升教育治理能力现代化水平的迫切需要。各单位要把财务队伍建设作为加强财务管理工作的重要任务，认真抓好抓实。”

（五）高校财务领域的机构需要增配财务会计人员的其他原因

1. 女职工多

20世纪90年代中叶，我曾在中国矿业大学担任财务处长，我戏称财务处是“博士后流动站”（博士夫人工作站），学校引进人才的夫人有财会专业背景就安排在财务处，而不是考虑机构人员的职称结构、年龄结构和性别结构；而会计专业和财务专业的女生多，就业又不能性别歧视，因此，财务处女职工多。女职工有从事财会工作的很多优势，在家就是理财能手，笔者认识的许多女财务负责人非常优秀。但是女职工有孕期、产期、哺乳期等一堆事。如果在定编时对女职工多的部门增加编制，我想财务负责人会愿意录用女职工的。

2. 培训

2013年12月27日，教育部印发了《全国教育系统财务管理干部培训实施方案（2014—2017年）》（教财〔2013〕9号）（以下简称《实施方案》）的通知。要求：“4年内参加各种培训的累计时间，处级和高级职称以上干部不少于440个学时，科级和中级职称及以下干部不少于360个学时。4年内培养出一支100人左右的业务精湛、视野开阔、素质综合、能力过硬的教育财务骨干人才队伍。各级教育行政部门根据工作需要，抓好骨干人才培养工作。”

① 财政部.全国会计工作会议纪要[J].会计研究，1981(2)：72-75.

3. 病假

俗话说:“人吃五谷杂粮,哪有不生病的。”而会计岗位一般“一个萝卜一个坑”,没有机动或候补队员。

综上,对培训、产假等在确定“会计人员基本配备标准”应增加编制。

(六)“会计人员基本配备标准”确定方法

1. 应区分“编制”与“定编”两个概念

“会计人员编制”是指全校会计技术岗位的人员,他们大多数在财务处,有的可能在其他部门,这些人员不是财务处的委派人员;而“定编”是指财务处的定编数,在财务处定编内,绝大多数是会计技术岗位的人员,少数还有计算机等工程技术人员。

2. “基数+系数”的确定方法

(1)基数的确定方法

“麻雀虽小,五脏俱全。”再小的单位至少有一名会计、一名出纳。因此,基数就是上述的“会计人员配备的最低标准”。这个最低标准由两部分相结合,即“根据教职工人数比例和收支规模”确定。有的省提出“根据在校生人数和收支规模配置”,这是创新。但“按在校生人数”不如“按教职工(含离退休人员)”。因为:①学科不同“生师比”不同。2004 年 8 月 9 日,教育部关于颁布《普通高等学校本科教学工作水平评估方案(试行)》的通知中“生师比”(普通高等学校基本办学条件指标合格标准[摘自教育部“教发〔2004〕2 号”文])规定:“综合、师范、民族院校 18∶1;工科、农、林院校 18∶1;语文、财经政法院校 18∶1;医学院校 16∶1;体育院校 11∶1;艺术院校 11∶1。”由此可知,不同学科的院校教职工人数不同。②教职工人数可包括离退休人员。原规定会计人员编制按教职工人数定编,按教职工人数定编应包括离退休人员,因离退休人员的业务量也不少,特别是历史较长的高校。

笔者借鉴有关资料研究表明,财会人员占教职工的比例,英国剑桥大学为 5%,英国伯明翰大学为 2.35%,德国锡根综合大学为 2.74%,荷兰阿姆斯特丹大学为 2.70%,香港理工大学为 3.33%,香港科技大学为 4.55%。江苏省属高校会计人员编制最低为 0.47%,最高为 1.43%。①

考虑“收支规模配置会计人员”这个观点是对的,如有的高校历史短,教职工人数(含离退休人员)相对少;有的“211”高校规模虽小,但专项资金和科研经费不少,等等。

笔者建议政府出台高校会计人员的编制的指导意见。之所以是“指导意见”,一是因为“会计人员基本配备标准”中的“基本”,二是《高等教育法》中的高校自主

① 乔春华.高校会计机构设置与会计人员配置研究——三论高校财务管理体制[J].教育财会研究,2011(2):7.

权。在制定“指导意见”时,可以采用按财会人员占教职工(含离退休人员)的比例与按资金量的比例相结合的办法。笔者建议 2%～3%,职业技术学院因规模小可采用上限。

(2)系数的确定方法

系数是指由于继续教育、晋升职称、病假、事假、产假等在确定“会计人员基本配备标准”应增长的部分,系数可为基数的 10%。

“基数＋系数”即为 2.2%～3.3%,这个比例比“文革”前的 1965 年和计划经济时期 1979 年定的高些,但仍不及境外的高校,离财政部的《会计行业中长期人才发展规划(2010—2020 年)》要求的 2015 年的目标仍有差距。毛主席指出:“任何质量都表现为一定的数量,没有数量也就没有质量。”①这对于改变 2012 年年底教育系统财会人员素质结构是有利的。

(七) 高校会计高端人才建设是供给侧改革中补短板的重要任务

《会计行业中长期人才发展规划(2010—2020 年)》指出:“会计人才是我国人才队伍的重要组成部分,是维护市场经济秩序、推动科学发展、促进社会和谐的重要力量。加强会计人才队伍建设,着力培养高层次会计人才,并以此引导和带动我国会计人才队伍发展,不仅关系到提高会计行业核心竞争力、确保会计工作促进经济社会发展的职能作用有效发挥,而且关系到全国实施人才战略、建设创新型国家的大局。”

1. 全国会计领军人才建设

《会计行业中长期人才发展规划(2010—2020 年)》明确提出:“会计领军人才是高级会计人才中能够发挥引领和辐射作用的高端会计人才,是会计事业发展壮大的重要推动力量。”

2005 年 9 月 1 日,财政部发布《关于开展高级会计人才培训的通知》(财会〔2005〕15 号),启动领军人才工程;2007 年 5 月 8 日,财政部发布了《全国会计领军(后备)人才培养十年规划》(财会〔2007〕8 号),提出要在全国范围内,有计划地按照企业类、行政事业类、注册会计师类、学术类 4 类,争取用 10 年左右的时间,培养 1000 名左右会计领军人才,担负会计行业的领军重任。

2007 年 5 月 8 日,财政部印发的《全国会计领军(后备)人才培养十年规划》(财会〔2007〕8 号)指出:“着力培养一批具有国际视野和战略思维的复合型高层次会计人才,打造一支适应我国经济社会全面持续健康发展和会计事业国际发展战略要求的领军人才队伍,促进我国会计人才整体素质的全面提升,为推动经济社会和会计事业发展提供充足的人才储备和强大的智力支持。争取用 10 年左右的时间,培养 1000 名左右会计领军人才,担负会计行业的领军重任。”

① 毛泽东.毛泽东选集(4)[M].人民出版社,1991:1442.

2010 年 9 月 21 日，财政部印发的《会计行业中长期人才发展规划（2010—2020 年）》（财会〔2010〕19 号）又指出："高端引领，整体开发。以全国会计领军（后备）人才工程为重要平台，培养造就一批具有国际视野、知识结构优化、实践经验丰富、创新能力突出、职业道德高尚的高层次会计人才，带动会计人才队伍整体发展。到 2020 年，培养 2000 名左右的全国会计领军人才，担当会计行业领军重任。"

2012 年全国会计领军（后备）人才（行政事业类）培训医疗卫生机构专门班招生人数初定为 40 人。2014 年全国会计领军（后备）人才（行政事业类）培训班招生人数初定为 60 人，其中从事科研资金使用和管理方面工作的学员 40 人左右，其他行政事业类方面的学员 20 人左右。

与企业相比，国家级的高校会计领军人才奇缺，因此，在"十三五"期间应加强高校中行政事业类会计领军人才的建设。

2. 具有国际业务能力的高级会计人才建设

《会计行业中长期人才发展规划（2010—2020 年）》指出："到 2015 年，新增大型企事业单位具有国际业务能力的高级会计人才 30000 人；到 2020 年，在 2015 年的基础上再新增 30000 人。"据笔者了解，在 2015 年达到"国际业务能力的高级会计人才 30000 人"中，高校寥寥无几，而到 2020 年的 30000 人中仍需努力。

与企业相比，高校具有国际业务能力的高级会计人才奇缺，因此，在"十三五"期间应加强高校中具有国际业务能力的高级会计人才的建设。

3. 教育部百人工程建设

《全国教育系统财务管理干部培训实施方案（2014—2017 年）》指出："教育部 4 年内培养出一支 100 人左右的业务精湛、视野开阔、素质综合、能力过硬的教育财务骨干人才队伍。"到 2017 年仅两年多时间，需要抓紧遴选。笔者曾于 2014 年 4 月在中国教育会计学会秘书长会议（兰州）上呼吁："制定一个'百人工程的遴选方案'，从 2015 年起动态考核，使选拔者有培养目标，使入选者有奋斗方向。"此外，对"百人工程"2017 年进行后期管理，如待遇、考核与后备人选等。

4. 正高级会计师岗位

2010 年 9 月 21 日，财政部印发的《会计行业中长期人才发展规划（2010—2020 年）》（财会〔2010〕19 号）指出："到 2015 年，实现高级、中级、初级会计人才比例为 5∶35∶60……到 2020 年，高、中、初级会计人才比例达到 10∶40∶50。增设正高级会计专业技术资格。"在全国，河北省高校正高级会计师是最多的，过达 60 余名。但目前不少省、市、自治区尚未启动。

2013 年 6 月 27 日，《教育财会研究》杂志编辑部主任方同庆同志在江苏省教育会计学会 2013 年高层论坛演讲时指出："截止 2012 年底，教育系统有财会人员（不含教育系统直属事业单位）299,462 人。从专业技术职称来看，具有高级职称的 8530 人，占比 2.85%；具有中级职称的 55204 人，占比 18.43%；具有初级职称的

114244 人，占比 38.15%；未评聘职称的 121484 人，占比 40.57%。……统计数据表明，教育系统财务管理干部群体素质有待提升。”

5. 高校总会计师

2011 年 4 月 1 日，教育部、财政部印发了《高等学校总会计师管理办法》（教人〔2011〕2 号）；2014 年 11 月 17 日，《教育部关于加强直属高校直属单位财务队伍建设的意见》（教人〔2014〕6 号）第三条规定：“进一步完善总会计师管理制度。”目前，教育部属高校、陕西省属高校等在设置总会计师方面走在全国前列。“十三五”期间应抓紧配备总会计师。

（八）与会计人才相关问题的研究

1. 财务处长轮岗造成优秀会计人才的流失

十多年来，笔者认识的很多财务处长轮岗了。他们科班出身，从毕业后的出纳、会计做起，积累了丰富的高校理财经验，具有很高的财经法规水平和较高的理论修养，这不仅是他（她）个人磨炼的结果，而且是老一代培养的成果。他们对财务工作感情很深。但轮岗后他们有些是校长助理，有些是审计处长，有些是国资处长，有些是后勤总经理或出版社社长，有些是校办公室主任，有些则在二级学院当院长或书记等等。这些会计精英绝大部分业务荒疏了，专业能力的存量也闲置了。现正值中年离岗，非常可惜。

2. 建立盘活优秀会计人才的机制

我们一方面奇缺高级理财专家，另一方面却将会计精英闲置。财政部印发的《会计改革与发展“十二五”规划纲要》第 29 条指出：“推动会计人才流动配置。”财政部的《科学绘就我国会计行业人才发展的宏伟蓝图——〈会计行业中长期人才发展规划〉系列解读之一》指出：“从用人单位来说，要以盘活会计人才队伍、提高人才使用效能为目标，将人才评价机制与人才使用机制紧密结合起来。”为此，笔者提出建立盘活优秀会计人才的机制：

（1）将轮岗的财务处长进入总会计师后备人才库。由省级教育会计学会或总会计师协会托管，继续开展业务交流与培训，做到存量不减，增量有加。政府委派总会计师时可与在职财务处长一同参与选拔。同时，对高级会计师继续保留申报正高级会计师的机会。

（2）建议采取同城异校或者同省异校轮岗。这样既保存了这批优秀人才，又多了一个锻炼机会，达到了“推动会计人才流动配置”和“要以盘活会计人才队伍、提高人才使用效能为目标”。

3. 招聘财会人员是否需研究生

高校的会计人才由高级、中级、初级三部分组成，始终要保持合理的学历结构、年龄结构和职称结构。因此，招聘财会人员没有必要必须是研究生。笔者从网上查到，厦门大学、华中科技大学、同济大学、哈尔滨工程大学、河海大学等这些“985

工程”或“211 工程”高校财务处“招聘财会工作人员启事”中要求“具有全日制大学本科及以上学历”。

(九) 高校对会计、财务岗位配备有自主权

2017 年 3 月 31 日，教育部、中央编办、发展改革委、财政部、人力资源社会保障部发布的《关于深化高等教育领域简政放权放管结合优化服务改革的若干意见》(教政法〔2017〕7 号)第四条指出：“高校依法自主管理岗位设置。高校根据国家有关规定在人员总量内组织制订岗位设置方案和管理办法，并主动公开，接受监督。岗位设置方案应包括岗位总量，教学科研、管理服务等各类岗位的名称、数量、结构比例、职责任务、工作标准、任职条件等。”

原财政部部长王丙乾在第三次全国会计工作会议指出：“宁少几个行政人员，多一个会计人员。”①

笔者在本章开头就指出，重要教育法规中必须有财务方面的规定，《高等学校章程》中必须规定经费、财务、资产等内容，可见高校财务工作的重要；封建王朝国家仅设六部“吏部、户部、礼部、兵部、刑部、工部”，“户部”是其中之一，可见财经机构的重要。因此，高校领导在行使高校自主权时，应重视高校财经领域机构的设置，充实和配齐优质的专业人才。

① 施明瑋．顾树桢同志传达第三次全国会计工作会议及中国会计学会一九八〇年年会精神[J]．上海会计，1981(1)：3－7.

第四章　高等教育投入的供给侧改革

第一节　高等教育投入需要供给侧改革

一、教育投入体制"完善和规范"需要供给侧改革

（一）教育投入体制从"改革和完善"到"完善和规范"

1993年中央提的是"改革和完善"。1993年2月13日，中共中央、国务院发布的《中国教育改革和发展纲要》提出："改革和完善教育投资体制，增加教育经费。……要逐步建立以国家财政拨款为主，辅之以征收用于教育的税费、收取非义务教育阶段学生学杂费、校办产业收入、社会捐资集资和设立教育基金等多种渠道筹措教育经费的体制。"

10年后，2003年中央提的是"完善和规范"。2003年10月14日，十六届三中全会《关于完善社会主义市场经济体制若干问题的决定》规定："完善和规范以政府投入为主、多渠道筹措经费的教育投入体制。"2004年2月，国务院批转的《2003—2007年教育振兴行动计划》规定："非义务教育的办学经费，以政府为主渠道，由政府、受教育者和社会共同分担。逐步形成与社会主义市场经济体制相适应的、满足公共教育需求的、稳定和可持续增长的教育投入机制。"

"完善和规范"仍然需要改革，制度完善也需要改革。2013年11月15日，习近平在《关于〈中共中央关于全面深化改革若干重大问题的决定〉的说明》中指出："改革是由问题倒逼而产生，又在不断解决问题中得以深化。旧的问题解决了，新的问题又会产生，制度总是需要不断完善，因而改革既不可能一蹴而就，也不可能一劳永逸。"教育投入体制从"改革和完善"到"完善和规范"，反映了十年来教育投入体制质的变化，同时也提出了教育投入体制继续改革、完善和规范的艰巨任务。

1999年，中共中央、国务院《关于深化教育改革全面推进素质教育的决定》指出，"进一步完善教育经费拨款办法，充分发挥教育拨款在宏观调控中的作用，不断提高教育经费的使用效益。政府的教育拨款主要用于保证普及义务教育和承担普通高等教育的大部分经费"，"逐步建立符合社会主义市场经济体制以及政府公共财政体制的财政教育拨款政策"。

2001年7月，教育部颁布的《全国教育事业第十个五年计划》明确提出，"建立健全社会主义市场经济体制和政府公共财政体制的教育拨款政策和成本分担机

制”,“建立各级教育投入的评估制度”。

2012年11月18日,《教育部学习宣传和贯彻落实党的十八大精神重点工作方案》第8条指出:“推进中央高校预算拨款制度的改革和支持地方高校发展政策的完善。”

2016年2月4日,《教育部2016年工作要点》(教政法〔2016〕6号)第20条指出:“推进中央高校预算拨款制度改革。”

《关于2015年中央和地方预算执行情况与2016年中央和地方预算草案的报告(摘要)》指出:“完善高校预算拨款制度。”《关于2015年中央和地方预算执行情况与2016年中央和地方预算草案的报告》修改为:“改革中央高校预算拨款制度。”从“完善”到“改革”反映了高校预算拨款制度改革任务比较艰巨。

(二) 2003年以来面临的新问题需要深化改革

又过了10年,2013年11月15日,《中共中央关于全面深化改革若干重大问题的决定》第2条指出:“紧紧围绕使市场在资源配置中起决定性作用深化经济体制改革。”第3条指出:“市场在资源配置中起决定性作用和更好发挥政府作用。市场决定资源配置是市场经济的一般规律。必须积极稳妥从广度和深度上推进市场化改革,大幅度减少政府对资源的直接配置,推动资源配置依据市场规则、市场价格、市场竞争,实现效益最大化和效率最优化。政府的职责和作用主要是保持宏观经济稳定,加强和优化公共服务,保障公平竞争,加强市场监管,维护市场秩序,推动可持续发展,促进共同富裕,弥补市场失灵。”第7条指出:“推进公共资源配置市场化。进一步破除各种形式的行政垄断。建设统一开放、竞争有序的市场体系,是使市场在资源配置中起决定性作用的基础。”第13条指出:“打破行政主导和部门分割,建立主要由市场决定技术创新项目和经费分配、评价成果的机制。”第15条指出:“凡属事务性管理服务,原则上都要引入竞争机制,通过合同、委托等方式向社会购买。”

十八届三中全会的《中共中央关于全面深化改革若干重大问题的决定》对教育投入最突出的创新是“大幅度减少政府对资源的直接配置”,“推进公共资源配置市场化”。这是高等教育投入供给侧改革的主题和新课题。

1. 高等教育规模的不断扩大使教育投入与教育需求的矛盾更加突出

2003年完成了高等教育从精英化向大众化转变(2002年达到15%),并向高等教育普及化迈进,但是,自2012年国家财政性教育经费占国内生产总值比例为4.28%之后,2013年为4.16%,2014年为4.15%,逐年下降。高等教育规模的不断扩大使教育投入与教育需求的矛盾更加突出。2004年7月13日,教育部、财政部发布的《关于进一步完善高等学校经济责任制,加强银行贷款管理切实防范财务风险的意见》(教财〔2004〕18号)指出:“随着高等教育规模的不断扩大以及广大人民群众对高等教育需求的日益增长,教育投入与教育需求之间的矛盾更加突出。”

连太平指出:“财政资金短期冗余与中长期资金不足矛盾长期存在。”[①]何代欣指出:“经济转型会令需要财政兜底的人群数量增加。教育、医疗和社保的长期支出压力都是公共服务成本上涨所致。做好应对民生财政支出大幅上升的准备。”[②]

这种教育投入与教育需求之间的矛盾就需要教育投入的供给侧改革。亨利·汉斯曼指出:“政府向非政府机构提供公共资助通常可以采取两种形式。一种形式是供给导向的资助,政府直接给供给机构提供资助——例如提供特殊投入,包括购置设备或只是提供大致的预算资助。……另一种形式是需求导向的资助,政府向消费者提供资助,并限定消费者只能用来购买相关服务。在高等教育领域,需求导向型资助是很容易实施的,只要提供奖学金或助学贷款即可,学生可以在自己选择的学校里使用消费。……不管大学的所有制结构如何——即使目前的中央集权大学体系仍然存在——通过将公共基金从供给导向型资助转变成需求导向型资助,就可以获得很大的收益。资助主要采取奖学金形式,颁发给在大学学习的学生个人,不论他是选择在公立大学学习还是选择在私立大学学习。为了实现效率和公平,奖学金也应该根据学生个人及其家庭的财产状况进行调节,因此那些支付能力最低的学生应该优先获得资助。为了鼓励学生好好利用受教育机会,防止不努力学习,虚度时光,应该要求所有的学生及其家庭至少承担部分教育成本,或者是现在支付或者是将来支付(例如给他们提供助学贷款而不是助学金)。”[③]亨利·汉斯曼还指出:“一般来说,对非营利性组织所提供的服务需求增加时,非营利性组织进入一个行业或扩张其生产能力的速度都非常缓慢,在非营利性大学中尤其如此。一个原因是缺乏扩张的必备资金。从定义上来说,非营利性组织是不能发行股票的,甚至通过银行贷款或债券借贷资金的行为也受到很大的限制。虽然政府提供信贷可以在一定程度上解决这一问题,但这又会带来供给导向型资助体系存在的问题,同时也丧失了资本市场监管体系本身的优势。非营利组织缺乏供给反应能力的另一个原因是激励问题。非营利组织的主办人和管理者无法通过行业进入或扩张来获得经济收益,这就挫伤了他们增加产出的经济动机。在经济动机缺乏的情况下,非营利组织的管理者通常就会追求高质量的服务。因为——尤其是在高等教育中——在校生人数的增加通常会以平均办学质量的降低为代价,所以管理者就更不愿意进行规模扩张。”[④]亨利·汉斯曼明确指出:“如果政府认为迅速扩大高等教育的供给非常重要,那么唯一有效的办法就是自己兴办大学,而不是利用资助来鼓励非营利性大学的开办和扩张。这似乎能够最好地解释公立大学为什么在大多数现代化国家中都占据了很大的市场份额。……不过如果兴建公立大学主要

① 连太平.财政政策有效支持供给侧改革的问题研究[J].西南金融,2016(7):68-71.
② 何代欣.结构性改革下的支出政策探讨[J].财政研究,2016(4):15-25.
③ 亨利·汉斯曼.高等教育中国家与市场的关系[J].黄丽,译.北京大学教育评论,2005(3):32-40.
④ 亨利·汉斯曼.高等教育中国家与市场的关系[J].黄丽,译.北京大学教育评论,2005(3):32-40.

是为了满足迅速扩张高等教育的需要，那么一旦公立大学已经建立，就完全没有必要继续由公共部门来控制。私有化应该是一个可行的替代方式，具体方式是通过需求导向型资助体系来支持独立的非营利性大学。”①

高等教育经费紧张或财政短缺是全球的普遍现象。有资料显示：高等教育财政紧张或财政紧缩（financial terity）是一种世界性的普遍现象，很少有国家和地区能够例外。②有学者甚至将高等教育财政紧张称为高等教育财政危机，还有学者指出大学危机就是大学财政危机。③

傅奇丹的研究表明：“2003 年，联合国主管教育权利事务的特别调查员卡塔琳娜·托马舍夫斯基在我国考察两周后指出中国在保证基础教育权利方面连非洲穷国乌干达都不如。中国每年的教育投入只占国内生产总值的 2%，远低于联合国建议的 6%的标准。她说，中国政府只承担了学校开支的 53%，其余的费用则转嫁到了学生头上。我国国家财政性教育经费支出占国民生产总值的比例，在 2001 年为 2.3%，而印度为 3.2%，美国为 5.3%，英国为 6.9%（1999 年），瑞典为 8.7%（1999 年）。目前，中国每年公共教育经费为 1400 亿人民币，约折合 170 亿美元，仅占世界各国公共教育经费总数 11500 亿美元的 1.5%；而中国现有学龄人口数量为 2.14 亿人，占全球教育总人口的 22%。我国的大学生占学龄人口比例为 4%，只及世界平均水平的 22%，居世界第 79 位。也就是说，中国用占世界 1.5%的教育经费教育了占世界 22%的受教育人口。”④

“十三五”期间强调了“增加公共服务供给”，《中共中央关于制定国民经济和社会发展第十三个五年规划的建议》第七条第一款指出：“增加公共服务供给。坚持普惠性、保基本、均等化、可持续方向，从解决人民最关心最直接最现实的利益问题入手，增强政府职责，提高公共服务共建能力和共享水平。”2015 年 5 月 8 日，国务院批转发展改革委《关于 2015 年深化经济体制改革重点工作意见》（国发〔2015〕26 号）第八部分指出：“围绕解决基本公共服务公平、效率、供给等方面的问题，着力深化教育、医药卫生、文化、收入分配、社会保障、住房等领域改革，促进社会公平，更好兜住民生底线。”由此可见，高等教育规模的不断扩大使教育投入与教育需求的矛盾更加突出，高等教育投入的供给侧改革势在必行，刻不容缓。

2. 高等教育投入的供给侧改革必须多元供给

(1)从“加大”到“扩大”投资渠道

---

① 亨利·汉斯曼. 高等教育中国家与市场的关系[J]. 黄丽，译. 北京大学教育评论，2005(3)：32 - 40.

② JOHNSTONE D B. The Significance of Globalization to American Higher Education [M]//D. Bruce Johnstone, Madelcine B, d'Ambrosio & Paul J. Yakoboski. Higher Education in a Global Society. Cheltenham, UK & Northampton, MA: Edward Elgar Publishing Ltd, 2010: 18.

③ 金子元久. 高等教育财政与管理[M]. 刘文君，译. 上海：华东师范大学出版社，2010.

④ 傅奇丹. 中国“教育产业化”论争综述[J]. 南昌教育学院学报，2006(3)：11 - 13.

2013 年 9 月 25 日，习近平在联合国“教育第一”全球倡议行动一周年纪念活动上发表的贺词中指出：“中国将坚定实施科教兴国战略，始终把教育摆在优先发展的战略位置，不断扩大投入，努力发展全民教育、终身教育，建设学习型社会，努力让每个孩子享有受教育的机会，努力让 13 亿人民享有更好更公平的教育，获得发展自身、奉献社会、造福人民的能力。”这里，由过去“加大”变成“扩大”，一字之差，所强调的内涵是寻找新财源，扩大教育投入的渠道。

2014 年 11 月 16 日，《国务院关于创新重点领域投融资机制鼓励社会投资的指导意见》(国发〔2014〕60 号)第二十六条规定：“鼓励社会资本参与教育、医疗、养老、体育健身、文化设施建设。尽快出台鼓励社会力量兴办教育、促进民办教育健康发展的意见。”

李克强在《政府工作报告(2015)》中指出：“加大政府对教育、卫生等的投入，鼓励社会参与，提高供给效率。”这里提的是“供给效率”。杜玉波副部长在直属高校财务工作会议上指出：“保持经费投入强度，重点在‘扩渠引水’上下工夫。”因此，高校应寻找新财源，如捐赠、合作办学、民间资本、混合所有制等。

(2)多办优质的民办高校

在高校所有制结构中民办高校是短板。北大教授章启群认为，教育改革的出路只有一条：开放民间资本，新建真正的私立大学。他指出：“中国近年外流的教育经费却令人触目惊心！中国目前出现了留学大潮。可以说正是国内高水平大学太少而将大批中学生挤出了国门。数据显示海外中国留学生总数为 309.54 万人，除去回国的大约 100 多万，仍在海外的约有 200 万。自费留学占到整体人数的 90%以上。如果按照一个学生的年费用 20 万元人民币计算，全部留学生的金额可达 4000 亿人民币。我们为什么不用新的政策、法规，让这笔巨大经费发展我们自己的教育？近 5 年国家年平均投入的教育经费是 15590 亿人民币。如果每年再增加 4000 亿人民币用在中国内地的教育投入上，我们现在‘985 大学’‘211 大学’的数量可以增加多少？随着国民经济收入的增长，让孩子在高中甚至初中阶段出国留学成为越来越多家长的选择。这对于心智尚未健全的独生子女，实质上并不是很好的选择。很多中国家庭用一辈子积蓄让子女留学海外。这些留学生中除了不到 1%的学生能够进入国外一流大学，其余学生大都进入二、三甚至不入流的学校。设想，如果中国再由民间资金新建 100 所‘985’大学，1000 所‘211’大学，中学生上大学的比例达到 75%～80%，上名牌大学的比例达到 30%～40%，中学生和老师为高考还会这样玩命吗？出国留学还是这样火热吗？”[①]笔者暂不企求那么多“985”和“211”大学，也不类比国外私立名校，如果有 2 所“985”和 10 所“211”水平的民办大学就不错了。

---

① 章启群.中国教育到了最危险的时候.搜狐教育网，2015 - 03 - 25.

尽管中央与政府十几次的下文，要求民间资本投入教育领域。笔者认为，关键在于如何界定中国特色的市场经济体制内的“法人财产权”和“合理回报”。2013年9月6日，国务院法制办公室关于《教育法律一揽子修订草案(征求意见稿)》公开征求意见的通知，建议一揽子对《中华人民共和国教育法》《中华人民共和国高等教育法》《中华人民共和国教师法》和《中华人民共和国民办教育促进法》四部法律相关条款进行修订。但是，《中华人民共和国教育法》、《中华人民共和国高等教育法》已经修订并经全国人大常委会讨论通过，一揽子通过了半揽子，时过3年，《中华人民共和国民办教育促进法》仍不见信息。因此，民办高校发展是短板，高等教育投入的供给侧改革要多元供给，必须要补短板。

二、教育投入需要供给侧改革

(一) 教育投入是投资

我国在改革开放后，中央重视了对教育的投资。对教育投资问题，邓小平早在1980年就指出：我们过去长期搞计划，有一个缺点，就是没有安排好各种比例关系，“有一个重要的比例，就是经济发展与教育、科学、文化、卫生、体育的比例失调。教科文卫费用太少，不成比例。甚至有些第三世界的国家，在这方面比我们重视得多。印度在教育方面花的钱比我们多。像埃及这样的国家，人口只有四千万，按人口平均计算，他们在教育方面花的钱比我们多几倍。总之，我们非要大力增加教科文卫的经费不可。”①邓小平还指出：“我们要千方百计，在别的方面忍耐一些，甚至于牺牲一点速度，把教育问题解决好。”②

1985年5月27日发布的《中共中央关于教育体制改革的决定》指出：“发展教育事业不增加投资是不行的。在今后一定时期内，中央和地方政府的教育拨款的增长要高于财政经常性收入的增长，并使按在校学生人数平均的教育费用逐步增长。现在，各级都有一些领导干部，宁肯把钱花在并非必要的方面，对于各种严重浪费也不感到痛心，唯独不肯为发展教育而花一点钱，这种状况必须改变。”

1999年1月13日，国务院批转的《面向21世纪教育振兴行动计划》第42条指出：“落实科教兴国战略，必须转变把教育投资作为消费性投资的观念，要切实把发展教育作为基础设施建设，把教育投资作为一种基础性的投资，千方百计增加教育投入。”

1985年5月17日，时任国务院副总理万里同志在全国教育工作会议上指出：“教育是开发智力资源的一个重要投资部门，教育投资是效益最大的一种投

① 邓小平. 邓小平文选(第二卷)[M]. 北京：人民出版社，1983：250.

② 邓小平. 邓小平文选(第三卷)[M]. 北京：人民出版社，1993：275.

资。……教育投资不是立竿见影的一种投资。”①

2016年1月15日，袁贵仁在全国教育工作会议上指出：“依法保证教育投入稳定增长。投资教育就是投资经济、投资未来。国家要加大人力资本投资，教育要加大投资于人的力度。……完善教育经费投入机制。针对薄弱领域，构建经费投入长效机制。”

2010年6月25日，《国家中长期教育改革和发展规划纲要(2010—2020年)》第五十六条规定：“加大教育投入。教育投入是支撑国家长远发展的基础性、战略性投资，是教育事业的物质基础，是公共财政的重要职能。”

1776年，亚当·斯密在《国富论》中将教育看做是取得利润的固定资本投资。他指出：“学习一种才能，须受教育，须进学校，须做学徒，所费不少。这样费去的资本，好多已经实现并固定在学习者身上。这些才能，对于他个人自然是财富的一部分；对于他所属的社会，也是财富的一部分。工人增进熟练的程度，可和便利劳动、节省劳动的机器和工具同样看做是社会上的固定资本。学习的时间里，固然要花费一笔费用，但这笔费用可以得到偿还，同时还可以取得利润。”②

(二) 高等教育投资的性质

对高等教育投资性质的认识，主要有三种观点：

第一种观点认为，高等教育投入是消费性支出。持这种观点主要是教育学家，他们认为，高等教育对于社会是传播文化科技知识的工具，对于个人则是满足个人求知、增强个人修养的手段。高等教育的功能主要是社会效益，体现在社会文明以及文化道德方面，更多地与人文主义对人性的解放与对人权的尊重相联系。如1972年，联合国教科文组织发表报告《学会生存》指出：“教育需求的增长，虽然基本上仍然为经济发展的需要所决定，但同时这种增长还要符合社会学特有的逻辑，所以劳动市场的供需法则至少在短时期内远不是直接发生作用的因素。”③1995年，联合国教科文组织发表报告《教育——财富蕴藏其中》指出：“教育机制的首要作用之一是使人类有能力掌握自身的发展。”T·W·舒尔茨指出：“从经济分析的效果来看，在消费者的教育价值和生产者的教育价值之间有着一种差别。因而，教育对消费的贡献，可分为对现在消费的贡献和对将来消费的贡献，并把对将来的消费看作是一种投资。教育的生产者价值直接是对将来生产与获得收入的能力上的一种投资。因此，在划分教育的效益时，可以有三种概念上的划分：①现在的消费；②将来的消费(是一种投资)；③生产者将来的能力(也是一种投资)。”④因此，从整

① 万里.在全国教育工作会议上的讲话[N].光明日报，1985-05-31.

② [英]亚当·斯密.国民财富的性质和原因的研究[M].郭大力，王亚南，译.北京：商务印书馆，1981：257-258.

③ 联合国教科文组织.学会生存——教育世界的今天和明天[M].北京：教育科学出版社，1996：57.

④ T·W·舒尔茨.教育之经济价值[J].黄志成，译；邱渊，校.外国教育资料，1982(1)：32-35.

个国民收入分配角度看，教育纯粹属于消费性支出。

第二种观点认为，高等教育投入是生产性投资。持这种观点主要是经济学家，他们认为，高等教育对于个人能增强个人的劳动能力，从而增强了择业与工作的竞争能力，增加了个人的收入，具有私益性和私人产品的特征；对于社会则是提高了劳动生产率，增加了社会财富，促进了经济增长。总之，对个人和社会都会带来收益，高等教育的功能主要是经济效益。《教育辞典》在解释“教育投资”条目时认为：“根据美国舒尔茨的计算方法，日本在1936—1955年的20年间，在国民收入增长部分中，约有75%是由于增加教育投资取得的。美国由于教育投资而增加的国民收入，约占国民收入总额的35%。因此教育投资是生产性的。”[①]于光远指出：“教育可以看做是国民经济的一个部门，因此教育经济学在整个经济科学分类中，它是属于部门经济学的。因此不论使用马克思指出的哪一种生产劳动的概念，我们国家举办的和社会主义集体举办的教育基本上都是社会主义生产劳动，在我国整个社会主义体系中，教育可以看做是一个生产部门。这是一种特殊的生产部门。它之所以被确定为生产部门，是从教育对社会生产所起的作用这一点作出判断的。肯定教育劳动基本上是生产劳动，教育基本上是生产力，教育部门基本上是一个生产部门，在实践中对于我国教育事业的发展，对于我国经济事业的发展是有利的。”[②]教育投资对国民经济的促进作用，表现在：①教育是发展生产力的智力基础；②教育是科学技术转化为现实生产力的桥梁；③教育是实现生产管理现代化的决定因素；④教育是生产高素质劳动力的根本途径。

第三种观点认为，高等教育投入既是生产性投资，又是消费性支出。持这种观点主要是教育经济学家，他们认为，首先，要看到高等教育是消费性支出，教育的首要功能是传播文化科技知识，能够丰富精神生活，能够促进社会文明以及文化道德方面的建设，具有公益性和明显的公共产品的特征，教育部门不直接产生社会财富，是非物质生产领域，因此，高等教育投入是非补偿性的，属于消费性支出。其次，也应该认识到，高等教育能改善劳动力的质量，掌握科学技术和文化知识的劳动者是生产力的决定因素，高等教育培养的人和生产的知识是潜在的生产力，在生产过程中比未受过高等教育的人能发挥更大的作用，提高劳动生产率；同时，高等教育过程中能够生产科学知识形态的生产力，经转化为技术后形成现实和直接的社会生产力，能促进经济增长，具有经济功能，属于生产性投资。

辩证唯物主义认为，生产与消费不是绝对对立的，而是辩证统一的。它们的关系是：①马克思指出，生产行为本身，在它的一切因素上，也就是消费行为。[③] ②没

① 朱作仁．教育辞典[Z]．南昌：江西教育出版社，1992：648.

② 于光远．关于建立和发展教育经济学的几个问题[J]．经济研究，1980(8)：13－16.

③ 马克思，恩格斯．马克思恩格斯选集(第2卷)[M]．北京：人民出版社，1972：93.

有生产就没有消费,没有消费就没有生产。生产是消费的手段,消费是生产的目的。生产决定消费,消费又反作用于生产。具体到教育投资应是一个循环的过程:"教育投资→生产人的劳动能力→提高劳动生产率→经济增长→更多的教育投资"。由此可见,从"教育会生产人的劳动能力"上讲,教育是广义的生产过程。我国著名的教育经济学家邱渊指出,教育投资是"有形的消费,潜在的生产;必要的消费,扩大的生产;今天的消费,明天的生产"。邱渊认为,对教育投资功能的分析,我们至少可以提出以下观点:在增加经济效益、促进经济建设上,它是直接存在的,自始多益的,长期增进的。[①] 我国著名经济学家董辅礽认为:"从经济学角度看,教育是一种劳务,它既是消费的教育又是投资的教育。"教育现象实际上是经济学视野中的经济现象,可以以经济学的原则来解释教育行为并得出相应的结论。具有明显功利性目标的高等学校的学生接受高等教育既是一种投资行为,又是一种消费行为,大学生既是投资者又是消费者。作为投资者,学生将关心自己投资的未来收益,在一定时期内收回成本。学生与管理者、教师的关系不再是简单的被教育者与教育者的关系,而介入了直接的经济利益关系,表现为消费关系、交换关系、委托者与代理人关系。

20 世纪 60 年代后,世界高等教育研究偏向教育经济功能的趋势;80 年代"教育危机"后,又认识到教育投资并不会自动地对经济产生持续的作用,其发挥作用的程度,决定于社会政治经济环境与教育的适应性。因此,高等教育投入的性质在实践和研究中不断深化。

(三) 高等教育投入的特点

(1)非营利性。在市场经济条件下,企业的投资是营利的。企业的目标是谋求股东利益的最大化。高等教育投资则不同,学校属于非营利组织,因此,《中华人民共和国教育法》第二十五条规定:"任何组织和个人不得以营利为目的举办学校及其他教育机构。"《中华人民共和国高等教育法》第二十四条规定:"设立高等学校,应当符合国家高等教育发展规划,符合国家利益和社会公共利益,不得以营利为目的。"

(2)连续性。对于某一个体来讲,人力资源与物质资源不同,机器设备是一次性投资,虽然也有一些更新改造,但如果换一台新设备的费用不高而效率更高,则可淘汰旧设备。人力资源则不同,人是"活到老,学到老",实行终身教育,教育是一个连续不断的过程,教育投资也是不断追加的过程,以适应知识创新和高科技发展的需要,继续教育需要连续投资。

(3)递增性。随着经济发展带来的教育者和受教育者生活待遇的提高,随着教育内容的不断丰富和教育技术的现代化,高等教育成本呈现递增的趋势。高等教

① 邱渊.析教育投资功能[J].上海高教研究,1990(4):65-70.

育成本分担理论要求政府的投资和个人的投资都应是递增的。只有这样，才能保证高等教育的高质量。

(4)迟效性。高等教育投入周期长，一个学生从小学到博士需 20 余年时间，才能对社会做贡献，自己也得收益。也就是说，高等教育的能力发挥为教育经济效益需要一个很长的时间，经过一个知识和能力转化的“滞后”的周期，高等教育投入的收益要经过较长的时间才能体现。英国剑桥教育咨询公司中国部主任，曾供职于我国教育部胡文斌认为，政府有各种各样的投入，在资源有限的情况下往往不会首先考虑教育，因为教育投资收效周期太长。这也是一个很现实的选择。

(5)长效性。高等教育培养的专门人才，无论在物质生产部门，还是在科研教育或政府部门，能够永久地发挥作用，长期为社会带来经济效益和社会效益，对个人的收益也是长期的，且不受年龄的限制。

(6)间接性。高等教育投资不能直接同物质生产资料结合，不会直接生产社会物质财富。它通过培养的专门人才的劳动能力与科研成果，在物质生产领域显示或转化出经济效益，从这个意义上讲，也可称之为潜在性。

教育经济学研究表明，教育投资经济效益的形成，遵循如下规律：①教育投资产生的经济效益主要是间接的；②教育投资产生的经济效益在时间上是比较迟缓的；③教育投资产生的经济效益发挥作用的时间比较长；④教育投资产生经济效益的形式是多种多样的。因此，高等教育投资还具有多效性、高效性和特效性等特点。如多效性，英国经济学家马克・布劳格总结了高等教育的间接收益有 9 项，如代际影响，适应能力，民主意识等。

(四) 高校预算拨款制度是高等教育财政政策的核心内容之一

2008 年 10 月 8 日，《财政部、教育部关于完善中央高校预算拨款制度的通知》(财教〔2008〕232 号)指出：“高校预算拨款制度是高等教育财政政策的核心内容之一，也是高等教育宏观调控的重要手段。”2015 年 11 月 17 日，《财政部、教育部关于改革完善中央高校预算拨款制度的通知》(财教〔2015〕467 号)指出：“高校预算拨款制度是高等教育财政政策的核心内容之一，是支持高等教育事业发展的重要制度安排。”上述两个要求“完善中央高校预算拨款制度”和“改革完善中央高校预算拨款制度”的文件中强调了高校预算拨款制度的重要性与改革完善的要求，由此可见，改革开放近 40 年来尚需完善符合社会主义市场经济体制以及政府公共财政体制的财政教育拨款政策。

高校预算拨款制度涉及高等教育财政投入的公平和效率。联合国教科文组织主席狄洛(J. Delors)指出：“人类面临未来种种的挑战和冲击时，教育将成为人类自由和平和维持社会正义最珍贵的工具。公共教育传统上已成为美国社会的伟大平衡器，公共教育提供平等的教育机会，作为回报，平等的教育机会又是行使自由权的前提条件。”①胡鞍钢指出：“在促进经济增长、运用市场机制方面，应遵循‘效率优先，兼顾公平’的原则，但在收入分配提供公共服务方面，应遵循‘公平优先，兼顾效率’的原则。政府应当在两者之间寻求某种平衡。”②党的十七大指出：“把提高效率同促进社会公平结合起来，初次分配和再分配都要处理好效率和公平的关系，再分配更加注重公平。”

在本章中首先阐述高等教育财政投入的公平。《国家中长期教育改革和发展规划纲要（2010—2020年）》指出：“教育公平是社会公平的重要基础。教育公平的关键是机会公平，教育公平的主要责任在政府，全社会要共同促进教育公平。”《中共中央关于制定国民经济和社会发展第十三个五年规划的建议》第七条第三款指出：“促进教育公平。”《中华人民共和国国民经济和社会发展第十三个五年规划纲要》第五十九章指出：“促进教育公平。”

目前，高等教育财政投入包括基本支出和项目支出以及中央财政安排的专项经费，“基本支出”保证公平性，高等教育财政投入的公平包括制订高校生均拨款标准和教育券等内容；“项目支出以及专项经费”保证效率性，高等教育财政投入的效率包括绩效拨款，竞争性拨款等。

在本章中首先阐述高等教育财政投入的公平，其次阐述高等教育财政投入的效率，最后阐述高等教育投入供给侧改革的收费。

第二节　高等教育财政投入的供给侧改革首先是公平

一、高等教育投入的供给侧改革首先是公平供给

（一）高等教育使大多数人得到教育机会

英国新古典学派的代表人物、经济学家阿弗里德·马歇尔在其代表作《经济学原理》中指出：“把公私资金用于教育是否明智，不能单以它的直接结果来衡量。教育仅仅当做是一种投资，使大多数人有比他们自己通常能利用的大得多的机会，也将是有利的。因为，依靠这个手段，许多原来会默默无闻而死的人就能获得发挥他们的潜在能力所需要的开端。而且，一个伟大的工业天才的经济价值，足以抵偿整个城市的教育费用。……在许多年中为大多数人举办高等教育所花的一切费用，如果能培养出像牛顿或达尔文、莎士比亚或贝多芬那样的人，就足以得到补偿了。”③

---

① Margaret Gibelman, Vicki Lens. Entering the debate about school vouchers：A social work perspective [J]. Children & Schools, 2002, 24(4): 207-221.

② 胡鞍钢. 经济效率与社会公平[C]. 国情报告(第五卷)2002年(下), 2012: 349.

③ [英]阿弗里德·马歇尔. 经济学原理(上卷)[M]. 宇琦, 译. 长沙: 湖南文艺出版社, 2011: 33-234.

（二）公共资助的高等教育实质上是“将穷人的收入向富人转移的一种不公平的机制”

Hansen 和 Weisbrod 的研究表明：公共资助的高等教育其实质是“将穷人的收入向富人转移的一种不公平的机制”。[①] 以后一些学者的实证研究也得到了与上述两位相同的结果，如：Rogers(1971)，Jallade(1973)，以及 Fields(1975)等。1979年，弗里德曼在《自由选择：个人声明》一书的“学校的问题在哪里”一章中指出：“没有任何理由让那些没有享受到高等教育的人，为享受高等教育的人掏腰包。”哈耶克在其著作《自由秩序原理》一文中认为：“主张对高等教育进行补贴的理由在于，这种教育或研究能够为整个社会带来某种益处，而非这种补贴能给接收者带去何种利益。”[②]哈耶克还反对把高等教育机会作为一种福利在社会成员之间进行平等的分配。于是，一些学者认为高等教育成本分担是远远不够的，在非义务教育阶段应该按照全部成本收取学费，而政府也不应再对非义务教育进行财政资助。此外，来自美国的一些研究报告也显示：“政府的高等教育经费开始从低收入阶层转向了高收入阶层。”因此，政府的补贴实际上是阻挠而非促进教育机会均等目标的实现。20世纪80年代到90年代初，世界银行关于高等教育财政的研究显示：以公共财政支持的免费高等教育，预示着穷人向富人的逆向转移支付，即穷人子女与富人子女相比获得了较少的高等教育机会。Winkler(1990)的一份研究报告指出，免费或过低学费的高等教育体制存在以下弊端：①过低的私人成本会带来对高等教育的过度需求；②资源使用的低效率和过高的生均成本；③收入分配公平性的下降；④较少的高等教育入学机会。[③] Ziderman 和 Albrecht(1995)的研究结果也表明，尽管中高收入人群在社会总人口中的比重很小，但他们的子女却享受了高等教育机会中的较大比例，进而占用了公共高等教育经费中的大多数。由此可知，主张使用税收来资助高等教育的教育机会的“均等论”就很难令人信服了。

（三）高等教育不公平的资助在通常情况下不是帮穷人而是帮富人

亨利·汉斯曼指出：“对大学提供公共资助的根本原因，有人指出，由于大学教育是公共产品，所以应该获得公共资助。但是这个说法缺乏说服力。当然在民主社会中，受过良好教育的公民能够选举更有能力的领导者、制定更有效的政策，所以其他人能够从发展教育中获益。不过其他人获益的大小是值得怀疑的，事实上大学教育所产生的公共收益远远小于个人收益。如果一个国家的公民受过更好的教育，有更高的生产率，那么国家作为一个整体也会变得更加繁荣，因为个人通常无法完全占有自己所创造的财富。但是投资于实物资本和其他生产资本也会产生

---

① Hansen W L & Weisbrod B A. The Distribution of Cost and Benefits of Public Higher Education: The Case of California, 1969(2): 167 - 191.

② 哈耶克. 自由秩序原理[M]. 上海：三联书店，2003.

③ 李文利. 高等教育财政政策对入学机会和资源分配公平的促进[J]. 北京大学教育评论，2006(2): 31.

同样的结果，因此这不能构成国家资助人力资本开发的特殊原因。此外，即使大学教育普遍存在正外部性，但潜在的雇主为了获得学生的工作能力而展开竞争，使得绝大部分回报事实上被学生个人所占有。综上所述，高等教育主要是一种私人产品。也经常有人认为，由于高等教育是社会再分配的有效形式，所以应该获得公共资助。但是因为这个论点将再分配限制在特殊产品和服务的消费上，因此也常常遭到反驳。首先，这种资助是无效率的。如果想让一个穷人致富，在他生产力最高的那几年把他送进大学学习并不一定是最好的办法。在很多情况下，给他买辆卡车或开家饮食店，对他的前途来说可能会更好。其次，在通常情况下，资助高等教育会加剧两极分化。尤其是在对富人和穷人都实行无差别的学费减免时更是如此，原因在于能够进入大学学习的学生通常来自富有人家，这就使得富人从学费减免中获益更多。目前欧洲绝大多数国家就是这样做的。即使只给那些相对较穷的学生提供受教育资助，从长远来看对再分配也没有太大的影响，因为申请资助的学生通常是那些将来一定会成功的人。而那些由于缺乏学习背景、天赋而无法接受高等教育的年轻人将仍然留在原来所处的社会底层，资助高等教育并不能给他们提供任何帮助。”①

在公共资金紧缺的情况下，高等教育投入的供给侧改革首先要推行高校绩效拨款，其次要兼顾高等教育投入的公平供给。

二、制定高校生均拨款标准

（一）两种不同的拨款改革办法

1. 改革按学生人数拨款的方法，但基金制只有试点尚未推广

1993 年 2 月 8 日，国家教委、国务院学位委员会联合发出《国家教委关于中央部门所属普通高等学校深化领导管理体制改革的若干意见》第 6 条指出：“改革现行拨款制度。逐步改变教育事业费安排按学生人数拨款的办法，在定任务、定规模、定编制的基础上，实行各部门教育经费预算总额包干，逐步建立基金制。”

1993 年 2 月 13 日，中共中央、国务院印发的《中国教育改革和发展纲要》（中发〔1993〕3 号）第 21 条指出：“改革对高等学校的财政拨款机制，充分发挥拨款手段的宏观调控作用。对于不同层次和科类的学校，拨款标准和拨款方法应有所区别。改革按学生人数拨款的方法，逐步实行基金制，在国家和地方预算下达的教育经费之外，学校可依法筹集资金。”

原国家教委按照“统筹规划、合理安排、保证重点、提高效益和公平、透明”的原

① 亨利·汉斯曼. 高等教育中国家与市场的关系[J]. 黄丽，译. 北京大学教育评论，2005(3)：32－40.

则，在一些直属高等学校中试行“基金制”拨款办法，[①]从试点院校的改革情况看，这种拨款制度有利于政府转变职能，把对高等学校直接管理逐步转向政策引导与宏观调控，有利于促进高等学校的自主办学和自我挖潜，提高规模效益和办学质量。

2. 按学生人数拨款办法，改为“学生人均经费基本标准和学生人均财政拨款基本标准”

（二）政府要求制定高校生均拨款标准

1. 政府要求制定高校生均拨款标准的规定

《国家中长期教育改革和发展规划纲要（2010—2020年）》第五十七条规定：“完善投入机制。进一步明确各级政府提供公共教育服务职责，完善各级教育经费投入机制，保障学校办学经费的稳定来源和增长。各地根据国家办学条件基本标准和教育教学基本需要，制定并逐步提高区域内各级学校学生人均经费基本标准和学生人均财政拨款基本标准。”第六十七条规定：“地方教育投入保障机制改革试点。建立多渠道筹措教育经费长效机制；制定各级学校学生人均经费基本标准和学生人均财政拨款基本标准；探索政府收入统筹用于支持教育的办法；建立教育投入分项分担机制；依法制定鼓励教育投入的优惠政策。”

2010年5月17日，教育部发布《深化教育体制改革工作重点》第4条第2款指出：“完善教育投入保障机制。制订各级学校生均经费基本标准和生均财政拨款基本标准。”

2010年10月24日，国务院办公厅《关于开展国家教育体制改革试点的通知》（国办发〔2010〕48号）第10条指出：“根据办学条件基本标准和教育教学基本需要，研究制定各级学校生均经费基本标准。北京市，天津市，辽宁省，上海市，江苏省，浙江省，安徽省，河南省，湖南省，广东省，广西壮族自治区，重庆市，云南省，甘肃省。”

2010年11月30日，《财政部、教育部关于进一步提高地方普通本科高校生均拨款水平的意见》（财教〔2010〕567号）指出：“各地要根据高校合理需要，制定本地区地方高校生均拨款基本标准。在此基础上，结合财力情况、物价变动水平、高校在校生人数变化、工资标准调整等因素，建立地方高校生均拨款标准动态调整机制，逐步提高生均拨款水平。原则上，2012年各地地方高校生均拨款水平（指政府收支分类科目‘2050205 高等教育’中，地方财政通过一般预算安排用于支持地方高校发展的经费，按在校生人数折算的平均水平；包括基本支出和项目支出，不含中央财政安排的专项经费）不低于12000元。”

---

① 中华人民共和国教育部．邓小平理论指导下的中国教育二十年[M]．福州：福建教育出版社，1998：71－72.

2012 年 3 月 16 日,《教育部关于全面提高高教质量的若干意见》第三十条规定:“加强高校经费保障。完善高校生均财政定额拨款制度,建立动态调整机制,依法保证生均财政定额拨款逐步增长。”

2013 年 1 月 26 日,《教育部关于 2013 年深化教育领域综合改革的意见》(教改〔2013〕1 号)规定:“加快研究制定高等职业学校生均财政拨款标准。”

2013 年 2 月 28 日,《财政部、发展改革委、教育部关于完善研究生教育投入机制的意见》(财教〔2013〕19 号)指出:“完善中央部门所属普通高等学校(以下简称中央高校)研究生教育财政拨款制度。建立健全包括生均综合定额拨款、绩效拨款、奖助经费在内的财政拨款体系。从 2012 年起,中央财政对纳入全国研究生招生计划的中央高校全日制研究生(委托培养研究生除外)安排生均综合定额拨款。同时,根据经济发展水平、物价变动情况和财力状况,建立拨款标准动态调整机制,逐步提高拨款水平。全面实行研究生教育收费制度。从 2014 年秋季学期起,按照‘新生新办法、老生老办法’的原则,向所有纳入全国研究生招生计划的新入学研究生收取学费。原则上,现阶段全日制学术学位研究生学费标准,硕士生每生每年不超过 8000 元,博士生每生每年不超过 1 万元。”

2.《教育部工作要点》的规定

2010 年 1 月 29 日,《教育部 2010 年工作要点》(教政法〔2010〕2 号)第 27 条指出:“探索制定各级各类学校生均经费基本标准和生均拨款基本标准。”

2010 年 5 月 17 日,教育部发布《深化教育体制改革工作重点》第 2 条指出:“完善教育投入保障机制。开展建立多渠道筹措教育经费长效机制试点。探索政府收入统筹用于支持教育的办法。建立健全教育投入绩效评估和加强经费使用管理和监督的政策措施。制订各级学校生均经费基本标准和生均财政拨款基本标准。完善家庭经济困难学生资助体系,建立健全各级各类学生资助政策。”

2011 年 2 月 10 日,《教育部 2011 年工作要点》第 25 条指出:“指导各地制定职业教育生均拨款标准。”

2012 年 1 月 20 日,《教育部 2012 年工作要点》(教政法〔2012〕2 号)第 6 条指出:“推动制定职业学校生均财政拨款标准。提高高校生均拨款水平。”

2013 年 1 月 24 日,《教育部 2013 年工作要点》第 11 条指出:“统筹建立健全以政府投入为主、多渠道筹集教育经费、保障教育投入稳定增长的体制机制。”第 34 条指出:“推动各地建立高等职业学校生均拨款制度。推进研究生投入机制改革。”

2014 年 4 月 25 日,《教育部财务司关于印发 2014 年教育财务工作要点的通知》(教财司函〔2014〕152 号)第 1 条指出:“推动各地尽快建立各级教育生均拨款制度,建立保证财政教育投入稳定增长的长效机制。”第 8 条指出:“推动建立职业教育生均拨款制度。推动各地建立完善高职院校生均拨款制度,指导和推动地方逐步建立职业教育生均拨款制度,保证学校基本办学需求。”

2015年1月31日，《教育部2015年工作要点》(教政法〔2015〕3号)第16条指出："不断提高教育经费保障与管理水平。督促各地落实法定增长，推动各地建立各级教育生均拨款制度，依法保障财政教育投入。"

2016年2月4日，《教育部2016年工作要点》(教政法〔2016〕6号)第20条指出："督促各地落实中职学校和高职院校生均拨款制度。推动建立健全地方所属高校研究生教育生均拨款制度。完善非义务教育阶段成本分担机制，规范学校收费管理。推进中央高校预算拨款制度改革。"

3. 高校生均拨款标准落实情况

2015年1月22日，袁贵仁在全国教育工作会议上指出："各地教育部门要抓紧制订和落实生均拨款标准，这是落实法定增长的重要抓手，也是保障教育投入稳定增长的长效机制。……建立生均财政拨款标准动态调整机制，逐步提高保障水平。"

晋浩天报道："截至2015年12月，全国31个省份已经全部建立了高职院校生均拨款制度。生均拨款制度的全面建立有利于促进高等职业教育的改革发展，整体提高高等职业院校经费水平和人才培养质量，也为实现2017年各地高职院校年生均财政拨款水平不低于12000元的目标奠定了良好基础。据了解，自2014年教育部、财政部印发《关于建立完善以改革和绩效为导向的生均拨款制度加快发展现代高等职业教育的意见》以来，中央通过综合奖补、专项督导等多种措施，引导推动地方建立完善高职生均拨款制度。如贵州等省份在调查研究的基础上，相继出台了符合省情的高职院校生均拨款制度；黑龙江等省份也结合《意见》的要求，进一步完善原有制度，合理调整了生均拨款标准。"①

2016年3月15日，第十二届全国人民代表大会第四次会议通过的《关于2015年中央和地方预算执行情况与2016年中央和地方预算草案的报告》在"2016年财政政策"中指出："推动地方建立健全职业院校生均拨款制度……完善高校预算拨款制度，引导高校提高质量、优化结构、办出特色。"这里，仍提到"2016年推动地方建立健全职业院校生均拨款制度。"

从上可知，"十三五"期间仍需"推动地方建立健全职业院校生均拨款制度"，本科院校则还未建立生均拨款制度。

（三）制定"生均拨款标准"不能用"生均培养成本"

1. 政府对"生均培养成本"的规定

1986年10月15日，国家教委、财政部发布的《高等学校财务管理改革实施办法》第27条规定："改革现行的会计核算制度，研究建立高等学校会计核算体系和投资效益分析指标体系，做到直接费用正确归属，间接费用合理分摊，为核算人才

① 晋浩天.教育部：全国31省份均已建立高职院校生均拨款制度[N].光明日报，2016-01-15.

培养成本创造条件，使会计核算适应学校管理的要求。”

1996 年 12 月 16 日，国家教育委员会、国家计委颁布的《高等学校收费管理暂行办法》第 5 条规定：“学费占年生均教育培养成本的比例和标准由国家教委、国家计委、财政部共同作出原则规定。在现阶段，高等学校学费占年生均教育培养成本的比例最高不得超过 25％。”第 4 条规定：“教育培养成本包括以下项目，公务费、业务费、设备购置费、修缮费、教职工人员经费等正常办学费用支出。不包括灾害损失、事故、校办产业支出等非正常办学费用支出。”

1998 年 8 月 29 日，《中华人民共和国高等教育法》第六十二条规定：“国务院教育行政部门会同国务院其他有关部门根据在校学生年人均教育成本，规定高等学校年经费开支标准和筹措的基本原则。”

1999 年 6 月 13 日，《中共中央、国务院关于深化教育改革全面推进素质教育的决定》第 24 条规定：“在非义务教育阶段，要适当增加学费在培养成本中的比例，逐步建立符合社会主义市场经济体制以及政府公共财政体制的财政教育拨款政策和成本分担机制。”

2005 年 6 月 8 日，国家发展改革委员会印发的《高等学校教育培养成本监审办法（试行）》第 5 条规定：“高校教育培养成本由人员支出、公用支出、对个人和家庭的补助支出和固定资产折旧四部分构成。其中人员费用包括：教职工基本工资、津贴、奖金、社会保障缴费、其他人员支出；公用支出包括办公费、印刷费、水电费、取暖费、邮电费、交通费、差旅费、会议费、培训费、福利费、劳务费、招待费、租赁费、物业管理费、维修费、专用材料费、其他公用支出；对个人和家庭的补助支出包括离退休费、抚恤和生活补助、医疗费、助学金、住房补贴和其他支出；固定资产折旧包括房屋建筑物折旧、设备折旧。”

2. 政府试图制定《高等学校生均成本核定办法》

《教育部 2007 年工作要点》第 45 条指出：“制订《高等学校生均成本核定办法》。”2006 年 4 月 4 日，教育部副部长袁贵仁表示：“今年教育部将会同国务院有关部门联合出台高校生均成本核定办法，不允许出台新的收费项目，也不允许收取国家已明令禁止的各种费用。”2007 年 1 月 3 日，《教育部 2007 年工作要点》中表示：“《高等学校生均成本核定办法》计划今年制定。”但至今未出台。

2012 年 12 月 19 日，财政部、教育部印发的《高等学校财务制度》第六十二条规定：“高等学校应当根据实际需要，逐步细化成本核算，开展学校、院系和专业的教育总成本和生均成本等核算工作。科研活动成本的核算应当细化到科研项目。高等学校成本核算实施细则由国务院财政部门会同教育主管部门制定。”之后又出台了《高等学校成本管理暂行办法（征求意见稿）》，可是正式稿仍未颁布。

3. 高等学校生均成本计算难

笔者曾在上世纪80年代中叶探索过人才成本。① 后来认为教育成本计算难度大且研究意义不大。②《高等学校生均成本核定办法》与《高等学校成本管理暂行办法(征求意见稿)》未出台是由于计算难。臧文丽报道:"张保庆:教育培养成本问题没完全研究透。③ 刘开普报道:"大学生培养成本很模糊:一个无法说清的问题。"④代小琳报道:"但学生培养成本确实很难计算,因为涉及的因素太多。王旭明指出,中国的高等教育实行的是教育成本分担机制,就是国家、学校和上学的学生本人各负担一部分费用。教育成本学生应该负担多少,是按照这个估算出来的标准收取学生的费用。……每个学生应该分担多少,这是一个很复杂的指标,所以研究起来要有一定的时间。"⑤

国外未计算过高校成本核算。段治平等认为:"华盛顿州公立高校自1977年始,采用成本分担理论作为其学费定价的理论基础,基于生均成本数据和分担比例确定学费。该州立法确定学费只能是教育成本的24%～33%。由于院校生均教育成本很难准确计量,以及合理分担比例的难以确定,该州在1995年宣布放弃以成本决定法作为学费定价的基础。"⑥郭少峰报道:"大陆高校以前没有做过成本核算,国外也没有先例,虽然也曾组织人员到国外考察,但现在做具体核算仍非常复杂。这位人士透露说,设备折旧、教室折旧等估计会算在成本核算里,不过在具体比例上还是有不同的意见。"⑦2010年3月5日,由财政部会计司、中国会计学会"政府与非营利组织专业委员会"主办,在中南财经政法大学召开了"政府与非营利组织会计高层论坛",笔者遇到了美国伊利诺伊大学陈立齐教授(中国财政部政府会计改革专家委员会顾问),向他请教了"美国是否计算高校教育成本?"他沉思后答:"没有。"

4. 历史成本测算的结果不能成为拨款和收费的标准

(1)政府曾将高校历史成本作为依据测算拨款和收费的标准

①"根据在校学生年人均教育成本规定高等学校年经费开支标准"

1998年8月29日,《中华人民共和国高等教育法》第六十二条规定:"国务院教

---

① 乔春华. 人才成本初探. 煤炭院校首届财务工作研讨会论文选[C],1985(秦皇岛):31-43.
乔春华. 人才成本再探. 煤炭院校第二届财务工作研讨会论文选[C],1986(成都):21-28.
乔春华. 人才成本的理论与实践[J]. 教育与经济,1987(2):4-11.

② 乔春华.《事业单位会计准则》与《事业单位财务规则》研究——以高等学校为例[M]. 南京:南京大学出版社,2010:248-249.

③ 臧文丽. 张保庆:教育培养成本问题没完全研究透. 人民网,2006-09-07.

④ 刘开普. 大学生培养成本很模糊:一个无法说清的问题[N]. 中国财经报,2006-04-14.

⑤ 代小琳.《高等学校生均成本核定办法》计划今年制定[N]. 北京晨报,2007-01-05.

⑥ 段治平,周传爱,史向东. 国内外高校收费比较与借鉴[J]. 价格理论与实践,2006-01:77-78.

⑦ 郭少峰. 大学生培养成本核定出标准,文科生年成本1.3万[N]. 新京报,2006-04-05.

育行政部门会同国务院其他有关部门根据在校学生年人均教育成本，规定高等学校年经费开支标准和筹措的基本原则。”

②“高等学校学费占年生均教育培养成本的比例”

1996年的《高等学校收费管理暂行办法》曾提到“高等学校学费占年生均教育培养成本的比例最高不得超过25%”。

2003年9月1日，国家发展改革委办公厅、财政部办公厅、教育部办公厅发布的《关于开展高等学校教育成本有关情况调查审核工作的通知》指出：“为了进一步研究高等学校教育成本水平，合理制定高等学校学费标准，提高高等教育收费管理的科学性，开展高等学校教育成本有关情况调查审核工作。”

(2)拨款标准和收费标准不能根据历史成本测算

学者们对我国高等教育成本作过很多研究。笔者曾对这些研究提出过不同意见。① 笔者曾指出，学者们的研究建立在历史成本法的基础上，历史成本法是对过去的消耗进行测定，试图作为财政拨款和收费的依据。按实际成本作为拨款和收费基数的不合理性表现为：一是我国高等教育历来投入不够，各高校为了“量入为出”，不出赤字，只好进行降低教学质量的低成本运作，如医科类的实习应1名学生解剖4只白鼠，现在因经费紧张而4名学生解剖1只白鼠；此外，为了节省费用而不适当地上大班课等。二是以实际成本作为拨款和收费基数，造成“拨款、收费低→教学质量低→实际成本低→拨款、收费仍低”的恶性循环。三是实际发生的浪费也计入了开支，而闲置的却未计入费用。因此，“过去的消耗”是在“过去的拨款”和“过去的收费”并不出赤字基础上的消耗，这种测算尽管添加折旧之类的因素，仍然是在“拨款低”和“收费低”的框架内测定，这种测算是一种数字游戏。因此，笔者当时提出采用标准成本法而不是历史成本法。笔者还认为：“应推行教育标准成本计算，重要原因是教育成本计算难度大，且普遍推广意义不大。”②这里，“学生人均经费基本标准”与“教育成本”的区别在于，“教育成本”是采用历史成本法按实际数测算统计，而“学生人均经费基本标准”是采用标准成本法“根据国家办学条件基本标准和教育教学基本需要”测定。因此，高校标准成本法是制定“生均经费基本标准和生均拨款基本标准”的依据。

(四) 制定“生均经费基本标准和生均拨款基本标准”应用高校标准成本

笔者曾对高校标准成本作过探索，③本文再作较详细的研究。所谓标准成本，

① 乔春华.高等教育投入体制研究[M].南京：南京大学出版社，2006：114-116.

② 乔春华.《事业单位会计准则》与《事业单位财务规则》研究——以高等学校为例[M].南京：南京大学出版社，2010：248-249.

③ 乔春华.《事业单位会计准则》与《事业单位财务规则》研究——以高等学校为例[M].南京：南京大学出版社，2010：248-249.
乔春华.高校管理会计研究[M].南京：东南大学出版社，2015：143-146.

是指培养一名合格大学生的必要支出。这里的"必要支出",只包括在保证合格质量基础上的合理支出,不包括浪费、闲置等不合理的支出与培养学生无关的费用。

"标准教育成本"的"标准"由"标准量"与"开支标准"两个要素组成。

$$计算公式 = \sum(标准量 \times 开支标准)$$

1. 标准量的确定

2004 年 8 月 9 日,教育部颁布了《普通高等学校本科教学工作水平评估方案(试行)》,这是规定普通本科高校办学基本标准的文件,是培养合格本科生起码的经费投入保障。

(1)人员标准量

A."生师比"

2004 年 2 月 4 日,教育部发布的《普通高等学校基本办学条件指标》(教发〔2004〕2 号)的"合格标准"见表 4-1。

表 4-1　普通高等学校"生师比"的合格标准

学校类别	综合、师范、民族院校	工科、农、林院校	语文、财经、政法院校	医学院校	体育院校	艺术院校
生师比	18	18	18	16	11	11
具有高级职务教师占专任教师的比例(%)	30	30	30	30	30	30
具有研究生学位教师占专任教师的比例(%)	30	30	30	30	30	30

B. 教授、副教授、讲师、助教标准量

按不同类别、不同层次高校师资队伍合理职称结构比例确定教授、副教授、讲师、助教的标准数量。

C. 职员、工勤人员标准量

按教师与职员、工勤人员的合理比例确定职员、工勤人员的标准数量。如 2003 年 9 月 1 日,国家发展改革委办公厅、财政部办公厅、教育部办公厅发布的《关于开展高等学校教育成本有关情况调查审核工作的通知》规定:"行政管理工作人员原则上控制在事业编制教职工人数的 12%～15%(校部党政机构人员编制可按全校事业编制教职工人数的 6%～10%掌握),高于 15%则按超比例行政管理人员数、教职工人均人员费用水平核减支出,低于 12%不核增支出。"

(2)办学条件标准量

办学条件的合格标准量见表 4-2。

表 4－2　普通高等学校"办学条件"的合格标准量

学校类别	综合、师范、民族院校	工科、农、林院校	语文、财经、政法院校	医学院校	体育院校	艺术院校
生均教学行政用房（平方米/生）	14	16	9	16	22	18
生均教学科研仪器设备值（元/生）	5000	5000	3000	5000	4000	4000
生均图书（册/生）	100	80	100	80	70	80
生均占地面积（平方米/生）	54	59	54	59	88	88
生均宿舍面积（平方米/生）	6.5	6.5	6.5	6.5	6.5	6.5
百名学生配教学用计算机台数（台）	10	10	10	10	10	10
百名学生配多媒体教室和语音实验室座位数（个）	7	7	7	7	7	7
新增教学科研仪器设备所占比例（%）	10	10	10	10	10	10
生均年进书量（册）	4	3	4	3	3	4

（3）公用经费的定额。办公费、差旅费、业务费、会议费、邮电费、体育维持费、教学仪器设备维修费、水费、电费、培训费等都参照定额执行。

2. 开支标准的确定

开支标准，是指工资标准、费用标准等。

（1）工资标准：教授、副教授、讲师、助教和厅级、处级、科级、办事员以及工勤人员按不同级别的平均工资和津贴计算等。

（2）学生的奖学金、助学金等按同城或同类院校的平均标准。

（3）设备、物资等有政府采购价的按政府采购价计算，没有政府采购价的按市场价计算。

（4）公用经费：水费、电费、业务费、办公费、差旅费等按开支标准计算；其他的购入时有政府采购价的按政府采购价计算，没有政府采购价的按市场价计算。

（5）房屋及建筑物、设备等按使用年限的折旧计算。国家发展改革委办公厅、财政部办公厅、教育部办公厅发布的《关于开展高等学校教育成本有关情况调查审核工作的通知》规定："对学校当年发生的专用设备、一般设备、交通工具、其他设备购置费分别按实际支出的 12.5%、20%、10%和 10%计算，即分别按 8 年、5 年、10 年和 10 年摊销。"

这里需要说明，随着科技进步和对高等教育质量要求的提高，上述 2004 年的标准数量应定期调整。

标准数量的优点是不因学校的实际占用或消耗（超编或缺编、资产的闲置和紧缺、费用的浪费和节省等）而变动，而只求培养一名合格大学生的必须支出的标准。

如何测定教育标准成本？某本科生标准成本的测定应按如下公式：

某专业本科生的标准单位成本＝所有成本项目标准成本之和/某专业本科生的标准折合量之和。其中某成本项目标准成本＝标准消耗量×标准价格。

3. 完善“生均经费基本标准”研究的建议

(1)生师比应统一

上述教育部发布的《普通高等学校基本办学条件指标》对“生师比”有了规定，不同学科门类分别为 1∶18，1∶18，1∶18，1∶16，1∶11，1∶11；但国家发展改革委办公厅、财政部办公厅、教育部办公厅发布的《关于开展高等学校教育成本有关情况调查审核工作的通知》却规定：“标准学生与教学人员人数的合理比例（生师比）确定为 13∶1 以上，低于这一比例则按超比例教学人员数、教学人员的人均人员费用水平核减支出，高于这一比例不核增支出。”

(2)学生数折合系数应统一

学生数是分母，学生数直接涉及生均经费基本标准。但现在“学生数折合系数”规定却不一致，建议应统一。如：

2004 年 8 月 12 日，教育部办公厅关于印发《普通高等学校本科教学工作水平评估方案（试行）》（教高厅〔2004〕21 号）规定：“折合在校生数＝普通本、专科（高职）生数＋硕士生数×1.5＋博士生数×2＋留学生数×3＋预科生数＋进修生数＋成人脱产班学生数＋夜大（业余）学生数×0.3＋函授生数×0.1。”

国家发展改革委办公厅、财政部办公厅、教育部办公厅发布的《关于开展高等学校教育成本有关情况调查审核工作的通知》规定：“折合标准学生。各类学生折算为标准学生的权数为本科、专科、第二学士学位、在职人员攻读博士和硕士学位、高等职业技术教育学生为 1，博士生为 3，硕士生为 2，来华留学生为 2.5，网络教育生为 0.1，夜大、函授、自考等其他学生均为 0.25。”

(3)不同学科门类的折合系数应统一

现在不同学科门类的折合系数不统一，如：

2011 年 11 月 24 日，河南省财政厅、河南省教育厅印发《关于进一步提高河南省普通本科高校生均拨款水平的实施意见》的通知规定：“资金分配主要依据上年度在校生人数（不含中外合作办学、软件职业学院等收费较高专业在校生）和已确定的学校类型（折算系数：综合类 1.33；理工类 1.29；农林类 1.5；医药类 2.5；师范类 1.25；财经类 1.25；政法类 1.25；体育类 1.5）测算核定，同时对博士生、硕士研究生和专科生按规定比例折算，以体现办学成本差异。”

马陆亭、张伟、朱宁的研究显示，充分依据客观统计结果，在平衡各种统计数据时合理地缩小学科间的差距。依据这一原则，学科费用系数的比例以不超过 2 为宜。最终计算结果：文科类（含文学、哲学、法学、教育学、经济学、管理学）学科费用系数为 1；工科、农科类学科费用系数为 1.4；理科类学科费用系数为 1.6；医科、艺术类学科费用系数为 1.8。①

同样职业院校，福建省与湖南省各学科专业学生折合系数就不同：

2006 年 9 月 18 日，福建省人民政府办公厅转发的《省财政厅、教育厅关于我省公办职业院校生均经费标准意见的通知》（闽政办〔2006〕206 号）指出："①理工类（含电子信息、土建、制造、农林牧渔、轻纺食品、交通运输、环保、气象与安全、材料与能源、水利、资源开发与测绘），标准学生系数为 1；②文科类（含财经、文化教育、公共事业、旅游、法律），标准学生系数为 0.85；③体育、卫生、艺术类（含公安、生化与药品、医药卫生、艺术设计传媒、体育），标准学生为 1.1。"

2011 年 12 月 30 日，湖南省《关于我省公办职业院校生均经费标准的意见》指出："①工科类（含电子信息、土建、制造、农林牧渔、生化与药品、医药卫生、轻纺食品、交通运输、环保、气象与安全、材料与能源、水利、资源开发与测绘），标准学生系数为 1；②文科类（含财经、文化教育、公共事业、旅游、法律），标准学生系数为 0.87；③体育、艺术类（含公安、艺术设计传媒、体育），标准学生系数为 1.35。"

高等教育标准成本的意义，一是作为财政拨款和收费的标准。二是有利于将实际成本与标准成本对比，其中量差是可控成本，是成本控制的重点，价差为不可控成本，应随时测算。成本管理的重要职能认为，对成本加强控制要比单纯进行成本计算更为重要。标准成本的主要作用是衡量工作效率和控制成本。标准成本应有两种涵义：一种是指"单位产品的标准成本"，它是制定"生均经费基本标准和生均拨款基本标准"的依据；另一种涵义是指"实际数量的标准成本"，它是根据实际数量和成本标准计算出来的，是控制实际教育成本的依据。

综上所述，只有依据标准成本制定"生均经费基本标准和生均拨款基本标准"，才能起到财政资金有效供给的作用，因此，高等教育财政投入的供给侧改革，首先是制定"生均经费基本标准和生均拨款基本标准"，保证培养一个合格的大学生在财政资金供给上的公平性。

三、试行高等教育券

（一）教育券概述

1. 试行教育券的意义

教育券支持者希尔（Hill）认为，教育券政策的推行将会有效解决学校供给问题。他认为，通过教育券，学生将选择私立学校，有空额的私立学校也会接纳一部

① 马陆亭，张伟，朱宁. 高水平大学学科费用系数的测算[J]. 高等教育研究，2005(2)：39－42.

分学生，此外一些私立学校也会进行扩张以容纳更多的学生，而新的私立学校也会不断建立。大量学校的出现将为所有学生提供受教育机会，而且通过学校间的竞争，教育质量也会得到提高。①

北京师范大学教授曲恒昌指出："弗里德曼认为，只有通过教育的民营化，才能对教育系统进行彻底的构建。'教育券'正是重建教育结构的一种重要途径，或者说是一个重要的步伐。所以说'教育券'不仅仅是一个具体的办法，更是我们整个教育改革的一个重要手段或途径，如果我们从这样一个高度来理解、认识它，在今后'教育券'的实施中可能更好一些。'教育券'最关键、最核心的东西是效益与公平。"②

北京大学经济学教授周其红指出："长兴'教育券'超越了这三个层面，引进了一个新的游戏规则，那就是学生家长选择学校。通过改变、改善游戏规则来改变人们的行为，增加对教育资源的动源量，同时来改善教育资源的使用效益。在长兴考察到的最重要的是长兴从自己的问题出发来寻找解决办法。这不是一笔钱，也不是一种新的技术，不是一套新的教育方式，是一套办教育的游戏规则。教育不是量的问题，是质的问题。传统的体制是将教育资金全部拨付到公立学校，这样限制了选择。"③

王德林认为："由政府资助的教育券的含义是，第一，由于花的是纳税人的钱，所以务求其公开、公平、公正；第二，首先要保证的是低收入家庭不因自己的财力而失去对自认为最好的学校教育的选择权和分享权；第三，仅适用于义务教育阶段；第四，最终目的在于打破公立学校的垄断地位，在学校系统中引入竞争机制，提高学校教育质量。"④

黄斌认为："虽然教育券并非唯一的制度选择，然而与其他选择相同的是，它们在实质上都涉及教育公共资源全部或者部分私有化内容，只是在方法和形式上有所差异而已。教育券通过其私人品特征化内容，明确了教育资源的部分产权归属和利益主体，为教育制度的变迁提供了强大的产权激励下的效率功能。另外，公共品市场的制度和规则的变革影响还将延伸到私人品市场。因为涉及公共资源的私人品特征化的制度改革将有利于加强人们教育投资理性选择的可行能力和经验积累，以及对于公共品供给和生产质量的敏感性，这些对于现期劳动力市场分割的消除，以及劳动力价格扭曲的纠正都有着及其重要的意义。"⑤

---

① Hill Paul T. The supply side of school choice. In school choice and social controversy: plitics, policy and law[M]. edited by Stephen D. Sugarman and Frank R. Kemmerer, brookings press. 1999: 140 - 173.

② 曲恒昌，程方平，周其红. 专家点评"教育券"[J]. 教育发展研究，2003(1): 66 - 67.

③ 曲恒昌，程方平，周其红. 专家点评"教育券"[J]. 教育发展研究，2003(1): 66 - 67.

④ 王德林. 教育券：由来、实质、意义和评价[J]. 社会科学战线，2007(2): 219 - 222.

⑤ 黄斌. 关于教育券的再认识——从新制度经济学角度的审视[J]. 教育与经济，2005(4): 50 - 51.

康永久、吴开华认为："教育券的真正意义在于使学生及其家长真正成为教育的自主消费者，使学校和教师真正成为教育的自主生产者，通过建立统一的教育市场，打破国家对教育的行政垄断和公私立学校之间的制度性分割，促进学校之间的公平竞争、优胜劣汰，从而确保国民教育权，全面提高教育质量和效益。由于它与现代公共教育体制乃至我国现行的基于行政集权和条块分割的多元办学体制有着完全不同的思路和逻辑，并将带来教育中的利益关系和利益机制的深刻变化，从而给人们的思想和行为带来极大的冲击，在国内外都引发了严重的争议。对此，我们必须阐明自己的立场。……'教育券'不能离开选择，家长（学生）的教育选择权是教育券的基石和核心。"①

从上可知，教育券不仅仅是拨款方式的改变，而是"引进了一个新的游戏规则"，"是重建教育结构的一种重要途径"，"'教育券'最关键、最核心的东西是效益与公平"，"务求其公开、公平、公正"。试行教育券的意义有：①教育券制度能推动建立和完善适应社会主义市场经济体制的教育体制；②教育券制度能推动教育公平，不仅对教育需求者特别是贫困学生、残疾学生、女生等公平，而且对教育供给者如公办学校与民办学校的公平；③教育券制度引进竞争机制，推动择校，能提高学校教育质量，提高教育经费的使用效率；④教育券制度改变拨款方式，能改革社会集权过度症，防止"跑步（部）前（钱）进"，适当遏制教育官僚主义的滋长和教育腐败；⑤教育券制度有利于扩展教育投资渠道；⑥教育券制度还有利于有效解决学校供给问题。

2. *教育券的由来*

诺贝尔经济学奖获得者米尔顿·弗里德曼于 1955 年在《政府在教育中的作用》一文中首先提出了教育券的概念。教育券（Education Voucher，也称"Tuition Voucher"或"School Voucher"），即称"教育凭证"或"学券"等。弗里德曼的教育券思想首先在《政府在教育中的作用》（该文被收录在 1962 年出版的《资本主义与自由》(Capitalism and Freedom，1962）一书中），25 年后，在 1980 年出版的《自由选择》一书第六章中（相关文章"学校的问题在哪里?"又收录在 1987 年出版的《弗里德曼文粹》一书中），弗里德曼逐步完善了教育券思想。

弗里德曼认为，公立学校不仅没有能解决教育公平问题，反而是扩大了公平差距。他认为中小学教学质量参差不齐，"在公立教育事业中，对来自低收入家庭的黑人儿童的教育，无疑是成绩最糟糕、失败最惨重的领域。与其说是使黑人儿童受教育，还不如说是使他们失掉受教育的机会。但按照政府的一贯说法，公立教育的

① 康永久，吴开华. 教育券：核心政策建议[J]. 教育理论与实践，2003(19)：28－32.

最大受益者却是穷人和被压迫者。由此看来,公立教育的确是一个双重悲剧。"①弗里德曼在《自由选择》一书中又指出:"长期以来建立的公共教育制度是一种政府垄断,由于缺乏必要的市场竞争和约束,因此效率低下,资源浪费严重,要改变这种状况,就要将市场竞争机制引入高校,建立起全国统一的生产者机构市场,公立高校和私立高校公平竞争。此外,公立高校和私立高校均应向学生收取全额学费,政府只为贫困学生和少数不负责任的家长提供资助,资助采取教育凭券和贷款的形式,学生就业后归还欠款。"②"我们意识到:这些关于政府资助教育和义务教育法的观点对于大部分读者来说也许过于偏激了。这就是为什么目前我们为什么只是提出这种观点,而不要求读者给予全面支持的原因。我们主张实行教育券计划,这是摆脱目前这种局面最稳妥的办法。"③

弗里德曼主张现行的这种由政府对公立学校进行补助应该予以废除,取而代之的做法是由政府向学生家庭直接发放教育券(voucher),由学生家庭自行选择他们所要从之受到教育的学校,这种学校只要得到了政府的认可即可,而不用考虑是否是公立的。这样政府的作用被确保在维护学校最低的办学水平上,而公立和私立学校也被摆放在同等的竞争位置上,二者只有在满足"消费者"需要的条件下才能获得生存与发展。在高等教育领域,他主张的做法是"任何补助应该给予个人,用之于他自己所选择的机构,只要这种学校教育是值得给予补助的。任何保留下来的公立学校应该收取能偿付其成本的学费,从而,能在同一水平和私立学校相竞争。"④弗里德曼分析说,这样做有利于使不同类型的学校进行更有效的竞争,缓解了私立学校要求政府也对他们进行直接援助的压力,同时也保持了其自身的独立性和多样性,它的附带有利之处是"可能考察到补助的使用是否符合给予补助的目的。对学校而不是对个人给予补助导致了不加区别地补助学校的所有活动,而不是补助国家应该补助的活动。"⑤

总之,弗里德曼所提出的教育券制度把传统的"政府→学校→学生"的资源配置模式转变为以消费者为轴心的"政府→学生→学校"的资源配置模式,从而优化教育资源,提高教育的效率与质量。

王德林指出:"教育券的内在机制的核心是通过教育选择和教育竞争实现优质高效。对于教育服务的消费者即学生及其家长来说,有了对教育服务的选择权;对

① 伦纳德·比利特.用自由市场方法改革教育.第 P-6141 号兰德公司文件(加利福尼亚州圣莫尼卡:兰德公司,1978 年):27-28.
米尔顿·弗里德曼,罗斯·弗里德曼.自由选择——个人声明[M].胡骑,席学媛,安强,译.北京:商务印书馆,1982:154.

② [美]米尔顿·弗里德曼.资本主义与自由[M].张瑞玉,译.北京:商务印书馆,2001:115.

③ [美]米尔顿·弗里德曼.弗里德曼文粹[M].高榕,范恒山,译.北京:北京经济学院出版社,1991:128.

④ [美]米尔顿·弗里德曼.资本主义与自由[M].张瑞玉,译.北京:商务印书馆,1986:96.

⑤ [美]米尔顿·弗里德曼.资本主义与自由[M].张瑞玉,译.北京:商务印书馆,1986:97.

于教育服务的供应者即学校来说，面对的是彼此之间展开竞争的广阔空间。这个机制的实现有赖于政府职能的转变，即政府不再直接提供教育服务，而是通过政府规制对学校进行资格认证，给受教育者发放足额教育券，确保教育竞争市场的完善。教育券的实质在于，把市场经济中有益于组织优化、服务优化和效益优化的游戏规则引入教育经济与管理，并通过在这种背景下对教育资源的优化配置，最终优化整个教育系统，培养更高质量的人才。”①王德林还指出：弗里德曼认为，“把公立学校置于政府的直接管理并强迫人们进入这种学校的做法，使公立学校体制内滋生出了一种自身无法克服的官僚主义。在这种官僚体制中，公有的、受到保护的、垄断的、没有竞争的、集团化的公立学校，教育质量的下降是必然的。解决问题的有效办法是政府将投入教育的钱以教育券的形式直接发放到家长手中，允许家长在任何一个愿意接收他的子女的学校使用教育券，不论这所学校是私立的还是公立的，也不论这所学校是否坐落在他们居住的学区、城市、州。”弗里德曼的教育券旨在把竞争引入公立学校体系，在教育券的流动中实现优胜劣汰，并在一定程度上医治公立学校的“社会集权过度症”，适当遏制教育官僚主义的滋长。②

吴方桐的研究表明：“教育券的慈善团体弗里德曼基金会（Friedman Foundation）的统计学家格雷格·福斯特（Greg Forster）说，美国有 8 项类似研究，其中 7 项的统计显示对那些得到教育券的幸运儿有重大成效，剩下的一项亦显示了积极效果，不过因研究设计不够完善而不便统计。……择校可以提高所有学生的受教育水平，更有利证据来自于哈佛大学的经济学家卡罗琳·霍克崧（Caroline Hoxby）。她已经证明，美国的公立学校只有在与接收教育券学生的学校为生源而竞争时，才会改进自身。瑞典的研究者们亦持同样观点。看来，在公立学校里工作的人同其他人一样，有一点儿竞争，他们才会做得更好。”③

由此可见，弗里德曼运用教育券这种市场机制赋予了学生和家长选择学校的自由，打破了教育中僵化的一潭死水，使学校之间展开竞争。

3. 教育券的定义

米尔顿·弗里德曼指出：“为了对政府所规定的最低限度的学校教育提供经费，政府可以发给家长们票证。如果孩子进入‘被批准的’教育机关，这些票证就代表每个孩子在每年中所能花费的最大数量的金钱。这样，家长们就能自由地使用这种票证，再加上他们所自愿添增的金额向他们所选择的‘被批准的’的教育机关购买教育劳务。教育劳务可以由以营利为目的的私营教育机关或非营利的教育机关所提供。政府的作用限于保证被批准的学校的计划必须维持某些最低标准，很

---

① 王德林. 教育券：由来、实质、意义和评价[J]. 社会科学战线，2007(2)：219－222.

② 王德林. 教育券：由来、实质、意义和评价[J]. 社会科学战线，2007(2)：219－222.

③ 吴方桐. 教育券：自由择校，自由学习[J]. 国外社会科学，2007(5)：112－113.

像目前对饭馆的检查,要求保证最低的卫生标准那样”。①

国内学者运用弗里德曼的教育券思想,阐述了教育券的定义。季苹指出:“所谓‘教育凭证’是指政府发给家长们票证,提供政府所规定的最低限度的学校教育经费,家长们可以自由地使用这种票证,再加上他们所自愿添增的金额向他们所选择的‘被批准的’教育机关购买教育劳务。”②康永久、吴开华指出:“所谓教育券计划,就是政府向父母按生均教育经费标准发放教育券,父母为子女自由选择学校并向学校支付教育券,学校再把挣到的教育券向政府索取资助。这一计划的核心理念,便是在教育中引入市场经济的机制,由家长(学生)自由选择学校来达到优胜劣汰、全面提高学校质量的目标。”③王德林认为:“从理论上,我们可以把教育券定义为,把教育投资按每个学生所应享受的额度直接发放到学生及其家长手中,使其可以支付所就读学校或其他受教育形式的部分或全部学杂费用的一种支付手段。这个定义概括了几乎各种形式的教育券,无论是政府发放的,还是私人或私营机构发放的;也无论是发给中小学生的,还是发给学前儿童或大学生或成人教育学生或受到特别关照的残障教育学生的;无论是在公立学校中使用的,还是在私立或民办学校中使用的,甚至在如短训班、主题会议等其他形式的教育活动中使用的。”④杜莉等认为:“教育券制度是政府根据生均教育经费标准向学生发放教育券,由学生选择学校,凭教育券载明金额支付学费或其他费用,学校再凭教育券获得政府经费的一种制度。也有的文献认为教育券制度本质上是根据学生人数拨款,不一定要直接向学生发放票证,关键是允许学生自主择校。但本研究报告所称的教育券制度特指向学生或家长发放用于支付教育费用的票证的制度,借以和直接财政拨款相区别。相对财政直接拨款而言,教育券制度不是各国普遍采用的拨款方式,但采用这种制度的国家在增加,适用的教育层次在扩大,其受到政府部门和研究者重视的程度与日俱增。”⑤

教育券分类。美国教育券计划根据经费来源分为私人教育券计划和公共教育券计划,私人教育券计划如 CSF 儿童奖学基金教育券,是美国目前最大的私人教育券计划。私人教育券更强调的是其社会慈善功能。按照公共经费拨款方式,又分为公共教育券计划、税收抵免奖学金计划(Tax Credit Scholarship Program)、个人税收抵减计划(Personal Tax Credit and Deductions),后两者通常被认为鼓励慈善的税收优惠项目。教育券按资助对象分类。夏焰、沈有禄指出,根据美国教育券理论与实践的实际状况,现有 9 个州共 11 项公共教育券项目,按资助对象分,这些

① [美]米尔顿·弗里德曼.资本主义与自由[M].张瑞玉,译.北京:商务印书馆,1986:87.

② 季苹.米尔顿·弗里德曼“教育凭证”思想及其影响[J].教育研究,2002(4):81-85.

③ 康永久,吴开华.教育券:核心政策建议[J].教育理论与实践,2003(19):28-32.

④ 王德林.教育券:由来、实质、意义和评价[J].社会科学战线,2007(2):219-222.

⑤ 杜莉,等.国外政府补贴教育的方式[J].科学发展,2009(4):93-102.

教育券又有 4 种形式：①通用券（Universal Voucher Programs）：教育券实施范围内所有儿童都适用；②城镇券（Town Tuitioning Programs）：学生生活的城镇没有其相应年级的公立学校，学生可申请的教育券；③特殊教育券（Special-Education Voucher Programs）：指的是被确认为有特殊教育需要的学生，通常指的是残疾学生；④弱势学生券（Disadvantaged Student Voucher Programs）：指的是出身贫穷家庭或就读于落后学校（failing schools）。[①]

从上述内容可以看出，教育券制度亦称教育券政策，又称教育券方案或称教育券计划，包含以下内容：①教育券是由公共资金和其他社会资本垫付的教育有价凭证；②教育券制度把传统的“政府→学校→学生”的资源配置模式转变为以消费者为轴心的“政府→学生→学校”的资源配置模式；③教育券制度鼓励择校和竞争以提高教育质量；④教育券最关键、最核心的东西是效益与公平，是教育拨款机制的创新。概括地说是：公平和效率为出发点，提高质量为目标，政府和社会出资，父母或学生选择，学校和学生共同竞争，各方共同受益。

（二）教育券在国外的实践

目前，在世界上已相继有美国、英国、瑞典、荷兰、芬兰、澳大利亚、俄国、波兰、智利、哥伦比亚、阿根廷、肯尼亚、孟加拉、危地马拉等国开展了教育券实践。大部分国家的教育券制度都倾向于社会公平，只有智利在 1980 年代采取了几乎完全符合弗里德曼条件的市场化“教育券”，最终以失败告终。本文重点介绍美国和智利的教育券实践。

1. 美国[②]

美国教育券计划最早可以追溯至 1869 年佛蒙特州和顷因州推行的城市学费计划（Town Tuitioning Programs）。[③]

（1）民主党和共和党对教育券的不同立场

民主党和共和党在“政府权力”问题上的分歧导致其对教育券态度的对峙。教育券始肇于民主党，推广的是共和党。民主党罗斯福和约翰逊总统首推教育券，但后来共和党尼克松、里根和布什、小布什总统等推广教育券时，民主党反对，如克林顿。

1944 年，民主党总统罗斯福签署了《士兵权利法案》（GI 法案），根据规定，所有服役期超过 90 天的退伍军人可以得到现金资助以完成中等和高等教育。到 1956 年法案终止时，有近 800 万军人通过联邦资助，完成了全部或部分的学院教育。这

① 夏焰，沈有禄．美国教育券的形式、内容、特点、经验及其启示[J]．教育与职业，2011(12)：21－24．

② 李海生．教育券政策分析[D]．上海：华东师范大学博士论文，2007：37－44．
王德林．教育券：由来、实质、意义和评价[J]．社会科学战线，2007(2)：219－222．

③ Wikipedia. School Voucher [N/OL]. http://www.ask.com/wiki/School_voucher, 2010－05－21.

一政策被视为美国历史上教育券政策雏形。[①] 在20世纪60年代的后期，在追求教育平等的旗帜下，教育券主张引起了当时执政的民主党总统林登·约翰逊的注意。实行具有一定限制性的教育券，以保证最贫穷的人获得最大程度的教育。[②] 1968年起，林登·约翰逊总统的经济机会办公室和联邦教育委员会相继鼓励和资助对教育券计划的研究。公共政策研究中心(the Center for the Study of Public Policy)于1970年提交了《教育券：向父母提供补助和资助基础教育的报告》。报告论述了有关教育凭证的讨论，并提出了7种教育凭证模式。[③]

20世纪60年代末70年代初，共和党总统尼克松(Richard Nixon)在其任职期间支持公共教育券计划。1970年公共政策研究中心制定了教育券意见；共和党总统里根(Ronald Reagan)对公共教育券的强烈赞成迫使国会三次对教育券法案进行审核，推动了教育券立法，并于1985年通过了与公共教育券计划相关的“教育机会均等法案”，公共教育券计划终于在1990年于威斯康星州的密尔沃基市站稳了脚跟；共和党总统布什(George Bush)不但公开支持密尔沃基市家长择校计划，而且于1992年向国会提交了雄心勃勃的教育券法案。虽然国会并未通过该教育券法案，但是布什总统却亲自监督教育券法案在威斯康星州立法机关的进展情况。

民主党总统克林顿反对将政府的公共资金用于选择私立学校，但是支持“特许学校计划”，特许学校的迅速发展妨碍了公共教育券计划的推行。

共和党总统小布什于2001年向国会提交了与公共教育券政策相关的教育改革计划。在美国最高法院宣判克利夫兰市教育券计划并不违宪后，小布什公开称赞这一判决具有历史意义。

民主党总统奥巴马不赞成公共教育券计划的推行，议会的教育法案也删除了教育券的相关规定。

至今，实施公共教育券计划的地区还非常有限，参加公共教育券计划的学生不及全体学生数的0.04%。

从上可知，不同党派对教育券的不同立场直接影响教育券计划的发展。

(2)美国主要的教育券计划

1873年缅因州议会通过了《自由高中法令》。法令规定，没有设立学校的镇政府应为城镇上居民接受私立教育支付学费。1909年，缅因州又制定了一部相关法律，要求没有设立高中的镇应对其居民到指定的中学就读支付学费。每一个为它

---

① 马骥雄.战后美国教育研究[M].南昌：江西教育出版社，1991：147.

② Pattl Goodman. The New Reformation: Notes of a Neolithic Conservative. New York: Random House, 1970. Education Vouchers: A Report on Financing Elementary Education by Grants to Patents. Cambridge, MA: the Center for the Study of Public Policy, 1970, as cited in Ritchard F. Elimore, Choice im Public Education, Santa Monica, CA: 1986, 9.

③ [美]米尔顿·弗里德曼.资本主义与自由[M].北京：商务印书馆，1986：82.

的学童支付学费的镇和那些拥有高中学校的镇都将获得州政府同样比例的资助。100多年来，通过纳税人资助教育体系，已有成千上万名学生进入私立学校（包括教会学校）学习。

在佛蒙特州，教育券已走过了一个多世纪。目前，全州有90个城镇在推行教育券政策。在1998—1999学年，州财政共为6505名学前到一、二年级的学生支付了选择公立或私立学校的学费。如果家长选择了私立学校，州财政将根据相关法令为家长支付学费，支付额度一般不超过同一层次公立学校生均学费。

在1956和1960年，弗吉尼亚的州议会通过了《"学费奖励"（Tuition-grant）和"奖学金"（Scholarship）法案》，为学生提供公共资金。学生可在所处学区的任何一所非宗教性质的合格学校中，用资助的钱来缴纳学费。弗吉尼亚法律和南方一些州的立法机关通过的"自由择校"法令的目的，主要是帮助那些实行种族隔离的学校既维持现状又遵循1954年高等法院对布朗诉教育委员会的判决。①

1989年，威斯康星州立法机关通过了美国第一个真正的教育券计划《密尔沃基家长选择计划（Milwaukee Parental Choice Program，简称MPCP）》，该法案规定，州政府将资助一定数量的贫困家庭的儿童自由选择愿意就读的学校，但不包括教会学校。实施的对象限定于在联邦政府规定的低于贫困线收入1.75倍以下的家庭，且参与择校的学生不超过所有学区公立学校学生数的1%，教育券学生数不得超过所在注册学校学生数的49%。这一法律仅适用于已在密尔沃基公立学校就读学生，而当时已在私立学校就读的学生，则不能参加教育券计划。随着1998年6月威斯康星州最高法院的有利判决，教会学校才得以加入教育券计划。当年9月，有6000名学生进入80多所私校就读，其中多数为宗教学校。

1995年，联邦法院要求俄亥俄州接管失败的公立学校。俄亥俄州议会通过立法允许对学区内低收入家庭发放教育券和实施个别辅导奖学金计划。根据家庭不同收入，贫穷学生可获得不同数额的奖学金。家庭收入低于联邦所定的贫困水平20%以下的家庭，其子女最高可获得2250美金，约为私立学校学费的90%，其他家庭境况较好者则获得较少的补助。学生可用所获的奖学金选择学区公立或私立学校，包括宗教学校，甚至跨区到其他学区就读，这种形式与教育券计划极为类似，只是政府直接发钱给学生而并未印制教育券。该计划标志着政府第一次大规模向教会学校通过教育券进行资助，即用政府的钱享受私立教育。

1999年6月，佛罗里达州议会通过了改进公立学校绩效的机会奖学金法令（The Opportunity Scholarship Program），这是美国第一个全州范围内的教育券计划。在1999年，议会还通过了一个以参议员McKay名字命名的奖学金项目，专门

① Jeffrey R. Henig. Rethinking school choice: limits of the market metaphor, Princeton, N. J.: Princeton University Press, 1993, 104.

向残障学生发放教育券，同意他们选择私立学校或学区外公立学校就读。

2004 年 9 月，华盛顿特区启动了美国第一个由联邦基金资助的教育券计划。这一计划主要为居住在学业表现低下学区的家长提供选择学业成绩较好的私立学校就读的机会。这是自 2002 年高等法院判决以来第一个学校选择计划。

(3)在教育券问题上的法律博弈

美国在 1791 年通过的宪法的第一修正案中明确规定："国会不得制订设立宗教或者限制其自由实践的法律。"美国是一个政教分离的国家，美国政府作为世俗政权不能随便干涉宗教信仰，也不能过多与宗教事务相牵连。克利夫兰教育券计划在实施的第一学年(1996—1997 学年)，76.8%参与的学生都进入了宗教学校，这引起了一些纳税人及组织对该计划的合宪性提起了诉讼。1996 年 7 月 31 日，哥伦布县富兰克林郡民事诉讼法院裁定该教育券计划没有违背俄亥俄州宪法或美国宪法。反对者也提出抗诉，1997 年 5 月，俄亥俄州第十地区上诉法院裁定这个教育券计划违背了美国宪法第一修正案政教分离条款。由于这个教育券计划导致的政府和宗教之间的一切联系都是间接的，只取决于家长个人为他们自己和他们的孩子所做的"真正独立的个人选择"。在某种程度上，学生受到了来自于这个教育券计划的学费资助的学校进行的教化不是直接的政府行为结果。因此，这个教育券计划没有导致政府和宗教间的不合法的联系。1999 年 5 月 27 日，俄亥俄州最高法院裁定这个教育券计划没有违背美国宪法第一修正案政教分离条款。2000 年 12 月 11 日，美国第六巡回上诉法院裁定这个教育券计划违背了美国宪法第一修正案政教分离条款。2002 年 6 月 27 日，美国联邦最高法院最终裁定这个教育券计划没有违背美国宪法第一修正案政教分离条款。[①]

共和党议员南茜·斯宾斯(Nancy Spence)认为，教育券将被应用到科州任何一个符合条件的学区内，因为在州职权范围内，该学区有至少 8 所学校处于贫困线以下。目前，全州有 11 个学区被包括在内，至少其他学区可以选择也可以不选择加入该计划。法案的目的在于给那些来自于低收入家庭的孩子以选择受教育学校的权利。2003 年 3 月 19 日，斯宾斯女士在科罗拉多州议会上提出的科罗拉多州教育券法案的提议——《斯宾斯法案》(Spence Bill)，但科州教育券计划的反对者声称：教育券最终将会损害公立学校而不是把它们推向改善之途。结果以 35 票对 29 票的优势获得通过。同年 3 月，作为教育券长期支持者的科罗拉多州州长比尔·欧文斯(Bill Owens)也宣布，他渴望签署一份关于教育券计划的法案，把"教育券计划可以应用于私立和教会学校"写入本州法律，在法律上规定教育券可以用作选择教会学校教育的凭据，在美国尚属首次。[②]

① 马健生，乔晓萍. 美国克利夫兰市教育券诉讼案的法理分析[J]. 教育科学，2007(2)：87-91.

② 赵中建，徐士强. 从《斯宾斯法案》看今日美国教育券计划的论争[J]. 全球教育展望，2003(9)：76-79.

杜莉等的研究表明："2001 年，美国重新颁布了《中小学教育法案》，又称《不让一个孩子掉队法案》。根据该法案，要对每所学校学生的教育水平做出测评，测评结果不能达标的学校的学生可以另择学校上学，甚至可以进入私立学校就读，政府对这些学生给予补贴以帮助他们支付私立学校的高昂学费。在这样的背景下，教育券制度的应用范围进一步扩大了，而发放对象则从主要针对贫困家庭的学生转向针对贫困家庭的学生、'失败'的公立学校的'差生'、残疾学生等，有时几方面的条件都要满足。值得注意的是，适用于私立学校的教育券制度在美国推行并不顺利，各州的教育券计划屡屡被法院判决'违宪'而被迫中止。2007 年 2 月，犹他州一项针对所有学生的教育券计划在州议会获得通过并经州长签署同意，但 11 月该计划未能通过州内的全民公决而最终流产。究其原因，主要是公立学校的教师工会激烈反对教育券制度，因为扩大公立学校间的竞争、增加对私立学校的拨款都无疑会损害公立学校的利益。相比较而言，主张更自由地择校的家长的力量则弱得多。因此，并不能简单地因为教育券制度在美国一些州未通过全民公决而否认该制度的优越性。毕竟教育券制度在世界上许多国家应用并取得了成功。如荷兰 1917 年就开始向所有学生发放同时适用于公立和私立学校的教育券，至今已有近百年的历史；瑞典 1991 年开始实行向所有义务教育阶段的孩子发放适用于公立和独立学校的教育券，该制度推动了创新的独立学校迅速发展和公立学校教育质量的提高，目前几乎得到了执政党和反对党的所有政治派别的支持；拉美的智利和哥伦比亚的教育券制度也是公认的成功实例。另外，中国香港特别行政区 2007 学年起以学券(即教育券)形式为所有 3 岁至 6 岁幼儿的家长提供学费资助，每人每年最多可获 1.3 万港元。所有非营利幼儿园只要每年学费不超过 2.4 万港元，都可以按实际招生人数向政府兑现学券。政府每年将为推行该计划额外投放 20 亿港元幼教经费，惠及全港 90%的幼儿和 80%以上的幼儿园。该计划也受到了香港公众的欢迎。"①

从里根政府的《平等教育法》到布什政府"不让一个孩子掉队"，都极力推动"教育券计划"和择校政策，反映了教育公平和效率。

2. 智利

1980 年，智利开始实施覆盖全国中小学的教育券政策，该政策作为整套"逐步取消政府管制的自由市场改革"之一。历经 25 年的改革，智利中小学校目前可分为以下四类：①公立学校(municipal school)，智利全国所有的公立中小学校均被纳入教育券计划。这些学校一般隶属地方管理；②教会教育券学校(religious voucher school)，此类学校多由天主教/新教教会(Catholic/Protestantism)举办，与其他教会学校的区别在于其参与了政府教育券计划，接受政府财政的资助；③非

① 杜莉，等. 国外政府补贴教育的方式[J]. 科学发展，2009(4)：93-102.

宗教性质的私立教育券学校(non-religious voucher school);④私立非教育券学校(Private non-voucher school)。即没有参加教育券计划的私立学校,其中包括教会性质的私立学校,也包括非宗教性质的私立学校。据统计,在20世纪80年代初期,80%的学生就读于公立学校,仅15%的学生选择了私立教育券(包括教会和非教会)学校。到了1988年,公立学校的学生人数比例降至60%,私立教育券学校增加至33%,而私立非教育券学校则为7%。其后十几年间,三者间的比例变化波动不大。以2000年统计为例,约有33%的小学生就读于私立教育券学校,而同期公立小学的学生人数比例为57%。①

麦克尤恩和卡诺努瓦对智利教育券政策实施的研究结果表明,智利各大城市学校的学生的竞争反而使得学校的教育质量有所降低。其原因:一是公立学校即使面临着招生或财政危机也普遍缺乏参与竞争的动力,学校乃至市政当局往往不是力争改进教育质量,而是转向中央政府财政请求额外拨款;二是面对招生或财政危机,学校缺乏改进教育服务和提高教育质量的有效策略,多数学校往往采取雇佣较差的教师以降低教师薪金来降低运营成本,或招收差生等方式来应对竞争风险。麦克尤恩和卡诺努瓦建议:新的教育券政策应致力于建立有效的激励机制,从而达到改善教育服务和提升教育质量的终极目标。②

笔者认为,杜莉等对国外的研究可以作为这部分的小结。杜莉等的研究显示:"①实行教育券制度的既有发达国家,如美国、加拿大、英国、荷兰、瑞典等,也有发展中国家,如智利、哥伦比亚、孟加拉国等;②教育券制度可在各级各类教育中应用,包括高等教育、基础教育、学前教育等;③教育券可以针对全体学生发放,也可针对符合特定条件的学生发放,如低收入家庭学生、女学生等,后者也称助学型教育券;④教育券可适用于公立学校,也可适用于私立学校;⑤就面值而言,教育券可涵盖全部的教育成本,也可以只补偿部分教育成本并以学费弥补其余部分,还可以对不同学生发放不同面值的教育券;⑥教育券制度实施时可对参与的学校附加各种监管要求;⑦入学申请超额的学校可通过'先到先得'或抽签的方式录取学生。一般认为,教育券制度的优越性有四个方面,一是给学生和家长择校的自主权;二是政府给学生支付了多少教育经费一目了然,能增加教育政策的透明度;三是符合条件的学生一视同仁,有利于体现教育公平;四是能促进学校的竞争,有利于提高教育质量。而对教育券制度持不同意见者则认为教育券制度也有缺陷,体现在,比直接拨款增加了管理成本;家长可能不了解学校的全面情况,选择不一定合理;学

① McEwan P J, Carnoy M. The effectiveness and efficiency of private school in Chile's voucher system. Education Evaluation and Policy Analysis, 2000, 22(3): 213-239.

② McEwan P J Carnoy M. Does privatization improve education? The Case of Chile's National Voucher Plan. In N. Plank David and Gary Sykes, eds. Choosing choice: school choice in international perspective. NewYork, Columbia University, NY: Teacher College Press, 2003: 34-36, 44.

校一味迎合家长的需求，不利于实现一些长远的符合社会利益的教育目标。而教育券如用于支付私立学校的学费，反对者则提出该制度挤占了用于改善公立学校教育的资金，将公共资金用于私立学校难以保证资金使用得当并得到有效监督，等等。”①

（三）教育券在国内的实践

2000 年 11 月，浙江省长兴县教委熊全龙主任带队考察美国教育，了解到洛杉矶市附近的罗斯密学区正在发起一项在全州实施“教育券”制度的提议后，产生了长兴县试行教育券制度的设想。2001 年 9 月率先进行“教育券”计划试验，开创了中国大陆实施教育券制度的先河。2003 年 4 月 11 日至 13 日，由浙江大学教育学院和中国教育学会教育政策与法律研究专业委员会等机构主办的“全国教育券、教育选择与教育公平高级研讨会”便把这种关注推向一个新的高潮。

目前，中国大陆先后开展了推行教育券的实验有：浙江省、吉林省长春、山东省淄博和滨州市沾化县、云南省大理白族自治州、山西省左权县等的教育券制度、湖北省监利县义务教育卡制度、四川省成都青羊区义务教育凭证等。

1. 浙江省长兴县

2001 年 5 月 10 日，浙江省长兴县出台了《关于使用“教育券”办法的通知》，这是我国第一个由公费资助的教育券制度，从 2001 年秋季入学执行。为了扶持民办教育和职业教育，长兴县教委决定，给前来就读民办的湖州清泉武术学校的小学、初中的本县义务教育对象发放教育券。学生凭券入学，该县就读于民办学校义务教育阶段的新生和职业类学校的初中毕业生便分别领到了面额 500 元和 300 元的教育券，不仅促使民办学校进入良性发展轨道，使其生源有了明显增加；也使普通高中和职业类高中的比例在短期内达到 1∶1，职业学校的招生人数从 2000 年的 1403 人增加到 2002 年的 3306 人。当年，该县共向 1800 名发放了约 65 万元的教育券，有限的和透明的教育投入受到了多方面的改革效果。

清泉武校是受到浙江省政府表彰的优秀民办学校，集幼儿、小学、初中、职高为一体，学生来自全国 13 个省、自治区。该校 1994 年创办时生源 80%以上是“学校教不好，家长管不了”的所谓“差生”，经过到该校学习，每届初、高中学生毕业率均达 100%。6 年多来，清泉武校毕业的职高生有 700 名，就业率也是 100%。其中 400 多人走上了公安和企事业单位保安岗位，200 多人参军（已有 80 多人提干），有 30 人考上大学。

2003 年 7 月，浙江省教育厅、省财政厅联合发文，要求全省各地建立扶困基金，推广使用“教育券”等教育凭证，切实保证学生不因家庭经济困难辍学，保障家庭经济困难学生免费接受义务教育。这是首次在全省范围内发放的扶贫教育券。

① 杜莉，等. 国外政府补贴教育的方式[J]. 科学发展，2009(4)：93－102.

在短短一年时间内，浙江省、市、县各级共投入1亿多元经费，向24万名学生发放扶贫教育券。

2. 湖北省监利县

2003年10月，监利县委、县政府成立了基础教育综合改革领导小组，出台了《监利县基础教育综合改革实施意见》和7份配套文件。提出了“投入主体多元化、教育服务市场化、学校管理民主化、教师任用聘用化、教师待遇岗位化”的改革思路，这一改革的突破口就是改革政府对义务教育的投入体制，全面实施《义务教育卡》制度。

监利教育改革的主要内容有：改变过去按教师人数、工资基数直达个人账户的拨款方式，投入义务教育的经费以“教育卡”的形式全部均摊到每个学生。学生持卡可以自主选择学校读书。不论公办、民办学校均可凭所收取的“义务教育卡”到县财政领取相应的办学经费。2003年，监利县政府根据当年教育财政投入，确定当年义务教育卡的面值，小学320元，初中540元。为顺利推进这一改革，监利县政府计划在改革的前3年采取一种过渡性的方案：县财政按教师人数、工资基数权重占50%和学生人数、生平均应享受财政经费权重占50%的标准拨款到学校，由学校自行分配。但这一妥协性政策尚未实施即招到部分教师的反对，几个学校教师进行了“罢教”。作为让步，监利县自2004年2月起开始实施教师工资拨付方式的过渡性方案，即上岗教师原有工资的70%发放到个人，30%按学生数权重分配到各校，由各校自主制订方案发放到教师。应该指出，监利的教育券试验是中国大陆最接近弗里德曼所倡导的市场型教育券，但由于受政治、经济、教育、文化等环境的制约，监利教育券改革并未真正付诸实施。

浙江长兴县的成功实践和湖北监利县的失败改革告诉我们，教育券的推行，首先，要有一定的教育市场环境和允许择校等政策环境；其次，一定要帕累托改进达到帕累托最优；最后，改革一定要稳妥渐进。

（四）高等教育推行教育券制度的研究综述

1. 学者观点

列文(Henry M. Levin)是研究高等教育券较为深入的学者，他在1983年提出的列文模式是研究教育券理论在高等教育阶段实施的最著名成果。其模式有五个要点：①政府决定其资助的目标群体并授予教育券，获得资助资格的学生将用教育券支付所选择学校的学杂费，并由政府拨给该校相应的经费，选择该校的学生人数将决定其得到的经费；②高等学校获得政府拨款的前提必须是取得政府有关部门的认可，原则上只要是能满足学生需求又能保证教学质量的学校都可以得到认可；③教育券制度不仅仅是直接资助，还可以包括奖学金和学生贷款等；④教育券终身有效；⑤信息在教育券制度中起到关键作用，通过充分的信息交流不但可以使得学生了解高校的相关情况，而且也能使高校明白学生的需求从而不断改进办学质量。①

巴尔(Barr)认为，高等教育领域内更需要扩大学生的自主权，为了更好地实现这一目标，政府必须考虑以下四个因素，以便成为高等教育券模式一个整体：①保护某些专业。对于某些传统专业要加以特别保护，政府可以对这些专业增加特别教育券。②保护某些高等学校。为了保持区域平衡，政府应该对某些边缘地区的院校给予特别教育券。③保护个人。政府应对贫困家庭给予更多的教育券。④保护质量。教育券的主要作用在于促进各高校的竞争以提高教育质量，因此，通过建立质量监督体系和公布质量监督的评审结果来确保高质量才是关键。②

2. 实践模式

(1)美国

美国高等教育券发端于"GI 法案"。为解决"二战"后退伍兵的安置难题，罗斯福总统在 1943 年的"炉边谈话"接受了退伍军人要求的"提供由政府出资接受进一步教育或职业训练的机会"等建议；1944 年，参议院、众议院以及罗斯福总统分别批准了《军人权利法案》(GI Bill of Right，即"GI 法案")，③为 1600 万美军战后的退伍安置提供保障。该法案提出"向男女军人提供在退役以后再继续接受教育或技术训练，或者参加复习或进修课程的机会，不但免交每学年不超过 500 美元的学费，而且有权在学习期间按月领取生活补贴。"④除此以外，政府每月还向他们发放生活补贴，退伍兵有权在 10 年内接受 45 个月的高等教育。目前，退伍军人每个月能获得 672～800 美元的资助来支付长达 4 年的全日制学习，获资助资格在 10 年内有效。⑤ 到 2003 年，资助金额将上涨到每月 985 美元，4 个学年所支付的教育费用最多可达到 36,000 美元。⑥ 这项工程启动以来至少已经投入 700 亿美元，占政府对后义务教育和培训资助大约一半的经费，至少已有 1800 万退伍军人参加了由《GI 法案》资助的教育计划。1984 年出台的《蒙哥马利士兵法案》继续规定，退伍军人在 10 年内每个月能获得 672～800 美元(最多 36000 美元)的资助来支付长达 4

---

① Davis B S. 1983, Education Vouchers: Boom or Blunder? [J]. The Educational Forum, Vol. 47, No. 2161 - 2173.

② Levin H M. 1983, Individual Entitlements, in: H. M. Levin & H. G. Schutze, Eds., Financing Recurrent Education, Sage: Beverly Hills.

③ US. Congressional Budget Office. Veterans' Educational Benefits: Issues Concerning the GI Bill. Washington, D. C: 1978: 2 - 4.

④ 关在汉. 罗斯福选集[M]. 北京：商务印书馆，1982：473.

⑤ Levin H M. Post-compulsory Entitlements: Vouchers for Life-long Learning [EB/OL]. hup://www. ncspe. org. 2002 - 2005/2002 - 12 - 04.

⑥ The Veterans Education and Benefits Expansion Act of 2001 was Enacted on December 27, 2001. Details are Found at hup://www. gibill. va. gov/Education/News/PL107103 him. 2002 - 2008/2002 - 11 - 19.

年的全日制学习。至今,1800多万退伍军人参加了该资助的教育计划,投入达到700亿美元,占政府对后义务教育和培训资助大约一半的经费。

1980年以来的"佩尔奖学金计划"(the Federal Pell Grants)是美国庞大的高等教育券政策,该计划以《1965年高等教育法》作为法律依据。"佩尔奖学金计划"由联邦政府确认资助对象,凡就读合格的大学、技术学院或市民学院能取得本科学生攻读大学的技术证书或者文凭或没有取得学士学位或研究生水平的大学学位等的学生每年可以得到一次400美元到4050美元不等的资助金。此外,与佩尔奖学金密切配合的两个高等教育券政策相继出台。如2006年的学术竞争力补助金计划(the Academic Competitiveness Grants)为一年级本科生提供最多750美元和二年级本科生最高为1300美元的资助;国家智能奖学金计划(the National Science and Mathematics Access to Retain Talent Grants)为三、四年级本科生提供最多4000美元的资助,而2008年佩尔助学金对每名学生资助的数额也由现在的550美元提升至4600美元。2007—2008年度最高佩尔补助金为4310美元,2008—2009年度最高佩尔补助金将达到4731美元。"佩尔奖学金计划"经历几十年完善后被称为"过去美国国会通过的最好法案",纽约州教育署长John S. Allen曾巧妙地总结:"一个重大教育计划达到出人意料的发展规模,是因为退伍老兵和普通民众在某些角度上对国会法案的看法是其制定者始料未及的,也是因为从中获益的退伍军人人数远远超出人们的预计……国会法案的实行,很少会如此高程度地将成功和意外结合为一。"①

2005年秋,美国科罗拉多州正式实施高等教育券计划,这项"大学机会奖学金"(College Opportunity Fund,简称COF)给每个居住在该州的公民一份教育券,进入公立大学的学生可以获得每年2400美元面值的教育券;申请进入政府指定的三所私立大学的学生,可以得到每年1200美元面值的教育券。学生注册进入参加该计划的高校后,通过州学生贷款项目,相关资金按照各高校学生入学人数的多少进行分配,政府对高等学校不再直接拨款。在大学期间,教育券最多可以帮助学生完成145学分的课程学习计划。② 2005—2006学年的总预算为6亿美元,科罗拉多州也成为美国第一个在全州范围内应用教育券的州。

(2)澳大利亚

1997年,澳大利亚为了高等教育的长期发展成立了由罗德里克·韦斯特(Roderick West)担任主席的专门委员会来审查高等教育的拨款及相关政策。在1998年,该委员会最终向政府提交了一份名为《为了生活而学习》的报告,即著名

---

① Keith W. Olson. The G I Bill and Higher Education:Success and Surprise [J]. American Quarterly,Vol. 25,No. 5(Dec. ,1973),610.

② George A. Clowes. Colorado Now Sends Aid to Colleges Via Vouchers[J]. School Reform News,2004(7):18.

的《韦斯特报告》。该报告认为，目前澳大利亚高等教育拨款体制存在严重缺陷，其现行结构是不合理的，并且缺乏灵活性。[①] 该委员会创设了一个旨在为所有澳大利亚人获得更多接受高等教育和继续教育机会的拨款体制，即每个澳大利亚人将会得到一张涵盖高等教育经费80%的政府教育券，拨款体制包括四个内容：①各高等院校有权在政府规定的范围内自行确定学费标准，政府对各高等院校的拨款根据学生入学数目而定，学生可以申请有息贷款，高等院校要向学生提供有关专业及课程的信息，设立专门且独立的委员会来掌管这些信息，以保证学生能够得到正确的方向指导。②公共资金同样适用于私立高等院校。建设更具竞争力和类似于企业的高等教育体系。③大学的资金来源除了学生的入学人数外，还包括政府的补偿性拨款，例如，一定数目的公共资金将用于少数民族学生和低收入家庭的学生。此外，强调对信息技术及基础学科的优先设置以及在研究领域内全国范围的合作与协调。④所有澳大利亚人都将获得终身学习的权利，每个公民在完成义务教育后均有权获得教育券，教育券终身有效。使用范围将不仅包括高等教育，还包括职业教育与培训或继续教育。[②]《韦斯特报告》的主张得到了澳大利亚8所顶尖大学及研究机构的欢迎。悉尼大学副校长加文·布朗(Gavin Brown)赞成报告中提出的建议，认为高等教育机构应该多样化，应该更适应学生的需求，而这一政策建议恰好迎合了这一需求。他认为报告揭示出严重威胁着高等教育拨款机制的问题，教育券制的设想为高等教育拨款机制的改革提供了一个良好前景。[③]

(3)芬兰

芬兰高等教育券有五种模式：①各院校只能通过教育券得到政府拨款，在实际操作中，取得教育券账户的学生在一个教育券总公司中注册。公司为每个学生的初始账户中存入学习时间，一份教育券表示该学生可以在一生中进入政府认可的任何一所大学学习一个月。学校可以凭借学生在该校学习的时间长短(或所修学分多少)向政府换取拨款。②只有当学生选择离家远的大学才能获得教育券，其目的是促进大学之间的合作与流动。③只有小部分的政府拨款是通过教育券的形式发放，其余的教育拨款视学生的业绩而定。④渐进式模式，目的是逐渐地将现存的拨款体系改变为教育券拨款体系，由此鼓励学生的自由流动和大学间的竞争。⑤面向整个高等教育系统，每个芬兰人在生日时会得到一定量的高等教育

---

① Roderick West, et al. Learning for Life, Final Report: Review of Higher Education Financing and Policy [R]. Commonwealth of Australia. Department of Employment, Training and Youth Affairs. Canberra. 1998: 113.

② Roderick West, et al. Learning for Life, Final Report: Review of Higher Education Financing and Policy [R]. Commonwealth of Australia. Department of Employment, Training and Youth Allairs. Canberra. 1988: 113-114.

③ Madeleine Coorey & Matthew. Students, University Staff Vow War on Fees[N]. NUS News Features, 1997-11-12.

券，这种券一生有效，并且可以在任何高等教育机构中使用，其费用由国家与当地政府共同承担。①

(4)中国

李峻等研究显示："2004 年 4 月 1 日，浙江大学教育学院民办教育研究中心和中国教育先锋网联合部分民办高校共同发起设立国内第一个具有民间性质、面向全国、不受地域限制的民办高等学校"教育券"计划——'先锋教育券'。'先锋教育券'面值 500 元，向参与该计划的民办学校当年就读学生发放，北京的中国管理软件学院、浙江的浙江宇翔外国语专修学院和浙江西子理工专修学院等十余所民办高校成为'先锋教育券'首批发起和参与单位。2007 年秋季，上海闵行区政府为了解决贫困家庭的高中、大学教育难题而出台了具有'教育券'思想的《闵行区户籍低保家庭子女减免学费接受高中、高等教育的实施办法》。根据规定，就读普通全日制本科高校、高等职业学校(不含民办)的贫困学生，在向学校提出补助申请后，如果学费支出仍有不足，可以按受助后补差的方法，享受到闵行区政府每年 5000 元以内的学费资助。凡符合资助条件的低保家庭学生，可向户籍所在地的镇、街道社会救助管理所提出书面申请，经审核确认后可获得由区民政局和教育局联合印制的实名制'助学券'。"②

从上可知，教育券可以适用于高等教育。教育券应用于高等教育，利用高等教育市场，鼓励竞争和择校，不仅有利于提高高等教育质量，而且有利于社会公平和效率，还有利于调整高等教育结构而提供高等教育的有效供给。正如主张直接对学生资助的观点认为，这样做的一个最大的好处是可以揭示市场对高等学校及其所设学科专业的选择与淘汰，因为社会不需要。教育质量较差的学校及其所设学科专业将会失去生源，并因而失去资助。③

(五) 对中国高等教育推行教育券制度的建议

1. 中国高等教育推行教育券制度的可行性

美国国家科学基金会顾问、北京师范大学客座教授郭玉贵博士指出："我国建立'择校教育券'制度有不少有利条件。①世界上所有实行免费义务教育的国家虽然不同程度地解决了义务教育经费的来源，但都还没有建立起经费有效使用的机制；②我国构建'择校教育券'制度的最有利条件是有一个中央集中管理的教育体系；③今年 3 月通过的《义务教育法》规定从 2007 年至 2015 年逐步在全国普遍实行免费义务教育，为实行'择校教育券'制度预留了宝贵的缓冲期，即从现在起至 2015 年的 9 年里，我们可抓紧设计、规划和创建'择校教育券'制度，在逐步实行免

① L L Leslie & P T Brinkman. The Economic Value of Higher Education[M]. New York: Macmillan, 1988:107-122.

② 李峻，刘优良. 中美高等教育券政策的比较分析[J]. 高教探索，2010(1):63-67.

③ 魏新. 教育财政学简明教程 [M]. 北京：高等教育出版社，2000:139.

费义务教育的地区同步进行试点;④提出‘择校教育券’制度的理论和实践的根本目的是引入市场竞争机制,改变国外公立学校浪费、低效、低质和缺乏改革创新动力的弊端;⑤近年来,包括我国个别地区在内的少数国家和地区在借鉴‘择校教育券’理论的基础上,根据各自的具体情况在一定范围内进行了试点和实践。”①

吴华等认为:“目前中国大陆‘教育券’试验中面临的问题并不存在不可逾越的障碍。目前将‘教育券’定位于‘增量改革’应该被看成是一种策略行为,随着社会、经济和教育事业的发展,‘教育券’的真正实施必将进入‘存量改革’或‘总量改革’形态,届时资金问题将不复存在;‘教育券’引起的工资发放形式的改变与目前政策并不存在实质性的冲突,恰恰相反,公开透明的‘教育券’对于保障教师工资的按时发放更是一个有力的保障,而且有利于教师确立责任意识;在招生和收费方面与现行政策确实存在直接的冲突,但目前的‘强制性就近入学’政策在合法性与合理性方面都存在进一步改进的空间,并不是一成不变的,对‘一费制’和‘三限’政策也可以做出同样的判断。当然,所有这些改变要真实发生的话,那就必须在学生权利平等的基础上重新确立教育公平的现代理念。”②吴华的研究还表明:“教育券计划改变了公共教育资源在传统模式中的配置路径,通过消除政策对公共教育资源进行直接配置等非效率环节而改善了公共教育财政的制度效率。‘教育券’计划如果得到广泛推行,一个显而易见的结果将是大大简化教育局的业务流程和工作内容,因此将会有更多的公共教育资源进入教育服务的生产活动。如果我们客观地分析这种转变,实在难有理由反对由此实现的制度创新。因此,实施‘教育券’计划并不需要预设什么特别的前提,无论在义务教育阶段、在教育资源相对匮乏的地区,还是教育资源分布不均衡的状态下,‘教育券’计划的实施都不存在法理上、伦理上和管理上的障碍,但如果不进行有效的设计,有可能产生不了预期的制度创新收益,但不足以成为反对‘教育券’计划的充分理由。‘教育券’计划具有普遍可实施性的基石有三,即公民有享受公共教育资源的平等权利;对公共教育资源进行竞争性配置有助于提高其利用效率;‘教育券’计划并不减少公共教育资源总量。除非你能反对或否定以上三点理由,否则‘教育券’计划具有普遍可实施性的结论就不会改变。”③

学者深入地分析了中国高等教育推行教育券制度的可行性。

2. 对中国高等教育推行教育券制度的建议

(1)中国高等教育推行教育券制度应立法

鉴于美国在推行教育券过程中的司法诉讼,中国高等教育推行教育券制度应

① 郭玉贵.借鉴国外经验,创建中国的“择校教育券”制度[J].比较教育研究,2007(8):91-92.

② 吴华,薛兆丰,艾萨克.中国“教育券”实践的现状、问题与前景[J].教育发展研究,2005(12):15-19.

③ 吴华.转变公共教育资源配置路径的意义——“教育券”的政策价值分析[J].全球教育展望,2003(7):14-17.

立法。因为高校不像中小学主要以县为主管理而一般都隶属于省政府以上，因此，立法层面较高。但是，教育券制度目前还没有受到教育部和财政部的认可，需要修改或增补某些推行高等教育券的条款。

(2)中国高等教育推行教育券制度应营造良好的市场环境

教育券制度首创者弗里德曼是教育市场的倡导者。教育券制度是教育市场的一个元素，教育券制度又是教育竞争的一个元素。因此，要推行中国高等教育券制度，必须公认中国的高等教育市场化，营造良好的高等教育市场环境。同时，要适度处理好政府和市场在教育改革中的作用。

(3)中国高等教育推行教育券制度应注重教育体制的改革

弗里德曼认为："教育券本身并不是目的，它们只是实现从集权系统向市场系统转化的手段。"[①]弗里德曼指出，现有的教育体制助长了社会的分层化程度。一方面，在富人和穷人居住彼此相对分离的情形下，按照居住地确定入学学校和特有的教育经费来源系统，会导致学校间在办学经费和生源方面的分化，造成富人与穷人子女在接受教育方面的差距，穷人受居住地点限制，丧失了接受良好教育的机会；另一方面，公立学校和私立学校在办学质量方面表现出来的差距，无法通过现有体制加以缩小，而只有极少数家庭子女有条件选择私立学校，这也进一步维系了社会分化。教育券政策正是改进这一状况的一项有效措施。[②] 黄斌认为："实现教育完全私有品特征化和教育资源配置完全市场化可能永远只是一种'自由主义经济学家的理想'，教育券制度改革的最终方向仍然是一种由政府和市场共同支配的混合型的公共教育资源配置体制。"[③]

因此，要推行中国高等教育券制度应注重高等教育体制的改革，而不仅仅是高等教育拨款制度的改革。

(4)中国高等教育推行教育券制度应注重公平

弗里德曼在《自由选择》中举了这样一个例子：假如你的孩子正在上一所公立小学或中学，就全国平均水平来说，1978 年每个纳税人(你和我)要为每个入学儿童花大约 2000 美元。如果你让孩子从公立学校退学转入私立学校，你作为纳税人所交纳的税金并不能返还，除此之外你还要另外付私立学校的学费，这就是促使你让孩子上公立学校的强大动力。但是，假如政府对你说，如果你不让我们为你的孩子出教育费，你将得到一张教育券，用这张教育券你可以为孩子作为学费在某一得到政府批准的学校上学，那么就解除了限制你选择学校的资金困扰。同时应该注意，这种教育券可以被使用于政府所批准的任意一所学校，无论公立、私立，也无论

---

① Milton Friedman. Public schools：make them private[N]. Washineton Post，1995－2－19.

② [美]米尔顿・弗里德曼. 如何治理我们的公立学校[J]. 夏业良，编译. 上海改革，2001(7)：51－54.

③ 黄斌. 关于教育券的再认识——从新制度经济学角度的审视[J]. 教育与经济，2005(4)：50－51.

它处于那个学区。这样一来，教育券不仅可以使每位家长拥有较多的选择机会，同时也将迫使公立学校通过收取学费而自筹资金（如果教育券金额等于全部教育开支，那么学校就是完全自筹资金；如果小于全部的教育开支，那么学校就是部分自筹资金）。这样一来，不仅公立学校之间展开竞争，而且公立学校还要同私立学校之间展开竞争，公立学校教育中所存在的问题也就迎刃而解了。①

高等教育券应发放给所有被高校录取的学生。高等教育券来源于财政资金，而财政资金来源于纳税人。不管富人或穷人交多少税，富人或穷人的孩子都应取得高等教育券。当然，高等教育券应向贫困学生、残疾学生等倾斜，增设这方面的高等教育券，以体现教育公平。

高等教育券应适用于所有高校，不仅适用于公办高校，而且适用于民办高校，以体现教育公平。

（5）中国高等教育推行教育券制度应注重效率

高等教育券是用脚投票，选择优质高等教育，用无情的市场规则优胜劣汰，促使高校调整高等教育结构，促使高校提高高等教育质量，促使高等教育资金流向优质的高校，提高高等教育资金使用效率。教育凭证发给录取学校，一年一发（因收费一年一收），留级、重修不发，退学退回教育凭证。

（6）中国高等教育推行教育券制度应注重帕累托最优

鉴于湖北监利推行教育券制度的失败，推行高等教育券制度时采用帕累托改进达到帕累托最优，即不要在制度设计时损害试点学校部分员工的利益。同时，采取渐进改革逐步推行的做法，及时总结经验，精细操作。

（7）将内部控制嵌入中国高等教育券制度的全过程

中国高等教育券制度的实施全过程，如从制度设计，教育券的印制和发放，教育券的领取，教育券的兑换等都要嵌入内部控制制度，关注其制度的缺陷和执行的风险点，完善教育券信息管理系统与沟通，并注意进行跟踪监控。

（8）中国高等教育推行教育券制度应注重评估

中国高等教育推行教育券制度的实施过程和结果，如是否符合教育券制度的目标，是否符合教育公平，是否符合提高教育质量，是否符合提高教育绩效和资金使用效率？同时，将监控和评估意见反馈来完善高等教育券制度。

教育券制度是个新生事物，相信不久的将来会在中国高等教育中推行！弗里德曼在《自由选择》指出，尽管教育机构坚决反对，但我们相信：教育券计划或其他类似计划，将很快地以这种方式或那种方式得到采纳……对教育的不满情绪与日俱增，就我们看来，目前减少这种不满情绪的唯一途径是使家长有更多的选择，这是一项切实可行的措施。尽管教育券计划一直受到抵制，然而却一再地被越来越

① ［美］米尔顿·弗里德曼．弗里德曼文粹［M］．高榕，范恒山，译．北京：北京经济学院出版社，1991：126．

多的支持者提出来。[①] 2005 年,92 岁高龄的弗里德曼在斯坦福大学胡弗研究所的一次研讨会上预言,尽管目前教育券的失败要多于成功,但在未来的 50 年内,由政府来举办学校终将成为历史。他认为将教育券计划作为一项慈善事业,其前途将非常黯淡。他以其一贯的新自由主义思想断言,除非有了竞争和选择,学校才会有责任感。[②]

第三节　高等教育财政投入的供给侧改革其次是效率

一、高等教育投入的有效供给改革必须推动绩效拨款

(一) 高等教育既然是投资就要讲绩效

有投入就要有产出,有投资就要有回报。积累是扩大再生产的主要源泉。马克思指出:"把剩余价值当做资本来用,或把剩余价值再转化为资本,就是资本积累。"[③]又指出:"剩余价值不断再转化为资本,表现为进入生产过程的资本量的不断增长,这种增长又成为扩大生产规模的基础……"[④]马克思在许多地方把积累同扩大再生产联系起来,如"积累就是资本的规模不断扩大的再生产,"[⑤]"再生产只有两种正常的情况:或者是再生产按原有的规模进行,或者是发生剩余价值的资本化,即积累。"[⑥]

厉以宁认为学校也应有"盈余"或"利润"。他指出,学校按教育法的规定属于非营利性质。经营目标定了,但不等于说学校不能有盈余,通俗的话说是赚钱。……假如学校经营得好,有了盈余,这些盈余怎么用?有三个用途:①用于教育再投入,把一部分盈余用来发展教育;②提高教职工的待遇,把现有的人才留住,吸引更好、更多的人才进来;③如果是集资办学,可以给集资者回报,这有利于鼓励更多的人投资办学。三种用途中任何一种都是有利于发展教育的。[⑦] 厉以宁还指出:"整个教育产业要有效地经营,一个个教育单位也要进行有效经营。经营的结果有可能是收入大于支出。收入大于支出当然优于收入小于支出。可以把收入大于支出的余额称作'盈余',也可以称为'利润'。教育单位有好的经营结果,或者

---

① [美]米尔顿·弗里德曼.弗里德曼文粹[M].高榕,范恒山,译.北京:北京经济学院出版社,1991:140.

② Hendrie,Caroline,Friedman. Foundation Marks 50 Years Since Voucher Idea [J]. Education Week,6/22/2005,Vol 7A JSCIIP41. p9.

③ 马克思.资本论(第 1 卷)[M].北京:人民出版社,1975:635.

④ 马克思.资本论(第 1 卷)[M].北京:人民出版社,1975:685.

⑤ 马克思.资本论(第 1 卷)[M].北京:人民出版社,1975:637.

⑥ 马克思.资本论(第 2 卷)[M].北京:人民出版社,1975:360.

⑦ 厉以宁.关于教育产业的几个问题[J].高教探索,2000(4):14-19.

说，有了‘盈余’或‘利润’，同教育的非营利性是不矛盾的。这是两个问题，不应把它们混淆在一起。教育的非营利性是就教育的性质而言的。但任何一个教育单位，不管它提供的是公共产品、准公共产品还是私人产品，都要计算收入和支出，都要实行经济核算，都要设法增加收入，减少支出。经营得当，教育单位不是不可能带来“利润”的。问题主要在于教育经营之后所得到的‘盈余’或‘利润’不同于企业经营之后所得到的利润。企业的利润是在扣除公积金、公益金之后分配给投资者，这是名副其实的利润，而教育单位作为公共产品和准公共产品的经营者所得到的‘盈余’或‘利润’，一般作为发展教育的基金，不存在向投资者分配‘盈余’或‘利润’的问题。这正是教育的非营利性的体现。”①

大学盈利是大学财务可持续发展的基本前提。OECD 报告认为：“为何需要盈余？盈余是大学财务稳健的指标之一，它提供现金，以便大学能够灵活处理突发事件或者把握发展机遇，账目盈余还有助于大学把握借贷或者使用其他外部资金的机遇。如果有时政府的资本拨款没有到位，那么高等学校自己的盈余是它们进行资本规划和投资可以依赖的唯一来源。不过，很多高等教育的管理者深受公共部门文化的影响。在公共部门中，往往没有‘追求盈余’这样的概念，且重消费、轻投资。这就引出了谁应该为高等学校未来投资负责的问题，是高等学校自身、政府，还是二者都有？如果高等学校负担部分责任或者负全责，那么学校的高层学术人员或管理者就必须懂得盈余的重要性以及盈余意味着什么。”OECD 报告又认为，“可持续性运转：定价，成本回收，创收。”“懂得并收回成本处于财务可持续能力建设的中心环节。如果高等学校的每一项主要活动(作业)都能产生足以涵盖其全部经济成本的收入，则学校的财务能力是可持续的。”OECD 报告还指出：“获得财务可持续能力的一个主要政策问题是高等学校能否长期具备收回学校运转的全部经济成本的能力。单从成本角度来说，这倒也不是个难题，但需要高等教育出资者和提供者理念与行为上的转变。”OECD 报告认为：“不能保证财务可持续能力的最坏结果就是学校财务失灵(financial failure)。随着高等学校自主权的扩大，高等学校破产的风险也在增长。一些参与国至少有过一次高等学校破产，或者必须注入资金才能拯救高等学校的事件。”②

马陆亭指出：“2005 年，笔者访问了英格兰拨款委员会，他们监测高校的财务盈余或赤字状况，认为大学的发展需要保持其收入 3%～4%的盈余，否则校长的精力将会为财务所困扰而影响真正该思考的问题。”③高校没有盈利能力就没有偿

① 厉以宁.关于教育产品的性质和对教育经营的若干思考[J].教育科学研究，1999(3)：3－11.

② 经济合作与发展组织高等教育管理项目办公室——英格兰高等教育拨款委员会.刻不容缓：确保高等教育可持续发展的未来——“高等学校财务管理与治理”项目成果报告(2004)[J].辽宁教育研究，2005(9)：1－8；2005(10)：1－12.

③ 马陆亭.试析我国高等教育投入制度的改革方向[J].高等教育研究，2006(7)：51－56.

债能力，高校没有盈利就存在财务风险，高校没有盈利就不可能有大学财务的可持续发展。笔者曾阐述过大学盈利与大学财务可持续发展的关系，①不再赘述。

教育投入既然是投资，而投资如来自财政资金，这是纳税人的钱；如来自学费，则是老百姓的钱。总之，来自人民。而要办人民满意的教育，就应将人民的钱拿去办人民满意的教育，这就需要改革现有不合理的拨款制度和收费制度，高等教育投入需要供给侧改革。

（二）高等教育投入的有效供给必须实行绩效拨款

高等教育投入的有效供给就需要实行绩效拨款。我国政府推动教育拨款制度的改革。李克强总理在《政府工作报告(2015)》中指出："为切实把教育事业办好，我们要保证教育投入，花好每一分钱。"

2004年3月，国务院批转的教育部《2003—2007年教育振兴行动计划》更进一步地提出："建立与公共财政体制相适应的教育财政制度"，"强化项目管理，建立行政、专家和社会中介机构相结合的项目评价系统"，"实行与项目实效挂钩的滚动拨款制度和相应的激励机制"。

2010年5月17日，教育部发布《深化教育体制改革工作重点》第2条指出："完善教育投入保障机制。开展建立多渠道筹措教育经费长效机制试点。探索政府收入统筹用于支持教育的办法。建立健全教育投入绩效评估和加强经费使用管理和监督的政策措施。"

2010年6月25日，《国家中长期教育改革和发展规划纲要(2010—2020年)》第二十二条指出："加快建设一流大学和一流学科。以重点学科建设为基础，继续实施'985工程'和优势学科创新平台建设，继续实施'211工程'和启动特色重点学科项目。改进管理模式，引入竞争机制，实行绩效评估。"第五十八条规定："建立经费使用绩效评价制度，加强重大项目经费使用考评。"

《关于2015年中央和地方预算执行情况与2016年中央和地方预算草案的报告》在"切实做好2016年财政改革与管理工作"中指出："全面推进预算绩效管理改革，加强绩效目标管理，推进重大专项资金等重点支出绩效评价，强化评价结果应用，增强花钱的责任意识和效率意识。……建立绩效评价机制，探索推进第三方评价。"高等教育财政投入的效率包括高校绩效拨款，高校竞争性拨款等。

高等教育投入的有效供给改革必须推动绩效拨款。杜莉等的研究表明绩效拨款有四种情况，他们指出，各国纷纷通过绩效拨款等创新的方式提高政府拨款的利用效率。绩效拨款主要是根据一些产出指标确定拨款数额，具体又可分为四种情况：①绩效保留拨款。即将保留的一部分政府高等教育经费根据各种绩效指标下拨给高校。保留拨款在经常性拨款中所占比例从5%到100%不等。②绩效合同。

---

① 乔春华.大学经营的财务视角[M].南京：南京大学出版社，2008：147-182.

政府与高校就一定的绩效目标达成管理性协议。基于绩效的评估标准可以是各高校统一的，也可以由政府或中介机构与高校协商确定。③按结果拨款。即利用产出或结果指标确定高校是否有资格获得全部或部分的公式化拨款，或者根据掌握特定技能的学生人数拨款。④竞争性拨款。即对经过同行评议的实现院校改进目标的计划进行拨款。竞争性拨款通常以具体的项目经费的方式下拨，其目的是为提高高等教育的质量、促进创新、优化管理。[①] 本文仅从一般的绩效拨款（按结果拨款）和竞争性拨款两个方面阐述。

二、推动高校绩效拨款

（一）近年来政府逐步推动高校绩效拨款

2008 年 10 月 8 日，《财政部、教育部关于完善中央高校预算拨款制度的通知》（财教〔2008〕232 号）指出："中央高校预算拨款制度改革的总体思路是，完善支持体系，突出高校职能；细化综合定额，体现办学差异；稳定专项投入，明确支持重点；增加绩效拨款，构建激励机制。改革后的中央高校预算拨款制度基本框架主要包括两部分，一是'促进事业发展'拨款，包括教学经费、科研经费和社会服务补偿经费，并将教学经费、科研经费进一步细化为基本运行经费、专项经费和绩效拨款；二是'体现社会公平'拨款，主要是以家庭经济困难学生资助为目标的助学拨款。"第 3 条指出："引入绩效拨款机制。为进一步提高财政资金使用效益，按照'目标明确、分类考核、先易后难、稳步实施'的原则，建立与公共财政相适应、科学规范的高校绩效评价体系，引入以绩效为导向的资源配置方式。"

2011 年 3 月，《财政部关于实行中央级普通高校绩效拨款与项目支出预算执行挂钩办法的通知》（财教〔2011〕39 号）指出："本《通知》所称'项目支出'，是指由中央财政当年拨付的纳入部门预算的列'205 教'科目的所有一般预算财政拨款项目支出。所称'项目支出预算执行率'，是指截至考核时间点'项目支出'实际支出数占'项目支出'已下达预算指标数的比率，用百分比表示。具体如下，截至每年 6 月 30 日项目支出预算执行率不低于 50% 的中央高校，获得预算执行绩效奖励额度的 20%；截至每年 9 月 30 日项目支出预算执行率不低于 75% 的中央高校，获得预算执行绩效奖励额度的 30%；截至每年 12 月 31 日，项目支出预算执行率不低于中央本级预算执行平均水平的中央高校，获得预算执行绩效奖励额度的 50%。"

2012 年 6 月 14 日，教育部印发的《国家教育事业发展第十二个五年规划》（教发〔2012〕9 号）指出："完善高等学校财政支出绩效评价体系，构建以绩效为导向的资源配置机制。"

2014 年 1 月 29 日，《国务院学位委员会、教育部关于加强学位与研究生教育质

① 杜莉，等. 国外政府补贴教育的方式[J]. 科学发展，2009(4)：93－102.

量保证和监督体系建设的意见》(学位〔2014〕3 号)指出:"建立研究生教育绩效拨款制度,推动人才培养的改革与创新,促进研究生教育质量不断提升。"其附件《学位授予单位研究生教育质量保证体系建设基本规范》指出:"综合考虑经济社会发展需求……以及培养经费、科研任务、导师队伍、实践基地等研究生培养条件方面的因素,制订以质量为导向的研究生招生指标配置办法。"

2015 年 10 月 24 日,《国务院关于印发统筹推进世界一流大学和一流学科建设总体方案的通知》(国发〔2015〕64 号)第十五条指出:"强化绩效,动态支持。创新财政支持方式,更加突出绩效导向,形成激励约束机制。资金分配更多考虑办学质量特别是学科水平、办学特色等因素,重点向办学水平高、特色鲜明的学校倾斜,在公平竞争中体现扶优扶强扶特。完善管理方式,进一步增强高校财务自主权和统筹安排经费的能力,充分激发高校争创一流、办出特色的动力和活力。"

2015 年 11 月 17 日,《财政部、教育部关于改革完善中央高校预算拨款制度的通知》(财教〔2015〕467 号)是近年来高校预算拨款制度集大成者,它不仅指出了拨款制度的供给侧改革推动高等教育的供给侧改革,如"并根据中央财力状况等情况适时调整本科生均定额拨款标准,引导中央高校合理调整招生规模和学科专业结构。"而且系统地梳理了高校预算拨款制度。如完善基本支出体系。在现行生均定额体系的基础上,逐步建立中央高校本科生均定额拨款总额相对稳定机制:以 2～3 年为一周期,保持周期内每所中央高校本科生均定额拨款总额的基本稳定;上一周期结束后,根据招生规模、办学成本等因素,重新核定下一周期各中央高校本科生均定额拨款总额。重构项目支出体系。新的项目支出体系包括以下六项内容:①中央高校改善基本办学条件专项资金;②中央高校教育教学改革专项资金;③中央高校基本科研业务费;④中央高校建设世界一流大学(学科)和特色发展引导专项资金;⑤中央高校捐赠配比专项资金;⑥中央高校管理改革等绩效拨款。

2013 年 12 月 18 日,杜玉波副部长在直属高校财务工作会议上指出:"第二,绩效拨款同步试行。引入以绩效为导向的资源配置方式,引导和支持高校注重内涵式发展,提高资金使用效益。比如,把获国家科技大奖、预算执行、财务管理、债务风险控制以及学生资助政策落实情况等因素,陆续纳入绩效评价范围。同时,对小规模、有特色高校进行了相当大的倾斜,不以规模论英雄。目前,中央高校的绩效拨款规模近 10 亿元。今年,在编制 2014 年预算时,根据 2012 年学科建设水平评估结果,又安排了 34 亿元,促进高校内涵发展,增强了学校可支配财力。"

2014 年 4 月 25 日,《教育部财务司关于印发 2014 年教育财务工作要点的通知》(教财司函〔2014〕152 号)第 9 条指出:"改革和完善高等教育投入政策。完善促进中央高校内涵发展的绩效拨款制度。统筹高等教育重点建设项目,提高资金使用效益,支持一流大学和高水平大学建设。加强中央高校银行贷款管理,确保学校贷款使用方向正确、债务规模合理,防止发生财务风险。探索研究中央高校分类支持体系，引导高校特色办学。”

在美国、英国、法国、加拿大、丹麦、荷兰、芬兰、日本、印度等国早已实行绩效拨款机制，但仍不成熟。刘维涛报道：“马德秀疾呼，资源配置要改变政府完全按学生规模拨款的方式，既提高生均经费，更要依据特色水平考核绩效、配置资源。姜耀东委员建议在现行生均综合定额基础上，根据物价变化，建立高校生均拨款定额增长和动态调整机制，建立研究生生均差别拨款机制。特别是加大基本支出在财政拨款当中的比重，扩大高校统筹安排使用经费的自主权，提高资金使用效率，实现财政拨款的精细化管理。”①教育部有关负责人透露，要将评估结果与对于学校的激励和约束机制结合起来，将评估结果作为各校财政拨款、确定招生计划、加强学科建设等有关资源配置的重要依据。② 在公共资金紧缺的情况下，高等教育投入的有效供给必须推行高校绩效拨款。高等教育投入的供给侧改革在保证公平拨款的前提下应在“十三五”期间推行高校绩效拨款。

（二）设立高等教育拨款咨询委员会

《国家中长期教育改革和发展规划纲要（2010—2020 年）》第五十八条要求：“设立高等教育拨款咨询委员会，增强经费分配的科学性。”

2012 年 1 月 6 日，刘延东在 2012 年全国教育工作会议上的讲话中指出：“尽快设立高等教育拨款咨询委员会。”

2012 年 6 月 14 日，教育部印发的《国家教育事业发展第十二个五年规划》（教发〔2012〕9 号）指出：“设立高等教育拨款咨询委员会。”

《教育部 2010 年工作要点》第 27 条要求：“研究制定设立高等教育拨款咨询委员会方案。”《教育部 2011 年工作要点》第 25 条要求：“研究设立高等教育拨款咨询委员会。”《教育部 2012 年工作要点》第 6 条要求：“加强高等教育拨款咨询委员会工作。”2012 年 8 月 21 日，杜玉波在教育部直属高校工作咨询委员会第二十二次全体会议上指出：“最近，还将设立高等教育拨款咨询委员会，增强经费分配的科学性。”

然而，高等教育拨款咨询委员会至今未成立。高等教育拨款咨询委员会在境外早已设立，如英国大学拨款委员会（后改为大学基金委员会和高等教育基金委员会）、负责美国州立大学经费分配的专门委员会、印度的大学拨款委员会、香港的资助会和研资局等，高等教育拨款咨询委员会在政府与大学之间建立一块“中间地带”，被称为“缓冲器”，以减少政府对大学的直接干预，协调、沟通政府与大学的关系，并使政府有效地管理大学，也防止大学“跑部钱进”。《中共中央关于全面深化改革若干重大问题的决定》第 3 条规定：“大幅度减少政府对资源的直接配置。”这

① 刘维涛. 我们需要怎样的大学？[N]. 人民日报，2015 - 11 - 11.

② 唐景莉. 54 所高校本科教学评估结果揭晓[N]. 中国教育报，2005 - 5 - 10.

将会推动高等教育拨款咨询委员会的诞生与运作。

（三）高校绩效拨款成为近期研究的热点问题

1. 美国高校绩效拨款近期有推广的趋势

(1)美国高校绩效拨款起步早进展缓慢

20 世纪 70 年代初期，美国高等教育毛入学率已达到 50%左右。研究表明，绩效拨款最早在 1979 年产生于田纳西州，研究者都以田纳西州和佛罗里达州作为研究绩效拨款的样板。但是，30 年间田纳西州在公立高校中绩效拨款占拨款总额的比例未超过 4.5%，12 年间佛罗里达州在公立高校中绩效拨款占拨款总额的比例未超过 2.1%。① 且在美国采纳绩效拨款政策的州最高年份也不足 35%。②具体见图 4－1。

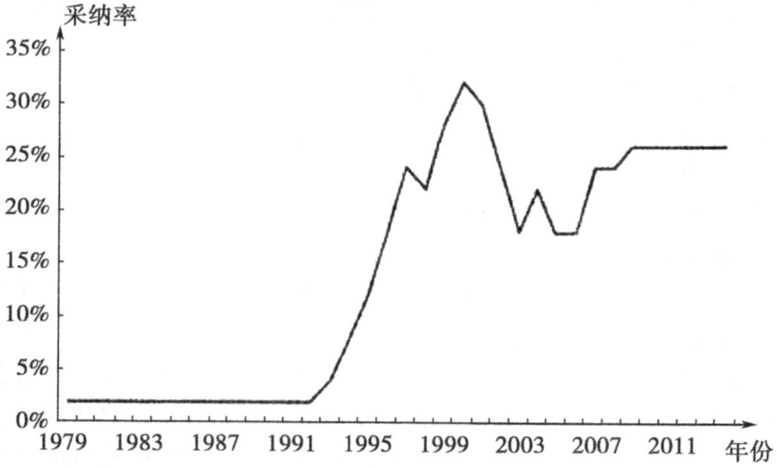

图 4－1　绩效拨款制度采纳率的变化情况

数据来源：Gorbunov, A. V. (2013) Performance funding in public higher education; Determinants of policy shy. Doctoral dissertation. University of Vanderbilt, 138－140.

从上可以看出，绩效拨款政策推出 30 年并未得到广泛的采纳。既有外部环境的原因，如绩效拨款政策中评价指标设计过于复杂的问题，又有高校内部不愿绩效评价后的问责问题，也未深入到院系和教师层面，而他们是改变毕业率的最重要的因素。③

① 罗新祜，陈亚艳. 高等教育绩效拨款政策的历史嬗变：以美国两个州为例[J]. 复旦教育论坛，2016(2)：99－106.

② 毛丹. 美国高等教育绩效拨款政策的形成过程及政策网络分析——以田纳西州为个案[J]. 北京大学教育评论，2015(1)：148－165.

③ Shin J & Milton S. The effects of performance budgeting and funding programs on graduation rate in public four-year colleges and universities[J]. Education Policy Analysis Archives, 2004, 12(22): 22.

(2)美国高校绩效拨款2.0(PBF 2.0)出台后推广较快

21世纪初,美国米娜基金会资助了11个州的质量改善行动,绩效拨款在总结原绩效拨款(后称为PBF 1.0)的经验与教训基础上推出了“绩效拨款2.0版”。

“绩效拨款1.0”(Performance-Based Funding1.0,简称PBF 1.0)是指在1979—2007年间,绩效拨款是在州基础拨款额外给大学拨发的奖金,金额不到州基础拨款的5%;而“绩效拨款2.0”(Performance-Based Funding 2.0,简称PBF 2.0)是指2007年之后,绩效拨款不是额外奖金而是纳入到基础拨款之中,且绩效拨款占的比例更高,如田纳西州竟达到了85%~90%。美国采用PBF 2.0的州已经达到了15个。① PBF 2.0与PBF 1.0的区别见表4-3②。

表4-3　PBF 1.0和2.0的关键特征比较

	PBF 1.0	PBF 2.0
1	为达到和超过绩效指标的机构提供奖励	绩效拨款和基本拨款进行整合
2	强调最终/长期指标的同时,也包括少量中间指标	强调阶段性指标和进步
3	所有机构采用相同指标	根据高等教育机构的特点和学生的背景进行赋权
4	占拨款总额很少比例,一般为1%~2%	占拨款总额的比例普遍较大,一般为5%~25%,有的甚至达到100%
5	较多采用相对比率,例如毕业生中某特殊群体的比例	较多采用绝对数量,例如毕业生总数
6	缺乏高等教育机构使命和政府目标的紧密结合	在拨款设计的过程中,把利益相关者包括在内,把高等教疗机构使命和政府目标紧密结合

由此可见,“绩效拨款1.0”的目标多元,指标复杂;绩效拨款2.0主要以提高毕业率为目标,指标明晰。但是,仅以毕业率来作为衡量政策效果的指标也有失偏颇,也可能为提高毕业率而降低毕业标准,忽略绩效指标中的质量目标等。

2. *PBF 2.0后引起国内学者研究的热潮*

从中国知网搜索,2003年至2016年5月标题中有“高等教育绩效拨款”的文章37篇,见表4-4。其中硕士论文7篇,但没有博士论文。

① DOUGHERTY K J,NATOW R S,JONES S M,etal. The Political Origins of Performance Funding 2.0 in Indiana,Ohio and Tennessee:Theoretical Perspectives and Comparisons with Performance Funding 1.0 [R]. CCRC Working Paper No. 68,2014:1.

② 任文隆,李国俊.美国高等教育财政绩效拨款政策研究——基于PBF2.0的视角[J].清华大学教育研究,2015(4):24-29.

表 4-4　2003 年以来"高等教育绩效拨款"论文发表状态表

年份	2003	2004	2005	2006	2007	2008	2009	2010
论文数	1	0	0	2	2	4	1	3
年份	2011	2012	2013	2014	2015	2016		合计
论文数	1	1	2	3	14	3		37

2015 年 11 月 17 日，教育部、财政部发布的《关于改革完善中央高校预算拨款制度的通知》(财教〔2015〕467 号)指出，新的项目支出体系六项内容之一是："中央高校管理改革等绩效拨款。延续项目，引导中央高校深化改革、加强管理。主要根据管理改革等相关因素分配，由中央高校按照规定统筹使用。"

从上可知，2015 年后高校绩效拨款成了国内学者研究的热点问题。

（四）高校绩效拨款的关键是"以成果为导向"拨款

1. 高校拨款分为"以产出为导向"与"以成果为导向"两种

"以产出为导向"的预算拨款是为办某件事安排拨款，不问结果，不问绩效，就像目前拨款那样为培养学生拨款，招多少生拨多少钱；为做一个研究项目拨一笔款。而绩效管理是"以成果为导向"。戴维·奥斯本、彼得·普拉斯特里克认为，"绩效管理具有以下几个方面的特征：①绩效管理是以'关注结果'为导向的管理；②将公共资金的管理分为绩效目标设定、拨款和评价三个环节；③强调以效率为核心，强调以'顾客'为对象。"①李淑宁认为："定义预算绩效考核是对经费支出与产生的效果和影响进行评价的行为，是以支出'结果'和'追踪问效'为导向，以定性分析与定量评判为手段的预算支出管理模式，这对强化支出管理意识，优化预算支出结构，提高预算支出的社会效益和经济效益具有重要作用。"②

2. "以产出为导向"与"以成果为导向"的区别

余小平等对"成果"与"产出"的区别举了两个实例。他们指出："美国爱荷华州的'绩效预算手册'中举了一个修桥的例子，某市有一条河，河上需要建一座桥，以解决交通拥堵的问题。但有关部门将建桥本身作为项目目标。从建桥的方便出发，将它设计在河流最狭窄的地段。桥建成了，交通拥堵的问题却没有得到很好的解决。这样虽然他们很好地完成了'产出'，工作量完全符合要求，桥按时完工，质量也符合标准，但绩效评估却只得到很差的结果。再以职业培训为例，各国政府都比较重视对失业人员的职业培训，通常的做法是，政府自办或者委托其他机构对失业人员进行培训，财政按参加培训的人数进行拨款，但经常有人经过数次培训仍不

① 戴维·奥斯本，彼得·普拉斯特里克. 摒弃官僚制政府再造的五项战略[M]. 北京：中国人民大学出版社，2002：148.

② 李淑宁. 浅议加强高校预算绩效管理[J]. 陕西行政学院学报，2004(4)：70-72.

能再就业。澳大利亚政府实行绩效预算后，改变了原来的做法，首先劳工部通过公开招标，选择一批信誉好的私营职业介绍所作为政府特约服务商，与其签订购买就业服务成果的协议。由他们对那些年龄偏大、缺乏专业技术的就职困难者提供培训、职业介绍等服务。每成功就业一个人，可以从政府领到相应的报酬。没有就业成功就不付酬。为了防止'水分'，他们还对'成功就业'制定了严格的标准，将服务费用分几次支付。从而使职业培训的工作效率大大提高，政府不再花冤枉钱，有效地减少了财政支出。"①卢洪友、龚锋认为"产出导向"与"成果导向"是新旧绩效预算的区别，他们指出："国际上新旧绩效预算的区别是绩效考核指标的差异。旧绩效预算以产出指标衡量政府部门活动的绩效，强调部门或项目的直接产出，具有指标简单、可操作性强、能量化的优点，但其缺陷也很明显，主要是仅仅衡量产出量，忽略了产出的社会价值与效果。如果一项活动的产出并不能带来有用的社会成果，则产出越大，资源使用的浪费程度也就越高，活动的效率反而越低。新绩效预算更倾向于使用绩效测量的高级指标，主要关注政府活动产生的社会效果，或者说，新绩效预算更强调预算投入的产出成果所带来的社会、经济方面的影响。旧绩效预算关注的焦点则是组织内部的运作效率，而新绩效预算则将焦点转移到资源配置效率与使用效益方面，考察一项预算投入的机会成本是否最小。正是对公共部门效率的两个不同侧面的强调不同，才有了新旧绩效预算的本质差别。"②

但是，2014 年 10 月 30 日，财政部、教育部共同下发的《关于建立完善以改革和绩效为导向的生均拨款制度，加快发展现代高等职业教育的意见》(财教〔2014〕352号)中"对 2017 年达到 12000 元的省份奖补，未达到 12000 元的省份，除不再给予拨款标准奖补外，中央财政还将暂停改革绩效奖补。"笔者认为，这一部分仍不属于绩效为导向拨款。该《意见》第 2 条指出："科学合理确定拨款标准。各地要根据本地区经济社会发展水平、职业教育发展规划、专业办学成本差异、财力状况以及学费收入等因素，同时，统筹协调公办高职院校与本地区公办普通本科高校、中等职业学校生均拨款水平以及民办职业学校举办者生均投入水平，因地制宜、科学合理地确定高职院校生均拨款标准(综合定额标准或公用经费定额标准)，并逐步形成生均拨款标准动态调整机制。综合奖补包括拨款标准奖补和改革绩效奖补两部分，由地方统筹用于支持高职教育改革发展。拨款标准奖补根据各地提高高职院校生均财政拨款水平的具体情况核定。2017 年各地高职院校年生均财政拨款水平应当不低于 12000 元。2017 年，对于年生均财政拨款水平仍未达到 12000 元的省份，除不再给予拨款标准奖补外，中央财政还将暂停改革绩效奖补；教育部将在下一年度招生计划安排时予以必要限制，并对其高校设置工作予以调控。"这个文

① 余小平，孔志锋. 在我国实行绩效预算的设想[J]. 财政研究，2004(2)：2-6.

② 卢洪友，龚锋. 绩效预算：比较、问题与前景展望[J]. 财政与发展，2005(1)：35-41.

件提到的奖补包括拨款标准奖补和改革绩效奖补两部分。

3. 绩效拨款与绩效预算的区别

绩效拨款与绩效预算都是高等教育绩效经费政策的组成部分。美国洛克菲勒基金会根据绩效对财政拨款的影响方式和密切程度将高等教育绩效经费政策分为三大类:绩效拨款、绩效预算和绩效报告。它们的定义是:绩效拨款,是指州政府直接根据高校绩效指标的表现分配指定的财政经费;绩效预算,是指州政府将高校绩效指标的表现作为影响高校财政预算的综合因素之一;绩效报告,是对州高等教育或高校绩效指标的表现的定期报道。绩效报告对高等教育的拨款没有正式的影响,本质上不属于绩效拨款方式,但是作为政策杠杆仍然被视为绩效政策之一。①

张晓岚等的研究显示:"Burke 等人在 1997 和 1998 年的调查中试图探寻绩效拨款和绩效预算的区别。他们定义绩效拨款为'与公办学院和大学以具体绩效指标表现的成果直接联系州拨款';拨款和绩效的关系是自动的和程序化的,如果高校达到了基于绩效指标的目标或改进水平,将被分配指定数量的绩效拨款。绩效预算是州政府或协调委员会使用间接的基于绩效指标的机构成果报告,作为形成公办学院和大学总预算的一般性内容;依据良好或改进绩效的附加拨款(additional funding)的获得取决于州政府或协调委员会的独立判断。绩效拨款将州拨款与绩效紧密和直接联系,而绩效预算与州预算间接相关,与成果联系松散。鉴于在绩效拨款当中与绩效挂钩的是运营预算(operating budget),而绩效预算中与绩效挂钩的则是基础预算之外的激励性拨款,绩效预算比绩效拨款更具有稳定性。资金和成果的松散联系和弹性允许使用包含多样化目标的评价方法,从而避免了可能与单一绩效指标或不充分样本量相联系的有效性和可靠性问题。Burke 等(2000)在'绩效拨款和预算:呈现融合?'的报告中,通过对美国 50 个州高等教育财务官员的调查发现,绩效拨款开始显现出弹性、协同性和多样化,而绩效预算也提供了阐明拨款与预算联系的方式,一个新的发展是将二者结合起来的混合模型。随后总结认为绩效拨款集中于预算过程的分配阶段,绩效预算集中于预算准备和预算编制阶段,通常忽视预算的分配阶段。绩效拨款和绩效预算的区别被 Davis(2003)归结为两个因素,一是基础预算和与绩效评价相关的基金分配的联系;二是预算实施和分配过程的弹性。在绩效拨款中,绩效成果与资源的关系是清晰的和不变的,绩效拨款为学院改进绩效提供了'直接和有形的激励'。在绩效预算中,激励性拨款根据是否满足绩效评价进行分配,

① Burke J. C. & Minassians H. "Real" Accountability or Accountability "Lite": The Seventh Annual Survey 2003[EB/OL]. http://www.rockinst.org/publications/higher ed/7th Surveyfinal.pdf. 2003/2007-04-12.

这种拨款是基础预算之外的附加拨款，绩效成果和资源的联系是弹性的和随机的。除了二者共同具有的改进绩效和满足既定绩效指标之外，绩效拨款还包括拨款权重、水平和来源，拨款权重对绩效指标分派了同样或不同的价值标准，拨款水平确定了各州依据绩效分配给学校的运营预算。如南卡罗莱纳州（South Carolina）1996 年采取的政策是将绩效评价与高校的全部运营预算挂钩，而田纳西州（Tennessee）这一比例只有 5%。"①

4. 高校绩效拨款的主要指标

（1）美国高校绩效拨款的指标

按照伯克（J C Burke）的定义，绩效拨款是指将州财政拨款与大学在某些绩效指标上的表现（如学生保持率、所修学分数、毕业率等）紧密、直接相连的一种财政拨款方式。②

美国各州最常使用的绩效指标包括投入指标，如招生人数等；过程指标，如教师工作量、教室和实验室利用率等；产出指标，如学位获得数、被资助的研究经费数等；成效指标，如毕业生就业率、雇员满意度等。③

田纳西州公立高校在已完成的七个评估周期中，专业认证、标准化考试、满意度、学生毕业率等指标都获得了大幅度进步，可以说绩效评估工作为提升田纳西州高等教育质量作出了重大贡献。④

美国各州绩效报告中最常使用到的绩效指标如表 4－5。

表 4－5　绩效报告常用指标

指标	使用的州数量
毕业率	32
转学率	25
生产率/教职工工作任务量	24
继续教育满意度	23
捐赠的科研资金	23

① 张晓岚，吴勋. 国外高校预算绩效评价研究的背景、现状与启示[J]. 西安交通大学学报(社会科学版)，2007(1)：87－92.

② Burke，J C，Ed. & Associates Ed.. Funding public colleges and universities for performance：Popularity，problems，and prospects[M]. Albany，NY：The Rockefeller Institute Press，2002：21.

③ Marccl Herbst. Financing Public Universities：The Case of Performance Funding [M]. Dordrccht：Springer-Verlag，2007：65－95.

④ E Grady Bogue，Betty Dandridge Johnson：Performance Incentives and Public College Accountability in the United States：A Quarter Century Policy Audit. Higher Education Management and Policy 22，2 (2010)：1－22.

（续表）

指标	使用的州数量
补救活动	21
资格证考试通过率	21
学位获得率	20
毕业生安置率	20
总学时	18
入学标准和措施	18
委任项目的数目和比率	13

资料来源：Joseph C. Burke. Funding Public Colleges and Universities for Performance: Popularity, Problems and Prospects[M]. New York: The Rockeleller Institute Press, 2002: 10.

美国4个以上州选择的绩效拨款指标见表4－6。

表4－6　美国4个以上州选择的绩效拨款指标①

绩效拨款指标	选择指标的州个数	
	本科学校（Baccalaureate Institutions）	两年制学院（Two-Year Colleges）
注册和毕业率	10	8
专升本比率	6	6
教职工工作量	5	4
毕业学分和获得学位时间	4	4
资格考试成绩	4	4
教工培训与发展	4	4
机构选择	5	/
专升本毕业率	4	/
就业安置率	/	8

注：表中数据基于美国11个州的绩效拨款指标调查。

① 张晓岚，吴勋．国外高校预算绩效评价研究的背景、现状与启示[J]．西安交通大学学报（社会科学版），2007(1)：87－92.

田纳西州绩效拨款指标见表4-7。

表4-7　田纳西州绩效拨款指标①

类别	具体指标	两年制社区学院分数	四年制高校分数
产出	毕业生一般标准化考试成绩	15	15
产出	其他试行毕业生考试成绩	5	5
产出	A. 专业的外部同行评议成绩 B. 获得办学资格认证的专业的比例	5 10	10 15
产出	主要专业的资格考试成绩	15	15
产出	在校生/校友/雇主问卷调查结果	10	10
产出	A. 新生保留率 B. 毕业生就业率	5 15	5 /
过程	转校生比例	/	5
过程	高校战略规划目标	5	5
过程	州战略规划目标	5	5
综合	高校评审	10	10
	合计	100	100

从上可知，美国高校绩效拨款的指标主要有：毕业率、就业率、雇主信息反馈、研究生入学考试，专业证书成绩等，此外，在校生中少数族裔学生比例，教师中少数族裔教师的比例等。

(2)我国高校绩效拨款的主要指标

李盛兵指出："市场化不仅要求学生交学费，而且要逐步提高学费。在市场化条件下，高校与学生的关系日益成为'服务提供者与消费者'的关系。高等学校越来越依赖消费者——学生，这不仅仅体现在征收和提高学费上，而且体现在政府对高校的财政投入上。许多政府改变了教育经费投入体制，从过去的'输入投入体制'(input system)，即依据招生人数来投入，转变到'输出投入体制'(output system)，即经费投入不仅仅依据招生人数，而且更加重视学生在校的表现和取得的成绩(毕业率等)。"②

实习记者罗瑞垚、记者盛梦露报道："相对于中国的高校经费使用现状，发达国

① "Tennessee Higher Education Commission. Performance Funding Standards 2000 - 01 through 2004 - 05," http://www. state. tn. us/thec/2004web/division pages/ppr pages/pdfs/Policy /Performance%20Funding%20Standards%202000 - 05%20Cycle. pdf, 2003 - 05/2006 - 04 - 15.

② 李盛兵. 高等教育市场化：欧洲观点[J]. 高等教育研究, 2000(4): 108 - 111.

家的公立大学拨款体系中，更多地体现了对学校绩效，即教育质量的考察，如该校毕业生的就业率、平均起薪，乃至毕业后2年、5年的就业率、平均薪水等。'北京大学教育学院教育财政学教授陈晓宇告诉财新记者。"①

借鉴美国高校绩效拨款的指标，考虑我国高校绩效拨款刚起步，建议我国高校绩效拨款的主要指标如下：

①毕业率

毕业率是合格学生的指标，反映学校用经费培养"合格品"而不是"非合格品"的指标，是学校绩效的主要指标。但我国尚未"宽进严出"却是"准严进宽出"。以会计学毕业论文答辩而言，据笔者了解，博士生论文一天答辩近10人，硕士生一天答辩近20人，本科生一天答辩近40人。这种放水式的"宽出"怎能保证质量？这种毕业率如作为绩效拨款的指标岂谈得上绩效？

②就业率

就业率是继毕业率后的指标，反映学校培养学生在人才市场中的竞争力，是学校绩效的主要指标。在前面我们已阐述过就业率，可惜就业率掺假也不少。

③毕业生第一年就业的单位排名和月薪

如第一年就业的单位排名（公司是全球500强等）和月薪（月薪是3000元以下，3001～4000，4001～5000，5000以上等）。

④研究生升学率（专升本率）

研究生升学率（专升本率）反映学校培养学生进入高一层次深造的潜力。但保研指标应质疑，如性侵后的"保研路"。

⑤专业证书通过率

如会计专业的下列证书：

ACCA证书。英国特许公认会计师公会（The Association of Chartered Certified Accountants），简称ACCA，ACCA在国内称为"国际注册会计师"。

CMA证书。美国注册管理会计师（Certified Management Accountant），简称CMA，CMA在国内称为"注册管理会计师"。

CPA证书。中华人民共和国国家级注册会计师执业资格考试证书，简称CPA（Certified Public Accountant），CPA在国内称为"注册会计师"。

⑥用人单位信息反馈

用人单位信息反馈是继就业率后的指标，国外称为"雇主信息反馈"，反映学校培养学生被实践检验教育质量的指标，突出的如杰出校友人数等。

鉴于我国推行高校绩效拨款刚起步，绩效拨款指标不宜太复杂，暂列六项，但这些指标必须是真实可靠的。

---

① 罗瑞垚.中央高校拨款项目大整并强化绩效导向[Z].财新网，2015-11-28.

5. 绩效拨款实施过程中的困难

张金贵等的研究表明，绩效拨款实施过程中的困难：(1)绩效拨款前期准备工作需要花费大量的精力和成本。实施绩效拨款首要的工作是要收集大量的资料和信息，只有获取了所需的数据方可展开后续工作。但这项工程需要大量的时间和金钱，如果选择用已有数据来代替最新数据，虽然可以节约时间和成本，但却降低了绩效指标体系的合理性和适用性。绩效拨款不得不面对这样的质疑，即绩效拨款所产生的成果是否可以弥补绩效拨款前期工作付出的成本？(2)绩效指标如何选择？数量是多少为适宜？各个指标的权重如何分配？指标类型如何选择，应该侧重投入和过程还是产出和结果或兼而有之？指标的标准是否全部需要量化？到底由谁来制定这些指标？一套科学完善的绩效指标体系是否能够在全国范围内通用等等，这些是制定指标体系的主要难题。(3)绩效拨款占政府拨款份额的多少最为恰当。绩效拨款的额度如果过高会造成政府对高校预算的不稳定，而高校则会将过多精力用于科研开发，教学功能被弱化；如果绩效拨款的额度过低则无法起到激励高校的作用，甚至无法弥补高校为获得该项拨款所付出的成本，与绩效拨款的初衷相违背。①

（五）高校绩效拨款应重点注意的问题

1. 高校应转变观念

1976年，诺贝尔经济学奖得主弗里德曼在《自由选择》一书中列举了四种花钱和消费的形式：①花自己的钱，为自己消费，既讲节约又讲效果；②花自己的钱，为别人消费，只讲节约不讲效果；③花别人的钱，为自己消费，只讲效果不讲节约；④花别人的钱，为别人消费，不讲节约也不讲效果。高校花钱是用公家的钱为公家消费，属于上述第四种类型。

随着高校办学自主权的落实，高校在花钱上不讲绩效的观念应转变。

2. 政府应制定高等教育绩效拨款政策

美国在“新公共管理”及其“新问责运动”的影响下，公立高等教育领域的治理模式由原来的投入性治理模式转变为更加关注效率的以成果为导向的治理模式。我国十八届四中全会提出“国家治理现代化”，也倡导问责制度，因此，政府应制定高等教育绩效拨款政策。

伯克(J. C. Burke)将高等教育绩效拨款定义为：绩效拨款是指将州财政拨款与大学在某些绩效指标上的表现（如学生保持率、所修学分数、毕业率等）紧密、直接相连的一种财政拨款方式②。依据 Burke 等的定义，根据绩效对财政拨款的影响

① 张金贵，孙杰. 国外绩效拨款模式评析[J]. 当代经济，2014(7)：116－117.

② Burke J C. Ed. & Associates. Funding public colleges and universities for performance: Popularity, problems, and prospects[M]. Albany, NY: The Rockefeller Institute Press, 2002: 21, 49.

方式和密切程度，洛克菲勒基金会将美国各州的高等教育绩效拨款政策分为以下三大类：①绩效拨款：是指州政府直接根据高校绩效分配指定的财政拨款；②绩效预算：是指州政府将高校绩效作为影响财政预算的因素之一。绩效报告：是指定期公布州高等教育或高校绩效信息；③绩效报告对拨款没有正式的影响，本质上不属于绩效拨款方式，但是作为政策杠杆它仍然被视为绩效政策之一。尽管绩效报告没有正式与拨款挂钩，却是对政府和公众需求的回应最为直接的绩效政策。[①] 因此，绩效拨款并不是就事论事，仅是绩效拨款的一项制度，而是包括上述三个方面的系统的政策。

3. *需要制定高校绩效拨款流程*

笔者建议高校绩效拨款流程如下：高校教育评价→高校绩效合同→高校绩效预算→高校绩效拨款→高校绩效报告→高校预算绩效评价→高校绩效问责→高校教育评价（下一轮）。

（1）高校教育评价

高校教育评价是由权威的中介组织根据高校教育评价指标进行的。该中介组织由高等教育专家为主组成。高校教育评价指标，如英国副院长和校长协会和大学拨款委员会联合工作小组编制的《英国大学管理统计和绩效指标体系》，它将绩效评价指标体系划分为另外三类，即输入指标、过程指标和输出指标三类，其中输入指标主要是指高校可利用的资源、人力和经费情况，是对高校现有办学条件的客观反映；过程指标主要是指高校可利用的资源的使用率、管理行为和组织行为情况；输出指标是指高校通过办学科研等活动，最终取得的成绩与产出。1986 年为 41 个指标，1987 年为 39 个指标。美国肯塔基州的高等教育绩效指标体系，共包括教育质量、教育培养、机会均等、经济发展和生活质量、协调与倡议精神等五大类 25 个指标。中央教育科学研究所高等教育研究中心的《中国高等学校绩效评价报告》指出："专家讨论筛选出最初的 14 项投入指标和 16 项产出指标，充分反映高校办学在人力、财力、物力三方面的投入以及高校在人才培养、科学研究与社会服务三方面的职能。"除此以外，还有武书连、吕嘉的《中国大学评价研究报告》《中国大学排行榜》等。

绩效拨款不能仅注意"量"还要注意"质"。2012 年 3 月 16 日，教育部发布《关于全面提高高教质量的若干意见》第二十四条规定："加强省级政府统筹。加大省级统筹力度，根据国家标准，结合各地实际，合理确定各类高等教育办学定位、办学条件、教师编制、生均财政拨款基本标准，合理设置和调整高校及学科专业布局。"

① Burke J C & Minassians H. "Real" Accountability or Accountability "Lite": The Seventh Annual Survey 2003[EB/OL]. http://www.rockinst.org/publications/higher_ed/7th Surveyfinal.pdf. 2003/2007-04-12.

第三十条规定:“加强高校经费保障。完善高校生均财政定额拨款制度,建立动态调整机制,依法保证生均财政定额拨款逐步增长。根据经济发展状况、培养成本和群众承受能力,合理确定和调整学费标准。完善财政捐赠配比政策,调动高校吸收社会捐赠的主动性、积极性。落实和完善国家对高校的各项税收优惠政策。推动高校建立科学、有效的预算管理机制,统筹财力,发挥资金的杠杆和导向作用。优化经费支出结构,加大教学投入。建立项目经费使用公开制度,增加高校经费使用透明度,控制和降低行政运行成本。建立健全自我约束与外部监督有机结合的财务监管体系,提高资金使用效益。”

邱渊指出:“效益以质量合格为前提,以节约社会劳动为实体。教育之所以能够节约社会劳动是因为它能缩短人类掌握已知的科学文化知识和技能的时间。”① 因此,高校教育评价指标不仅限于毕业率、就业率等,“就业引导教育”肯定将教育引入歧途,还应有教育质量指标(如何培养合格乃至优秀人才)。高等教育由精英教育过渡到大众化教育阶段,不是不要精英,也不是降低高等教育的质量。布伦南等指出:“精英是通过所接受的大学教育的质量来确保他们社会地位和经济的优势。”②2015 年 12 月 3 日,李克强在研究今后 5 年教育改革发展的会议上指出:“‘十三五’期间,我国教育改革发展面临新的繁重任务,必须在公平和质量上下大工夫,实现新突破,既要保障教育公平又要提升教育质量!”高校教育评价指标的核心应是教育质量。毛丹的研究显示:“从田纳西州 PBF 政策的指标来看,‘质量’是绩效评估的核心价值。该政策通过引入外部标准化测试、同行评议、毕业生满意度调查等方式来衡量大学的教育质量。”③但是,教育质量与物质产品的质量不同,因为教育“加工的对象”是有主动行为的学生,也就是说,学生不是被动的“加工对象”,教育质量决定于“教”与“学”双方的互动与相向努力地配合,教育的结果在很大程度上取决于学生的主动性。④ 因此,教育评价指标具有其复杂性。在高等教育评价时应注重对质量的评价,以便保证财政投入的有效供给。

(2)高校绩效合同

传统预算在财政部门与高校之间不是平等的合同双方的关系,而是一种等级制关系;而绩效预算的核心在于签订绩效合同,绩效合同是一种契约关系,它借用市场机制,因此,绩效预算是合同预算,它是一种双方平等的合同关系,在赋予高校自主权的同时,事先做出达到绩效的承诺,必须承担相应的责任。以便评价和

---

① 邱渊. 教育经济学导论[M]. 北京:人民教育出版社,1989:5.

② [美]约翰·布伦南,特拉·沙赫. 高等教育质量管理——一个关于高等院校评估和改革的国际性观点(第一版)[M]. 陆爱华,等译. 上海:华东师范大学出版社,2005:25.

③ 毛丹. 美国高等教育绩效拨款政策的形成过程及政策网络分析——以田纳西州为个案[J]. 北京大学教育评论,2015(1):148-165.

④ Swenson G. Customers and Markets [J]. Change,1998,30(5):34-40.

问责。

(3)高校绩效预算

①制定年度绩效计划

吴妮报道:"法国政府预算改革的核心是打破传统的以开支为导向的预算制定方式,转而以绩效为导向制定预算。每个财政年度的预算法案都有附加文件——年度绩效计划。为推进'绩效预算',法国政府确立了新的国家预算结构,从上至下分为'任务''项目'和'行动'三级。因为以前的预算编制虽然详细,但无法反映花这笔钱的最终目的是什么,'任务'则是确定一个政府公共政策的大方向,将贯彻这一公共政策需要花费的预算'项目'全部囊括其下,在每个'项目'内,相同用途的预算额度又集中为'行动'。预算改革赋予了各部门管理者灵活处理预算的自主权,从中央到地方,每个项目都要确定一名负责人,负责人可以在项目总预算的范围内,根据效益原则调剂各项'行动'的预算。'项目'负责人被赋予高度自主权的同时,也必须承担相应的责任,他们要对预算的结果和绩效事先做出承诺,事后承担责任。每个财政年度的预算法案都有附加文件——年度绩效计划,各部部长及其任命的项目负责人要在'年度绩效计划'中列出绩效衡量指标以及预期结果。"①

朱红认为:"年度绩效计划是连接学校和部门战略规划和日常工作的纽带,是年度绩效预算的依据,它包括绩效目标、评价指标和评价标准三部分内容。学校将整体战略目标分解到各年度,各部门围绕学校年度战略目标制定本部门年度工作绩效计划。各部门的年度工作绩效计划必须明确、具体,不仅要确定做什么,还要明确工作的产出数量和应达到的效果、结果。"②

由此可见,年度绩效计划是编制绩效预算的前提和基础。如上面提到编制绩效预算时强调的部门目标、部门项目那样,年度绩效计划也应首先确定部门的"任务""项目"和"行动"三级。项目负责人被赋予高度自主权的同时,也必须承担相应的责任。负责人可以在项目总预算的范围内根据效益原则调剂各项"行动"的预算,但他们要对预算的结果和绩效事先做出承诺,事后承担责任。

②编制绩效预算

刘玉光认为高校编制绩效预算的程序和方法有:A. 定高校的绩效项目或活动;B. 确定高校绩效项目或活动的绩效指标;C. 测算绩效项目或活动的资源耗费;D. 将绩效项目或活动的资源耗费折算为绩效成本;E. 将现行高校办学支出分解、调整为项目或活动的绩效成本;F. 对实际成本与标准成本差异进行分析与调整;G. 编制项目或活动的绩效成本表;H. 形成高校的绩效预算。③

① 吴妮.法预算绩效制遏制政府乱花钱[N].新京报,2007-10-28.

② 朱红.新绩效预算理论在高校预算中的运用[J].财务与金融,2009(5):46-49.

③ 刘玉光.高等学校绩效预算管理问题研究[D].厦门:厦门大学硕士学位论文,2007.

综上所述，编制绩效预算有两个关键词应当重视，即“部门”与“项目”。联系高校的实际，首先确定部门的战略目标；其次确定部门的项目；再次根据年度资源需求量和相关规定估算资金，做出学校所属各部门的绩效预算；最后组装成学校的绩效预算。

(4)高校绩效拨款

根据高校教育评价签订高校绩效合同，编制高校绩效预算，通过高等教育拨款咨询委员会评审后分期拨款。

(5)高校绩效报告

于中认为：“提交绩效报告。为跟踪部门年度绩效计划的进展情况，一般要求部门管理者定期或者不定期提交绩效报告，通过绩效指标详细描述绩效目标的完成程度。除少数国家(如澳大利亚、新西兰等)需提交月报和年中报告外，其他国家都仅需在预算年度结束后提交年度绩效报告。类似于上市公司的财务报告，为保证其合法、真实和准确性，部门绩效报告一般也要经过独立机构进行审计。”①从上可知，年度绩效报告是执行绩效预算的单位或部门为跟踪部门年度绩效计划的进展情况，在年末将执行绩效预算的结果撰写的报告。其内容包含实际预算配置，实际开支，人力资源管理以及绩效水平。其中还应包含根据年度绩效计划中设立的绩效指标对各个项目的评价；如果绩效目标没有达到，需分析原因。

(6)高校预算绩效评价

2003 年 10 月 14 日，第十六届三中全会通过的《中共中央关于完善社会主义市场经济体制若干问题的决定》第 21 条规定：“建立预算绩效评价体系。”《关于 2015 年中央和地方预算执行情况与 2016 年中央和地方预算草案的报告》在“切实做好 2016 年财政改革与管理工作”时指出：“建立绩效评价机制，探索推进第三方评价。”

必须指出，高等教育绩效与高校预算绩效是有明显的区别。如预算绩效评价主体是以高校财政和财务专家为主的中介组织；另外预算绩效评价指标体系与高等教育评价指标体系也不同。笔者认为，高校预算绩效评价指标体系应以财务指标为主，理由是：教育经济学认为，教育的经济具有迟效性和长效性的特征。①迟效性。高等教育投入周期长，一个学生从小学到博士需 20 余年时间，才能对社会做贡献，自己也得收益。也就是说，高等教育的能力发挥为教育经济效益需要一个很长的时间，经过一个知识和能力转化的“滞后”的周期，高等教育投入的收益要经过较长的时间来体现。英国剑桥教育咨询公司中国部主任，曾供职于我国教育部的胡文斌认为，政府有各种各样的投入，在资源有限的情况下往往不会首先考虑教育，因为教育投资收效周期太长。这也是一个很现实的选择。②长效性。高等教

① 于中. 国外绩效预算的主要做法[N]. 中国财经报，2006－04－28.

育培养的专门人才，无论在物质生产部门，还是在科研教育或政府部门，能够永久地发挥作用，长期为社会带来经济效益和社会效益，对个人的收益也是长期的，且不受年龄的限制。因此，高校的教学和科研与物质产品生产不同，高校的教学和科研不可能当年投入当年就见效。因此，目前，中央的文件对预算绩效评价界定在"重大项目"和"重大专项资金"。如《国家中长期教育改革和发展规划纲要(2010—2020年)》第五十八条指出："建立经费使用绩效评价制度，加强重大项目经费使用考评。"又如《关于2015年中央和地方预算执行情况与2016年中央和地方预算草案的报告》在"切实做好2016年财政改革与管理工作"时指出："全面推进预算绩效管理改革，加强绩效目标管理，推进重大专项资金等重点支出绩效评价，强化评价结果应用，增强花钱的责任意识和效率意识。"

(7)高校绩效问责

2016年6月，王岐山在制定中国共产党问责条例座谈会上强调指出："权力就是责任、责任就要担当。……有权必有责、有责要担当、失责必追究。要把权力与责任、义务与担当对应起来。"

毛丹的研究表明："对于政府部门和立法委员来说，获得选票与政治上的合法性是延续其政治生命最关键的因素。因此，他们更关心能否达成'高等教育问责'这一形式。正如THEC的一位被访者所说，他们(州长和立法委员)最关注的问题是加强对高等教育的问责。所以你要把故事按照他们喜欢的方式告诉他们。他们觉得绩效拨款能加强对大学质量的监控，因此对这个政策表示支持。"①

此外，高校财务应公开透明，便于推动高校预算绩效管理的问责机制。

4. 从业务上，高校预算绩效管理与高校资产管理要同步进行、有机结合，因为高校资产管理影响高校预算绩效管理；高校会计制度要实行权责发生制，只有实行权责发生制高校预算绩效的"结果"才真实。

5. 重视高校经费绩效管理人才建设

我国的预算绩效管理整体上还处于起步阶段。2011年4月21日，财政部廖晓军副部长在全国预算绩效管理工作会议上的讲话指出："我国的预算绩效管理整体上还处于起步阶段。"苟燕楠、王海认为："预算改革是一个长期渐进的过程。美国的基本预算模式从分项排列预算演进到新绩效预算经历了约80年时间，其间计划项目预算、零基预算、从上到下预算等改革失败者多，成功者少。即使是备受赞誉的新绩效预算，历十余年改革，在其核心目标'整合绩效与预算'上的成效也并不明显。这足以说明预算改革的艰难，绝非旦夕之功。与美国相比，我国的预算管理制

① 毛丹. 美国高等教育绩效拨款政策的形成过程及政策网络分析——以田纳西州为个案[J]. 北京大学教育评论，2015(1)：148-165.

度改革在时间跨度和深入程度上都刚刚起步。"[①]上述仅是高校绩效拨款应重点注意的问题。由此可见,我国推行高校绩效拨款还有很多事情要做。但我们必须积极探索,建议应先从"重大项目"和"重大专项资金"做起,[②]也有利于"双一流"的建设。

三、推动高校竞争性拨款

我国实行高校竞争性拨款主要在科研经费和高校专项资金的拨款。2016 年 1 月 15 日,袁贵仁在全国教育工作会议上指出:在推进"双一流"建设中,"政府要强化绩效评价,根据高校办学目标实现程度,对支持力度动态调整,避免只增不减。要形成开放机制,对支持的学科适时调整,避免身份固化。……避免不重平时、只在一时。教育部正会同有关部门研究制订实施办法及资金管理办法。"这里强调"强化绩效评价"和"避免身份固化"就是推行高校竞争性拨款。

高校竞争性拨款应在下列四类中推动:①"双一流"高校(如以前的"985 工程""211 工程""2011 计划"等);②"双一流"学科(如以前的优势学科、特色重点学科、重点实验室等);③科研基金项目(如自然科学研究基金项目、哲学与社会科学研究基金项目等);④杰出人才资助(奖励)计划(如高等学校骨干教师或优秀青年教师资助计划、高等教育国家级教学成果奖或高等学校教学名师奖等)。

(一) 高校竞争性拨款概述

1. 高校竞争性拨款的产生

研究表明,"20 世纪 60 年代被称为进步主义的教育思潮损害了教育质量,教师得到的报酬过多,但常常工作并不十分努力,学校教育制度已经变得过于官僚化,随之而来的就是创造力的降低……教育系统的效能已经严重下降,在生均投入大幅度上升的条件下,各种考试和测验对教育产出的测试结果却仍然不尽如人意。"[③]日本学者藤田英典指出,各发达国家的学校教育经过 20 世纪的努力都得到了显著发展,以往的教育改革的着重点在于创造一个新的教育框架。20 世纪 80 年代以来,发达国家在"教育重构"的口号支撑下,教育改革"则是为了适应生活水平的提高以及解决由此而产生的各种问题而进行的教育结构性改革","以提高教育系统效率和适应能力"。[④]因此,教育改革就是要"引进效率型、竞争型的教育体系,以提高学历水平,从而实现教育的卓越性。""管理绩效""绩效主义"成为教育改革的基本价值取向之一。杜莉等认为:"首次出现的竞争性拨款一般认为是美国

---

① 苟燕楠,王海.公共预算的传统与变迁:美国预算改革对中国的启示[J].财政研究,2009(6):78-81.

② 乔春华.高校预算管理研究[M].苏州:苏州大学出版社,2013:257-273.

③ Benjamin Levin.教育改革——从启动到成果[M].北京:教育科学出版社,2004:63.

④ [日]藤田英典.走出教育改革的误区[M].北京:人民教育出版社,2001:14-16.

1972 年设立的改善中学后教育基金。”①

2. 高校竞争性拨款的定义

田华等认为:“竞争性资助是指公权部门公开发布指南,研究者基于课题或者项目进行申请,经过同行评议,择优资助,然后中标者以课题组方式开展研究,并最终以既定的项目成果形式完成项目验收的资助形式,分为导向型竞争资助和开放型竞争资助两类。导向型竞争资助一般限额申报,并设置有一定的申报门槛,如国家自然科学基金委的创新群体项目,科技部‘863 计划’‘973 计划’等。开放型竞争资助一般不限额申报,如国家自然科学基金‘面上项目’、北京市自然科学基金‘面上项目’等。”②

方芳认为:“竞争性拨款。即对经过同行评议的实现院校改进目标的计划进行拨款。竞争性拨款通常以具体的项目经费的方式下拨,其目的是为提高高等教育的质量、促进创新、优化管理。”③

由此可简单解释为,竞争性拨款是通过公平竞争得到的拨款。

(二) 国外项目支出(专项经费拨款)对我国竞争性拨款的启示

1. 国外专项经费拨款介绍

李振东的研究显示,美国高校专项经费拨款模式包括三种类型:①增量拨款模式。在综合考虑各州高等教育的发展现状和政府财政状况的基础上,根据各校在学科发展建设、科研项目增设等方面有所扩张的部分,制定出政府财政拨款的增长系数,并以这一增长系数为标准来确定下一年度该校专项经费拨款额度。②合同拨款模式。政府通常采用招投标的方式,针对高校科研经费和专项经费进行财政拨款。该模式通过在合同中明确经费的支出结构和使用方式,以及预期需完成的目标等条款来保证专项经费使用的效率和效益。合同拨款是对高校公式拨款的一种补充。③绩效拨款模式。首先确立高校科研绩效的指标及各指标的权重,再分别对各高校科研的实际情况进行绩效评估,最后将评估结果作为依据对各高校进行科研专项经费拨款。④

刘琳等认为,英国对科研方面的专项经费拨款,主要采用两种方式:①经常性拨款。分别以科研质量评估结果、科研发展需求导向以及科研合同附加等方式作为拨款依据,而对应的各种类型科研经常性拨款,拨款主体为高等教育基金会。②项目拨款。主要表现为科研项目拨款,以及向各高校提供科研设施条件或向国际研究机构缴纳有关会费等形式的变相拨款,由公共科学与服务部负责,拨款主体

① 杜莉,等.国外政府补贴教育的方式[J].科学发展,2009(4):93-102.

② 田华,肖瑜.竞争性资助与非竞争性资助关系研究——以 Y 大学国家重点实验室为例[J].科技进步与对策,2014(15):19-23.

③ 方芳.高校专项经费拨款的国际比较及启示[J].重庆高教研究,2015(3):28-33.

④ 李振东.我国高校财政拨款模式研究[J].商,2013(8):145.

为研究基金会。①

赵凌认为,德国联邦政府的高校科研专项经费拨款主要有三种形式:由德国研究协会(Deutsche Forschungs gemeinschaft,DFG)对高校进行科研拨款;由联邦政府各部直接向高校进行科研拨款;由联邦政府为委托科研项目提供全额资助。州政府的高校科研专项经费拨款由德国研究协会进行拨款(占该会经费总额的40%),以扶持德国高校的科研工作。②

高耀等认为,澳大利亚联邦政府将绩效因素纳入到高等教育专项经费拨款中,其主要形式有:①一揽子拨款。政府对单个高校采取的主要拨款方式,不仅包括对高校部分科研进行专项拨款,还包括对高校教学、基建和学生资助方面的拨款。②指定用途拨款。此类项目的拨款数额不大,仅在用于支持国家优先发展目标项目时才可自由使用,也是高校多数用于科研专项经费拨款的一种方式。③绩效拨款模式。一种次级的公式拨款模式,吸引高校通过提高教学和科研绩效以增加所获得的拨款量。③

李振东的研究表明,日本现行的对高校的专项拨款模式主要有:①区别政策的专项拨款。针对国立和私立高校进行区别化的拨款,国立高校会得到政府的科研经费,而私立高校则只能获得少许教育事业费补助和设施设备补助,且数额相对较少,而且几乎很难获得公平的机会争取科研专项经费。②内外评估为依据的核拨方式。日本高校有完善的评估机制,包括高校自我评估和社会中介组织基于高校自我评估基础上对其进行的再评估,以便对学校进行全面评价。日本高等教育将市场机制充分引入到专项经费拨款中,实施了根据科研业绩评估进行差额配置的绩效拨款方式。④

2. 国外项目支出对我国竞争性拨款的启示

(1)依法拨款,即制定竞争性拨款的政策或办法。

(2)公开招标,即符合条件者均可申报。

(3)第三方评价,即由第三方依法评审。

(4)契约约束,即中标者签订合同,双方履约。

我国学者撰文探索高校竞争性拨款,人大代表也呼吁高校竞争性拨款。如2012年全国两会期间,全国人大代表、湘潭大学校长罗和安认为高校拨款机制不公平,建议将拨款分非竞争性和竞争性两种。他认为,竞争性财政拨款促进高等学校的良性竞争和特色发展,指向经济社会发展、科技发展、高等教育发展的重点领域,体现国家的战略目标。其中,竞争性拨款的建议如下:①取消目前许多项目人

① 刘琳,钟云华.中英高等教育财政拨款模式比较分析[J].高教探索,2010(1):68-72.

② 赵凌.德国高等教育财政拨款制度探略[J].高教探索,2011(6):91-94.

③ 高耀,方鹏.澳大利亚高等教育经费筹措:现状、趋势及启示[J].世界教育信息,2008(5):26-29.

④ 李振东.我国高校财政拨款模式研究[J].商,2013(8):145.

为设定的门槛，取消高等教育财政拨款的人为分层。各种竞争性拨款都应当取消申报单位限制，任何单位都可以参加申请和竞争。可以借鉴国家自然科学基金项目的申请，不设定任何人为限制性条件，不论单位、个人、职称、学历等都可以自由申报。②基于非竞争性拨款尤其是生均拨款差异的降低，高等学校之间财政经费的竞争主要是竞争性拨款的总额和该项拨款占学校办学总经费的比例。③基于非竞争性拨款尤其是生均拨款差异的降低，在高等学校之间没有差异，所有高等学校按照统一的标准和拨款方法进行非竞争性公共财政经费预算和拨款。由此一来，高等学校之间的竞争主要是竞争性拨款的总额和占学校总经费的比例。④保证整个高等教育拨款的清晰和透明。改变当前各种专项经费拨款和使用中存在的问题，理清花样繁多的拨款渠道和类型，将所有竞争性拨款按照一定的规则和程序进行公平、公开的竞争。要加强竞争性拨款的绩效评估。⑤中央财政要进一步加大对地方特别是中西部地区教育事业发展转移支付力度。结合中西部高等教育发展的设计，设立专门面向中西部地区的竞争性拨款。

但也有学者认为绩效拨款应该缓行，如王建华指出："为了保障高等教育经费投入中非竞争性经费分配的公平性，效率主导的绩效拨款应该缓行，政府部门首先应该建立起生均拨款制度和转移支付制度。"①

笔者认为，在高校"双一流"建设中，科研项目申报和杰出人才资助（奖励）计划等方面应积极推行。

四、高校"去编制"后要重视预算管理

（一）高校"去编制"的好处

财政部财政科学研究所教科文研究中心副研究员张绘指出，不纳入编制管理能给高校带来啥好处。笔者认为，北京市的此次改革主要是基于以下四方面的考虑：①高等教育属于事业单位，按照现行事业单位分类改革的要求，高等教育在整个事业单位的管理中属于公益二类事业单位，应该更多地采取政府购买服务的方式引进人才，采取不纳入编制管理模式，促进人才管理制度创新。②放权让利，有利于高等教育的发展，落实高等学校的办学自主权。给高校相应的预算自主权和用人自主权，使财政资金在资源配置上发挥更好的作用，以此进一步激发高校发展的内在动力和活力。③有利于形成更加灵活的高校管理机制，用预算管理来代替编制管理。高等院校不纳入编制，有利于改变高校机构编制的单一审批制管理，逐步形成审批制和备案制相结合的更加灵活有效的管理制度。财政部门主要负责管理财政资金总量，给出相应的预算编制标准，用预算管理制度来代替编制管理制

① 王建华．竞争性与非竞争性——政府部门高教经费投入的一个分析框架[J]．中国地质大学学报（社会科学版），2010(1)：13－19.

度，具体的资金使用如何更好地推动高等教育事业发展完全由用人单位自主决定。④打破垄断壁垒，促进高校人才流动。高等教育不纳入编制以后有利于发挥市场在人才配置和人力资源配置中的决定性作用。高校等用人单位可以将财政资金和创收资金结合使用，通过更加合理的劳动收入分配，使具有人才吸引力的高等院校能够吸引到更好的人才。有利于打破高校现有的体制机制障碍，促进高校、研究院所、企业之间人才的合理流动。取消编制管理的目的是更加科学合理地配置高等教育人力资源，形成动态化劳动力市场体系。①

但是，去编制尚需一个过程。记者陈彬、韩琨报道："中国教育科学研究院研究员储朝晖表示，在相当长一段时间里，国内政府人员和大学教师是同样性质的。'之所以大学有编制，一个基本假定就是政府在办大学，政府与大学之间没有太大区别。'储朝晖说。去编制管理'至少现阶段是不太现实的。'储朝晖表示，毕竟目前政府与高校间还存在依赖关系，只有政府与高校真正建立起相对独立的关系，才能够说高校不需要政府的编制了。'很显然，北京市政府没有这样的权力，要做到这点至少要修改《高等教育法》，而短期内这样做的可能性也不大。'储朝晖一直强调，编制问题其实只是高等教育大体系中的一个环节，但这一环节却牵扯到整个体系的诸多环节。'高等教育是一个整体，一方面的变化就要求整个大系统必须都跟着变。但现在，我们却是在不想改变大系统的前提下，只作这一点改变。'"②

笔者在第一章中已阐述了"去编制"是高校"去行政化"的重要环节，是落实高等学校的办学自主权的重要步骤，当然，"去编制"尚需一个过程。

（二）高校"去编制"后要重视预算管理

吴珊报道："张绘指出，高校取消编制后，未来的改革有两个方向，一是绩效预算拨款，二是政府购买服务。具体来说，就是从原来单一的审批制管理过渡到审批与备案制结合。为总量编制预算标准，为项目和基本支出设定标准，即用预算管理代替编制管理。这意味着预算管理更需精细化。张绘指出，未来要实施的绩效预算，就是改变按人员编制和学生人数设定拨款额度的模式，通过制定生均经费支出标准，结合考虑学校绩效、人事工资、通货膨胀等多种因素，建立新的拨款方式。具体来说，就是按高校的社会服务、科研成果产出等来考核人员工作绩效，用财政部门的绩效评价来确定高校的基本支出和项目支出。张绘认为，预算只定一个总盘子，具体怎么用、聘多少人都交由高校自己决定，给他们用钱和用人的自主权。用得好，来年再给或追加；用得不好，来年核减。改变高校的科研经费和人员经费支出比例受到财政部门严格管制。绩效预算中最关键的就是'绩效'二字，张绘称，完整的考核体系还在建设过程中，未来主要的方向是，从过去主要看论文发表和专利

---

① 张绘．北京部分高校将试点取消编制管理[N]．中国青年报，2015－11－09．

② 陈彬，韩琨．高校退出事业单位："编"若不再"制"当何存[N]．中国科学报，2015－05－27．

注册数量等，过渡到主要看就业率等学生培养效果、科研成果转化、政府咨询和企业委托等社会服务的开展等。”①

记者姜春康报道：“高校取消编制管理是步好棋，建立以绩效为导向的拨款制度。高校取消编制有利于‘财权’放开。近年来，我国科技研发经费支出每年以20%以上的速度递增。不过，当前高校经费管理的最大问题还是在于使用效率不高，尚存在一些腐败现象。科研经费浪费，令人痛心，也暴露出目前高校财政管理上的漏洞。如果取消编制，高校一旦有了‘财权’，就可让各种预算走市场化管理的路，在一定程度上可改善‘浑水摸鱼’的财务管理，如果用预算管理来代替编制管理，则更容易形成灵活的高校管理机制。”

张绘指出：“预算管理的改革也将改变长期以来的指挥棒，比如，改革现有的高等教育财政资金拨款模式，建立以绩效为导向的拨款制度；改变过去以发论文为主要绩效考核指标，取而代之更多的是满足社会服务的需求，科技成果转化应该成为将来纳入绩效考核的重要因素。此外，笔者建议，要建立与社会发展需求相协调的动态调整机制，要适应国家和区域经济发展的需求，不断优化高等教育支出结构。重点扩大应用型、复合型、技能型人才培养规模，预算资金的投入重点应该放在这些领域，同时积极开展高等学校的人才流动，允许高校设置一定的流动岗位吸引企业人才兼职，特别是对培养应用型人才的大学吸引人才兼职显得更为重要。简政放权，财政管好总量和支出结构，给予学校更多的预算自主权。这是很多学校的教师和校长、管理者都愿意看到的利好。”②

记者王红茹报道：“2015 年 5 月，北京市发布的《关于创新事业单位管理加快分类推进事业单位改革的意见》中就明确提出，对现有高等学校、公立医院等，逐步创造条件，保留其事业单位性质，探索不再纳入编制管理。对现有编内人员实行实名统计，随自然减员逐步收回编制。目前北京高校针对编外人员普遍采取‘备案制管理’，即如果一所高校有 800 个编内人员，500 个编外人员，那就需要备案 1300 个职工岗位，并以此为基础做财务预算。”③

由此可见，高校“去编制”后要重视预算管理。

① 吴珊. 高校取消编制分步走[J]. 财经，2016(7)：90－91.

② 张绘. 北京部分高校将试点取消编制管理[N]. 中国青年报，2015－11－09.

③ 王红茹. 人社部官员：高校和公立医院或将取消事业编制[N]. 中国经济周刊，2016－01－26.

第五章　公办高校学费的供给侧改革

第一节　公办高校学费概述

一、公办高校学费是公办高校资金供给的重要组成部分

（一）高校收费与高校学费是两个概念

2006年5月12日，教育部、国家发展改革委、财政部发布的《关于进一步规范高校教育收费管理若干问题的通知》（教财〔2006〕2号）指出："高校行政事业性收费包括学费、住宿费和考试费三类；规范高校服务性收费和代收费管理；加强监督检查，坚决治理高校乱收费，严格执行教育收费公示制度，加强许可证、收费票据和资金的管理。"这个文件清楚地区分了高校收费与高校学费是两个概念，政府下达的关于"乱收费"的文件其实大多是学费以外的项目，这个问题容易治理与规范；而学者撰写的关于"教育收费"的文章，却有相当多的阐述的是"学费"。本章仅讨论高校学费问题，不涉及其他收费问题，故标题用"公办高校学费"命名。

（二）公办高校学费是公办高校资金供给的重要组成部分

1993年1月12日，《国务院批转国家教委关于加快改革和积极发展普通高等教育意见的通知》是我国高等教育财务史上一个重要的文件，它最早提出："我国高等学校逐步形成国家投资为主，学生缴费和社会集资为辅；学生缴费和社会集资为主，国家资助为辅；民办自费；企业办学等多种办学的形式。……改革高等教育投资体制，逐步建立财政拨款为主、多渠道筹措经费的投资体制。中央和地方的有关部门都要按照'两个增长'的原则，增加对高等教育的拨款，满足高教事业发展的基本需要。学校也要改变单纯依靠财政拨款的观念，走多渠道筹措教育经费的路子。要研究制定社会、企业、个人和校办产业等多渠道为高等学校筹措办学经费的具体制度和办法。"比广大学者提到的1993年2月13日《中共中央、国务院发布的中国教育改革和发展纲要》（中发〔1993〕3号）还早。这个文件中提出"国家投资为主，学生缴费和社会集资为辅，逐步建立财政拨款为主、多渠道筹措经费的投资体制"，构建了公办高校投资体制的基本框架，明确了公办高校学费是公办高校资金供给的重要组成部分。

杨葆焜指出：高等教育的供给要求学费收取由政府定价为主逐步走向学校自主定价。从某种意义上说，可以把教育供给定义为：在现有市场价格条件下，教育

投资者愿意提供的教育机会。它具体表现为市场能提供的教育规模、数量与质量的能力。教育需求是指国家、生产单位和个人对教育有支付能力的需要。需要和需求不同，需要是反映人们关于欲望的一种心理活动，需求是一种有支付能力的需要。高等教育的需求要求学费价格充分考虑居民的经济承受能力。需求与供给是相对的范畴，有教育供给必有教育需求。教育需求是指个人、企业和国家对教育有支付能力的需要。①

闵维方指出："大学收取一定的学费，可以使高等教育经费供给的总量有所增加，因此也就可以为更多的人提供上大学的机会，从而使受高等教育的社会群体扩大。从一定意义上说，高等教育的成本支出可以看做是一种投资，一种对人力资本的投资，是人力资本的形成过程。在市场经济条件下，上大学对个人来说是一种收益很高的投资行为，而导致高等教育经费需求膨胀的原因之一是人们对高等教育机会的追求而带来的高等教育规模的扩展。"②

伍海泉认为："学费对高等教育供给的调节在我国由于政府对高等教育的直接干预，表现并不很明显，但实质上它是存在的。在现实生活中，同等条件下(政府教育投资不变等)，学费的提高肯定会刺激高校'扩招'和民办高校的兴起。1999 年以来高校的'扩招'有诸多社会政治原因，但就高校而言，学费的提高是其中重要的经济因素。学费对高等教育需求的影响，从总量上看是很明显的，即学费的提高和降低都会影响到高等教育的需求的增加和减少。但从结构上分析对高等教育需求的影响又存在较大的差异，即高收入家庭对学费的敏感度较差，需求缺乏弹性，而低收入家庭对学费的敏感度较强。"③

劳凯声指出："这就使我们长期以来一直较多地从社会需要去考虑教育的需求问题而较少考虑不同利益群体对教育的不同需求。市场促成了利益追求各不相同的诸多利益群体，教育是一个利益冲突集中的领域，不同的人对教育有不同的利益追求。在世界范围内，教育正在向开放贸易的趋势发展，从基础教育一直到高等教育和成人教育，市场都在不同程度地介入并产生影响，一个世界性的开放的教育大市场正在悄然发展。对此大多数国家都采取了较为积极的态度，并且其中已不乏捷足先登者。把教育看成是一种服务业，一种可以交易的服务产品，这意味着庞大的现行学校体系运行方式将被彻底改变。"④

上述学者都指出了学费通过影响高等教育需求来调节高等教育供给。但是，应该更明确地指出，高等教育学费对公办高校的资金供给是显而易见的。同时，还应该进一步指出，高等教育提供的产品，无论对国家还是个人，其需求永远是刚性

---

① 杨葆焜．教育经济学[M]．武汉：华中师范大学出版社，1989：103，94.

② 闵维方．论高等教育成本补偿政策的理论基础[J]．北京大学学报(哲学社会科学版)，1998(2)：179－183.

③ 伍海泉．高等教育学费的准价格机制及其运用研究[J]．现代大学教育，2004(4)：91－94.

④ 劳凯声．社会转型与教育的重新定位[J]．教育研究，2002(2)：3－7.

的。学费的调节作用主要表现在对优质高等教育资源与一般高等教育资源的需求方面。明确地说，只要是优质高等教育资源，受教育者家庭省吃俭用，不惜代价地交费上学，条件较好的家庭趋之若鹜地将子女送到国外去留学。因此，学费通过影响高等教育需求来调节优质的高等教育供给。只要是优质的高等教育供给，即便提高学费，高等教育需求不会下降。高等教育学费调节高等教育供给与需求的这种特征，是学者们应该注意的。学者们将受教育者交费上大学联系到减轻财政资金的负担和高等教育成本分担政策，但受教育者交费上学不仅仅是减轻财政资金的负担和分担高等教育成本。上学交费机制是借助高等教育市场的制度安排，反映高等教育市场中的供给与需求均衡，学费制度的优劣会影响高等教育数量与质量的供给与需求的均衡。好的学费制度能促使高等教育数量与质量的有效供给和高端供给，差的学费制度会导致高等教育数量和质量的无效供给和低端供给。

二、公办高校收费制度变迁的路径及其启示

我们把新中国成立以来我国高等教育收费制度变迁历程分为三个阶段：1949—1978 年是由“双轨”转为免费入学的阶段；1978—1994 年是由免费转为“双轨”收费时期；1994 年至今是由“双轨”转为“并轨”收费时期。从此，我国高等教育收费制度正式形成。

（一）由“双轨”转为免费入学的时期（1949—1978 年）

“双轨”是指一部分学生不收学费，另一部分学生收学费。

1. 国民经济恢复时期公办、民办高校实行的收费制度

1950 年政务院《关于救济失业教师与处理学生失学问题的指示》也只是要求私立学校“减低学费”，而从 1951 年夏出版的大学入学考试简章中也可以看出，之江、东吴、圣约翰等私立大学都在收取学费。[①] 同时，我国高等学校还没有普遍实施“免费制”，除一些私立高校外，从 1951 年夏出版的大学入学考试简章中可以看出，交通、同济、南京、浙江、复旦等国立大学也都收取学费。[②]

2. 国民经济恢复时期私立大学的消失[③]

（1）对私立大学一般采取“积极维持，逐步改造，重点补助”的方针

1949 年 4 月 25 日，人民解放军公布的《约法八章》中阐明了新解放区接收工作的方针：“保护一切公私学校、医院、文化教育机关、体育场所及其他一切公益机关，凡在这些机关供职的人员，均应照常供职，人民解放军一律保护，不受侵犯”。[④] 对

① ［日］大塚丰．现代中国高等教育的形成［M］．黄福涛，译．北京：北京师范大学出版社，1998：319．

② 张建奇．“免学费加人民助学金”政策的形成、实施及其作用和影响［J］．清华大学教育研究，2002(4)：33-38．

③ 本部分应放在第六章第三节，为了维持收费政策的完整性，故放在此阐述．

④ ［日］大塚丰．现代中国高等教育的形成［M］．黄福涛，译．北京：北京师范大学出版社，1998：17．

于学校,“维持现状,即日开学”。

1949年9月29日,中国人民政治协商会议第一届全体会议通过的《中国人民政治协商会议共同纲领》第四十一条指出:“中华人民共和国的文化教育为新民主主义的,即民族的、科学的、大众的文化教育。人民政府的文化教育工作,应以提高人民文化水平,培养国家建设人才,肃清封建的、买办的、法西斯主义的思想,发展为人民服务的思想为主要任务。”第四十六条指出:“人民政府应有计划有步骤地改革旧的教育制度、教育内容和教学法。”

1949年12月,召开第一次全国教育工作会议。周恩来总理在会议上强调在教育方面要“公私兼顾”,政府要照顾到私立学校、教会学校的困难。因此,在1950年7月政务院公布的《关于救济失业教师与处理学生失业问题的指示》中提出了具体的要求:“除尽可能维持公立学校外,应本公私兼顾原则,积极维持各地城市中现有的私立学校,并领导起进行必要的改革,减低学费,多收学生,师生互动,多想办法,自力更生,克服困难。私立学校办的成绩较好,经多方设法而仍无法维持者,政府应予以适当的经费补助,少数办理太坏而确实无法维持和改造者,可劝导其和其他学校合并,其学生及教职员,均应予以适当的安置。”①。

教育部部长马叙伦在第一次全国教育工作会议上指出:“我们对于旧教育,不能不作根本改变,而这种改革正如我们的共同纲领所规定,必须是有计划有步骤地进行。”②副部长钱俊瑞在会上也明确指出:“在目前条件下,我们对中国人办的私立学校,除了极坏者应予取缔或接管外,一般应采取保护维持、加强领导、逐步改造的方针。没有必要随便命令停办或接管,是不妥当的。我们对成绩优良的私立学校应予以奖励或补助;对纯粹为谋利而设的私立学校,要予以整顿和改造,使之逐步地能实行新民主主义教育,实行民主管理与经济公开;对经费困难而办理成绩不坏的私立学校应给予补助;私人办的和教会办的私立高等学校,也都必须服从人民政府的法令,奉行新民主主义的教育政策。我们人民政府有责任引导这些私立高等学校更为顺利地走上新民主主义建设的正轨,为培养新中国建设人才服务。”③

1950年6月,教育部召开了第一次全国高等教育会议。会议通过了系列关于高等教育改革的政策规定,诸如《关于高等学校领导关系的决定》《关于实施高等学校课程改革的决定》《高等学校暂行规程》《专科学校暂行规程》《私立高等学校管理暂行办法》等文件。其中《私立高等学校管理暂行办法》,成为国家管理私立高等学校的基本依据。《暂行办法》规定,私立高等学校(大学、专门学院及专科学校)的方针、任务、学制、课程、教学及行政组织,均须按照《高等学校暂行规程》及《专科学校

① 中央教育科学研究所.中华人民共和国教育大事记(1949—1982)[Z].北京:教育科学出版社,1983.
② 中国教育年鉴(1949—1981)[Z].北京:中国大百科全书出版社,1984:683.
③ 中国教育年鉴(1949—1981)[Z].北京:中国大百科全书出版社,1984:386.

暂行规程》办理。“私立高等学校的行政权、财政权及财产所有权均应由中国人掌握。”私立高等学校校(院)长及副校(院)长由校董会任免,其他主要人员由校(院)长任免,报经大行政区教育部核准转报中央教育部备案。私立高等学校不得以宗教课目为必修课或强迫学生参加宗教仪式与活动。同时明确规定:全国私立高等学校,无论过去已经立案与否,均须重新申请立案。“私立高等学校经大行政区教育部或文教部审查,其办理成绩优良而经费确属困难者,得报请中央人民政府教育部批准酌予补助。”“私立高等学校办理不善或违背法令时,大行政区教育部得报请中央教育部批准令其改组校董会,更换校长,改组或停办学校。”①

在第一次全国教育工作会议上提出了“对中国人办的私立学校,一般采取积极维持,逐步改造,重点补助的方针”。所谓“积极维持”,就是除了极少数仍然为国内外敌对势力所控制以及个别只图营利不顾质量的私立大学予以停办或合并外,一般私立大学都要维持下去。若有困难,一方面学校要自力更生克服困难,另一方面政府在财政许可的情况下,尽可能给予适当的补助。所谓“逐步改造”,就是私立高校应根据党和政府的方针政策,以国家主人翁的责任感,积极主动地、有计划有步骤地改革学校制度、教育内容和教学法,以适应新社会的需要。同时,党和政府要加强对私立大学的领导,积极帮助他们实行改造,并对私立大学进行严格的监管和考核。所谓“重点补助”,就是对于办学成绩优良或对当前建设迫切需要的私立大学,如因经费困难不能维持或不能发展,政府要拨出专款予以补助,逐步把私立大学推进国家建设的正轨,以利于培养国家需用的人才。

全国占高等学校总数三分之一的私立大学按照“积极支持、逐步改造、重点补助”的方针进行,政府一方面接管和接办教会大学和接受外国津贴的私立大学,将其改造为公立大学的有 12 所,改造为完全由中国人自办的私立大学有 9 所;另一方面,政府对于办学成绩优良,又有一定困难的私立大学给予必要的扶持和经济补助,如华北,政府对燕京大学、津沽大学等多所私立大学作为重点扶持的对象。大多数私立大学都能很好地配合改造工作,如上海私立东南医学院积极响应政府“面向农村,走向内地”的号召,迁到安徽怀远县办学,1952 年更名为安徽医学院。

(2)私立大学改造为公立大学后不存在了

1951 年 11 月,全国工学院院长会议公布了《关于全国工学院调整方案的报告》;1952 年 5 月,《关于全国高等学校 1952 年的调整设置方案》正式出台,确定了“以培养工业建设人才和师资为重点发展专门学院,整顿和加强综合性大学”的指导思想和方针,根据这一方案,各地私立大学全部撤销,师资、校舍、图书设备等全部统一调配。私立大学的公有化改造不仅是所有权的转移、校名的更换,更主要的是将这些私立大学的教师、学生、校舍、图书设备等载体肢解。仅用不到三年时间,

① 高等教育部办公厅.高等教育文献法令汇编(1949—1952 年)[Z].1958:30-31.

存在了近半个世纪的私立大学就在中国大地上彻底消失了。

私立大学改造为公立大学的原因分析：

①政治原因

首先是美帝国主义对中国教育方针的挑衅和干扰。苏渭昌的研究表明：辅仁大学由罗马教廷出资于1925年创办的，学校的行政权和财务权一向掌握在教会委派的外国人手里。北京解放后，辅仁大学先后成立了工会和学生会，增添了马列课程，取消了反动的和不必要的课程，加强了师生员工的政治学习，教会权力有所削弱，因此他们用尽一切方法企图阻止这个进步。早在1949年3月7日，教会驻校代表芮歌尼听说学生要增加社会发展史、历史唯物论等课程，就在对陈垣校长提出备忘录中说："在本校内不得有任何反对公教教义的各种课程和教材。"1950年1月，学校图书馆要买政治理论书籍，芮歌尼竟向陈垣抗议："公教教友良心上不许自动协助购买或流传教会禁止的书，因此图书馆主任葛尔慈不能在订购单上签字。"[①]1950年5月24日，学校正和科学普及局、清华大学接洽举办"从猿到人"的展览，芮歌尼又写信给陈垣说："从天主教立场来看是应该反对的，因为它对人类进化的观点偏重宣传而缺乏科学的根据，我请求这个展览不举办。"1950年6月3日，学校正要计划下学期工作，确定预算，聘请教员，芮歌尼又给陈坦写信说："在圣言会和教会的补助费问题没经我们首长解决以前，下年度即1950—1951年的聘请不能发，预算不能作。补助费不解决，对任何人发出的聘书，圣言会和教会不负责。"[②]

1950年7月，芮歌尼又先后给陈垣校长致函，提出在下列四个条件下拨付经费：a. 一个新的董事会将由教会选任；b. 教会代表对人事聘任有否决权；c. 附属中学经费自给自足；d. 圣言会所在地仍由教会保留，不准任何人侵扰。并提出补助费由每年16万美元减至14.4万美元。信中提出的不续聘进步教员五人的名单。7月22日，陈垣校长在答复芮歌尼的信中明确指出："经请示人民政府教育部，第二项教会代表对人事聘任有否决权，是绝对不能答应的。"自此，双方又往返交涉多次。7月29日，芮歌尼面对陈垣校长坚定的立场发出了恶意谩骂式的最后通牒："既然你拒绝答应这些'最低条件'，其后果完全由你负责"。同时在员工学生中散发煽动性传单，即所谓《告本校同仁同学书》进行挑拨，并断然宣布："自本年八月一日起教会对辅仁大学之补助费即告断绝，此后校内所有开支应归陈校长负责"。为了保障辅仁大学三千多名师生员工的学习和工作不受损失，人民政府当即决定按期支付该校每月需要的经费。7月31日，全校召开大会，通过了《抗议芮歌尼告本校同仁同学书》。从此以后，人民政府本着公私兼顾及维持整个人民教育事业的方

---

① 苏渭昌. 高等学校的接管——私立高等学校的接收与改造[J]. 高等教育研究，1987(01)：109-114.

② 陈垣. 辅仁大学反帝斗争胜利一周年[N]. 光明日报，1950-10-15.

针，对于芮歌尼的无理要求，仍继续采取种种解释和说服的态度，希望他能有所悔悟而撤回原案。但芮歌尼又自以为得计，继续四处活动，一方面扬言学校还要办下去，一方面仍坚持其无理的条款，并两次直接赞函周恩来总理，企图组织新校董会，撤换陈垣校长，使学校工作停顿。教育部部长马叙伦于 9 月 25 日以中国政府名义通知芮歌尼到部谈话，在谈话中马叙伦阐明了人民政府对教会学校的原则态度“教会与辅仁大学的关系只是补助经费及主持宗教选课，不能涉及学校行政及其他，否则便是违反共同纲领及教育方针与法令”。9 月 30 日，教育部接到关于“罗马停止拨付经费”的复电，中央人民政府报准政务院随于 10 月 12 日命令将辅仁大学收回自办，并任命陈垣为校长。随即发表了《马叙伦部长为接办辅仁大学招待记者的书面谈话》，介绍了接办的过程和人民政府的原则立场。从此，辅仁大学彻底脱离了帝国主义的羁绊，回到了人民的怀抱。

其次是国内敌对势力控制的私立大学。苏渭昌的研究表明：“在私立高校中，确有少数极端反动的学校。如天津育德学院创办人为军阀靳云鹏、汉奸崔汉声，校董事会几乎为国民党反动分子所包办，其中有战犯、特务头子、军统，等等，这是一所特务们为培植自己的势力并欲图享一享大学院长资格而办起来的学校，在华东地区还有一些是为适应买办投机倒把需要而开设的商店式的学校，根本无明确的发展方向，实是畸形旧社会的产物。”①

最后是受苏联的影响。1949 年 12 月召开的第一次全国教育工作会议就提出，我国的新教育“特别要借助苏联教育建设的先进经验”。1952 年，新中国学习“苏联教育建设的先进经验”，对全国高等学校进行了大规模的院系调整。院系调整中私立高校或并入他校，或改变校名由国家接办改为公立。苏渭昌的研究表明：“不允许私立高等学校存在。像苏联等一些社会主义国家，所有高等学校都是国家办的。苏联在十月革命胜利后即宣布一切教育机关属于国家，将所有私立高校改为公办。”②潘懋元先生曾指出：“由于这两项措施接踵而至，人们往往以为私立院校改为公办，都是出于政治原因，从而认为社会主义国家不应有私立高等教育。”③

②经济原因

周恩来总理在会议上指出：“今天私立学校处于困难的境地，以前它的经济来源大都依靠军阀、官僚资产阶级，现在没有了，学田土改时也分了。这些困难，政府应该照顾。教会学校在与外国断绝关系后，经费上有很大困难，政府也应该照顾。私立学校问题怎样解决，教育部要考虑。这也是学校自身的事。现在，国家处在恢复过程中，大家要多想办法，度过这一二年。”④苏渭昌的研究表明：“解放初，我国

① 苏渭昌.高等学校的接管——私立高等学校的接收与改造[J].高等教育研究，1987(01)：109－114.

② 苏渭昌.高等学校的接管——私立高等学校的接收与改造[J].高等教育研究，1987(01)：109－114.

③ 黄藤.中国民办教育史[M].北京：中国社会科学出版社，2003：5.

④ 周恩来.周恩来选集(下卷)[M].人民出版社，1984：20.

私立高等学校遇到了一种新情况，即学生锐减，学校经济困难，多数难以维持，私立高等学校开始萎缩。如西南地区，解放后私立高校学生减少三分之二，重庆正阳学院和重华学院的学生均由 1400 人减少到 400 人左右。上海法学院学生锐减到 30%。学生减少的原因是多方面的，如官僚资本和地主经济基础被摧毁或在瓦解中，使部分学校减少了补助和降低了地主子弟缴费的能力；民族工商业曾一度遇到困难，无法对学校给予帮助；学生家长多半是地主或工商业者，他们对政府政策了解不够，加之匪特造谣破坏，思想疑虑彷徨，不让子弟上学；经过国民党反动派多年的剥削和压榨，学生的家庭经济大半困难，无法缴费；部分学生参加了解放军或上了人民革命大学；旧的办学方针，不适合当前建设发展需要，学生人数大量减少；学校组织机构不健全，臃肿庞大，使多数私立学校在经济上发生严重困难，等等。由于私校的经费来源主要依靠学杂费的收入，经济状况决定了学生人数的多寡，所以，学生锐减，使私立高校经济陷于严重困难的境地。当时上海大夏大学、光华大学的赤字达二三万单位，上海私立诚明文学院一度还向同学生预借学费，教职工的薪金无钱发放。由于经济困难，学校不安定，无法进行各种改革，致使部分师生对学校前途缺乏信心。”①

③教育体制改革的原因

私立大学的人才培养模式是模仿英美大学的“通才”式，而不是苏联大学的“专才”式，显然不能适应新中国高等教育培养人才的目的。中国大多数私立高校系科设置以文法类为主，理工科类尤其是国家急需的工科人才缺乏，新中国成立后大规模的工业建设需要大批人才。1952 年 5 月，教育部在《关于全国高等学校 1952 年的调整设置方案》明确提出了全国高等学校院系调整的方针是“以培养工业建设人才和师资为重点，发展专门学院，整顿和加强综合性大学”。调整的原则是：高等学校的内容和形式按大学、专门学院及专科学校三类分别调整充实，大学（指综合性大学）是培养科学研究人才及师资的高等学校，全国各大行政区最少有 1 所，最多不超过 4 所；农学院采取集中合并的方针，每一行政区办好 1 至 3 所；师范学院每一行政区办好 1 至 3 所。调整的方式是：根据苏联的大学模式，取消大学中的学院一级，以系为教学行政单位；明确主要发展工业学院，尤其是单科性专门学院；调整出工、农、医、师范、政法、财经等科，或建立专门学院，或合并到已有的同类学院中去。工学院是这次调整的重点，以少办或不办多科性的工学院，多办专业性的工学院为原则。私立大学的教育结构与新中国经济建设的目标格格不入，这也是私立大学被分拆肢解的原因之一。

综上所述，中央对私立学校一般采取“积极维持，逐步改造，重点补助”的方针是正确的，但在执行中有两点不足：一是不够谨慎。1950 年 6 月，周恩来在第一次

① 苏渭昌. 高等学校的接管——私立高等学校的接收与改造[J]. 高等教育研究，1987(01)：109－114.

全国高等教育会议上作的报告中指出："我们对于文化教育的改革，应该根据《共同纲领》有计划有步骤地进行。毛主席告诉我们要谨慎。教育改革不能漫无计划，兴之所至乱搞一气，要区别轻重缓急，分阶段有步骤地进行，在有些问题上要善于等待。"①二是急于求成。且不说撤销中国人自己办的私立大学非常可惜，到80年代又鼓励办民办大学。就是对私营工商业改造也是在第一个五年计划期间的1956年就完成，而对私立大学的改造在国民经济恢复时期的1952年完成了。

3. 计划经济时期公办高校实行免费上学

早在1951年春开始由中央人民政府政务院、财经委着手试编第一个五年计划(1953—1957)。实行了计划经济体制，受公有制和学习苏联的影响，1952年10月进行了院系调整，其中一个主要内容是将私立大学和教会大学改为公立大学。私立大学的收学费制度结束，全部高校实行免费上学制度。新中国成立初期，我国政府为培养工农出身的新型知识分子实行了"高等学校向工农开门的方针"，不仅免费入学，而且制定大学生免费上学和助学金制度。

当时对大学生资助办法分三种情况：一是来自解放区的大学实行的是类似于军队"供给制"的资助办法，如东北地区实行"高等学校除免收学费及由学校统一供给学生住宿、讲义、实验费用外，对经济条件困难的学生还可以申请助学金"；二是新解放区和大城市的公立院校开始试行"人民助学金制"，如1949年5月10日，北平的军事委员会文化接收管理委员会发布了《北京专科以上学校学生助学金暂行条例》，1950年，华北人民政府颁发的《华北地区国立高等学校学生人民助学金暂行条例及各校人民助学金暂定限额规定》等；三是原有的私立大学仍然维持着解放前的收费办法和资助办法，1950年，政务院《关于救济失业教师与处理学生失学问题的指示》要求私立学校"减低学费"。

出于恢复与发展国民经济的需要，国家需要大量建设人才，政府将大学的学生视为国家人才，采取统一分配毕业生的办法。如1950年6月19日，政务院《关于分配全国公私立高等学校本年暑假毕业生工作的通令》，要求有计划地分配公私立高等学校毕业生；1951年发布的《关于改革学制的决定》又明确规定"高等学校毕业生的工作由政府分配"。从此，政府对高等学校毕业生实行统一分配的制度。这种视大学生为国家人才的观念是实行免费上学和助学金制度的重要原因。

1952年7月8日，政务院颁发的《关于调整全国高等学校及通知》决定将全国高等学校及中等学校的公费制一律改为人民助学金，并决定高等学校学生全部给予助学金，且大大提高了标准。高等师范学院的新标准较现行标准增加了一倍以上，一般高等学校的新标准也比现行标准增加了将近一倍，工农速成中学学生和干部升入高等学校者实行助学金的新标准，即不但可以维持他们本人的生活，还可一

① 周恩来. 周恩来教育文选[M]. 北京：教育科学出版社，1984：10-11.

定程度上照顾其家属子女的生活困难。1952 年 7 月 23 日，教育部颁发的《关于调整全国各级各类学校教职工工资及人民助学金标准的通知》规定："高等学校的学生，毕业后即由国家统一分配参加各项建设工作，现在人数还很有限，为鼓励青年升入高等学校深造并保证其学习任务，规定全部给予人民助学金。"

1955 年，高等教育部在《关于执行全国高等学校（不包括高等师范学校）一般学生人民助学金实施办法的指示》指出："近两三年来，随着国民经济的发展，工资和国民收入逐年增加，能供给子女进入高等学校学习的家长也日渐增多；又由于青年学生政治觉悟普遍有所提高，凡家庭可以供给生活费的学生，教育他们自愿放弃领取人民助学金，已不是困难的问题。同时，两三年来，由于副食品价格略有提高，高等学校学生人民助学金标准没有作相应的调整，除少数地区外，高等学校学生伙食标准在不同程度上均有所下降。这就可能影响到学生的身体健康。根据以上情况，为了更合理地使用人民助学金，并在不增加国家财政负担的前提下适当提高学生的伙食标准，以保证学生健康，高等学校学生普遍发给人民助学金的制度，确有适当改变的必要。"①之后，高教部颁发了《全国高等学校（不包括高等师范学校）一般学生人民助学金实施办法》，决定从 1955 年 10 月份起，规定"全国高等学校学生助学金由全体享受改为部分发给，凡家庭富裕能自付生活费者不发；凡能自费半数或三分之一伙食者，发给所缺部分；完全无力负担者，发给全部伙食费。"高教部、教育部还联合发出《关于制发 1955 年高等学校一般人民学生助学金分地区标准的通知》，根据全国高校各地不同生活费用水平和物价标准情况，就高等学校一般本科专科学生人民助学金的标准，分为十个类区，作了具体规定。从此，形成了根据大学生的家庭收入和高校所在类区实行人民助学金的差别政策。

这个时期"双轨"是指来自解放区的大学不收费，而解放初期的私立大学和部分公办大学收学费，从 1952 年起全部大学生免费入学，一直到"文革"结束，中国大学实行的是免费和助学金的差别制度。

（二）由免费转为"双轨"收费时期（1978—1994 年）

1. 部分学生收费的"双轨"制

这里的"双轨"制是指部分学生（自费生、委培生和定向生）交学费，其他学生不收费。

在本书第二章第一节中提到，1978 年 2 月 28 日，教育部和国家计委联合发布的《关于普通高等学校试行招收走读生和增加招生名额的通知》规定，普通高校招收计划外"自费走读，不包分配"的大学生，结束了高等教育免费入学，开始从免费转为部分学生收费的时期。中国高等教育再度拉开了收费制度的序幕。

---

① 高等教育部. 关于执行全国高等学校（不包括高等师范学校）一般学生人民助学金实施办法的指示[C]. 中华人民共和国重要教育文献[A]. 海口：海南出版社，1998：500－501.

在1980年召开的全国高校招生工作会议上提出:“一些地区和高校在完成国家下达的招生计划之外,可以扩大招收一部分自费走读生。”

1984年6月24日,国家教委、国家计委、财政部颁布的《高等学校接受委托培养学生的试行办法》(教计字〔1984〕110号)规定:“委托培养的本、专科学生和研究生,必须参加全国统一招生考试。根据谁委托培养学生谁负责解决经费的原则,委托单位(包括城乡集体所有制企事业单位和个体户)要负担为其培养的学生所需的基本建设投资和经常费。委托培养学生所需基本建设投资,由委托单位负责安排。委托单位应参考国家现行的《一般高等学校校舍规划面积定额》和学生人数,将所需基本建设投资指标(包括设备购置费)和相应的国拨三大材料指标,拨给对方。委托单位提供的基本建设投资,由学校结合本校总体规划统一安排建设,并报其主管部门批准。……委托培养学生所需的经常费,可由委托培养学生的双方协商确定具体标准,也可由委托单位按下列标准拨给承担委托培养学生任务的学校,本、专科学生每人每年为工科、医药、艺术院校1000元至1300元,农林、理科(含师范院校理科)、体育科类900元至1200元,文科(含师范院校文科)、财经、政法科类700元至1000元。上述费用不包括学生人民助学金和奖学金。学生按规定享受的人民助学金和奖学金,由委托单位根据学校实际规定开支数另行拨付。”

1985年5月27日,《中共中央关于教育体制改革的决定》指出:“用人单位委托招生。为了鼓励学校挖掘潜力多招学生,为了更好满足社会对人才的需求,近年来行之有效的用人单位委托学校培养学生的制度,要继续推行和逐步扩大,使之成为国家招生计划的重要补充。委托单位要按议定的合同向学校交纳一定数量的培养费,毕业生应按合同规定到委托单位工作。还可以在国家计划外招收少数自费生。学生应交纳一定数量的培养费,毕业后可以由学校推荐就业,也可以自谋职业。”

2. 所有学生交学费,但生源不同收费标准不同的“双轨”制

这里的“双轨”制是指部分学生(自费生、委培生和定向生)交较多学费,其他学生交较少学费。

1989年3月2日,《国务院批转国家教委关于改革高等学校毕业生分配制度的报告》(国发〔1989〕19号)指出:“为了改变办学单一靠国家财政拨款的状况,学生培养费按国家任务招生和社会调节性招生两种不同计划,分别由有关方面承担。国家要继续支持联合办学和委托培养。毕业生若被经营性单位录用,经主管部门同意,学校可以接受录用单位的适当资助。学生上学除特殊规定外,一般要交纳学杂费。考虑到一般学生家庭目前的经济收入水平和实际承受能力,开始时收取学杂费的数额不能太高,一般掌握在每学年一百至三百元为宜。”在其附件《高等学校毕业生分配制度改革方案》指出:“国家任务招生计划招收的学生,培养费由国家提供,学生上学一般应交学杂费。经济困难者可申请贷款,符合条件者可享受优秀学生奖学金。学生毕业后可在国家方针、政策指导下,按照有关规定在一定范围内选

择职业，用人单位择优录用。师范（含各类师范专业、不含师范院校中非师范专业）、农林、体育、民族、航海等专业招收的学生，可按规定享受专业奖学金，免交学杂费，毕业后在本系统、本行业内择优录用。对矿业、地质、水利、石油等部门及工作、生活条件比较艰苦的地区所需要的高校毕业生，可根据工作需要实行定向招生，按照国家有关规定设立定向奖学金，定向生免交学杂费，毕业后在定向的行业或地区内择优录用。”

1989 年 8 月 22 日，国家教委、国家物价局、财政部在《关于普通高等学校收取学杂费和住宿费的规定》（教财字〔1989〕32 号）指出：“从 1989 学年度开始，对新入学的本、专科学生（包括干部专修科和第二学士学位班学生），实行收取学杂费制度。考虑到当前各地经济发展水平、人民群众的收入水平和经济承受能力，收取学杂费的标准，本着起点从低、逐步调整的原则，一般地区以每学年 100 元为宜。经济特区和广东、上海等经济比较发达的地方可适当高些，但最高不得超出国务院‘国发〔1989〕19 号’文件中规定的标准。从 1989 学年度开始，对新入学的住学校宿舍的本、专科学生要收取住宿费，一般每学年 20 元左右，住宿条件好的可适当多收一些。住学生公寓的，仍按各地规定执行。”这一时期的学费和住宿费只是象征意义的收费。

1990 年 7 月 9 日，国家教委、人事部、国家计委、公安部、商业部发布的《普通高等学校招收自费生暂行规定》（教学〔1990〕10 号）第十八条指出：“自费生在校期间须向学校缴纳培养费与学杂费。收费标准，原则上不高于国家任务招生培养同类学生所需的实际经常费用，也不要低于国家任务招生培养同类学生所需实际经常费用的 80%，有条件的省、自治区、直辖市可以适当减少学生缴费金额，但减收金额部分，应由地方政府补偿高等学校。自费生在校住宿，须按规定标准向学校缴纳住宿费。自费生医疗费由本人自理。”这个文件把自费生完全纳入了国家计划，严格控制招生数量。

除了自费和委培的本科生、专科生外，还有自费和委培的研究生，随着连年扩招，自费研究生的名额和比例也在不断增加。

1992 年 6 月 23 日，国家教委、财政部、国家物价局《关于进一步改革和完善普通高等学校收费制度的通知》（教财〔1992〕42 号）指出：“普通高等学校可根据本地区、本校和学科特点研究拟定学杂费、住宿费、委托培养费，函授、夜大及短训班培训费等收费标准，并按行政隶属关系，地方所属普通高等学校报省、自治区、直辖市人民政府批准；中央各部门所属普通高等学校报中央主管部门批准，抄报财政部、国家物价局备案。”从此，高等教育出于教育公平的考虑，开始对所有被录取的学生实行收费上学。

1993 年 2 月 8 日，国家教委、国务院学位委员会颁发的《关于印发全国普通高等教育工作会议有关文件的通知》在其附件二“关于普通高等学校招生和毕业生就业制度改革的意见”的第3条指出:“高等教育属于非义务教育,要改革学生上大学由国家包下来的制度,逐步实行收费和奖学金、贷学金相结合的制度。学生上大学原则上均应收费。收费标准要考虑到人民群众的承受能力,因地因校因专业而异,由学校报主管部门确定。”

1993年2月13日,中共中央、国务院印发的《中国教育改革和发展纲要》(中发〔1993〕3号)第19条指出:“改革高等毕业生‘统包统分’和‘包当干部’的就业制度,实行少数毕业生由国家安排就业,多数由学生‘自主择业’的就业制度。”第47条指出:“收取非义务教育阶段学生学杂费。”第48条指出:“提高非义务教育阶段学生学费标准,同时按不同情况确定义务教育阶段学校杂费收费标准。学费和杂费收取标准和办法,由省、自治区、直辖市政府和直接管理学校的中央业务部门考虑群众承受能力确定。要加强收费管理,严禁乱收费。”

1994年4月7日,国家教委发布的《关于进一步改革普通高等学校招生和毕业生就业制度的试点意见》(教学〔1994〕3号)指出:“高等教育不属于义务教育,高等学校可以向学生收取部分培养费用,但要建立科学的收费制度,制定合理的收费标准。收费标准可因地因校因专业而异,既要考虑到实际培养费用,又要考虑到学生家庭的承受能力,由学校提出意见后报学校主管部门实事求是地确定。”

1995年9月,中央召开的五中全会《关于制定国民经济和社会发展“九五”计划和2010年远景目标的建议》对这项改革再次给予肯定,指出:“非义务教育阶段要逐步实行缴费上学、择业自主,同时完善奖学金、贷学金等制度。”

从上可知,这个时期完善了《普通高等学校招收自费生暂行规定(1990)》《进一步改革和完善普通高等学校收费制度(1992)》,一直到1993年的《中国教育改革和发展纲要》提出了高等教育是非义务教育,提高非义务教育阶段学生学费标准,终止了“免费上大学”的历史。收费是一种市场机制,1992年邓小平南行后,我国将结束计划经济体制,进入市场经济体制。

(三)由“双轨”转为“并轨”收费时期(1994年至今)

所谓“并轨”,一般都称招生“并轨”改革,其实是“以建立收费制度为标志的招生和毕业生就业制度改革”。收费的主要目的是为了转换一切由国家包下来的机制,是对计划经济体制的“两统”(学生入学由国家统一包下来,毕业生由国家统一分配工作)到市场经济体制的“两自”(入学自己交学费,毕业后自主择业)的改革。1994年4月7日,国家教委发布的《关于进一步改革普通高等学校招生和毕业生就业制度的试点意见》(教学〔1994〕3号)指出:“以建立收费制度为标志的招生和毕业生就业制度改革。”《关于1995年深入进行普通高等学校招生和毕业生就业制度改革的意见》指出:“向学生收取少量培养费用的主要目的是为了转换一切由国家包下来的机制。”

“并轨”是从1994年开始提出的。1994年7月3日,《国务院关于〈中国教育改革和发展纲要〉的实施意见》(国发〔1994〕39 号)第十六条指出:“积极推进高等学校和中等专业学校、技工学校的招生收费改革和毕业生就业制度的改革,逐步实行学生缴费上学,大多数毕业生自主择业的制度。1997 年大多数学校按新制度运作,2000 年基本实现新旧体制转轨。学生实行缴费上学制度。缴费标准由教育行政主管部门按生均培养成本的一定比例和社会及学生家长承受能力因地、因校(或专业)确定。原则上同一学校(或专业)实行同一种收费标准。不应以收取高额学费而降低录取标准。”

1. “并轨”结束了委培生、自费生制度

1993 年 8 月,东南大学和上海外国语学院率先进行招生并轨和收费改革的试点,取消了过去在招生录取和学费标准上划分“公费生”和“自费生”的双轨运行办法,将国家计划招生、委培生和自费生的录取及收费标准统一起来,同一院校同一专业按同一标准进行录取和收费。

1994 年 9 月 26 日,国家计委、国家教委颁发的《关于调整普通高等院校学杂费问题的通知》指出:“国家同意今年对国家教委批准的 37 所高等院校(学校名单见附件)进行招生、收费制度改革试点,实行‘公费’和‘自费’招生‘并轨’,‘并轨’后的学杂费按其主管部门批准的标准执行。”

1995 年 3 月 28 日,国家教委发布的《关于 1995 年深入进行普通高等学校招生和毕业生就业制度改革的意见》(教学〔1995〕8 号)指出:“我委批准一部分高等学校在 1994 年招生开始进行有关招生、收费和毕业生就业制度改革的试点,并取得基本成功。1997 年招生时,全国大多数高等学校都应按改革后的新体制运作;到 2000 年时,基本实现招生和毕业生就业制度的新旧体制转轨。实行招生‘并轨’改革时,农业、林业、航海、民族、师范院校(专业)按国家规定不向学生收取学杂费,水利、地矿、石油、公安、测绘、气象等院校(专业),可免收或少收应向学生收取的学杂费,但招生时应明确不再实行两种计划形式,即不再以调节性计划招收学生。”

随着不包分配、自主择业政策的推行,委培生、自费生逐步萎缩。“并轨”后委培生、自费生制度在公办大学就终止了。

2. “并轨”期间的磨合

对于“并轨”期间的衔接问题,国家教委也作出了规定。1995 年 11 月 13 日,《国家教委关于做好 1996 年全国普通高等学校毕业生就业工作的意见》指出:“根据国发〔1985〕91 号和国发〔1989〕19 号文件精神,高等学校毕业生就业的收费项目原则上只限于收取教育补偿费和违约金两种。凡国家任务计划招收的毕业生,因特殊情况经本人申请被批准自主择业或申请自费出国的,高等学校可对其收取教育补偿费,按自费生对待。凡属国家定向或委托培养的毕业生,违反协议不去定向地区或委培单位工作的,高等学校可按协议规定对其收取违约金和部分教育补偿费。凡毕业生违反就业协议,高等学校可按协议规定对其收取违约金。如果因用人单位违约的，则由用人单位将违约金交付给高校及学生本人。”1998 年 7 月 20 日，国家计委、教育部发布的《关于对普通高校毕业生收费有关政策问题的通知》（计价费〔1998〕1349 号）指出：“属于国家定向培养和委托培训的毕业生，如因本人原因不到定向、委培单位就业的，应向学校缴纳相应培养费。享受师范、农林、民族、体育、航海等国家专业奖学金及享受艰苦行业、地区或特殊岗位定向奖学金的毕业生，因不服从学校派遣自谋职业的，应补缴在校学习期间普通专业的学费并返还定向奖学金、专业奖学金。除此之外，各地区、各部门和各单位不得对高校毕业生收取其他费用。”

1996 年，国家教委发布了《关于 1996 年推进普通高等学校招生“并轨”的意见》（教学〔1996〕6 号）。

1996 年 7 月 1 日，国家教委、国家计委、财政部颁发的《关于 1996 年普通高等院校收取学费有关问题的通知》（教财〔1996〕60 号）指出：“1995 年，除山西、江西、安徽、贵州、青海、新疆、西藏等 7 个省、自治区外，其余 23 个省、自治区、直辖市共有 246 所高等学校实行了招生收费并轨改革。1995 年经国务院批准的收费政策是‘实行招生收费并轨改革的普通高等学校一般专业学费标准每生每学年最高不超过 1200 元。经济不发达、居民收入较低的地区可以适当下浮，下浮水平不限；个别经济发达、居民收入较高的地区，收费标准可以适当上浮，但上浮幅度不得超过 10%；个别需突破 10%的应报国家有关部门审批。’实行招生收费并轨改革，对缓解教育经费困难、改善办学条件、提高教学质量等方面都发挥了重要的作用。”

1998 年 8 月 29 日，《中华人民共和国高等教育法》第五十四条指出：“高等学校的学生应当按照国家规定缴纳学费。”

1999 年 6 月 13 日，《中共中央、国务院关于深化教育改革全面推行素质教育的决定》第 24 条指出：“在非义务教育阶段，要适当增加学费在培养成本中的比例。”

3. “并轨”期间严禁“双轨”收费

2000 年 6 月 5 日，教育部发布的《关于 2000 年高等学校招生收费工作若干意见的通知》（教电〔2000〕188 号）指出：“不同地区、不同层次的学校，重点学校和一般学校，同一学校的不同专业的学费标准可以有所区别。但不得对同一学校的同一专业且同一年级的学生实行不同的收费标准，严禁搞‘双轨’收费。”

2001 年 2 月 12 日，教育部、国家计委、财政部颁发的《关于 2001 年高等学校招生收费工作有关问题的通知》（教电〔2001〕45 号）指出：“2001 年的学费、住宿费标准一律稳定在 2000 年的水平，不得提高。各高等学校不得以任何理由、任何名义搞‘双轨’收费。坚决纠正以各种名义向学生收取‘赞助费’‘扩容费’‘定向费’‘一次性建校费’‘跨地区建设费’‘转专业费’”或捐款等乱收费行为。严禁向学生强制服务、强制收费。”

2002 年 3 月 7 日，教育部、国家计委、财政部颁发的《关于 2002 年高等学校招生收费工作有关问题的通知》(教电〔2002〕66号)指出:“高等学校要严格执行国家统一规定的各项收费政策,规范收费行为。禁止高等学校以任何理由搞‘双轨’收费;禁止向学生收取‘转专业费’‘赞助费’‘扩招费’‘定向费’‘跨地区建设费’等国家统一规定项目之外的费用;禁止以代收费名义向学生多收费、高收费。”

2003年5月15日,教育部、国家发展改革委、财政部发布的《关于做好2003年学校收费工作有关问题的通知》(教财〔2003〕4号)指出:“严格规范高等学校收费管理。经省级教育行政和价格、财政部门批准按照学分制制定学费标准的学校,学生完成学业所缴纳的学费总额不得高于实行学年制的学费总额。普通高等学校不得将国家下达的计划内招生指标转到所属民办二级学院而变相高收费;不得借民办二级学院之名搞‘校中校’,变相‘双轨’收费;不得以降分录取的形式高收费、乱收费。要加强对中外合作办学收费的管理和监督,严格核定学费标准,禁止假借中外合作办学名义,变相提高收费标准。高等学校不得向参加补考或申请转专业的学生收取‘补考费’‘转专业费’。”

2005年5月9日,教育部、国家发展改革委、财政部发布的《关于做好2005年高等学校收费工作有关问题的通知》(教财〔2005〕1号)指出:“2005年,高等学校学费、住宿费收费标准继续保持稳定,不得以任何理由、任何形式提高或变相提高。除国家规定的收费项目外,各地不得出台新的收费项目,学校不得向学生收取国家规定项目外的其他任何费用,如‘转专业费’‘赞助费’‘扩招费’‘定向费’‘跨地区建设费’‘专升本费’‘假期住宿费’‘补考费’‘重修费’‘高考录取通知书邮寄费’‘本科生录取费’‘学位申请费’‘答辩费’‘论文印制费’‘旁听费’‘注册费’‘点招费’‘建校费’以及押金、保证金和各类证、卡工本费等;毕业生违反协议,未到协议单位就业的,不得由学校向毕业学生收取‘违约金’;不得以任何理由、任何名义向学生收取捐款。”

4. 20世纪以来每年都治理教育乱收费工作

自2001年起,国务院纠风办、教育部、监察部、发展改革委、财政部、审计署、新闻出版总署几乎每年都发布治理教育乱收费的文件。

5. “并轨”期间收费制度的规范

1996年12月16日,在《国家教委、国家计委、财政部关于颁发义务教育等四个教育收费管理暂行办法的通知》(教财〔1996〕101号)其中的附件4《高等学校收费管理暂行办法》指出:“高等教育属于非义务教育阶段,学校依据国家有关规定,向学生收取学费。学费标准根据年生均教育培养成本的一定比例确定。不同地区、不同专业、不同层次学校的学费收费标准可以有所区别。在现阶段,高等学校学费占年生均教育培养成本的比例最高不得超过25%。具体比例必须根据经济发展状况和群众承受能力分步调整到位。”这是新中国第一个关于高校收费管理的文件,表示我国高校收费管理进入了规范化。

2006年5月12日，教育部、国家发展改革委、财政部发布的《关于进一步规范高校教育收费管理若干问题的通知》(教财〔2006〕2号)指出："高校行政事业性收费包括学费、住宿费和考试费三类；规范高校服务性收费和代收费管理；加强监督检查，坚决治理高校乱收费，严格执行教育收费公示制度，加强许可证、收费票据和资金的管理。"这是新中国第二个关于高校收费管理的文件。

6. "并轨"期间完善学分制收费和研究生收费制度

2006年4月21日，国家发展改革委发布的《关于进一步加强高等学校学分制收费管理的通知》(发改价格〔2006〕702号)指出："高等学校实行学分制收费必须按规定程序报批；实行学分制收费的学费不得高于按学年制收费的总额；严格执行教育收费公示制度；加强对高等学校收费的监督检查。"

2013年5月6日，国家发展改革委、财政部、教育部颁发的《关于加强研究生教育学费标准管理及有关问题的通知》(发改价格〔2013〕887号)指出："从2014年秋季学期起，高等学校向所有纳入全国研究生招生计划的新入学研究生收取学费。全日制学术型硕士研究生、博士研究生的学费标准，现阶段分别按照每生每学年不超过8000元、10000元确定。"

7. "并轨"期间高校收费的监管制度

(1)收费检查制度

《高等学校收费管理暂行办法》第十六条指出："教育收费管理由各级教育、物价、财政部门共同负责。各级教育、物价、财政部门要加强对高等学校收费的管理和监督，督促学校严格执行国家有关教育收费管理的政策和规定，建立健全收费管理的规章和制度，对巧立名目擅自增设收费项目、扩大收费范围和提高收费标准的，对挤占挪用学费收入的，要按国家有关规定严肃查处；对乱收费屡禁不止、屡查屡犯，情节严重的，要按国家有关规定对学校负责人给予行政处分。"

1996年6月19日，国务院办公厅转发国家计委《关于加强价格监督检查工作若干意见》(国办发〔1996〕24号)。

2011年8月26日，《国家发展改革委关于开展教育收费专项检查的通知》(发改价监〔2011〕1892号)。

(2)收费许可证制度

1998年10月21日，国家计委、国家经贸委、财政部、监察部、审计署、国务院纠风办印发《收费许可证管理办法》(计价格〔1998〕2084号)。

(3)收费票据管理制度

1998年9月21日，财政部关于印发《行政事业性收费和政府性基金票据管理规定》的通知(财综字〔1998〕104号)。

2010年6月28日，《财政部关于进一步规范中央直属高等院校财政票据使用管理的通知》(财综〔2010〕53号)。

(4)收费公示制度

2002 年 5 月 27 日，国家计委、财政部、教育部印发《教育收费公示制度》(计价格〔2002〕792 号)。

2006 年 8 月 15 日，国家发展改革委办公厅、财政部办公厅、教育部办公厅印发《关于进一步做好教育收费公示工作的通知》。

(5)收费决策听证制度

2004 年 2 月 24 日，国家发展改革委、教育部印发《关于建立和完善教育收费决策听证制度》(发改价格〔2004〕360 号)。

(四) 公办高校收费制度变迁路径的启示

从上述公办高校收费制度变迁的路径可以得出三点启示：

1. 我国公办高校收费制度变迁属于强制性制度变迁为主诱致性制度变迁为辅

新制度经济学认为，制度变迁分为强制性制度变迁和诱致性制度变迁两种：强制性制度变迁指的是由政府法令引起的变迁，诱致性制度变迁则是一群人在回应由制度不均衡引致的获利机会时所进行的自发性变迁。① 崔玉平认为：“中国高等教育制度变迁在 20 世纪 90 年代一直是自上而下的强制性的，几乎没有诱致性的制度变迁。”②我国的高等教育一直是政府的附属品，在计划经济体制下尤其是这样。是否建立适应社会主义市场经济体制的教育体制，什么时候建立适应社会主义市场经济体制的教育体制，如何建立适应社会主义市场经济体制的教育体制，都是政府决定，变与不变以及如何变是强制性的制度变迁。但是，学费制度仍存在诱致性制度变迁。我国高等教育供给不足时，招收委培生和自费生而实行的学费“双轨”制阶段，虽然也需政府批准，其学费制度的变迁也是诱致性的、渐变的；再如十几年不提高学费标准也是各学校或学者们呼吁要变迁的。但总体上是强制性制度变迁。

2. 我国公办高校收费制度变迁结果是帕累托改进

帕累托改进是以意大利经济学家帕累托(Vilfredo Pareto)命名的，帕累托改进是经济学的一个概念，它是指在没有使任何人境况变坏，即在一方利益不受损的前提下通过改变现有的资源配置使另一方的利益变得更好。我国公办高校收费制度变迁不仅使高等教育事业发展了，而且使受教育者得到更多的受高等教育的机会，通过收费制度的配套资助政策，贫困学生也能接受高等教育。

3. 以增量改革至存量完善与规范

根据林毅夫在关于中国经济改革道路的选择分析中对增量与存量的划分，“凡

---

① 林毅夫. 关于制度变迁的经济学理论：诱致性变迁与强制性变迁[C]. [美]科斯，阿尔钦，诺斯. 财产权利与制度变迁[M]. 上海：三联书店、上海人民出版社，1994：371-407.

② 崔玉平. 高等教育制度创新的经济学分析[M]. 北京：北京师范大学出版社，2002：64.

不从对资产存量的再配置入手而着眼于在资产增量的配置上引进越来越多的市场机制的改革"的措施，统归为"增量"改革；反之，涉及现有资产再配置的改革则因归为"存量"措施，即在原有制度安排上进行的改革为存量调整，完全新建的制度安排则为增量创新，尽管有时它们之间并不明显。[①] 我国高校学费制度变迁就是以增量改革至存量完善与规范的过程。首先从计划外招收委培生与自费生（增量改革），然后对计划内的学生少量收取学费，形成"双轨"制收取学费，再进行收费"并轨"（存量规范）；扩招后又提高收费标准（增量改革），出现乱收费后完善与规范高校学费制度（存量完善与规范）。

从上可以看出，我国计划经济不允许高校收费，而在建立市场经济体制以后，高校收费越来越完善与规范。在市场不充分发育和道德失范的情况下易出现乱收费的现象，这就需要加强政府监管。但收费是高等教育市场的重要机制。高校收费的供给侧改革首先是制度供给，即科学地制定各省、直辖市、自治区对不同地区、不同层次、不同专业、不同质量的收费指导标准，并赋予各高校一定的收费自主权。

三、高校学费制度的理论依据

高校学费制度的理论依据，即要回答的是高等教育为什么要收取学费。

（一）准私人产品理论

前已述及，高等教育提供准私人产品，接受高等教育是一种投资。许毅，苌景州指出："人力资本理论是由美国经济学家舒尔茨完整提出的，他认为教育投资是形成人力资本的主要部分。教育是提高人口质量的投资，不仅使个人、家庭获得收益，而且能够提高劳动生产率，对国民经济增长的作用都超过物力资本。"[②]董辅礽认为："从经济学角度看，教育是一种劳务，它既是消费的教育又是投资的教育。"[③]美国经济学家曼昆在其著作《经济学原理》中指出："人力资本是对人的投资的积累。最重要的人力资本是教育。与所有资本形式一样，教育代表着为了提高未来生产率而在某一时点的资源支出。"[④]因此，接受高等教育与收入水平存在正相关的关系。

按照市场经济中"谁受益谁付费的原则"，接受高等教育者应该负担一部分高等教育成本，支付接受高等教育期间的学费。但是，根据个人教育投资的回报率是很难的。著名教育经济学家萨卡罗普洛斯(G. Psacharopoulos)对教育投资的回报研究中指出："私人教育投资的报酬计算是不考虑不同个体的差异的，而事实上存

① 林毅夫．再论制度、技术与中国农业发展[M]．北京：北京大学出版社，2000：37．

② 许毅，苌景州．西方教育经济价值理论评述[J]．高校理论战线，1994(6)：28．

③ 董辅礽．发展教育产业能拉动消费需求和投资需求[J]．教育发展研究．1999(7)．

④ [美]曼昆．经济学原理(第三版，下)[M]．梁小民，译．北京：机械工业出版社，2003：23．

在大量的差异增加了教育投资的危险性与不确定性。”①

弗里德曼是教育券的首创者，因此，他提出了全成本学费理论。1962年，弗里德曼在《资本主义与自由》(Capitalism and Freedom)一书中阐述了政府在教育中的作用，提出了全成本学费理论(full-cost fees theory)，他指出：所有公立高校“应该能收取偿付其成本的学费”。②

因此，高等教育提供准私人产品是高校收费制度的第一个理论依据。

（二）公平理论

马克思在《哥达纲领批判》中指出：“如果说，在美国的几个州里，高等学校也是‘免费的’，那么，事实上这不过是从总税收中替上层阶级支付了教育费用而已。”③因此，如果高等教育的经费全部由政府财政负担，等于所有纳税人支付高等教育成本，只有部分人受益，有失高等教育的公平。

Ziderman & Albrecht(1995)的报告结果表明，尽管中高收入人群在社会总人口中的比重很小，但他们的子女却享受了高等教育机会中的较大比例，进而占用了公共高等教育经费中的大多数。④ 如果公立高校提供的高等教育产品就通过政府仅免费供给部分人员就失去其公平性。Hansen 和 Weisbrad 应用“纯收益方法”对20世纪60年代美国加州公共资助下的高等教育公平性问题进行了研究，结果表明：公共资助下的教育系统明显导致穷人的收入向富人转移，反而加剧了教育的不平等。Hansen 和 Weisbrad 的研究结果之后被广泛引用，也证明了公共资助的高等教育产品是将穷人的收入向富人转移的一种不公平的机制。之后的一些学者的实证研究也得到了与 Hansen 和 Weisbrad 相同的结果，如 Rogers(1971)，Jallade(1973)，Fields(1975)。此外，来自美国的一些研究报告也显示：“政府的高等教育经费从低收入阶层转向了高收入阶层”。因此，政府的补贴实际上是阻挠而非促进教育机会均等目标的实现。弗里德曼同样认为：“没有任何理由让那些没有享受高等教育的人为享受高等教育的人掏腰包。”这样一来，基于教育机会均等，而主张使用税收来资助高等教育的理由是不成立的。

孙玲的研究表明：“根据萨卡罗普洛斯1985年的研究成果，政府对高等教育实施高补贴的政策时，受益最大的反而是最高收入阶层的家庭，这一点也已被许多发展中国家的实践所证明。”⑤闵维方指出：“为了理解大学收费对社会公平的影响，我们必须首先分析这一政策对社会公共教育资源在全体社会成员中的分布状况的影响，由于每个大学生的培养费用是很昂贵的，在不收学费而国家财力又是有限的

① Alwyn Young. Growth without scale effets[J]. Journal of political Economy，1998，106(1)：41－63.

② [美]米尔顿·弗里德曼. 资本主义与自由[M]. 张瑞玉，译. 北京：商务印书馆，2004：108.

③ 马克思，恩格斯. 马克思恩格斯选集(三)[M]. 北京：人民出版社，1975：23.

④ 李文利. 高等教育财政政策对入学机会和资源分配公平的促进[J]. 北京大学教育评论，2006(2)：31.

⑤ 孙玲. 高等教育的成本补偿政策与社会公平性问题研究[J]. 教育研究，2000(7)：22－24.

条件下，我们只能为很少的人提供上大学的机会。也就是说，很小的一部分能够上大学的社会成员要消耗掉相对较大的一部分公共教育资源；而没有上大学的社会成员则只能分享相对较少的公共教育资源。”①喜多村和之的研究显示：“为了实现高等教育公平的发展，同时也使高等教育获得更好的发展，有一个时期，美国高等教育实行几乎免费的政策，但是后来证明，这并没有实现教育机会均等，相反，最大的受益者是那些中高收入家庭的子女。之后开始收取学费，而且学费的比例大约占到近60%，政府财政占大约30%的比例。”②

1998—1999年度《世界发展报告》指出的：知识就像灯光一样，它没有重量，不可触及，它能够穿越世界，启迪各地人们的生活。数十亿人仍然生活在贫困的阴影中，然而，这并不是必然的。人民生活在贫困中的部分原因是因为他们够不着灯的开关，这一开关就是教育。③“一个国家，即便是一个穷国，只有凭借受过教育的人们，才可能在日益错综复杂的全球经济、文化和政治互动的体系中维护自己国家的利益。如果没有良好的高等教育，很难想象还有多少贫困国家能够有机会参与国际竞争。”④

美国学者的研究显示：美国大众化过程中及之后，在不同经济地位青年所就读的高校类型及层次方面存在着一定的差异。美国的高校存在着明显的等级体系，不仅有大学和学院，在大学和学院之间更是千差万别。有私立的名牌大学和各州很有影响力的州立大学，有州立学院，最后有社区学院。有数据表明，美国贫困家庭一般选择进入学费较低的州立大学和社区学院。如果按照家庭收入将美国民众分成四个层次A、B、C、D，各自的收入分别为低于8000美元、8000～12499美元、12500～20000美元和高于20000美元（下面的排名都按A、B、C、D的顺序）。1971年，在美国公立二年制学院（大部分为大众型典型代表的社区学院），来自四类不同收入家庭的学生比例分别为27.2%、34.8%、26.4%和11.5%，有超过一半的较低收入家庭子女进入这类型学校。而在传统精英型大学的代表私立大学中，相应的比例分别为10.6%、20.4%、27.3%和41.8%，结果正好相反，中高收入家庭子女占到了2/3的比例。⑤

劳凯声认为：“教育公平问题是历史的和相对的，高等教育公平问题的要害不

---

① 闵维方.高等教育成本补偿政策的决策依据[J].科学决策，1997(6)：3－7.

② [日]喜多村和之.学费应该由谁来承担[J].现代高等教育，1996(3).

③ 世界银行，联合国教科文组织高等教育与社会特别工作组.发展中国家的高等教育：危机与出路[M].北京：教育科学出版社，2001：16.

④ 世界银行，联合国教科文组织高等教育与社会特别工作组.发展中国家的高等教育：危机与出路[M].北京：教育科学出版社，2001：36.

⑤ [美]S·鲍尔斯，H·金蒂斯.美国：经济生活与教育改革[M].王佩雄，译.上海：上海教育出版社，1990：316－317.

在于免费还是收费。”[①]

因此，公平理论是高校收费制度的第二个理论依据。

（三）成本分担理论

1986年，美国纽约大学校长、经济学家约翰斯通（D. B. Johnstone）在其出版的专著《高等教育的成本分担：英国、联邦德国、法国、瑞典和美国的学生财政资助》中提出了“成本分担理论”，即高等教育的经费应该由政府（纳税人）、高等教育接受者（家庭）及社会人士（捐赠等）共同分担。同时他提出了具体的分担形式：父母通过收入、储蓄及未来收入支付；学生通过储蓄、假期收入、兼职收入和贷款及未来收入等支付；由纳税人在省、州及地方层次上，以纳税的形式支付等。[②]

2001年，约翰斯通出席在北京大学召开的“教育经济学国际研讨会”时提交的论文《论高等教育的成本分担》对成本分担理论进行了更详尽的阐述。其中就提出了成本分担的理论依据：①将一部分成本向支付得起学费的家长转移，同时向无力支付全部或部分学费的学生提供资助。这是因为，高等教育仍然由少数人享有，而这一小部分人多来自中上阶层家庭，在免费高等教育阶段，支撑免费高等教育的经费多来自中下阶层家庭的税收。②成本分担将更有效，也使得高校更关心社会和市场需求及投资效率。而更有效率的途径里比较好的则是市场化，让高校为生源而竞争，如此则可能提供优质的教育服务。这样，隶属于政府的高校才不至于只为了政府的利益去运营，而应当考虑满足学生的需求。③让家长和学生个人分担一部分高等教育成本能够很大程度上激励学生努力学习，并提高学校的正常毕业率及毕业生质量。在此理论论证的基础上，我们需要做的就是对高等教育的成本进行核算。

约翰斯通（2004）指出：“在工业技术处于不同发展阶段、政治经济体制不同、高等教育传统也不同的国家，在实行不同高等教育体制的国家，在高等教育无论是精英型还是普及型，是以公立为主还是私立为主，是经费充裕还是经费紧张的国家，其高等学校财政与管理改革模式都具有相似性。”[③]约翰斯通所说的“相似性”是指，用非政府投入来弥补政府财政能力，同时负担高等教育经费的不足。包括：在主要或全部由公共经费支持的高等教育系统中开始收取或提高学费；收取全部或接近全部的食宿费用，或者用贷款取代曾经由政府提供的生活费和助学金；鼓励主要依靠学费的私立高等教育机构的发展；鼓励大学从事企业型活动；鼓励慈善性捐

---

① 劳凯声．对高等教育收费和公平问题的思考[J]．教育发展研究，2008(7)：1－9.

② D. Bruce Johnstone. Financing Higher Education: Who Should Pay and Other Issues, a Chapter for Altbach, ed al. American University in the 21st Century: Higher Education and Society (Third Edition) [R], 1997.

③ D. B. Johnstone. 按收入比例还款型学生贷款在发展中和转型国家的适用性[J]．北京大学教育评，2004(1)：20－27.

款、设立基金，用于学校的运作费用或设立学生奖学金。①

世界银行、联合国教科文组织的一份研究报告指出："高等教育既提高了个人生活质量，也丰富了更广泛的社会群体的生活，这表明高等教育的私人利益和公共利益实际上是相互重叠的。高等教育提高了工资和生产率，使个人和国家更加富有。"②美国经济学家理查德·A·马斯格雷夫指出："教育支出既有利于各个学生又有利于社会。"乔·B·斯蒂文斯则指出："几乎没有人会否认，通过教育会产生确定的正向外部性，社会应该鼓励它们的供给。不仅接受高等教育的人可以从中得到很大的收益，而且会使整个社会因受教育者的文化程度提高而受益，如果高等教育完全由市场提供，那么这种外在收益不可能由兴办高等教育的私人主体获得，因为他们提供的高等教育数量低于社会期望的水平。"③

高等教育培养成本之所以需要分担，简言之，培养高等教育人才不仅对受高等教育的个人有好处，而且对国家(社会)也有好处，因此，需要受高等教育的个人和政府共同分担；高等教育学费之所以低于高等教育成本，是因为高等教育具有正向外部性，其外部受益者是多方面的，包括国家(社会)、用人单位(企业)等。既然高等教育具有较大的外部效应，那么就不能按照纯粹的私人物品来供给，否则，将会造成社会资源配置的扭曲和效率的损失。

因此，成本分担理论是高校收费制度的第三个理论依据。

(四) 效率理论

1955年，美国当代著名经济学家、诺贝尔奖获得者米尔顿·弗里德曼(Milton Friedman)在《政府在教育中的作用》一文中指出，长期建立起来的公共教育制度是一种垄断，由于缺乏必要的市场竞争，导致它效率低下，资源浪费，学校对学生不负责任。要改变这种现状，唯一的出路是走教育市场化的道路。④

约翰斯通等认为："另外一种依据是，成本分担仍然符合新自由经济倾向，因而能得到这样一个假设的支持，成本分担更有效率，更关心市场，至少在既有竞争又有由消费者承担成本的国家是如此。显然，在高等教育领域就像在其他领域一样，存在着过分的'消费者敏感'，在那里消费者(学生或家长)可能很难判断他们所要购买的东西的价值，而且也很容易为广告所误导，或者被'消费欺诈'所蒙骗。但是传统古典大学在全球日益被看做是一成不变的自我服务的象牙塔，尤其在政府让其垄断高水平的高等教育的国家和在缺少刺激让其更能满足学生和家长的需要或满足更大的经济社会需求的国家更是如此。大学和学院无论公立还是私立，都必

① 约翰斯通.高等教育财政：问题与出路[M].沈红，李红桃，译.北京：人民教育出版社，2004.

② 世界银行，联合国教科文组织高等教育与社会特别工作组.发展中国家的高等教育：危机与出路[M].北京：教育科学出版社，2001：30.

③ 杨明.政府与市场：高等教育财政政策研究[M].杭州：浙江教育出版社，2007：32.

④ 朱新涛.新自由主义经济学的高等教育市场化观点评析[J].江苏高教，2004(3)：4－7.

须为生源而竞争，并为无效和不关心社会需求而承担后果。这样，高校就更有可能提供优质的教育，更能满足学生的需求，而不是仅仅为政府利益和教师的便利而开办。”①

Winkler(1990)的一份研究报告表明：“免费或过低学费的高等教育体制存在以下弊端：①过低的私人成本会带来对高等教育的过度需求；②资源使用的低效率和过高的生均成本；③收入分配公平性的下降；④高等教育较少的入学机会。”②

因此，效率理论是高校收费制度的第四个理论依据。

四、高校学费的基础理论

（一）学费的定义

《国际教育百科全书》认为，学费是人们为接受教育所支付的费用，用以支付学校、学院、大学或其他教育机构的全部或部分教育耗费。

《教育大词典》指出：“学费是指受教育者向学校或教育举办者（单位或个人）缴纳的培养费。世界大多数国家对接受非义务教育的学生都收取一定的学费。教育层次越高，收费越多，私立学校比公立学校收费高。”③

根据成本分担理论，学费应是指受教育者向学校或教育举办者（单位或个人）缴纳的部分培养费。

（二）高等教育学费的性质

1. 学者的不同观点

(1)学费不是教育价格，是一种教育成本的补偿或分担，是准公共产品的收费

王善迈认为：“但是学费从性质来说不是教育价格，非义务教育也不是商品。价格是在市场竞争中由供求决定的，价格反过来又调节供求。供过于求，价格下降，价格下降，需求增加，供给减少；反之，求过于供，价格上升，价格上升，需求减少，供给增加。非义务教育尤其高等教育的学费，从性质来说是一种教育成本的补偿或分担，也可以看作是对受教育者预期收益的一种代价。”④

王善迈认为：“学费的性质取决于市场经济中高等教育的性质。既然高等教育服务属于准公共产品，政府与消费者（受教育者）应共同负担其成本，受教育者直接负担的形式就是学费，学费从性质来说应是准公共产品的收费。”⑤

(2)学费不再是一个简单的筹措高等教育办学经费和成本补偿问题，已成为一种准价格机制，是作为“准私人产品”的高等教育的那部分私人产品价值或价格

---

① 约翰斯通. 高等教育成本分担中的财政与政治[J]. 李红桃，沈红，译. 比较教育研究，2002(1)：26－30.

② 李文利. 高等教育财政政策对入学机会和资源分配公平的促进[J]. 北京大学教育评论，2006(2)：31.

③ 顾明远. 教育大辞典（第6分册）[Z]. 上海：上海教育出版社，1992(5)：262.

④ 王善迈. 社会主义市场经济条件下的教育资源配置方式[J]. 教育与经济，1997(3)：1－6.

⑤ 王善迈. 论高等教育的学费[J]. 北京师范大学学报（人文社会科学版），2000(6)：24－28.

伍海泉认为:“学费的性质是什么?在教育经济理论界最具代表性的观点是,学费是高等教育的成本补偿,是一种收费。高等教育是一种劳务,其收费是一种服务性收费行为。学费——高等教育私人产品部分的价格表现。”①

伍海泉认为:“市场经济下,高等教育学费的性质是什么?最具代表性的观点是,学费是高等教育的成本补偿,是一种收费。本人以为,作为非义务教育的高等教育学费,不再是一个简单的筹措高等教育办学经费和成本补偿问题,已成为一种准价格机制。所谓准价格机制是指学费具有价格机制的某些功能,可以调节高等教育供求关系,优化高等教育资源配置,影响教学质量,但又不具备价格机制的全部特征和性质,介于价格和非价格之间的一种机制。高等教育学费之所以具有准价格机制,首先是由于高等教育产品的部分私人性。”②

杨莲娜指出:“高等教育产品的性质决定了学费的性质。既然高等教育是准私人产品,就至少应该遵循准价格机制。所谓准价格机制,是指学费具有价格机制的某些功能,可以调节高等教育供求关系,优化高等教育资源配置,影响教学质量,但又不具备价格机制的全部特征和性质,是介于价格和非价格之间的一种机制。也就是说,高等教育学费主要体现为一种服务产品的价格。学费实质上就是高等教育的受教育者——学生,与高等教育的提供者——高等学校之间就高等教育产品进行交易的价格。学费作为一种价格机制,反映的是高等教育作为准私人产品的学生和高校之间的市场经济关系。”③

吴开俊、范先佐认为:“学费的性质是什么?教育经济理论界的主流观点认为,学费是高等教育的成本补偿,是一种收费。笔者更倾向于认为,作为非义务教育的高等教育学费,不再是一个简单的筹措高等教育办学经费和成本补偿问题,高等教育学费体现的是市场经济下商品劳务交换的一种服务价格,学费实质上就是高等教育的受益者之一——学生,与高等教育的提供者——学校之间就高等教育劳务交易的价格。学费已成为一种准价格机制,即学费具有价格机制的某些作用,可以调节高等教育供求关系,优化高等教育资源配置,影响教学质量,但又不具备价格机制的全部特征和性质,是介于价格和非价格之间的一种机制。高等教育学费之所以具有准价格机制,是由于高等教育产品的部分私人性,是由高等教育‘准公共产品’的属性决定的。高等教育学费必须体现作为一种服务产品的价格。高等教育学费应该作为‘准私人产品’的高等教育的那部分私人产品价值或价格。”④

高等教育学费体现的是市场经济下商品劳务交换的一种服务价格。我国研究

① 伍海泉.也论高等教育学费——兼与王善迈教授商榷[J].湖南社会科学,2003(6):144-146.

② 伍海泉.高等教育学费的准价格机制及其运用研究[J].现代大学教育,2004(4):91-94.

③ 杨莲娜.高等教育学费的价格属性研究[J].价格理论与实践,2005(5):33-34.

④ 吴开俊,范先佐.高校学费依据教育培养成本收取的悖论[J].高等教育研究,2007(1):26-30.

教育价格的学者不多，沈百福是最早的研究者之一。① 主要观点有：

伍海泉认为："学费——高等教育'准私人产品'的价格表现。高等教育既然具有私人性，市场经济下就应有其价值和价格。高等教育学费就应该是作为'准私人产品'的高等教育的那部分私人产品价值或价格，高等教育的非营利性并不影响其价格机制作用。学费作为一种价格机制，反映的是高等教育作为准私人产品的买方（学生及其家庭）和卖方（高校）之间的市场经济关系。"②

杨莲娜指出："高等教育学费是作为市场主体的高等学校和学生之间的自愿市场交易行为，没有任何强制性。高等教育产品是'准私人产品'，是一种服务，其学费是一种服务性价格。学费作为高等教育私人产品部分的价格表现，无论从形式还是内容看，其价格的性质都已经具备。简言之，高等教育学费就是一种价格。"③

吴开俊、范先佐指出："学费已成为一种准价格机制，即学费具有价格机制的某些作用，可以调节高等教育供求关系，优化高等教育资源配置，影响教学质量，但又不具备价格机制的全部特征和性质，是介于价格和非价格之间的一种机制。高等教育学费之所以具有准价格机制，是由于高等教育产品的部分私人性，是由高等教育'准公共产品'的属性决定的。高等教育学费必须体现作为一种服务产品的价格。高等教育学费应该作为'准私人产品'的高等教育的那部分私人产品价值或价格。"④

林艳丽指出："学费是价格的一种表现形式。学费是受教育者（学生）接受教育服务的一种等价支出，即从消费角度看，学费体现的是学生与学校之间就高等教育服务交易的价格。"⑤

---

① 沈百福.关于教育价格的思考[J].教育发展研究，1999(6)：49－53.
沈百福.浅议高等教育的学费、价格与市场[J].交通高教研究，2003(5).
寇淑芳.论高等教育学费价格的属性及作用[J].中国物价，2004(9).
伍海泉.高等教育学费的准价格机制及其运用研究[J].现代大学教育，2004(4).
张小萍，谭章禄.我国高等教育学费价格机制实证分析[J].价格理论与实践，2005(4).
谭章禄，张小萍.高等教育学费价格市场模型分析[J].黑龙江高教研究，2005(12).
张怡.从供需角度看高等教育学费价格[J].企业家天地下半月刊(理论版)，2007(8).
林艳丽.高等教育学费的准价格机制属性的经济学分析[J].东北大学学报(社会科学版)，2007(11).
赵勤.高等教育学费价格机制影响因素分析[J].事业财会，2007(4).
姚雪萍，余成跃.对我国高等教育学费价格的理性思考[J].价格理论与实践，2008(8).
赵春明，史纪明，崔世泉.大学学费是高等教育服务产权的价格[J].现代教育管理，2011(4).
刘亚荣.高等教育应发挥学费价格信号功能[N].中国教育报，2014－10－08.

② 伍海泉.高等教育学费的准价格机制及其运用研究[J].现代大学教育，2004(4)：91－94.

③ 杨莲娜.高等教育学费的价格属性研究[J].价格理论与实践，2005(5)：33－34.

④ 吴开俊，范先佐.高校学费依据教育培养成本收取的悖论[J].高等教育研究，2007(1)：26－30.

⑤ 林艳丽.高等教育学费的准价格机制属性的经济学分析[J].东北大学学报(社会科学版)，2007(11)：506－511.

2. 笔者的观点

(1)学费是教育服务的部分价格，是一种准价格机制

由于传统政治经济学的影响，有的学者对“人才市场”和“劳动力市场”讳莫如深。但在中共中央的文件中，多次提到“人才市场”和“劳动力市场”，如 1993 年 11 月 14 日通过的《中共中央关于建立社会主义市场经济体制若干问题的决定》第 13 条指出：“当前培育市场体系的重点是，发展金融市场、劳动力市场、房地产市场、技术市场和信息市场等。逐步形成劳动力市场。我国劳动力充裕是经济发展的优势，同时也存在着就业的压力，要把开发利用和合理配置人力资源作为发展劳动力市场的出发点。”2003 年 10 月 14 日通过的《中共中央关于完善社会主义市场经济体制若干问题的决定》第 13 条指出：“逐步统一城乡劳动力市场。”第 31 条指出：“建立和完善人才市场体系。”2006 年 10 月 11 日通过的《中共中央关于构建社会主义和谐社会若干重大问题的决定》第三条第三款指出：“逐步形成城乡统一的人才市场和劳动力市场。”第四条第五款指出：“发挥工资指导线、劳动力市场价位、行业人工成本信息对工资水平的引导作用。”那么，“人才市场”和“劳动力市场”交易的是什么？交易是否涉及价格？亦是讳莫如深。

2013 年 11 月 15 日，《中共中央关于全面深化改革若干重大问题的决定》指出：“市场决定资源配置是市场经济的一般规律，使市场在资源配置中起决定性作用的基础。大幅度减少政府对资源的直接配置，推进公共资源配置市场化。”

笔者前已阐述过，应完善适应社会主义市场经济体制的教育体制，在高等教育全球化的环境中构建高等教育市场，而市场经济一般是三大机制：价格机制、供求机制和竞争机制。价值规律就是通过价格的形成机制、供求关系的变动机制和竞争机制实现资源配置的。市场经济是通过市场机制对资源配置起决定性作用的经济。

①价格形成机制

阿尔钦曾指出，经济学问题也就是价格如何被决定的问题，其实就是产权应该如何界定和交换的问题。① 他还指出，产权的强度是由实施它的可能性和成本来衡量的，并且认为较强的产权比较弱的产权更有价值。② 微观经济学就是价格理论。价格既是市场机制运作的开始，又是市场机制运作的结果。

杨葆昆认为：“教育市场价格就是一定时期中，由教育供给与需求所调节的，教育需求者和供给者所能接受的教育成本。这种教育成本包括教育的社会成本(教育生产者成本)和教育的个人成本(教育消费者成本)。这种成本不仅包括教育的

① [美]埃里克·费鲁博顿，[德]鲁道夫·芮切特．新制度经济学：一个交易费用分析范式[M]．上海：上海人民出版社，2006：97.

② [美]埃里克·费鲁博顿，[德]鲁道夫·芮切特．新制度经济学：一个交易费用分析范式[M]．上海：上海人民出版社，2006：142.

直接成本(直接支付的成本),还包括教育的间接成本(机会成本)。这些成本的计量非常困难,它们相互关联的作用决定着教育的市场价格。”①

舒尔茨指出:“但更为糟糕的还是有关不同高等院校提供的教育劳务质量差异方面的信息的匮乏。无论何处,学生所遇到的这些劳务的价格都不等于生产这些劳务的实际成本,从而,他们对之作出反应的价格也就不是有效价格。其结果是,无论学生们的决策从其个人角度而言是何等的有效,从经济整体的角度来看,高等教育的资源配置将不是有效的。……在提供有效配置的经济动力的条件下,学生为提供给他们的教育性服务所支付的理想价格应既不高于亦不低于生产这些劳务的实际成本。但许多关于私人与公共学费差异的争论却是离题的。因为高等院校提供的教育性劳务的质量和实际成本之间的差别,使得学费相等仅仅是用一种类型的价格扭曲代替另一种价格扭曲。”②

马克思还说:“服务这个名词,一般地说,不过是指这种劳动所提供的特殊使用价值,就像其他一切商品也提供自己的特殊使用价值一样。但是,这种劳动的特殊使用价值在这里取得了‘服务’这个特殊名称,是因为劳动不是作为物,而是作为活动提供服务的。”③马克思还指出:“整个‘商品’世界可以分为两大部分,第一,劳动能力;第二,不同于劳动能力本身的商品。有一些服务是训练、保持劳动能力,使劳动能力改变形态等等。总之,是使劳动能力具有专门性,或者使劳动能力保持下去的。例如学校教师的服务、医生的服务——购买这些服务,也就是购买提供‘可以出卖的商品’等等。即提供劳动能力本身来代替自己的服务,这些服务应加入劳动能力的生产费用或再生产费用。”④根据马克思的论断,笔者前已阐述过教育服务的观点。

原国家计委汪洋副主任在界定收费性质时指出:“收费是准公用物品的价格,即具有局部公共性和局部排他性的物和劳务的价格,这种价格形式具体地表现为受社会公共机构规制的有偿价格,同时又表现为补充国家财力的继补税,遵循分配机制和交换机制双重运行。”⑤

高等教育提供的是准私人产品,因此,学费是教育服务的部分价格,是一种准价格机制。

②供求关系的变动机制

伯顿·克拉克指出:“在美国这种系统中,消费者的需求起着重要作用。消费

① 杨葆昆.教育经济学[M].武汉:华中师范大学出版社,1989:103.

② [美]西奥多·W·舒尔茨.人力资本投资——教育与研究的作用[M].蒋斌,等译.北京:商务印书馆,1990:142.

③ 马克思.剩余价值理论(第一册)[M].北京:人民出版社,1975:435.

④ 马克思.剩余价值理论(第一册)[M].北京:人民出版社,1975:159.

⑤ 汪洋.收费管理概论[M].北京:中国物价出版社,2002:34-35.

者掌握着平衡杠杆,而计划者却没有;消费者不仅可以选择进入哪所院校,而且可以随意退出,从一所院校转到另一所院校。"①伯顿·克拉克还指出:"当我们听到学费这个词时,我们就在消费者市场面前。"②

高等教育供给与需求本身就是高等教育经济范畴的重要内容,在本书中已阐述过,不再赘述。

③竞争机制

笔者前已阐述过竞争是高等教育市场的核心,高等教育应引入市场的竞争机制,高等教育收取学费是一种市场行为。不再赘述。

(2)关于成本的补偿价值

马克思指出:"按照资本主义方式生产的每一个商品 W 的价值,用公式来表示是 W=C+V+M。如果我们从这个产品价值中减去剩余价值 M,那么,在商品剩下来的,只是一个在生产要素上耗费的资本价值 C 和的等价物或补偿价值 V。""商品价值的这个部分,即补偿所消耗的生产资料价格和所使用的劳动力价格的部分,只是补偿商品使资本家自身耗费的东西,所以对资本家来说,这就是商品的成本价格。"③

这里,马克思从耗费和补偿两方面对成本进行了科学的论述。成本从耗费的角度看,是商品生产中所消耗的物化劳动和劳动中必要的劳动价值,即 C+V 部分,它是成本最基本的经济内涵;成本从补偿的角度看,是指补偿商品生产中资本消耗的价值尺度,即成本价格,它是成本最直接的表现形式。故成本是已耗费又必须在价值和实物上得以补偿的支出。由此可见,成本具有补偿生产中 C+V 消耗的功能,成本是补偿消耗价值尺度。从这个意义上讲,学费具有教育成本部分补偿或分担的功能。但这是从补偿的功能角度去理解,而从学费的经济性质看,收费是准私人产品的价格。它是一种准价格机制,其深刻背景是与高等教育市场相联系,是运用价格的形成机制、供求关系的变动机制和竞争机制实现高等教育资源的配置。

(三) 高等教育学费的原则

1. 成本为基础的原则

这个问题在下节中阐述。

2. 公平原则

《中华人民共和国宪法》第四十六条规定:"中华人民共和国公民有受教育的权利和义务。"1948 年通过的《世界人权宣言》指出:"人人都有受教育的权利。……

① [美]伯顿·R. 克拉克. 高等教育系统学术组织的跨国研究[M]. 杭州:杭州大学出版社,1999:156.

② [美]伯顿·R. 克拉克. 高等教育新论——多学科研究[M]. 杭州:浙江教育出版社,1988:80.

③ 马克思,恩格斯. 马克思恩格斯全集(第 25 卷)[M]. 北京:人民出版社,1975:30.

高等教育应根据成绩对一切人平等开放。”

人们企盼知识改变命运，希望“教育制度能补偿父母亲财富、收入、教育、政治力量、社会关系、文化等等差异，使这些因素不会影响成年子女在财富、收入、教育、政治力量和社会关系等方面的机会。”①“教育的效力能减少而不是……增加出发地位的差距，从这个意义上讲，教育也起到与转让税相同的作用。”②因此，不能因贫富差异而失去高等教育的机会，而应通过公平竞争让贫寒学子圆大学梦。笔者建议采用“高学费＋高资助”的模式帮助经济困难的学生入学。具体阐述见本章第二节第五个问题。

3. 差别性原则

应根据高校及学科的排名不同，受高等教育的层次不同，专业不同等采取差别性制定学费标准的原则。

(1)工科、文科、医科、艺术类等的培养成本不同，各专业的学费标准亦应有差别。1994 年 4 月 7 日，《国家教委关于进一步改革普通高等学校招生和毕业生就业制度的试点意见》(教学〔1994〕3 号)第二条指出：“要建立科学的收费制度，制定合理的收费标准。收费标准可因地因校因专业而异。”

(2)学位层次不同学费标准亦不同，博士、硕士、学士的培养成本不同，学费标准亦应有差别。

(3)学校层次不同学费标准亦不同，2000 年 6 月 5 日，教育部发布的《关于2000 年高等学校招生收费工作若干意见的通知》(教电〔2000〕188 号)指出：“重点学校和一般学校的学费标准可以有所区别。”原“985”和“211”的学校层次较高，与别的高校培养成本不同，学费标准亦应有差别。

4. 按质论价的原则

(1)质量高的教育产品具有较高的效用

高等教育在高等教育市场上提供的是准私人产品，它有使用价值又有价值。高质量的高等教育产品具有较高的效用。效用是指对于消费者通过消费或者享受闲暇等使自己的需求、欲望等得到满足的一个度量。恩格斯早在 1844 年指出：“价值是生产费用对效用的关系。价值首先是用来解决某种物品是否应该生产的问题，即这种物品的效用是否能抵偿生产费用的问题。只有在这个问题解决之后，才谈得上运用价值来进行交换的问题。如果两种物品的生产费用相等，那么效用就是确定它们比较价值的决定因素。”③因此，质量高的教育产品应有较高的学费

① [美]亨利·莱文. 高科技、效益、筹资与改革——教育决策与管理中的重大问题[M]. 北京：人民日报出版社，1995：287.

② [美]布坎南. 自由、市场和国家——20 世纪 80 年代的政治经济学[M]. 吴良健，等译. 北京：北京经济学院出版社，1988：136.

③ 马克思，恩格斯. 马克思恩格斯全集(第 1 卷)[M]. 北京：人民出版社，1956：605.

标准。

(2)毕业后易找到较好工作,薪金较高

伊万·韦特曼指出:“想要在一流大学上学的学生支付的学费只是略高一些。从这样的大学得一个有声望的学位,略高一点的学费是可接受的,因为毕业生得到高薪工作的可能性很大。即使得不到高薪,所建议的这种偿还计划将确保毕业生不会导致财政后果。根据前面谈到的学费标准,一流大学从学费中只有较低比例的成本补偿,专项拨款会继续弥补这种‘不足’。为了取得比较满意的实施方案,政府不得不与所有的院校达成一致意见,每年定期检查,根据每类院校的教学成本确定能够接受的学费标准。之后,通过设定可接受的学费标准,政府将会同意对‘不足’部分给予补偿。”①

在人才市场上相当多的用人单位只招“985”和“211”高校的毕业生或对“985”和“211”高校的毕业生优先录用。因为“985”和“211”高校的毕业生质量高些,所以应有较高的学费标准。

20世纪80年代以来,西方国家根据新自由主义经济学理论纷纷开展教育市场化改革,认为“在学校教育中,家长和儿童是消费者,教师和学校是生产者。学校出售教育,学生购买它。同在大多数自由市场的情形一样,买卖双方都受到刺激来为对方服务,学校要得到生存和发展就必须生产出消费者所喜欢的质高价廉的产品。”②因此,学费标准应贯彻按质论价、优质优价原则。

五、改革与完善高等学校学费制度的政策建议

(一)制定《高等学校收费条例》

1996年12月16日,国家教委、国家计委发布的《高等学校收费管理暂行办法》(教财〔1996〕101号)第一条规定:“为加强高等学校收费管理,保障学校和受教育者的合法权益,根据《中华人民共和国教育法》第二十九条的规定和国家有关行政事业性收费管理的规定,制定本暂行办法。”然而,《中华人民共和国教育法》第二十九条规定的是“遵照国家有关规定收取费用并公开收费项目”。这让人感到立法依据不足。③

2014年4月25日,教育部财务司印发的《关于2014年教育财务工作要点》(教财司函〔2014〕152号)第2条指出:“进一步完善非义务教育成本分担机制。按照属地化管理原则,建立非义务教育阶段学校收费标准动态调整机制。督促各地尽快出台研究生收费管理办法,完善研究生投入机制。研究起草《学校收费条例(草

① 伊万·韦特曼. OECD:给中国高等教育的政策建议[N]. 中国教育报,2004-10-15.

② 程方平. 中国教育问题报告[M]. 北京:中国社会科学出版社,2002:54.

③ 乔春华."十三五"规划期间高校财务基本思路的建议[J]. 会计之友,2016(1):104-110.

案)》,推进学校收费改革和收费管理制度化、规范化。"

高等学校收费管理既是适应高等教育市场机制的需要,又是完善高等教育投入体制的需要,是高等教育投入供给侧改革法规层面保障的需要。因不仅涉及教育、财政、物价等部门,而且涉及千家万户的民生利益,因此,建议由国务院制定《高等学校收费条例》。

(二) 属地化管理

高等学校收费属地化管理涉及两个方面:一是由各省、市、自治区制定高等学校收费标准,二是由各省、市、自治区对高等学校收费进行监管。监管是必要的,但各省、市、自治区制定一个统一的收费标准则不必要。

原国家教委在《关于进一步完善普通高等学校收费制度的通知》中指出:"我国地域辽阔,各地经济发展很不平衡,全国指定统一的普通高等学校收费标准和办法,已不能适应改革开放的新形势。"但是,各省、市、自治区制定一个统一的收费标准也不科学。中国地域辽阔,不仅各省、市、自治区之间经济发展很不平衡,就是同一省、市、自治区内部的各地市、各县区之间经济发展也很不平衡。世界银行的一项研究指出:中国的多样性异常显著。它是一个地区之间、城乡之间发展不平衡的大国。在中国,第三世界和第一世界共存。目前,各省、市、自治区根据各自的经济状况和居民经济的承受能力制定各自的收费标准,但经济发达省份也有欠发达地区,经济欠发达省份也有发达地区。广东省属于经济强省中有较多的欠发达地区的省。2017 年 4 月 14 日,《第一财经日报》题为"21 县进 GDP 千亿俱乐部:江苏山东最多,湖南有 3 个"报道:"值得注意的是,第一经济大省广东没有一个县的 GDP 超过千亿大关。不过十几年来珠三角最发达的县如顺德、南海、三水、增城等纷纷改为区,因此现在广东县域经济能进入全国百强县的也只有一两个。强县改区的案例并不是广东独有,近几年如江苏的武进、吴江和浙江的萧山、绍兴也都先后撤县设区,但为何这两个省份仍有多县超过千亿大关,而广东却数量鲜少?最根本的原因还是跟广东区域发展失衡有关,粤东西北与珠三角之间的差距实在太大。数据显示,2016 年,在广东 21 个地级级市中,人均 GDP 低于全国平均水平的占了 13 个,多个地级市只有全国平均水平的一半左右。"

因此,各省、市、自治区制定一个统一的收费标准不公平也不科学。

如广东省 2016 年人均 GDP:深圳市为 171304.78 元,广州市为 145254.39 元,而汕尾市为 27418.92 元,梅州市为 24086.80 元;贵州省排在首位的贵阳市 2016 年人均 GDP 为 68322 元,排在末位的安顺市为 30316 元。由此可见,安顺市比汕尾市和梅州市的人均 GDP 还高。

如广东省 2016 年深圳市居民人均可支配收入 48695 元;广州市全年城市常住居民人均可支配收入 50940.70 元,农村常住居民人均可支配收入 21448.60 元;汕尾市城镇和农村常住居民人均可支配收入分别为 22327 元、12261 元,梅州市 2016

年全体常住居民人均可支配收入17986.6元。而贵阳市城镇常住居民人均可支配收入为29502元，农村常住居民人均可支配收入为12967元；安顺市城镇常住居民人均可支配收入24885元，农村常住居民人均可支配收入8120元。由此可见，贵阳市城镇和农村常住居民人均可支配收入均比汕尾市高。安顺市城镇常住居民人均可支配收入比汕尾市的高。

从上可见，广东省不分贫富地区地将高校收费标准定得比贵州省高就没有道理。深圳市、广州市和汕尾市、梅州市的考生都到广州的大学按广东省的标准收费，深圳市和广州市的考生到贵州省的大学按贵州省的标准收费。

实事求是地说，汕尾市和梅州市的富人也有比深圳市和广州市的贫困户还富，因此，以省、市、自治区为单位制定高校的学费标准，以地、市或县、区制定高校的学费标准，不仅达不到精准科学的效果，也达不到公平的目的。因此，从2013年开始，福建、广西、山东、湖北、湖南、天津、宁夏、江苏、贵州等地公办高校学费调整信息后引起的种种议论都说不到点子上。

笔者建议，对同一层次、同一专业由国家发改委与教育部、财政部根据“高等学校学生人均经费基本标准”制定全国统一的收费标准，实行“高学费＋高资助”的模式，具体内容见本章第二节第五个问题。

（三）高校可在政府定价框架内拥有一定的自主定价权

十八届三中全会通过的《中共中央关于全面深化改革若干重大问题的决定》第10条指出：“政府定价范围主要限定在重要公用事业、公益性服务、网络型自然垄断环节，提高透明度，接受社会监督。”

1. 某些专业可以试行以学生缴费和社会集资为主

1994年7月3日，《国务院关于〈中国教育改革和发展纲要〉的实施意见》（国发〔1994〕39号）第12条指出：“某些科类的高等学校可以试行以学生缴费和社会集资为主，国家财政补助为辅的办学模式。”

2. 高校可在政府定价框架内拥有一定的自主定价权

郑兵文指出：“英国政府自2003年1月22日由教育大臣查尔斯·克拉克签发了《高等教育的未来》白皮书以来，2004年加快了高等教育改革计划和大学投资改革计划，其中的一个重大改革是学费制度。从2006年开始将全部取消国家统一学费标准，代之以自由决定学费价格，即实行差别收费，具体内容是，国家设定收费上限，每生每年学费不得超过3000英镑。也就是说，大学虽然有权对所有专业学科进行自主定价，但封顶线为每年3000英镑，在3000英镑以内各高校可以根据情况自主浮动。”①

刘亚荣指出：“政府只监管学费的上限，给予高校一定范围的自主定价权，让市

① 郑兵文.英美福利制度的一场革命：大学产业化改革[J].开放导报，2005(2)：58－67.

场机制在高等教育供求过程中发挥作用。当前高校的学费调整受到政府严格监管，全地区统一定价，并且纳入社会公众听证范围。如果高校有一定的定价权，学校会依据教育的成本和需求量，自主调整学费价格，争取区域的竞争优势，从而形成区域的竞争机制。只有竞争机制形成了，才能产生质量不断改善，满足消费者权益的可持续自发机制。没有市场竞争机制，高校的质量提升就不会产生根本的外部动力机制。"①

目前，江苏盐城工业职业技术学院纺织专业免费入学，经济困难的学生还发路费。

综上所述，笔者主张：基于公平，不论"双一流"大学还是高职院，属于"基本支出"的财政生均拨款标准应一视同仁，即一个标准，属于"项目支出"的则有所差别；基于效率，不同质量、不同层次的高校学费应有所差别，"双一流"大学应收较高的学费；不赞成将居民的经济承受能力或人均可支配收入作为学费的依据之一，而主张高收费高资助的政策；不赞成同一层次同一学科在经济发达省与经济欠发达省分为两个标准，因为经济发达省也有较贫困市县乡，经济欠发达省也有较富裕市县乡，另外，经济欠发达省的考生到经济发达省将交较高学费，而经济发达省的考生到经济欠发达省将交较低学费，这会造成不公平。

第二节　公办高校学费的确定标准

1995 年，联合国教科文组织公布的《关于高等教育的变革与发展的政策性文件》第 68 条指出："收取学费的问题是高等教育中一个敏感的问题。因此对待这个问题必须十分谨慎，因为它触及到社会公正和社会流动。教育中平等问题和整个国家的教育、社会和税收政策相关联。这个问题还应该从学科流向的角度来看，这种流向已经受到大学前各级教育现行的学费制的影响，因为收费对学生来源、对管理和对学校的地位都内外影响。总之，对收费问题要特别注意。对贫苦的学生要提供奖学金和贷款。"

关于高等教育是否收取学费目前国内已无争论，争论主要是学费的收取标准，因此，本章重点讨论高校学费的确定标准。

一、关于高校学费确定标准的不同观点

（一）年生均教育培养成本的一定比例确定

1996 年 12 月 16 日，国家教委、国家计委、财政部颁发的《高等学校收费管理暂行办法》(教财〔1996〕101 号）第四条指出："学费标准根据年生均教育培养成本的

① 刘亚荣. 高等教育应发挥学费价格信号功能[N]. 中国教育报，2014-10-08.

一定比例确定。不同地区、不同专业、不同层次学校的学费收费标准可以有所区别。”第五条指出：“学费占年生均教育培养成本的比例和标准由国家教委、国家计委、财政部共同作出原则规定。在现阶段，高等学校学费占年生均教育培养成本的比例最高不得超过25%。具体比例必须根据经济发展状况和群众承受能力分步调整到位。”这是目前的主流观点。

（二）学费标准应以市场供求为主要参考，并充分考虑居民的经济承受能力

吴开俊、范先佐认为：“学费的性质决定了学费收取的依据是高等教育价格的供求关系。学费标准应以市场供求为主要参考，逐步走向政府定价与学校自主定价相结合，并充分考虑居民的经济承受能力。笔者更倾向于认为，作为非义务教育的高等教育学费，不再是一个简单的筹措高等教育办学经费和成本补偿问题，高等教育学费体现的是市场经济下商品劳务交换的一种服务价格，学费实质上就是高等教育的受益者之一——学生，与高等教育的提供者——学校之间就高等教育劳务交易的价格。”①

林艳丽指出：“学费作为一种价格机制是供求平衡的调节器。在市场经济条件下，价格是调节市场供求、实现资源优化配置的重要机制。学费作为一种价格机制，最显著的特征就是调整高等教育的供求关系，优化高等教育的资源配置。”②

李晓波认为：“目前是我国高等教育引入价格机制的良好时机，政府有关部门和高等学校都要充分认识到教育市场的客观存在，相信市场是一种秩序，而不是混乱，自觉遵循价值规律，自觉利用价格机制，通过学费调节教育的供求。”③

（三）人均可支配收入是制定高校学费标准的主要依据

章达友指出，居民家庭的经济收入和承受能力是制定高校合理的收费标准的最直接因素。④

二、高校学费标准不以市场供求为主要参考，也不能以人均可支配收入为标准

（一）高校学费标准不以市场供求为主要参考

高等教育提供的产品，无论对国家还是个人，其需求永远是刚性的。也就是说，需求多可能会引起学费涨，需求少不会引起学费降；学费降可能会引起需求增，但学费涨不会引起需求降。高等教育市场的竞争主要反映在高等教育质量的竞争，市场供求主要体现在“质”而不是“量”，市场供求对于学生来讲是用脚投票，质

---

① 吴开俊，范先佐．高校学费依据教育培养成本收取的悖论[J]．高等教育研究，2007(1)：26－30.

② 林艳丽．高等教育学费的准价格机制属性的经济学分析[J]．东北大学学报(社会科学版)，2007(11)：506－511.

③ 李晓波．学费引入价格机制有利于高等教育可持续发展[J]．复旦教育论坛，2004(4)：50－52.

④ 章达友．人均可支配收入是制定高校学费标准的主要依据[J]．教育与经济，2000(4)：25－27.

优虽价高学生也愿意上这类学校，不少中等收入以上的家庭将孩子送到国外留学就是明证。

（二）高校学费标准不能以人均可支配收入为标准

靳希斌、郑晓鸿指出："属于非义务教育性质的高等教育为什么要进行成本补偿？把高等教育的成本补偿与家庭的负担能力直接挂钩，也是缺乏科学的依据。"①也就是说，某国某地区人均可支配收入高学费标准就高，人均可支配收入低学费标准低。正如胡鞍刚、熊志义指出的："基础教育具有消费上的非竞争性。同时由于法律对于普遍服务的强制性规定，基础教育又具有消费上的非排他性，这就确定了基础教育的制度性公共物品性质。也就是说，并非由于基础教育是公共产品而实施义务教育，而是由于实施义务教育使基础教育成为公共产品。因此，义务教育是一种重要的制度安排，实行义务教育制度是一种重要的制度创新。"②

义务教育制度有的是在小学初中阶段，有的至高中阶段，有的是到高等教育阶段，殷文指出："塞浦路斯、丹麦、德国、希腊、马耳他、芬兰、瑞典、苏格兰、挪威和土耳其的公立高等教育机构则完全不收取学费。"③借用胡鞍刚的话说明，这些国家并非由于高等教育是公共产品而实施义务教育，而是由于实施义务教育使高等教育成为公共产品。由此可见，高校学费标准不是考虑到人民群众的承受能力，而是考虑政府的承受能力。

三、关于以教育成本为基础确定学费标准

（一）从"教育培养成本"到"各级学校学生人均经费基本标准"

1. 法规曾出现过七次规定试图计算教育成本

1986年10月15日，国家教委、财政部发布的《高等学校财务管理改革实施办法》第27条规定："改革现行的会计核算制度，研究建立高等学校会计核算体系和投资效益分析指标体系，做到直接费用正确归属，间接费用合理分摊，为核算人才培养成本创造条件，使会计核算适应学校管理的要求。"

1996年12月16日，国家教育委员会、国家计委颁布的《高等学校收费管理暂行办法》第5条规定："学费占年生均教育培养成本的比例和标准由国家教委、国家计委、财政部共同作出原则规定。在现阶段，高等学校学费占年生均教育培养成本的比例最高不得超过25%。"第4条规定："教育培养成本包括以下项目，公务费、业务费、设备购置费、修缮费、教职工人员经费等正常办学费用支出。不包括灾害损失、事故、校办产业支出等非正常办学费用支出。"

---

① 靳希斌，郑晓鸿．个人收益——高等教育成本补偿的理论基础[J]．辽宁高等教育研究，1999(5)：48－51．

② 胡鞍刚，熊志义．大国兴衰与人力资本变迁[J]．教育研究，2003(4)：11－16．

③ 殷文．欧洲各国大学学费收取情况差异较大[J]．世界教育信息，2015(6)：73．

1998年8月29日,《中华人民共和国高等教育法》第六十二条规定:"国务院教育行政部门会同国务院其他有关部门根据在校学生年人均教育成本,规定高等学校年经费开支标准和筹措的基本原则。"

1999年6月13日,中共中央、国务院《关于深化教育改革全面推进素质教育的决定》第24条规定:"在非义务教育阶段,要适当增加学费在培养成本中的比例,逐步建立符合社会主义市场经济体制以及政府公共财政体制的财政教育拨款政策和成本分担机制。"

2005年6月8日,国家发展与改革委员会印发的《高等学校教育培养成本监审办法(试行)》的通知第5条规定:"高校教育培养成本由人员支出、公用支出、对个人和家庭的补助支出和固定资产折旧四部分构成。其中人员费用包括教职工基本工资、津贴、奖金、社会保障缴费、其他人员支出;公用支出包括办公费、印刷费、水电费、取暖费、邮电费、交通费、差旅费、会议费、培训费、福利费、劳务费、招待费、租赁费、物业管理费、维修费、专用材料费、其他公用支出;对个人和家庭的补助支出包括离退休费、抚恤和生活补助、医疗费、助学金、住房补贴和其他支出;固定资产折旧包括房屋建筑物折旧、设备折旧。"

2012年12月19日,财政部、教育部印发的《高等学校财务制度》第六十二条规定:"高等学校应当根据实际需要,逐步细化成本核算,开展学校、院系和专业的教育总成本和生均成本等核算工作。科研活动成本的核算应当细化到科研项目。高等学校成本核算实施细则由国务院财政部门会同教育主管部门制定。"

2. 政府试图出台《高等学校生均成本核定办法》等却至今未出台

2006年4月4日,教育部副部长袁贵仁表示:"今年教育部将会同国务院有关部门联合出台高校生均成本核定办法,不允许出台新的收费项目,也不允许收取国家已明令禁止的各种费用。"①2006年4月6日,教育部、国务院纠风办、监察部、国家发展改革委、财政部、审计署、新闻出版总署发布的《关于2006年治理教育乱收费工作的实施意见》(教监〔2006〕6号)第四条指出:"研究规范高等学校服务性收费的办法,制订《改革财政拨款以外的研究生收费管理制度的意见》,制订并完善《高等学校生均培养成本计算与核定办法(试行)》。"2007年1月3日,《教育部2007年工作要点》中表示:"《高等学校生均成本核定办法》计划今年制定。"但至今未出台。

郭少峰报道:"教育部官员透露,正式办法'无论如何今年都将出台',但由于涉及的内容复杂,他拒绝透露具体内容。"②

2003年6月13日,国家发展改革委办公厅、财政部办公厅、教育部办公厅发布

① 郭少峰.教育部等今年将出台大学生培养成本核定标准[N].新京报,2006-4-4.

② 郭少峰.大学生培养成本核定出标准,文科生年成本1.3万[N].新京报,2006-4-5.

的《关于开展高等学校教育成本有关情况调查审核工作的通知》(发改办价格〔2003〕347号)指出:“为了进一步研究高等学校教育成本水平,合理制定高等学校学费标准,提高高等教育收费管理的科学性,开展高等学校教育成本有关情况调查审核工作。”

2012年,教育部下发《高等学校成本管理暂行办法(征求意见稿)》。

3. 国外未实行高校成本核算制度

王善迈指出:“全世界绝大多数国家的公立学校没有教育成本核算制度。”①

郭少峰报道:“但大陆高校以前没有做过成本核算,国外也没有先例。虽然也曾组织人员到国外考察,但现在做具体核算仍非常复杂。这位人士透露说,设备折旧、教室折旧等估计会算在成本核算里,不过在具体比例上还是有不同的意见。”②

段治平等认为:“华盛顿州公立高校自1977年始,采用成本分担理论作为其学费定价的理论基础,基于生均成本数据和分担比例确定学费。该州立法确定学费只能是教育成本的24%~33%。由于院校生均教育成本很难准确计量,以及合理分担比例的难以确定,该州在1995年宣布放弃以成本决定法作为学费定价的基础。”③

吴开俊、范先佐指出:“尽管美国华盛顿州在20世纪70年代推行成本补偿模式时通过立法确定学费按培养成本的24%~33%收取,但该州已于1995年放弃了这一模式,学费不再与教育成本挂钩。”④

从上可知,无论是“绝大多数国家的公立学校没有教育成本核算制度”,“国外没有先例”,还是“放弃以成本决定法作为学费定价的基础”,国内推行教育成本计算确实很难。

4. 教育成本计算难

笔者曾在1993年就提出过“事业单位财务会计比工业企业财务会计更为复杂”的观点。⑤ 文中提到“事业单位的成本计算比工业企业更为复杂”“事业单位的服务定价比工业企业更为复杂”等论点。

代小琳报道:“但学生培养成本确实很难计算,因为涉及的因素太多。王旭明指出,中国的高等教育实行的是教育成本分担机制,就是国家、学校和上学的学生本人各负担一部分费用。教育成本学生应该负担多少,是按照这个估算出来的标准收取学生的费用。……每个学生应该分担多少,这是一个很复杂的指标,所以研

① 王善迈.论高等教育的学费[J].北京师范大学学报(人文社会科学版),2000(6):24-28.

② 郭少峰.大学生培养成本核定出标准,文科生年成本1.3万[N].新京报,2006-4-5.

③ 段治平,周传爱,史向东.国内外高校收费比较与借鉴——以美国、德国、日本为例[J].价格理论与实践,2006:77-78.

④ 吴开俊,范先佐.高校学费依据教育培养成本收取的悖论[J].高等教育研究,2007(1):26-30.

⑤ 乔春华.事业单位财务会计比工业企业财务会计更为复杂[J].预算会计研究通讯,1993.

究起来要有一定的时间。”①

刘开普报道，大学生培养成本很模糊：一个无法说清的问题。上大学的学费到底要交多少？国家培养一个大学生到底需要多少钱？2004 年，时任教育部副部长的张保庆在新闻发布会上称培养一个本科生的完整成本一年至少要 4 到 5 万元。2005 年教育部有关负责人表示，理工科和文科人均培养费分别为每年约 1.5 万元和 1.2 万至 1.3 万元。2004 年，《市场报》报道说，据权威机构测算，中国每位大学生的教育成本为每年 7000～8000 元。②

刘开普报道：“但目前没有一个合适的理论来对高等教育的成本进行计算。”③臧文丽报道：“张保庆说教育培养成本问题没完全研究透。”④

(1)舒尔茨认为教育成本统计也很难测算

舒尔茨认为，无论统计工作如何准确，也很难测算学校的全部教育费用，因此，他认为要有一个足以说明学校教育全年费用的概念，即“全部要素费用”概念，通过这个概念去识别和测算学校教育的实际要素费用。而且在这些费用中，还可以区分出哪些是学生提供的，哪些不是学生提供的。具体说，舒尔茨将学校的要素费用分为：教师、图书管理员、行政人员的费用；校办工厂的维持、管理费用；贬值、废弃和利息；学生入学时放弃的费用。但不包括某些附属事业的管理费，如餐费、住宿费，也不包括奖学金、研究人员的基金及其他学生补助，因为这些费用具有公共事业开支的性质。⑤ 约翰斯通、贝克、伍德霍尔等都强调对教育成本进行要素分析，在此基础上通过建立函数关系来精确反映基本的教育成本。如约翰斯通提出按生均成本测算高等学校的教育成本，认为生均教育成本和教师负荷、平均教职工工资、辅助性职员与师生比、图书资料、实验室和设施设备等资源成函数关系。⑥

(2)会计上难的不是收付实现制

有的学者认为教育成本计算难是收付实现制。如王善迈认为：“学费确定的教育成本依据，在操作层次上面临两大困难。第一，从会计制度来说，学校实行的是收付实现制。”⑦吴开俊、范先佐认为：“会计环境不成熟。长期以来，我国将高校纳入行政事业单位之列，执行的是事业单位会计制度，按收付实现制进行收支核算而没有按照成本核算的要求——权责发生制进行成本核算。”⑧刘亚荣认为：“核定学

---

① 代小琳.《高等学校生均成本核定办法》计划今年制定[N].北京晨报，2007－1－5.

② 刘开普.大学生培养成本很模糊：一个无法说清的问题[N].中国财经报，2006－4－14.

③ 刘开普.高校学费：理不清的线团[N].中国财经报，2004－08－12.

④ 臧文丽.张保庆：教育培养成本问题没完全研究透，人民网，2006－9－7.

⑤ [美]西奥多·舒尔茨.教育的经济价值[M].曹延亭，译.长春：吉林人民出版社，1982：36－37.

⑥ [美]D·B·约翰斯通.高等教育财政：问题与出路[M].沈红，等译.北京：人民教育出版社，2004：70－72.

⑦ 王善迈.论高等教育的学费[J].北京师范大学学报(人文社会科学版)，2000(6)：24－28.

⑧ 吴开俊，范先佐.高校学费依据教育培养成本收取的悖论[J].高等教育研究，2007(1)：26－30.

费的水平需要测算教育成本，以此作为监管的依据，但是公办高校办学成本又很难测算精准，甚至很难测算出来；而测算不出来的原因，又是因为另外一个制度设计，即高校的会计制，属于收付实现制度，意味着高校办学成本实际取决于预算拨付的水平。”①

其实教育成本计算难不是收付实现制。2015 年 10 月 23 日，财政部发布的《政府会计准则——基本准则》(财政部令第 78 号)适用于事业单位，其第三条指出：“政府会计由预算会计和财务会计构成。预算会计实行收付实现制，财务会计实行权责发生制。”但是实行权责发生制后是否解决了难题？非也。同样事业单位，医院比高校容易成本计算，因为 CT、X 光、B 超等给谁检查的，手术给谁做的，病床给谁住的，药给谁吃的等等容易界定，用专业术语是费用容易对象化，直接费用较多且明确，但高校发生的费用基本上是间接费用，分摊到成本对象中不仅繁琐且不准确。

(3)教育成本计算普遍推广意义不大

计算教育成本有什么用？一是作为拨款标准的依据，如《高等教育法》第六十二条规定：“国务院教育行政部门会同国务院其他有关部门根据在校学生年人均教育成本，规定高等学校年经费开支标准和筹措的基本原则。”王善迈指出：“综合定额基本上是依据在校生数和生均成本确定。”②二是作为确定学费的依据，如国家教委、国家计委、财政部在 1996 年 12 月 16 日联合颁布的《高等学校收费管理暂行办法》第 4 条规定：“学费标准根据年生均教育培养成本的一定比例确定。”

笔者曾呼吁过高校建立人才成本制度，实行高校的人才成本计算。③ 但是，笔者修正了自己的观点。④ 笔者当时提出采用标准成本法而不是历史成本法。⑤ 笔者还认为：“应推行教育标准成本计算，重要原因是教育成本计算难度大，且普遍推广意义不大。”⑥因此，高校标准成本法是制定“生均经费基本标准和生均拨款基本标准”的依据。

5. “各级学校学生人均经费基本标准”的规定

从 2010 年起，开始放弃“教育培养成本”的提法(2015 年《中华人民共和国高等教育法》中第六十二条的“年人均教育成本”未修改)外，采用“人均经费基本标准”的提法。

① 刘亚荣. 高等教育应发挥学费价格信号功能[N]. 中国教育报，2014－10－08(7).

② 王善迈. 改革教育财政拨款体制，提高教育资源配置效率[J]. 教育与经济，1994(4)：16－19.

③ 乔春华. 人才成本的理论与实践[J]. 教育与经济，1987(2)：6－8.

④ 乔春华. 高等教育投入体制研究[M]. 南京：南京大学出版社，2006：114－116.

⑤ 乔春华. 大学经营的财务视角[M]. 南京：南京大学出版社，2008.

⑥ 乔春华.《事业单位会计准则》与《事业单位财务规则》研究——以高等学校为例[M]. 南京：南京大学出版社，2010：248－249.

《国家教育事业发展第十二个五年规划》第十一条第四款规定:“推动各地政府制订公办幼儿园、普通高中、职业院校和地方高等学校生均拨款标准和公用经费标准。”

2010 年 1 月 29 日,《教育部 2010 年工作要点》(教政法〔2010〕2 号)第 27 条指出:“探索制定各级各类学校生均经费基本标准和生均拨款基本标准。”

2010 年 5 月 17 日,教育部发布《深化教育体制改革工作重点》第 2 条指出:“制订各级学校生均经费基本标准和生均财政拨款基本标准。完善家庭经济困难学生资助体系,建立健全各级各类学生资助政策。”

2010 年 6 月 21 日,中共中央政治局审议并通过的《国家中长期教育改革和发展规划纲要(2010—2020 年)》第五十七条规定:“各地根据国家办学条件基本标准和教育教学基本需要,制定并逐步提高区域内各级学校学生人均经费基本标准和学生人均财政拨款基本标准。”第六十七条规定:“制定各级学校学生人均经费基本标准和学生人均财政拨款基本标准。”

2010 年 10 月 24 日,国务院办公厅《关于开展国家教育体制改革试点的通知》第 50 条指出:“根据办学条件基本标准和教育教学基本需要,研究制定各级学校生均经费基本标准。”

2011 年 2 月 10 日,《教育部 2011 年工作要点》第 25 条指出:“指导各地制定职业教育生均拨款标准。”

2012 年 1 月 20 日,《教育部 2012 年工作要点》(教政法〔2012〕2 号)第 6 条指出:“推动制定职业学校生均财政拨款标准。提高高校生均拨款水平。”

2012 年 3 月 16 日,教育部发布《关于全面提高高教质量的若干意见》第二十四条规定:“加强省级政府统筹。加大省级统筹力度,根据国家标准,结合各地实际,合理确定各类高等教育办学定位、办学条件、教师编制、生均财政拨款基本标准,合理设置和调整高校及学科专业布局。”第三十条规定:“加强高校经费保障。完善高校生均财政定额拨款制度,建立动态调整机制,依法保证生均财政定额拨款逐步增长。”

2013 年 1 月 24 日,《教育部 2013 年工作要点》第 34 条指出:“推动各地建立高等职业学校生均拨款制度。推进研究生投入机制改革。”

2014 年 4 月 25 日,《教育部财务司关于印发 2014 年教育财务工作要点的通知》(教财司函〔2014〕152 号)第 1 条指出:“推动各地尽快建立各级教育生均拨款制度,建立保证财政教育投入稳定增长的长效机制。”第 8 条指出:“推动建立职业教育生均拨款制度。推动各地建立完善高职院校生均拨款制度,指导和推动地方逐步建立职业教育生均拨款制度,保证学校基本办学需求。”

2015 年 1 月 31 日,《教育部 2015 年工作要点》(教政法〔2015〕3 号)第 16 条指出:“不断提高教育经费保障与管理水平。督促各地落实法定增长,推动各地建立各级教育生均拨款制度,依法保障财政教育投入。”

2016 年 2 月 4 日,《教育部 2016 年工作要点》(教政法〔2016〕6 号)第 20 条指出:“督促各地落实中职学校和高职院校生均拨款制度。推动建立健全地方所属高校研究生教育生均拨款制度。完善非义务教育阶段成本分担机制,规范学校收费管理。推进中央高校预算拨款制度改革。”

2015 年 1 月 22 日,袁贵仁在全国教育工作会议上指出:“各地教育部门要抓紧制订和落实生均拨款标准,这是落实法定增长的重要抓手,也是保障教育投入稳定增长的长效机制。……建立生均财政拨款标准动态调整机制,逐步提高保障水平。”

晋浩天报道:“截至 2015 年 12 月,全国 31 个省份已经全部建立了高职院校生均拨款制度。生均拨款制度的全面建立有利于促进高等职业教育的改革发展,整体提高高等职业院校经费水平和人才培养质量,也为实现 2017 年各地高职院校年生均财政拨款水平不低于 12000 元的目标奠定了良好基础。据了解,自 2014 年教育部、财政部印发《关于建立完善以改革和绩效为导向的生均拨款制度加快发展现代高等职业教育的意见》以来,中央通过综合奖补、专项督导等多种措施,引导推动地方建立完善高职生均拨款制度。如贵州等省份在调查研究的基础上,相继出台了符合省情的高职院校生均拨款制度;黑龙江等省份也结合《意见》的要求,进一步完善原有制度,合理调整了生均拨款标准。”①

但是,2016 年 3 月 15 日,第十二届全国人民代表大会第四次会议通过的《关于 2015 年中央和地方预算执行情况与 2016 年中央和地方预算草案的报告》在“2016 年财政政策”中指出:“推动地方建立健全职业院校生均拨款制度……完善高校预算拨款制度,引导高校提高质量、优化结构、办出特色。”这里,仍提到“2016 年推动地方建立健全职业院校生均拨款制度。”2017 年 3 月 15 日,第十二届全国人民代表大会第五次会议通过的《关于 2016 年中央和地方预算执行情况与 2017 年中央和地方预算草案的报告》在“2016 年主要支出政策落实情况”中指出:“全面建立中职学校生均拨款制度。”《国家教育事业发展“十三五”规划》仍指出:“到 2020 年,各省要制定和落实区域内各级教育生均财政拨款基本标准。”

从上可知,“十三五”期间仍需“推动地方建立健全职业院校生均拨款制度”,本科院校则还未建立了生均拨款制度。

四、关于确定学费标准的年生均教育培养成本比例

(一) 部分国家和地区公立高校学费占教学成本的比重

余英的研究如表 5-1 所示②:

① 晋浩天.教育部:全国 31 省份均已建立高职院校生均拨款制度[N].光明日报,2016-01-15.

② 余英.高等教育成本分担的国际比较——兼评中国高等教育学费标准的政策依据[J].清华大学教育研究,2007(3):111-118.

表 5-1　部分国家和地区公立高校学费占教学成本的比重

国家或地区	年份	比重(%)	国家或地区	年份	比重(%)
中国内地[1]	2003	25.0	美国华盛顿[1]	1981—1993	25.0[3]
	2003	36.4		2004	40.3[3]
蒙古[1]	2000	25.0	约旦	1993	>30.0
	2000	>50.0	英国[2]	1997	25.0
印度[1]	1997	10.0	日本	2004	34.0
	1997	18.0	印度尼西亚	1991	>20.0
肯尼亚	1996	42.0	荷兰	1990 年代	19.0
越南	1997	22.0	加拿大	2003	40.0
智利	1997	36.0	澳大利亚[2]	1989	20.0
韩国	1997	46.0	泰国	1991	>20.0
菲律宾	1991	10.9	西班牙	1980 年代中期	20.0
法国	1984	4.7	坦桑尼亚	所有年份	0.0

注[1]:第一行为学费政策的规定;如果有第二行则为实际情况。

注[2]:英国和澳大利亚的学费占教学成本的比重只是一种学费政策建议。

注[3]:本表取的是华盛顿州综合型大学的数据,研究型大学在 1981—1993 年间为 33%,2004 年度达到 51.7%。

(二) 关于分母

余英的研究显示:分母为“教学成本”的如美国华盛顿州公立大学、澳大利亚、日本、荷兰、肯尼亚、约旦、泰国、印度尼西亚、西班牙、菲律宾、法国等;分母为“生均经常性成本”的如印度、加拿大(有一处为“生均经营性成本”)、越南、智利、韩国等;分母为“大学总收入”的如蒙古等;分母为“培养成本”的如英国等。

1. 高等教学成本≠高等教育成本

(1)国外高等教学成本≠高等教育成本

约翰斯顿认为,高等教育成本至少包括 4 个方面:一是教学成本,二是研究支出,三是学生生活支出,四是放弃的收益。这 4 项成本,没有一项是确定的。首先,教师员工的工资,国家、地区和学校间差异较大,教学成本显然是一个巨大的变数。其次是学生的生活支出,国家、地区及学生间的开销差距显著。加上有免费、全额成本的住宿条件之分,有饮食补贴与完全自费饮食之别,还有学生个体消费差异,导致生活费支出差别巨大。至于学生因求学的机会成本,更是一项复杂的事,既存在国家或地区的差异,也存在个体的差异。因此,高等教育成本是一项难以算清楚的账。

斯万森(Swanson J. E.)、阿登(Arden W.)、斯蒂尔(Still H. E.)认为高等教育存在五种功能,并据此把高等教育成本分为五种,分别为教学成本、研究成本、公共服务成本、为学术团体服务的成本、常规支持成本,每种成本项目又可以相应分为若干子类。①

2002 年美国全国高校联合会事务办公室(NACUBO)在《解释高校成本》的报告中,把高等院校成本分为四类,分别是教学和学生服务成本、院校和团体开支、财政资助成本和附加成本(固定资产的机会成本),每一类又可以分为若干子类。

(2)国内高等教学成本≠高等教育成本

2005 年 6 月 8 日,国家发展与改革委员会印发了《高等学校教育培养成本监审办法(试行)》的通知,这是我国政府唯一正式发布的关于"高等学校教育培养成本"的文件,其第五条指出:"高校教育培养成本由人员支出、公用支出、对个人和家庭的补助支出和固定资产折旧四部分构成。其中人员费用包括:教职工基本工资、津贴、奖金、社会保障缴费、其他人员支出;公用支出包括:办公费、印刷费、水电费、取暖费、邮电费、交通费、差旅费、会议费、培训费、福利费、劳务费、招待费、租赁费、物业管理费、维修费、专用材料费、其他公用支出;对个人和家庭的补助支出包括:离退休费、抚恤和生活补助、医疗费、助学金、住房补贴和其他支出;固定资产折旧包括房屋建筑物折旧、设备折旧。"其中计入教育培养成本还包括:科研费用,按科研费用的 30%计入成本。这里,不仅包括教学成本,还包括研究成本和行政管理成本。

2000 年 6 月 5 日,教育部、国家计委和财政部《关于 2000 年高等学校招生收费工作若干意见的通知》(教电〔2000〕188 号)第二条指出:"学费标准应依据高等学校年生均日常运行费用、财政拨款、当地经济发展水平和居民承受能力等情况确定。用于确定收费标准的高等学校年生均日常运行费用包括以下项目。学校教学和管理支出的公务费、业务费、设备购置费、修缮费、在编教职工人员经费、离退休人员经费等正常办学费用支出。不包括灾害损失、事故、校办产业支出等非正常办学费用支出和实行后勤社会化的所有服务性支出。"这里,将原来的"年生均培养成本"改为"年生均日常运行费用"。从上可知,"年生均培养成本"与"年生均日常运行费用"是两个概念,简单地说,"年生均日常运行费用"不包括折旧费。如果不包括折旧费,那分母就小得多。

另外,国家发改委印发的《高等学校教育培养成本监审办法(试行)》将"离退休费"列入"教育培养成本",《关于 2000 年高等学校招生收费工作若干意见的通知》将"离退休人员经费"列入"年生均日常运行费用"。笔者认为,离退休人员过去在

① Swanson J E, Arden W & Still H E. Financial analysis of current operations of college and universities [M]. Ann Arbor: University of Michigan, 1966.

教育科研中发挥很大作用，但已与培养当期的人才无直接联系，因此，离退休人员经费不应计入教育成本。

从上可知，高等教学成本≠高等教育成本，高等教学成本包括的内容比高等教育成本小得多。

（三）关于分子

余英的研究显示①：分子为大于 25.0%的国家有：蒙古 50.0%，韩国 46.0%，肯尼亚 42.0%，美国华盛顿 40.3%，加拿大 40.0%，中国内地 36.4%，智利 36.0%，日本 34.0%，约旦 30.0%。

王善迈指出：学费确定的教育成本依据，在操作层次上面临的两大困难之二"教育成本分担中受教育者应负担多大比重难以确定"。高等教育成本分担者有政府、社会和受教育者，分担的方式分别是财政拨款、捐赠和学费。学费作为教育成本的分担，应占有多大比重难以确定，即使确定也无充足的理由。例如，政府有关机构规定大学学费的上限是生均培养费的 1/4，那么人们要问为什么是 1/4？为什么不是 1/5？为什么不是 1/2？难以给出令人信服的回答。通过国际比较，找出学费在生均教育成本中比重的参照系，也只具有参考价值，因为国情不同。②

刘开普报道："按照国家教育部规定，学费应为学生培养成本的 25%。实际分摊是 44%。"③刘开普还报道："国外收费标准是个谜。为了探究国外高等教育收费标准，记者走访了教育部门、财政部门以及部分在京高校，但被访的大多数负责人，对于记者所提出的国外高等教育的收费标准问题，都纷纷表示不甚了解。他们指出，出国考察所得到的收获，一般只是涉及皮毛而已，对于国外高等教育收费的标准，国外教育部门是如何计算得出的，我们的专家对此也还是一头雾水。"④

王红认为："上述情况清楚地表明，学费占成本的比例从零到 40%，都有社会合理性。因此，确定学费标准，即划定学费占高等教育成本的比例，是一项复杂的事，必须考虑政治、经济、文化等多因素。学费占成本比例多少合适，仍是一个亟待深入研究的课题。尤其是高等教育个人收益率与社会收益率，在何种条件下孰高孰低，既是一个理论课题也是现实决策前提。"⑤

刘微、陈中原认为："我国 1993 年普通高校生均缴纳学费 610 元，到 1996 年翻了一番，达到 1319 元，1999 年则又翻了一番，达到 2769 元。扩招后学费又大幅上

---

① 余英. 高等教育成本分担的国际比较——兼评中国高等教育学费标准的政策依据[J]. 清华大学教育研究，2007(3)：111－118.

② 王善迈. 论高等教育的学费[J]. 北京师范大学学报（人文社会科学版），2000(6)：24－28.

③ 刘开普. 大学生培养成本很模糊：一个无法说清的问题[N]. 中国财经报，2006－4－14.

④ 刘开普. 高校学费：理不清的线团[N]. 中国财经报，2004－08－12.

⑤ 王红. 影响高等教育成本不确定性因素分析[J]. 大连大学学报，2003(3)：117－118.

涨,2000 年比 1999 年上涨 28.2%,2001 年达到生均 3895 元。”[①]笔者认为学费的涨幅计算有问题。为什么要与 1993 年呢?如果按 1989 年规定的“每学年 100 至 300 元”比不是更多吗?如果按 1978 年前的不收费比,那就没有意义了。因为,基数为零或很低未反映实际情况,首先应搞清楚收多少是合理的。

从上可以看出,学费占高等教育成本的比例定 25%值得推敲。一是学费占高等教学成本的 25%与学费占高等教育成本的 25%差距太大。余英研究的是“部分国家和地区公立高校学费占教学成本的比重”,比例同样是 25%,若分母是 100 为 25,分母是 200 则仅为 12.5。因此,参照国外的比例首先要搞清楚分母的内涵;二是 25%没有科学依据,发达国家与发展中国家都没有统一的标准。

五、对高等教育学费“高学费+高资助”的建议

(一) 改革“低学费+低资助”为“高学费+高资助”的模式

有人会对我国实行“低学费+低资助”的模式质疑。但我国在欠发达地区确实存在“低学费+低资助”的模式。2010 年 9 月 26 日,我在河南理工大学召开的全国煤炭高校财务专业委员会研讨会上作学术报告后与河南省教育厅财务处的领导聊天时谈及河南省高校问题时,我问:“河南省高校学费标准多少?”他答:“文科类,3400 元/生/年;理工类,3700 元/生/年。”问:“江苏是 4600 元/生/年,你们为什么低?”答:“河南是欠发达地区。”问:“河南籍的考生到江苏去上学交多少?”答:“按江苏标准。”问:“江苏籍的考生到河南上学交多少?”答:“按河南标准。”问:“河南为什么不按江苏的标准收费,将多收的学费资助河南等欠发达地区的学子呢?”答:“嗯,有道理。”

约翰斯通指出:“从理论上讲,高学费、高资助在增加高等教育资源总量的同时又能保证入学率及公平性,但政治上的事实是政治家面临公共投资的僧多粥少,还有许多国家政治上日趋保守的形势,可能更喜欢高学费而不太注重高资助,其结果就可能会是学费越来越高以满足国家经费不足之需,而又缺少高水平的资助来满足低收入学生和家庭之需。”[②]

罗杰·盖格指出:“长期以来,经济学家积极倡导‘高学费/高资助’政策,认为这是促进高等教育机会平等的有效手段。‘高学费/高资助’现象的实质在于学费的最后增加部分来自于院校学生助学金。根据每一名学生的支付能力来调整学校的资助和学费减免,最后形成了一种差别定价系统(a system of differential pricing results)。在这一系统内,学生支付他所能承受的最大份额。……联邦学生资助政

① 刘微,陈中原.高校收费:公平与效率辨析[N].中国教育报,2003-01-19.

② 布鲁斯·约翰斯通.高等教育成本分担中的财政与政治[J].李红桃,沈红,译.比较教育研究,2002(1):26-30.

策已经成为'高学费/高资助'政策的保护伞。值得关注的是，联邦助学贷款已经被看做是美国中产阶级的特权之一，对这一特定阶层的学生提供越多的资助，其需求也就越大。从这一角度出发，国会有充足的理由在制定政策时对成本及其影响予以谨慎的考虑。但是，这种思路也会将针对低收入家庭学生提供财政资助的政策排除在外，这些学生特别需要获得财政补助，以满足学费成本的增长。"①

小林雅之认为，美国在高等教育学费制度改革中引入的"高学费＋高资助"模式起到了一定的积极作用，"高学费＋高资助"模式是在批判之前低学费政策的过程中产生的，该理论认为低学费政策是以大量的财政援助为前提的，但是随着入学人数的增加和高等教育外部效果的降低，低学费政策逐渐失去了其合理性。②

20 世纪 70 年代，美国公立四年制本科学院的平均学费为 1363 美元，到了 90 年代，增长到 4795 美元。到了 1996—1997 学年度，公立大学本科生每年在学费和住宿费等方面的支出为 6534 美元。③《美国新闻与世界报道》周刊 2005 年 4 月 18 日一期报道称：从 2003—2004 学年度到 2004—2005 学年度，四年制公立大学学费平均增长了 10.5%，达到 5132 美元④。虽然政府财政拨款的绝对值一直在努力增加，如 1996 年美国总统克林顿宣布，大学前两年教育的学费可以抵(退)税，即美国把公民免费教育的年限延长到了 14 年，到完成大专教育。⑤ 布什任职的 4 年里，大学学费平均上涨了 1207 美元，涨幅约为 35%。美国大学学费也呈现了快速增长的态势，在美国的各高校，尤其是私立名牌大学，并没有因为高昂的学费而出现生源不好问题，也未出现大量学生因付不起学费而失学，这主要是源自美国"高学费，高资助"政策的优势。

（二）我国应实行高学费政策

1. 专家观点

(1)为了高等教育公平

伊万·韦特曼认为："考察小组建议，中国高等教育学费应大幅度地增加，应该改变政府拨款的比例，补充因扩大学生贷款计划而提高的主要成本。……基于这个理由，考察小组建议，学费计划的目标应该定在涵盖实际成本的 50%～60%的幅度上。适当的人头拨款应该继续拨给有关院校，补偿学费不能覆盖全部成本的部分。"⑥

---

① 罗杰·盖格. 私立高等教育的公共性[J]. 盛晓明，译. 北京大学教育评论，2005(2)：24-30.

② [日]小林雅之. 学生资助和高等教育机会均等——对中日美 3 国的比较分析[J]. 王杰，译. 教育与经济，2005：47-51.

③ 东北财经大学经济与社会发展研究院课题组. 美国高等教育的经费筹措[J]. 经济研究参考，2005：57.

④ 张安富，黄艾. 美国多元化经费投资体制对我国高等教育经费来源的启示[J]. 黑龙江教育(高教研究与评估版)，2005(7-8)：58-60.

⑤ 冯黎明. 20 世纪欧美发达国家文化[M]. 高等教育出版社，2004.

⑥ 伊万·韦特曼. OECD：给中国高等教育的政策建议[N]. 中国教育报，2004-10-15.

亨利·汉斯曼指出："未来的几十年可能是美国教育系统私营化的时代(这在其他国家也一样)，这样说的理由之一是，公立学校开始收取更高学费，办学自主权扩大，运作上与私立学校趋同；理由之二是，私立学校开始取代公立学校。"①

(2)为了优质高等教育且个人得到更高回报

沈百福指出："显然，高等教育可以给受教育者个人带来比较近期的效益，而且是收益较高的教育类型，因此，个人在高等教育的价格中，所占的比例应当逐步提高。出钱让自己的子女进入比较好的高等学校学习，已成为城市居民能够接受的观念，由此也催生了教育市场优质优价，将从社会获得的更多的教育经费返回利用到学生身上的良性循环态势。花费数十万元送子女去国外读书的家庭越来越多。为了子女读书，许多家长已在银行设立专门账户储备教育资金，为孩子购买了教育保险。面对中国巨大的高等教育市场，精明的外国商人和教育人士已经有所动作。欧美等国每年向海外发出大量的招生广告，试图通过吸收大批的留学生发展经济。"②

赵春明等指出："随着高等教育人力资本产权私人性质的增强，高等教育服务产权的价值也不断地增强，学费的水平也相应地得到了提高。"③

(3)为了高等教育成本递增

丁小浩指出："教育经济学理论认为，教育从本质上来说应该是一种成本递增的产业。"④闵维方指出："高等教育从其本质上来看，不仅是一种成本很高的产业，而且是一种成本递增的产业。"⑤

高等教育成本研究可以认为是高等教育学费政策研究的起点。斯蒂格利兹认为，一般情况下，生产某种产品的成本影响着生产者提供那种物品所愿意接受的价格，生产成本的提高一般会引起价格的提高。⑥ 因为高等教育是一种高成本，且成本随着时代发展逐渐递增的产业，但是，任何国家的政府都无法单独满足高等教育的经费需求。因此，公立高校经费要求逐步提高学费标准。

2. *法规要求*

1993年2月13日，中共中央、国务院印发《中国教育改革和发展纲要》(中发〔1993〕3号)第48条指出："提高非义务教育阶段学生学费标准，同时按不同情况确定义务教育阶段学校杂费收费标准。学费和杂费收取标准和办法，由省、自治区、直辖市政府和直接管理学校的中央业务部门考虑群众承受能力确定。"

---

① [美]亨利·汉斯曼. 具有连带产品属性的高等教育[J]. 王菊，译. 北京大学教育评论，2004(3)：67-73.

② 沈百福. 浅议高等教育的学费、价格与市场[J]. 交通高教研究，2003(5)：15-18.

③ 赵春明，史纪明，崔世泉. 大学学费是高等教育服务产权的价格[J]. 现代教育管理，2011(4)：1-4.

④ 丁小浩. 高等教育财政危机与成本补偿[J]. 高等教育研究，1996(2)：37-43.

⑤ 闵维方. 论高等教育成本补偿政策的理论基础[J]. 北京大学学报(哲学社会科学版)，1998(2)：179-183.

⑥ [美]斯蒂格利兹. 经济学(上册)[M]. 北京：中国人民大学出版社，1998：71-74.

1999 年 6 月 13 日，《中共中央、国务院关于深化教育改革全面推进素质教育的决定》第 24 条指出：“在非义务教育阶段，要适当增加学费在培养成本中的比例。”

这两个文件的共同点都是“提高学费的标准或比例”，不同点是：一个在 1996 年规定 25%之前，一个在 1996 年规定 25%之后。也就是说，中共中央、国务院要求 1996 年之后“要适当增加学费在培养成本中的比例”。

但是，从 2000 年至 2012 年共 13 年间却未提高学费标准：

2001 年 2 月 12 日，教育部、国家计委、财政部《关于 2001 年高等学校招生收费工作有关问题的通知》(教电〔2001〕45 号)指出：“2001 年的学费、住宿费标准一律稳定在 2000 年的水平，不得提高。”

2002 年 3 月 7 日，教育部、国家计委、财政部《关于 2002 年高等学校招生收费工作有关问题的通知》(教电〔2002〕66 号)指出：“2002 年，高等学校招生收费继续执行‘教电〔2001〕45 号’文件的各项规定，进一步加强管理。高等学校的学费、住宿费标准继续稳定在 2000 年规定的水平，不得提高。”

2003 年 5 月 15 日，教育部、国家发展改革委、财政部《关于做好 2003 年学校收费工作有关问题的通知》(教财〔2003〕4 号)指出：“2003 年，政府举办的各级各类学校的收费标准不得提高。”

2004 年 3 月 8 日，教育部、国务院纠风办、监察部、国家发展改革委、财政部、审计署、新闻出版总署《关于 2004 年治理教育乱收费工作的实施意见》(教监〔2004〕3 号)指出：“严格规范高等学校收费行为，高等学校收费标准继续保持稳定。各地不得审批出台新的招生收费项目，不得提高收费标准。”

2005 年 5 月 9 日，教育部、国家发展改革委、财政部《关于做好 2005 年高等学校收费工作有关问题的通知》(教财〔2005〕1 号)指出：“2005 年，高等学校学费、住宿费收费标准继续保持稳定，不得以任何理由、任何形式提高或变相提高。”

2006 年 4 月 6 日，教育部、国务院纠风办、监察部、国家发展改革委、财政部、审计署、新闻出版总署《关于 2006 年治理教育乱收费工作的实施意见》(教监〔2006〕6 号)指出：“继续稳定高校学费、住宿费标准，不得以任何理由、任何形式提高或变相提高。”

2007 年 5 月 13 日，国务院《关于建立健全普通本科高校高等职业学校和中等职业学校家庭经济困难学生资助政策体系的意见》(国发〔2007〕13 号)指出：“除国家另有规定外，今后五年各级各类学校的学费、住宿费标准不得高于 2006 年秋季相关标准。”

（三）我国应实行高资助政策

2015 年 11 月 29 日，《中共中央、国务院关于打赢脱贫攻坚战的决定》指出：“鼓励先富帮后富。”

亨利・汉斯曼指出：“哈佛将对他们收取高学费，哈佛用高学费收入给那些相对贫困却有极高天分的学生提供大量的奖学金，这样他们也会到哈佛来学习，这意味着哈佛将得到全部最优学生，而不管他们家庭收入的多少。这同时也意味着哈佛不必为达到班级规模而降低优秀生源的等级范围。”①

张维迎认为：“‘为什么穷人上不起大学，因为学费太低。’什么意思？世行的研究、欧洲的研究都发现，我们用低学费的办法实际上补贴的是富人，而不是补给穷人。那我们把学费适当地提高，然后规定学费多少比例必须用于助学金，这些问题就可以很好地解决。”②

罗杰·盖格指出：“值得关注的是，在过去的 20 年间高等教育领域的‘筛选——竞争原则’(selectivity and qualitative competition)已经扩张并统制了整个教育系统。这种机制还进一步加剧学费的快速增长。因为水涨船高的关系，学费高涨使政府的奖、助学金负担也愈加繁重。”③

2002 年 11 月 8 日，党的十六大报告提出：“初次分配注重效率，发挥市场的作用，鼓励一部分人通过诚实劳动、合法经营先富起来。再分配注重公平，加强政府对收入分配的调节职能，调节差距过大的收入。规范分配秩序，合理调节少数垄断性行业的过高收入，取缔非法收入。以共同富裕为目标，扩大中等收入者比重，提高低收入者收入水平。”运用“看不见的手”与“看得见的手”通过国民收入的分配与再分配之后，初步达到了效率与公平，对于高校家庭经济困难学生还需要通过收取学费第三次再分配，即在高校高收费基础上将多收部分通过校长自主权和事业收入的 6%提取的奖贷基金在校内再分配，对高校家庭经济困难学生进行高资助。

这样，从制度上保证了“不让一个学生因家庭经济困难而失学”。

第三节　脱贫后高校家庭经济困难学生的资助体系研究

正如约翰斯通指出的那样，高等教育的学生资助政策应当与学费政策相配合，“以便使所有愿意学习以及能够从学习中受益的学生都有机会进入大学学习，不论其父母的经济状况如何”。④

一、为什么标题为“脱贫后高校家庭经济困难学生的资助体系研究”

（一）为什么用“家庭经济困难学生”而不用“贫困生”或“贫困家庭学生”

几乎大部分学者的文章用“贫困生”，我曾经用“贫困生”写过文章。⑤ 后觉得

① [美]亨利·汉斯曼. 具有连带产品属性的高等教育[J]. 王菊，译. 北京大学教育评论，2004(3)：67－73.
② 张维迎. 教育这笔账该怎么算！[N]. 上海证券报，2006－04－27.
③ 罗杰·盖格. 私立高等教育的公共性[J]. 盛晓明，译. 北京大学教育评论，2005(2)：24－30
④ [美]约翰斯通. 高等教育财政：问题与出路(第一版)[M]. 北京：人民教育出版社，2004：53.
⑤ 乔春华. 高校贫困生资助体系的问题及对策[N]. 光明日报，2004－11－11.

“贫困生”提法不妥，笔者在《高等教育投入体制研究》一书第五节“我国贫困家庭学生资助体系研究”中改为“贫困家庭学生”。[①]这次写作过程中重学了不少法规，觉得法规中用“家庭经济困难的学生”比较规范和科学，如《中华人民共和国教育法》第三十八条用的是“家庭经济困难的儿童、少年、青年”；《中华人民共和国高等教育法》第五十四条用的是“家庭经济困难的学生”；1995 年 4 月，国家教委颁布的《关于普通高等学校经济困难学生减免学杂费有关事项的通知》；2007 年 6 月 26 日，教育部和财政部印发的《关于认真做好高等学校家庭经济困难学生认定工作的指导意见》等。

还有一点说明，在“家庭经济困难学生的资助体系”中的“奖学金”，除“国家励志奖学金”仅属“家庭经济困难学生”外，其余包括“全体学生”。

（二）标题中用“脱贫后”是基于 2020 年后新形势的考量

1. 到 2020 年我国人均国内生产总值将接近高收入国家水平

2015 年 11 月 6 日，政协十二届全国委员会常务委员会第十三次会议，李克强应邀在开幕会上作报告时指出：“到 2020 年我国人均国内生产总值将接近高收入国家水平，基本跨越‘中等收入陷阱’，这将是我国现代化进程中又一个里程碑。”

李克强指出：“2014 年，国内生产总值达到 63.6 万亿多元，按汇率折算，迈上 10 万亿美元的大台阶，占世界经济份额 13.3%，一年增量相当于一个中等发达国家的经济总量；人均国内生产总值 7594 美元，按世界银行标准，居中高收入国家中等水平；城乡居民人均可支配收入分别为 2.9 万元和 1.1 万元。到 2020 年实现国内生产总值和城乡居民人均收入比 2010 年翻一番时，初步预计我国国内生产总值可达 17 万亿美元左右，经济实力和综合国力进一步增强，人民生活进一步改善，发展将开始向更高水平迈进。”[②]

2. 到 2020 年国内生产总值和城乡居民人均收入比 2010 年翻一番

《中华人民共和国国民经济和社会发展第十三个五年规划纲要》主要目标之一是：“经济保持中高速增长。在提高发展平衡性、包容性、可持续性基础上，到 2020 年国内生产总值和城乡居民人均收入比 2010 年翻一番。”这里指的是“人均收入”。

2016 年 10 月 17 日，国务院印发的《全国农业现代化规划（2016—2020 年）》（国发〔2016〕58 号）指出：“重点加大对低收入农户的支持，确保 2020 年农民收入比 2010 年翻一番。”这里指的是“农民收入”。

（1）“人均收入”究竟是“人均纯收入”还是“人均可支配收入”

上述《纲要》中用了“城乡居民人均收入”，这个“城乡居民人均收入”未区分是“居民人均纯收入”还是“居民人均可支配收入”，不知“比 2010 年翻一番”是“人均

---

① 乔春华. 高等教育投入体制研究[M]. 南京：南京大学出版社，2006：132 - 142.

② 李克强. 全面建成小康社会新的目标要求[N]. 人民日报，2015 - 11 - 6.

纯收入”翻一番还是“人均可支配收入”翻一番？而《中国2010年国民经济和社会发展统计公报》指出：“全年农村居民人均纯收入5919元，城镇居民人均可支配收入19109元。”这里农村居民用的是“全年人均纯收入”，城镇居民用的是“人均可支配收入”。

(2)国家统计局2014年前农村居民用的是“全年人均纯收入”，城镇居民用的是“人均可支配收入”；2014年后都用的是“人均可支配收入”

《中国2011年国民经济和社会发展统计公报》指出：“全年农村居民人均纯收入6977元，城镇居民人均可支配收入21810元。”

《中国2012年国民经济和社会发展统计公报》指出：“全年农村居民人均纯收入7917元，城镇居民人均可支配收入24565元。”

《中国2013年国民经济和社会发展统计公报》指出：“全年农村居民人均纯收入8896元，城镇居民人均可支配收入26955元。”

《中国2014年国民经济和社会发展统计公报》指出：“农村居民人均可支配收入10489元，全年农村居民人均纯收入为9892元。”

《中国2015年国民经济和社会发展统计公报》指出：“农村居民人均可支配收入11422元，全年农村居民人均纯收入为10772元。”

《中国2016年国民经济和社会发展统计公报》指出：“农村居民人均可支配收入12363元，贫困地区农村居民人均可支配收入8452元。”

从2014年和2015年显示的数据看，农村居民人均可支配收入大于农村居民人均纯收入。

(3)文件中也随之反映2014年前后的不同

2011年12月1日，中共中央、国务院印发《中国农村扶贫开发纲要(2011—2020年)》在“总体目标”中指出：“到2020年，稳定实现扶贫对象不愁吃、不愁穿，保障其义务教育、基本医疗和住房。贫困地区农民人均纯收入增长幅度高于全国平均水平，基本公共服务主要领域指标接近全国平均水平，扭转发展差距扩大趋势。”

2015年11月29日，《中共中央、国务院关于打赢脱贫攻坚战的决定》在“总体目标”中指出：“到2020年，稳定实现农村贫困人口不愁吃、不愁穿，义务教育、基本医疗和住房安全有保障。实现贫困地区农民人均可支配收入增长幅度高于全国平均水平，基本公共服务主要领域指标接近全国平均水平。确保我国现行标准下农村贫困人口实现脱贫，贫困县全部摘帽，解决区域性整体贫困。”

2016年11月23日，《国务院关于印发“十三五”脱贫攻坚规划的通知》(国发〔2016〕64号)在“脱贫目标”中指出：“到2020年，稳定实现现行标准下农村贫困人口不愁吃、不愁穿，义务教育、基本医疗和住房安全有保障(以下称‘两不愁、三保障’)。贫困地区农民人均可支配收入比2010年翻一番以上，增长幅度高于全国平均水平,基本公共服务主要领域指标接近全国平均水平。确保我国现行标准下农村贫困人口实现脱贫,贫困县全部摘帽,解决区域性整体贫困。”

(4)人均可支配收入与人均纯收入是有区别的

城镇居民可支配收入只有一种价值形态,而农民纯收入有两种形态:一种是价值形态,另一种是实物形态,即是自产的粮食、棉花、肉禽蛋、蔬菜等。

城镇居民家庭可支配收入=(家庭总收入－交纳个人所得税－个人交纳的社会保障支出等)/家庭人口

农民人均纯收入=(农村居民家庭总收入－家庭经营费用支出－生产性固定资产折旧－税费支出等)/家庭人口

3. 2020年的脱贫是“现行标准下”的脱贫

《中华人民共和国国民经济和社会发展第十三个五年规划纲要》主要目标之一是:“人民生活水平和质量普遍提高。收入差距缩小,中等收入人口比重上升。我国现行标准下农村贫困人口实现脱贫,贫困县全部摘帽,解决区域性整体贫困。”

2016年11月23日,《国务院关于印发“十三五”脱贫攻坚规划的通知》(国发〔2016〕64号)指出:“打赢脱贫攻坚战,确保到2020年现行标准下农村贫困人口实现脱贫。”

(1)我国人均GDP水平不高

李克强指出:“目前虽然从总量上看,我国主要经济指标已居世界前列,但按人均算就排到后面了。我们人均国内生产总值只相当于全球平均水平的70%、美国的1/7、欧盟的1/5,排在全球第80位左右。按联合国人类发展指数排序,我们在第91位。”①

(2)贫困线随CPI上涨而调整

改革开放以来,我国政府多次上调国家扶贫标准,2009年,中国国家扶贫标准从2008年的年收入1067元上调至1196元,2010年随CPI上涨而再上调至1274元。2011年11月19日,温家宝在中央扶贫开发工作会议上指出:“中央决定将农民人均纯收入2300元(2010年不变价)作为新的国家扶贫标准。这个标准比2009年提高了92%。”

年收入2300元人民币的中国扶贫标准换算后约等于每天1美元,但仍低于世界银行的日收入1.25美元的国际标准。世界银行2009年一份报告发现,如果使用联合国现行的贫困标准,即每天生活费在1.25美元或以下;世界银行2015年10月初宣布,按照购买力平价计算,将国际贫困线标准从此前的每人每天生活支出1.25美元上调至1.9美元。此次大幅度上调意味着全球贫困人口数量大量增加。

2015年12月15日,国务院扶贫开发领导小组办公室主任刘永富表示:“世行

① 李克强.全面建成小康社会新的目标要求[N].人民日报,2015-11-6.

在最近公布了最低贫困标准，从 1.25 美元提高到 1.9 美元，贫困的标准在世界上不是统一的，各国有各国的政策，中国就是 2010 年的不变价 2300 元，中国去年是 2800 元，按照购买力平价来分析大约相当于 2.2 美元，世界银行公布的 1.9 美元，就是按照购买力平价公布的，中国的标准是略高于它的标准，2016 年大概是 3000 元左右。”

经济发达地区的贫困线较高，如《广东省国民经济和社会发展第十三个五年规划纲要》指出：“农村贫困人口脱贫以农村居民年人均可支配收入 4000 元为标准，高于农村居民年人均可支配收入 2736 元的国家扶贫标准，我省低于国家扶贫标准的贫困人口为 42.69 万人。”《江苏省关于聚焦富民持续提高城乡居民收入水平的若干意见》指出：“到 2020 年，人均年收入 6000 元以下的农村低收入人口全部脱贫。”

因此，我国“现行标准”的贫困线随 CPI 上涨而调整。2020 年后由于贫困标准上涨还会出现少量的新贫困户。

(3)2020 年脱贫的目标之一是“保障义务教育”，不是保障高等教育

到 2020 年，脱贫的目标简称是“两不愁、三保障”，即稳定实现扶贫对象不愁吃、不愁穿，保障其义务教育、基本医疗和住房。这里指的是“保障义务教育”，不是保障高等教育。

从上可见，2020 年脱贫后仍要坚持完善和执行高等教育家庭经济困难学生的资助政策。

二、公办高校收费的资助体系的法规依据

（一）法律和中央文件规定

《中华人民共和国教育法》第三十八条规定：“国家、社会对符合入学条件、家庭经济困难的儿童、少年、青年，提供各种形式的资助。”

《中华人民共和国高等教育法》第九条规定：“公民依法享受接受高等教育的权利。国家采取措施，帮助少数民族学生和经济困难的学生接受高等教育。”第五十四条规定：“高等学校的学生应当按照国家规定缴纳学费。家庭经济困难的学生，可以申请补助或者减免学费。”

《党的十六大报告》指出：“完善国家资助贫困学生的政策和制度。”

《党的十七大报告》指出：“扶持贫困地区、民族地区教育，健全资助制度。健全学生资助制度。”

《党的十八大报告》指出：“提高家庭经济困难学生资助水平。”

中国共产党十六届三中全会通过的《中共中央关于完善社会主义市场经济体制若干问题的决定》指出：“完善国家和社会资助家庭经济困难学生的制度。”

中国共产党十六届六中全会通过的《中共中央关于构建社会主义和谐社会若

干重大问题的决定》指出："完善高等教育和高中阶段国家奖学金、助学金制度，落实国家助学贷款政策，鼓励社会捐资助学。"

中国共产党十八届三中全会通过的《中共中央关于全面深化改革若干重大问题的决定》指出："健全家庭经济困难学生资助体系。"

《国家中长期教育改革和发展规划纲要(2010—2020 年)》第五十七条指出："完善普通本科高校、高等职业学校和中等职业学校家庭经济困难学生资助政策体系。完善助学贷款体制机制。推进生源地信用助学贷款。建立健全研究生教育收费制度，完善资助政策，设立研究生国家奖学金。根据经济发展水平和财力状况，建立国家奖助学金标准动态调整机制。"

(二) 公办高校学费的资助体系的逐步形成

1. 人民助学金阶段(1949 开始)

1949 年 5 月 10 日，北平的军事委员会文化接收管理委员会发布了《北京专科以上学校学生助学金暂行条例》；1950 年，华北人民政府颁发的《华北地区国立高等学校学生人民助学金暂行条例及各校人民助学金暂定限额规定》等。

2. 人民助学金+人民奖学金阶段(1983 开始)

1983 年 7 月 21 日，教育部、财政部关于颁发《普通高等学校本、专科学生人民助学金暂行办法》和《普通高等学校本、专科学生人民奖学金试行办法》的通知。

3. 国家助学金+国家奖学金+贷学金阶段(1986 开始)

1986 年 7 月 8 日，《国务院批转国家教育委员会、财政部关于改革现行普通高等学校人民助学金制度报告的通知》(国发〔1986〕72 号)指出："将人民助学金改为奖学金制度和学生贷款制度。""按原助学金标准计算的总额 80%～85%转入奖贷基金账户。"对德、智、体全面发展的优秀学生设立优秀学生奖学金，对考入师范、农林、体育、民族、航海等专业的学生设立专业奖学金，对立志毕业后到边疆地区、经济贫困地区和艰苦行业工作的学生设立定向奖学金。"贷款偿还办法，使用贷款的学生毕业后，由其所在工作单位一次垫还给发放贷款的单位。见习期满后，五年之内由所在单位从其本人工资中逐月扣还。凡符合下列条件之一，并保证工作五年以上者，经学校和银行审查批准，可以免还所借贷款：①学生毕业到中等学校或初等学校任教；②学生毕业到边疆地区、老区、经济贫困地区、少数民族地区、山区工作；③学生毕业到条件比较艰苦的行业的基层单位工作。"

1987 年 7 月 31 日，国家教委、财政部关于重新发布《〈普通高等学校本、专科学生实行奖学金制度的办法〉和〈普通高等学校本、专科学生实行贷款制度的办法〉的通知》(〔87〕教计字 139 号)。国家教育委员会、财政部《关于颁发〈普通高等学校本、专科学生实行奖学金制度试行办法〉和〈普通高等学校本、专科学生实行贷款制度试行办法〉的通知》(〔86〕教计字 133 号)停止执行。

2002 年 4 月 16 日，财政部、教育部关于印发《国家奖学金管理办法》的通知(财教〔2002〕33号)。

2005年7月6日,财政部、教育部关于印发《国家助学奖学金管理办法》的通知(财教〔2005〕75号),原《财政部、教育部关于印发〈国家奖学金管理办法〉的通知》(财教〔2002〕33号)同时废止。原国家奖学金改为“国家助学奖学金”。

2013年2月28日,财政部、国家发展改革委、教育部《关于完善研究生教育投入机制的意见》(财教〔2013〕19号)指出:“建立研究生国家助学金制度。从2014年秋季学期起,将现有的研究生普通奖学金调整为研究生国家助学金,用于补助研究生基本生活支出。研究生国家助学金范围覆盖全国研究生招生计划内的所有全日制研究生。博士生资助标准不低于每生每年10000元,硕士生资助标准不低于每生每年6000元。建立研究生国家奖学金制度。从2012年秋季学期起,设立研究生国家奖学金,用于奖励学业成绩特别优秀、科学研究成果显著、社会公益活动表现突出的研究生。每年奖励4.5万名,其中博士生1万名,奖励标准为每生每年30000元;硕士生3.5万名,奖励标准为每生每年20000元。”

2014年7月18日,财政部、教育部、中国人民银行、银监会《关于调整完善国家助学贷款相关政策措施的通知》(财教〔2014〕180号)指出:“全日制普通本专科学生(含第二学士学位、高职学生,下同)每人每年申请贷款额度不超过8000元;年度学费和住宿费标准总和低于8000元的,贷款额度可按照学费和住宿费标准总和确定。全日制研究生每人每年申请贷款额度不超过12000元;年度学费和住宿费标准总和低于12000元的,贷款额度可按照学费和住宿费标准总和确定。”

4. 国家助学金+国家奖学金+贷学金+勤工俭学+减免+补助阶段(1993开始)

1993年7月26日,国家教委、财政部《关于对高等学校生活特别困难学生进行资助的通知》(教财〔1993〕51号)指出:“要组织学生,特别是‘特困生’参加勤工俭学活动,使他们在参加劳动的同时取得一些收入,以补充学习和生活上的费用。……对生活特别困难的学生,各高校可根据困难的程度减免其学杂费。……按每人每月2元标准提取的困难补助经费,必须首先集中用于补助生活特别困难的学生。”

1993年8月27日,国家教委、财政部发布《关于进一步做好高等学校勤工助学工作意见的通知》(教财〔1993〕62号);1994年5月10日,国家教委、财政部又发布《关于在普通高等学校设立勤工助学基金的通知》(教财〔1994〕35号);2007年6月26日,教育部、财政部印发了《高等学校勤工助学管理办法》(教财〔2007〕7号)。

1994年7月3日,《国务院关于〈中国教育改革和发展纲要〉的实施意见》(国发〔1994〕39号)第16条指出:“国家建立各种专项奖学金或定向奖学金,奖励品学兼优的学生和报考国家重点保证的某些学科、师范院校及特殊的、条件艰苦的专业和志愿到边远地区工作的学生。急需毕业生的部门、地区或企事业单位也可设立专项奖学金或定向奖学金。国家对家庭经济困难的学生设立贷学金。学生缴费上学制度改革尚在试行阶段，只适用于新入学的学生，原来已在校的学生仍实行老办法。”

1995 年 4 月 10 日，国家教委《关于对普通高等学校经济困难学生减免学杂费有关事项的通知》（教财〔1995〕30 号）第三条指出：“学杂费减免对象及额度，由各高等院校根据本校的实施办法，结合学生本人表现及经济状况，在认真调查的基础上，逐一审核、研究确定，并可随情况的变化及时调整。要特别注意解决好经济困难学生中的孤残学生、少数民族学生以及烈士子女、优抚家庭子女的问题。”

《中华人民共和国高等教育法》第五十四条规定：“高等学校的学生应当按照国家规定缴纳学费。家庭经济困难的学生，可以申请补助或者减免学费。”第五十五条规定：“国家设立奖学金，并鼓励高等学校、企业事业组织、社会团体以及其他社会组织和个人按照国家有关规定设立各种形式的奖学金，对品学兼优的学生、国家规定的专业的学生以及到国家规定的地区工作的学生给予奖励。国家设立高等学校学生勤工助学基金和贷学金，并鼓励高等学校、企业事业组织、社会团体以及其他社会组织和个人设立各种形式的助学金，对家庭经济困难的学生提供帮助。获得贷学金及助学金的学生，应当履行相应的义务。”第五十六条规定：“高等学校的学生在课余时间可以参加社会服务和勤工助学活动，但不得影响学业任务的完成。高等学校应当对学生的社会服务和勤工助学活动给予鼓励和支持，并进行引导和管理。”

2007 年 6 月 27 日，财政部、教育部印发的《普通本科高校、高等职业学校国家助学金管理暂行办法》（财教〔2007〕92 号）第五条规定：“国家助学金主要资助家庭经济困难学生的生活费用开支。国家助学金的平均资助标准为每生每年 2000 元，具体标准在每生每年 1000～3000 元范围内确定，可以分为 2～3 档。”

2007 年 6 月 26 日，财政部、教育部关于印发《普通本科高校、高等职业学校国家奖学金管理暂行办法》的通知（财教〔2007〕90 号）；2007 年 6 月 27 日，财政部、教育部关于印发《普通本科高校、高等职业学校国家励志奖学金管理暂行办法》的通知（财教〔2007〕91 号）。

此外，还有众多的慈善人士奖学金和助学金、校友奖学金和企业奖学金。

5. 国家助学金＋国家奖学金＋贷学金＋勤工俭学＋减免＋补助＋绿色通道阶段（2000 开始）

2000 年 6 月 5 日，教育部、国家计委、财政部《关于 2000 年高等学校招生收费工作若干意见的通知》（教电〔2000〕188 号）指出：“高等学校应建立‘绿色通道’制度，即对新入的大学生先办理入学手续，并解决好生活问题。然后再根据经核实的学生家庭经济情况，分别采取上述奖学金、贷款、助学金、困难补助和学费减免等不同的资助措施，确保每一位新生都不因家庭经济困难而无法入学。”

“绿色通道”最早是清华大学等学校率先开辟的，2000 年之后，教育部在 2006

年、2007 年等发文要求认真做好高等学校新生入学“绿色通道”等有关工作的通知,“绝不让一名学生因家境贫困而辍学”。

6. 国家助学金+国家奖学金+贷学金+勤工俭学+减免+补助+绿色通道+代偿阶段(2007 开始)

2009 年 3 月 11 日,财政部、教育部印发的《高等学校毕业生学费和国家助学贷款代偿暂行办法》(财教〔2009〕15 号)第二条指出:“高校毕业生到中西部地区和艰苦边远地区基层单位就业、服务期在 3 年以上(含 3 年)的,其学费由国家实行代偿。在校学习期间获得国家助学贷款的,代偿的学费优先用于偿还国家助学贷款本金及其全部偿还之前产生的利息。”第七条指出:“每个高校毕业生每学年代偿学费和国家助学贷款的金额最高不超过 6000 元。毕业生在校学习期间每年实际缴纳的学费或获得的国家助学贷款低于 6000 元的,按照实际缴纳的学费或获得的国家助学贷款金额实行代偿。毕业生在校学习期间每年实际缴纳的学费或获得的国家助学贷款高于 6000 元的,按照每年 6000 元的金额实行代偿。”

2009 年 4 月 20 日,财政部、教育部、总参谋部印发的《应征入伍服义务兵役高等学校毕业生学费补偿和国家助学贷款代偿暂行办法》(财教〔2009〕35 号)第二条指出:“从 2009 年起,国家对应征入伍服义务兵役的高等学校毕业生在校期间缴纳的学费实行补偿。在校期间获得国家助学贷款(含高校国家助学贷款和生源地信用助学贷款,下同)的,学费补偿款必须首先用于偿还助学贷款本金及其全部偿还之前产生的利息(以下简称国家助学贷款本息)。”第五条指出:“国家对每名高校毕业生每学年补偿学费或代偿国家助学贷款本息的金额,最高不超过 6000 元。高校毕业生在校期间每学年实际缴纳的学费或获得的国家助学贷款本息高于 6000 元的,按照每年 6000 元的金额实行补偿或代偿。高校毕业生在校学习期间每学年实际缴纳的学费或获得的国家助学贷款本息低于 6000 元的,按照学费和国家助学贷款本息两者就高的原则,实行补偿或代偿。”

2007 年 5 月 9 日,国务院办公厅转发教育部、财政部、人事部、中央编办《关于教育部直属师范大学师范生免费教育实施办法(试行)的通知》(国办发〔2007〕34 号)第二条指出:“免费教育师范生在校学习期间免除学费,免缴住宿费,并补助生活费。所需经费由中央财政安排。”第四条指出:“免费师范生入学前与学校和生源所在地省级教育行政部门签订协议,承诺毕业后从事中小学教育十年以上。到城镇学校工作的免费师范毕业生,应先到农村义务教育学校任教服务二年。国家鼓励免费师范毕业生长期从教、终身从教。”

2011 年 10 月 25 日,财政部、教育部、民政部、总参谋部、总政治部发布的《关于实施退役士兵教育资助政策的意见》(财教〔2011〕538 号)指出:“从 2011 年秋季学期开始,对退役一年以上,考入全日制普通高等学校(包括全日制普通本科学校、全日制普通高等专科学校和全日制普通高等职业学校)的自主就业退役士兵,根据本人申请，由政府给予教育资助，具体内容如下：①资助内容。一是学费资助；二是家庭经济困难退役士兵学生生活费资助；三是其他奖助学金资助。②资助标准。学费资助标准，按省级人民政府制定的学费标准，原则上退役士兵学生应交多少学费中央财政就资助多少，最高不超过年人均6000元，高于6000元部分自行负担。生活费及其他奖助学金资助标准，按国家现行高校学生资助政策的有关规定执行。③资助方式。学费由中央财政按标准和隶属关系补助退役士兵学生所在学校，生活费及其他奖助学金直接补给退役士兵学生本人。④资助期限。全日制普通高等学历教育一个学制期。”

从上可以看出，公办高校逐步形成了“助、奖、贷、勤、减免、补助、绿、代偿”学费的“多元混合”资助体系。

三、2020年后仍需执行高校家庭经济困难学生的资助政策

（一）2015—2016年高校资助的状况

表5-2　2015—2016年高校资助来源渠道状况表

资助来源渠道	2015年		2016年	
中央财政	268.97亿元	31.72%	285.93亿元	29.91%
地方财政	162.49亿元	19.16%	183.42亿元	19.19%
银行发放国家助学贷款	219.86亿元	25.93%	263.21亿元	27.54%
高校事业收入中提取并支出资助资金	176.67亿元	20.83%	204.74亿元	21.42%
社会团体、企事业单位及个人捐助资助资金	19.99亿元	2.36%	18.53亿元	1.94%

资料来源：全国学生资助管理中心发布的《2015年中国学生资助发展报告》，《人民日报》2016年8月31日；教育部发布的《2016年中国学生资助发展报告》，教育部网，2017年2月28日。

表5-3　2015—2016年高校资助明细项目表

项目	2015年			2016年		
计量单位	万人次	亿元	%	万人次	亿元	%
奖学金	820.74	178.66	21.07	875.01	210.19	21.99
助学金	1073.30	284.83	33.59	938.68	297.49	31.12
国家助学贷款	332.57	219.86	25.93	378.21	263.21	27.54
学生义务兵国家资助	11.11	14.07		12.41	16.32	
高校学生基层就业学费贷款代偿	6.64	6.51		4.96	5.66	
师范生免费与补助	9.92	5.59		6.22	5.44	

（续表）

项目	2015 年			2016 年		
计量单位	万人次	亿元	%	万人次	亿元	%
退役士兵学费资助	0.8439	0.44832		0.8117	0.445868	
大学新生入学资助	10.73	0.71227		15.14	1.01	
研究生“三助”岗位津贴	137.43	36.33		164.93	45.39	
勤工助学	328.85	24.20		374.34	22.82	
特殊困难补助	166.61	7.69		168.28	11.92	
伙食补贴	708.97	15.01		671.88	15.64	
学费减免	18.63	5.23		19.08	5.18	
校内无息借款资助	5.36	2.90		4.37	2.81	
其他项目资助	19.43	19.31		234.17	25.86	
绿色通道	107.49		14.17	119.96		15.58

资料来源：全国学生资助管理中心发布的《2015 年中国学生资助发展报告》，《人民日报》2016 年 8 月 31 日；教育部发布的《2016 年中国学生资助发展报告》，教育部网，2017 年 2 月 28 日。

（二）“十三五”加大资助力度

《中华人民共和国国民经济和社会发展第十三个五年规划纲要》指出：“完善资助体系，实现家庭经济困难学生资助全覆盖。”

《国家教育事业发展“十三五”规划》指出：“实现家庭经济困难学生资助全覆盖。健全更加精准的教育资助体系，确保应助尽助。建立健全以学籍为基础的全国学生资助信息管理系统，加强与人口、民政、扶贫等部门信息系统的对接。根据经济发展水平和财力状况，适时调整资助标准。优先保障特殊困难群体。逐步分类推进中等职业教育免除学杂费。不断完善国家助学金制度和助学贷款政策。”

2017 年 1 月 11 日，《国家发展改革委关于印发西部大开发“十三五”规划的通知》（发改西部〔2017〕89 号）指出：“完善贫困家庭子女就学资助政策，继续实施普通高中和中等职业学校学生国家资助政策。率先对建档立卡的家庭经济困难学生实施普通高中免除学杂费。探索完善职业教育扶贫机制，推进职教集团对口扶贫模式。继续实施重点高校面向农村和贫困地区定向招生计划。”

2016 年 11 月 23 日，《国务院关于印发“十三五”脱贫攻坚规划的通知》（国发〔2016〕64 号）在“降低贫困家庭就学负担”中指出：“完善困难学生资助救助政策。完善国家奖助学金、国家助学贷款、新生入学资助、研究生‘三助’（助教、助研、助管）岗位津贴、勤工助学、校内奖助学金、困难补助、学费减免等多元化高校学生资助体系，对建档立卡贫困家庭学生优先予以资助，优先推荐勤工助学岗位，做到应助尽助。”

《关于2015年中央和地方预算执行情况与2016年中央和地方预算草案的报告》指出：“健全国家助学贷款、国家助学金等资助政策体系，全国约775万名高校学生享受免学费政策。2016年健全家庭经济困难学生资助政策体系，提高资助精准度。”

《关于2016年中央和地方预算执行情况与2017年中央和地方预算草案的报告》指出：“2016年8400多万人次享受到国家学生资助政策。进一步聚焦贫困地区和贫困人口，加快推进教育脱贫攻坚。”

（三）目前家庭经济困难学生的资助体系能否完成学业

《中华人民共和国国民经济和社会发展第十三个五年规划纲要》指出：“完善资助体系，实现家庭经济困难学生资助全覆盖。”

1. 目前在校大学生的消费水平

赵婀娜、申茜报道：“日前，有调查显示，在校大学生2016年每月平均开销为1212元。”[①]一年约15000元。

2. 脱贫后城乡居民的人均收入水平

前已述及，2010年城镇居民人均可支配收入19109元，全年农村居民人均纯收入5919元，到2020年城乡居民人均收入比2010年翻一番。照此计算，到2020年翻一番，城镇居民人均可支配收入和农村居民人均纯收入最低应分别达到38218元和11838元。脱贫后有些省、市、自治区的收入水平如：

五个自治区都提到城乡居民人均收入翻一番，但新疆是“基本达到全国平均水平”，西藏是“接近全国平均水平”，内蒙古是“达到全国平均水平”，宁夏是“城镇和农村常住居民人均可支配收入年均分别增长8%和9%”，广西是“城乡居民人均收入增长7.5%以上，比2010年翻一番以上”。《广西城镇居民人均可支配收入倍增计划》指出：“扣除物价上涨因素，从2012年到2020年，我区城镇居民人均可支配收入年均实际增长8.9%，略高于全国平均水平。到2020年，按当年价全区城镇居民人均可支配收入达5.14万元，比2010年翻1.59番；按2010年不变价达到3.82万元，比2010年翻1.16番。”

四个直辖市都提到城乡居民人均收入翻一番，《北京市“十三五”时期城乡一体化发展规划》提出到2020年，提前实现农民人均收入比2010年翻一番。力争到2020年，农民人均收入达到3万元，低收入农户人均收入达到1.5万元。上海市到2020年城市居民家庭人均可支配收入将达63676元，农村居民家庭人均可支配收入则达到27492元。《天津市国民经济和社会发展第十三个五年规划纲要》指出：

① 赵婀娜，申茜.大学生消费，钱都花哪了[N].人民日报，2017-03-31.

“千方百计增加居民收入。缩小收入差距。实行有利于缩小收入差距的政策，明显增加低收入劳动者收入，扩大中等收入者比重”。天津市人民政府办公厅转发《市农委等六部门关于实施农民收入倍增计划意见的通知》指出：“努力实现到2017年农民收入比2012年翻一番，农民人均可支配收入5年增长1倍，即由2012年的13571元增长到2017年的27200元，年均增长15%”。《重庆市农业农村发展“十三五”规划》提出到2020年，实现农业总产值2200亿元，农村常住居民人均可支配收入达17000元左右，力争赶上全国平均水平。

一些经济欠发达地区也提到城乡居民人均收入翻一番。如《甘肃省国民经济和社会发展第十三个五年规划纲要》指出：“到2020年生产总值和城乡居民人均收入比2010年翻一番以上，城乡居民收入与经济增长同步。居民人均可支配收入达到20000元，年均增长7.5%，人民生活达到新水平。”《青海省国民经济和社会发展第十三个五年规划纲要》指出：“到2020年，实现国内生产总值和城乡居民人均收入比2011年翻一番，人均国内生产总值和城乡居民人均收入与全国平均水平的相对差距有所缩小。”《云南省国民经济和社会发展第十三个五年规划纲要》指出：“城乡居民收入增长幅度高于经济增长幅度，农村居民收入增长幅度高于城镇居民收入增长幅度。”《贵州省国民经济和社会发展第十三个五年规划纲要》指出：“现行标准下农村贫困人口全部实现脱贫，贫困县和贫困乡镇全部减贫摘帽，贫困村按国家标准全部退出。农村常住居民和城镇居民人均可支配收入年均分别增长12%左右和10%左右。”《贵州省关于落实发展新理念推动三农新跨越实现全面小康目标的实施意见》指出：“到2020年农村居民人均可支配收入超过10000元。”《山西省“十三五”农业农村经济发展规划》指出：“到2020年，我省农村居民人均可支配收入将达到13000元。现行标准下农村贫困人口实现脱贫。”

一些经济发达地区提到城乡居民人均收入如：广东省2016年居民人均可支配收入达30295.8元，《广东省人民政府关于深化收入分配制度改革的实施意见》指出：“力争到2018年实现城乡居民人均实际收入比2010年翻一番，中低收入群体收入增长加快，城乡居民社会保障和生活水平显著提高。到2020年，力争全省农村居民人均可支配收入年均增长不低于9%。”《广东省农业现代化“十三五”规划》指出：“农村居民人均可支配收入达2万元左右。”《深圳市人口与社会事业发展“十三五”规划》指出：“到2020年居民人均可支配收入达6万元。”《浙江省国民经济和社会发展第十三个五年规划纲要》指出：“居民人均可支配收入为52600元。”《浙江省农业农村经济发展“十三五”规划》指出：“全省农村常住居民人均可支配收入达到31000元，年均增长8%以上。”江苏省2016年居民人均可支配收入达32070元。《江苏省国民经济和社会发展第十三个五年规划纲要》指出：“江苏省居民收入增长与经济增长同步，人均可支配收入达到4.2万元左右。到2020年，低收入人口人均年纯收入达到6000元以上。”

3. 到2020年我国进入高等教育普及化

2016年4月15日，李克强在北京大学召开高等教育改革创新座谈会时指出："世界经济强国，无一不是教育强国。这些国家之所以能进入发达国家行列，都是因为有发达的教育作支撑。譬如美国，上世纪70年代高等教育普及率就已经超过50%；我们的周边国家日本、韩国，上世纪90年代也超过了50%。我们的目标是希望在'十三五'末达到50%。"

《浙江省国民经济和社会发展第十三个五年规划纲要》指出："实现省域教育总体现代化，高等教育毛入学率达到62%。"《江苏省国民经济和社会发展第十三个五年规划纲要》指出："实现省域教育总体现代化，高等教育毛入学率达到60%。"

高等教育普及化的标志是高等教育毛入学率达到50%，那时的适龄青年可以有更多接受高等教育的机会，包括脱贫后由于贫困线上涨而仍处于较低收入家庭的适龄青年，因此，高校对家庭经济困难学生仍需资助。

4. 目前家庭经济困难学生的资助水平

2007年5月13日，《国务院关于建立健全普通本科高校、高等职业学校和中等职业学校家庭经济困难学生资助政策体系的意见》等文件中的资助主要项目有：

(1)奖学金按国家励志奖学金每生每年5000元计算。

(2)助学金按每生每年2000元计算。

(3)贷学金按不超过8000元计算。

此外，还有免费师范生、中西部地区和艰苦边远地区基层单位就业的学费补偿贷款代偿(每生每年最高不超过6000元)等。伊万·韦特曼还指出："进一步改进贷款计划将有助于政府解决贫穷省份所面临的紧迫问题，例如，解决如何使一些重要专业技术岗位吸引住人才等问题。毕业生关注偿还贷款的能力，可以利用这一机会，以'赎回'贷款为条件让他们服务于贫困地区。举例来说，一个毕业生在贫困地区的一个岗位服务10年，可以免去这段时期的利息，并在合同到期后，免除全部贷款，根据合同的长短决定折扣的多少。"①

另外，江苏绝大多数高校从事业收入中按6%提取的奖助贷补勤基金每年都用不完。国家只要继续维持对家庭经济困难学生的资助水平，家庭经济困难学生的大学梦会得到保障。从上可见，2020年脱贫后仍要坚持完善和执行高等教育家庭经济困难学生的资助政策。

(四) 继续执行高校毕业生到中西部地区和艰苦边远地区基层单位就业学费补偿和国家助学贷款代偿的力度

2012年12月29日，习近平在河北省阜平县考察扶贫开发工作时指出："古人有'家贫子读书'的传统。把贫困地区孩子培养出来，这才是根本的扶贫之策。"

① 伊万·韦特曼. OECD：给中国高等教育的政策建议[N]. 中国教育报，2004-10-15.

扶贫必扶智。《2015年中国学生资助发展报告》指出："教育公平是社会公平的重要基础。保障家庭经济困难学生顺利入学、完成学业，是促进教育公平的重要举措，是脱贫攻坚的重要手段。"《2016年中国学生资助发展报告》指出："学生资助事关教育公平与社会公平，事关脱贫攻坚和共享发展理念的落实。"

2013年2月20日，教育部、国家发展改革委、财政部印发的《中西部高等教育振兴计划(2012—2020年)》(教高〔2013〕2号)指出："中西部高等教育是我国高等教育的重要组成部分，普通高校数和在校生数接近全国三分之二，承担着为国家特别是中西部地区经济社会发展提供人才支持和智力支撑的重要使命。振兴中西部高等教育，是深入实施西部大开发、振兴东北地区等老工业基地和中部崛起战略、促进区域协调发展的迫切需要，是促进边疆和民族地区经济社会跨越式发展和长治久安的必然要求，是提升中西部高等教育整体水平、全面提高高等教育质量、加快推进高等教育强国建设的重大举措。"第26条指出："加大中西部地方高校家庭经济困难学生资助力度。国家奖助学金名额和资金向中西部地方高校倾斜。生源地信用助学贷款风险补偿金和国家助学贷款奖补资金向中西部省份倾斜。继续实施学费补偿和国家助学贷款代偿办法，引导和鼓励高校毕业生到中西部地区和艰苦边远地区基层单位就业。"

罗杰·盖格指出："80年代末所创立的学生资助系统，为美国高校的长足发展做出了重要贡献。美国学生就读高等教育的费用通常通过以下四种途径获得。①确定学生在家庭经济状况基础上的支付能力，这也被称为'家庭预期贡献'(expected family contribution)。它可以通过专门的计算公式来确定。②直接经济资助(direct financial aids)。这是一种'以经济需求为基础的资助'(the basis of financial need)，只面向来自低收入家庭的学生。工读方案(work-study programs)的申请也受到收入水平的限制。③联邦补助性和非补助性贷款。补助性贷款只限于家庭收入在某个水平之下的学生，这种贷款的使用范围受到限制。在联邦非津贴贷款迅速增长的同时，联邦补助性贷款尽管只是面向低收入家庭的学生，但是它还是在解决学生就读高等教育的费用方面做出了重大贡献。④院校提供的学生奖、助学金，也被称为'学费减免'(tuition discount)。一所大学通过前三种途径得到最多的资金之后，这所大学将剩余部分作为院校助学金或以学费减免的形式向学生提供资助。以上是20世纪80年代美国高等教育所经历的教育改革。学生借贷文化的出现，使学生可以利用其'未来的收入'(future earnings)消费那些目前超出其消费能力的教育服务。"①

美国这样的发达国家尚继续推行家庭经济困难学生的资助政策，我国脱贫后应继续推行家庭经济困难学生的资助政策。

① 罗杰·盖格.私立高等教育的公共性[J].盛晓明，译.北京大学教育评论，2005(2)：24-30.

四、精准执行高校家庭经济困难学生的资助政策需要大数据

（一）提高对高校家庭经济困难学生资助的精准度

1. 高校家庭经济困难学生精准资助的良好环境

(1)政府重视

《关于2015年中央和地方预算执行情况与2016年中央和地方预算草案的报告》指出："2016年健全家庭经济困难学生资助政策体系，提高资助精准度。"

教育部发布的《2016年中国学生资助发展报告》指出："2016年，教育部全面推进以对象精准、力度精准和发放时间精准为重点的学生资助工作精准化，要求各地各学校要全面、准确、及时地把国家学生资助政策落到实处。"

(2)贫困村和贫困户的建档立卡为精准扶贫工作奠定基础

2013年11月，习近平在湖南湘西考察时首次提出了"精准扶贫"，党的十八届五中全会把"扶贫攻坚"改成"脱贫攻坚"。2016年3月10日，习近平参加十二届全国人大四次会议青海代表团审议时指出："确保到2020年现行标准下农村牧区贫困人口全部脱贫，贫困县全部摘帽。脱贫攻坚一定要扭住精准，做到精准扶贫、精准脱贫，精准到户、精准到人，决不能落下一个贫困地区、一个贫困群众。"

2014年5月12日，国务院扶贫办等七部委关于印发的《建立精准扶贫工作机制实施方案》(国开办发〔2014〕30号)指出："通过对贫困户和贫困村精准识别、精准帮扶、精准管理和精准考核，引导各类扶贫资源优化配置，实现扶贫到村到户，逐步构建精准扶贫工作长效机制，为科学扶贫奠定坚实基础。2014年10月底前完成建档立卡工作，相关数据录入电脑，联网运行，并实现动态管理，每年更新；各省(区、市)、市(区)、县(区)负责设备购置、人员配备、数据采集和更新等工作。通过信息化建设，引导各项资源向贫困户和贫困村精准配置，提高针对性和有效性，此项工作于2014年12月底前完成。"

2014年4月2日，国务院扶贫办印发的《扶贫开发建档立卡工作方案》(国开办发〔2014〕24号)指出："2014年年底前，在全国范围内建立贫困户、贫困村、贫困县和连片特困地区电子信息档案，并向贫困户发放《扶贫手册》。以此为基础，构建全国扶贫信息网络系统，为精准扶贫工作奠定基础。国务院扶贫办将对建档立卡工作进行组织核查，核查情况特别是准确率将列入2014年扶贫工作考核的重要内容，并与奖励资金分配挂钩。"

(3)家庭经济困难高中生建档立卡为高校家庭经济困难学生动态建档立卡打下良好基础

2016年8月30日，财政部、教育部印发的《关于免除普通高中建档立卡家庭经济困难学生学杂费的意见》(财教〔2016〕292号)指出："从2016年秋季学期起，免除公办普通高中建档立卡等家庭经济困难学生(含非建档立卡的家庭经济困难残

疾学生、农村低保家庭学生、农村特困救助供养学生)学杂费。"

2016 年 10 月 18 日,教育部办公厅、民政部办公厅、国务院扶贫办行政人事司、中国残疾人联合会办公厅印发的《普通高中建档立卡家庭经济困难学生免除学杂费政策对象的认定及学杂费减免工作暂行办法》(教财厅〔2016〕4 号)指出:"建档立卡贫困家庭中的在校学生为建档立卡家庭经济困难学生,由扶贫部门负责认定;农村低保家庭学生由民政部门负责认定;纳入特困人员救助供养的学生由民政部门负责认定;残疾学生由残联负责认定。地方教育部门应加强对普通高中免除学杂费学生信息管理,及时将信息录入学生资助信息管理系统,确保学生信息完整准确,促进学生资助信息管理系统进一步完善。"

教育部、国家发展改革委、财政部、人力资源社会保障部印发的《高中阶段教育普及攻坚计划(2017—2020 年)》(教基〔2017〕1 号)指出:"完善扶困助学政策。继续实施高中阶段学校家庭经济困难学生国家资助政策。逐步分类推进中等职业教育免除学杂费,提高中等职业教育国家助学金资助标准。落实好普通高中建档立卡等家庭经济困难学生(含非建档立卡的家庭经济困难残疾学生、农村低保家庭学生、农村特困救助供养学生)免除学杂费政策。积极推进家庭经济困难的残疾学生免费教育。鼓励企事业单位、社会团体和个人设立奖助学金。"

家庭经济困难高中生建档立卡为高校家庭经济困难学生建档立卡打下良好基础,高校首先做好录取的新生中家庭经济困难高中生建档立卡的接轨工作;家庭经济困难高中生建档立卡仅仅是基础,高校还必须对家庭经济困难学生进行动态管理,重新建档立卡,每年需要更新和修订。

2. 高校家庭经济困难学生认定工作应注意的问题

(1)贫困家庭中的学生生源地工作由当地扶贫部门负责

2016 年 12 月 30 日,《教育部办公厅关于进一步加强和规范高校家庭经济困难学生认定工作的通知》(教财厅〔2016〕6 号)指出:"精准认定家庭经济困难学生是做好学生资助工作的重要前提,是决定资助政策落实效果的基础性工作。"上面在普通高中建档立卡已述及,由扶贫部门负责认定贫困家庭中的在校学生并为之建档立卡。因此,贫困家庭中的学生生源地工作由当地扶贫部门负责。

(2)高校家庭经济困难学生认定应考虑高校所在地消费水平

1993 年 7 月 26 日,国家教委、财政部《关于对高等学校生活特别困难学生进行资助的通知》(教财〔1993〕51 号)将特困生界定为"学生在校的月收入(包括奖学金和各种补贴)已低于学校所在地区居民的平均最低生活水准线。对'特困生'的困难补助的标准可参照学校所在地所需的最基本的学习、生活费用标准,由学校研究确定。"高校是家庭经济困难学生的消费地,在经济贫困地区刚刚不够贫困户的学生到了经济富裕城市的大学,消费水平就提高了,完成学业可能捉襟见肘,因此,应考虑高校所在地消费水平这个因素。

(3)高校家庭经济困难学生资助应考虑“生活俭朴”

财政部、教育部印发的《普通本科高校、高等职业学校国家励志奖学金管理暂行办法》第六条“国家励志奖学金的基本申请条件”中有一条是“生活俭朴”;财政部、教育部印发的《国家助学奖学金管理办法》第三条“国家奖学金的基本申请条件”中有一条是“生活俭朴”;财政部、教育部印发的《普通本科高校、高等职业学校国家助学金管理暂行办法》第六条“国家助学金的基本申请条件”中也有一条是“生活俭朴”。

(4)高校家庭经济困难学生资助应考虑“道德品质”

《普通本科高校、高等职业学校国家助学金管理暂行办法》第一条指出:“为进一步做好资助高校贫困家庭学生工作,帮助他们顺利完成学业,激励他们勤奋学习、努力进取,并在德、智、体、美等方面得到全面发展,特设立国家助学奖学金。”第六条“国家助学金的基本申请条件”中也有一条是“诚实守信,道德品质优良”;《普通本科高校、高等职业学校国家励志奖学金管理暂行办法》第一条指出:“为激励普通本科高校、高等职业学校家庭经济困难学生勤奋学习、努力进取,在德、智、体、美等方面得到全面发展。”第六条“国家励志奖学金的基本申请条件”中有一条是“诚实守信,道德品质优良”。

(5)高校家庭经济困难学生资助应考虑“励志”和“学习成绩优秀”

《普通本科高校、高等职业学校国家励志奖学金管理暂行办法》第六条“国家励志奖学金的基本申请条件”中有一条是“在校期间学习成绩优秀”;《普通本科高校、高等职业学校国家助学金管理暂行办法》第六条“国家助学金的基本申请条件”中也有一条是“勤奋学习,积极上进”。由此可见,对高校家庭经济困难学生提供助学金的目的是励志,是助学,是帮助家庭经济困难的学生成才。因此,应考虑“励志”和“学习成绩优秀”两个因素。

(二) 高校家庭经济困难学生的精准资助需要大数据

1. 只有大数据才能对家庭经济困难的学生进行精准资助

教育部发布的《2016 年中国学生资助发展报告》指出:“各地各学校积极探索实施精准资助的新思路和新方法。参考教育统计数据,综合考虑地区经济发展程度、困难学生比例等因素,在资助资金预算上向欠发达地区、困难学生集中地区倾斜,避免‘一刀切’的做法;加强与扶贫、民政、残联等部门的协作,建立资助对象认定协作机制;探索大数据跟踪分析与调查摸底、同学评议相结合的资助对象和资助标准识别认定方法;按家庭经济困难学生困难程度,实行分档发放资金,重点加大对建档立卡贫困家庭学生和孤残学生的资助力度;改革资金拨付和发放办法,推进助学金集中发放等。实行精准资助,提升了学生资助工作的水平,提高了学生资助政策的针对性和有效性。”

刘媛媛报道:“安徽省教育厅学生资助管理中心主任李炳银介绍,在对高校家庭经济困难学生的认定工作中,我省目前已经连续四年实施了‘百千万’走访活动。每年组织 100 所高校、1000 名教师,走访 10000 名学生,实际了解学生的家庭情况。

‘今年开始，我省还将把本省户籍、在本省高校就学的建档立卡贫困户学生名单，直接分解到高校，让这部分同学在高校可以更便利地享受到国家的资助政策。’我省将通过技术手段，把学生在高中阶段的受助情况‘打包’反馈给高校，帮助高校精准识别。我省还将在安徽大学等十余所高校，开展大数据‘智慧资助’试点。通过分析学生在学校的消费情况、行为习惯等，系统地给学生‘画像’，精确判断学生的贫困程度。‘引入大数据的方式不仅可以实现精准识别，还可以最大限度地保护学生隐私，避免大张旗鼓的资助，保护学生的尊严。’”①

山东省教育厅网站2015年9月21日披露：为提高高校家庭经济困难学生认定的科学性、准确性，实现对家庭经济困难学生的精准资助，山东省学生资助管理中心组织研发了《山东省高校家庭经济困难学生科学认定信息系统》，并从今年秋季学期起在全省高校免费推广使用。该系统按照“学生自我认定、班级评议、院系审核”的三级认定程序，运用互联网和大数据采集技术，对学生家庭基本状况、家庭成员健康状况、家庭收入情况、家庭受灾情况、家庭消费情况、家庭负债情况和学生消费情况等18项指标进行测评，测评分值经“三级认定”逐级修正，最终确定学生困难等级，具有认定结果客观准确、操作简单直观等特点。该系统的安装使用，提高了高校各类奖助学金的评审发放和勤工助学岗位安置的工作效率，有利于学校全面掌握、系统分析学生困难群体状况。

2. 资助高校家庭经济困难学生大数据的内容

(1)生源地学生的家庭经济状况

在校学制期间(含留级、休学等)，根据学生生源地贫困户建档立卡和普通高中建档立卡数据采集并逐年动态更新。

(2)高校所在地居民消费水平

在校学制期间(含留级、休学等)，根据高校所在地物价部门和统计部门的物价变动情况数据采集并逐年动态更新。

(3)高校所在地学生消费水平

在校学制期间(含留级、休学等)，根据高校所在地教育部门和学校学生管理部门与后勤部门的数据采集并逐年动态更新。

(4)学生在校期间德、智、体、美等方面的表现

在校学制期间(含留级、休学等)，根据高校学生管理部门与教务管理部门及二级学院的数据采集并逐年动态更新。

(5)毕业生就业单位、收入及还贷状况

在经济困难学生贷款期间，根据毕业后就业单位、收入及还贷状况的数据采集并逐年动态更新。

---

① 刘媛媛. 安徽叫停贫困生当众“比惨”，省教育厅发文规范贫困生认定[N]. 安徽商报，2017-03-24.

第六章　民办高等教育供给侧改革的财务视角

第一节　民办高等教育投入的供给侧改革概述

一、有关大力发展民办高校的规定

（一）从“国家教育事业的组成部分”到“教育事业发展的重要增长点和促进教育改革的重要力量”

《中华人民共和国民办教育促进法》第三条规定：“民办教育事业属于公益性事业，是社会主义教育事业的组成部分。”

《国家中长期教育改革和发展规划纲要（2010—2020 年）》第四十三条指出：“大力支持民办教育。民办教育是教育事业发展的重要增长点和促进教育改革的重要力量。”

（二）从“政府办学为主”到“共同发展”“相互补充”的新投入体制

1. 政府办学为主与社会各界参与办学相结合的新体制

1994 年 7 月 3 日，国务院发布的《关于〈中国教育改革和发展纲要〉的实施意见》第十二条指出：“加快办学体制改革，进一步改变政府包揽办学的状况，形成政府办学为主与社会各界参与办学相结合的新体制。”

1998 年 12 月 24 日，国务院批转教育部的《面向 21 世纪教育振兴行动计划》第 39 条指出：“认真贯彻国务院对于社会力量办学实行‘积极鼓励，大力支持，正确引导，加强管理’的方针，今后 3～5 年，基本形成以政府办学为主体、社会各界共同参与、公办学校和民办学校共同发展的办学体制。”

1999 年 6 月 13 日，中共中央、国务院发布《关于深化教育改革全面推进素质教育的决定》第 12 条指出：“进一步解放思想、转变观念，积极鼓励和支持社会力量以多种形式办学，满足人民群众日益增长的教育需求，形成以政府办学为主体、公办学校和民办学校共同发展的格局。”

2. 公办教育与民办教育共同发展的办学格局，高等教育实行政府投入与社会投入相互补充

1993 年 11 月 14 日，党的十四届中央委员会通过的《中共中央关于建立社会主义市场经济体制若干问题的决定》第 9 条规定：“坚持以公有制为主体、多种经济成

分共同发展的方针。在积极促进国有经济和集体经济发展的同时,鼓励个体、私营、外资经济发展,并依法加强管理。随着产权的流动和重组,财产混合所有的经济单位越来越多,将会形成新的财产所有结构。"

2004年3月3日,国务院批转教育部《2003—2007年教育振兴行动计划的通知》(国发〔2004〕5号)第35条指出:"大力支持和促进民办教育持续健康协调快速发展。认真贯彻《民办教育促进法》,积极鼓励和支持民办教育的发展。民办教育是社会主义教育事业的组成部分,要遵循'积极鼓励,大力支持,正确引导,加强管理'的方针,依法保障民办学校权益;明确国家对于民办学校的扶持措施,落实相关优惠政策,加强政策引导;营造有利于民办教育自主自律、健康发展的环境,形成公办学校和民办学校优势互补、公平竞争、共同发展的格局。"

2006年3月14日,十届全国人大四次会议批准的《中华人民共和国国民经济和社会发展第十一个五年规划纲要》指出:"形成公办教育与民办教育共同发展的办学格局。形成多元化的教育投入体制,高等教育实行政府投入与社会投入相互补充。"

2012年6月18日,教育部印发《关于鼓励和引导民间资金进入教育领域促进民办教育健康发展的实施意见》(教发〔2012〕10号)第二条指出:"加大政府教育投入的同时,采取积极有效措施,鼓励和引导民间资金进入教育领域,形成以政府办学为主体、全社会积极参与、公办教育与民办教育共同发展的格局。"

(三)高等教育引入社会民间的法规依据

1982年11月26日,彭真委员长在第五届全国人民代表大会第五次会议上所作的《关于中华人民共和国宪法修改草案的报告》中提出"两条腿"办教育的方针。1985年5月,中共中央发布《关于教育体制改革的决定》,指出"地方要鼓励和指导国家企业、社会团体和个人办学"。

1993年2月13日,中共中央、国务院印发《中国教育改革和发展纲要》第48条指出:"鼓励和提倡厂矿企业、事业单位、社会团体和个人根据自愿、量力原则捐资助学、集资办学,不计征税。欢迎港澳台同胞、海外侨胞、外籍团体和友好人士对教育提供资助和捐赠。各级政府要加强对集资工作的统筹管理。"

1995年3月18日,八届全国人大三次会议通过的《中华人民共和国教育法》第二十五条指出:"国家鼓励企业事业组织、社会团体、其他社会组织及公民个人依法举办学校及其他教育机构。任何组织和个人不得以营利为目的举办学校及其他教育机构。"第五十三条指出:"企业事业组织、社会团体及其他社会组织和个人依法举办的学校及其他教育机构,办学经费由举办者负责筹措,各级人民政府可以给予适当支持。"

1998年8月29日,九届全国人大四次会议通过的《中华人民共和国高等教育法》第六条指出:"国家根据经济建设和社会发展的需要,制定高等教育发展规划,举办高等学校，并采取多种形式积极发展高等教育事业。国家鼓励企业事业组织、社会团体及其他社会组织和公民等社会力量依法举办高等学校，参与和支持高等教育事业的改革和发展。”第六十条指出：“国家鼓励企业事业组织、社会团体及其他社会组织和个人向高等教育投入。”

2004年3月3日，国务院批转教育部《2003—2007年教育振兴行动计划》第36条指出：“注重体制改革和制度创新，多种形式发展民办教育。按照‘积极发展、规范管理、改革创新’的原则，积极探索民办教育的多种实现形式。加强民办教育的规范与管理，建立防范风险机制。鼓励社会力量与普通高等学校按民办机制合作举办独立学院，实现社会创新活力、资金资源与现有优质教育资源的有机结合，有效拓展民办高等教育的发展空间。积极推进各级各类教育的体制改革和制度创新，凡符合国家有关法律法规的办学模式，均可大胆试验，使民办教育发展迈出更大的步伐。”第40条指出：“非义务教育的办学经费，以政府为主渠道，由政府、受教育者和社会共同分担。逐步形成与社会主义市场经济体制相适应的、满足公共教育需求的、稳定和可持续增长的教育投入机制。”第41条指出：“拓宽经费筹措渠道，建立社会投资、出资和捐资办学的有效激励机制。在非义务教育阶段，要合理确定政府和受教育者分担办学成本的比例，收费标准要与居民家庭承受能力相适应。要完善企业及公民个人向教育捐赠的税收优惠政策，探索企业合理分担职业教育经费的办法。扶持发展各种形式的公益性教育基金和信托基金，扩大彩票收益用于支持教育的份额。鼓励和支持学校开展勤工俭学、发展校办产业。积极鼓励和引导社会、企业和公民个人捐资助学、出资和投资办学。”

2005年2月19日，国务院颁发的《关于鼓励支持和引导个体私营等非公有制经济发展的若干意见》第四条指出：“允许非公有资本进入社会事业领域。支持、引导和规范非公有资本投资教育、科研、卫生、文化、体育等社会事业的非营利性和营利性领域。在放开市场准入的同时，加强政府和社会监管，维护公众利益。支持非公有制经济参与公有制社会事业单位的改组改制。通过税收等相关政策，鼓励非公有制经济捐资捐赠社会事业。”

2002年12月28日，九届全国人大三十一次会议通过的《民办教育促进法》第三条指出：“国家对民办教育实行积极鼓励、大力支持、正确引导、依法管理的方针。”

《国家中长期教育改革和发展规划纲要(2010—2020年)》第四十三条指出：“各级政府要把发展民办教育作为重要工作职责，鼓励出资、捐资办学，促进社会力量以独立举办、共同举办等多种形式兴办教育。完善独立学院管理和运行机制。支持民办学校创新体制机制和育人模式，提高质量，办出特色，办好一批高水平民办学校。”第五十六条指出：“社会投入是教育投入的重要组成部分。充分调动全社会办教育积极性，扩大社会资源进入教育途径，多渠道增加教育投入。鼓励和引导社会力量捐资、出资办学。”

中共十八届五中全会通过的《中共中央关于制定国民经济和社会发展第十三个五年规划的建议》第七条第三款指出:“支持和规范民办教育发展,鼓励社会力量和民间资本提供多样化教育服务。”

《中华人民共和国国民经济和社会发展第十三个五年规划纲要》第五十九章第五节指出:“建立分类管理、差异化扶持的政策体系,鼓励社会力量和民间资本提供多样化教育服务。”

二、国际组织倡导高等教育引入民间资本

从20世纪70年代中期开始,美国服务业连年保持顺差,教育出口在其中扮演了重要的角色,在十大出口服务业中,名列第四,仅次于旅游、运输和金融。美国的著名大学本来在外国学生的招收中无往不利,那些原本在美国被讥为“文凭工厂”(Diploma Mills)的次级大学也可借着远程教学,大举招收海外学生。美国大大小小高等学府的募款,也因此得以跨越国界,成为全球性的活动(Morrow & Torres,2000:42)。

联合国教科文组织(UNESCO)和世界银行(World Bank)等世界性组织在20世纪90年代之后也大力倡导以私有资源来支持高等教育的扩充。例如,世界银行在其1994年的报告书中,就建议各会员国要促进高等教育经费的多元化,不要只依赖政府经费作为单一来源。而中国公立高等学校就以收取学费、招收计划外的学生、学校创收等方式来增加私有资金的比例。

1994年世界银行发表了有关《高等教育:不同经验的参考》(Higher Education:The Lessons of Experience)一书,倡导高等教育发展可转向多样化(diversification)及国家(政府)不应对高等教育专利化。反之,积极鼓励私人及非官方的办学模式及方法,甚至主张采取多渠道集资及多元化办学等措施。

1998年,经济合作与发展组织(OECD)在发表《重整高等教育》(Redefining Tertiary Education)报告中指出当前高等教育应进行管治模式(governance model)的变革,大力提倡“还政于高等院校”,并鼓吹“下放权力”,且赋予院校“自主性”(autonomy),期望国家(政府)对高等院校的管理要由以往微观调控(micro-governance)转为宏观调控(macro-governance)。

Slaughter 及 Leslie(1997)在其《学术资本主义》(Academic Capitalism)一书中,谈及美国学术界一种流行现象,讨论学者及高教当局如何积极投进商业活动、开设公司及进行大量顾问工作,以创造更多资金来解决政府对高等院校拨款的减少。因此,经商和创业、企业化管理和大学企业的成立已是见惯不怪的现象。无怪乎近日不少学者更畅论大学企业及企业大学(Enterprise University)的发展。

联合国教科文组织在21世纪来临之初,发表了《21世纪的高等教育:展望和

行动世界宣言》，宣言多次提及在知识型的经济体系和社会状态下，高等教育系统应加强其应变能力——变革和促进高等教育的能力，以满足社会需要和促进团结社会不同力量，借此推动终身学习和建立全球化知识社会（global knowledge society）。由于人们对高等教育的需求不断增加，单靠政府的财政来负担庞大的教育经费是不可能的。因此，联合国教科文组织在《宣言》中第 14 条有关“高等教育公共事业的资金问题”一项中指出：“资金来源的多样化体现了社会对高等教育的支持并应进一步得到加强，以确保发展高等教育，提高其效率和保持其质量及针对……整个社会必须支持各级教育，包括高等教育，因为它在促进经济、社会和文化的可持续发展中起着重要作用。能否为此而调动一切力量，取决于公众的认识和参与，包括公共及私营经济部门、议会、传媒、政府组织和非政府组织、学生、学校、家庭和所有高等教育有关的社会活动家（social actors）。”（赵中建，1999：425）

三、国外对民办高校需求的论述

（一）国外学者对民办高校需求的论述

弗里德曼认为：“只有使教育系统的大部分都私营化，才能实现对教育的彻底重构，私立的营利性机构将提供更加多样化的学习机会，并能形成与公立学校的有效竞争。”①

赫兹琳杰认为：“由于缺乏个人利益的存在、缺乏提高效率的竞争机制、缺乏显示最终业绩的晴雨表——利润，非营利组织常常出现低成效、低效率、高风险、管理者中饱私囊等问题。公立学校被公认是其中（低效率）的典型，据《商业周刊》1995 年报道，尽管过去 10 年间政府对学生的平均支出在扣除通货膨胀因素后有 25%的高增长，但学生的成绩指数却几乎未变。花在庞大的学校系统中的每 1 美元中，只有 52 美分进入了教室。”②

美国宾夕法尼亚州立大学教育学院教授 Roger L. Geiger 的报告题为“私立高等教育与公共政策：在经济现代化过程中私立高等教育的角色”。首先，Geiger 教授认为我国的民办高等教育相当于美国高等教育里非政府非营利组织。这里的“非营利”是指这些机构是免税的，因为它们所有的财产都为公共的目的服务。政府对私立高等教育的过分约束不利于私立高等教育的发展，更严重的情况会削弱私立高等教育对教育发展所能够做出的贡献。Geiger 教授引用美国布法罗大学教授 Bruce Johnstone 2002 年在北京中外大学校长论坛上的演讲，说明高等教育私有化浪潮是在高等教育多样化和大众化趋势带动下进行的。Geiger 教授强调公立大学和私立大学的互补关系，它们都是一个社会中高等教育整体的组成部分，所以

① Milton Friedman. Public Schools：Make Them Private [J]. Washington Post，February，1995：19.

② [美]里贾纳·E·赫兹琳杰. 非营利性组织管理[M]. 北京：中国人民大学出版社，2000：4-6.

政策要解决的问题是如何促进两者的和谐发展，具体而言就是政策如何帮助私立高等教育扬长避短。（“我国民办教育政策与管理”研讨会，简报之四）

从上可以梳理出几点：

(1)私立的营利机构将提供更加多样化的学习机会，并能形成与公立学校的有效竞争。

(2)公立学校常常出现低成效、低效率、高风险、管理者中饱私囊等问题。

(3)政府对私立高等教育的过分约束不利于私立高等教育的发展，更严重的情况会削弱私立高等教育对教育发展所能够做出的贡献。公立大学和私立大学的互补关系，它们都是一个社会中高等教育整体的组成部分，所以政策要解决的问题是如何促进两者的和谐发展，具体而言就是政策如何帮助私立高等教育扬长避短。

（二）对国外民办高校需求的报道

1. 公办高校因经费困难面临倒闭

中国驻美国记者张朋辉报道：“美国《纽约时报》近日报道，有 150 年历史的芝加哥州立大学因经费紧张面临关闭危险。该学校每年预算 1 亿美元，有 30%的经费来自于州政府，由于伊利诺伊州共和党籍州长布鲁斯·劳纳与民主党议员占多数的州议会无法就预算案达成一致，自去年 7 月以来，州政府就停止了对该校的拨款。近年来，像芝加哥州立大学一样面临财务问题困扰的大学不是个案。科罗拉多州立大学也是如此，该校校长布鲁斯·本森曾表示，如果按照现在的资金削减速度，科罗拉多州立大学经费将在下个 10 年内消耗完。”①

张朋辉报道：“2008 年至 2013 年，各州对高等公立学校每位学生的拨款平均减少了 20%。自 2015 年 6 月开始，劳纳同州议会就开始了在预算问题上的博弈。劳纳以预算赤字 30 亿美元太高为由否决了州议会的整体预算案，改为向不同的开支项目分别拨款，但是在高等教育和社区大学开支压缩了 31%，造成包括芝加哥州立大学在内的公立大学陷入困境。对此，劳纳把原因归咎于州议会的民主党议员，认为民主党人借此向他施压，以通过高赤字的预算案，并增加税收比例。除阿拉斯加、北达科他和怀俄明 3 个州外，其余 47 个州在 2014 至 2015 学年对公立大学学生的人均拨款额比国际金融危机前的水平少了 1805 美元，下降了 20%，一些州的下降幅度更是超过 35%。”②

张朋辉报道：“总部位于华盛顿的预算与政策选择中心高级研究员迈克尔·米切尔的统计显示，美国所有州对高等教育的拨款在金融危机之后都下降了，至今都没有回升至国际金融危机之前的水平。州政府拨款的减少对公立大学的财政状况影响很大，很多学校提高了学费，减少了相关研究开支，而这些对美国一些公立大

① 张朋辉.财政捉襟见肘困扰美国公立大学[N].人民日报，2016-04-23.

② 张朋辉.财政捉襟见肘困扰美国公立大学[N].人民日报，2016-04-23.

学、尤其是研究型大学的教学科研造成很大影响，对美国社会的科技创新和长远经济发展也造成一定阻碍。美国前国务卿康多莉扎·赖斯和前纽约大学校长约尔·克莱恩在一份报告中认为，学校财政困难，削减研究和服务开支，各州减少对公立大学支持的短期恶果已经显现，而这对科学研究、社会创新等的长期影响尚需进一步评估。”①

记者张朋辉报道：“从 2009 年开始，密歇根州就宣布底特律公立学校进入危机管理状态。今年 1 月，底特律爆发数次教师罢工。3 月，密歇根州议会通过临时援助法案，对濒临破产的底特律公立学校系统拨款 4870 万美元，用于发放底特律公立学校教师的工资，这项拨款能使底特律公立学校运营至 6 月。随着学区财务耗尽‘临界点’的到来，密歇根州议会仍然在拨款问题上争执不下，尤其是学区危机管理经理史蒂夫·罗兹日前表示，没有资金为参加暑假项目的教师发放工资，引发教师联合会的强烈不满。造成底特律学区财务陷入困境的因素很多，其中重要一点是底特律近年来经济和财政状况下滑，学生数目不断减少。2003 至 2004 学年，底特律学区入学人数还在 15 万以上，现在仅剩约 4.7 万人，且在不断减少。多数学生转至经济状况较好的郊区学校或特许学校。密歇根州的教育经费按人头拨款，约每人 7400 美元。随着学生数量大幅减少，密歇根州拨给底特律学区的经费也严重缩水，导致学区外债高企。”②

张朋辉报道：“美国马凯特大学教授霍华德·富勒有多年教育管理经验。他在接受本报记者采访时强调经济、社会因素与公立学校拨款不足的关系。他说，不管是什么原因，我们看到的都是非洲裔占多数的学校面临经费不足或者被关闭的现实。布鲁金斯学会高级研究员、布朗教育政策研究中心主任迈克尔·汉森在接受本报记者采访时说，对公立学校来说，联邦政府的拨款只占 10%左右，如果州政府和地方政府拨款不足，学校就会面临资金短缺的局面。”③

2. 公立学校的办学条件明显落后于私立学校

记者鲍捷报道：“哈佛大学教授帕思·萨尔博格 2014 年在澳大利亚进行学术交流时就指出，在经合组织中，就读于公立学校的澳大利亚学生比例最低。私立学校学生人数增多造成了教育分化，使教育体系失去公平。公立学校和私立学校在软硬件配置上的差异是澳大利亚教育资源分配不均的最直观表现。经合组织调查显示，目前约有 60%的澳大利亚中学生就读于公立学校。‘公立学校的校园环境、教学设备和师资力量都明显落后于私立学校，但私立学校高昂的学费令很多普通家庭望而却步。’悉尼大学教育与社会工作学院副教授沈惠中在接受本报记者采访

① 张朋辉.财政捉襟见肘困扰美国公立大学[N].人民日报，2016-04-23.

② 张朋辉.底特律公立学校再陷管理危机[N].人民日报，2016-05-04.

③ 张朋辉.底特律公立学校再陷管理危机[N].人民日报，2016-05-04.

时表示，师资力量是导致学校教学水平分化的重要原因。昆士兰大学孔子学院院长陈平在接受本报记者采访时也表示，来自公立学校和私立学校的学生在成绩和学习能力上确实存在较大差距。”①

四、民办高校的定义

目前，对民办高校的界定有两种方法，一是以举办者，如“社会力量”或民办教育等；二是以资金来源，如社会投资和捐资或“非公有资本或民间资本”办学等。界定民办教育是以举办者还是资金来源？或者是两者都要考虑？

（一）以举办者，是“社会力量”办学还是“民间”办学

1.“社会力量”办学

1982年12月通过的《中华人民共和国宪法》第19条提出：“国家鼓励集体经济组织、国家企事业组织及其他社会力量依照法律规定举办各种教育事业。”之后，1988版、1993版、2004版《宪法》的第19条都是这个提法。

1985年5月27日，中共中央颁发的《关于教育体制改革的决定》指出：“要充分调动企事业单位和业务部门的积极性，并且鼓励集体、个人和其他社会力量办学。”

1998年8月29日，《中华人民共和国高等教育法》第六条指出：“国家鼓励企业事业组织、社会团体及其他社会组织和公民等社会力量依法举办高等学校，参与和支持高等教育事业的改革和发展。”第六十条指出：“国家鼓励企业事业组织、社会团体及其他社会组织和个人向高等教育投入。”

教育部1998年12月24日制定，国务院1999年1月13日批转的《面向21世纪教育振兴行动计划》第39条指出：“认真贯彻国务院对于社会力量办学实行‘积极鼓励，大力支持，正确引导，加强管理’的方针，今后3～5年，基本形成以政府办学为主体、社会各界共同参与、公办学校和民办学校共同发展的办学体制。”

1999年6月13日，《中共中央、国务院关于深化教育改革全面推进素质教育的决定》第12条指出：“积极鼓励和支持社会力量以多种形式办学，满足人民群众日益增长的教育需求，形成以政府办学为主体、公办学校和民办学校共同发展的格局。支持社会力量办学。”第24条指出：“继续鼓励社会、个人和企业投资办学和捐(集)资助学，不断完善多渠道筹措教育经费的体制。”

2010年6月21日，《国家中长期教育改革和发展规划纲要》第四十三条指出：“民办教育是教育事业发展的重要增长点和促进教育改革的重要力量。各级政府要把发展民办教育作为重要工作职责，鼓励出资、捐资办学，促进社会力量以独立举办、共同举办等多种形式兴办教育。”

2012年6月18日，教育部印发《关于鼓励和引导民间资金进入教育领域促进

① 鲍捷.教育不公加剧澳大利亚阶层分化[N].人民日报，2016-06-03.

民办教育健康发展的实施意见》(教发〔2012〕10号)第二条指出:“加大政府教育投入的同时,采取积极有效措施,鼓励和引导民间资金进入教育领域,形成以政府办学为主体、全社会积极参与、公办教育与民办教育共同发展的格局。”第四条指出:“鼓励和引导民间资金以多种方式进入教育领域。社会力量按照国家有关规定,以独立举办、合作举办等多种形式兴办民办学校(含其他教育机构,以下同),拓宽民间资金进入教育领域、参与教育事业改革和发展的渠道。”

2016年12月29日,《国务院关于鼓励社会力量兴办教育,促进民办教育健康发展的若干意见》(国发〔2016〕81号)开头就指出:“社会力量兴办教育是指各种社会力量以捐赠、出资、投资、合作等方式举办或者参与举办法律法规允许的各级各类学校和其他教育机构。”

此外还有:

(1)1987年7月8日,国家教育委员会公布了《关于社会力量办学的若干暂行规定》(〔1987〕教高三字014号)。

(2)1987年12月28日,国家教委、财政部公布了《社会力量办学财务管理暂行规定》(〔1987〕教审字8号)。

(3)1988年10月17日,国家教育委员会公布了《关于社会力量办学几个问题的通知》。

(4)1988年10月24日,国家教育委员会公布了《社会力量办学教学管理暂行规定》(〔1988〕教高三字17号)。

(5)1991年8月21日,国家教育委员会、公安部公布了《社会力量办学印章管理暂行规定》(国家教委令、公安部令第17号)。

(6)1994年11月1日,国家教育委员会公布了《关于社会力量举办的非学历高等教育机构名称问题的批复》(教成〔1994〕13号)。

(7)1996年3月27日,国家教育委员会公布了《关于加强社会力量办学管理工作的通知》(教成〔1996〕7号)。

(8)1996年4月22日,国家教育委员会公布了《关于社会力量办学管理经费问题的意见》(教成〔1996〕9号)。

(9)1997年7月31日,国务院公布了《社会力量办学条例》(国务院令第226号)。

(10)1997年12月4日,国家教委办公厅、劳动部公布了《关于实行社会力量办学许可证制度有关问题的通知》(教成厅〔1997〕16号)。

(11)1991年11月18日,国家物价局、财政部公布了《关于加强社会力量办学收费管理的通知》(〔1991〕价费字548号),等等。

2.“民间”办学或民办教育

1992年10月召开的党的十四次全国代表大会提出:“鼓励多渠道、多形式社会集资办学和民间办学，改变国家包办教育的做法。”

1999 年国务院批转教育部的《面向 21 世纪教育振兴行动计划》提出：“今后 3～5 年，基本形成以政府办学为主体、社会各界共同参与、公办学校和民办学校共同发展的办学体制。”

2002 年 12 月 28 日，《民办教育促进法》第二条指出：“国家机构以外的社会组织或者个人，利用非国家财政性经费，面向社会举办学校及其他教育机构的活动，适用本法。”之后，2013 版、2016 版《民办教育促进法》的第二条都是这个提法。

此外还有：

(1)1993 年 8 月 17 日，国家教育委员会印发的《民办高等学校设置暂行规定》(教计〔1993〕129 号)。

(2)1994 年 11 月 1 日，《国家教委办公厅关于民办学校向社会筹集资金问题的通知》(教财厅〔1994〕10 号)。

(3)2002 年 3 月 31 日，《教育部关于进一步规范民办教育机构办学秩序的通知》(教电〔2002〕350 号)。

(4)2006 年 12 月 21 日，《国务院办公厅关于加强民办高校规范管理引导民办高等教育健康发展的通知》(国办发〔2006〕101 号)。

(5)2007 年 2 月 3 日，教育部《民办高等学校办学管理若干规定》(教育部令第 25 号)。

(6)2005 年 3 月 2 日，国家发展改革委、教育部、劳动和社会保障部关于印发的《民办教育收费管理暂行办法》(发改价格〔2005〕309 号)。

(7)2001 年 10 月 19 日，民政部、教育部印发的《教育类民办非企业单位登记办法(试行)》(民发〔2001〕306 号)，等等。

3. “社会力量”办学≠“民间”办学

(1)什么是社会力量?

1987 年 7 月 8 日，国家教育委员会公布的《关于社会力量办学的若干暂行规定》(〔1987〕教高三字 014 号)第二条指出：“本规定所称社会力量，是指具有法人资格的国家企业事业组织、民主党派、人民团体、集体经济组织、社会团体、学术团体，以及经国家批准的私人办学者。”由此可见，社会力量不仅仅是“私人办学者”，而且还包括了“国家企业事业组织”，“集体经济组织”等，对社会力量的具体表述还有：

1955 年 9 月，毛泽东曾指出：“青年是整个社会力量中的一部分最积极最有生气的力量。他们最肯学习，最少保守思想，在社会主义时代尤其是这样。”[①]这里社会力量包括了“青年”。

2002 年 6 月 29 日，《中华人民共和国科学技术普及法》(主席令第 71 号)第十

① 毛泽东. 毛泽东文集(第 6 卷)[M]. 北京：人民出版社，1996：466.

二条指出:“科学技术协会是科普的主要社会力量。科学技术协会组织开展群众性、社会性、经常性的科普活动,支持有关社会组织和企业事业单位开展科普活动,协助政府制定科普工作规划,为政府科普工作决策提供建议。”这里社会力量是指“科学技术协会”,而协会、学会的资金来源有财政资金。

2013 年 9 月 26 日,《国务院办公厅关于政府向社会力量购买服务的指导意见》(国办发〔2013〕96 号)第三条第二款指出:“承接主体。承接政府购买服务的主体包括依法在民政部门登记成立或经国务院批准免予登记的社会组织,以及依法在工商管理或行业主管部门登记成立的企业、机构等社会力量。”这里社会力量是指“民政部门登记成立或经国务院批准免予登记的社会组织”和“工商管理或行业主管部门登记成立的企业、机构”,而社会组织的资金来源有财政资金,企业中有国有企业。

2012 年 12 月 22 日,《民政部关于促进社会力量参与流浪乞讨人员救助服务的指导意见》(民发〔2012〕233 号)第三条第一款指出:“要充分调动社会力量参与主动救助服务的积极性,动员引导支持社会工作者、志愿者和社会热心人士及时报告流浪乞讨人员线索,为流浪乞讨人员提供必要的应急救助服务,引导企事业单位、工商业者为流浪乞讨人员救助提供资金、物品、设施设备和智力支持。”第三条第三款指出:“各地民政部门和救助管理机构要积极引导支持村(居)委会、社会组织、志愿服务团队等社会力量参与流浪乞讨人员源头预防工作。”这里社会力量包括的“村(居)委会”是政府。

2016 年 11 月 11 日,国土资源部印发的《关于深入推进城镇低效用地再开发的指导意见(试行)》第二条指出:“要建立健全政府引导、部门协同、公众参与的工作机制。按照市场在资源配置中起决定性作用的要求,鼓励土地权利人、集体经济组织等市场主体和社会力量参与改造开发,形成形式多样的改造开发模式,增强改造开发的动力。”这里社会力量包括了“集体经济组织”。

(2)“社会力量”≠“民间”

从上可知,社会力量包括了“国家企业事业组织”“集体经济组织”、财政资金投入的社会组织(如协会、学会)、政府如“村(居)委会”以及“青年”等,而他们的投入不属于民间资本。

但《宪法》指的是“国家鼓励集体经济组织、国家企事业组织及其他社会力量依照法律规定举办各种教育事业。”由此可见,“其他社会力量”是在“集体经济组织、国家企事业组织”之外的。

4.“社会力量”办学和“民办学校”并用,如“社会力量兴办教育主要形式的民办教育”

1999 年 6 月,中共中央国务院颁发的《关于深化教育改革全面推进素质教育的决定》中再次强调,要“进一步解放思想、转变观念,积极鼓励和支持社会力量以多种形式办学，满足人民群众日益增长的教育需求，形成以政府办学为主体、公办学校和民办学校共同发展的格局。凡符合国家有关法律法规的办学形式，均可大胆试验。”

《国务院关于鼓励社会力量兴办教育促进民办教育健康发展的若干意见》指出：“改革开放以来，作为社会力量兴办教育主要形式的民办教育不断发展壮大。”这里提的是指“社会力量兴办教育主要形式的民办教育”。

2017 年 1 月 10 日，《国家教育事业发展“十三五”规划》(国发〔2017〕4 号)指出：“建立健全政府补贴、政府购买服务、助学贷款、基金奖励、捐资激励等制度，引导社会力量举办非营利性民办学校。推动民办学校适应经济社会发展需要，更新办学理念，深化教育教学改革，提高办学质量。鼓励公办学校、民办学校开展人才交流和深度合作。保障民办学校依法自主办学，完善法人治理结构，健全收费制度、资产管理和财务会计制度，建立教育质量监测、财务监管、风险防控和退出机制，规范民办学校办学秩序，防范办学风险。”

(二) 以资金来源，是“非公有资本”和“民间资本”办学或“非国家财政性经费”办学

1. “非公有资本”和“民间资本”办学

2005 年 2 月 19 日，国务院公布的《关于鼓励支持和引导个体私营等非公有制经济发展的若干意见》第四条指出：“允许非公有资本进入社会事业领域。支持、引导和规范非公有资本投资教育、科研、卫生、文化、体育等社会事业的非营利性和营利性领域。在放开市场准入的同时，加强政府和社会监管，维护公众利益。支持非公有制经济参与公有制社会事业单位的改组改制。通过税收等相关政策，鼓励非公有制经济捐资捐赠社会事业。”

2010 年颁布的《国家中长期教育改革和发展规划纲要(2010—2020 年)》第四十二条规定，要“改进非义务教育公共服务提供方式，完善优惠政策，鼓励公平竞争，引导社会资金以多种方式进入教育领域”。

2010 年 5 月 7 日，国务院公布的《关于鼓励和引导民间投资健康发展的若干意见》(国发〔2010〕13 号)第十五条指出：“鼓励民间资本参与发展教育和社会培训事业。支持民间资本兴办高等学校、中小学校、幼儿园、职业教育等各类教育和社会培训机构。修改完善《中华人民共和国民办教育促进法实施条例》，落实对民办学校的人才鼓励政策和公共财政资助政策，加快制定和完善促进民办教育发展的金融、产权和社保等政策，研究建立民办学校的退出机制。”

2012 年 6 月 18 日，教育部印发《关于鼓励和引导民间资金进入教育领域促进民办教育健康发展的实施意见》(教发〔2012〕10 号)第二条指出：“加大政府教育投入的同时，采取积极有效措施，鼓励和引导民间资金进入教育领域，形成以政府办学为主体、全社会积极参与、公办教育与民办教育共同发展的格局。”第四条指出：

“鼓励和引导民间资金以多种方式进入教育领域。社会力量按照国家有关规定，以独立举办、合作举办等多种形式兴办民办学校（含其他教育机构，以下同），拓宽民间资金进入教育领域、参与教育事业改革和发展的渠道。”

2. “非国家财政性经费”办学

《中华人民共和国民办教育促进法(2016)》第二条规定：“国家机构以外的社会组织或者个人，利用非国家财政性经费，面向社会举办学校及其他教育机构的活动，适用本法。”

2004 年 3 月 5 日，《中华人民共和国民办教育促进法实施条例》（国务院令第 399 号）第二条规定：“国家机构以外的社会组织或者个人可以利用非国家财政性经费举办各级各类民办学校。”

1997 年 7 月 31 日，国务院公布的《社会力量办学条例》（国务院令第 226 号）第二条指出：“企业事业组织、社会团体及其他社会组织和公民个人利用非国家财政性教育经费，面向社会举办学校及其他教育机构（以下称教育机构）的活动，适用本条例。”

2001 年 10 月 19 日，民政部、教育部印发的《教育类民办非企业单位登记办法（试行）》（民发〔2001〕306 号）第二条指出：“本办法所称的教育类民办非企业单位，主要指经县级以上地方人民政府或县级以上地方人民政府教育行政部门审批设立的，由企业事业组织、社会团体及其他社会组织和公民个人，利用非国家财政性教育经费，面向社会举办的学校及其他教育机构。”

（三）界定民办教育是以举办者还是资金来源或者是两者都要兼顾

1. 首先是举办者

举办者是办学主体，是公办还是民办首先界定举办者。

(1)举办者不宜用社会力量

社会力量定义宽泛，百度网上解释：社会力量，指能够参与、作用于社会发展的基本单元，包括自然人、法人（社会组织、党政机关事业单位、非政府组织、党群社团、非营利机构、企业等等）。管理学中指：可以影响人与人之间的关系并且为这种关系提供指导的文化方面的力量。

李丹指出：“什么是社会力量？社会力量通常是一种综合力量，广义上指党政机关及其领导下的社会各方面的力量；狭义上指党政机关之外的社会团体和各界民众的力量。社会力量是一种合力，具有多样性和广泛性。大概包括非政府组织、慈善机构、高校志愿者、爱心家庭、公安力量、社区力量，司法力量、新闻媒体力量等。”①

① 李丹. 浅析社会力量参与救助服务的路径与方向探析[C]. 全国救助管理站站长交流会暨未成年人社会保护试点工作经验交流会，2014.

张静波指出："社会力量泛指政府部门之外的企业组织、社会团体及其他社会组织和公民个人，其中社会团体又表述为民间组织、社会中介组织、非营利组织等。"①

陈建华指出："社会力量主要包括社会组织、非政府组织、非营利机构、企业等。"②

上述叙述比较狭义的如非政府组织、非营利机构、企业中也有大量公办单位。

(2)举办者不宜用国家机构以外的社会组织

《中华人民共和国民办教育促进法实施条例》在"第二章民办学校的举办者"中的第四条规定："国家机构以外的社会组织或者个人可以单独或者联合举办民办学校。"

①何谓国家机构

《辞海》解释："'国家机关'的总称。""国家机关亦称'政权机关'。统治阶级实行阶级专政的机关。包括国家权力机关、国家行政机关、审判机关、检察机关以及军队、警察、监狱等。"③由此可见，国家机构是一定社会的统治阶级为实现其统治职能而建立起来的进行国家管理和执行统治职能的国家机关的总和。中华人民共和国的国家机构包括：全国人民代表大会，中华人民共和国主席，中华人民共和国国务院，中华人民共和国中央军事委员会，地方各级人民代表大会和地方各级人民政府，民族自治地方的自治机关，人民法院和人民检察院等。

②何谓社会组织

社会组织(social organization)在社会科学中有广义、狭义之分。广义的社会组织是指动物进行共同活动的所有群体形式，包括氏族、部落、部族、家庭、秘密团体、政府、军队和学校等。狭义的社会组织是指为了实现特定的目标而有意识地组合起来的社会群体，如人类的企业、政府、学校、医院、社会团体和一种新型的社会组织形式：个人媒体群等等。它只是社会组织形式中的一部分，是动物为了特定目的而组建的稳定的合作形式。社会学研究的社会组织主要指狭义的社会组织。

上述分析，"国家机构以外的社会组织"包括事业单位，社会团体，国有企业等，而这些社会组织的资金来源不乏财政资金，且这些社会组织非民间组织。

在国际上，社会组织在不同的国家和地区有多种不同的称谓。如非政府组织、非营利组织、公民社会、第三部门、志愿者组织、慈善组织等。这些叫法在内涵上区别不大。与政府、企业相区别，社会组织具有非营利性、自治性(非政府性)、公益性等基本特征。非营利性是社会组织的第一个基本属性，是区别于企业的根本属性。

---

① 张静波. 社会力量参与农业社会化服务事业的路径[N]. 光明日报，2009-3-21.

② 陈建华. 社会力量参与重特大疾病医疗救助协作路径研究[J]. 合肥工业大学学报(社会科学版)，2016(3)：95-98.

③ 辞海编辑委员会. 辞海(中)[Z]. 上海：上海辞书出版社，1979：1761.

自治性即非政府性，是社会组织的第二个基本属性。公益性或互益性是社会组织的第三个基本属性。社会组织又称民间组织、非营利组织，2007 年，我国开始正式用“社会组织”代替“民间组织”。“民间组织”的“民间”是与“政府”“官方”相对应的，在我国是指政党、政府之外的各类民间性组织，主要包括：①冠以协会、学会、研究会、商会、促进会、联合会等名称的会员制组织——社会团体；②由民间出资成立的，直接提供各种社会服务的各种民办学校、医院、福利机构等非会员制组织——民办非企业单位；③基于一定财产关系而形成的财团性组织——基金会；④部分中介组织和社区活动团队。

由此可见，社会组织主要指非营利组织，而由民间出资成立的民办非企业单位仅是非营利组织的一部分。

从上可以看出，《中华人民共和国民办教育促进法实施条例》关于民办学校的举办者“国家机构以外的社会组织或者个人可以单独或者联合举办民办学校”中“国家机构以外”的“社会组织”仍是比较宽乏。

2. 其次是资金来源

(1)目前的主流表述

前已述及，目前的主流表述是“非公有资本”和“民间资本”或“非国家财政性经费”。

(2)民办高校的资金来源并非纯粹的“非公有资本”和“民间资本”或“非国家财政性经费”

在中国的民办高校中，资金来源是否仅是“非公有资本”和“民间资本”或“非国家财政性经费”呢？中国民办高校的资金来源渠道，并非纯粹的“非公有资本”和“民间资本”或“非国家财政性经费”。李剑平报道：“目前，我国民办教育的办学主体十分复杂，有公民个人办学、社会团体办学、国有企事业单位办学、私营企业办学、中外合作办学、政府与民办企业或个人联合办学、企业与个人联合办学、股份制办学等多种形式，举办者的办学诉求、价值选择多样，各地民办学校发展差异较大。”①

①股份制高校

2016 年 12 月 29 日，《国务院关于鼓励社会力量兴办教育促进民办教育健康发展的若干意见》(国发〔2016〕81 号)第九条规定：“探索举办混合所有制职业院校，允许以资本、知识、技术、管理等要素参与办学并享有相应权利。鼓励营利性民办学校建立股权激励机制。”

中国教育学会副会长谈松华研究员指出：“十六届三中全会提出公有制的实现形式多样化，特别提到了混合经济、股份制将作为今后我们在体制选择上一个很重

① 李剑平.“民办教育 30 条”修改引关注[N].中国青年报，2015-04-21.

要的参考。”他还指出:“公共管理学在社会组织的另外一种分类方法中,叫政治权威和经济权威,经济权威为主称之为私人机构,政治权威为主称之为公共机构。所以,社会组织的分类一般是考虑到三个方面,所有权,资金来源,社会控制形式。用这三要素来分析我们的社会组织,会出现一种非常复杂的情况。中间型混合型学校的制度选择,我想以后会不会出现三种组织形式,或者叫制度形式。一种就是吸纳民间资金的公办学校,这不是一般的收一点学费的公办学校,而是相当大部分的学校资金靠吸纳民间资金来完成。第二种是接受政府资助的民办学校。第三种就是混合主体学校。对于这种学校,‘股份制’,可能是一种的选择,因为它能使出资人和多方办学主体的利益关系比较清晰,当然,教育的‘股份制’和经济上的股份制是有区别的。它只是一种产权组织形式,并不是营利分红的企业。”①

靳希斌、楚红丽认为,“交易成本”是新制度经济学最基本的分析工具,产权是产权经济学的基本概念。从此角度看,“股份制化”的教育更便利地采用了一种可以更加节约交易成本的制度,它肯定了人的经济理性,并从委托代理角度解释和明晰产权,从激励约束机制角度肯定并限制人的利益追求,从而使教育理想与经济理性的结合更加接近现实。②

股份制高校如:重庆海联学院,2002 年 8 月 28 日,海联学院与澳大利亚 Amnet 公共上市公司正式在澳大利亚成功上市;陕西师范大学国际商学院,上海师范大学职业技术学院,湖南托普信息职业技术学院等。

②中外合作办学

1995 年 1 月 26 日,国家教育委员会发布《中外合作办学暂行规定》。

2003 年 3 月 1 日,国务院颁发的《中华人民共和国中外合作办学条例》(国务院令第 372 号)第三条指出:“国家鼓励引进外国优质教育资源的中外合作办学。国家鼓励在高等教育、职业教育领域开展中外合作办学,鼓励中国高等教育机构与外国知名的高等教育机构合作办学。”

2004 年 6 月 2 日,教育部印发《中华人民共和国中外合作办学条例实施办法》(教育部令第 20 号)。

2012 年 6 月 18 日,教育部印发的《关于鼓励和引导民间资金进入教育领域促进民办教育健康发展的实施意见》(教发〔2012〕10 号)第七条指出:“允许境内外资金依法开展中外合作办学。允许外资通过中外合作办学的境外一方依照《中外合作办学条例》及其实施办法参与合作办学。鼓励民间资金与我国境内学校合作,参与引进境外优质教育资源,依法举办高水平的中外合作办学机构。”

---

① 谈松华.从混合经济的发展看教育制度创新[C].钟启泉,吴国平.反思中国教育[M].上海:华东师范大学出版社,2007.

② 靳希斌,楚红丽.关于我国教育股份制的思考[J].教育与经济,2004(2):40-42.

丁雅诵、管璇悦、史一棋报道："许多民办学校有国际合作的背景，可以吸引国外资源、教育和管理、培养人才的优良模式和经验，促进中外教育交流，为我所用。"①

中外合作办学如西安交通大学和英国利物浦大学合作创立的西交利物浦大学，英国诺丁汉大学与浙江万里学院合作创办的宁波诺丁汉大学，美国纽约大学和华东师范大学举办的上海纽约大学，美国杜克大学和武汉大学举办的昆山杜克大学，由美国肯恩大学与温州大学合作创办的温州肯恩大学，由香港中文大学与深圳市人民政府和深圳大学合作共同建立的香港中文大学(深圳)等。

③不少独立学院是公办大学利用国家财政资金举办

2003 年 4 月 23 日，教育部印发的《关于规范并加强普通高校以新的机制和模式试办独立学院管理的若干意见》(教发〔2003〕8 号)指出："独立学院的合作者(以下简称合作者)，可以是企业、事业单位，社会团体或个人，也可以是其他有合作能力的机构。"而企业中的国有企业和事业单位利用的是国家财政性经费。有一部分独立学院是由国家机构利用国家财政性资金投资举办的，冠以公办大学。它们或是由公办大学与地方政府合作举办的，或是冠以公办大学校名，实则由无形资产投资，甚至还有公办大学为规避法律与虚拟的非国家机构投资人合作举办的。②

④民办高校中有国家支持的财政资金

《国务院关于鼓励社会力量兴办教育促进民办教育健康发展的若干意见》第六条规定："国家积极鼓励和大力支持社会力量举办非营利性民办学校。各级人民政府要完善制度政策，在政府补贴、政府购买服务、基金奖励、捐资激励、土地划拨、税费减免等方面对非营利性民办学校给予扶持。各级人民政府可根据经济社会发展需要和公共服务需求，通过政府购买服务及税收优惠等方式对营利性民办学校给予支持。"财政支持民办高校表现在：一是土地划拨、税费减免等方面，二是政府补贴、专项资金、科研经费等。

从上可知，民办高校的资金来源并非纯粹的"非公有资本"和"民间资本"或"非国家财政性经费"。

(四) 民办高等学校的定义

1. 下定义的重要性

科学的定义是一门学科成熟的标志。美国审计学家 C・W・尚德尔指出："定义是柱石，是人们研究每一门学科及其理论的基础。一旦建立了恰当的定义，知识的本体就能够得以确定。"③

① 丁雅诵，管璇悦，史一棋. 民办教育，分好类，办好学[N]. 人民日报，2017-1-19.

② 石邦宏，王孙禺. 民办高校营利性与非营利性的制度思考[J]. 中国高教研究，2009(03)：55-57.

③ [美]尚德尔. 审计理论[M]. 汤云为，等译. 北京：中国财经出版社，1992：1-2.

2. 民办高等学校曾经的定义

1993 年 8 月 17 日，国家教育委员会印发的《民办高等学校设置暂行规定》(教计〔1993〕129 号)第二条指出："本规定所称民办高等学校，系指除国家机关和国有企事业组织以外的各种社会组织以及公民个人，自筹资金，依照本规定设立的实施高等学历教育的教育机构。"

3. 民办高等学校重新定义的原则

(1)应以举办者为主的原则

谁是民办高校的主体？民办是"民"办而不是公办，民办高校的举办者是"民"。因此，应以举办者为主的原则。

(2)应以举办者为主兼顾资金来源的原则

《国家教育事业发展"十三五"规划》(国发〔2017〕4 号)指出："鼓励社会力量进入教育领域。拓展社会力量参与教育发展的渠道和范围。建立更加透明的教育行业准入标准，强化监测监管，鼓励社会力量和民间资本通过多种方式举办学校和教育机构，提供多样化教育产品和服务。发挥市场机制的作用，支持培育教育新业态，扩大教育需求与消费。研究制定相关规范和管理办法，鼓励教育服务外包，引导社会力量为学校提供信息化课程包、实训实习、教师培训、管理支持、质量监测、就业指导等专业化服务，作为政府教育服务的重要补充。"

从上分析可知，民办高校的资金来源并非纯粹的"非公有资本"和"民间资本"或"非国家财政性经费"。

4. 民办高等学校重新定义的注意点

(1)定义是有条件的、相对的

列宁指出："所有的定义都只是有条件的、相对的意义，永远也不能包括充分发展的现象的各方面的联系。"①列宁还指出："下'定义'是什么意思呢？这首先就是要把某一概念放在另一个更广泛的概念里。"②

(2)定义是对一种事物的本质特征的表述

现代定义是对于一种事物的本质特征或一个概念的内涵和外延的确切而简要的说明。由此可见，定义的根本任务在于明确概念。这就要求：一是揭示被定义概念所反映的对象的本质属性(或特有属性)，二是将被定义概念所反映的对象与其他对象区分开来。③ 此二者是相辅相成的。

(3)定义一般都是肯定式的

定义有肯定式定义和否定式定义两种方式，但定义一般都是肯定式的。但是

---

① 列宁．列宁选集(第 2 卷)[M]．北京：人民出版社，1972：808.

② 列宁．列宁全集(第 11 卷)[M]．北京：人民出版社，1990：146.

③ 吴家国．普通逻辑教学参考书[M]．上海：上海人民出版社，1983：31.

在特殊情况下，比如缺乏某种属性就是某些事物的特有属性，对这样的事物下定义就必须用否定式。如：无理数是不循环的无限小数；又如：奇数是不能被2整除的整数。因此，对概念的表述需同时遵守下列定义规则：①定义必须是相应相称的；②定义项中不得直接或间接的包含被定义项；③定义一般必须用肯定的语句形式和正概念；④定义必须清楚确切。①

上述，《民办教育促进法》第二条指出："国家机构以外的社会组织或者个人，利用非国家财政性经费，面向社会举办学校及其他教育机构的活动，适用本法。"这里有"国家机构以外"，"非国家财政性经费"，以及还有"非公有资本"等等都用"××以外"或"非××"这种否定式的表述方式。

5. 民办高等学校的重新定义

高等教育学家潘懋元先生指出："民办学校，或称之为私立学校，是由私人或私法人设立并筹集办学资金，这正是其与公办学校的本质区别。"②

笔者认为，民办高等学校是指以私法人或私人利用民间资本为主举办的高等学校。

第二节　民办高校投资的供给侧改革

一、民办高等教育投入的供给侧改革

(一) 供给侧改革要求改革投入(供给)结构，多办优质的民办高校

1. 从"加大"到"加大"与"扩大"并重的投资渠道

2013年9月25日，习近平在联合国"教育第一"全球倡议行动一周年纪念活动上发表的贺词中指出："中国将坚定实施科教兴国战略，始终把教育摆在优先发展的战略位置，不断扩大投入，努力发展全民教育、终身教育，建设学习型社会，努力让每个孩子享有受教育的机会，努力让13亿人民享有更好更公平的教育，获得发展自身、奉献社会、造福人民的能力。"这里，由过去"加大"变成"扩大"，一字之差，所强调的内涵是寻找新财源，扩大教育投入的渠道。

2014年11月16日，《国务院关于创新重点领域投融资机制鼓励社会投资的指导意见》(国发〔2014〕60号)第二十六条规定："鼓励社会资本参与教育、医疗、养老、体育健身、文化设施建设。尽快出台鼓励社会力量兴办教育、促进民办教育健康发展的意见。"

李克强在《政府工作报告(2015)》中指出："加大政府对教育、卫生等的投入，鼓

---

① 吴家国，罗剑辉. 普通逻辑(修订本)[M]. 上海：上海人民出版社，1986：37-38.

② 柯佑祥. 适度盈利与民办高等教育的发展[M]. 南京：南京师范大学出版社，2003：14.

励社会参与，提高供给效率。”这里提的是“供给效率”。杜玉波副部长在直属高校财务工作会议上指出：“保持经费投入强度，重点在‘扩渠引水’上下工夫。”因此，高校应寻找新财源，如捐赠、合作办学、民间资本、混合所有制等。

2016 年 12 月 29 日，《国务院关于鼓励社会力量兴办教育促进民办教育健康发展的若干意见》第八条规定：“鼓励和吸引社会资金进入教育领域举办学校或者投入项目建设。创新教育投融资机制，多渠道吸引社会资金，扩大办学资金来源。”这里提的是“扩大办学资金来源”。

2017 年 1 月 13 日，教育部部长陈宝生在 2017 年全国教育工作会议上作了题为“办好中国特色社会主义教育，以优异成绩迎接党的十九大胜利召开”的工作报告，他指出：“坚持‘一个为主、两条腿走路’，不断扩大社会投入。”这里他也提的是“扩大社会投入”。

从上可以看出，在民办高等教育投入的供给侧改革中，中央既强调加大财政投入，又强调了“加大”与“扩大”并重的投资渠道。

2. 多办高水平民办高校

在高校所有制结构中民办高校是短板，优质的民办高校更是短板。民办高等教育投入的供给侧改革就是要多办高水平民办高校。

(1)中央重视高水平民办高校

高水平民办高校的建设是高等教育结构性供给侧改革的需要，是高等教育发展的需要，中央十分重视高水平民办高校的建设。

2010 年 6 月 21 日，中共中央政治局审议并通过的《国家中长期教育改革和发展规划纲要(2010—2020 年)》第四十三条指出：“支持民办学校创新体制机制和育人模式，提高质量，办出特色，办好一批高水平民办学校。”

2010 年 10 月 24 日，《国务院办公厅关于开展国家教育体制改革试点的通知》(国办发〔2010〕48 号)第 8 条指出：“办好一批高水平民办学校(上海市，浙江省，福建省，江西省，广东省深圳市，云南省，宁夏回族自治区，武汉科技大学中南分校)。”

2012 年 3 月 16 日，《教育部关于全面提高高等教育质量的若干意见》(教高〔2012〕4 号)第二条规定：“加强民办高校内涵建设，办好一批高水平民办高校。”

2012 年 6 月 18 日，教育部印发的《关于鼓励和引导民间资金进入教育领域促进民办教育健康发展的实施意见》(教发〔2012〕10 号)第十五条规定：“支持高水平有特色民办学校建设。扶持和资助民办学校提高管理水平，加强教师队伍建设，建立民办学校与公办学校共享优质教育资源的机制，深化教育教学改革，创新人才培养模式，推动民办学校不断提高办学水平和人才培养质量。”

《国务院关于鼓励社会力量兴办教育促进民办教育健康发展的若干意见》第二十五条规定：“引进培育优质教育资源。鼓励支持高水平有特色民办学校培育优质学科、专业、课程、师资、管理，整体提升教育教学质量，着力打造一批具有国际影响力和竞争力的民办教育品牌，着力培养一批有理想、有境界、有情怀、有担当的民办教育家。允许民办高等学校和中等职业学校与世界高水平同类学校在学科、专业、课程建设以及人才培养等方面开展交流。”

(2)目前高水平民办高校的出路是中外合作办学

由于历史原因，我国民办高校的历史较短，新中国成立前我国著名的私立大学与教会大学也改造为公立大学，因此，目前我国高水平民办高校几乎没有。在这种民办高校起点低的基础上，只有独辟蹊径，开辟一条独创的新路，这就是建设高水平中外合作大学。我国中外合作大学组成联盟第一届理事会学校见附表 6－1。

表 6－1　中外合作大学组成联盟第一届理事会学校

校名	中外合作方	注册地	招生时间	授学位	备注
西交利物浦大学	西安交通大学和英国利物浦大学	江苏省苏州市	2006 年	学士、硕士、博士	
宁波诺丁汉大学	英国诺丁汉大学与浙江万里学院	浙江省宁波市	2006 年	学士、硕士、博士	
上海纽约大学	美国纽约大学和华东师范大学	上海市	2013 年	学士、硕士	约为每年 4.5 万美元(不含其他杂费及生活费)；但是，通过高考招收的中国学生将获得专门的助学金，即每年只需交纳 10 万元人民币的学费
昆山杜克大学	美国杜克大学和武汉大学	江苏省昆山市	2014 年	学士、硕士	最高学费每人每年 16 万元人民币
香港中文大学(深圳)	香港中文大学和深圳大学	广东省深圳市	2014 年	学士、硕士、博士	
温州肯恩大学	美国肯恩大学与温州大学	浙江省温州市	2015 年	学士	

如西交利物浦大学，前六届毕业生(2010—2015)中超过 80％选择继续留学深造，其中 10％进入 TIMES 世界排名前 10 学府，约 50％进入 TIMES 世界排名前 100 名校，70％以上进入 TIMES 世界排名前 200 大学，近 20％的本科毕业生选择直接就业，就职于世界 500 强、中国财富 500 强等企业。2015 届毕业生 83.28％的毕业生前往英国牛津大学、剑桥大学、帝国理工大学，美国芝加哥大学、哥伦比亚大学、康奈尔大学，瑞士苏黎世联邦理工学院等。

(3)高水平民办高校初见端倪——西湖大学

钱江晚报记者孙晶晶报道：“以世界一流为目标的西湖大学(筹)终于有了新动

作。组建理学、前沿技术、生物学和基础医学 4 个研究所，这 4 个研究院的‘掌门人’都是目前国内科学界的‘大咖’，分别是潘建伟教授、陈十一教授、施一公教授和饶毅教授。四个重点项目各获杭州一亿元扶持资金。浙江西湖高等研究院，就是未来西湖大学的前身及筹建依托主体。”①

时代周报记者刘科报道：“西湖大学的定位，有两个关键词，一是民办；二是研究型大学。该校以民间筹资建校，以博士研究生培养为起点。著名结构生物学家施一公院长在成立大会上表示，这是我国历史上第一所民办的、含理工生命等多个学科的小型、综合性、剑指世界一流的高等研究院。按照计划，2017 年 3 月，首批教职工将入驻西湖高研院。与普通大学不同的是，西湖高研院以博士生培养为起点，先招博士，之后再招研究生和本科生，预计建成后要达到博士后 300 名、在校博士和硕士研究生 3000 名、本科生 2000 名的规模。西湖大学前期建设及经营的主体是杭州西湖大学建设投资有限公司，注册资本 1 亿元；西湖大学的首位主要捐赠人是龙湖集团董事长吴亚军；西湖教育基金会宣布西湖大学暨西湖高研院创始捐赠人分别是：北京荣之联科技股份董事长王东辉、万达集团董事长王健林、北极光投资董事长邓锋、杭州创业软件总经理葛航、深圳金信诺公司董事长黄昌华和腾讯董事会主席马化腾。”②

西湖大学办学历史：

2015 年 3 月 11 日，七位西湖大学倡议人正式向国家提交《关于试点创建新型民办研究性的大学的建议》并获得支持。

2015 年 5 月，上述 7 人与“国家千人计划”（中国国家“海外高层次人才引进计划”）的多位专家学者们商议后达成共识，希望在西湖之畔，“创建一所民办的、研究型的、有望在相对较短的时间内成为世界一流的小型综合大学，而其前身正是浙江西湖高等研究院”。

2015 年 7 月，西湖大学的举办方，杭州市西湖教育基金会成立。

2015 年 11 月 23 日，西湖区与杭州市西湖教育基金会正式签署“共建浙江西湖高等研究院”战略合作协议。

2015 年 12 月 1 日，西湖大学的前身，浙江西湖高等研究院正式注册成立。

2016 年 2 月 29 日，杭州市委市政府发文成立“杭州市推进西湖大学项目建设指挥部”。

2016 年 6 月，潘建伟、陈十一、施一公和饶毅领衔的团队积极申报“杭州市顶尖人才和团队重大项目”和“浙江省领军型创新创业团队”。

---

① 孙晶晶. 西湖大学前身——浙江西湖高等研究院昨成立[N]. 钱江晚报，2016-12-11.

② 刘科. 200 亿+4 个顶级科学家，这所大学要颠覆你对“民办高校”的看法[N]. 时代周报（广州），2016-12-20.

2016 年 7 月 9 日，2016 年度浙江西湖高等研究院第一次学术人才引进面试工作在京举行。

2016 年 10 月，浙江西湖高等研究院 5 号楼行政办公楼装修任务完成。

2016 年 12 月，浙江西湖高等研究院位于杭州市云栖小镇的院址正式落成并投入使用。

2016 年 12 月 10 日，在杭州举行成立大会并揭牌。

潘懋元教授对未来 15 年我国民办高等教育有一个较为明确的预测："到 2020 年，多种规模的民办高等学校及其学生，可能达到高等教育总数的二分之一以上，并将有若干民办高校成为各自定位的一流院校。"①

（4）多办高水平民办高校比出国留学合算

刘民权指出："值得忧虑的是，我国需要有学生去海外留学，特别是去美欧等发达国家，以学习他们的先进科学知识和技术，同时增进相互了解，但超量的海外留学量是否是好事，值得商榷。"②

（二）高等教育供给不足需要鼓励民间资本投入

胡卫认为："现阶段，我国教育供给普遍不足，在义务教育阶段缺乏足够的高质量的教育机会，在非义务教育阶段，既有质量短缺，也有数量短缺。因此，一般来说，民办学校的出现总是增进了当地社会的公共利益。"③

厉以宁认为："公立学校和私立学校都可以提供具有私人产品性质的教育服务，不能认为只有私立学校才提供具有私人产品性质的教育服务。那么为什么在公立学校之外需要有私立学校呢？这不仅是由于某些领域内，私立学校的资源使用效率较高，更重要的是要缓解教育服务方面的供不应求的矛盾，仅仅依靠公立学校是不够的。要知道，知识经济时代需要有大批人才。无论从发展高科技的角度看，从培养各类层次的管理者的角度看，还是从解决就业问题的角度看，都需要加快教育建设。有更多的学校才能加快人才的培养，这是没有疑问的。而要兴办更多更好的学校（包括进行义务教育的学校、职业学校、高等学校和进行成人教育的学校），就要多种渠道集资办学。在讨论办学问题时，一谈到私人办学和私立学校，仍有不少人存在着一种误解，即往往把私人办学和私立学校同私有制联系在一起，或者把私人办学同私人办企业混淆起来，把私立学校同私营企业等量齐观。这种误解很可能成为我国进一步发展教育事业的阻力。"④

朱镕基指出："发展民间办学，吸引社会各方面力量共同办教育，能实现大国办

① 潘懋元，林莉. 2020：中国民办高等教育的前瞻[J]. 浙江树人大学学报，2005(3)：4.

② 刘民权. 供给侧改革下高等教育隐忧[J]. 人民论坛，2016(10)：8.

③ 胡卫. 中国民办教育发展现状及策略框架[J]. 教育研究，1999(5)68－74.

④ 厉以宁. 关于教育产品的性质和对教育经营的若干思考[J]. 教育科学研究，1999(3)：3－11.

大教育。我国是穷国办大教育，不走多种形式办学的路子，别无选择。”①

李岚清也曾经指出：“中国的教育事业，只靠政府这一个‘轮子’推动，发展速度总是有限的，如果采取加上另一个‘轮子’——民办教育的推动，一定会发展得更快、更好。我们要进一步解放思想，转变观念，积极鼓励和支持社会力量以各种形式办学，满足人民群众日益增长的教育需求，形成以政府办学为主体，公办学校和民办学校共同发展的格局。”

罗杰·盖格指出：“在俄罗斯，原有的共产主义教育体制不足导致的高等教育中的真空地带，正逐渐由私立高等教育所填补。这个世界上面积最大的国家由完全没有私立高等教育，突然间转变为必须通过大量的、形式多样的私立院校来满足其高等教育的需求。当然，这并不是本文研究的主题，但是，正如丹尼尔·利维(Daniel Levy)所指出的那样，前苏联的这一特定状况应作为重要的教育现象给予一定的关注。值得注意的是，在这一特定的历史时期，在转型经济国家中出现的私立大学和公立大学之间并没有真正地进行分立。我们可以看到，这些私立大学是依赖公共资源而建立起来的。这也是我要着重阐述的问题。我发现，这一现象最有趣的地方在于，一方面，高等教育私有化使公立院校的教育经费越来越依赖私有资源；另一方面，高等教育私有化也引起了‘镜像反应’现象，导致私立大学日益依赖来自政府的公共资源。尤为值得关注的是，这并非个别现象，而具有相当的普遍性。事实上，一些支持私有化的议案已经以政府文件的形式开始实施，从而促成上述现象。”②

二、我国社会主义初级阶段的民办高等教育是投资而不是捐资

(一) 社会主义初级阶段的民办高等教育不可能是捐资而是投资

《十七大报告》指出：“我国仍处于并将长期处于社会主义初级阶段的基本国情没有变，人民日益增长的物质文化需要同落后的社会生产之间的矛盾这一社会主要矛盾没有变。当前我国发展的阶段性特征，是社会主义初级阶段基本国情在新世纪新阶段的具体表现。强调认清社会主义初级阶段基本国情，不是要妄自菲薄、自甘落后，也不是要脱离实际、急于求成，而是要坚持把它作为推进改革、谋划发展的根本依据。”在社会主义初级阶段，我国富人处在原始积累的阶段，因此，民办高等教育的产生和发展既不具备捐赠办学的物质基础，也不具备捐赠办学的道德基础。我国民办教育产生和发展与发达国家的最大区别是投资而不是捐资。

(二) 国家鼓励民间投资办学的法规

1984 年，《国务院关于筹措农村学校办学经费的通知》中就提出：“开辟多种渠

① 朱镕基在全国教育工作会议上发表重要讲话[N]. 中国教育报，1999-6-21.

② [美]罗杰·盖格. 私立高等教育的公共性[J]. 盛晓明，译. 北京大学教育评论，2005(2)：23-30.

道筹措农村学校办学经费。除国家拨款的教育事业费外，乡人民政府可以征收教育费附加，并鼓励社会各方面和个人自愿投资在农村办学。”

1993年《中国教育改革和发展纲要》第47条规定：“改革和完善教育投资体制，增加教育经费。目前教育经费相当紧缺，不仅不能适应加快改革开放和现代化建设对人才的需求，而且也难以满足现有教育事业发展的基本需要。增加教育投资是落实教育战略地位的根本措施，各级政府、社会各方面和个人都要努力增加对教育的投入，确保教育事业优先发展。”这里的教育投资体制中，要求“个人都要努力增加对教育的投入”。

2003年10月14日，中共中央《关于完善社会主义市场经济体制若干问题的决定》第五条规定：“大力发展和积极引导非公有制经济。个体、私营等非公有制经济是促进我国社会生产力发展的重要力量。清理和修订限制非公有制经济发展的法律法规和政策，消除体制性障碍。放宽市场准入，允许非公有资本进入法律法规未禁入的基础设施、公用事业及其他行业和领域。”

国务院在2005年2月19日颁发的《关于鼓励支持和引导个体私营等非公有制经济发展的若干意见》第四条规定：“允许非公有资本进入社会事业领域。支持、引导和规范非公有资本投资教育、科研、卫生、文化、体育等社会事业的非营利性和营利性领域。”

2006年3月14日，第十届全国人民代表大会第四次会议批准的《中华人民共和国国民经济和社会发展第十一个五年规划纲要》指出：“大力发展个体、私营等非公有制经济。进一步消除制约非公有制经济发展的体制性障碍和政策性因素，进一步落实鼓励、支持和引导非公有制经济发展的政策措施。允许非公有制经济进入法律法规未禁止的行业和领域，鼓励和支持非公有制经济参与国有企业改革，进入金融服务、公用事业、基础设施等领域。完善金融、税收、信用担保、技术创新等方面的政策，改善行政执法和司法环境，加强和改进对非公有制企业的服务和监管。”

《国家中长期教育改革和发展规划纲要(2010—2020年)》第四十二条指出：“改进非义务教育公共服务提供方式，完善优惠政策，鼓励公平竞争，引导社会资金以多种方式进入教育领域。”

(三) 社会主义初级阶段的政策法规区分了“投资”与“捐资”

《中国教育改革和发展纲要》第48条规定：“鼓励和提倡厂矿企业、事业单位、社会团体和个人根据自愿、量力原则捐资助学、集资办学，不计征税。欢迎港澳台同胞、海外侨胞、外籍团体和友好人士对教育提供资助和捐赠。”

《中华人民共和国教育法》第六十条规定：“国家鼓励境内、境外社会组织和个人捐资助学。”《中华人民共和国高等教育法》第六十条规定：“国家鼓励企业事业组织、社会团体及其他社会组织和个人向高等教育投入。”

《中共中央、国务院关于深化教育改革全面推进素质教育的决定》第24条规定:"继续鼓励社会、个人和企业投资办学和捐(集)资助学,不断完善多渠道筹措教育经费的体制。"

国务院批转教育部《2003—2007年教育振兴行动计划的通知》第41条规定:"积极鼓励和引导社会、企业和公民个人捐资助学、出资和投资办学。"

《中华人民共和国民办教育促进法》第六条规定:"国家鼓励捐资办学。"

1999年1月13日国务院批转教育部《面向21世纪教育振兴行动计划》(国发〔1994〕39号)第42条指出:"落实科教兴国战略,必须转变把教育投资作为消费性投资的观念,要切实把发展教育作为基础设施建设,把教育投资作为一种基础性的投资,千方百计增加教育投入。"

(四) 学者的观点:投资办学是民办教育的基本特征

蒋国华的研究显示:"世界银行教育经济学与教育政策研究专家图利教授指出,这是一项'全球性的教育产业'。国际金融公司副总裁坎托拉则指出,'我们已经开辟了诸如基础设施和卫生等新的投资领域,现在我们开始看好向私立学校投资教育的潜力。'"①

胡鞍刚、熊志义指出:"教育向民间开放,带来私人对教育的大规模投资。这样,一方面解决政府办教育当中供给不足的问题,另一方面满足了个人对于教育多样性的需求。在实施高质量的义务教育的同时,加强教育对民间部门的开放是现代国家在解决教育治理问题上重要的公共政策选择。正如我们前面所讨论的,义务教育制度安排之外的教育是典型的纯私人物品,虽然它与一般商品有所不同,但是不同之处仅在于教育具有供需双方信息不对称的特点和正的外部性。……对于后发国家而言,在教育发展当中还有一个特殊的问题,即它们要在经济追赶之前率先实现人力资本的追赶,并以此作为经济进一步追赶的条件。因此,这就意味着后发国家不可能像先行国家一样等待经济发达之后,再依靠强大的财政支持发展教育,而是必须在经济实现追赶之前,在经济还不够发达的条件之下,超前发展教育。因此,必须借助民间力量的支持来发展教育。这是后发国家在教育发展当中一条重要的历史经验。"②

厉以宁指出:"集资办学,谁是最大的受益者?我们鼓励民办学校有了盈余可以提高教师待遇,可以给投资者回报,他本人得到好处了,教师待遇提高了,而最大的受益者是国家和全社会。国家的教育事业发展起来了,社会所需要的人才培养出来了。如果不给回报,别人就不会集资;如果不提高教师待遇,教师都流走了,受

① 蒋国华.西方教育市场化:理论、政策与实践[J].全球教育展望,2001(9):58-65.

② 胡鞍刚,熊志义.大国兴衰与人力资本变迁[J].教育研究,2003(4):11-16.

损失的还是国家。"①

2002 年，时任全国人大教科文卫委员会副主任、民办教育促进法起草小组组长的汪家璆，在向全国人大常委会对该法的说明中指出："从我国实际情况来看，目前民办学校利用自筹资金办学，捐资办学者为数不多，多数人是投资办学。"

中国民办教育协会会长陶西平 2010 年在《中国民办教育》一书中也指出："目前的法规和政策规定大多是基于捐赠办学的前提假设而制定的，这实际上忽视了我国民办教育的主体是投资办学的基本特征。"②

邬大光指出："投资办学是我国民办高等教育的基本特征，也可以说是我国民办高等教育的本质特征。我国民办高等教育走上投资办学的道路，是特定时期的一种选择，是办学者不得不做出的一种选择。既是一种无奈的选择，也可以说是一种必然的选择。"③

潘懋元、别敦荣、石猛认为："民办高校是利用非公共财政性经费举办的高等教育组织，投资办学是当前我国民办高校的基本特征。但因为投资具有营利性，这样就出现了民办高校将营利所得用于投资者再分配或奖励的情况，应给予民办高校必要的营利空间，使营利性与公益性达到有机的统一，以促进民办高等教育事业持续健康、快速发展。……民办高校投资办学尽管具有投资的属性，但却少有商业投资的投机性。所谓投机性，主要指商业投资中利用较少投资获取巨额利润的特性，它将获取巨额利润建立在投资风险之上；还有一类投机虽然风险较小，但获利较为稳定及时，短期收益效果较好。不论从哪个角度看，民办高校投资办学都不具有投机性。"④

李传奇指出："笔者曾对我区十所规模较大民办学校的经费来源进行了调查，其中捐资只有 20.4 万元，仅占全部经费 5749.3 万元的 0.36%。"⑤

由此可见，我国社会主义初级阶段的民办高等教育主要是投资而不是捐资。

三、吸引民办高校投资需要明晰民办高校产权

（一）现代大学制度要求建立健全现代产权制度

潘懋元更明确指出："产权制度是学校制度的核心内容，选择什么样的产权制度主要取决于其是否有利于教育资源配置和提高资源利用效率。……明晰产权是落实大学办学自主权的重要条件，要落实大学办学自主权就必须以大学的产权制

① 厉以宁.关于教育产业的几个问题[J].高教探索，2000(4)：14－19.
② 陶西平，王佐书.中国民办教育[M].北京：教育科学出版社，2010：32.
③ 邬大光.投资办学：我国民办高等教育的本质特征[J].广东教育学院学报，2006(6)：59－60.
④ 潘懋元，别敦荣，石猛.论民办高校的公益性与营利性[J].教育研究，2013(3)：25－33.
⑤ 李传奇.分清属性、势在必行——民办学校应分为营利性和非营利性分别管理[J].教育与职业，2000(2)：30－32.

度改革为切入点。”①

毕宪顺认为：“现代大学制度包含四层涵义。第一，现代大学制度的前提是与社会主义市场经济体制相适应，符合高等教育规律。第二，现代大学制度的核心是面向社会，依法自主办学，实行民主管理。第三，现代大学制度的特征是学术自由，政校分开，权责分明，管理科学。第四，现代大学制度的关键是建立高等学校法人制度。”②

杨望成、熊志翔认为：“大学自治是现代大学制度的核心，非营利性是现代大学制度的基石，法人化是现代大学制度的保障，董事会——校长关系为核心的治理结构是现代大学制度有效运行的关键。”③

上述学者对现代大学制度的内涵论述大同小异，都提到了现代大学制度的关键是“高等学校法人制度”或“大学法人治理结构”。由此可见，民办高校有必要建立健全现代产权制度。

（二）关于“教育产权”和“学校产权”的提法

目前，在研究中有“教育产权”与“学校产权”两个概念。

1. 关于“教育产权”

(1)教育产权的定义

张铁明认为：“教育产权就是拥有举办的教育机构财产的权利，即人们围绕特定的教育财产而结成的权利关系。”“教育财产包括学校或其他教育机构的物质资料(硬财产)，也包括教育机构在办学过程中的学校作风、教育特色以及由此形成的教学经验和教育思想，还有由整个办学(历史)过程凝聚成的良好‘名牌’社会效应等‘软教育财产’。”④

范先佐对张铁明的定义作了补充，他认为：“这种探讨是十分有益的，但这种理解大大限制了教育产权的范围，从概念角度看，这种理解基本上只涉及教育活动中交易主体之一：学校，而对教育活动交易的其他主体如学生、家长、政府以及学校内部的教师与校长的产权根本没涉及。一个完整的教育产权的界定应该根据前面关于产权的定义，对教育活动中各个主体的权利界定，以及面对教育活动中不确定性与不完全信息时，对教育剩余索取权与教育剩余控制权的架构。”⑤

杨丽娟是较早探讨教育产权的学者，她认为：“完整的、广义的教育产权也应包

---

① 潘懋元.我国高校产权制度改革的若干问题——兼论公、民办高校产权问题[J].教育发展研究，2005(14)：17-22.

② 毕宪顺.建立现代大学制度：高校管理体制改革的目标[J].山东师范大学学报(人文社会科学版)，2003(4)：128-131.

③ 杨望成，熊志翔.现代大学制度的基本特征[J].佛山科学技术学院学报(社会科学版)，2004(1)：77-82.

④ 张铁明.教育产业论[M].广州：广东高等教育出版社，1998：281.

⑤ 范先佐.教育的低效率与教育产权分析[J].华中师范大学学报(人文社会科学版)，2002(3)：5-10.

括劳动力产权，即劳动者对劳动力这一特殊财产形式的权利组合。在教育领域建立劳动力产权，一方面有助于切实维护教师的合法权益，另一方面学生接受完教育后将成为现实劳动力，其本人和用人单位都将拥有部分劳动力产权。根据谁投资谁所有谁受益的原则，受教育者和用人单位也应参与教育成本的分担与补偿。狭义的教育产权只指围绕教育资本而形成的学校产权，即对特定学校的财产权利。指参与学校投资、经营、管理的各个活动主体围绕学校的教育财产形成的所有权、占有权、使用权、处分权、收益权等权利关系和结构。学校的财产可分为有形资产和无形资产。"①

曹淑江、范开秀对杨丽娟的观点提出了质疑，他们认为不需要引入一个教育产权的概念，他们指出："杨丽娟文中第一节中关于个人财产所有权的论述是准确的，但是文中没有说清楚企业所有权的概念，杨文后面的论述中把个人财产所有权和企业所有权两个概念混为一谈。""我国民办学校中财产权的界定不明晰，这的确是一个严重束缚民办教育发展的大问题，财产所有权的问题主要表现在学校中财产的归属不清楚，各种财产所有者的权力（包括收益权）和责任界定不清，投资者是否可以得到回报，应得到什么样的回报，应得到多少回报，学校的利润归谁所有等问题没有明确的答案。""我们认为，尽管在教育中，特别是私立学校和民办学校中，财产所有权的界定和学校所有权的归属是极其重要的，但并不需要再专门定义另外的教育产权和所有权概念，已有的产权概念和理论完全能够解释教育中的问题。""尽管教育中、学校中产权问题是非常重要的，也是需要研究的，但是并不需要引入一个教育产权的概念，已有的产权概念和理论能够涵盖和解释教育中的问题和现象。"②

张万朋、薛天祥认为："所谓高等教育产权，就是对高等教育财产的权利，也就是广义上对高等教育财产的所有权——包括狭义上的所有权（即归属权）、占有权、支配权和使用权这样一组权利束。这是一个动态的概念。从其变迁的一般轨迹来看，由于高等教育产权在实际上表现为一组权利束，各种具体的权利可分可合，因此，高等教育产权的变迁主要表现为高等教育产权束的分合关系。从高等学校这种高教产业的具体组织形式来看，不同的学校制度安排，高校所拥有的产权是大不一样的，换句话说，学校到底拥有哪些独立的权利，并没有统一和固定的界线。"③

上述学者对教育产权的论述虽有差异，但"教育产权就是拥有举办的教育机构财产的权利，即人们围绕特定的教育财产而结成的权利关系"是共同的。

（2）教育产权的特征

---

① 杨丽娟．关于教育产权若干问题的探讨[J]．教育与经济，2000(1)：12－16．

② 曹淑江，范开秀．也谈关于教育中的产权问题——兼与杨丽娟同志商榷[J]．教育与经济，2001(4)：16－19．

③ 张万朋，薛天祥．高等学校产权改革的再定位——产权结构多元化[J]．辽宁教育研究，2003(9)：30－32．

北京师范大学的崔玉平博士则认为，经济学意义上的教育产权是指教育产业的参与者对稀缺的教育资源及其经营收益各自享有的包括物权和人身权在内的排他性权利集合。教育产权主要具有如下特征：①它包括物权和人身权两方面内容。其客体既可以是投入教育领域的特定的物质，也可以是教育产业中的特定行为或精神财富。②其主客体具有多元性。教育产权的客体不仅包括投入教育领域的各类资源，还包括教育者和受教育者由于在教育生产、交换和消费过程的投入和参与而形成的人力资本、智力成果和各种教育服务。不仅教育产权的客体是多元的，而且其主体也是多元的。这是因为教育投入要素的来源主体有多种，教育收益的分享者也有多种，有自然人，也有法人，不仅有政府、社会法人组织、教育管理者和教师，还有受教育者本人。③产权内容不仅包括对物质资源的直接管理和使用，还包括对教育教学的行为过程和智力活动成果的管理、支配和处置。④其权利和责任难以充分界定和分割。这是因为教育产权涉及的主客体对象较多，并且教育活动和行为具有显著的正的外部性，这些正的外部性很难通过产权界定将其分割清楚。因此，教育产权的界定具有一定的模糊性。⑤其资产具有专用性。投入到学校中的资产一般不能随意抽逃或转让到教育领域以外去使用，目的在于保持学校发展的连续性和可持续性。[①]

杨丽娟认为："教育产权也具有不同于企业产权的特点。首先，界定和行使教育产权的目的侧重点不同于企业产权；其二，对教育产权进行重组的方式与企业产权不同；其三，国有教育产权的委托——代理制度应与国有企业产权有所不同；其四，教育产权比企业产权要求有更强的稳定性和持续性。"[②]

张铁明则认为，教育产权存在九个特性：商品性、利益性、稀缺性、独立性、权威性、可变性、可分解性、复合性、公益性。[③]

上述，崔玉平和张铁明是从教育产权的内涵角度论述的，而杨丽娟是从不同于企业产权的特点角度论述的。笔者认为，教育产权的特性主要应从教育产权的内涵角度去论述。

2. 关于"学校产权"

(1)学校产权的定义

潘懋元教授与宁波大学副教授胡赤弟都认为："所谓大学产权就是大学的财产所有权，是大学各类财产所有权及其派生出来的一系列权利总和。大学产权首先表现为物的产权，如大学的土地、建筑物和仪器设备等物质性财产的产权；其次表现为大量无形资产的产权，如大学的社会声誉、办学传统、校园文化及科学研究成

① 崔玉平.高等教育制度创新的经济学分析[M].北京：北京师范大学出版社，2002：144－145.

② 杨丽娟.关于教育产权若干问题的探讨[J].教育与经济，2000(1)：12－16.

③ 张铁明.论教育产权的特性[J].教育发展研究，2005(7B)：23－25.

果，大学的无形资产大多数是在长期办学过程中积累下来的；再次还表现为教师的教学劳动产权。从广义上讲，财产包括实物财产、无形资产和劳务。教师所从事的教学劳动也有产权，但由于教学劳动所取得的成果具有间接性，是通过提高学生的综合素质，从而增强学生的工作能力与生活能力而最终实现的，因此这种劳务产权常常被人忽视。此外，从大学财产所形成的资金来源看，大学产权的主体是多元的，有国家、集体、学校法人和私人等。"①

潘懋元还指出："教育产权有广义和狭义之分，就狭义而言，教育产权即学校产权。学校产权是在一定国家教育权指导下，学校为履行教育职能而形成的一种财产权利。它经由一定的国家法律所认可，具有法律的权威性和强制性，是依法确立并受法律保护的权利；其次，学校产权是包括对教育财产的所有权、占有权、支配权、使用权及收益权等一系列权利在内的整体权利，但这些权利之间是可分割的，各项权能可分别归属于不同的产权主体；再次，学校产权既保证产权主体的产权利益和效用得到实现和满足，又要求产权主体必须通过尽责和努力才能实现上述利益和效用，是责任与权利的统一；最后，学校产权保证了产权主体具备使用教育资源的充分自由，但同时又要求其在行使自由时必须遵循一定的社会约束规则，不得侵犯其他产权主体的利益，是自由和限制的统一。"②

刘湘玉认为："'教育产权'是教育范畴内的经济学概念，是指拥有举办教育机构财产的权利，即人们围绕着教育财产所结成的权利关系。教育机构主要是指学校、幼儿园及各种培训机构等。若从实际意义分析，教育产权主要是指学校及其他教育机构的财产权，简称'学校产权'或教育组织和机构的财产权利；从经济学角度分析，则包括学校和教育机构财产的使用权、占有权、支配权、收益权和处置权等。"③

徐冬青还认为："所谓'学校产权'，也就是学校作为法人所拥有的产权。……'学校法人'产权不同于'法人学校'产权。法人学校产权是指'学校作为法人'所拥有的产权。而'学校法人'是个独立概念，所谓'学校法人'，是指以设立学校为目的的法人，一般这种学校为私立学校。学校法人的条件是必须拥有设置私立学校所需的设施、设备或购置这些设施、设备所需的资金，以及所设立学校在经营上所需的财产。其住址应定于主要事务所在地。学校法人必须注册登记，并根据《民法》拥有权利能力和不法行为能力。'学校法人'和'法人学校'在产权上的根本区别是'学校法人'中的投资者的'投资行为'属于捐资行为，即丧失财产所有权，并且这所

① 潘懋元.我国高校产权制度改革的若干问题——兼论公、民办高校产权问题[J].教育发展研究，2005(14)：17－22.
胡赤弟.高等院校产权改革与立法问题[J].江苏高教，2002(1)：63－65.

② 潘懋元，黄建如.教育主权与教育产权关系辨析[J].中国高等教育(半月刊)，2003(6)：14－16.

③ 刘湘玉.明晰教育产权，促进教育体制改革与创新[J].中国高教研究，2005(9)：85－86.

学校是非营利性的。而'法人学校'的'法人'可以是企业法人设立学校(可以是非营利性学校或营利性学校),也可以是事业法人设立学校(其权益不同于'学校法人'的权益),一般来说投资主体不放弃财产所有权,而且需要回收或回报其投资。总之,'学校作为法人'同'学校法人'含义是不同的,应当严格区别。"①

还有的学者认为,"学校产权"即"教育产权",如靳希斌教授认为:"所谓教育产权,它是教育范畴内的经济学概念,是指拥有举办教育机构财产的权利,即人们围绕着教育财产所结成的权利关系。教育机构主要是指学校、幼儿园及各种培训机构等。若从实际意义分析,教育产权主要是指学校及其他教育机构的财产权,简称'学校产权'或教育组织和机构的财产权利;从经济学角度分析,则包括学校和教育机构财产的使用权、占有权、支配权、收益权和处置权等。"②庄西真指出,"教育产权就是围绕教育资本而形成的学校产权,即对特定学校的财产权利。指参与学校投资、经营、管理的各个活动主体围绕学校的教育财产形成的所有权、占有权、使用权、处置权、收益权等权利关系和结构。"③武毅英也认为:"教育产权就是指围绕着学校资本而形成的学校产权。"④

(2)学校产权的特性

美国经济分析法学家波斯纳(Posner)则认为,产权必须有三种特性:普遍性——所有有价值的资源都应是有主的资源,因为无主的资源容易遭到无节制的利用或浪费;排他性——排除他人对资源的利用和对利用资源所产生的收益的享用;可转让性——财产在不同的所有者之间的自由转移。⑤

经济学上在谈及产权的特征时,一般有五个方面:排他性——意味着所有者有权选择用财产做什么,如何使用它和给谁使用它的权利;可转让性——所有者有权按照双方共同决定的条件将其财产转让给他人;可交易性——产权束中的一种或多种权利可以在市场上交易;可分割性——一项资产上的纯所有权权能与其他各种具体上的权利相分离;契约保障性——产权的运动在法律形式上必然是以契约来组织的。⑥

综上所述,可以归纳为主要观点有:潘懋元认为,教育产权有广义和狭义之分,就狭义而言,教育产权即学校产权。徐冬青认为,教育机构产权实质上是一种法人产权。教育机构拥有的产权实质上是教育机构法人产权。我们已经知道教育机构

① 徐冬青.学校的产权分析[J].教育与经济,2001(4):20-21.

② 靳希斌.教育产权与教育体制创新——从制度经济学角度分析教育体制改革问题[J].广东社会科学,2003(2):74-80.

③ 庄西真.职业技术教育产权多元化的变革与政府干预[J].教育科学,2001(2):8-10.

④ 武毅英.明晰高校产权,促进高等教育投资体制改革[J].中国高等教育,2003(8):7-9.

⑤ [美]波斯纳.法律的经济分析(上)[M].蒋兆康,译.北京:中国大百科全书出版社,1996:42.

⑥ 何自立.比较制度经济学[M].天津:南开大学出版社,2003:71.

法人产权是以教育机构法人为主体享有的对教育机构财产的权利，不是单个自然人对教育财产的权利；教育机构法人产权不同于所有权，教育机构法人不是也不可能是教育机构的所有者，所有者是对教育机构进行投资的出资者。由于教育领域使用的教育产权概念过于宽泛，无法体现产权的实体边界以及学校产权的全部内涵和外延，因而本文在具体论述时，采用“学校产权”这一概念。

（三）民办高校“举办者权益”的探讨

前已述及，产权的概念可以表述如下：产权是以财产权为基础所形成的权利集合体。这个权利集合体由一组权利构成，包括产权主体对财产享有的所有、占有、使用、处置、收益等权利。从完整的产权来讲，它既包括财产所有者（产权主体）对财产的所有权（终极所有权），也包括财产所有权所派生的占有权、使用权、处置权和收益权。这里，财产所有权是关键。那么，“财产所有权”与“举办者权益”是什么关系呢？

1. 举办者权益的提出

2004 年 2 月 25 日，《中华人民共和国民办教育促进法实施条例》第六条出现了“举办者权益”的概念，第六条是这样规定的：“参与举办民办学校的公办学校依法享有举办者权益，依法履行国有资产的管理义务，防止国有资产流失。”那么，“参与举办民办学校的”其他社会力量（如民营企业家）是否也“享有举办者权益”呢？在《中华人民共和国民办教育促进法实施条例》中没有规定，这不免感到有失公允。本节进一步进行探讨。

2. 举办者与出资者

(1)举办者即出资者

《中华人民共和国民办教育促进法实施条例》的第二章共用七条专门规定“民办学校的举办者”，与出资者有关的规定如下。第五条规定：“民办学校的举办者可以用资金、实物、土地使用权、知识产权以及其他财产作为办学出资。国家的资助、向学生收取的费用和民办学校的借款、接受的捐赠财产，不属于民办学校举办者的出资。”第八条规定：“民办学校的举办者应当按时、足额履行出资义务。民办学校存续期间，举办者不得抽逃出资，不得挪用办学经费。民办学校的举办者不得向学生、学生家长筹集资金举办民办学校，不得向社会公开募集资金举办民办学校。”从上可知，民办学校的举办者即出资者。

(2)举办者即投资者

1995 年 5 月 29 日，国务院办公厅转发国家教委《关于深化高等教育体制改革若干意见的通知》第五条规定：“要通过深化改革和立法，划分、规范举办者、管理者、办学者的权力与义务。举办者主要是投资举办学校、提供必要的办学条件、提出学校主要学科和专业的服务面向及人才培养要求、对办学实施目标监督等。举办者可以是各级政府及有关部门，也可以是企业、事业、具有法人资格的社会团体或公民个人，他们可以单独，也可以联合举办。举办者应有代表参加高校的相应的管理机构（如校董会等）。教育行政管理者主要是国务院和省、自治区、直辖市两级教育行政部门，负责统筹规划和宏观管理全国或本省、自治区、直辖市的高等教育，行使教育行政管理权。两级政府的其他有关部门在政府授权范围内实施教育管理。政府部门的教育行政管理要简政放权，转变职能，由直接行政管理转变为运用规划、法律、经济、评估、信息服务以及必要的行政手段实行宏观管理。要逐步扩大省、自治区、直辖市人民政府对本地区所有高等学校的统筹、协调管理权。办学者是具有法人资格的高等学校。学校作为独立办学的法人实体，要依法充分行使自主办学权力，在专业设置、招生、指导毕业生就业、教育教学、科学研究、技术开发、筹措和使用经费、机构设置、人事安排、职称评定、工资分配、对外交流和学校管理等方面拥有法律、法规规定的权限，真正实行面向社会依法自主办学。"由此可见，"举办者"是投资举办学校者。

（3）出资人即投资者

《中华人民共和国民办教育促进法》第十九条规定："民办学校的举办者可以自主选择设立非营利性或者营利性民办学校。但是，不得设立实施义务教育的营利性民办学校。非营利性民办学校的举办者不得取得办学收益，学校的办学结余全部用于办学。营利性民办学校的举办者可以取得办学收益，学校的办学结余依照公司法等有关法律、行政法规的规定处理。民办学校取得办学许可证后，进行法人登记，登记机关应当依法予以办理。"

国务院发展研究中心张文魁研究员认为："'出资人权利'这个概念是中国的独创，但可以将这个概念等同于国外的投资者（investor）概念（更准确地说应该是权益投资者，即 equity investor）。中国造出出资人这个概念，主要是针对政府对国有企业资产管理"政资不分"的旧体制而提出来的，希望通过建立出资人制度而将政府作为公共管理者的身份和国有资产所有者的身份分开（政资分开）。所以，可以将中国的出资人理解为国有企业的投资者，将出资人权利理解为国有企业投资者的权利。"①

3. 民办高校应享有"举办者权益"

北京教科院民办教育研究中心王文源曾专门论述过民办学校的"权益"，他指出，举办民办学校者的权益。民办学校的举办者有义务保障《中华人民共和国教育法》第五条、第六条、第七条、第八条、第十一条、第十二条、第二十六条、第四十八条等条款的实现。此外，举办者还应有以下权利和义务：①根据国家法律法规，有在学校推行自己的教育理念、实现自己的教育理想的权利，包括在国家法律法规范围内，确定办学宗旨、办学方针、人才培养目标和培养模式、学校的用人机制和管理模

① 张文魁．什么是所有权、产权、出资人权利、股东权利[J]．中国监察，2006(12)：36.

式等；②有制定学校发展规划和办学方案的权利，并负责决定和实施学校建设发展的所有重大事项；③有聘用与解聘学校校长和重要管理人员的权利；④有义务保障学校办学经费和学校发展建设所需的各方面条件；⑤有义务保障学校的教职员工合法权益不受侵犯；⑥有义务保障学校接受国家有关部门依照法律法规进行的检查、监督和审计；⑦有依照国家法律法规和办学章程，收回投资并获得回报的权利。①

中央教育科学研究所方铭琳指出："民办高校产权是包括民办高校的财产所有权、占有权、支配权、使用权、经营权、收益权、交易权、处分权等一束责、权、利的关系和规则的总和。产权的重要功能在于规范投资者、学校、国家等主体的行为，并对各产权主体的行为作出合理预期，明确各自的权利义务关系，最终保障民间资本的财产权益和民办高等教育事业的健康发展。随着我国民办高校办学主体及投资模式的多元化以及民办高校数量和资产规模的不断扩张，合理界定产权，规范并保护各产权主体的地位与权能就越发显得重要和急迫。"②

北京师范大学靳希斌教授指出："若从实际意义分析，教育产权主要是指学校及其他教育机构的财产权，简称'学校产权'或教育组织和机构的财产权利；从经济学角度分析，则包括学校和教育机构财产的使用权、占有权、支配权、收益权和处置权等。"③

由此可见，民办高校投资者应拥有民办高校的产权，即财产所有权而不是"享有法人财产权"。

四、民办高校投资不能界定为法人财产权

（一）我国法规规定民办高校只"享有法人财产权"

2002年12月28日，第九届全国人大常委会第三十一次会议通过的《中华人民共和国民办教育促进法》第三十五条规定："民办学校对举办者投入民办学校的资产、国有资产、受赠的财产以及办学积累，享有法人财产权。"第三十六条规定："民办学校存续期间，所有资产由民办学校依法管理和使用，任何组织和个人不得侵占。"即只享有管理和使用权。

2003年3月1日，国务院发布的《中华人民共和国中外合作办学条例》（国务院令第372号）第三十七条规定："中外合作办学机构存续期间，所有资产由中外合作办学机构依法享有法人财产权，任何组织和个人不得侵占。"

2006年12月21日，国务院办公厅发布的《关于加强民办高校规范管理引导民

---

① 王文源．民办学校的产权与权益[J]．中小学管理，2001(6)：12－14．

② 方铭琳．我国民办高校产权期待合理规范[N]．中国教育报，2005－9－1．

③ 靳希斌．教育产权与教育体制创新——从制度经济学角度分析教育体制改革问题[J]．广东社会科学，2003(2)：74－80．

办高等教育健康发展的通知》(国办发〔2006〕101号)第二条规定:“民办高校要落实法人财产权,出资人按时、足额履行出资义务,投入学校的资产要经注册会计师验资并过户到学校名下,任何组织和个人不得截留、挪用或侵占。”

2007年2月3日,教育部印发的《民办高等学校办学管理若干规定》(教育部令第25号)第六条规定:“民办高校的举办者应当按照民办教育促进法及其实施条例的规定,按时、足额履行出资义务。民办高校的借款、向学生收取的学费、接受的捐赠财产和国家的资助,不属于举办者的出资。民办高校对举办者投入学校的资产、国有资产、受赠的财产、办学积累依法享有法人财产权,并分别登记建账。任何组织和个人不得截留、挪用或侵占民办高校的资产。”第七条规定:“民办高校的资产必须于批准设立之日起1年内过户到学校名下。本规定下发前资产未过户到学校名下的,自本规定下发之日起1年内完成过户工作。资产未过户到学校名下前,举办者对学校债务承担连带责任。”

2012年6月18日,教育部印发的《关于鼓励和引导民间资金进入教育领域促进民办教育健康发展的实施意见》(教发〔2012〕10号)第十七条规定:“健全民办学校资产和财务管理制度。依法落实学校法人财产权,学校存续期间,任何组织和个人不得侵占学校法人财产。民办学校应将举办者投入的资产、办学积累的资产、政府资助形成的资产分类登记建账,将学费收入、政府资助等公共性资金存入学校银行专款账户,主管部门要对学校公共性资金的银行专款账户进行监管,确保办学经费不被挪作他用。”

2016年11月7日,第十二届全国人民代表大会常务委员会第二十四次会议通过的《中华人民共和国民办教育促进法》第三十六条指出:“民办学校对举办者投入民办学校的资产、国有资产、受赠的财产以及办学积累,享有法人财产权。”

2016年12月29日,《国务院关于鼓励社会力量兴办教育促进民办教育健康发展的若干意见》第二十条规定:“存续期间,民办学校对举办者投入学校的资产、国有资产、受赠的财产以及办学积累享有法人财产权。”

(二)“法人财产权”的法规溯源

“法人财产权”在我国的政策法规中最早出现是1993年11月14日,十四届三中全会通过的《中共中央关于建立社会主义市场经济体制若干问题的决定》中指出:“建立现代企业制度,是发展社会化大生产和市场经济的必然要求,是我国国有企业改革的方向。其基本特征,一是产权关系明晰,企业中的国有资产所有权属于国家,企业拥有包括国家在内的出资者投资形成的全部法人财产权,成为享有民事权利、承担民事责任的法人实体。”

随后的《公司法》都采用“法人财产权”这个概念,如1993年12月、1999年、2004年的《公司法》第四条规定:“公司股东作为出资者按投入公司的资本额享有所有者的资产受益、重大决策和选择管理者等权利。公司享有由股东投资形成的全部法人财产权，依法享有民事权利，承担民事责任。”2005 年的《公司法》第三条规定：“公司是企业法人，有独立的法人财产，享有法人财产权。公司以其全部财产对公司的债务承担责任。有限责任公司的股东以其认缴的出资额为限对公司承担责任；股份有限公司的股东以其认购的股份为限对公司承担责任。”但是，什么是“法人财产权”，在《决定》和《公司法》没有明确界定，因此，在学术界对“法人财产权”的性质有不同理解。

（三）“法人财产权”的性质

“法人财产权”性质的代表性观点有：

1. 经营权说

1994 年 7 月 24 日国务院发布的《国有企业财产监督管理条例》第四章专门规定“企业法人财产权”，第二十七条指出：“企业享有法人财产权，依法独立支配国家授予其经营管理的财产。”根据国家体改委政策法规司对《国有企业财产监督管理条例》的解释为：“本条例所称的财产权，不是归属意义上的财产权，而是一种独立的支配权，主要指占有、使用和依法处分的权利。……但这种权利毕竟不是所有权，因为它只是所有权的其中几项权能，是一种不完全的物权。”①我国法学界权威江平教授认为，从《公司法》第 4 条第 1 款的规定和我国已有的企业立法的思想脉络来看，将公司法人财产权认定为法人经营权更为务实一些，且《公司法》第 4 条第 3 款“公司中的国有资产所有权属于国家”的规定，就更加难以认定公司法人对股东投资形成的公司财产有所有权了。② 经营权说一般认为法人财产权只是占有、使用及依法处分的权利，不享有收益权能。③

2. 所有权说

法学专家杨勤活认为，公司法人财产权是所有权，是自物权而非他物权。因为，公司法人财产权的内容与所有权的基本内容相同，都包括占有、使用、收益和处分。公司法人财产权基于公司法人的设立，出资人的出资而产生，除此之外，公司法人财产权在取得方式和消灭原因上与所有权也都相同。因此，公司法人财产权具有所有权性质。④ 所有权说遇到的麻烦是如何界定与之相应的股权的性质，学者意见分歧较大，且尚无定论，诸如“双重所有权说”“法律所有权和经济所有权说”“终极所有权与法人相对所有权说”“价值所有权与实物(使用价值)所有权说”“公司财产法人所有、股东按份共有说”“公司对其财产享有法人所有权，股东享有股权，股权是公司法人所有权整体的有机组成部分”“股权债权说”“股权社员权说”等等观点。

---

① 国家体改委政策法规司.国有企业监督管理条例释义[M].北京：企业管理出版社，1994：82.

② 江平.中国公司法原理与实务[M].北京：科学普及出版社，1994：141－142.

③ 史际春.国有企业法论[M].北京：中国法制出版社，1997：208.

④ 杨勤活.现代企业权利制度[M].北京：中国国际广播出版社，1994：30－31.

3. 综合权利说

该说认为财产权是人身权的对称，指民事主体所享有的具有经济利益的权利，包括所有权、他物权、知识产权、债权等所有民事财产权利。法人财产权并不是某个单一的权利，而是诸种民事权利的综合或统称。① 综合权利说实质是淡化、消解了法人财产权的专门概念，认为此概念并无必要，所谓法人财产权，无非就是指法人所享有的财产权，该财产权仅是权利主体不同，其性质、内容与一般民事财产权并无区别。此外，综合权利说与所有权说一样都面临着如何解释股权性质与之协调的问题。

“法人财产权”是一个有争议的法律概念，但从法规上讲，国务院发布的《国有企业财产监督管理条例》的解释是经营权。

(四)“法人财产权”是具有中国特色的法律概念

我国经济学家周其仁指出：“产权界定也是一连串事件。有时推过去，私人产权得到清楚的限定、承认和保护；有时退回来，既得利益借各种名义侵犯私人产权又卷土重来。更多的时候是拉锯，说公不是公、说私不是私的，权利界定模糊，行为的限制不清不爽，攫取资源租金——而不是生产和市场交换——成为‘潮流’。中国经济的未来命运如何，将由这样一连串产权事件来决定。”②民办高校的“法人财产权”就是一个“说公不是公、说私不是私的，权利界定模糊”的拉锯概念。

财政部条法司居昊认为：“‘法人财产权’问题是近年来我国法学界、经济学界争论较多的问题之一。《公司法》虽然从法律上确认了‘法人财产权’，但理论分歧并未解决。有人认为，‘法人财产权’在法律上的确立，解决了我国国有企业改革中的根本性问题，并与现代市场经济中‘法人资本制’的发展趋势相一致。也有人认为，‘法人财产权’不仅混淆了财产法律关系，而且会对我国的国有企业改革方向产生误导，应加以修正。”③

姚忻认为：“‘法人财产权’是一个缺乏明确的立法、司法解释的独创性概念，造成了学界观念的混乱。究其实，法人财产权只是充实了内涵的经营权，与后者相比无实质进步。”④

法学博士孔祥俊认为：“实际上从法律角度讲，‘企业法人财产权是一种有所有权之实，而假经营权之名的折中性权利，是企业经营权与法人所有权的妥协产物’。笔者认为法人财产权并非是一个规范的法律术语，而是一个模糊的法律概念。……企业法人财产权是企业经营权与法人所有权之间的过渡性概念。企业法人财产权，‘从实质意义上说，这种规定较之经营权大有进步，较之法人所有权又未到位。

① 雷兴虎，冯果. 论股东的股权和公司的法人财产权[J]. 法学评论，1997(2)：78－82.

② 周其仁. 产权界定是一连串事件[M]. 北京：中国发展出版社，2004：序言.

③ 居昊. “法人财产权”与产权规范[J]. 财政研究，1997(2)：13－17.

④ 姚忻. “法人财产权”法律概念论略[J]. 西北工业大学学报(社会科学版)，2003(1)：50－53.

无论现有理论及立法对其如何试图作出圆满解释，但均难以否认，法人财产权是企业经营权与法人所有权之间折中调和的产物。’‘我们既要肯定法人财产权提法的积极意义，又要看到其过渡性。’”①

曲振涛教授认为：“‘企业法人财产权’作为一个独特、完整的法律术语出现在我国的法律体系中。‘企业法人财产权’是中国法律的一项创造。”②

中国社会科学院工业经济研究所吴家骏研究员认为：“中央提出‘出资者所有权与法人财产权分离’以来……我以为，确立企业法人产权制度，必须把本来意义上的所有权，分解为出资者的最终所有权和企业法人所有财产权。所谓企业法人财产权，应该理解为在出资者拥有最终所有权的同时，企业拥有法人所有权。出资者已经投入企业的财产拥有最终所有权，但既不能任意抽回，也不能占用或进行其他处分。出资者的财产一旦投入企业，就成为企业的法人财产，企业也就对它拥有了法人所有权。这是确立有限责任制度和实现企业自主经营、自负盈亏的物质基础。然而这种法人所有权必须随法人组织的成立和终止而存在和消失，一旦企业法人组织终止，法人财产权即消失，清算后的剩余财产全部要归出资人所有，因此企业法人的所有权并不是最终所有权。企业经营权同出资者的最终所有权相分离，同企业法人所有权相统一。”③

《中共中央关于建立社会主义市场经济体制若干问题的决定》第 6 条规定：“实现出资者所有权与企业法人财产权的分离。”由此可见，“法人财产权”的性质不是“出资者所有权”而是经营权，民办高校举办者的投资只享有经营权，落实“法人财产权”只落实了经营权。有意思的是，2012 年 6 月 18 日，教育部印发《关于鼓励和引导民间资金进入教育领域促进民办教育健康发展的实施意见》(教发〔2012〕10 号)第十七条指出：“健全民办学校资产和财务管理制度。依法落实学校法人财产权。”“法人财产权”是经营权，依法落实学校的是经营权！民办高校投资者要落实的是“财产所有权”！

如《中华人民共和国民办教育促进法》第三十六条只明确“享有法人财产权”而未明确“财产所有权”，就混淆了“捐资”与“投资”的区别。据记者贺春兰、张眉报道，2007 年 6 月 5 日，在南京举行的“民办高等教育改革、发展与规范高层论坛”上，与会的 50 多个民办高校代表纷纷对现行的民办教育政策不同程度地表示了不满。潘懋元教授指出：“明确法人产权很好，但投资者的产权谁来明确？你投钱进学校后，变成学校的产权了，不再成为自己的财产，这叫投资吗？教育财产不能抵押可以理解，但转让为什么就不可以，只有到学校清算时才可以收回，哪位投资者愿意

① 孔祥俊．公司法要论[M]．北京：人民法院出版社，1997：233－234．

② 曲振涛．公司产权制度新论：从法人财产权到法人所有权[J]．经济学动态，2004(9)：32－36．

③ 吴家骏．现代企业制度与企业法人财产权[J]．经济研究，1996(2)：45－48．

停办呢?”①

很多权威学者都认为“财产权”就是“所有权”,如学部委员于光远先生认为,“产权(财产权)也就是所有权,它是某个主体拥有作为其财产的某个客体(即拥有对某个客体的所有)所得到的法律上的承认和保护”。② 厉以宁教授也认为,“从理论上讲,‘企业法人所有权’更为准确,更能反映现代企业制度的特征。不过,只要我们把财产权与所有权视为同一:财产权是指财产所有权,所有权也是指财产所有权,那么无论用‘企业法人所有权’,还是用‘企业法人财产权’,都是指‘企业法人财产所有权’,都是一个意思,反正都优于以往的企业财产经营权或企业财产支配权。”③吴敬琏进一步认为,关键在于明确公司法人财产的产权主体到底是谁。他不赞成“企业拥有法人财产”的说法,他认为,“法人财产”这个词本身已经清楚地表达了财产属于法人所有的产权归属关系,产权主体是明确的,就是由出资者组成的团体(法人);而“企业”这个概念却十分模糊,人们讲到企业时,不只是指出资人,而且包括经理人员和全体职工,不说公司法人拥有法人财产权,而说“企业”拥有法人财产,给人们的印象是:公司财产属于股东、经理人员和全体职工共有。公司的法人财产归根到底属于股东,而不属于股东以外的任何其他人,只不过当众股东加入的股本形成法人财产以后,它与股东的其他财产之间就有了明确的界线,同时,股东一旦入股,就不能以个人身份对这部分财产直接行使支配权,而必须通过法人组织对公司财产实施支配。④ 同理,民办高校如同“企业”拥有法人财产一样,产权主体到底是谁?

(五)投资就需要明确投资者的财产所有权

1. 投资就需要明确投资者的产权

(1)明确民办高校投资者产权的规定

《面向21世纪教育振兴行动计划》第41条规定:“在推进办学体制改革中,按照教育法律法规,学校产权必须明晰。”

《中华人民共和国民法通则》中未采用“产权”“法人财产权”的法律概念,而用了“财产所有权”。其第七十一条规定:“财产所有权是指所有人依法对自己的财产享有占有、使用、收益和处分的权利。”

《中华人民共和国物权法》第六十八条第一款规定:“企业法人对其不动产和动产依照法律、行政法规,以及章程享有占有、使用、收益和处分的权利。”随着《中华人民共和国物权法》的颁布,法人财产权为法人所有权的观点基本有了法律依据。

---

① 贺春兰,张眉.25号令引发争议:教育投资人的产权谁来保护[N].人民政协报教育在线周刊,2007-6-22.

② 刘伟,平新乔.经济体制改革三论:产权论、均衡论、市场论[M].北京:北京大学出版社,1990:序言,1-2.

③ 厉以宁.确立企业法人财产权的意义[N].金融时报,1994-02-02.

④ 吴敬琏.围绕企业法人财产权的争论[J].工商行政管理改革,1994(13):13.

法国思想家卢梭指出："最初占有者的权利，虽然要比最强者得权利更真实些，但也唯有在财产权确立之后，才能成为一种真正的权利。"①

2016年11月4日，《中共中央、国务院关于完善产权保护制度依法保护产权的意见》指出："产权制度是社会主义市场经济的基石，保护产权是坚持社会主义基本经济制度的必然要求。有恒产者有恒心，经济主体财产权的有效保障和实现是经济社会持续健康发展的基础。改革开放以来，通过大力推进产权制度改革，我国基本形成了归属清晰、权责明确、保护严格、流转顺畅的现代产权制度和产权保护法律框架，全社会产权保护意识不断增强，保护力度不断加大。同时也要看到，我国产权保护仍然存在一些薄弱环节和问题……利用公权力侵害私有产权、违法查封扣押冻结民营企业财产等现象时有发生……"因此，保护民办高校投资者的产权是维权之举。

2017年1月10日，《国务院关于印发国家教育事业发展"十三五"规划的通知》(国发〔2017〕4号)指出："推动各类民办学校明确法人属性，明晰产权归属。建立健全政府补贴、政府购买服务、助学贷款、基金奖励、捐资激励等制度，引导社会力量举办非营利性民办学校。"

原来的《关于〈中华人民共和国民办教育促进法〉(草案)说明》在产权问题上却要明确得多。2002年6月24日，全国人大教科文卫委员会副主任委员汪家鏐在第九届全国人民代表大会常务委员会第二十八次会议上作的《关于〈中华人民共和国民办教育促进法〉(草案)说明》在"第四部分关于民办学校产权归属"中指出："学校产权的归属是举办者普遍关心的问题，是立法必须要解决的一个重要问题。产权明晰，才能调动和保护投资人的积极性，保证民办学校正常运行，降低风险，有利于民办学校的稳定与发展。民办学校资产主要来源于四个方面。举办者的投入，国家的直接或间接支持，社会捐赠，学生缴纳的各种费用等。针对民办学校资产的实际情况，草案第三十五条、第三十六条、第三十七条、第三十八条将民办学校产权认定为：①举办者投入民办学校的资产属于举办者所有；②民办学校中的国有资产投入部分属于国家所有；③民办学校受赠的资产属于学校所有；④校产的增值部分，其中国家允许举办者取得合理回报的部分归举办者，其余增值部分的产权归学校所有。为了保障民办学校的基本办学条件和教育教学质量的不断提高，草案第三十九条规定'民办学校存续期间，所有资产由民办学校依法管理和使用，任何组织和个人不得侵占'。草案的这一规定表明投资办学和投资办企业是不同性质的行为，在产权的认定上应该有区别。在草案中明确了四点：①投入者享有其投入资产的所有权，但在民办学校存续期间，投入者对其投入资产的所有权与使用权和管理

① 卢梭.社会契约论[M].北京：商务印书馆，1980：31.笔者注：最初占有者的权利就是指产权和财产所有权.

权是相分离的；②学校在存续期间享有对校产使用权和管理权；③举办者个人的财产应与投入学校的财产相分离，不得用校产从事与教育无关的活动；④学校财产的增值是民办学校全部财产在运行中的增值，其中只有一部分通过合理回报的方式归属举办者。”

(2)《中华人民共和国民办教育促进法》需要明确投资者的权益

记者贺春兰、张眉在报道中披露：“我们下乱了这盘棋，让政府和民办学校双方都在摇摆。”日前接受本报记者采访时，有多年民办教育从业体验的刘林如实说：“民办教育市场的确有些乱。乱的根源在哪里？我想包括税收和教育部门在内的很多政府部门，把民办教育这盘棋下乱了。当前对民办教育管理体系中有很多似是而非的东西，导致民办学校老是在营利性和公益性之间摇摆。解决这种混乱的局面需要正本清源。民办学校从根本上来说还是要通过营利和非营利为标准进行区分。放开营利性民办学校的市场是好事，但是这样的学校在准入上要加以明确的限制。”刘林的说法得到众多民办教育从业者和研究者的广泛认同。

据了解，《中华人民共和国民办教育促进法》只规定了民办学校享有法人财产权，但对举办者原始投入资产、办学积累资产的归属没有作出明确规定，这就意味着，在学校存续期间，资产属于学校、属于社会，不再属于投资的企业，只有到清产时才能结算，而那些暂时遇到难关、需要救济的学校就难以及时地引进战略投资，也没有一套可行的退出机制，而民办学校一旦出现问题，影响的是整个社会。另外，《民间非营利组织会计制度》规定，民间非营利组织的结余不得向出资者分配，这与《中华人民共和国民办教育促进法》规定的出资人可以从办学结余中取得“合理回报”的规定相冲突，就使该项会计制度无法适用于民办学校。

有民办高校的投资人表示，相当多的民办高校已经累计形成了数以亿计的资本，而这样的优质资本渴望保护。今年 4 月，在本刊组织的第 16 次 21 世纪教育沙龙暨首届民办教育中原论坛上，这样的渴望也异常强烈。①

从上可知，影响民办高校发展的瓶颈是明晰产权——财产所有权，江苏民办高校亦然。解决好民办高校的产权问题，是民办高校发展面临的挑战。

“更根本的问题在于疏而非堵，转型社会的今天，很多个案的发生往往基于显见的制度原因，政府不能满足于救火式的临时处理，而要着眼于制度性的系统地解决问题。我希望尽快建立民办学校退出机制和融资机制。”作为全国政协委员的锡华集团董事长张杰庭，多年来一直为民办教育发展的整体环境鼓励与呼吁。“教育是 21 世纪的朝阳产业，新东方上市对中国的民办教育是一个很好的消息。为什么像新东方这么好的教育培训企业可以在美国上市而不在中国上市？我们可以反思

① 贺春兰，张眉. 25 号令引发争议：教育投资人的产权谁来保护[N]. 人民政协报教育在线周刊，2007-06-22.

一下，事件的发生是偶然现象还是必然趋势？由于没有一个正常的退出机制和渠道，不利于民办教育引入战略投资者，利用社会资金来办好教育，政府要经常反观一下，我们是否在制度、政策方面限制了民办教育的发展？”“一个个微观个体有活力了，社会才能更加和谐、富足，要千方百计保护民间的积极性。”对现存的种种问题，作为实业家的张杰庭要求自己心态平和、在理解中推进，而作为政协委员，张杰庭则希望呼吁政府创造宽松的、公平的环境，让民间有信心去探索、创造。①

2. 民办学校“清算后的剩余财产返还或者折价返还举办者的投入”不提了

(1)2002 年前还提“清算后的剩余财产返还或者折价返还举办者的投入”

1987 年 7 月 8 日，国家教育委员会发布的《关于社会力量办学的若干暂行规定》(〔1987〕教高三字 014 号)第十八条规定：“学校停办时，除按原审批办学程序办理注销手续外，应及时进行财物清理，并由举办单位及办学负责人，在当地人民政府及教育行政部门的领导下，处理各项善后工作。”

1987 年 12 月 28 日，国家教委、财政部发布的《社会力量办学财务管理暂行规定》(〔1987〕教审字 8 号)第七条第 1 款规定：“学校停办后，除将办学单位、个人投入的财产返还原办学单位、个人外，其结余部分(包括资金、物资、办学场所等)，应当移交给当地批准该校办学的教育行政部门，以用于鼓励、支持社会力量办学。结余财产不得挪作他用。”

1993 年 8 月 17 日，国家教育委员会印发的《民办高等学校设置暂行规定》(教计〔1993〕129 号)第七条规定：“民办高等学校不得以营利为办学宗旨。其财产归学校所有，任何单位和个人不得侵占；其收入应主要用于改善办学条件和学校的进一步发展。民办高等学校的校办产业享受和普通高等学校校办产业同样的政策。”第三十二条规定：“国家明令撤销的民办高等学校，校长应负责对其在校学生妥善安置。必要时，可请求省级教育行政部门予以协助。省级教育行政部门应组织财务、审计等部门对学校资产进行清算。清算后的剩余资产，包括校舍、场地等，除依法返还给创办人部分外，均归教育行政部门处理，用于发展教育事业。”

1997 年 7 月 31 日，国务院发布的《社会力量办学条例》(国务院令第 226 号)第四十三条规定：“教育机构解散，应当依法进行财产清算。教育机构清算时，应当首先支付所欠教职员工的工资及社会保险费用；教育机构清算后的剩余财产，返还或者折价返还举办者的投入后，其余部分由审批机关统筹安排，用于发展社会力量办学事业。”

(2)2002 年“清算后的剩余财产返还或者折价返还举办者的投入”不提了

在《中华人民共和国民办教育促进法(2002)》第五十九条中却变成了“对民办

---

① 贺春兰，张眉. 25 号令引发争议：教育投资人的产权谁来保护[N]. 人民政协报教育在线周刊，2007-06-22.

学校的财产按照下列顺序清偿:①应退受教育者学费、杂费和其他费用。②应发教职工的工资及应缴纳的社会保险费用。③偿还其他债务。民办学校清偿上述债务后的剩余财产,按照有关法律、行政法规的规定处理。"这里,"教育机构清算后的剩余财产,返还或者折价返还举办者的投入"没有了。

《中华人民共和国民办教育促进法(2016)》第五十九条规定:"对民办学校的财产按照下列顺序清偿:①应退受教育者学费、杂费和其他费用。②非营利性民办学校清偿上述债务后的剩余财产继续用于其他非营利性学校办学;营利性民办学校清偿上述债务后的剩余财产,依照公司法的有关规定处理。③偿还其他债务。民办学校清偿上述债务后的剩余财产,按照有关法律、行政法规的规定处理。"这里,"非营利性民办学校清偿上述债务后的剩余财产继续用于其他非营利性学校办学",也就是说,举办者的投入不返还或者折价返还了。

2016 年 12 月 29 日,《国务院关于鼓励社会力量兴办教育促进民办教育健康发展的若干意见》第十条规定:"2016 年 11 月 7 日,全国人民代表大会常务委员会《关于修改〈中华人民共和国民办教育促进法〉的决定》公布前设立的民办学校,选择登记为非营利性民办学校的,终止时,民办学校的财产依法清偿后有剩余的,按照国家有关规定给予出资者相应的补偿或者奖励,其余财产继续用于其他非营利性学校办学;选择登记为营利性民办学校的,应当进行财务清算,依法明确财产权属,终止时,民办学校的财产依法清偿后有剩余的,依照《中华人民共和国公司法》有关规定处理。具体办法由省、自治区、直辖市制定。2016 年 11 月 7 日后设立的民办学校终止时,财产处置按照有关规定和学校章程处理。各地要结合实际,健全民办学校退出机制,依法保护受教育者的合法权益。"

3. 投资就需要明确投资者的收益权

(1)政策法规提倡"谁投资、谁决策、谁收益、谁承担风险"的原则

中共中央《关于完善社会主义市场经济体制若干问题的决定》第十九条规定:"深化投资体制改革。进一步确立企业的投资主体地位,实行谁投资、谁决策、谁收益、谁承担风险。"

国务院 2004 年 7 月 19 日印发《关于投资体制改革的决定》,重申按照"谁投资、谁决策、谁收益、谁承担风险"的原则。并在《附件:政府核准的投资项目目录(2004 年本)》中规定:"十、社会事业。教育、卫生、文化、广播电影电视,大学城、医学城及其他园区性建设项目由国务院投资主管部门核准。"

(2)民办高校投资者应拥有的权能有限

《牛津法律大词典》认为:产权"亦称财产所有权,是指存在于任何客体之中或之上的完全权利。它包括占有权、使用权、出借权、转让权、用尽权、消费权和其他与财产有关的权利。"我国《民法通则》未使用"产权"概念,而是使用的"财产所有权",其第七十一条规定:"财产所有权是指所有人依法对自己的财产享有占有、使

用、收益和处分的权利。”《物权法》第六十八条第一款规定：“企业法人对其不动产和动产依照法律、行政法规，以及章程享有占有、使用、收益和处分的权利。”理论上认为所有权包含占有、使用、收益和处分四项权能，所谓与所有权有关的权利就是在所有权权能与所有人发生分离的基础上产生的。而“法人财产权”则在上述《国有企业财产监督管理条例》中解释的“不是归属意义上的财产权，而是一种独立的支配权，主要指占有、使用和依法处分的权利。”这样，四项权能变成了三项权能，“收益权”没有了。

民办高校产权应包括民办高校的财产所有权、占有权、支配权、使用权、经营权、收益权、交易权、处分权等一束责、权、利的关系和规则的总和。《民办教育促进法》中投资者获得了有限的收益权，即在“奖励”条款而不是“收益”中出现的“合理回报”。同时，由于学校财产的管理和使用归学校，投资人也不拥有学校财产的使用权和处分权。也就是说，民办学校的投资者不仅不拥有学校的财产所有权和收益权，其所投入部分资金的所有权实际上也可能被剥夺。

2008年是改革开放三十周年，总结三十年民办高校的发展历程，民办高校的发展与改革开放休戚相关。胡锦涛同志在十七大报告中指出：“只有改革开放才能发展中国。”因此，也只有改革开放才能发展中国的民办高校。《十七大报告》指出：“我国仍处于并将长期处于社会主义初级阶段的基本国情没有变。”我国民办教育产生和发展与发达国家的最大区别是投资而不是捐资。我国民办教育发展的现实根基是投资而非捐资。而我国高等教育要发展，政府在政策法规中提倡投资，这在社会主义初级阶段是明智的选择。因此，民办高校的发展必须解放思想，着力转变不适应不符合民办高校科学观的思想观念，着力解决影响和制约民办高校科学发展的“法人财产权”问题，把民办高校投资者的积极性引导到科学发展上来，真正促进民办高等教育事业的发展。

理论要指导实践，改革开放要解决影响和制约科学发展的突出问题。孟德斯鸠就认为法律的精神就是所有权。法律正是通过所有权这样一种法律手段，来保障这种决定人类生存、决定人类自由内容和品质的物质基础，从而实现人类的自由。① 19世纪的德国法学家耶林有一句名言：“法是不断的努力。但这不单是国家的权力，而是所有国民的努力。”②《宪法》第十一条规定：“国家保护个体经济、私营经济等非公有制经济的合法的权利和利益。”第十三条规定：“公民的合法的私有财产不受侵犯。”《物权法》第三十九条规定：“所有权人对自己的不动产或者动产，依法享有占有、使用、收益和处分的权利。”《公司法》第四条也明确了“财产所有权”和“法人财产权”。因此，不应无偿剥夺与平调民办高校投资者的合法权益。此外，

① 张俊浩. 民法学原理[M]. 北京：中国政法大学出版社，1997：360.

② 范立波. 锻造制度“转辙器”[J]. 财经，2006(3)：34-36.

“合理回报”放在“奖励”条款中，也显得不伦不类，对“办学积累”“退出机制”都未明确规定。

《中华人民共和国立法法》第一条规定：“为了规范立法活动，健全国家立法制度，提高立法质量，完善有中国特色社会主义法律体系。”希望立法部门修订一部中国特色社会主义《民办教育促进法》。有那么多关心民办高校发展的学者和民办高校发展的举办者，民办高校的产权就会明晰，民办高校投资者应拥有财产所有权就能落实。原全国人大常委会科教文卫委员会教育室主任、当时主持《民办教育促进法》制定的侯小娟介绍，在立法过程中，尽管已经认识到民办教育的产权问题、增值问题和退出机制问题的存在，但由于相关的矛盾还没有充分暴露出来，所以还不宜马上将其上升到法律的层面，以法律的形式进行规定。当前，民办教育发展中绕不开的上述问题已经充分暴露出来，希望能够通过地方立法加以弥补。① 笔者建议，为有利于民办高校的科学发展和可持续发展，通过地方立法明确，社会主义初级阶段的民办高校投资者应拥有财产所有权。

我国著名教育家潘懋元教授曾指出：“民办高校的产权归属和回报问题也一直没有得到明确的解决，这在很大程度上阻碍了新的民营资本进入民办高等教育。”②这种规定，很难说是对民办高校发展的促进。

（六）“法人财产权”依附的“法人”缺乏法律支撑

民办高校要“落实法人财产权”，首先要明确民办高校是什么法人。

1. 我国法规规定民办高校法人的疏漏之处

(1)《民法通则》的规定

1986 年 4 月颁布的《民法通则》第三章对“法人”只规定了企业法人，机关法人，事业单位法人，社会团体法人四类。对民办高校的法人类型未作规定。

(2)《民办非企业单位登记管理暂行条例》的规定

1996 年，中共中央办公厅、国务院办公厅发出《关于加强社会团体和民办非企业单位管理工作的通知》(中办发〔1996〕22 号)，在行政法规中首次出现“民办非企业单位”的提法。

1998 年 10 月 25 日，国务院发布了三个条例：第 250 号为《社会团体登记管理条例》；第 251 号为《民办非企业单位登记管理暂行条例》；第 252 号为《事业单位登记管理暂行条例》。由此可见，“民办非企业单位”既非“社会团体”和“事业单位”，又非“机关”，因此，“民办非企业单位”的法人资格，在母法或上位法《民法通则》中没有规定，出现了明显的疏漏。

《民办非企业单位登记管理暂行条例》直接规定了民办非企业单位可以取得法

① 周大平. 资产过户，遭遇民办学校出资者的产权难题[N]. 千龙教育转载，2007-7-25.

② 潘懋元. 未来中国民办高等教育将有较大发展[N]. 中国教育报，2005-10-17.

人资格。第二条规定:“本条例所称民办非企业单位,是指企业事业单位、社会团体和其他社会力量以及公民个人利用非国有资产举办的,从事非营利性社会服务活动的社会组织。”第十二条规定:“准予登记的民办非企业单位,由登记管理机关登记民办非企业单位的名称、住所、宗旨和业务范围,法定代表人或者负责人,开办资金,业务主管单位,并根据其依法承担民事责任的不同方式,分别发给《民办非企业单位(法人)登记证书》、《民办非企业单位(合伙)登记证书》《民办非企业单位(个体)登记证书》。”

(3)1997 年 7 月 31 日,国务院颁布《社会力量办学条例》第十三条规定:“申请举办教育机构的单位,应当具有法人资格;申请举办教育机构的个人,应当具有政治权利和完全民事行为能力。”

(4)1999 年 12 月 28 日,民政部第 18 号令《民办非企业单位登记暂行办法》第四条规定:“举办民办非企业单位,应按照下列所属行(事)业申请登记。教育事业,如民办幼儿园,民办小学、中学、学校、学院、大学,民办专修(进修)学院或学校,民办培训(补习)学校或中心等……”

(5)《中华人民共和国民办教育促进法》第九条规定:“举办民办学校的社会组织,应当具有法人资格。”

从《中华人民共和国民法通则》到《中华人民共和国民办教育促进法》,民办高校的法人资格走过了“从无到有”的轨迹。

2.《中华人民共和国民办教育促进法》中“法人”缺乏法律支撑

《中华人民共和国民办教育促进法》的制定未根据《民法通则》。《中华人民共和国民办教育促进法》的第一条“根据宪法和教育法制定本法”。诚然,《中华人民共和国教育法》第三十一条规定了“学校及其他教育机构具备法人条件的,自批准设立或者登记注册之日起取得法人资格”。《高等教育法》第三十条规定了“高等学校自批准设立之日起取得法人资格”。因为中国的学校绝大多数是公办的,属事业单位,在《民法通则》中规定了“事业单位法人”,《教育法》和《高等教育法》都没有错。《民法通则》却没有规定“民办非企业单位法人”。

《民法通则》《教育法》《高等教育法》和《民办教育促进法》都是“法”,在“法人”问题上发生法律冲突时,谁服从谁?根据《中华人民共和国立法法》第七十八条和第七十九条,《民办教育促进法》应服从《民法通则》。理由是:

(1)按照“下位法服从上位法”的原则,《民法通则》是全国人大通过的,而《民办教育促进法》都是全国人大常委会通过的。

(2)按照“一般法服从特别法”的原则,《民法通则》是规定“法人”问题的。其第一条规定:“为了保障公民、法人的合法的民事权益,正确调整民事关系,适应社会主义现代化建设事业发展的需要,根据宪法和我国实际情况,总结民事活动的实践经验,制定本法。”《中华人民共和国企业法人登记管理条例》第一条规定:“为建立企业法人登记管理制度，确认企业法人资格，保障企业合法权益，取缔非法经营，维护社会经济秩序，根据《中华人民共和国民法通则》的有关规定，制定本条例。”《民办教育促进法》中的“法人”找不到法律依据。

3. 民办高校应是财团法人

(1)我国民办高校基本上未采用公益信托形式

财团法人是大陆法系民法中的一种重要制度，德国、日本等国家民法均明确规定财团法人，英美法系则采用信托制度。

信托制度是指将其财产及其所有权交给受托人，受托人为了他人即受益人的利益，按照信托人的委托，依照法律对该项财产进行管理、处分的一种法律制度。按照信托目的划分，信托分为公益信托和私益信托，所谓公益信托即为增进社会间公共利益为目的的信托。

2001 年的《中华人民共和国信托法》第六十条规定了“发展教育事业”属于公益信托，但第八条规定：“设立信托，应当采取书面形式。”第六十四条规定：“公益信托应当设置信托监察人。信托监察人由信托文件规定。信托文件未规定的，由公益事业管理机构指定。”我国民办高校基本上未采用公益信托形式。

(2)我国民办高校不属于财团法人

大陆法系一般把法人分为公法人和私法人，社团法人和财团法人，民法法人和商法法人，公益法人和营利法人。社团法人与财团法人是对私法人的进一步分类。

社团法人与财团法人的划分标准是其成立的基础不同。简言之，社团法人以人为设立基础，它是不同的人依据共同的目的相组合并依法取得权利能力的人的组织体。这里的“人”可以是自然人，也可以是法人。典型的社团法人如公司、各种学会、协会等。财团法人，又称“目的财产”，其基础是目的性财产，指的是为一定目的而设立的，并由专门委任的人按照规定的目的使用财产。与社团法人不同，财团法人无固定的成员。典型的财团法人如寺院、各种基金会组织、各种慈善组织等。

前苏联法未采纳财团法人的概念，而规定了与财团法人制度功能类似的基金会制度。我国 1986 年的《民法通则》受苏联法的影响，并未采纳社团法人与财团法人的分类，一般被学者定性为财团法人的是由行政法规规定的基金会法人与法人型民办非企业单位。我国国务院 2004 年 3 月颁布的《基金会管理条例》采用了“非营利性法人”的概念，如第二条规定：“本条例所称基金会，是指利用自然人、法人或者其他组织捐赠的财产，以从事公益事业为目的，按照本条例的规定成立的非营利性法人。”但《基金会管理条例》界定的公募基金会和非公募基金会基本不适用我国的民办高校。

(3)我国的民办高校应界定为财团法人

除上述成立的基础不同外，社团法人与财团法人的区别还有：①目的不同。社团法人可以分为营利及公益社团两种；财团法人不得以营利为目的，所以财团法人只能是公益法人。②组织不同。社团法人以成员大会为其最高意志机关，为自律的法人，成员全体可以根据自我意志更改组织及其章程；财团法人并非意志机关，为他律的法人，本身无权更改章程，如需更改，则要依法律规定或经主管机关允许。③设立人的地位不同。社团法人的设立人在成立后即取得社员资格，享有参与或决定法人事务的权利及其他权利义务；而财团法人的设立人在成立后即与法人脱离关系，既不作为法人成员，也不直接参与或决定法人事务，甚至有的设立人在法人成立前已经死亡。

我们再对照分析民办高校为财团法人的理由。

①民办高校成立不是以人而是以目的性财产为基础，无固定的成员。正如阿尔费努斯·瓦鲁斯指出："船舶的船员经常更换，有时甚至全部船员都换了，但船舶依然存在，军团也是如此，其成员走了一批，又来了一批，但军团照旧存在。"乌尔比安也说："团体独立的性质，虽然由于它的成员组成全部改换，也不影响其独立存在。"

②民办高校不以营利为目的。民办高校也有以营利为目的的，如我国的新东方教育集团，美国的凤凰城大学，他们还都是上市公司。对营利的民办高校，《中华人民共和国民办教育促进法》第六十六条规定："在工商行政管理部门登记注册的经营性的民办培训机构的管理办法，由国务院另行规定。"

③民办高校的组织为他律法人，本身更改章程的权限有限。国务院于2004年2月25日发布的《中华人民共和国民办教育促进法实施条例》第十六条规定："学校章程不符合本条例规定要求，经告知仍不修改的，审批机关不予批准。"

④民办高校设立人的地位问题。就这一条是有特色的，由于我国民办高校相当一部分是投资者而非捐资者，因此，《中华人民共和国民办教育促进法》第二十条和第二十二条规定了举办者参加董事会(理事会)，民办学校的法定代表人由董事长(理事长)担任。第五十一条还规定："出资人可以从办学结余中取得合理回报。"这与财团法人"在成立后即与法人脱离关系，既不作为法人成员，也不直接参与或决定法人事务"不同。

"皮之不存，毛将焉附。"我国的《民法通则》都未明确过民办高校的法人地位，也未明确过民办高校的法人是什么法人，却在一些法规中要求民办高校进行法人登记，并"享受法人财产权"和"落实法人财产权"。

潘懋元教授指出："地方立法较国家立法有很大的优势。短时间内，国家立法要改变和增加一些东西比较困难。因为国家立法需要慎重考虑，顾及方方面面。地方立法则不同，影响面小，见效快。如果地方立法成功了，则可以推广并促进国家立法；如果不成功，纠正起来也比较容易。所以，应该寄希望于地方立法。"①

① 潘懋元.民办高等教育持续发展问题[J].浙江树人大学学报,2006(4):1-4.

在产权界定中有不同看法,俞建明认为:“有关教育产权归属问题的三种代表性意见为:①不论哪种所有制投入办学,学校资产都是国家的。②除政府直接投入以外,其他的投入及收入应是私有的。③要尊重事实,国家、集体、私人,谁投入,产权就应该算谁的,要如实分清,才叫产权明晰。本人认为,第一种意见不科学,明显带有‘左’的倾向和计划经济的烙印,违背了投入产出原理。第二种意见也不确切,除政府投入以外,其他的投入不能一概而论都是私有的,应根据投入主体的不同,给予科学的划分,诸如既有私有成分,也有集体的成分。我比较赞成第三种观点,谁投入,产权就应该算谁的。”①我们在同意俞建明观点基础上认为,民办高校的产权界定应首先是所有权的界定。《中华人民共和国民法通则》第七十一条规定:“财产所有权是指所有人依法对自己的财产享有占有、使用、收益和处分的权利。”由此可见,使用权、收益权和处分权并不是所有权衍生的权利,而是财产所有权的组成部分。因此,产权界定实质上就是财产所有权的界定。

五、对非营利性民办高校与营利性民办高校分类的思考

(一)国家法规对民办高校分为非营利性与营利性两类

《中华人民共和国民办教育促进法(2002)》还未划分非营利性与营利性民办教育机构,只在第六十六条规定:“在工商行政管理部门登记注册的经营性的民办培训机构的管理办法,由国务院另行规定。”

2010年6月21日,中共中央政治局审议并通过《国家中长期教育改革和发展规划纲要(2010—2020年)》第四十四条规定:“积极探索营利性和非营利性民办学校分类管理。”

2010年10月24日,《国务院办公厅关于开展国家教育体制改革试点的通知》(国办发〔2010〕48号)第8条指出:“探索营利性和非营利性民办学校分类管理办法(上海市,浙江省,广东省深圳市,吉林华桥外国语学院)。”

2016年3月发布的《中华人民共和国国民经济和社会发展第十三个五年规划纲要》第五十九章第五节指出:“建立分类管理、差异化扶持的政策体系,鼓励社会力量和民间资本提供多样化教育服务。”

2016年11月7日,《中华人民共和国民办教育促进法》第十九条规定:“民办学校的举办者可以自主选择设立非营利性或者营利性民办学校。但是,不得设立实施义务教育的营利性民办学校。非营利性民办学校的举办者不得取得办学收益,学校的办学结余全部用于办学。营利性民办学校的举办者可以取得办学收益,学校的办学结余依照公司法等有关法律、行政法规的规定处理。”

2016年12月29日,《国务院关于鼓励社会力量兴办教育促进民办教育健康发

① 俞建明.论民办学校产权归属与管理[J].中国改革,2003(2):70-71.

展的若干意见》第二条规定:“分类管理,公益导向。实行非营利性和营利性分类管理,实施差别化扶持政策,积极引导社会力量举办非营利性民办学校。坚持教育的公益属性,无论是非营利性民办学校还是营利性民办学校都要始终把社会效益放在首位。”第五条规定:“建立分类管理制度。对民办学校(含其他民办教育机构)实行非营利性和营利性分类管理。非营利性民办学校举办者不取得办学收益,办学结余全部用于办学。营利性民办学校举办者可以取得办学收益,办学结余依据国家有关规定进行分配。民办学校依法享有法人财产权。”

2016 年 12 月 30 日,教育部等五部门印发了《民办学校分类登记实施细则》(教发〔2016〕19 号);2016 年 12 月 30 日,教育部、人力资源社会保障部、工商总局印发了《营利性民办学校监督管理实施细则》(教发〔2016〕20 号)。

2017 年 1 月 10 日,《国务院关于印发国家教育事业发展“十三五”规划的通知》(国发〔2017〕4 号)指出:“推进民办学校分类管理。建立非营利性与营利性民办学校分类管理政策体系,实行差别化扶持,加强分类指导和规范管理。”

(二) 民办高校分为非营利性与营利性两类的不足

潘懋元、邬大光、别敦荣指出:“2012 年 1 月 9 日,我们在《中国教育报》上发表了《民办高等教育发展需要有更多的路径》的文章,提出了民办高校分类在非营利性和营利性之外,应该发展第三种模式的看法,我们把此种主张称为民办高等教育发展的‘第三条道路’。我们认为,把民办高校划分为非营利和营利性两类的二分法,不符合现阶段我国民办高等教育的实际,既难于为广大办学者所接受,也无法涵盖我国民办高校的类型,更不利于民办高校的可持续发展。因此,正确认识第三条道路的实质及其实施要求,积极支持通过第三条道路发展民办高等教育,不是任何人的主观设计,而是现阶段我国民办高等教育发展的必然要求,是实现《国家中长期教育改革和发展规划纲要(2010—2020 年)》有关高等教育发展目标的不二选择,是我国民办高等教育持续健康发展不可或缺的思想观念和政策保障。”①

潘懋元、邬大光、别敦荣认为:“正是基于这种困境,我们提出了民办高校发展的第三条道路,即将捐资举办的民办高校称作第一条道路,将营利性民办高校称作第二条道路,将投资举办但不要求取得回报的民办高校和要求取得合理回报但又不是营利性的民办高校称为第三条道路。之所以提出第三条道路这一模式,是基于我国民办高等教育产生的特殊背景和现阶段遇到的特殊问题,也是兼顾国外私立大学发展的经验得出的。对于第一和第二条道路,其性质、内涵、价值及政策等问题,尽管在相关政策法规上还有待进一步完善,但在学术界已基本形成共识。对于第三条道路,且不论是在理论还是在实践上,都还有许多问题值得探讨。虽然目前有些民办高校举办者选择了非营利性,但他们对学校产权的强烈诉求,其实也是

① 潘懋元,邬大光,别敦荣.我国民办高等教育发展的第三条道路[J].高等教育研究,2012(4):1-8.

一种对回报的诉求。即投资的动机就是为了营利。”①

潘懋元、邬大光、别敦荣指出:“在现实国情下,第三条道路是我国发展民办高等教育的主渠道。在现有600多所具有颁发学历文凭教育资格的民办高校中,要求取得回报的民办高校占了绝大多数。据了解,很多不要求取得回报的民办高校也并非真的是不求回报的,只是因为受到政府有关民办高校登记政策和法规的约束,其举办者在形式上选择了放弃要求回报,但往往以其他方式从所积累的资金中获取回报。厉以宁认为,从性质上说,民办学校投资者的行为与购买教育发展债券是一样的。非政府机构和公民个人为本来应该由政府来承担的发展高等教育事业的支出埋单,弥补了政府投资能力的不足,增强了国家高等教育供给能力。因此,民办高校举办者的投资是公益性投资,不能将其等同于私利性投资。只有这样,才能正确认识我国民办高等教育中的投资办学行为。投资办学的适度营利问题,也就是取得合理回报的问题如果得不到妥善的解决,民办高校不可能持续健康发展。解决适度营利问题,其核心在于不以营利为标准来决定民办高校的属性,不否认民办高校举办者营利动机的正当性,对有志于走第三条道路发展民办高等教育的投资者,不采取歧视甚至堵塞的政策;应当采取疏导的办法,制定各种优惠政策,使民办高校在满足院校设置基本条件和要求,确保教育教学质量的同时,有一定的办学结余。公益事业并非不能营利,也并非不许营利,‘一定的营利有利于公益事业的发展。’在民办高校政策中,应当将举办者从办学结余中取得合理回报与民办高校的属性明确区分开来,民办高校的属性应当根据其办学的根本目的、办学方式及其所发挥的社会功能来确定,而不是根据举办者是否取得合理回报来确定。这样才可能使民办高校的举办者既能全心全意投资办学,遵循各种标准规范,保证高等教育质量,又能免除后顾之忧,达到从办学结余中取得合理回报的投资目的。”②

潘懋元、邬大光、别敦荣指出:“在理论上,把民办高校划分为非营利性和营利性两类是西方的产物,而且这种划分是西方私立高等教育发展轨迹的反映。一般来说,私立非营利性高等教育是建立在捐资办学基础上的,而营利性高等教育则是建立在投资办学基础上的。我国民办高等教育的发展路径表明,以投资的方式通过滚动发展举办民办高等教育,是我国民办高等教育的一种新探索,既具有时代的特征,也是一种无奈的选择。从实践层面来看,面对政府对民办高校的二分法,选择营利性的几乎没有;选择非营利性的表面上不少,实际情况并非如此;大多数民办高校则处于一种观望状态。很显然,之所以民办高校几乎都不选择营利性,就在于在人们的思想观念中,对民办高等教育的营利行为始终难以认同。民办高校举办者显得无所适从,大致存在两种心态。第一种,可以申请非营利性民办高校,可

① 潘懋元,邬大光,别敦荣.我国民办高等教育发展的第三条道路[J].高等教育研究,2012(4):1-8.

② 潘懋元,邬大光,别敦荣.我国民办高等教育发展的第三条道路[J].高等教育研究,2012(4):1-8.

以不要求取得回报，但政府应当保留举办者的产权，并给予民办高校必要的财政支持，乃至一种与公办高校'平等的身份'；第二种，要求取得合理回报，但又不想成为营利性民办高校。显然，这两种心态直接导致了目前实施二分法的困境。正是基于这种困境，我们提出了民办高校发展的第三条道路，即将捐资举办的民办高校称作第一条道路，将营利性民办高校称作第二条道路，将投资举办但不要求取得回报的民办高校和要求取得合理回报但又不是营利性的民办高校称为第三条道路。"①

目前，虽然出台了把民办高校划分为非营利性和营利性两类的法规，但正如潘懋元先生等预见的那样："从实践层面来看，面对政府对民办高校的二分法，选择营利性的几乎没有；选择非营利性的表面上不少，实际情况并非如此；大多数民办高校则处于一种观望状态。"这种非此即彼的划分法，脱离了中国民办高校"以投资为主捐资为次"的国情。前已述及，供给侧改革首先是制度供给。2017 年 1 月 22 日，习近平在中共中央政治局第三十八次集体学习时强调指出："要处理好减法和加法的关系。做减法，就是减少低端供给和无效供给……做加法，就是扩大有效供给和中高端供给，……无论做减法还是做加法，都要把握症结、用力得当，突出定向、精准、有度。做减法不能'一刀切'，要减得准、不误伤。做加法不要一拥而上，避免强刺激和撒胡椒面，避免形成新的重复建设。要增加社会急需的公共产品和公共服务供给。"②

法规是否正确要经过实践的检验。法规如果不易执行或无法执行，就是"低端供给和无效供给"，法规如果有效执行或容易执行，就是"有效供给和中高端供给"。这种"一刀切"划分为非此即彼的两类，既不符合中国民办高校"以投资为主捐资为次"的国情，又将复杂问题简单化。中央历来鼓励民间资本投入民办教育，制定了《民办教育促进法》，但这种"一刀切"的两分法是否符合中央精神，是否"促进"民办教育还有待于实践的检验。

（三）对营利性民办高校仍应采取鼓励的政策

著名比较教育学者菲利普·阿特巴赫（Philip Altbach）在对美国等国家营利性高等教育机构的发展进行分析后认为，营利性高等教育已成为一个重要的全球现象。③ 1999—2000 学年，美国共有 677 所可以颁发学位的营利性高等院校，其中四年制的 194 所，二年制的 483 所，分别占四年制和二年制可颁发学位高校的 8% 和 28%；不颁发学位的 4985 所高等教育机构中，营利性机构则成为主流，达 3704 所，而且营利性高等教育机构发展非常迅速。④

① 潘懋元，邬大光，别敦荣．我国民办高等教育发展的第三条道路[J]．高等教育研究，2012(4)：1－8．

② 习近平在中共中央政治局第三十八次集体学习时发表重要讲话[N]．人民日报，2017－01－22．

③ Philip Altbach. Private Higher Education: Themes and Variations in Comparative Perspective [J]. International Higher Education, March 2000.

④ 王伟．美国营利性教育机构制度环境分析[D]．北京：北京师范大学博士论文，2002．

在美国，实际上已经出现了营利性教育管理机构，它们以特许学校（charter school）与合约学校（contract school）等形式接受政府委托管理公立学校，而且这类机构发展很快，1998—1999学年有13家公司管理约135所学校；2000—2001学年已经有21家公司管理约285所学校。其中最大的Edison教育公司，至2001年9月已经管理了22个州和哥伦比亚特区的136所学校，学生达7.5万名。在现实当中，我国实际上也已经出现了以新东方学校等为代表的一批营利性教育培训机构。经过一段时间的发展，我国部分民办中小学和民办高校也开始出现盈利，在这些学校，部分举办者通过他们拥有的对学校的控制权，事实上也已经在通过各种方式获取经济回报。①

《国务院关于鼓励社会力量兴办教育促进民办教育健康发展的若干意见》第六条规定："各级人民政府可根据经济社会发展需要和公共服务需求，通过政府购买服务及税收优惠等方式对营利性民办学校给予支持。"第九条规定："探索举办混合所有制职业院校，允许以资本、知识、技术、管理等要素参与办学并享有相应权利。鼓励营利性民办学校建立股权激励机制。"

约翰斯通等指出："政府鼓励并经常补助靠学费来维持的私立高等教育。许多国家，尤其是日本、韩国、菲律宾、印度尼西亚、巴西及其他拉丁美洲及东亚国家，通过举办数量有限的公立高校（通常这些高校都是精英型的、选择性的）来避免政府对高等教育的过多投资，并且通过鼓励举办私立高等教育机构（一般都是营利性的）将扩大的高等教育参与的成本转嫁给家长和学生。"②

六、中国近代私立大学经费来源的简单回顾

（一）政府补助

北洋政府对一些私立大学进行补助，如中国大学开办之初得到了政府拨给的库银八万四千五百两的开办费及六厘公债100万元的基金；北洋政府还利用庚子赔款对有些私立大学进行补助，如1920年，用法国庚子赔款创办基金一百万元，年补助款45万元，办起了中法大学这所私立大学；北洋政府在华北大学初创时给予5万元的庚款补助；1925年，教育部还将庚子赔款分别给了大同大学、汉口明德大学、武昌中华大学各1万元。

1930年8月23日，教育部颁布的《私立大学、专科学校奖励与取缔办法》规定："①凡已经立案之私立大学、学院及专科学校成绩优秀（良）者，得由中央或省市政府酌量拨款补助，或由教育部转商各庚款教育基金委员会拨款补助。②某学院或

① 文东茅．论民办学校的产权与控制权[J]．清华大学教育研究，2003(2)：29－34.

② 布鲁斯·约翰斯通．高等教育成本分担中的财政与政治[J]．李红桃，沈红，译．比较教育研究，2002(1)：26－30.

某科系在教育学术上有特殊贡献者，得由教育部或省市教育行政机关褒奖或给补助费。③有实验性质而实验成绩优良者，得由教育部褒奖或给补助费。”1931 年 6 月颁布的《中华民国训政时期约法》规定：“私立学校成绩优良者，国家应予以奖励及补助。”1934 年国民政府教育部颁布《私立专科以上学校补助费分配办法大纲》及《支给细则》，国家开始设立专款对办学成绩优良且经济确有困难的私立学校，给予延聘教师、添置设备费的补助。根据以上两个文件的规定，国家每年拨款 72 万元，以 70%补助扩充设备，30%用于添置特种科目之教习。当时很多私立大学得到了政府补助。

除中央政府、财政部和教育部的补助之外，铁道部、卫生部及其他部门都曾为私立大学提供过资助。北平铁路学院创办时，得到了铁道部及平汉铁路局每月数千元的经费资助；1935 年，东南医学院得到卫生部下属的医学委员会拨给的研究经费。

1937 年抗战全面爆发后，政府仍加大了对一些私立大学的资助力度，拨发了大量经费组织私立大学内迁，还将一些私立大学与公立大学合并统一部署内迁，如将南开大学与北京大学、清华大学合并先后迁往长沙、昆明，组成西南联合大学；将焦作工学院与国立北洋工学院、国立北平大学工学院、东北大学工学院合并改组，成立西北工学院；焦作工学院在向西北搬迁的过程中，得到了教育部的大力支持；复旦大学、大夏大学正是在教育部长陈立夫的帮助下，才得到了搬迁路费和渡江用的轮船，顺利迁往后方的；国民政府还先后为大夏大学、光华大学、武昌中华大学、朝阳大学、南开大学追加几万或十几万的补助费。抗战期间的南开大学的经费几乎完全靠政府资助。

1943 年以后，国民政府以公费生办法取代贷学金制度，根据《非常时期国立中等以上学校及省立私立专科以上学校规定公费生办法》有关规定，私立大学新生享受公费的比例是：医、工各院科系学生以 70%为乙种公费生(免膳食费)；理、农各院科系学生以 50%为乙种公费生。政府还对私立大学的教师进行救济，以南开大学为例，1938 年 1 至 6 月份，教育部支给南开教职员救济金和校产保管费 8500 元。

抗战胜利后，国民政府在“经费捉襟见肘”的情况下，仍拨发大量经费让私立大学复校回迁。如西南联合大学的复校经费，最初政府允给 30 亿元，南开大学得 8 亿元。政府还帮助私立大学修建校舍、添置设备，并两次为私立大学追加改良费。此外，还将联合国总署补助的教育器材分配给战时蒙受损失的私立大学。1946 年 5 月，国民政府行政院美国救济物资委员会分配给同济医学院美制 100 张病床的野战医院全套设备，及拨款添建改造附属医院部分病床等。1948 年 4 月，教育部呈准行政院，继续为省私立专科以上学校拨发补助经费。这段时期是很多私立大学经费最为紧张的时期，正是政府适时补助才使他们渡过难关。

卢立菊、付启元的研究显示：“解放前高校发展最快的一年是 1947 年，全国高等学校达到207所，其中高等工业学校仅18所，综合大学设有工学院或工程系科的42所，等等。”①

（二）学费收入

北洋政府教育部1912年9月29日公布的《各类学校征收学费规程》规定：“高等专门学校征收学费，每月银元自二元至二元五角。大学征收学费，每月银元三元。”

1920年的《复旦大学章程》第二十七条规定：“膳宿学生每年应共缴洋一百六十六元，内分学费八十元，电灯、膳费六十元，宿费二十元，运动费四元，阅书费两元，以上各费分两学期缴纳，入校前一律缴清。”

同济大学在1917—1927年的学费数额为：医科和工科学生全年学费为140元，德文补习科为120元，中等机械科为80元。

王彦才的研究显示：“私立大学的学费情况主要可分为三种，一是几乎完全靠收取学费来维持学校运转的私立大学。如20年代末30年代初的中国公学，广州法政专门学校，解放前夕的上海法政学院、诚明文学院、新中国法商学院、上海法学院、光夏商业专科学校、民智新闻专科学校以及当时许多未立案的‘学店’‘野鸡大学’等，这些学校基本上靠学费维持生存。二是学费只是学校经费来源的一部分，如大同大学、光华大学、大夏大学、复旦大学、焦作工学院等。三是部分学生无力缴纳学费，有的学生还要学校补贴。如抗战时期的中华大学，只能收部分四川学生的学杂费，而对外省的流亡生，除免收学杂费外，还要发给每人每月2斗3升米（合35市斤）的生活费。”②

（三）社会捐款

1913年7月17日，教育部公布了《捐资兴学褒奖条例令》；1918年7月3日，教育部又公布了《重修捐资兴学褒奖条例》；1929年1月29日，国民政府又公布了重新修订过的《捐资兴学褒奖条例》，对于捐资兴学者的奖励力度不断加大，使得这一时期向私立大学捐款的人及捐款数额较清末大大增加。

爱国华侨的旗帜、近代著名实业家陈嘉庚逝世的时候，在国内银行有存款三百多万元，按照他的遗嘱，其中二百多万元为集美学校继续建筑校舍，五十万元捐作北京华侨博物馆的建筑费，另外五十万元充作集美福利基金。

七、民办高校财政投入的供给侧改革

（一）政府对民办高校支持的规定

1. 政府对民办高校“大力支持”的规定

1993年2月的《中国教育改革和发展纲要》规定：“改变政府包揽办学的格局，

① 卢立菊，付启元. 20世纪90年代以来关于50年代高校院系调整研究综述[J]. 南京社会科学，2003(12)：65-68.

② 王彦才. 民国时期我国私立大学经费来源分析[J]. 教育与经济，2012(03)：49-52.

逐步建立以政府办学为主体、社会各界共同办学的体制。""国家对社会团体和公民个人依法办学，采取积极鼓励、大力支持、正确引导、加强管理的方针。"

1997年7月31日，国务院公布的《社会力量办学条例》(国务院令第226号)第四条指出："国家对社会力量办学实行积极鼓励、大力支持、正确引导、加强管理的方针。"

《中华人民共和国民办教育促进法》第三条指出："国家对民办教育实行积极鼓励、大力支持、正确引导、依法管理的方针。"

教育部1998年12月24日制定，国务院1999年1月13日批转的《面向21世纪教育振兴行动计划》第39条指出："认真贯彻国务院对于社会力量办学实行'积极鼓励，大力支持，正确引导，加强管理'的方针，今后3～5年，基本形成以政府办学为主体、社会各界共同参与、公办学校和民办学校共同发展的办学体制。"

2004年3月3日，国务院批转教育部《2003—2007年教育振兴行动计划的通知》(国发〔2004〕5号)第35条指出："大力支持和促进民办教育持续健康协调快速发展。认真贯彻《民办教育促进法》，积极鼓励和支持民办教育的发展。民办教育是社会主义教育事业的组成部分，要遵循'积极鼓励，大力支持，正确引导，加强管理'的方针，依法保障民办学校权益；明确国家对于民办学校的扶持措施，落实相关优惠政策，加强政策引导；营造有利于民办教育自主自律、健康发展的环境，形成公办学校和民办学校优势互补、公平竞争、共同发展的格局。"

2. 公共财政资助政策对民办学校的规定

2010年5月7日，国务院公布的《关于鼓励和引导民间投资健康发展的若干意见》(国发〔2010〕13号)第十五条指出："落实对民办学校的公共财政资助政策。"

2010年7月29日，《国家中长期教育改革和发展规划纲要(2010—2020年)》第四十三条指出："大力支持民办教育。……依法落实民办学校、学生、教师与公办学校、学生、教师平等的法律地位，保障民办学校办学自主权。清理并纠正对民办学校的各类歧视政策。制定完善促进民办教育发展的优惠政策。对具备学士、硕士和博士学位授予单位条件的民办学校，按规定程序予以审批。建立完善民办学校教师社会保险制度。健全公共财政对民办教育的扶持政策。政府委托民办学校承担有关教育和培训任务，拨付相应教育经费。县级以上人民政府可以根据本行政区域的具体情况设立专项资金，用于资助民办学校。国家对发展民办教育作出突出贡献的组织、学校和个人给予奖励和表彰。"

2010年10月24日，《国务院办公厅关于开展国家教育体制改革试点的通知》(国办发〔2010〕48号)第8条指出："探索公共财政资助民办教育具体政策。"

陈宝生在2017年全国教育工作会议上指出："落实民办教育分类管理和财政支持政策，鼓励引导社会资本投入教育。"

（二）国外政府对民办高校支持的做法

1. 美国

方芳、钟秉林的研究显示："美国对私立高等教育的资助在相关法律法规中得到了充分体现。1857 年的《莫雷尔法》使大批私立高校获得联邦政府的土地奖励；1890 年的《第二莫雷尔法》规定联邦政府对赠地学院提供年度拨款；1958 年的《国防教育法》规定给公立、私立高等学校提供学生助学贷款和科研经费；1960 年《国内税收法》规定，以教育为目的而组织开办的私立高校，其纯收入不归个人所有，且可获免税待遇；1963 年《高等教育设施法》规定向公立、私立非营利大学设施提供联邦补助金和贷款；1972 年修订的《高等教育法》明确规定，联邦政府不带任何附加条件向公立、私立大学提供资助，所有家庭经济困难的学生均可申请联邦资助，并开始设立学生贷款。"①

美国对私立学校资助的基本方式主要有：立法支持；经济支持（直接提供财政支持、资助私立高校的学生）。还包括：贷款制度、奖学金制度、助学金制度、税收减免制度、资助私立高校进行科研。②

2. 日本

李蔚指出："日本政府有关给予私立学校财政支持的立法比较完善。1949 年的《私立学校法》第 59 条规定，国家和地方公共团体为振兴教育在必要时可依据有关法律对法人办的私立学校给予资助。1970 年的《日本私立学校振兴财团法》规定设立日本私立学校振兴财团，其资金为 10 亿日元，全部由政府支持。该财团负责分配和发放国家对私立学校的补助金和必要的贷款等。1975 年的《私立学校振兴资助法》规定，对私立大学和私立高等专门学校的经费由国家补助 1/2。此外，日本还设立了私立教育发展基金会，为私立教育提供贷款以及有效利用贷款的管理方案等。"③

方芳、钟秉林的研究表明："日本也出台了一系列资助私立高校发展的法律措施。1949 年的《私立学校法》明确了政府资助私立高校的合法性；1970 年的《日本私学振兴财团法》创建了'资助金制度'；1975 年的《私立学校振兴助成法》提出'保持、提高私立教育的质量，减轻家庭的教育负担，改善私立学校的财政运行机制'，设置了专门分配资助金的半官方性质的'日本私学振兴财团'，并规定对私立高校的经费实行国库补助；1988 年的《特定公益增进法人》中界定私立学校为'特别影响到公益活动的增进'的公益团体，并提出向私立学校法人捐款的个人或团体，比向其他机构捐款者享有更为广泛的优惠政策，同时对学校法人的公益法人利息所

① 方芳，钟秉林．民办高等教育财政支持制度的研究现状与未来展望——我国民办高等教育改革与发展探析（四）[J]．中国高等教育，2011(13-14)：36-39.

② 周立珍．美国政府对私立高等学校的资助及启示[J]．湖南环境生物职业技术学院学报，2001(3)：55-59.

③ 李蔚．公共财政扶持与民办高校宏观管理[J]．教育发展研究，2010(15-16)：3-7.

得税和收益所得税进行减税。"①

3. 法国

李蔚指出："法国在1959年即颁布了《关于国家与私立学校关系法》，亦称《德勃雷法》。私立学校可按自愿原则，分别同国家签订'简单契约'或'协作契约'。签订'简单契约'的私立学校应在学制、教师资格、教学班的人数和学校卫生条件方面符合国家的规定标准，国家则为之支付教师工资。签订'协作契约'的私立学校除应符合上述标准外，还须采用公立教育的教学大纲。在此前提下，国家不仅为其支付教师工资，还提供一定的行政经费。该法令确立了国家与私立学校的关系，并使国家通过财政手段实现对私立学校的控制和监督。该法令实施后，全国90%以上的私立学校均与国家签订了上述契约。"②

4. 印度

季诚钧的研究表明：印度以是否受政府资助将私立学院分为两类，受政府资助的为"公助私立学院"，而不受政府资助的为"纯私立学院"，90%的私立学院因得到政府财政资助而属于前者。③

5. 其他国家

李蔚指出："在很多国家，政府对私立学校常常起着重要的支持作用。在匈牙利，私立学校的总经费中政府所拨经费占到70%；在丹麦和奥地利，政府经费占到80%；在挪威，政府经费甚至占到85%；在比利时、瑞士、西班牙、法国和墨西哥，政府也向私立学校提供经费，并规定了相应比例。至于英国、希腊、土耳其和美国的部分州，私立学校必须自筹资金，国家只向学生提供某些服务，并拨给私立学校学生相应的义务教育费用。印度、韩国、菲律宾、泰国政府都给予私立院校公共补助金，这也是其私立高等教育得以发展的重要因素。巴西、墨西哥通过减税，智利和印度通过直接资助，伊朗、肯尼亚和乌干达通过资助土地等举措促进私立院校的发展，这与美国19世纪末20世纪初的某些做法以及我国民办教育发展初期政府的扶持措施大致相同。"④

（三）政府对民办高校支持的理论分析

1. 马克思对社会总产品分配到学校未区分公办或民办而是从"满足共同需要"出发

马克思在《哥达纲领批判》中在批判拉萨尔的"不折不扣的劳动所得"时分析道，社会总产品在进行个人分配之前，必须扣除"用来应付不幸事故、自然灾害等的

---

① 方芳，钟秉林．民办高等教育财政支持制度的研究现状与未来展望——我国民办高等教育改革与发展探析(四)[J]．中国高等教育，2011(13－14)：36－39.

② 李蔚．公共财政扶持与民办高校宏观管理[J]．教育发展研究，2010(15－16)：3－7.

③ 季诚钧．印度大学附属制对我国独立学院的启示[J]．教育研究，2007(7)：50－54.

④ 李蔚．公共财政扶持与民办高校宏观管理[J]．教育发展研究，2010(15－16)：3－7.

后备基金或保险基金”,“用来满足共同需要的部分,如学校、保健设施等”,“为丧失劳动能力的人等等设立的基金”等。①从上可知,公共财政本身的“公共”属性应该用于公益性和满足社会共同需要而不区分公办还是民办学校,因为来自纳税人的公共财政资金应由全体人民享用。

2. 法规规定民办高校的“公益性”应享有公共财政资金

《民办教育促进法》第三条明确规定:“民办教育事业属于公益性事业,是社会主义教育事业的组成部分。国家对民办教育实行积极鼓励、大力支持、正确引导、依法管理的方针。”

《中华人民共和国高等教育法》第四条指出:“高等教育必须贯彻国家的教育方针,为社会主义现代化建设服务,与生产劳动相结合,使受教育者成为德、智、体等方面全面发展的社会主义事业的建设者和接班人。”这就是说,民办高校是“为社会主义现代化建设服务”,培养的是“社会主义事业的建设者和接班人”。因此,民办高校为提高国民素质作出了贡献,这种公益性理应享有公共财政资金。

3. 民办教育与公办教育共同为经济增长作出贡献

我国著名的高等教育家潘懋元的研究显示:日本学者马生诚对日本高等教育与职业关系的调查分析,发现高地位和学历之间关系越来越紧密,1911—1921年间,英才中拥有高等教育学历者占20%～50%,1928—1941年间,这个比例增加到40%～50%,到1955年之后,这一比例达到80%。②高等教育对于提高个人社会地位,改变未来生活质量提供了机会。

刘复兴的研究表明,在其他条件不变的情况下,受教育者的教育年限每增加一年,其年收入便可增加5%～11%。另一方面,受良好教育的人数越多,越可能提高全民族文化和道德素养,改善整个社会的人文和自然环境,使全社会受益。③

4. 民办教育与公办教育共同为社会稳定、科技进步、传承文化等作出贡献

米尔顿·弗里德曼(Milton Friedman)更是认为:“如果大多数公民没有一个最低限度的文化和知识,也不广泛地接受一些共同的价值准则,稳定而民主的社会不可能存在。”④

伍尔夫等人认为:“教育对公共利益所作的一个基本贡献是它在保持和发扬民主自由中的作用。受过教育的人应当更加文明、更为宽容。受过教育的人会参加选举,在投票时他们会作出合理地选择。”⑤

---

① 马克思,恩格斯.马克思恩格斯选集(第3卷)[M].北京:人民出版社,1972:9-10.

② 潘懋元.多学科观点的高等教育研究[M].上海:上海教育出版社,2001:268.

③ 刘复兴.市场条件下的教育公平:问题与制度安排[J].北京师范大学学报,2005(1):26.

④ [美]米尔顿·弗里德曼.资本主义与自由[M].张瑞玉,译.北京:商务印书馆,2001:83-84.

⑤ 伍尔夫.教育的外部收益[A].[美]Martin Carnoy.教育经济学国际百科全书[C].闵维方,等译.北京:高等教育出版社,2000:200.

著名经济学家明瑟(Jacob Mincer)认为，受过更多教育的劳动者在劳动力市场上至少有三大优势：更高的收入，更强的就业稳定性，更多的升迁机会。①

文东茅的研究表明："教育可以增进个人的健康知识，养成良好的卫生习惯，从而促进个人身体健康。此外，教育还可以通过提高个人的文化修养，丰富个人的精神生活，提高生活品味；可以提高婚姻和家庭生活的质量，并促进优生优育；可以提高决策能力和消费水平，可以提高资源的使用效率，等等。教育在给受教育者带来收益的同时，也可以通过受教育者使其他成员和整个社会受益，这种影响被称为教育影响的外部性(externality)。教育对个体的各种影响都可以形成社会影响。例如，教育可以增进个体的健康，而个人的健康则可以带来一系列的公共利益，其中包括减少疾病的传播，从而维护他人的健康；提高出勤率，从而提高其同事及工作部门的劳动效率；减少就医费用，降低公共医疗成本及保险费用。教育可以提高个体收入，从而可以增加税收，增进社会福利；教育可以提高个体的就业能力，从而可以减少失业和政府失业保险，等等。"②

由此可见，民办高校不仅使受教育者受益，而且使整个社会受益。民办高校这种效益的外溢性，理应享有公共财政资金。

5. 举办民办高校节省了大量财政资金

丁雅诵、管璇悦、史一棋报道："截止到 2016 年，民办高校 742 所，比上年增长 8 所；民办高校本专科在校生 616.20 万人，比上年增长 19.68 万人。"③按每生每年财政拨款 1 万元计算，每年可节省财政资金 600 多亿元。

6. 举办民办高校促进了高等教育体制改革，完善了高等教育体制

只要是市场经济体制的国家，其高等教育体制都是公办高校与民办高校共存与共同发展的体制，早在 1993 年的《中国教育改革和发展纲要》就规定："改变政府包揽办学的格局，逐步建立以政府办学为主体、社会各界共同办学的体制。"2010 年的《国家中长期教育改革和发展规划纲要(2010—2020 年)》的战略目标之一是"健全充满活力的教育体制"。民办高校弥补了高等教育体制的不足，参与了高等教育的竞争，增强了高等教育的活力，推动了高等教育体制的改革，完善了高等教育体制。

王一涛、安民指出："我们在前文已经证明，无论是市场提供的教育还是政府提供的教育，都具有外部性，都需要政府的补贴。在英国、法国、美国和我国的香港等地，非政府提供的教育可以得到政府大量的财政支持，但我国目前的各种社会力量办学，不仅难以得到政府的财力支持，而且还受到一定的歧视。加大对民办教育的

① Jacob Mincer. Education and Unemployment[A]. Studies in Human Capital[C]. Cambridge, 1993: 212.

② 文东茅.论民办教育公益性与可营利性的非矛盾性[J].北京大学教育评论，2004(1)：43-48.

③ 丁雅诵，管璇悦，史一棋. 民办教育，分好类，办好学[N]. 人民日报，2017-01-19.

补贴,不仅有利于民办教育自身的发展,而且民办教育作为与公办教育相竞争的力量,它的发展壮大会在总体上激活我国教育发展的活力,提高我国教育资源的配置效率。因此,加大对非政府的社会力量办学的补贴,是我国教育发展的根本要求,也是教育产品属性的根本要求。"①

李盛兵指出:"高等学校的资源越来越依赖学生及其表现。正如沃森斯塔所说,由于学生可以用他们的脚来决定进入某个高校,所以他们拥有间接的财政分配权。市场化要求高等学校调整过去只关注政府要求的政策,创造各种条件关注和满足学生的多种多样的需求。"②

高等教育经费短缺成为一个世界性问题,拓宽经费渠道,提高财政投资的效率和效益是各国高等教育财政改革的普遍趋势。联合国教科文组织在 1994 年发表的《高等教育的发展变化:指导文件》中指出,应建立适当的高教集体制,使教育费用的回收与充分开发现有人力、物力的努力齐头并进。国家和社会"不应把高校看成一种预算上的负担,而应看成加强经济竞争力、发展文化和加强民族的社会凝聚力的长期投资"。各国为解决高等教育经费困难,切实发挥高等教育公共财政的职能作用。

基于上述民办高校的六个方面贡献,民办高校理应享有公共财政资金,政府对民办高校的财政拨款不是"扶持"而是政府的职责。

(四) 关于政府如何对民办高校大力支持的规定

1. 政府支持民办高等教育可分为直接支持和间接支持两种方式

(1)直接支持,即财政对民办学校的直接拨款。

(2)间接支持,即政策扶持与税收减免和土地优惠等方式。

2. 综合支持规定

《中华人民共和国民办教育促进法(2016)》第四十六条指出:"县级以上各级人民政府可以采取购买服务、助学贷款、奖助学金和出租、转让闲置的国有资产等措施对民办学校予以扶持;对非营利性民办学校还可以采取政府补贴、基金奖励、捐资激励等扶持措施。"

《国务院关于鼓励社会力量兴办教育促进民办教育健康发展的若干意见》第六条规定:"建立差别化政策体系。国家积极鼓励和大力支持社会力量举办非营利性民办学校。各级人民政府要完善制度政策,在政府补贴、政府购买服务、基金奖励、捐资激励、土地划拨、税费减免等方面对非营利性民办学校给予扶持。"

2010 年 5 月 7 日,《国务院关于鼓励和引导民间投资健康发展的若干意见》(国发〔2010〕13 号)第十五条规定:"鼓励民间资本参与发展教育和社会培训事业。支

---

① 王一涛,安民."教育是公共产品"吗?——对一个流行观点的质疑[J].复旦教育论坛,2004(5):37-41.

② 李盛兵.高等教育市场化:欧洲观点[J].高等教育研究,2000(4):108-111.

持民间资本兴办高等学校、中小学校、幼儿园、职业教育等各类教育和社会培训机构。修改完善《中华人民共和国民办教育促进法实施条例》，落实对民办学校的人才鼓励政策和公共财政资助政策，加快制定和完善促进民办教育发展的金融、产权和社保等政策，研究建立民办学校的退出机制。”

3. 直接支持的内容

(1)基本支出补助

《国家中长期教育改革和发展规划纲要(2010—2020 年)》第四十三条规定：“健全公共财政对民办教育的扶持政策。政府委托民办学校承担有关教育和培训任务，拨付相应教育经费。”

《国务院关于鼓励社会力量兴办教育促进民办教育健康发展的若干意见》第十一条规定：“加大财政投入力度。各级人民政府可按照《中华人民共和国预算法》《中华人民共和国教育法》《中华人民共和国民办教育促进法》等法律法规和制度要求，因地制宜，调整优化教育支出结构，加大对民办教育的扶持力度。财政扶持民办教育发展的资金要纳入预算，并向社会公开，接受审计和社会监督，提高资金使用效益。”

(2)专项支出补助

《国务院关于鼓励社会力量兴办教育促进民办教育健康发展的若干意见》第十二条规定：“创新财政扶持方式。地方各级人民政府应建立健全政府补贴制度，明确补贴的项目、对象、标准、用途。完善政府购买服务的标准和程序，建立绩效评价制度，制定向民办学校购买就读学位、课程教材、科研成果、职业培训、政策咨询等教育服务的具体政策措施。地方各级人民政府可按照国家关于基金会管理的规定设立民办教育发展基金，支持成立相应的基金会，组织开展各类有利于民办教育事业发展的活动。”

(3)奖励性补助

《国务院办公厅关于加强民办高校规范管理引导民办高等教育健康发展的通知》第三条规定：“县级以上各级人民政府可设立专项资金，对为民办高等教育事业作出突出贡献的集体和个人，按照有关规定给予表彰与奖励。”

(4)科研支持

《中华人民共和国民办教育促进法实施条例》第二十九条规定：“民办学校及其教师、职员、受教育者申请国家设立的有关科研项目、课题等，享有与公办学校及其教师、职员、受教育者同等的权利。”

(5)学生资助

《国务院关于鼓励社会力量兴办教育，促进民办教育健康发展的若干意见》第十三条规定：“落实同等资助政策。民办学校学生与公办学校学生按规定同等享受助学贷款、奖助学金等国家资助政策。各级人民政府应建立健全民办学校助学贷款业务扶持制度，提高民办学校家庭经济困难学生获得资助的比例。民办学校要建立健全奖助学金评定、发放等管理机制，应从学费收入中提取不少于5%的资金，用于奖励和资助学生。落实鼓励捐资助学的相关优惠政策措施，积极引导和鼓励企事业单位、社会组织和个人面向民办学校设立奖助学金，加大资助力度。”

(6)设立民办教育发展专项资金

2004年3月5日，《中华人民共和国民办教育促进法实施条例》(国务院令第399号)第四十一条规定：“县级以上人民政府可以根据本行政区域的具体情况，设立民办教育发展专项资金。民办教育发展专项资金由财政部门负责管理，由教育行政部门或者劳动和社会保障行政部门报同级财政部门批准后使用。”

4. 间接支持(政策支持)的内容

(1)土地政策支持

1997年7月31日，《社会力量办学条例》(国务院令第226号)第四十七条规定：“教育机构建设需要使用土地的，县级以上地方各级人民政府应当根据国家有关规定和实际情况，纳入规划，按照公益事业用地办理，并可以优先安排。”

1999年6月13日，中共中央、国务院发布《关于深化教育改革全面推进素质教育的决定》第12条指出：“凡符合国家有关法律法规的办学形式，均可大胆试验。在发展民办教育方面迈出更大的步伐。经国家教育行政主管部门批准，可以举办民办普通高等学校。要因地制宜地制定优惠政策(如土地优惠使用、免征配套费等)，支持社会力量办学。”

《国务院关于鼓励社会力量兴办教育促进民办教育健康发展的若干意见》第十五条规定：“实行差别化用地政策。民办学校建设用地按科教用地管理。非营利性民办学校享受公办学校同等政策，按划拨等方式供应土地。营利性民办学校按国家相应的政策供给土地。只有一个意向用地者的，可按协议方式供地。土地使用权人申请改变全部或者部分土地用途的，政府应当将申请改变用途的土地收回，按时价定价，重新依法供应。”

(2)税费及价格政策支持

《中华人民共和国民办教育促进法(2016)》第四十七条指出：“民办学校享受国家规定的税收优惠政策。其中，非营利性民办学校享受与公办学校同等的税收优惠政策。”

《关于深化教育改革全面推进素质教育的决定》第24条指出：“在非义务教育阶段，要适当增加学费在培养成本中的比例，逐步建立符合社会主义市场经济体制以及政府公共财政体制的财政教育拨款政策和成本分担机制。积极运用财政、金融和税收政策，继续鼓励社会、个人和企业投资办学和捐(集)资助学，不断完善多渠道筹措教育经费的体制。”

2006年12月21日，《国务院办公厅关于加强民办高校规范管理引导民办高等教育健康发展的通知》(国办发〔2006〕101 号)第三条规定:“要依法落实民办高校的税收优惠政策。出资人不要求取得合理回报的民办高校,依法享受与公办高校同等的税收优惠政策。出资人要求取得合理回报的民办高校,享受的税务优惠政策由财政、税务部门会同有关部门尽快制定。财政部门要依据《中华人民共和国民办教育促进法》及其实施条例规定的原则与程序,制定民办高校合理回报的标准和办法。”

2012 年 6 月 18 日,教育部印发的《关于鼓励和引导民间资金进入教育领域促进民办教育健康发展的实施意见》(教发〔2012〕10 号)第十四条规定:“完善民办学校税费政策。民办学校用电、用水、用气、用热与公办学校同价。捐资举办和出资人不要求取得合理回报的民办学校执行与公办学校同等的税收政策。教育行政部门要积极配合协调相关部门制定出资人要求取得合理回报的民办学校、经营性教育培训机构和开展营利性民办学校试点的民办学校享受的税收优惠政策。民办学校向受教育者收取的学费、各种代收代办费用的项目和标准执行相关价格政策。”

《国务院关于鼓励社会力量兴办教育促进民办教育健康发展的若干意见》第十四条规定:“落实税费优惠等激励政策。民办学校按照国家有关规定享受相关税收优惠政策。对企业办的各类学校、幼儿园自用的房产、土地,免征房产税、城镇土地使用税。对企业支持教育事业的公益性捐赠支出,按照税法有关规定,在年度利润总额 12%以内的部分,准予在计算应纳税所得额时扣除;对个人支持教育事业的公益性捐赠支出,按照税收法律法规及政策的相关规定在个人所得税前予以扣除。非营利性民办学校与公办学校享有同等待遇,按照税法规定进行免税资格认定后,免征非营利性收入的企业所得税。捐资建设校舍及开展表彰资助等活动的冠名依法尊重捐赠人意愿。民办学校用电、用水、用气、用热,执行与公办学校相同的价格政策。”

(3)金融政策支持

《中华人民共和国民办教育促进法(2016)》第四十九条规定:“国家鼓励金融机构运用信贷手段,支持民办教育事业的发展。”

《国务院关于鼓励社会力量兴办教育促进民办教育健康发展的若干意见》第八条规定:“拓宽办学筹资渠道。鼓励和吸引社会资金进入教育领域举办学校或者投入项目建设。创新教育投融资机制,多渠道吸引社会资金,扩大办学资金来源。鼓励金融机构在风险可控前提下开发适合民办学校特点的金融产品,探索办理民办学校未来经营收入、知识产权质押贷款业务,提供银行贷款、信托、融资租赁等多样化的金融服务。鼓励社会力量对非营利性民办学校给予捐赠。”

(4)师生待遇政策支持

《国家中长期教育改革和发展规划纲要》第四十三条第二款再次重申要“依法落实民办学校、学生、教师与公办学校、学生、教师平等的法律地位,保障民办学校办学自主权”。

《中华人民共和国民办教育促进法(2016)》第三十一条规定:“民办学校应当依法保障教职工的工资、福利待遇和其他合法权益,并为教职工缴纳社会保险费。国家鼓励民办学校按照国家规定为教职工办理补充养老保险。”第三十二条规定:“民办学校教职工在业务培训、职务聘任、教龄和工龄计算、表彰奖励、社会活动等方面依法享有与公办学校教职工同等权利。”第三十四条规定:“民办学校的受教育者在升学、就业、社会优待以及参加先进评选等方面享有与同级同类公办学校的受教育者同等权利。”

《中华人民共和国民办教育促进法实施条例》第二十七条规定:“民办学校享有与同级同类公办学校同等的招生权,可以自主确定招生的范围、标准和方式;但是,招收接受高等学历教育的学生应当遵守国家有关规定。县级以上地方人民政府教育行政部门、劳动和社会保障行政部门应当为外地的民办学校在本地招生提供平等待遇,不得实行地区封锁,不得滥收费用。”第二十九条规定:“民办学校的受教育者在升学、就业、社会优待、参加先进评选、医疗保险等方面,享有与同级同类公办学校的受教育者同等的权利。”第三十一条规定:“教育行政部门、劳动和社会保障行政部门和其他有关部门,组织有关的评奖评优、文艺体育活动和课题、项目招标,应当为民办学校及其教师、职员、受教育者提供同等的机会。”

《国务院关于鼓励社会力量兴办教育促进民办教育健康发展的若干意见》第十八条规定:“保障学校师生权益。完善学校、个人、政府合理分担的民办学校教职工社会保障机制。民办学校应依法为教职工足额缴纳社会保险费和住房公积金。鼓励民办学校按规定为教职工建立补充养老保险,改善教职工退休后的待遇。落实跨统筹地区社会保险关系转移接续政策,完善民办学校教师户籍迁移等方面的服务政策,探索建立民办学校教师人事代理制度和交流制度,促进教师合理流动。民办学校教师在资格认定、职务评聘、培养培训、评优表彰等方面与公办学校教师享有同等权利。非营利性民办学校教师享受当地公办学校同等的人才引进政策。民办学校学生在评奖评优、升学就业、社会优待、医疗保险等方面与同级同类公办学校学生享有同等权利。依法落实民办学校师生对学校办学管理的知情权、参与权,保障师生参与民主管理和民主监督的权利。完善民办学校师生争议处理机制,维护师生的合法权益。”

《国务院办公厅关于加强民办高校规范管理引导民办高等教育健康发展的通知》第三条规定:“各地政府人事部门所属人才交流服务机构负责管理民办高校教师的人事档案。民办高校教师职称评定纳入省级高校教师职称评定工作范围,参照同级同类公办高校教师评聘办法和有关政策规定执行。民办高校学生在升学、就业、档案管理、评奖评优等方面,与同级同类公办高校学生享受同等的权利。”

教育部印发的《关于鼓励和引导民间资金进入教育领域促进民办教育健康发

展的实施意见》第十二条规定："落实民办学校教师待遇。民办学校教师在资格认定、职称评审、进修培训、课题申请、评先选优、国际交流等方面与公办学校教师享受同等待遇，在户籍迁移、住房、子女就学等方面享受与当地同级同类公办学校教师同等的人才引进政策。民办学校要依法依规保障教师工资、福利待遇，按照有关规定为教师办理社会保险和住房公积金，鼓励为教师办理补充保险。支持地方人民政府采取设立民办学校教师养老保险专项补贴等办法，探索建立民办学校教师年金制度，提高民办学校教师的退休待遇。建立健全民办学校教师人事代理服务制度，保障教师在公办学校和民办学校之间合理流动，鼓励高校毕业生、专业技术人员到民办学校任教任职。"第十三条规定："保障民办学校学生权益。民办学校学生与公办学校学生同等纳入国家助学体系，在政府资助、评奖评优、升学就业、社会优待等方面与同级同类公办学校学生享有同等权利。民办普惠性幼儿园与公办幼儿园在园儿童享受同等的资助政策。"

（五）关于政府如何对民办高校大力支持的建议

1. 建议中央政府对民办高校制定财政拨款标准

根据 1994 年的统计数据，OECD 国家平均有 10%的公共资金用于私人管理的学校。①

方芳、王善迈指出："美国是一个典型的以私有制为基础的市场经济国家，其私立高等教育相对发达，且资金筹措已形成规范的制度。纵观历年美国私立高等教育的经费来源，政府拨款占有相当大的比重，远高于我国。根据美国教育部 2008 年的统计数据可知，非营利性私立高校占 12.26%，营利性私立高校占 5.69%。2001 年在日本私立高校经费来源结构中，学费占 58.9%，财政支持占 10.9%，政府对于私立高校的资助比例远高于我国。"②

张建忠的研究显示："日本《私立学校振兴助成法》专条规定政府可以拨款补助私立大学的办学经常费用，补助金额不超过办学经常费用的二分之一。日本政府对私立高校办学经费的补助一直维持在 10%以上。"③

1990 年，韩国政府对私立大学作出了提供财政资助的承诺，包括对私立高校的资助额在接下来的 5 年之内要逐步提高到大学运作经费的 10%。④

建议对民办高校财政拨款标准占整个财政对高校拨款的 10%。

2. 统一对民办高校实施生均拨款制度和设立民办教育专项资助资金制度

吴华的研究显示："宣布对民办教育提供专项资金扶持的省、市政府有上海市

① OECD. 经济合作与发展组织教育要览[M]. 北京：人民教育出版社，2000：85.

② 方芳，王善迈. 我国公共财政支持民办高等教育研究[J]. 北京师范大学学报(社会科学版)，2011(5)：23-29.

③ 张建忠. 民办高校政府财政扶持研究——以上海市为例[D]. 上海：上海师范大学硕士论文，2016：35.

④ 纳姆吉·帕克. 韩国政府对私立高校的财政拨款[J]. 薄云，译. 国际高等教育研究，2006(2)：39-43.

2004—2007 年，每年 4000 万；广东省 2005—2010 年，每年 3000 万；四川省 100 万；北京市 800 万；贵阳市 300 万等。”①但这些专项经费投入对民办高等教育的发展是远远不够的，必须进一步加大投入力度。

邵鸿报道：“国内个别省市确立了对民办高校实施生均拨款制度(重庆市生均每年拨款 1400—2200 元、温州市按照公办院校生均经费的 20%拨款)，另有 17 个省市设立了民办教育专项资助资金(上海市、深圳市、陕西省 2013 年资助金额分别达到 8 亿元、5 亿元、3 亿元)。”②

《绍兴市民办教育补助办法》(绍政办发〔2010〕99 号)规定：“民办高等学校按在校学生数实行公用经费专项补助，标准为本科生 600 元/年，比上年新增学生按 800 元补助；专科、高职院校每生 300 元/年，比上年新增学生按 400 元补助。”

江苏省民办教育协会副秘书长阙明坤指出：“上海市教委将民办高校按资产过户情况给予生均 1000～2000 元的经费支持。云南省到 2014 年共安排 1.2 亿元、扶持 1500 所民办学校，省财政已把 2015 年的专项资金预算提高到 1 亿元。陕西省连续五年每年设立 3 亿元民办高等教育发展专项资金，重点支持高水平民办大学建设，力度之大令不少经济发达地区望尘莫及。”③

建议省(直辖市、自治区)政府对民办高校制定生均拨款标准和设立民办教育发展专项资金制度。

3. 建议对民办高校特别是营利性民办学校制定政府购买服务制度

《中共中央关于全面深化改革若干重大问题的决定》第 15 条规定：“推广政府购买服务，凡属事务性管理服务，原则上都要引入竞争机制，通过合同、委托等方式向社会购买。”第 42 条规定：“健全政府补贴、政府购买服务、助学贷款、基金奖励、捐资激励等制度，鼓励社会力量兴办教育。”

《国务院关于鼓励社会力量兴办教育促进民办教育健康发展的若干意见》第六条规定：“各级人民政府可根据经济社会发展需要和公共服务需求，通过政府购买服务及税收优惠等方式对营利性民办学校给予支持。”

建议对民办高校特别是营利性民办学校制定政府购买服务制度。

4. 建立风险保证金制度

(1)风险保证金的用途

风险保证金用于发生以下意外事故或事件的处理：

①民办高等教育机构办学人突然终止办学。

②发生学生伤害事件或其他突发事件，民办高等教育机构负有责任。

---

① 吴华.2005 年中国民办教育发展报告[J].民办教育研究，2006(3)：35 - 40.

② 邵鸿.尽快出台民办高校生均拨款政策[N].人民政协报，2015 - 02 - 11.

③ 阙明坤.民办教育改革再出发[N].人民政协报，2014 - 12 - 31.

③民办高等教育机构侵害教师或学生的合法权益。

④法律、法规和规章规定的其他事项。

民办高等教育机构可以申请将风险保证金临时用于学校的大型项目建设和设备购置等，累计使用不得超过风险保证金总额的50%，且支出部分应当在下一年度予以补足。

风险保证金由民办高等教育机构专户存储到省教育厅指定的机构，风险保证金及其利息属于学校资产，任何组织和个人不得侵占和挪用。

(2)风险保证金的来源

①天津市于2002年在《建立民办教育办学风险储备金制度》中规定，教育机构应当用开办资金的5%，并逐年从学费总收入中提取2%，直至达到当年学费总收入的50%来作为办学风险储备金。

②黑龙江省于2006年在《关于建立民办高等教育机构风险保证金制度的意见》中规定，民办高等教育机构应当从年度收入中按2%的比例提取风险保证金，风险保证金累计达到学校资产总值的50%时，可不再提取。达到规定设置标准、办学效益较好、社会信誉度较高的民办高等教育机构，可以不按年收入的2%逐年提取风险保证金，而按设置标准规定启动资金的25%一次性提取。

③江西省于2007年在《关于进一步加强和改进民办普通高等学校工作的若干意见》中规定，每年从民办高校年度学费收入中按1%的比例提取风险保证金，用于学校发生意外事故的处理。风险保证金收取年限为，民办本科高校根据其学制按照四年一个周期的标准收取；民办专科高校根据其学制按照三年一个周期的标准收取。风险保证金属于学校资产，实行专户储存，由省教育厅、省财政厅监管，利息由民办高校支配。风险保证金及其利息任何组织和个人不得挪用和侵占。

④四川省于2007年在《民办教育促进条例(征求意见稿)》中规定，建立民办学校风险保证金制度。民办学校应当从年度收入中按3%的比例提取风险保证金，用于学校发生意外事故或其他相关事宜的处理。风险保证金累计达到学校资产总值的50%时，可不再提取。风险保证金属于学校资产，实行专户存储，由审批机关监控使用。风险保证金的利息属民办学校所有。学校可以将风险保证金临时用于学校的大型项目建设和设备购置等，累计使用不得超过风险保证金总额的50%，且支出部分应在下一年度予以补足。风险保证金及其利息任何组织和个人不得侵占或挪用。

上述四省市所提比例虽不相同(分别为2%，2%，1%，3%)，但可作为我省的借鉴。

除此以外，还有山西省和重庆市。

①2006年5月26日，山西省实施的《〈中华人民共和国民办教育促进法〉办法》第十五条规定："本省建立民办学校风险保证金制度。民办学校风险保证金属于民

办学校所有，应当存入审批机关确定的银行，并设立专户，主要用于民办学校终止时退还向学生收取的学费、杂费和其他费用。未经审批机关书面同意，任何组织和个人不得动用风险保证金。民办学校风险保证金的提取比例、具体管理和使用办法，由省人民政府制定。”

②2008 年 9 月 1 日，重庆市实施的《民办高等学校办学管理规定》第八条第六款规定：“举办者按照市政府有关规定向市教育行政部门指定的银行专户存入风险保证金 100 万元（此保证金本息均属举办者所有）。”第十六条规定：“民办高校办学风险保证金为举办者所有，专项用于在学校办学出现危机时处理学生退费与教师酬金等应急和遗留问题。”

因此，建议对民办高校特别是营利性民办学校制定风险保证金制度。

在本书第三章提到高校财务领域的供给侧改革首先是制度供给，因此，上述建议必须通过民办高校立法才能解决。2010 年 5 月 7 日，国务院公布的《关于鼓励和引导民间投资健康发展的若干意见》（国发〔2010〕13 号）第十五条指出：“修改完善《中华人民共和国民办教育促进法实施条例》，落实对民办学校的人才鼓励政策和公共财政资助政策，加快制定和完善促进民办教育发展的金融、产权和社保等政策，研究建立民办学校的退出机制。”但是，7 年过去了，修改完善《民办教育促进法实施条例》尚未进行，2016 年 11 月 7 日，习近平主席发布第五十五号主席令，公布了《中华人民共和国民办教育促进法》。《中华人民共和国民办教育促进法实施条例》可根据新的《中华人民共和国民办教育促进法》修订，同时，完善民办高校相关的制度。

第三节　民办高等教育学费的供给侧改革

一、民办高等教育收费政策的演变

（一）民办高等教育收费政策的概况

1. 标题为“民办教育收费管理”的两次

1991 年 11 月 18 日，《国家物价局、财政部关于加强社会力量办学收费管理的通知》（〔1991〕价费字 548 号）。

2005 年 3 月 2 日，国家发展改革委、教育部、劳动和社会保障部印发的《民办教育收费管理暂行办法》（发改价格〔2005〕309 号）。

2. 在民办教育法规中的收费政策（按时间先后顺序排列）

1987 年 12 月 28 日，《国家教委、财政部社会力量办学财务管理暂行规定》（〔1987〕教审字 8 号）第 4 条第 1 款指出：“学校应按当地教育行政部门会同有关部门制定的收费标准、办法向学员收取学杂费……学校收取学杂费使用的凭证，应是当地教育行政部门征得有关部门同意后印制的具有统一编号的三联收据。”

1997 年 7 月 31 日，国务院发布的《社会力量办学条例》(国务院令第 226 号)第三十五条规定：“教育机构按照国家有关规定收取费用。教育机构的收费项目和标准，由该教育机构提出，经审批机关审核提出意见，由财政部门、价格管理部门按照职责分工，根据该教育机构的教育、教学成本和接受资助的实际情况核定。”

1997 年 10 月 14 日，国家教育委员会印发的《关于实施〈社会力量办学条例〉若干问题的意见》(教成〔1997〕6 号)第六条指出：“教育机构应按照教育行政部门和物价管理部门核准的收费项目和收费标准收取学费和其他必要费用，并使用省级财政部门统一印制的行政事业性收费专用票据。教育机构举办学习期限在一年(不含一年)以内的教学班，按学习期限收费，举办一年以上的教学班，按学期或学年收费，不得跨学期或学年预收费用。学生退学。教育机构应按学生实际学习时间和收退费规定核退部分费用。教育机构因刊登、散发虚假招生广告(简章)等违反国家规定造成学生退学的，应退还所收的全部费用。”

2002 年 3 月 31 日，《教育部关于进一步规范民办教育机构办学秩序的通知》(教电〔2002〕350 号)第三条规定：“进一步完善民办教育机构的收费管理和监督民办教育机构要按照当地教育、物价、财政部门核定的收费项目和收费标准收取费用。收费标准和退学、退费规定必须公开透明，不得巧立名目高收费、乱收费。学生退学的，要按学生实际学习时间和有关收退费规定核退部分费用。民办教育机构超过经核定的项目和标准滥收费用的，由审批机关责令限期退还多收的费用，并由财政部门、价格主管部门依照法律、法规予以处罚。民办教育机构要参照国家计委、财政部、教育部制定的教育收费公示制度的规定，公示核定的收费项目、收费标准以及收费依据。”

2003 年 3 月 1 日，《中华人民共和国中外合作办学条例》(国务院令第 372 号)第三十八条规定：“中外合作办学机构的收费项目和标准，依照国家有关政府定价的规定确定并公布；未经批准，不得增加项目或者提高标准。中外合作办学机构应当以人民币计收学费和其他费用，不得以外汇计收学费和其他费用。”第五十五条规定：“中外合作办学机构未经批准增加收费项目或者提高收费标准的，由教育行政部门、劳动行政部门按照职责分工责令退还多收的费用，并由价格主管部门依照有关法律、行政法规的规定予以处罚。”

2004 年 3 月 5 日，《中华人民共和国民办教育促进法实施条例》(国务院令第 399 号)第三十五条规定：“民办学校对接受学历教育的受教育者收取费用的项目和标准，应当报价格主管部门批准并公示；对其他受教育者收取费用的项目和标准，应当报价格主管部门备案并公示。具体办法由国务院价格主管部门会同教育行政部门、劳动和社会保障行政部门制定。”

2007 年 2 月 3 日，《民办高等学校办学管理若干规定》(教育部令第 25 号)第二十二条规定:“民办高校必须严格执行政府有关部门批准的收费项目和标准。收取的费用主要用于教育教学活动和改善办学条件。”

2016 年 11 月 7 日,《中华人民共和国民办教育促进法》第三十八条规定:“民办学校收取费用的项目和标准根据办学成本、市场需求等因素确定,向社会公示,并接受有关主管部门的监督。非营利性民办学校收费的具体办法,由省、自治区、直辖市人民政府制定;营利性民办学校的收费标准,实行市场调节,由学校自主决定。民办学校收取的费用应当主要用于教育教学活动、改善办学条件和保障教职工待遇。”

2016 年 12 月 29 日,《国务院关于鼓励社会力量兴办教育促进民办教育健康发展的若干意见》(国发〔2016〕81 号)第十六条规定:“实行分类收费政策。规范民办学校收费。非营利性民办学校收费,通过市场化改革试点,逐步实行市场调节价,具体政策由省级人民政府根据办学成本以及本地公办教育保障程度、民办学校发展情况等因素确定。营利性民办学校收费实行市场调节价,具体收费标准由民办学校自主确定。政府依法加强对民办学校收费行为的监管。”

(二) 30 多年民办高等教育收费政策变化的主要内容

1. 自费生应定位于民办收费生

自费生起始于公办学校。笔者在第二章“高等教育市场化对供给侧改革的影响”中提及,1978 年 2 月 28 日,教育部和国家计委联合发布的《关于普通高等学校试行招收走读生和增加招生名额的通知》规定:“自 1977 届新生起允许高等学校在完成国家招生计划的前提下试行招收通用和急需专业的走读生。”1980 年,经上海市委、市政府批准,上海交大、复旦、上外等 22 所高校招收 3000 名自费走读生。自费走读,不包分配,原则上要缴纳国家规定培养经费的三分之二以上。对于这批学生的办学经费来源,除向学生收取少量学费外,每年还将由上海市人民政府补贴 50 万元。1980 年,上海普通高校走读生的收费标准是本科生每学期 25 元。①

1985 年 5 月 27 日,《中共中央关于教育体制改革的决定》第四条第三款规定:“还可以在国家计划外招收少数自费生。学生应交纳一定数量的培养费,毕业后可以由学校推荐就业,也可以自谋职业。”

但是,随着民办高校的发展与高等教育体制的改革,这种以缴纳学费为主上学的招生制度从公办学校过渡到民办教育序列,成为民办高校的招生制度,因此,自费生应定位于民办收费生。

2. 实行分类收费政策

民办高等教育的收费原不分非营利性民办学校收费和营利性民办学校收费。2016 年 11 月 7 日,《中华人民共和国民办教育促进法》第三十八条规定:“民办学校

---

① 上海高校招收三千走读生[N]. 人民日报,1980-8-1.

收取费用的项目和标准根据办学成本、市场需求等因素确定，向社会公示，并接受有关主管部门的监督。非营利性民办学校收费的具体办法，由省、自治区、直辖市人民政府制定；营利性民办学校的收费标准，实行市场调节，由学校自主决定。民办学校收取的费用应当主要用于教育教学活动、改善办学条件和保障教职工待遇。"

3. 提出了收费公示

2004年3月5日，《中华人民共和国民办教育促进法实施条例》第三十五条规定："民办学校对接受学历教育的受教育者收取费用的项目和标准，应当报价格主管部门批准并公示。"

二、民办高校收费应重视供给侧改革

（一）民办高校收费供给侧改革的意义

民办高校收费是民办高校的主要财源，是民办高校生存和发展的重要财力保障。它不仅关系到民办高校吸引人才、稳定师资队伍、提高民办高校的教育质量，而且关系到提高民办高校的科研水平、提升民办高校的特色优势和品牌，是创建高水平民办高校的需要。同时，一所好的民办高校就有稳定的生源，就有丰厚的学费收入，这种良性循环，是保证民办高校可持续发展的需要。因此，民办高校收费的供给侧改革对于民办高校的生存和发展具有重要的意义。

（二）民办高校收费供给侧改革的内容

1. 收费是满足民办高校供给的可靠保证

2009年7月，第二届世界高等教育大会在法国巴黎召开。私立高等教育议题成为本次大会的一项重要议题。而联合国教科文组织发表题为《为满足社会变革和发展需要，高等教育和研究的新动力机制》的联合公报中则强调："知识型社会要求高等教育系统具有多样化的特征，不同的学校履行不同的使命，满足不同学习者的需求。除了公立学校之外，追求公共目标的私立高等教育将扮演重要的角色。"①

民办高校与公办高校在供给侧改革方面有共同点，都要减少无效供给和低端供给以满足社会需求和个人需求。但应注意民办高校与公办高校的不同点：一是公办高校办学层次较高，就业容易，虽不能满足社会需求但能满足受教育者的心理需求；二是公办高校比民办高校收费低，即使社会需求或个人需求都差一些，受教育者愿意选择公办高校。学生用脚投票表明他们掌握了"间接的财政分配权"，因此，民办高校必须瞄准社会需求和个人需求，减少无效供给和低端供给，调整专业

① UNESCO. The New Dynamics of Higher Education and Research for Societal Change and Development [R]. 2009 World Conference on Higher Education, Draft Final Communique, 8 July, 2009.

的培养方向，不断提高民办高校的教育质量，让更多的学子选择民办高校。

1998 年世界高等教育大会发布的《面向 21 世纪高等教育世界宣言：观念与行动》提出世界高等教育“更加多样化的高等教育系统，需要新型的学校形式，公立、私立和非营利以及其他类型。”①而 2009 年第二届世界高等教育大会除了《联合公报》之外，还有 3 份工作报告，即《新动力：私立高等教育》、《国际高等教育发展趋势：学术革命的轨迹》《高等教育的公共责任》，都涉及私立高等教育发展状况的内容。对于此次大会将私立高等教育作为主要议题的重要原因，正是这两次大会相隔的十年间，私立高等教育规模在全球范围的不断扩张。根据大会报告数据显示，2006 年，世界接受高等教育的总人数超过了 1.5 亿；2007 年，世界高等教育平均入学率为 26%；2009 年与 1999 年相比，世界高等教育在校生规模增长了 53%。② 而且，高等教育规模增大主要发生在私立高等教育系统，目前约有 30%的学生在私立高校学习。③

从上可知，社会需求和个人需求是不断增长的，而高等教育市场竞争也是激烈的，民办高校必须适应高等教育市场的需要，不断满足社会需求和个人需求，通过民办高校的供给侧改革促使保证源源不断的生源，把民办高校做大做强。

2. 应改革与完善民办高校收费政策

十八届三中全会通过的《中共中央关于全面深化改革若干重大问题的决定》指出：“市场在资源配置中起决定性作用。”袁贵仁在 2015 年全国教育工作会议上指出：“扩大民办学校在教育教学、招生、收费等方面的自主权。”

2014 年 10 月 29 日，李克强主持召开国务院常务会议指出：“完善民办学校收费政策。”

目前，民办高校收费政策仍存在问题，应该改革与完善民办高校收费政策，具体在下面阐述。

三、改革与完善民办高校收费政策

（一）制定民办高校的收费标准不能根据实际生均教育成本

潘懋元、别敦荣、石猛指出：“现实却是高校所收取的学费不仅不反映市场规律，甚至与教育成本也存在较大差距。高校学费标准的确定办法是，地方教育行政

---

① UNESCO. World Declaration on Higher Education for the Twenty-first Century: Vision and Action and Framework for Priority Action for Change and Development in Higher Education[R]. World Conference on Higher Education, 9 Oct., 1998.

② UNESCO. The New Dynamics of Higher Education and Research for Societal Change and Development [R]. 2009 World Conference on Higher Education, Paris, 5 - 8 July 2009. httu:/lwww. unesco. ore%n/wche2009/. 2010.

③ Philip G. Altbach, etc. Trends in Global Higher Education: Tracking an Academic Revolution[R]. A Report Prepared for the UNESCO 2009 World Conference on Higher Education, 2009. XIV.

及物价等部门在国家教育行政及财政等部门根据高校生均教育成本所确定的高校年度经费开支标准和筹措原则的指导下，根据各地生均教育成本和社会及学生家长的承受能力确定。实际上，生均教育成本要素的作用非常有限，而且民办高校的收费标准还要按政府制定的学费最高标准下浮。在现实中，物质产品的生产成本可能随着科技的进步和管理水平的提高而减少，高校的教育成本却因改善办学条件和提高人力资本水平而增加。尽管民办高校办学条件不断改善，教育成本不断提高，但学费长期保持稳定，按可比价格计算，甚至呈下降趋势。由此可见，民办高校的学费标准无法反映教育成本与收益的要求，不是市场交换的结果，不具有市场价格性。”①

瑞典发展咨询公司在2003年10月向国际金融公司提交的《中华人民共和国民办高等教育市场研究——中期报告》中，指出我国民办高校收入主要来自两个方面：学费和住宿费。除此之外，许多学校还收取书本费、行政管理费、伙食费和校园上网费。在对我国民办高校收支状况进行分析的基础上，报告指出：事实上所有被分析过的民办高校，都有可观的盈利剩余用于规模的进一步扩大。学费根据市场来制定，教师成本和其他保持与提高办学质量所需的费用则尽量降低，因而在有些情况下大量的现金剩余被用于再投资建设富丽堂皇的校舍和校园。这表明，学费从源头上决定了民办高校软硬件的建设，进而影响民办高校的下一步发展。②

笔者在本书第五章第二节已阐述，确定高校学费的标准不能根据实际生均教育成本，而应该是高校的标准成本。民办高校更不能按实际生均教育成本，虽然，民办高校在运行过程中的浪费比公办高校少得多，但民办高校的实际生均教育成本比公办高校低得不正常：一是民办高校在硬件方面投入不足；二是师资队伍建设方面投入不足，不可能像公办高校那样高薪引进高层次人才或送到境外培训；三是平均工资水平低于公办高校，相当多的外聘教师是退休人员，在职的大多数是青年教师；四是不少民办高校缺乏长远发展的投入，上一些“短平快”的项目，等等。因此，根据实际生均教育成本确定民办高校收费标准不可取。

（二）确定民办高校的收费原则和因素

1. “以收抵支、收支平衡”不能作为民办高校收费的原则

1991年11月18日，《国家物价局、财政部关于加强社会力量办学收费管理的通知》规定：“本着‘以收抵支、收支平衡’的原则”。

“以收抵支、收支平衡”不能作为民办高校收费原则的理由：一是因为收在前支在后，未支如何确定收？二是“以收抵支、收支平衡”是否可以理解为多收多支，少收少支，达到“以收抵支、收支平衡”。

---

① 潘懋元，别敦荣，石猛．民办高校的公益性与营利性[J]．教育研究，2013(3)：25-33.

② 瑞典发展咨询公司．中华人民共和国民办高等教育市场研究——中期报告[R]，2003.

2. 确定民办高校的收费应考虑结余因素

2005 年 3 月 2 日，国家发展改革委、教育部、劳动和社会保障部印发的《民办教育收费管理暂行办法》第六条规定："民办学校学历教育学费标准按照补偿教育成本的原则并适当考虑合理回报的因素制定。"

笔者早在 2008 年提出"大学盈利是大学财务可持续发展的基本前提"的观点。[①] OECD 报告认为："为何需要盈余？盈余是大学财务稳健的指标之一，它提供现金，以便大学能够灵活处理突发事件或者把握发展机遇，账目盈余还有助于大学把握借贷或者使用其他外部资金的机遇。如果有时政府的资本拨款没有到位，那么高等学校自己的盈余是它们进行资本规划和投资可以依赖的唯一来源。如果高等学校负担部分责任或者负全责，那么学校的高层学术人员或管理者就必须懂得盈余的重要性以及盈余意味着什么。"[②]因此，确定民办高校的收费标准应考虑结余因素。

3. 确定民办高校收费应考虑质量的原则

十八届三中全会通过的《中共中央关于全面深化改革若干重大问题的决定》第 6 条指出："推进公共资源配置市场化。""优质优价"是市场原则，虽然是同一学科或同一专业，对于民办高校中的优势学科和品牌专业，由于其高等教育质量较高，民办高校收费应考虑"优质优价"的原则。

4. 确定民办高校收费的原则和因素

2016 年 11 月 7 日，《中华人民共和国民办教育促进法》第三十八条"民办学校收取费用的项目和标准根据办学成本、市场需求等因素确定。"

文东茅指出："从供给的角度看，学校在制定学费水平时，不仅仅考虑办学的成本，同时必须考虑学生可能的'出价'。由于学费只是教育供求双方都愿意接受的一种'交易价格'，学校就有可能在高于培养成本的学费水平上招收到学生，并由此带来盈利。"[③]

民办高校收费的原则应是生均标准成本＋结余；民办高校收费的因素应考虑市场需求等因素，如"优质优价""物以稀为贵"等市场需求因素，适当上浮或下降。

（三）灵活的审批制度

邬大光指出："从现阶段来看，收费政策在各省有较大的差异，有的省是由政府部门制定统一的收费标准，例如陕西省、江西省收费标准，由省物价局统一制定；还

---

① 乔春华. 大学经营的财务视角[M]. 南京：南京大学出版社，2008：152.

② 经济合作与发展组织高等教育管理项目办公室——英格兰高等教育拨款委员会. 刻不容缓：确保高等教育可持续发展的未来——"高等学校财务管理与治理"项目成果报告(2004)[J]. 辽宁教育研究，2005(9)：1－8.

③ 文东茅. 论民办教育公益性与可营利性的非矛盾性[J]. 北京大学教育评论，2004(1)：43－48.

有的省例如福建省、湖南省收费标准由学校自定，报省物价部门备案。”①

当前，政府正在简政放权，减少行政审批事项，因此，民办高校收费应采取灵活的审批制度。

控制民办高校的乱收费或滥收费，一是靠政府监管，二是靠收费信息公开，三是受教育者会用脚投票。

① 邬大光．中国民办高等教育发展状况分析(上)——兼论民办高等教育政策[J]．教育发展研究，2001(7)：23－28．

参考文献

[1] 吴敬琏,厉以宁,郑永年,等.读懂供给侧改革[M].北京:中信出版社,2016.

[2] 吴敬琏.供给侧改革:经济转型重塑中国布局[M].北京:中国文史出版社,2016.

[3] 滕泰,等.供给侧改革[M].北京:东方出版社,2016.

[4] 贾康,苏京春.供给侧改革[M].北京:中信出版社,2016.

[5] 郭杰,于泽,张杰.供给侧结构性改革的理论逻辑和实施路径[M].北京:中国社会科学出版社,2016.

[6] 肖林.新供给经济学:供给侧结构性改革与持续增长[M].上海:格致出版社,2016.

[7] 王先庆,文丹枫.供给侧结构性改革:新常态下中国经济转型与变革[M].北京:中国经济出版社,2016.

[8] [美]保罗·A·萨缪尔森,威廉·D·诺德豪斯.经济学[M].高鸿业,等译.第12版.北京:中国发展出版社,1992.

[9] 顾明远.教育大辞典(第六卷)[M].上海:上海教育出版社,1992.

[10] 厉以宁.教育经济学[M].北京:北京出版社,1984.

[11] 邱渊.教育经济学导论[M].北京:人民教育出版社,1989.

[12] 全国教育经济学研究会(筹)《教育经济学概论》编写组.教育经济学概论[M].西宁:青海人民出版社,1983.

[13] 杨葆焜.教育经济学[M].武汉:华中师范大学出版社,1989.

[14] 杨葆焜,范先佐.教育经济学新论[M].南京:江苏教育出版社,1995.

[15] 乔春华.院校理财学[M].北京:中国财政经济出版,1998.

[16] 乔春华.院校会计学[M].北京:中国财政经济出版,1998.

[17] 乔春华.高等教育投入体制研究[M].南京:南京大学出版社,2006.

[18] 乔春华.大学经营的财务视角[M].南京:南京大学出版社,2008.

[19] 乔春华.《事业单位会计准则》与《事业单位财务规则》研究——以高等学校为例[M].南京:南京大学出版社,2010.

[20] 乔春华.高校财务管理体制研究[M].南京:南京大学出版社,2011.

[21] 乔春华.高校预算管理研究[M].苏州:苏州大学出版社,2013.

[22] 乔春华.高校内部控制研究[M].苏州:苏州大学出版社,2014.

[23] 乔春华.高校管理会计研究[M].南京:东南大学出版社,2015.

[24] 乔春华.高校管理审计研究[M].南京:东南大学出版社,2016.